한글 낯설게 하기

한글 자합형 음사할자

Defamiliarization of Hangeul
combinatorial phonemic-movable-type of Hangeul

이찬자

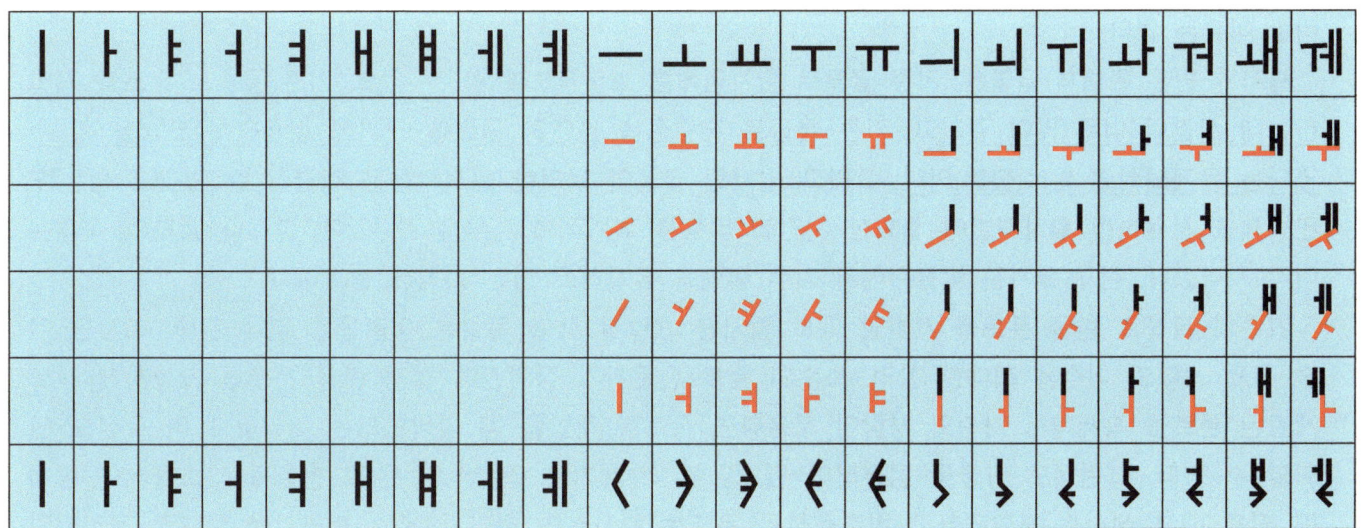

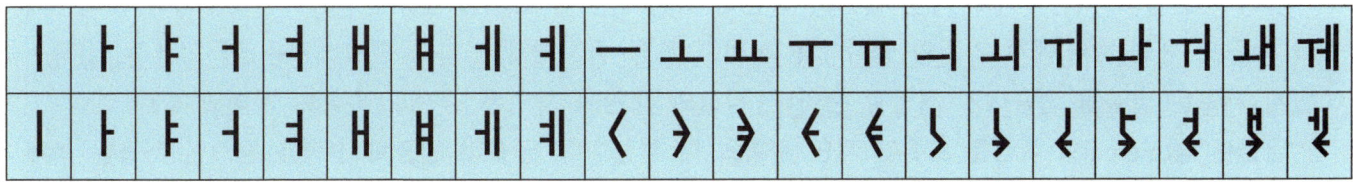

머리말

필자가 스무 살 무렵 어떤 책을 읽다가 영어를 인쇄하기 위해 52 종의 활자가 필요했지만 한글을 인쇄하기 위해서는 1,1172 종의 활자가 필요하다는 사실을 알고 깜짝 놀란 적이 있었다. 왜 한글은 로마자와 달리 만 가지가 넘는 활자가 필요할까? 그 후 수십 년의 세월이 흘렀다. 그때의 기억이 흐릿하게 바래 갈 무렵이었다. 2020년 어느 날 오후 운전하며 집으로 돌아가고 있었다. 신호등이 빨간색으로 바뀌어 차를 세웠을 때 도로변에 있는 한 상점의 간판이 문득 눈에 들어왔다. 간판의 글자 하나를 무심히 보고 있던 순간 영어처럼 적은 종류의 활자로 한글 인쇄를 가능하게 해줄 것처럼 보이는 한글 글자체가 계시처럼 다가왔다. 새 글자체가 달아나지 못하게 글자체를 되뇌며 집으로 돌아왔다. 집에 도착한 다음 두근거리는 가슴을 진정시키며 제일 먼저 눈에 띈 펜으로 새로운 글자체를 그려보았다. 획은 울퉁불퉁했지만 모든 음절에 한 가지로 통일된 규칙이 있어 나빠 보이지 않았다. 다음 날부터 훈민정음, 활자, 파스파문자, 구텐베르크 등등 한글과 관련이 있을 법한 주제를 다룬 책을 사 모으며 폰트와 문자에 관한 공부를 시작하였다. 그 후 찰나의 아이디어를 검증하고 뒷받침해 줄 이론적 배경을 찾는 동안 계절이 여러 번 바뀌었다. 뒤늦게 한글 공부를 하면서 학창 시절 대중 교육을 통해 배운 세종대왕 및 <u>훈민정음 창제에 관한 정설과 여러 책에 흩어져 존재하는 이설 사이에 큰 괴리</u>가 있다는 사실을 깨달았다. 무엇이 진실인지 오랜 기간 고민했다. 공인받지 못하는 이설일지라도 증거와 합리성을 갖추었다면 필자는 기꺼이 받아들이며 필자의 방식으로 한글을 분석하고 이해하고 재구성하려 했다. 필자가 한글을 바라보는 관점은 필자가 중고등학교를 다니며 배운 한글에 관한 표준이론과 다르다. 한글의 기원에 대한 표준이론을 홍보하는 책은 서점에 넘쳐흐른다. 굳이 필자까지 가세하여 같은 부류의 책을 한 권 더 추가함으로써 종이를 낭비할 이유는 없다.

<u>필자가 만든 완벽체 글꼴은, 기존 글꼴로 활자인쇄를 효율적으로 할 수 없고, 기존 글꼴로 폰트를 개발하는데 시간이 너무 많이 걸리고, 기존 글꼴로 훈민정음 본연의 원리에 근거해 컴퓨터 인코딩을 할 수 없다는 문제의식의 발로(發露)이다.</u> 그리고 필자의 글꼴이 이러한 문제점들을 해결할 수 있다고 믿는다. 완벽체를 사용하면 활자개발에 필요한 시간과 비용을 획기적으로 줄일 수 있다. 그러나 활자의 시대는 이미 지나갔다. 현재 활자는 박물관에서 겨우 명맥을 유지하고 있는 화석에 불과하다.

기존의 글꼴로 한글 폰트를 개발할 때도 활자를 개발할 때와 똑같은 어려움을 겪게 된다. 하지만 기술 복제 시대의 이점을 최대한 살려, 소수의 폰트 전문가가 장기간에 걸쳐 한글 폰트를 개발하게 하고 개발된 폰트를 복제해서 다수의 사람이 사용하면 폰트를 개발할 때 맞닥뜨리는 어려움도 어느 정도 완화할 수 있다. 그런데도 한글을 컴퓨터에 인코딩할 때 생기는 근본적인 문제, 한글을 디스플레이 장치에 띄울 때 발생하는 불합리하고 비효율적인 문제는 원자로의 꺼지지 않는 불씨처럼 절대로 사라지지 않을 것이다.

필자의 글꼴이 혁신적이고 기존 글꼴과 확연히 다른 장점이 있지만 글자는 지극히 보수적이기 때문에 <u>그 누구도 언중(言衆)에게 기존의 글자체를 버리고 특정 글자체를 쓰라고 강요해서는 안 되겠다. 필자는 단지 새로운 글꼴을 언중에게 제안할 뿐이다.</u> 강요와 제안의 차이는 강간과 유혹의 차이와 같다.

글꼴은 밈(meme)의 특성을 오롯이 지닌 문화의 한 부분이다. 글꼴이 언중의 선택을 받으면 거듭된 복제를 통해 언중 속으로 퍼져 나갈 수 있지만 언중의 선택을 받지 못하면 도태(淘汰)되어 망각의 강 속으로 조용히 사라진다. 필자의 글자체도 이러한 냉엄한 진리를 피해 갈 수 없다.

한바탕의 굿판이 끝나고 신들린 무당은 이제 작두에서 내려왔다. 성(聖)의 세계에서 속(俗)의 세계로 돌아온 무당은 참기름을 짜고 남은 깻묵이 되었다. 독자들이 참기름의 향과 맛을 만끽하기 바란다.

　오자와 탈자는 깊숙한 정글의 어두운 땅굴 속에 은신하고 있는 게릴라와 같다. 아무리 자주 소탕 작전을 벌여도 불사조처럼 또 나타난다. 오자-탈자, 혹시 있을 수 있는 비문, 논리의 불비(不備), 필자의 공부가 부족하여 발생한 오류는 모두 필자의 책임이다.

　필자의 가슴은 항상 열려 있고 로고스의 속삭임에 귀 기울일 준비가 되어 있다. 필자는 증거와 논리에 입각한 비판을 겸허하게 수용하고 이후 수정판에서 오류를 바로잡겠다.

　<u>책 제목에 대해 고민하다가 러시아 구조주의자 빅토르 시클롭스키(Viktor Shklovski 1893~1984)가 만든 용어 '낯설게 하기(defamiliarization)'가 독자들이 기존의 표준이론과 다른 관점에서 한글을 보아주었으면 하는 필자의 염원을 가장 잘 표현한다고 생각하여 차용</u>하기로 결정했다.

　책의 모든 내용을 정독하기 힘든 독자가 발췌 독서할 수 있게 돕고 시간을 절약해 주려고 중요한 내용에 밑줄을 그었다. 구입한 책의 모든 페이지를 읽어야 한다는 생각은 고정관념이다. 그런 일은 필자에게 큰 영광이지만 정보의 홍수 속에 사는 현대인은 자기가 필요로 하는 정보에 먼저 접근할 이유와 권리가 있다고 생각한다. 발췌독서 후 이 책이 정독할 만한 값어치가 있다고 생각하는 독자는 모든 장을 꼼꼼히 그리고 비판적으로 읽기 바란다.

감사의 말

　필자는 글립스(glyphs) 프로그램으로 완벽체를 개발했으나 마지막 내보내기(export) 과정에서 번번이 실패하는 바람에 눈앞에 보이는 글자를 폰트화 할 수 없었다. 필자가 좌절의 늪에서 오랜 기간 침전하고 있을 때 필자의 학우 조진이 문제를 해결해 주었고 비로소 완벽체는 세상으로 나와 숨을 쉴 수 있었다. 조진의 아낌없이_주는_나무 같은 호의가 없었다면 필자는 더 많은 산고(産苦)를 겪어야 했을 것이다. 이후 필자는 조진으로부터 여러 번에 걸쳐, 폰트포지(fontforge) 프로그램 사용법과 관련된 기술원조를 받았다. <u>조진의 헌신을 기리기 위해 완벽체의 한 변형을, 조진의 성 "조"와 필자의 성 "이"를 합쳐 조이체라 이름하겠다.</u> 지면을 통해 그의 호의에 감사의 마음을 표현하고 싶다.

일러두기

　훈민정음을 창제한 사람을 세종으로 정의한다.

광고

　희귀 자료를 필자와 공유하고 싶으신 분은 연락해 주세요! 추후 개정판에 반영하겠습니다.
　◆ "도와줄 의향이 있는 사람만 비판할 자격이 있다." 링컨 ◆
leechanjoo365@naver.com　　　☎ 010 2413 5266

목 차

머리글 ··· 2

1. 문자의 분류 ··· 7

   1-01 로고그램(표의문자表意文字 logogram) ··· 10

   1-02 로고그램-설형문자(楔形文字 cuneiform 楔:쐐기설) ······························· 10

   1-03 로고그램-한자 ··· 13

   1-04 음절문자(音節文字 Syllabary) ·· 18

   1-05 아브자드(abjad) ··· 20

   1-06 아브자드-페니키아문자 ··· 23

   1-07 알파벳(Alphabet) ··· 24

   1-08 아부기다(abugida) ··· 28

   1-09 아부기다-카로슈티문자/브라히미문자 ··· 30

   1-10 아부기다-데바나가리(Devanagari) ··· 33

   1-11 아부기다-실담문자(Siddham) ·· 34

   1-12 아부기다-크리문자 ·· 35

   1-13 중앙아시아 문자 ·· 38

   1-14 알파벳-파스파문자(Phagspa script) ··· 42

   1-15 자질문자(資質文字 featural writing system) ·· 47

   1-16 제작자가 알려진 문자 ··· 47

   1-17 한반도에 들어온 인도계 문자 ··· 48

2. 문자의 제작 원리 ··· 51

   2-01 동음기호 원리와 어두음 원리 ··· 51

   2-02 기호/원리/일괄차용(記號原理一括借用) ··· 52

   2-03 기호/원리/분리차용(記號原理分離借用) ··· 53

   2-04 어족간문자차용(語族間文字借用)에 의한 문자격변(文字激變) ············ 54

3. 훈민정음 ·· 58

   3-00 김선기의 훈민정음 연구 ··· 58

   3-01 기일성문도(起一成文圖) 유래설 ·· 59

   3-02 각필기호(角筆記號) 유래설 ··· 60

   3-03 초출자/재출자의 지사(指事) 원리설 ·· 61

3-04 팍스 몽골리카와 훈민정음 파스파문자 기원설 ·· 62

3-05 신미 관여설 ·· 79

3-06 헐버트의 훈민정음 연구 ··· 80

3-07 게리 레댜드(Gari Ledyard)의 훈민정음 연구 ·· 81

3-08 합자해(合字解)의 기원 ·· 83

3-09 네모꼴 한글의 유래 ··· 85

3-10 훈민정음의 'ㅇ'의 유래 ·· 86

3-11 훈민정음에 사용된 기호와 원리의 기원 정리 ··· 94

3-12 한글의 음절 수 ··· 114

3-13 형태에 따른 한글 모음자와 한글 음절의 분류 ··· 117

3-14 훈민정음은 불경 위에서 태어나 유교 경전 밑에서 압사당한 후 성경 위에서 부활했다. ······ 118

3-15 훈민정음 모음자의 우수성과 한계 ·· 128

3-16 성리학과 훈민정음 ··· 134

3-17 민족주의와 한글 ··· 139

4. 한글 기계화와 부호화 ·· 143

4-01 조선시대 인쇄업이 퇴락한 이유 ·· 143

4-02 한글 활자와 폰트의 문제점 (1,1127 종의 한글 활자, 구비하기도 힘들다) ············· 146

4-03 한글 부호화의 문제점 ··· 148

4-04 한글 풀어쓰기 ··· 149

4-05 안과의사 공병우의 세벌식 타자기와 세벌체 ··· 154

5. 모양과 기능 ··· 162

5-01 단백질의 구조와 기능 ··· 163

5-02 안와(眼窩)위눈두덩의 모양과 기능 ·· 164

5-03 치아의 모양과 기능 ··· 164

5-04 자물쇠와 열쇠 ··· 165

5-05 핀치의 부리 ··· 165

5-06 고래/어류/조류/배/항공기/로켓의 공통점 ··· 166

5-07 인간의 손 ··· 166

5-08 일자나사와 십자나사 ·· 168

　　5-09 지형에 의해 결정된 지리, 지리에 의해 결정된 문화, 권력과집중(權力過集中) ········· 168

　　5-10 찻주전자(teapot) ·· 171

　　5-11 약물의 구조와 효과 ·· 172

　　5-12 구조색 ·· 172

　　5-13 맨홀 뚜껑(manhole cover)의 모양 ·· 173

　　5-14 바퀴 ·· 175

　　5-15 정반(定盤 surface plate) ··· 174

　　5-16 수평형 도시와 수직형 도시 ·· 174

　　5-17 아치 ·· 175

　　5-18 바둑에서 모양과 기능(모양이 나쁘면 수가 난다) ·· 176

　　5-19 원소 ·· 178

6. 동양인은 왜 암기위주의 교육 문화를 갖게 되었나? ·· 184

7. 한글 음소(문자소)활자 제작 ·· 194

　　7-01 세종체와 완벽체의 정의 ·· 194

　　7-02 세종체로 음소활자 제작이 불가능한 이유 ·· 194

　　7-03 음소활자 제작방법 ·· 195

　　7-04 가변폭 음절과 고정폭 음절 ·· 198

　　7-05 비어 있는 종성 자리의 처리 ·· 199

　　7-06 음소 활자 수 계산 ·· 201

　　7-07 완벽체로 중세 국어의 모음 표기하기 ·· 201

　　7-08 이서체가 생기는 이유 ·· 202

　　7-09 한글 이서체의 역사 ·· 203

8. 세종체와 완벽체 ··· 206

9. 완벽체의 용도 ··· 209

10. 완벽체가 일찍 역사의 무대에 등장했다면? ·· 211

11. 완벽체 읽기 연습 ··· 212

색인 ·· 278

1. 문자의 분류

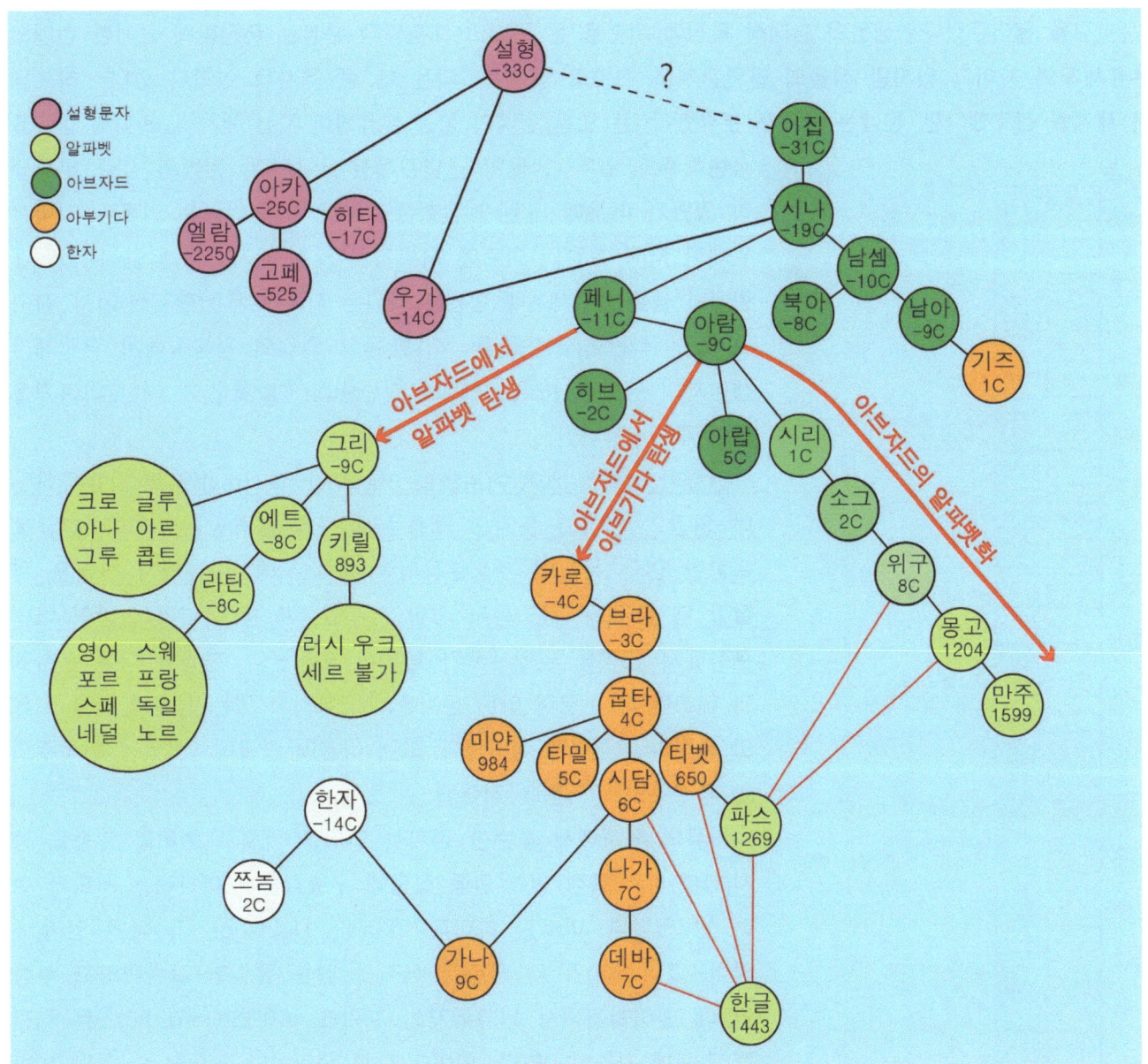

가나, 고페르시아, 곱트, 굽타, 그루지아, 그리스, 글루골라, 기즈, 나가리, 남셈, 남아라비아, 네덜란드, 노르웨이, 데바나가리, 독일, 라틴, 러시아, 몽고, 만주, 미얀마, 북아라비아, 불가리아, 브라흐미, 설형, 세르비아, 소그드문자, 스웨덴, 스페인, 시나이, 시담, 시리아, 아나톨리아, 아람, 아랍문자, 아르메니아, 아카디아, 에트루리아, 엘람, 영어알파벳, 우가리트, 우크라이나, 위구르, 이집트성각, 쯔놈, 카로슈티, 크로아티아, 키릴, 타밀, 티베트, 파스파, 페니키아, 포르투갈, 프랑스, 한글, 히브리
(이집트성각문자가 설형문자와 동시대(-33C)에 독립적으로 생겨났다는 설도 있다)

문자의 계보

우주에 내재한 우연성과 무작위성을 뛰어넘어 우리의 이성이 세상을 인식하기위한 방법 가운데 하나가 분류이다. <u>분류는 혼돈에 질서를 부여한다. 분류되지 않은 사물이나 개념은 인간에게 무의미한 쓰레기이며 분류되지 않은 자연은 인간 이성의 치외법권지대이다.</u> 고대 그리스의 철학자 아리스토텔레스(BC 384 – BC 322)는 학문의 기본적인 방법론으로 정의, 분류[1], 비교를 제시했고 생물 연구에 그의 방법론을 적용했다.

---

[1] 야마모토 다카미쓰 지음, 지비원 옮김, 그 많은 개념어 누가 만들었을까?, 메멘토(2023), p146

현대 생물 분류학(taxonomy)의 아버지 칼 폰 린네[2](1707-1778)는 생물을 계통학적으로 분류하고 종명과 속명을 붙여 사용하는 이명법(二名法binomial nomenclature)[3]을 정립해서 다윈이 진화론을 향해 나갈 수 있는 길을 열어주었다.[4] 생물의 형태적 특징에 기준을 둔 린네의 계통학적 분류는 유전학에 근거한 현대의 분류체계와 차이가 있지만 생물의 근연관계를 최초로 밝혀주었다는 데 큰 역사적 의의가 있다. "하느님이 세계를 창조했다면, 린네는 세계를 분류했다"[5]는 말은 린네의 생물 분류법이 지닌 역사적, 과학적 함의를 웅변해주고 있다. 생물의 근연관계를 알려주는 린네의 생물 분류법이 있었기 때문에 다윈의 진화론과 다윈이란 이름은 인류가 지나온 위대한 지적 등정의 여로에 지워지지 않는 발자국을 남길 수 있었다. 린네의 생물 분류체계에 힘입은 다윈은 지하 도서관(圖石館)에서 잠자고 있던 석판화(石版畫)를[6] 꺼내 들고 억겁의 광음속에서 명멸해간 생명체의 영고성쇠(榮枯盛衰)와 천변만화(千變萬化)에 대한 이야기를 읽어 주기 시작했다.

<u>인류가 생물을 계통수(系統樹 phylogenetic tree)에 의해 분류하듯이 인간의 언어와 문자도 계통수에 따라 분류할 수 있다. 한글을 포함한 인근 문자의 계통분류학적 조명(照明) 아래에서 한글을 관찰할 때 한글과 인근 문자 사이의 근연관계 뿐 아니라 한글이 어떤 문자에서 영향을 받았는지가 명확히 드러난다.</u> 한글을 다른 문자들과 대조할 때 한글이 다른 문자들과 공유하고 있는 성질과 한글 고유의 특징이 선명하게 나타난다. 그런 다음에 한글에 떠 있는 민족주의와 국수주의의 거품을 걷어낼 수 있다.

인류의 역사에서 불순한 정치적 의도를 가지고 언어와 인종을 등치(等値)시켜 특정 언어-인종 집단에 우월감을 부여하려는 시도가 여러 번 있었다. 마르틴 하이데거(Martin Heidegger)가 어떤 언어(독일어, 그리스어)가 더 우수한 생각을 담는 유일한 그릇이라고 주장할 때 언어학자이자 인류학자인 프란츠 보아스(Franz Boas)는 객관적 기준에 기초해 어떠한 언어도 다른 언어보다 우수할 수 없다고 반박했다. 1872년 언어학자 막스 뮐러(Max Müller)는 "아리안의 두상(Aryan skull)이라는 개념은 비과학적일 뿐만 아니라 반과학적이다"

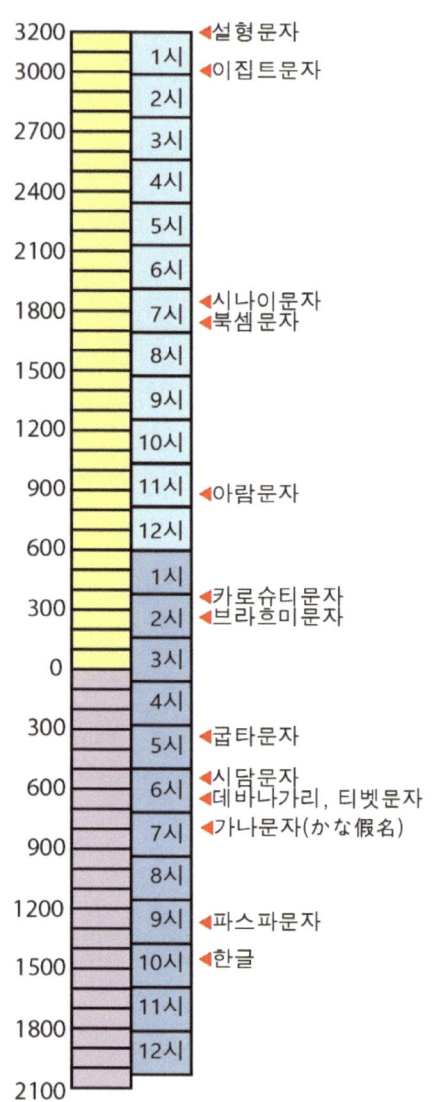

문자 탄생 연대표

---

[2] 린네는 처음으로 남성에 대해 ♂ 기호를, 여성에 대해 ♀ 기호를 사용했다.
[3] 이명법은 종명-속명-명명자의 이름으로 구성되나 명명자는 생략될 수 있다.
[4] 린네의 업적에 대하여 본문과 다른 시각도 존재한다. 필자는 다양한 시각을 존중하고 환영한다.
설혜심은 린네의 분류체계에 숨어 있는 제국주의적 폭력성과 유럽중심주의적 독단을 날카롭게 지적하고 있다. "수집 행위는 사회 엘리트층의 전유물이었다. 새로운 권력자로 떠오른 세속 군주들이 자신들의 힘과 권위를 과시하기 위해 물건을 모아 들였던 것이다. 그리고 군주에게 봉사하며 새로운 국가 정체성 만들기에 협조한 지식인들이 고전-고대의 유물을 통해 위대한 과거를 전유하는 한편, 신대륙에서 들어온 물건을 소유함으로써 세계를 품으려고 했다. 그렇게 수집한 수많은 물건과 동식물이 린네 같은 학자들에 의해 자연사적으로 분류되었다. 오늘날까지도 유효하게 이용되는 분류체계는 실제로는 지독하게 유럽 중심적인 지적 체계로서, 중립적인 과학으로 포장되어 객관성을 확보해갔다."
설혜심, 소비의 역사, 휴머니스트출판그룹(2023), P 192
[5] 이별빛달빛, 자연사혁명의 선구자들, 한울(2022), P 186
[6] 화석

라고 비판했다. "언어는 순결하지도 않고 인종의 지적 능력을 대표하지도 않는다."[7] 언어와 마찬가지로 문자들 사이에 우수와 저열(低劣)의 구분은 있을 수 없다. 단지 무지와 편견만 있을 뿐이다.

분류	표상 단위	예	주창자	분류	표상 단위	예	주창자
로고그램 (logogram)	낱말, 형태소, 음절	한자 설형문자		아브자드 (abjad)	자음	아랍문자 히브루문자	피터 다니엘
음절문자 (syllabary)	음절	가나 (かな假名)		알파벳 (alphabet)	자음, 모음	라틴알파벳	
아부기다 (abugida)	자음, 모음구별보호	인도계 문자	피터 다니엘	자질문자資質文字 (featural system)	아음소	한글, 텡과르문자	제프리 샘슨

*아브자드=아랍문자의 첫 네 글자(alif, ba, jim, dal)
*아부기다=기즈문자(Ge'ez scrip)의 첫 네글자(a, bu, gi, da)

문자의 분류

김하수/연규동은 문자상대주의를 점잖게 강조했다. "언어와 문자를 논의하면서 스스로 경계할 것은 언어와 문자의 우수성 따위를 함부로 말하지 말라는 것이다. 언어에 우열이 없다는 것은 이미 오래전부터 익히 계몽되어 왔지만 문자에 대해서는 일종의 우열 의식이 아직 많이 남아 있다. 적어도 지금까지는, 완벽하고 전지전능한 문자를 찾아내지도 만들어 내지도 못했다. 모든 문자들이 그 나름대로 편리하거나, 멋있거나, 해당 언어와 최적화되어 있어 모두 그 나름의 장점들이 있다. 혹 어떤 문자는 전통 신앙을 상징하기도 한다. 한국인들처럼 잘 만든 문자를 자랑스러워 하기도 한다. 알파벳 사용자들은 그리스 문화로부터 면면히 흘러내려 온 장구한 '문화적 계승'과 '범세계적인 보편성'을 더 중요하게 생각한다. 자신의 문자에 대한 잣대를 남들에게 강요할 일은 아니다."[8]

구한말, 일제 강점기, 경제 개발기의 우리 민족은 국제사회에 오롯이 내세울 만한 것이 없었다. 또 민족적 자부심도 위축될 데로 위축되었기 때문에 세종과 한글에 지나치게 많은 민족적 긍지를 투사한 것이 사실이다. 이런 과정에서 표음 문자로 태어난 한글은 신성문자가 되어갔고 자연스럽게 우리는 매일 연못에 비친 자신의 얼굴에 도취(陶醉)된 나르시스가 되지 않았나 하는 생각이 든다. 이제라도 객관성의 조명 아래서 한글을 다시 들여다본다면 우리가 그동안 위대하다고 생각했던 한글의 특성 중 많은 부분이, 이웃 민족들이 실험했던 문자의 원리와 오랜 기간 누적된 음운 지식을 차용할 수 있었던, 후발주자만 누릴 수 있었던 특권의 산물이었음을 우리는 이해할 수 있을 것이다. 한글에 대한 과도한 자부심과 사랑에서 초래된 근거 없는 우월감을 이제는 거두어야 한다.

문자 탄생 연대표를 보면 5200년이나 되는 문자의 역사에서 훈민정음의 창제는 아주 최근의 일이라는 사실을 알 수 있다. 진화생물학자가 지구의 탄생에서부터 지금까지의 기간을 하루로 환산하여 인류의 출현 시점을 보여주듯이 설형문자의 원형이 처음 나타난 시간부터 지금까지의 기간을 24시간으로 환산하면 한글은 저녁 10시 20분에 창제되었다.[9]

---

[7] David W. Anthony, The horse, the wheel and language, Princeton, P 10-11
[8] 김하수, 연동규, 문자의 발달, 커뮤니케이션북스(2015). P viii
[9] 김주원, 세계 여러 문자의 모음 표기 양상과 훈민정음의 모음자, 국어학 제80집(2016.12), p 78

1-01 로고그램(표의문자表意文字 logogram)[10]

<u>로고그램(표의문자)은 단어나 형태소[11](morpheme)를 기록하는 서사체계이다. 한자, 이집트 성각문자, 쐐기문자가 로고그램에 속한다. 알파벳과 음절문자는[12]</u> 음성을 기록하기 위한 문자라는 점에서 로고그램과 다르다. 언어학에서는 이같은 문자를 <u>표음문자(phonogram)</u>라고 한다. 로고그램과 다르게 표음문자는 어떠한 의미도 표상하지 않는다.

로고그램은 중동, 아프리카, 중국, 중앙아메리카에서 인류가 역사상 가장 일찍 사용한 초창기 기록체계이다. <u>모든 로고그램에는 레부스 원리(rebus principle동음기호원리同音記號原理)에[13] 기반을 둔 음성학적 구성요소(phonetic component)가 있다. 자연언어를 기술하기 위해 사용된 모든 로고그램은 상대적으로 제한된 글자의 수를 극복하기위해 레부스 원리에 의존했다.</u> 이집트어와 중국어에서 외국어와 방언을 적는데 레부스 원리를 적용했다. 그러다 로고그램의 일부 글자가 로고그램의 뜻이 아닌 로고그램의 자음 음가나 음절 음가로 이용되기 시작했다.

1-02 로고그램-설형문자(楔形文字 cuneiform 楔: 쐐기설)[14]

메소포타미아에서 우랄-알타이어 계통의 언어를 구사했던 수메르인은 기원전 3500년 이전에 인류 최초로 수메르 그림문자와 설형문자를 만들어 사용했다. 회계와 세금 징수를 효과적으로 수행하기 위해 발명된 쐐기문자는 행정통제의 도구였다. 메소포타미아에서 발견된 문자 유물 중 많은 분량은 행정 문서이고 우리가 생각하는 순수문학은 메소포타미아와 이집트에서 존재하지 않았다.[15]

수메르 그림문자와 설형문자는 메소포타미아 지역에서 풍부한 진흙에 갈대 펜(stylus)으로 기록되었다. <u>글자의 모양이 쐐기를 닮았기 때문에 수메르인들이 사용하던 문자에 설형문자라는 이름이 붙여졌다.</u> 우루크에서 수메르인들에 의해 만들어진 초창기 상형문자는 점차 설형문자로 바뀌어 갔다.[16] 많은 점토판이 발견된 덕분에, 문자학자들은 수메르 설형문자 발생의 초기 단계부터 후기단계까지 모든 단계를 파노라마처럼 관찰할 수 있었다. 점토는 화재가 발생하면 구워져서 도자기나 옹기처럼 단단해지기 때문에 파피루스, 종이, 패엽(貝葉palm leaves), 자작나무 껍질(birch bark)보다 훨씬 더 오랜 기간 보존될 수 있다. <u>쐐기문자는 오랜 시간을 거쳐 그림에서 글자로 전환되는 모든 과정을 빠짐없이 보여주는 유일한 글자이다.</u>[17] 세월이 지나면서 인류 최초의 상형문자인 쐐기문자에도 원시적 형태의 음절문자와 알파벳이 혼합되어 나타나기 시작하였다.

---

[10] Wikipedia(2022), Logogram
[11] 한 언어에서 의미를 지닌 가장 작은 단위. 보두앵 드 쿠르트네(Baudouin de Courtenay 1845-1929)가 처음으로 폭넓은 의미로 사용하였다. 형태소와 이형태(異形態allomorph)가 연관된 음운론적 현상을 연구하는 학문분야를 형태음운론(形態音韻論 morphophonology)이라 하는데 러시아의 언어학자 니콜라이 트루베츠코이(1890-1938)에 의해 많은 연구가 진행되었다.
[12] 저자주: 자음과 모음이 결합된 음절이 기본단위로 표기되는 문자. 일본의 가나, 인도의 문자들이 음절문자의 대표적인 예이다.
[13] 조두상, 쐐기문자에서 훈민정음까지, 한국문화사(2009), P 72
   추상적인 단어는 그림 문자로 나타내기 어렵다. 따라서 추상적인 단어를 그림 문자로 표기할 수 있는 단위로 쪼갠 다음 여러 개의 그림 문자로 표시하는 방법. 예를 들면, belief를 be+lief로 간주해 같은 발음인 bee(벌)+leaf(잎)로 쪼갠 다음 벌과 잎을 표시하는 그림 문자들로 짜맞춘다. 그러면 이 단어의 뜻은 벌잎이 아니라 빌리프 즉 믿음이다.
[14] 조두상, 히타이트 제국 문자와 페니키아문자 기원, 한국문화사(2016)
[15] 우베 유쿰 지음, 박희라 옮김, 모든 책의 역사, 마인드 큐브(2017), P 51
[16] 김산해, 최초의 역사 수메르, 휴머니스트출판그룹(2021), P 62
[17] 조두상, 쐐기문자에서 훈민정음까지, 한국문화사(2009), P 53

기원전 2350년경에 셈어를 구사하는 아카디아(Akkadian)인이 수메르를 침략하고 강점한 후 수메르 설형문자와 수메르 단어를 차용하여 아카디아어를 표기하였다. 수메르 문자는 표의문자와 약간의 음절문자로 되어있기 때문에 수메르 표의-음절문자로 불린다. 기원전 제2차 천 년경에 아카디아어는 아시리아어와 바빌로니아어로 분화되었다. 셈어족에 속한 아람어와 페니키아문자에서 유래된 아람문자가 세력을 잡기 시작한 기원전 8세기까지 아카디아어와 아카디아 쐐기문자는 국제어와 국제 문자로 중동지방에서 사용되었다. 서기 1세기에 아카디아 쐐기문자는 소멸하였다.[18]

쐐기문자는 시대별로 변화하였다. BC 3000년경 수메르어는 그림문자로 표기되었고 BC 2800년경 그림문자가 반시계 방향으로 90º 회전하였다. BC 2500년경 그림문자는 쐐기 형태로 변형되었고 BC 1800년경 쐐기 획이 세련되어 지기 시작하였다. BC 600년경 쐐기문자는 단순화된 모습을 보였다.[19] 영국의 고고학자 헨리 롤린슨(Henry Rawlinson 1810-1895)은 표의문자(그림문자)가 쐐기문자로 변해가는 과정을 생생히 보여주는 새김 글을 우루크(현대 Warka)에서 발견하였다.[20]

1978년 미국의 슈만트-베세라트(Schmandt-Besserat)는 수메르 설형문자의 기원을 설명하는 물표이론(物標理論)을 발표하였다. 기원전 3,0000~1,2000 년부터 우루크 도시국가에서 수메르인들은 물물 거래를 할 때 물건의 입출 과정을 기록하거나 계약서를 만들기 위해 점토로 만든 물표(物標token)를 사용하기 시작하였다. 물표에 남아 있는 손가락 지문은 물표가 손으로 만들어졌다는 사실을 증명하고 있다.[21] 기원전 3500년경 물표의 주인은 물표가 흩어지는 걸 방지하기 위해 구 모양의 흙 봉투(bulla)에 물표를 넣고 보관하기 시작했다. 시간이 흐른 후에 물표의 주인은 계약 내용을 상기하기 위해 흙 봉투를 깨고 물표의 수와 종류를 확인했다. 이런 번거로운 파쇄 작업을 피하려고 수메르인들은 흙 봉투의 표면에 물표의 수와 종류를 새겨 넣기 시작했다. 기원전 3200년경 흙 봉투는 점토판으로, 물표는 그림으로 대체되었다. 점토판은 구형의 흙 봉투보다 가볍고 보관하기 편리했다.[22] 물표가 문자로 전환되면서 물표의 인기와 사용은 격감하였다.[23]

수메르인은 수메르 지역에 살고 있던 원주민(dark-faced people)을 몰아냈지만 원주민이 사용하던 지역의 이름은 계승하였다. 지역명(地域名)을 적기 위해 표의문자였던 수메르 설형문자에 음절문자적 요소가 첨가되기 시작하였다. 샘슨은 수메르문자에 음성표기 원리가 도입된 동기는 문법적 요소를 표기하기 위해서가 아니라 고유 이름을 적기 위해서였다고 말한다.[24]

기원전 제3차 천 년 기간 동안 수메르의 문화를 흡수한 아카드는 사르곤1세(Sargon Ⅰ)의 통치기 55년(BC 2334-BC 2279)을 거치며 세계 제일의 제국으로 발돋움하였고 아카드어는 국제어의 지위에 올랐다. 아카드어는 현재의 이라크와 시리아에서 BC 2800년에서 AD 500년 사이에 사용된 셈어 계통의 언어였고 수메르어는 고립어(language isolate)였기[25] 때문에 이 두 언어는 아주 다른 어족에 속한다. 중국어와 한국어/일본어는 아주 이질적인 언어임에도 불구하고 일본인이 한자를 차용한 것처럼 아카드인은 수메르

---

[18] 조두상, 히타이트 제국 문자와 페니키아문자 기원, 한국문화사(2016), P 216-218
[19] 조두상, 히타이트 제국 문자와 페니키아문자 기원, 한국문화사(2016), P 220
[20] 조두상, 히타이트 제국 문자와 페니키아문자 기원, 한국문화사(2016), P 242
[21] 조두상, 히타이트 제국 문자와 페니키아문자 기원, 한국문화사(2016), P 225
[22] 조두상, 히타이트 제국 문자와 페니키아문자 기원, 한국문화사(2016), P 221-222
[23] 앤드류 로빈슨 지음, 박재욱 옮김, 문자 이야기, 사계절(2013), P 58
Denise Schmandt-Besserat, How writing came about? Texas (2006), P 1-54
[24] 조두상, 히타이트 제국 문자와 페니키아문자 기원, 한국문화사(2016), P 236-237
[25] isolating language와는 다른 개념으로 같은 계통의 언어 없이 홀로 존재하는 언어를 의미한다.

설형문자를 채택했다.[26] 아카드인은 수메르 설형문자로부터 음절문자의 일종인 아카드 쐐기문자를 만들어 냈다. 그러나 수메르인은 수메르 그림문자로부터 음절문자를 만들어 내는 데 있어서 적극적이지 못했다.[27]

페르시아 아케메니드 왕조의 다리우스Ⅰ세(Darius BC 521~486)는 오직 그의 치적을 선전할 목적으로, 페르시아어, 엘람어, 아카드어를 표기할 수 있는 페르시아 쐐기문자를 제작하고 베히스툰 암벽에 그의 치적을 새기도록 명령했다. 키루스(Cyrus BC 559-530) 왕의 비석도 다리우스Ⅰ세의 명령에 의해 만들어진 것으로 전해진다. 페르시아 쐐기문자는 수메르 쐐기문자와 아카드 쐐기문자보다 훨씬 간단하고 체계적으로 만들어졌기 때문에 음소문자에[28] 근접한 음절문자 즉, 반-알파벳 쐐기문자 (semi-alphabetic cuneiform) 라고 불린다.

출처: omniglot.com
조두상, 히타이트 제국문자와 페니키아 문자 기원, 한국문화사(2016) P 271

고대 페르시아 설형문자(old persian cuneiform)

고대 페르시아 쐐기문자는 36개의 철자와 5개의 표의문자로 구성되어 있다. 고대 페르시아 쐐기문의 판독은 독일의 그로테펜트(Grotefend 1775~1853)에 의해 시작되었고 영국의 헨리 롤린슨(Henry Rawlinson 1810~1895)에 의해 완성되었다. 롤린슨은 90m 나 되는 절벽에서 밧줄 하나에 의지해가며 베히스툰 비문(Behistun Inscription)을 필사한 다음 다리우스왕이 새겨 놓은 글을 해독해 냈다.[29]

아시리아 제국의 아람어(Aramaic)를 표기하는 아람알파벳(Aramaean alphabet)은 획수와 철자 수가 적었기 때문에 쐐기문자를 대체하기 시작하였고 쐐기문자는 쇠망의 길에 들어서고 말았다.[30]

1928년 시리아의 고대도시 우가리트에서 한 농부가 밭을 갈다가 석판을 발견했다. 고대 아카디아어와 바빌론어로 '우가루'는 밭, 땅을 의미한다. 석판을 들어 올리자 부장품이 가득한 묘실이 드러났다. 우가리트알파벳은 1947년 이스라엘의 쿰란 동굴에서 발견된 사해사본(기원전 2세기의 유대교 경전)과 함께 20세기의 가장 중요한 성서-고고학적 발굴로 평가되고 있다. 우가리트는 기원전 2000년경부터 기원전 1180년까지 키프러스, 이집트, 이라크와 국제교역을 통해 번성한 고대국가였다.[31] 그러나 정치적으로 우가리트는 이집트와 히타이트 사이에서 아슬아슬한 줄타기를 하고 있었다. 우가리트에서 10개 이상

---

26 앤드류 로빈슨 지음, 박재욱 옮김, 문자 이야기, 사계절(2013), P 45
27 조두상, 히타이트 제국 문자와 페니키아문자 기원, 한국문화사(2016), P 250-252, 257
28 저자주: 자음자와 모음자의 이루어진 문자. 로마 알파벳과 한글이 대표적인 음소문자의 예이다.
29 이승훈, 한자의 풍경, 사계절(2023), P 105
30 조두상, 히타이트 제국 문자와 페니키아문자 기원, 한국문화사(2016), P 269-271, 273
31 정수일, 실크로드 문명기행, 한겨레출판(2019), P 326-331

의 언어와 5개의 문자가 사용되었다.[32]

우가리트 설형문자

출처: omniglot.com
Wikipedia(2023), "Ugaritic alphabet"
조두상, 히타이트 제국문자와 페니키아 문자 기원, 한국문화사(2016) P 155

기원전 13세기 우가리트(시리아의 Ras Shamra)의 서자생들은 메소포타미아 쐐기문자의 자형과 원시-시나이 자음문자의 원리를 결합하여 세계 최초의 알파벳이라고 할 수 있는 우가리트알파벳을 만들어 냈다. 몇몇 학자들의 주장에 따르면 우가리트문자는 갈대 펜(stylus)으로 원시-시나이문자를 점토판에 쓸 때 나타나는 원시-시나이문자의 점토-판-변형체이다. 꺾인 쐐기는 셈 알파벳(페니키아아브자드)의 원에 해당한다.

따라서 O(그리스알파벳), Q(로마알파벳), Θ(그리스알파벳)에 해당하는 우가리트문자에 꺾인 쐐기가 있다. 그리고 그리스문자 ΥΠΣ(θ)와 이들에 해당하는 우가리트문자는 서로 닮았다. 제레드 다이아몬드는 우

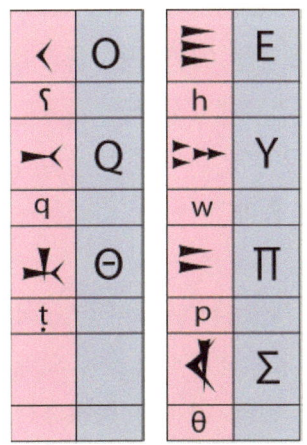

우가리트문자 vs 그리스문자·로마문자

가리트문자가 최소 획수로 이루어졌다는 사실에 근거하여 우가리트문자는 치밀하게 설계된 문자라고 확신한다.[33] 우가리트문자는 아카드 설형문자처럼 음절문자가 아니라 음소문자, 즉 아브자드에 가까운 알파벳이었다. 우가리트알파벳의 이름/순서는 원시-가나안문자나 페니키아자음문자의 이름/순서와 매우 흡사하다. 우가리트알파벳에서는 원시-시나이 자음문자에 있는 도상성을 찾아 볼 수 없다. 우가리트문자로 기록된 점토판은 유대교 구약성경과 비슷한 내용을 많이 담고 있어서 구약성경의 해석 오류를 바로잡거나 보충하기 위한 자료로 이용되고 있다.[34] 1921년 이후 발견된 1천여 개의 우가리트 점토판에 기록된 문학과 종교 기록이 구약성서의 이야기와, 어떤 부분에서는 구절까지, 유사한 것으로 보아 성서의 이야기가 히브리어로 기록되기 수세기 전에 이미 설형문자로 기록되었다는 사실을 확인할 수 있다.[35]

1-03 로고그램-한자[36]

청나라 말기의 금석학자(金石學者 금속이나 돌로 만들어진 유물에 새겨진 글씨를 연구하는 전문가) 왕

---

[32] 앤드류 로빈슨 지음, 박재욱 옮김, 문자 이야기, 사계절(2013), P 162
[33] Wikipedia(2023), Ugaritic alphabet
[34] 조두상, 히타이트 제국 문자와 페니키아문자 기원, 한국문화사(2016), P 94, 95, 140, 161
[35] 앤드류 로빈슨 지음, 박재욱 옮김, 문자 이야기, 사계절(203), P 163
[36] Wikipedia(2022), logogram

의영(王懿榮,1845~1900)은 1899년 말라리아에 걸려 달인당(達仁堂)이라는 약방에서 약 처방을 받았다. 약 성분 가운데 용골(龍骨)이 들어있었다. 왕의영은 용골을 유심히 바라보다 용골에 새겨진 글자가 범상치 않음을 눈치채게 되었고 용골의 출처를 추적하여 하남성 안양현 소둔촌에서 발견된 전량을 매입한 후 용골에 새겨진 글자를 연구하기 시작하였다. 왕의영은 용골이 상(商)나라 시대에 점을 치는 데 사용된 물건이었다는 사실을 알아챘다. 전설 속에서만 존재하던 상나라의 실체를 밝혀내는 순간이었다. 이듬해인 1900년 왕의영은 의화단운동을 막지 못한 책임을 지고 가족과 함께 우물에 몸을 던져 자결했다.[37]

상나라의 수도 은허(殷墟)는 주나라에 의해 멸망된(BC 1046) 후 폐허가 되었다. 여기에서 발견된 갑골문을 연구한 결과 상나라는 왕이 제사장의 역할을 겸하는 제정일치(祭政一致) 국가였다는 사실이 밝혀졌다.[38] 갑골문은 단단한 뼈 위에 대부분 칼로 새겨졌기 때문에 갑골문에서 원형이나 곡선 획은 드물고 직선 획이 주류를 이룬다. 작은 뼛조각에 글자를 새겨야 했기 때문에 갑골문의 서사자는 허사(虛辭)와 같은 필수적이지 않은 문법적 요소는 과감하게 생략하고 최대한 간결한 문체를 사용하였다. 또 갑골문은 점과 같은 단편적인 사실을 기록하는 데 사용되었기 때문에 문장구조가 소박하고 관형사나 부사 같은 수식어구가 적었다.[39]

갑골문이 쓰이던 기원전 1300년 전, 상나라 시대 화북지방의 기후는 코끼리가 살 수 있고 대나무가 자랄 수 있을 정도로 온난 다습했다. 대나무로 만든 죽간은 동물의 뼈와 함께 서사 재료로 사용되었으나 쉽게 부패하므로 아주 건조한 지역이나 공기가 차단된 진흙 속에서도 갑골(용골)보다 드물게 발견된다.[40] 미래에 관한 질문이 쓰인 거북의 배딱지(carapace), 소나 사슴의 갑골(甲骨scapula)을 불 위에 올려 놓으면 배딱지와 갑골이 급팽창하며 불규칙한 모양으로 금이 간다. 여기에서 균열(龜裂)이라는 말이 기원하게 되었다. 신관이 금의 모양으로 점을 쳐 질문에 대한 답을 얻고 뼈에 기록하였다. 그러나 신탁 대신 나중에 발생한 일을 적어 넣는 일도 많았다.[41] 예언이나 신탁은 항상 잘 들어맞는다 과거를 예언하면. 청동기 시대 상나라의 왕은 전쟁과 같은 국가의 중대한 문제를 결정하기 전에 신탁을 얻기 위해 균열을 만들고 균열의 모양을 해석했다. 따라서 갑골문(甲骨文)은 사람과 사람이 소통하기 위한 글자가 아니었고 사람과 귀신(sprits or ancestors)이 소통하기 위한 글자였다.[42] 이후로 인간과 귀신이 소통하기 위한 갑골문은 인간과 인간이 소통하기 위한 한자로 진화하게 된다.

상(商)나라 말기와 주(周)나라 건국 초기에 민간에 퍼져 있던 인격신으로서의 상제(上帝)는 주나라 건국 초기가 지나면서 천(天)이라는 개념으로 서서히 대체되기 시작했고 춘추 전국 시대의 제자백가들에 의해 관념적이고 철학적인 천(天)으로 정제되고 완성되었다. 명(明)나라 때 한문과 중국 고대 경전에 능통했던 예수교 선교사 마테오 리치(Matteo Ricci)는 민간의 의식 속에 뿌리 깊게 존재하고 있던 인격신 상제와 천주교의 교리를 접목하였다. 하느님의 존재 근거와 속성을 중국의 상제에서 찾으려고 마테오 리치가 저술한 천주실의(天主實義)는,[43] 새로운 종교가 소개될 때 면역거부반응을 최소화하기 위해 새 종교가 기존 종교와 비슷한 모습으로 나타나는, 혼합주의(syncretism)의 전형적인 예이다. 인도의 불교도 중국에 처음

---

37 이승훈, 한자의 풍경, 사계절(2023), P 103, 104
38 강희정, 동양미술 이야기 2, 사회평론(2022), P 112
39 이승훈, 한자의 풍경, 사계절(2023), P 123, 304
40 이승훈, 한자의 풍경, 사계절(2023), P 197
41 앤드류 로빈슨 지음, 박재욱 옮김, 문자 이야기, 사계절(2013), P 10
42 Mark kurlansky, Paper, NORTONS(2016), P 24
43 이승훈, 한자의 풍경, 사계절(2023), P 159-160

소개될 때, 중국 토착 종교인 도교의 개념과 개념어를 차용할 수 있었기에 중국인에게 친근하고 낯익은 모습으로 다가갈 수 있었다.

중국 동한(東漢) 시대의 허신(許愼AD 30~AD 124)이 동한 시대까지의 문자학을 집대성하여 한자 9353자를 부수법(部首法)에 의해 540부(部)로 분류하고 육서법(六書法)에 의해 글자의 근원을 밝힌 『설문해자說文解字100』를 편찬하였다. 허신은 『설문해자』에서 한자는 처음 만들어진 이후 변화가 없었다는 고정관념을 깨고 한자의 변천 과정을 밝혔으며 한자를 기본 글자인 부수(部首)로 분류하고 한자의 제자원리인 육서(六書)를 처음으로 도입하였다. 그러나 허신은 20세기에 발견되고 연구가 본격화된, 청동기에 새겨진 금문과 동물 뼈에 새겨진 갑골문을 볼 수 없었으므로 그의 『설문해자』는 한자가 만들어진 연원에 대해 무리하고 억지스러운 해설이 많다는 한계점도 가지고 있다.

서진(西晉265~316)의 무제(武帝265~290) 때 여침(呂忱?~?)은 『설문해자』에 3471자를 증보해 1,2824개의 한자를 수록한 『자림字林280』을 펴냈다. 남조(南朝) 시대 양나라의 고야왕(顧野王519~581년)은 표제자의 발음을 반절로 표기하고, 표제자의 의미에 맞는 용례를 첨부한 『옥편玉篇543』을 펴냈다. 고야왕은 『설문해자』의 체제와 내용으로부터 영향을 받아 『옥편』에서 1,6917개의 표제자를 542개의 부수에 따라 배열하였다. 그러나 『설문해자』에서 글자 형태의 유사성에 따라 부수가 배열됐지만, 『옥편』에서는 글자 의미의 유사성에 따라 부수가 배열되었다.

명나라 신종 때 매응조(梅膺祚)가 편찬한 『자휘字彙1615』와 청나라 강희제(康熙帝, 1654년~1722년)의 칙령으로 제작된 『강희자전康熙字典1710』에서 540개의 부수가 214개로 통합되었다. 정자(正字) 4,7035자와 고문자(古文字) 1995자를 합쳐 4,9030자가 『강희자전』에 등재되어 있다.[44] 여기서 육서에 대해 잠깐 알아보자.

① 상형(象形pictograms): 형태(소)를 그려서 글자를 만드는 방법이다.
산(山), 월(月), 일(日)을 예로 들 수 있다.

② 지사(指事ideograms): 추상적인 개념을 시각화해 글자를 만드는 방법인데 상형문자에 점이나 획 (지사변환자ideographic indicator)을 추가하는 경우가 많다.
上과 下를 예로 들 수 있다. 칼을 의미하는 도(刀)는 상형문자이지만 여기에 획을 더해 만들어진 인(刃)은[45] 날을 의미하는 지사문자이다. 주(朱), 본(本), 말(末)은 목(木)에 가로획이 더해진 글자이다. 왈(曰)은 구(口)에 가로 획이 더해진 글자이다.[46]

③ 회의(會意Radical-radical compounds): 두개의 부수를 모아 새로운 뜻을 지닌 글자를 만드는 방법이다. 예를 들면, '쉬다'란 뜻을 지닌 休는 사람이란 뜻의 人과 나무라는 뜻의 木이 모인 글자이다.

④ 형성(形聲Radical-phonetic compounds): 형(形부수radical)은 글자의 일반적인 뜻을 나타내고 성(聲소리phonetic)은 글자의 발음에 대한 힌트를 준다. 이처럼 형성자에는 회화적 요소와 표음적 요소가 결합되어 있다. 한자에서는 형과 성의 역할을 하는 두 개의 로고그램이 결합하여 많은 글자가 만들어진다. 인간의 기억력에는 한계가 있기 때문에 새로운 사물과 개념에 대응하는 글자를 무한정 만들고 기억할 수 없다. 따라서 표의 기호 표음기호와는 당연한 귀결이고 거의 모든 문자의 역사에 나타나

---

44 이승훈, 한자의 풍경, 사계절(2023), P 488,
　네이버(2024), 옥편, 자림, 자휘, 강희자전
45 허진웅, 조용준 옮김, 중국문자학강의, 고려대학교출판문화원(2016), P 191
46 허진웅, 조용준 옮김, 중국문자학강의, 고려대학교출판문화원(2016), P 194, 195

는 보편적 현상이다.[47] 어두음원리와 동음기호원리는 표의기호의 표음기호화를 지지하고 있는 두 개의 기둥이다. 갑골문(BC 1300)에서 형성자가 27%, 설문해자(AD 100)에서 형성자가 80%, 현대 한자에서 형성자가 90%를 차지한다는 사실은 한자가 2000년 전에 이미 표음문자화된 표의문자였다는 걸 의미한다.[48]

蜘蛛(거미)는 虫(벌레의 의미), 知(소리), 虫(벌레의 의미), 朱(소리)로 되어 있다. 知와 朱에 동음기호원리(rebus principle)가 적용되어 知와 朱의 의미는 무시되고 음으로만 사용되고 있다. 樑에서 梁은 글자의 성을 나타내고 木은 받침목을 나타내는 형이다.

시간이 지나면서 언어는 진화 과정을 겪기 때문에, 같은 '성(聲)'을 공유하는 형성자들의 발음이 달라지기도 한다. 每의 뜻은 '각각'이고 발음은 '매'이다. 侮의 뜻은 '모욕하다'이고 발음은 '모'이다. 悔의 뜻은 '후회하다'이고 발음은 '회'이다. 海의 뜻은 '바다'이고 발음은 '해'이다. 현대어에서는 네 글자의 발음이 확실히 다르지만 3000년 전에는 네 글자의 발음이 아주 비슷했다.

⑤ 전주(轉注 Changed-annotation characters): 하나의 글자가 원래의 의미를 잃고 다른 뜻으로 사용되는 방법을 말한다.

樂은 '음악'을 나타낼 때 '악'으로 발음되고 '즐겁다'를 의미할 때는 '락'으로 발음된다. 自는 원래 갑골문에서 코를 의미하고 상형에 속하는 글자였지만 전주된 후에는 '자신'이란 뜻을 지닌 재귀대명사가 되었다. 이후 '자신'이라는 새로운 뜻이 본래의 뜻 '코'를 압도하게 되었다. 비(卑)가 자(自)에 결합한 비(鼻)가 '코'라는 뜻을 대신하게 되었다.[49] 비(非)는 원래 갑골문에서 두 손을 바깥쪽으로 하여 물체를 밀어내는 모습을 하는 글자였으나 부정사(不定詞)로 쓰이고 있다.[50] 막(莫)은 원래 갑골문에서 해가 지고 황혼이 내리는 모습을 나타내던 글자였으나 '~해선 안 된다'의 의미를 갖게 됐다. 막(莫)에 해를 나타내는 부호 日가 추가되어 '해 저물 모(暮)'가 되었다. 행(行)자는 갑골문에서 사거리를 나타내는 글자였으나 사거리라는 의미를 상실하고 동사 '가다(行)'의 의미로 사용되고 있다. 흑(黑)은 원래 갑골문에서 검정 문신을 한 얼굴을 나타냈으나 검은색(黑)을 나타내는 글자로 전주되었다. 만(萬)은 갑골문에서 전갈을 나타내는 글자였으나 숫자만 나타내는 글자로 전주되었다. 만(萬)에 충(虫)이 붙어 전갈을 나타내는 채(蠆)가 되었다. 갑골문에서 노인을 몽둥이로 살해하는 장면을 나타냈던 미(微)는 '미약하다'라는 뜻으로 전주되었다.[51]

⑥ 가차(假借 Improvisational characters 또는 'improvised-borrowed-words'): 가차는 원어에 없는 발음을 표시하기 위해 비슷하거나 똑같은 발음을 가진 한자를 빌려 새로운 개념이나 사물의 발음을 표기하는 방법을 이른다. 亞細亞(Asia), 佛蘭西(France), 黑客(hacker), 可口可樂(Coca-Cola)을 예로 들 수 있다.

모든 학자가 동의하는 육서의 정의는 아직 없다. 특히 전주와 가차에서 많은 견해차가 존재한다. 필자는 전주를 글자의 뜻이 변한 경우에, 가차를 글자의 음만 취한 경우(음차音借)에 적용하고 싶다. 가차 즉 음차에 의해 사용된 한자가 시간이 지나면서 새로운 뜻을 획득하고 굳어져 원래 한자가 가진 뜻이 사라진다면 전주가 되는 것이다. 가차가 먼저 일어난 다음 긴 세월이 흐른 후 전주가 일어나는 경우가 많다.

---

47 이승훈, 한자의 풍경, 사계절(2023), P 212, 213
48 이승훈, 한자의 풍경, 사계절(2023), P 214, 215
49 이승훈, 한자의 풍경, 사계절(2023), P 352
50 허진웅, 조용준 옮김, 중국문자학강의, 고려대학교출판문화원(2016), P 199
51 탕누어(唐諾) 지음, 김태성 옮김, 한자의 탄생, 김영사(2022), P 25, 28, 59, 115, 221

필자는 혼란을 피하고자 용어 가차를 음차로 바꿔 사용하면 어떨까 생각한다.

『한어대자전漢語大字典』에 수록된 약 5만 6천여 자의 한자를 여섯 종류로 분류할 수 있다. 처음 두 종류에는, 다른 한자와 독립적으로 만들어진 낱글자 문자로, 상형문자(pictograms)와 지사문자(ideograms)가 있다. 낱글자 문자는 중국의 한자에서 아주 작은 부분만을 차지한다. 상형이나 지사보다 한자를 더 효과적으로 만들어 내는 방법으로 여러 글자를 합치는 합성법(compound methods)이 있는데 회의와 형성이 여기에 속한다. 상형과 지사로는 필요로 하는 모든 한자를 만들어 내는 데 한계가 있다. 이 때문에 발음을 나타내는 낱글자와 뜻을 나타내는 낱글자가 결합한 형성자가 한자의 90%를 차지할 정도로 형성은 효과적인 한자의 자기 증식 수단이 되었다.[52] 몇 개의 글자들이 합성되어 만들어진 하나의 글자를 일반 글자와 같은 크기로 만들기 위해, 합성되는 글자들의 폭이나 높이가 축소된다. 전주와 가차는 글자 수를 늘리는 방법이 아니라 글자의 사용 방식을 다변화하는 방법이다.[53] 요약하면 상형과 지사는 글자의 생성법에, 회의와 형성은 글자의 조자법에, 전주와 가차는 글자의 용자법에 속한다.[54]

중국 정부의 주도하에 이루어진 연구에 따르면, 중국의 상용한자 3500개는, 200만개의 단어로 이루어진 현대중국어 표본 문장의 한자 가운데 99.48%를 차지하는 것으로 밝혀졌다. 상용국자표준자체표 (常用國字標準字體表)에는 4808개의 전통적인 한자가 등록되어 있다.

현재까지 이루어진 고고학적 발견으로 미루어 보았을 때, 문자학자들은 인류의 역사에서 다른 문자의 영향을 받지 않고 독립적으로 문자의 발명이 이루어진 건 단 세 번 뿐이라고 말한다. 세 건의 문자 발명 가운데 이집트의 성각문자와 마야문자의 독창성을 의심하는 학자들도 있다.

기원전 3000년에 발명된 이집트 성각문자는 문자 발생 초기 단계의 흔적 없이 세련되고 완성된 형태로 갑자기 나타났기 때문에 이집트 성각문자도 문자체계차용으로 만들어진 문자가 아닐까 의심하는 학자가 있다. 같은 이유로 한자의 독립적 발생도 의문시되고 있다. 그리고 아메리카 대륙에서 만들어진 마야문자와 한자의 유사성 때문에 두 문자 체계 사이에 모종의 관계가 있었을 것으로 추측하는 학자들이 있다. 이들 학자는 인류의 역사에서 수메르의 설형문자가 오직 한번 만들어졌다고 주장한다.[55]

미야자키 이치사다(宮崎市定1901-1995)는 그의 문화일원론에서 서아시아의 시리아 주변에서 발생한 문명은 서쪽으로 전해져 유럽 문명이, 동쪽으로 전해져 인도와 중국 문명이 되었다고 주장한다. '갑골문이 문자 발생 초기 단계를 건너뛰고 고도로 발전되고 세련된 형태로 나타났다'는[56] 사실과 미야자키 이치사다의 문화일원론을 고려한다면 한자가 설형문자와 이집트 성각문자(聖刻文字)의 영향을 받았을 가능성을 완전히 배제할 수는 없다. 한자는 이들 문자보다 2000년 뒤에 등장했고 2000년이라는 시간은 광활한 공간을 통해 교류하기에는 충분히 긴 기간이다. 중국_중동문자교류 가설에는 충분한 개연성이 있지만 결정적인 고고학적 증거가 아직은 부족하다.[57]

이집트의 글자 체계에서, 동사의 활용어, 외국인의 이름, 외제품의 명칭같이 이집트 표의문자로 표기할

---

52 노마 히데키, 한글의 탄생(개정증보판), 돌베개(2022), P 87
53 시라카와 시즈카(白川靜), 고인덕 옮김, 한자의 세계, 솔(2021), P 25
54 탕누어(唐諾) 지음, 김태성 옮김, 한자의 탄생, 김영사(2022), P 41
55 스티븐 로저 피셔 지음, 박수철 옮김, 문자의 역사, 21세기북스(2010), P 223, 225, 281
56 손예철, 갑골학 연구, 박이정(2016), P 210
　탕누어(唐諾), 김태성, 한자의 탄생, 김영사(2022), P 40
57 양세욱, 문자, 미를 탐하다. 서해문집(2023), P 49

수 없는 것들을 표기하기 위하여, 상형문자와 더불어 발음을 나타내는 보조 글자가 사용되었다. 마야인도 그림문자로 표기할 수 없는 경우에 표음문자를[58] 병용하여 역사 기록을 남겼다. 이집트와 마야에서는 표의문자와 표음문자가 혼재되어 사용되었던 것이다. 그렇다면 중국에서는 왜 한자가 중국어의 음을 적는 보조 문자, 즉 음절문자나 알파벳의 형태로 진화하지 않고 수천 년간 화석화된 형태(실제로는 한자 서체에 많은 변화가 있었지만)로 사용되었을까?

결론부터 말하면, 굴절어(inflectional language)인 인도-유럽어, 교착어(agglutinative language)인 한국어나 일본어와 다르게, 중국어가 고립어(isolating language)에 속하기 때문에 한자는 표의문자에서 표음문자(phonograph)로 진화하지 못했다.[59] 중국어는 현존하는 유일한 고립어이다. 중국어에는 특이하게도 낱말의 활용이 없다. 심지어 시제에 따른 동사 활용도 존재하지 않는다. 게다가 한자 한 글자가 명사, 동사, 형용사, 부사로 전용될 수 있고 문장 안에서 격변화를 하지 않는다. 활용형이 없는 중국어는 한자로 완벽하게 표기될 수 있었기 때문에 한자는 중국어로부터 어떠한 부가적인 기능도 강요당하지 않았다. 반면 한국어와 일본어에는 조사가 필수적이고 동사를 포함한 용언의 변화도 많았다. 한국어와 일본어의 조사, 용언 변화는 한자로 표기될 수 없었다. 결국 한국인과 일본인은 한자의 변형 문자인 구결과 가나를 만들어 한국어와 일본어를 표기하기 시작했다.

자음자와 모음자로 분리될 수 없는 표의문자 한자의 특성은 활자인쇄에 치명적인 약점으로 작용하였다. 그러나 미야자키 이치사다는 표의문자인 한자가 지닌 뜻밖의 장점을 지적했다. 중국 대륙은 드넓어 북경어와 상해어의 차이는 프랑스어와 이태리어만큼 큼으로 두 지역의 중국인은 통역 없이 대화할 수 없었다. 따라서 중국의 문자가 알파벳이었다면 북경에서 발행된 서적은 시대별로, 지역별로 수없이 존재했던 중국어의 방언으로 번역된 다음 출판되어야 했을 것이다. 그리고 중국은 언어가 다른 몇 개의 문화권과 독립국으로 분열되었을지도 모른다. 한자는 표의문자이기 때문에 발음에 구애되지 않고 자형이라는 시각적 요소에 의해 의미를 전달할 수 있으므로 여러 방언이 존재하는 중국어권의 사람들뿐만 아니라 어족이 다른 한국인이나 일본인도 중국에서 발행된 서적을 여러 차례 번역하거나 개판(改版)하는 번거로움 없이 중국에서 발행된 책을 읽을 수 있었다.[60]

1-04 음절문자(音節文字 Syllabary)[61]

음절문자는 구어(口語)의 음절을 나타내는 기호이다. 음절문자를 사용하는 서사 체계가 보조 기호의 도움 없이 구어의 모든 음절을 표기할 수 있다면 그 서사 체계는 완벽하다고 정의할 수 있다. 음절문자는 로고그램이 단순화되어 만들어지곤 한다. 일본의 가타카나가 대표적인 경우이다. 아래의 그림에서 하

---

[58] 마야문자는 표의문자 550개와 음절문자 150개를 합친 700개의 표의음절문자로 구성되어 있고 여기에다 장소 이름과 신의 이름을 표기하는 그림문자 100개를 합치면 모두 880개의 문자인데 실제로 상용되는 글자 수는 300개 정도이다.
조두상, 쐐기문자에서 훈민정음까지, 한국문화사(2009), P 131

[59] 연규동, 문자와 언어학 문자에 대한 새로운 시각, 따비(2023), P 180
단지 고립어였던 중국의 한어는 상대적으로 표음화의 압박이 덜했을 것이다. 표음화가 필수라고 볼 수 있는 문법적 요소가 그리 복잡하지 않았기 때문이다. 그러나 굴절어나 교착어는 어휘부 못지않게 복잡한 문법 부분을 가지고 있어서 표음화가 필수였다.
양세욱, 문자, 미를 탐하다. 서해문집(2023), P 51-52
거의 유일하게 한자만이 형태소 문자인 이유는 중국어가 단음절어이고 고립어이기 때문이다. (중략) 중국어는 행태소가 고르게 단음절인 데다 어형의 굴절이 없기 때문에 각각의 형태소를 고유한 각각의 문자로 표기하기에 적합하다. (중략) 갑골문에서 한 폭의 그림에 가깝던 한자는 부단히 상형성을 버리고 추상적 기호로 변화해 왔으므로, 이미 오래전부터 한자에는 상형성이 거의 남아 있지 않다.

[60] 미야자키 이치사다 지음, 조명한 옮김, 중국 통사, 서커스(2020), P 306-308

[61] Wikipedia(2022), Syllabary

측에 있는 글자는 일본의 가타카나이고 상측에 있는 글자는 가타카나가 기원한 한자이다.

음절문자를 사용하는 언어에는, 일본어, 체로키어, 바이(Vai)어, 영어-기반 크리올인 누카어(creole language Ndyuka), 고대 미케네 그리스어(Mycenaean Greek Linear B), 크레타어(Cretan Linear A) 등이 있다. 비록 밑바탕은 로고그램이지만 문자의 또 다른 속성을 고려하면, 한자, 수메르어와 아카디아어의 설형문자, 마야문자도 넓은 의미에서 음절문자이고 진성음절문자(logosyllabary)로 분류될 수 있다.

한자가 진짜 글자(마나 眞名)임에 반하여 가나(仮名)는 말 그대로 가짜 또는 임시 글자라는 뜻이다. 현대 일본어에서 한자와 서기 700년경에 개발된 음절문자인 가나 문자(히라가나+가타카나)가 사용된다. 공해(空海) 스님이 당나라 유학을 마치고 일본으로 돌아와 실담문자를 일본에 소개했다(806). 그가 실담문자로 쓴 글이 아직도 보존되어 있다. 가나 문자의 사전 순서는 실담문자와 산스크리트 쉭샤(음운학 교재)와 같다. 탁음과 반탁음을 표시하는 다쿠텐(濁点)과 한다쿠텐(半濁点)은 모음구별부호의 일종이다. 가타카나 제작에 관여한 일본의 승려들은 불경이 산스크리트어로 쓰였기 때문에 가나의 순서를 실담문자와 산스크리트어를 따라 정했다. 이러한 사실에 근거하여 일본의 가나 문자는 한자와 실담문자의 영향을 받았다는 게 정설이다.[62] 가나 문자가 공해 스님에 의해 만들어졌다는 설도 있고 한국의 구결에서 유래했다는 설도 있으나 지금까지 언제, 누가 가나 문자를 만들었는지 확인해 줄 증거는 발견되지 않았다.

진성음절문자 체계에서 비슷한 음을 나타내는 음절 글자들은 전혀 비슷하지 않다. 예를 들면 '케', '카', '코'를 나타내는 히라가나(け, か, こ)에서 "ㅋ"을 연상시키는 어떠한 공통 기호도 찾을 수 없다.

인도, 동남아시아, 에티오피아에서는 음소음절문자(alphasyllabary)인 아부기다가 사용된다. 진성음절문자와는 다르게, 아부기다에서는 똑같은 자음으로 시작하는 음절은 똑같은 문자소(graphemes)를 공유한다. 한 음절 안의 구성 글자들은 한 음절 안에서 개별적인 음소를 표시한다. 음소음절문자에 속하는 데바나가리문자의 '케', '카', '코'를 나타내는 के, का, को는 'ㅋ'을 나타내는 क를 공유하고 있다.

영어의 알파벳에 있는 모음자와 자음자가 조합되면 1,0000종 이상의 영어 음절이 만들어질 수 있지만 일본어의 가타카나로는 115종의 음절만 표기될 수 있다. 다양한 음절을 표기할 수 있는 문자 체계의 단어를, 제한된 음절만 표기할 수 있는 문자 체계의 단어로 음역하려면(transliteration) 묘책이 있어야 한다. 예를 들어, 알파벳으로 표기된 영어 단어 'bag'을 가타카나로 옮기면 'ba-gu'가 되는 것처럼 종성이 있는 음절마다 제2의 음절, 즉 꼬리 음절(echo vowel, syllable coda)이 첨가되어야 한다.

『향가 및 이두 연구(1929)』와 『남부 조선의 방언 연구(1924)』로 유명한 오구라 신페이(小倉進平)의 조선방언 연구론을 계승한 고노 로쿠로(河野六郎)는 일제 강점기에 내한하여 『조선방언학시고(1945)』을 저술하였다.[63] 여기서 '어떻게 일본어의 간지와 한국어의 한자가 다른 음절 수를 갖게 되었나'에 대한 고노

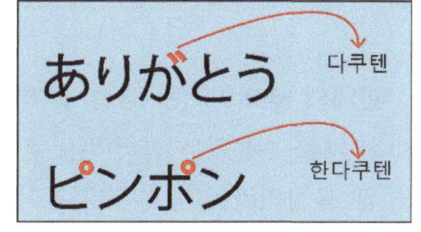

다쿠텐(濁点)과 한다쿠텐(半濁点)

카타카나가 기원한 한자

---

[62] Wikipedia(2024), Kana, Gojuon, dakuten and handakuten
[63] 정광, 한국어 연구사, 박문사(2022), P 827, 828, 930

로쿠로의 설명을 들어 보자.

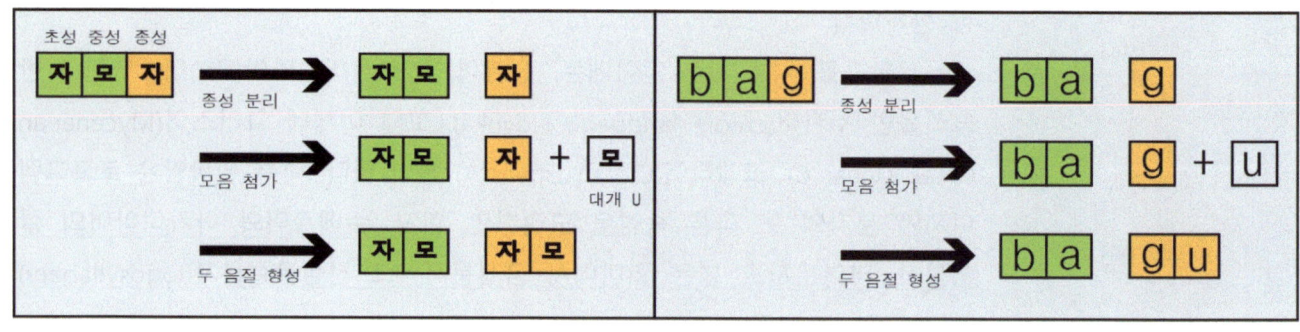

일본어 음절에 없는, 외래어의 종성이 수용되는 방식

"현대의 베이징어는 음절 끝에 n과 ŋ밖에 오지 않지만 옛 중국어에는 m, p, t, k로 끝나는 음절도 있었다. 이를 수용하는 한국어는, 음절 끝에 오는 이러한 자음을 모두 갖추고 있었다. 따라서 원음의 한 글자 당 한 음절이라는 성격은 기본적으로 그대로 유지되고 있었다. 이에 비해 일본어는 음절 끝에 p, t, k와 같은 자음이 올 수 없다. 일본어는 모음으로 음절이 끝나는 개음절(開音節open syllable) 언어의 특징을 뚜렷이 보인다. 결과적으로 한 글자가 두 음절이 된다. 예를 들면 백(百)은 일본 한자음으로는 햐쿠(hyaku)로 두 음절이 되어 버린다. 한국 한자음으로는 '백' 한 음절이다. 일본 한자음과 달리 한국 한자음은 m, n, ŋ을 갖추고 있어서 '삼(三), 천(千), 동(東)과 같은 음절 끝의 자음이 잘 구별된다."[64]

1-05 아브자드(abjad)[65]

아브자드는 자음만 표기하고 모음은 독자가 추측하는 문자 체계이므로 자음과 모음을 표기하기 위해 독립된 문자소(grapheme)가 있는 알파벳과 대조를 이룬다. 한글로, 'ㄷㅌㄹ' 쓰고 '도토리' 또는 '대통령'으로 읽는다면 한글은 아브자드문자이다. 모음의 수가 적은 언어에서는 문맥에 의존해 적합한 낱말을 쉽게 추측할 수 있다. 1990년 피터 다니엘(Peter T. Daniels)은 아랍문자의 처음 네 글자 a/b/j/d의 발음을 따서 '아브자드'라는 용어를 만들었다. 아브자드라는 용어와 더불어 자음문자(consonantary), 자음알파벳(consonantal alphabet)이란 용어도 사용된다.

이집트 성각문자는 기원전 3250년경 만들어졌다. 로고그램, 음절문자, 표음문자로 구성된 이집트의 성각문자(hieroglyph) 가운데 홑-글자(uniliterals)라 불리는 24개의 아브자드 표음문자가 있었다. 이집트인은 홑-글자의 자음을 단독으로 쓰거나 홑-글자에 모음 부호를 붙이는 방식으로, 새로운 음절을 표기했다. 최초의 아브자드인 홑-글자는 로고그램의 발음, 낱말의 어미-어형변화(grammatical inflections), 차용어(loan words), 외국인 이름, 외산 품의 명칭을 기술하는 데 사용되었다. 24개의 홑-글자로 이집트어의 모든 발음을 표기할 수 있었지만 이집트의 귀족, 성직자, 필경사는 최초의 아브자드를 무시할 뿐, 적극적으로 발전시키거나 사용할 생각을 하지 않았다.

1820년 샹폴레옹이 성각문자를 해독할 때까지 수많은 시도가 실패한 이유는 성각문자가 표의문자일 거라는 고정관념 때문이었다 물론 로제타 스톤의 부재도 한몫했지만, 수메르 문자는 문자가 만들어지는

---

64 노마 히데키, 한글의 탄생(개정증보판), 돌베개(2022), P 272
65 Wikipedia(2022), Abjad, Alphabet
　Wikipedia(2024), Proto-Sinaitic script, Egyptian hieroglyphs, Egyptian language

초기 단계부터 성숙해지는 매 단계를 모두 보여준다. 그러나 이집트 성각문자는 문자의 초기 발생단계를 건너뛰어 홀연 완성된 단계로 나타났기 때문에 제프리 셈슨은 이집트 성각문자가 수메르 설형문자의 영향을 받아서 발명된 것으로 생각한다. 그는 <u>언어를 글자로 표현할 수 있다는 보편적 아이디어가 메소포타미아의 수메르에서 이집트로 건너왔을 것으로 추측한다.</u> 이집트 성각문자와 비슷한 문양이 선문자(先文字)시대에 만들어진 토기와 예술품에서 발견되고 있기 때문에 <u>성각문자는 이집트 예술의 전통 문양에 수메르 문자의 문자-생성-운용-원리가 결합한 것으로 보인다.</u>

시나이반도의 세라비트-엘-카딤(Serabit El-Khadim 30개), 이집트 룩소르(테베)의 와디-엘-홀 (Wadi El-Hol 16개), 이스라엘의 팀나(Timna 9개), 이스라엘의 라키쉬(Lachish 13개)에서 발견된, 바위에 새겨진 명문(銘文)을 기반으로 원시-시나이문자가 복원되었다.

1905년 플린더스 페트리(Flinders Petrie)는 시나이반도의 세라비트-엘-카딤에 있는 터키석 광산(Egyptian turquoise mines)에서 명문(낙서와 신에 대한 기원문votive)을 발견했다. 페트리는 그 명문이 이집트 성각문자와 비슷하지만 로고그램이나 음절문자가 아닌 알파벳이라는 사실을 알아냈다.[66] 명문은 이집트 성각문자에서 차용되었지만 그림문자가 아닌 선형(線形linear) 기호로 구성되어 있었다. 터키석 광산에는 이집트 공무원과 가나안 출신의 셈어를 모국어로 하는 가나안인이 함께 일했다. 이집트 공무원은 문해력이 있었고 가나안 노동자는 원시-시나이문자 외에는 문맹이었다. <u>이집트문명에 노출되어 있었던 셈족 노동자들은 그들의 소리를 표기하기 위해 가나안어의 음가를 가지는 소수의 이집트 성각문자를 골라내 원시-시나이문자를 만들어 냈다.</u> 원시-시나이문자는 모음자가 없고 자음자만으로 이루어진 아브자드(자음문자)로 <u>최초의 완전한 음소문자체계이다.</u> 세라비트-명문의 기원은 기원전 17세기까지 거슬러 올라간다. 기원전 19세기를 주장하는 학자도 있다.

존 다넬과 데보라 다넬은 와디-엘-홀에서 발견한 명문에 근거하여 원시-시나이문자가 이집트 성각문자로부터 기원전 19세기경에 만들어졌다는 사실을 증명하였다(1999). 글자의 모양과 기록된 이름들을 보건 데 원시-시나이문자가 이집트 아브자드에 기반하고 있다는 사실을 부인하기 어렵다. 와디-명문은 세라비트-명문보다 이집트 아브자드의 영향을 더 많이 받았다. 원시-시나이문자에서 원시-가나안문자(Proto-Canaanite script)가 파생되어 나왔다고 볼 수도 있고 둘을 같은 문자로 볼 수도 있다.[67]

<u>자음을 강조하는 셈어의 형태론적 특징(morphological structure) 때문에 아브자드가 셈어의 표기에 사용될 수 있었다.</u> 셈어(Semitic language)의 단어들은 삼자음어근(三子音語根triconsonantal root 세 개의 자음으로 이루어진 어근)으로부터 형성되었고 모음의 수는 적으며(아랍어는 기본적으로 모음이 세 개이다) 모음은 어근의 활용형(derivative)과 굴절형(inflection)에 사용된다. 하나의 삼자음어근에서 모음의 삽입으로 파생되어 나온 단어는 비슷한 뜻을 공유하는 하나의 범주로 묶이기 때문에 모음을 생략해도 의미 파악에 크게 문제가 없었다. 이런 이유로 아브자드가 셈 언어의 기록에 사용될 수 있었다.[68] 많은 언어에서 동사 어근의 앞이나 뒤에 붙어 있는 굴절 요소가 활용변화를 일으키지만 셈어를 포함하는 아프로-아시아어(<u>Afro-asiatic language</u>)족의 언어에서 자음 어근은 고정되어 있고 자음 사이에 다양한 모음이 삽입되며 낱말의 활용변화가 일어난다.[69] 히브리어의 단어를 예로 들면, 어근 gdl은 '크다'를 의미하는데, gadol은 남성형이고 gdola는 여성형, giddel은 '키우다', gadal은 '자라다', higdil은 '확대하다'의 의미가

---

[66] 앤드류 로빈슨 지음, 박재욱 옮김, 문자 이야기, 사계절(2013), P 160-161
[67] 연규동, 세계의 문자 사전, 따비(2023), P 115
[68] 연규동, 문자와 언어학, 따비(2023), 149, 150
[69] 헨리 로저스, 이용 외 옮김, 언어학으로 풀어본 문자의 세계, 역락(2018), P 192, 193

된다. 원시-시나이문자의 발명자는 셈어의 이런 특징을 이용하였다.[70]

베르베르어, 이집트어, 셈어[아람어, 우가리트어, 아랍어, 히브리어, 가나안어(히브리, 페니키아어), 아카디아어]를 포함한 아프로-아시아어의 모음 수는 2~7개이다.[71] 현재까지 복원된 고이집트어의 모음과 셈어, 히브리어, 아랍어의 모음 수를 고려하건대 고이집트어의 모음 수는 아주 적었을 것이다.

아프로-아시아어족 언어가 그렇듯이, 이집트어에서도 형태학적으로 자음이 중시되었기 때문에 모음을 표기할 필요가 없는 자음알파벳이 이집트에서 최초로 나타날 수 있었다. 아프로-아시아어족에 속하는 이집트어에서 한정된 숫자의 자음 뼈대가 쓰이고 주요 모음/a/i/o/u/ 4개가 자음 사이에서 다양한 방식으로 문법적 기능을 수행한 것으로 보인다.[72] 적은 모음 수는 이집트어에서 아브자드가 발생하기 위한 필요조건이었을 뿐 아니라 이집트아브자드가 같은 어족에 속하는 셈어를 표기하는 원시-시나이문자로 진화하는 데에도 아주 중요한 역할을 했다.

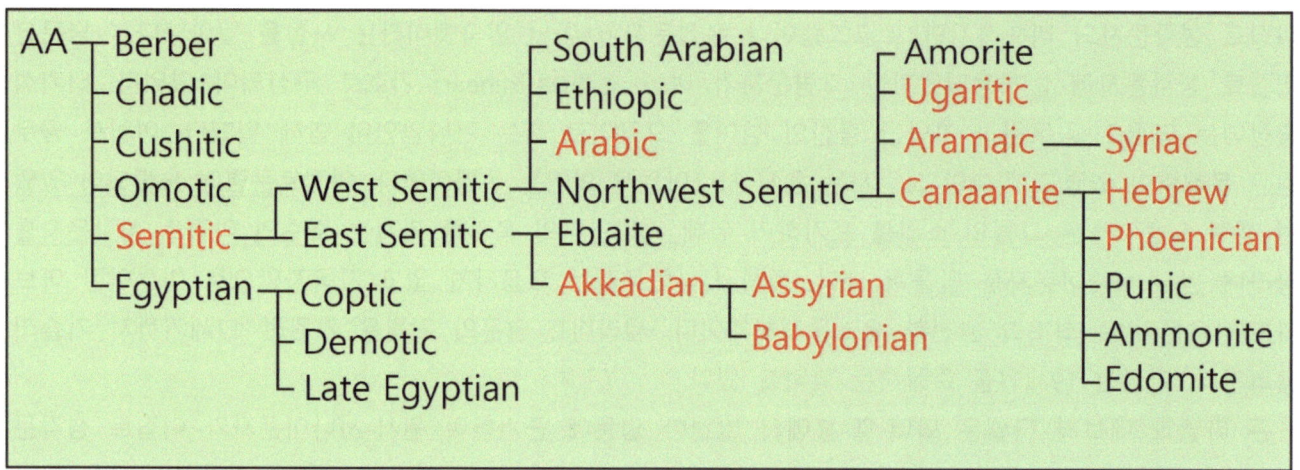

13세기 이후 이집트어는 아랍어로 대체되고 역사에서 사라진다. 이집트 콥트 정교회에서 종교 의례용으로 살아남은 콥트어가 이집트어 연구에 필요한 단서를 제공하고 있다.

아프로-아시아어

대개는 모음의 생략으로 독자들은 공통 어근을 더 뚜렷하게 인식할 수 있었고 문맥의 도움을 받아 익숙한 어근으로부터 낯선 단어의 뜻을 추측할 수 있었다. 그러나 [구약성서]나 [코란]과 같은 경전을 기록할 때는, 오독을 막기 위해 모음구별부호를 사용하여 모음을 명기했다. 이때 모음자는 완전히 독립되어 있지 않고 자음자에 종속되어 있다.[73]

변종 아브자드(Impure abjad)는 선택적으로 모음구별부호나 제한적으로 모음 부호를 쓰기도 한다. 대부분의 현대 아브자드는 변형된 형태로 사용된다. 순수한 아브자드의 예로 기원전 9세기에 사용된 페니키아 아브자드를 들 수 있다.

아라비아문자, 히브리문자, 시리아문자, 파라비문자(Pahlavi)[74] 같은 중동의 아브자드는 아람문자의 후손

---

[70] 스타니슬라스 드앤 지음, 이광오, 배성주, 이용주 공역, 글 읽는 뇌, 학지사(2017), P 221
[71] Wikipedia(2024), Afroasiatic languages
[72] 스티븐 로저 피셔 지음, 박수철 옮김, 문자의 역사, P 108
[73] 노마 히데키, 한글의 탄생(개정증보판), 돌베개(2022), P 134
[74] 네이버 지식백과(2022): 이란 파르티아-사산 조(朝) 시대의 공용언어와 문자. 파르티아조 후기의 화폐 명문에 사용되었고 사산조에서는 아베스타 성전의 주역서 등 중세 페르시아 문학의 표준적인 언어가 되어 이슬람 시대와 10세기 무렵까지 존속했다. 문자는 아람 문자를 고친 것으로 22개의 자음 기호로 되어 있고 모음 표기는 하지 않음. 서법은 우에서 좌로 쓴다. 양 왕조의 화폐 명문, 사산조의 마애비문에 유례가 있다.

문자들이다. 아람 아브자드로부터 남아시아에서 사용되는 아부기다가 파생되어 나왔다. 인도와 남아시아 대부분의 문자는 아람문자의 후손으로 확실시되는 브라히미문자의 후손 문자이다.

아브자드, 아부기다 및 알파벳의 경계가 항상 명확한 건 아니다. 예를 들면, 소라니 크루드어(Sorani Kurdish 인도유럽어의 한 종류)를 기록하는 데 쓰이는 아라비아문자는 아브자드이지만 크루드어에서 모음은 필수적이라 모음자가 추가되어 알파벳처럼 사용된다.

1-06 아브자드-페니키아문자[75]

BC 1050년쯤 원시-시나이 문자에서 페니키아문자가 만들어졌고 초기 철기시대에 페니키아어, 히브리어, 모압어, 암몬어, 에돔어, 카르타고어를 적기 위해 사용되었다. 가나안인의 후손인 페니키아 상인들은 가나안 지방을 벗어나 지중해 연안 지역으로 페니키아문자를 퍼트리고 다녔고 페니키아문자는 현지의 많은 언어를 기록하기 위해 채택되고 변형되었다. 페니키아문자는 우좌-가로쓰기를 채택했고 최초로 쓰는 방향을 고정한 문자였다. 페니키아문자는 아람문자/브라히미문자/알파벳(그리스문자/라틴문자/키릴문자)의 조상 문자가 되었다. 페니키아문자는 22개의 자음 기호로 구성되어 있고 모음자는 없다. 후반기에 사용된 변형 페니키아문자에서 몇몇 모음을 표기하기 위한 마트레스-렉티오니스(matres lectionis읽기의 어머니)가 발견되고 있다. 서사 도구로 첨필(尖筆stylus)이 사용되었으므로 몇몇 글자는 곡선형이지만 대부분의 글자는 각이 져 있는 직선형이다.

alep ʔ 소 머리	bet b 집	giml g 낙타, 막대기	dalet d 문, 물고기	he h 창문	waw w 고리, 승리감	zayin z 무기, 수갑	het ḥ 중정, 벽	tet t 바퀴	yod y 손	kap k 손바닥
lamed l 막대기	mem m 물	nun n 뱀, 물고기	samek s 기둥	ayin ʔ 눈	pe p 입, 귀퉁이	sade ṣ 파피루스 낚시바늘	qop q 바늘귀	res r 머리	sin š 이빨, 태양	taw t 마크

페니키아문자

시대를 달리하는 70개의 페니키아 화살촉이 베들레헴 근처의 알-카데(al-Khader)에서 발견되었다(1953). 화살촉에 새겨진 문자가 원시-시나이문자와 페니키아문자를 연결하는 고리가 되어주고 있다.[76] 피에르 몽테이(Pierre Montet)는 비블로스(현재의 레바논)에서 아히람(Ahiram) 왕의 석관을 발굴하였다(1923). 아히람 왕의 석관(기원전 11세기)에서 원숙한 경지에 도달한 페니키아문자가 발견되었다. 이 문자가 서양의 모든 알파벳의 아버지가 되었다.

페니키아문자가 시나이반도를 벗어나 지중해 연안 일대로 빨리 퍼져 나갈 수 있었던 이유가 있었다.
① 하나의 음소가 하나의 기호에 대응하는 간단한 규칙
② 많은 언어에 적용될 수 있는 범용성
③ 간단한 글자체

---

[75] Wikipedia(2024), Phoenician alphabet, Alphabet, Abjad
[76] Wikipedia(2024), Phoenician arrowheads

④ 적은 수의 글자
⑤ 짧은 학습 기간
⑥ 페니키아인의 빈번한 지중해 항해
⑦ 페니키아의 많은 지중해 연안 식민지(레바논의 비블로스, 아프리카의 카르타고)

동시대에 사용된 이집트 성각문자나 중동의 쐐기문자와 대조되는, 페니키아문자가 지닌 장점들 덕분에 민중도 쉽게 글을 읽고 쓰고 배울 수 있게 됨에 따라 귀족/성직자/필경사 같은 사회 엘리트가 문자의 배타적 독점을 통해 유지하고 있던, 사회 통제를 위한 정보의 독점권도 사라졌다. 결과적으로, 페니키아문자의 출현 때문에 사회의 계층 분화를 둔화시키는 효과가 장기간에 걸쳐 유지되었다. 비슷한 시기의, 아시리아와 바빌로니아 같은 많은 중동 국가는 서력기원까지 법률과 종교예배에 쐐기문자를 사용하였다.

페니키아 아브자드를 구성하는 글자의 이름은 이집트 성각문자의 홑-글자가 표기하고 있는 뜻에서 기원했다. 이집트 홑-글자가 나타내는 의미가 페니키아어로 번역된 다음 페니키아문자의 글자 이름이 되었다. 페니키아문자의 글자 이름에서 취한 어두음(語頭音)은 글자의 음가가 되었다(acrophony).[77] 이런 방식은 아람문자, 시리아문자, 히브리문자, 그리스문자, 아랍문자까지 지속되었다.

페니키아문자의 자매 문자인 남아랍문자(South Arabian alphabet)는 아부기다인 기즈알파벳(Ge'ez alphabet)의 조상이 되었다. 같은 시대에 사용된 쐐기문자, 이집트 성각문자, 선형 B문자와 달리 원시-시나이문자(아브자드)와 우가리트문자(알파벳)는 적은 수의 기호로 구성된 최초의 문자이다. 그리스에서 모음이 추가된 후 페니키아문자는 서방에서 사용되는 모든 알파벳의 조상이 되었다.

> **삼천포三千浦**
>
> 고대 지중해를 횡단하는 항로를 개척하여 지중해 연안 지역과 중동을 연결했던 페니키아인은 현재의 레바논에 해당하는 지역에 근거지를 두었다. 농사지을 수 있는 땅이 부족하고 척박했기 때문에 페니키아인은 바다로 진출하여 상업에 종사할 수밖에 없었다. 셈어를 구사하던 페니키아인은 BC 12세기~ BC 9세기 사이에 부식에 잘 견디는 레바논 삼나무로 배를 만들었으며 지중해 무역을 주도하기 위해 지중해 동안에 위치한 시리아의 티루스(Tyrus), 시돈(Sidon), 비블로스(Byblos)와 튀니지의 카르타고(Carthago)에 상업도시를 건설하였다. 또 페니키아인은 방직과 조선(造船) 분야에 뛰어난 기술을 보유하고 있었다. 『구약성경』에 나오는 가나안인이 페니키아인이다.
> 페니키아인들이 최초로 아프리카의 희망봉을 발견한 민족이라는 설이 있다. 헤로도토스가 이를 기록하면서 "정오에 해가 북쪽에 떠 있었다고 하니 거짓말 같다"고 부언했다. 헤로도토스의 기록은 오히려 페니키아인들이 아프리카를 일주했다는 증거가 되고 있다. 남반구에서는 정오에 해가 북쪽에 있는 것으로 보이기 때문이다.
>
> 참고: 미야자키 마사카츠 지음, 안혜은 옮김, 중동과 이슬람 상식도감, P 78~80
> 정수일, 실크로드 사전
> 나무위키(2024), 페니키아인
>
> 페니키아인

1-07 알파벳(Alphabet)[78]

알파벳이라는 말은 그리스 알파벳의 처음 두 글자 알파(α)와 베타(β)를 일컫는 알파베토스가 라틴어 알파베툼, 중세 영어 알파베트로 변하여 만들어졌다. 알파벳 글자들은 일반적으로 일차원적 선형구조를 이루고 있지만 알파벳 점자(Braille)와 한글은 예외적으로 이차원적 평면구조를 이루고 있다. 알파벳의 낱글자들은 표준화된 순서를 따르고 있다. 이는 낱말을 모으고 알파벳 순서로 정렬하는데 아주 중요한 역할을 한다. 글자의 순서가 정해진 알파벳은 리스트나 항목에 순서를 부여할 수 있으므로 숫자의 대체재로 쓰이기도 한다.

---

[77] 네이버(2023): acrophony [əkrɑfəni] 어두음 원리(語頭音原理): 표의문자의 다른 음은 무시하고 표의문자의 어두음(語頭音)만 표의문자를 대표하는 음으로 사용하는 방법
[78] Wikipedia(2022), Alphabet

인도-유럽어

발성되었다 사라지는 언어음의 기본 단위가 무엇인가에 대한 질문에 스위스의 언어학자 페르디낭드 소쉬르(Ferdinand de Saussure 1857-1913)와 러시아 구조주의의 선구자인 폴란드의 언어학자 보두앵 드 쿠르트네(Baudouin de Courtenay 1845-1929)가 음소(音素phoneme)의 정의를 내렸다. 음소란 어떤 언어 체계에서 단어의 의미를 구별할 수 있게 해주는 언어음의 최소 단위이다.[79]

알파벳이 구어의 음소(자음과 모음)를 표기하는 반면, 음절문자는 음절을 표기하고 로고그램은 단어, 형태소(morphemes), 의미론적 단위(semantic units)를 표기한다. 우리는 알파벳이 문자의 진화에서 가장 선진적인 기록 체계로 생각하는데 알파벳은 문자의 진화에서 가장 높은 단계가 아니라, 소리를 재생하는 많은 방법의 하나일 뿐이다.[80] 한글도 그러하다.

피터 다니엘은 "자음자만 존재하는 아브자드(페니키아문자, 히브루문자, 아랍문자), 모음구별부호가 자음자에 붙어 있는 아부기다, 자음자와 모음자를 동일한 조건에서 다루는 알파벳은 서로 다르다"고 지적한다.

기원전 15세기 이전에 모음 3개를 포함한 최초의 알파벳 설형문자 30개가 우가리트(Ugarit)에서 발명되었지만 우가리트가 멸망한 다음에는 사용되지 않았다.

---

[79] 노마 히데키, 한글의 탄생(개정증보판), 돌베개(2022), P 145
[80] 스티븐 로저 피셔 지음, 박수철 옮김, 문자의 역사, 21세기북스(2010), P 107

A	α	alpha	άλφα	H	η	eta	ήτα	N	ν	nu	νυ	T	τ	tau	ταυ
B	β	beta	βήτα	Θ	θ	theta	θήτα	Ξ	ξ	xi	ξι	Y	υ	upsilon	ύψιλον
Γ	γ	gamma	γάμμα	I	ι	iota	ιώτα	O	ο	omicron	όμικρον	Φ	φ	phi	φι
Δ	δ	delta	δέλτα	K	κ	kappa	κάππα	Π	π	pi	πι	X	χ	chi	χι
E	ε	epsilon	έψιλον	Λ	λ	lambda	lamda	P	ρ	rho	ρο	Ψ	ψ	psi	ψι
Z	ζ	zeta	ζήτα	M	μ	mu	μυ	Σ	σ	sigma	σίγμα	Ω	ω	omega	ωμέγα

그리스문자

엄격한 의미의 알파벳은 페니키아 아부기다에 기반을 두고 만들어진 그리스 알파벳이다. 기원전 9세기 그리스문자는 모든 모음자가 자음자로부터 독립적인 지위를 획득한 최초의 알파벳이 되었다. 이상적인 철자법을 생각하면 구어의 음소가 알파벳의 글자와 일대일 대응을 이루어, 화자는 단어의 스펠링을 언제나 발음할 수 있어야 하고 청자는 발음된 단어의 스펠링을 추측할 수 있어야 한다. 그러나 현실은 그렇지 않다. 완벽한 음운론적 철자법(phonemic orthography)에 근접한 언어는 스페인어와 핀란드어이고 가장 불합리한 언어는 영어이다. 언어의 발음은 종종 언어의 서사 체계를 무시하며 변화하고 서사 체계가 수입된 예도 있어 철자와 음의 일치도는 언어마다 각양각색이고 한 언어 안에서도 시대에 따라 변한다. 이런 이유로 음과 철자의 일대일 대응이 깨지곤 한다. 한편으로는, 철자법이 정립된 이후 영어에 발생한 모음 격변(Great Vowel Shift)때문에, 다른 한편으로는 여러 시기에 여러 언어로부터 가져온 차용어 때문에, 영어 사용자는 모든 단어의 발음과 스펠링을 통째로 외워야 한다.

가끔 구어와 쓰기를 일치시키기 위해 철자법을 정비하곤 한다. 철자법의 정비는 단순한 스펠링의 변화부터 전 서사 체계의 개혁까지 범주가 넓다. 터키는 아랍문자에서 라틴문자로 돌아섰으며 카자흐스탄은 소련의 영향으로 아랍문자를 키릴문자로 바꾸었다가 2021년 터키처럼 라틴문자로 전향했다. 우즈베키스탄, 투르크메니스탄도 키릴문자를 버리고 라틴문자를 택했다.

◐ 그리스알파벳

그리스 신화에서 페니키아 왕 아게노르의 아들 카드모스(Cadmus)는 테베를 건설하고 그리스에 페니키아-아브자드를 소개한 것으로 알려졌다.[81] 그러나 신화는 신화일 뿐이고 그리스알파벳의 정확한 생성 연대를 확정하는 데에 몇 가지 어려움이 있다. 왜냐하면 BC 730년경에 만들어진 그리스어 명문이 그리스알파벳이 적힌 최초의 기록물이고 그리스알파벳이 나타난 이후 200년이 지나서야 실용적인 문서가 나타났기 때문이다.[82]

그리스알파벳의 탄생처럼 문자가 한 어족의 언어에서 다른 어족의 언어로 전파될 때 아주 극적인 변화가 발생하곤 한다. 아프로-아시아어에 속하는 페니키아어에서 자음이 낱말의 형태학적 뼈대가 되고 소수의 모음은 문법적인 역할을 하지만 인도-유럽어에 속하는 그리스어에서 자음과 더불어 모음도 형태학적 뼈대를 이루고 있기 때문이다. 그리스어 단어가 자음으로만 표기되면 동철이음이의어(同綴異音異義語)가 난무하게 된다. 이러한 언어적 차이 때문에 페니키아아브자드 가운데 그리스어에 불필요한 글자는 그리스알파벳의 모음자로 전용되었고 3개의 기호가 새로이 추가되며 그리스 알파벳은 완성되게 된다.[83]

---

[81] 유럽: 하나의 역사, 노먼 데이비스 지음, 왕수민 옮김, 예경(2023), P 167
[82] 앤드류 로빈슨 지음, 박재욱 옮김, 문자 이야기, 사계절(2013), P 167
[83] 앤드류 로빈슨 지음, 박재욱 옮김, 문자 이야기, 사계절(2013), P 166

페니키아아브자드에서 각각의 자음자는 이름과 뜻이 있었으나 그리스알파벳이 되면서 뜻은 사라지게 되었다. 예를 들면, 페니키아아브자드의 aleph(소), beth(집), gimel(투창)은 그리스문자에서 alpha, beta, gamma가 되면서 자음자의 뜻은 사라졌다.

BC 403년 펠로폰네소스 전쟁이 끝난 후 집정관 유클리데스의 제안에 따라 아테네는 고(古)에틱알파벳을 포기하고 표준화된 이오니아알파벳을 받아들였다. 제안자의 이름을 따라 표준화된 이오니아알파벳은 유클리드알파벳으로 불린다. 유클리드알파벳에는 에타 (Hη)와 오메가(Ωω)가 포함되어 있기 때문에 모든 그리스어의 모음이 표기될 수 있었고 그리스어를 표기하는 데 필요한 페니키아-아브자드의 알파벳화도 완료될 수 있었다.[84] 그리스문자의 모든 모음자는 자음자로부터 완전히 독립했기 때문에 그리스문자는 최초로 완벽한 알파벳이 될 수 있었다.

고전 시대에 돌에 새기는 대문자와 별도로 파피루스 같은 부드러운 서사 재료에 쓰기 편한 손 글씨체가 개발되었다. 대문자는 언셜체로 발전하여 문학과 종교 서적의 필사에, 손 글씨에는 소문자 흘림체로 발전하여 일상생활에 쓰였다. 르네상스기에 인쇄업자들은 소문자를 본문용으로 대문자는 고유명사, 제목 등에 사용하기 시작했다. 이후 이런 관례는 유럽 인쇄 문화에 고착되었다. 그리스알파벳은 수학, 물리학 같은 과학의 기호로 사용되고 있다. 예를 들면 ε은 임의의 작은 양수를, π는 원주율을, σ는 표준편차를, Σ는 합계를 나타내는 기호로 쓰이고 있다.[85]

그리스알파벳은 변형되며 여러 알파벳의 조상문자가 되었다. 표음문자의 장점 덕분에 많은 민족들은 짧은 시간 안에 자신의 언어를 알파벳으로 표기하는 방법을 배울 수 있었다. 문자를 특정 지배층이 독점하는 시대에 마침표를 찍고 지식의 대중화를 열었다는 점에서 알파벳과 같은 표음문자를 민주적 문자라고도 한다. 알파벳은 구술 문화를 문자 문화로 전환해 인류의 사고가 논리성/합리성/추상성의 세계로 들어갈 수 있게 해주었다. 이에 따라 알파벳은 학문과 예술의 발달, 성문법전의 출현, 지식의 대중화, 민주정의 발전을 촉진하였다.

하벨록(Eric Alfred Havelock)은 알파벳의 분석적 특징으로부터 그리스의 철학이 탄생할 수 있었다고 지적한다. 알파벳에 의한 문자의 대중화는 구술 문학(口述文學)의 특징인 구상적 사고(구체적 사물에 대한 사고)를 기술 문학(記述文學)의 특징인 추상적 사고로 승화시켰고 마침내 형이상학적 사유의 전개를 가져왔다.[86]

◐ 라틴알파벳

유보이아섬에서[87] 쓰이던 그리스알파벳의 한 판본(Euboean form)이 이탈리아반도로 퍼져 나갔다. 이는 이탈리아 어족의 언어들을 기록하는 많은 변형체 알파벳이 만들어지는 계기가 되었다. 유보이아-판 그리스알파벳에서 에트루리아 알파벳이, 에트루리아 알파벳에서 라틴 알파벳이 파생되어 나왔다.[88] 그리스알파벳과 에트루리아 알파벳에 존재했던 낱글자들의 이름은 라틴 알파벳에서 폐기되었다. 그 대신 자음의 음가에 모음(대게는 e)을 붙여 만든 자음자의 이름이 라틴 알파벳에서 사용되었다. 예외적으로, 라틴 문자의 Y와 Z는 에트루리아 알파벳이 아닌 그리스 알파벳에서 유래되었다.

---

[84] Wikipedia(2024), Euclidean alphabet
[85] Wikipedia(2024), Greek alphabet
[86] 최춘식, 지중해문명교류사전, 이담books(2020), P 38-46
[87] 그리스에서 가장 큰 섬
[88] 앤드류 로빈슨 지음, 박재욱 옮김, 문자 이야기, 사계절(2013), P 170

라틴 알파벳은 로마제국이 팽창하면서 유럽 전역으로 퍼져 나갔다. 로마가 몰락한 후에도 라틴 알파벳은 학문 영역과 종교 영역에서 살아남아 대부분의 중부유럽 언어와 라틴어의 후손 언어인 로망스어를 기록하는 데 사용되었다. 현존하는 20개 남짓한 알파벳 가운데 라틴 알파벳이 가장 많이 사용된다.

라틴문자가 다른 언어에 적용될 때, 라틴문자에 없는 기호가 보충되기도 하고 라틴문자의 일부만 사용되기도 했다. 또 기존의 라틴문자가 변형되기도 했다.

◐ 룬알파벳, 키릴문자

고이탈리아알파벳(Old Italic alphabets)은 룬알파벳군(Runic alphabets.)으로 진화했다. 룬알파벳은 기원후 100년부터 중세까지 독일어에 사용되었다. 이들의 용도는 주로 돌, 보석, 나무, 뼈에 새기는 전각으로 제한되었다. 룬알파벳은 라틴알파벳으로 대체되었지만 장식용으로는 20세기까지 사용되었다.

글라골루문자(Glagolitic alphabet)는 예배 언어인 고대 교회 슬라브어(Old Church Slavonic)의 초기 문자였으며 그리스 언셜문자(Greek uncial script)와 키릴문자(Cyrillic script)의 기반이 되었다. 키릴문자는 슬라브 어군에서 많이 사용되었고 소비에트 연방공화국들의 언어를 기록하는 데 사용된 문자였다. 863년에 슬라브인의 선생님으로 불렸던, 콘스탄틴(키릴로스:수도사로서의 이름)과 메소디우스 형제(Saints Cyril and Methodius)가 글라골루 문자를 만들었고 이 두 사람의 사도인 오리드의 클라멘트(Clement of Ohrid)가 900년에 키릴문자를 만들었다는[89] 설이 있다. 이 세 사람은 그리스 알파벳과 히브리 알파벳의 영향을 받은 걸로 보이는 많은 글자를 글자가 없는 동유럽 민족에게 보급했다.

1-08 아부기다(abugida)[90]

1990년 피터 다니엘(peter T. Daniels)은 이티오피아에서 사용되는 기즈문자의 첫 네 글자를 가지고 아부기다라는 용어를 만들었다. 1997년 윌리엄 브라이트는 아부기다가 알파벳과 음절문자의 특징을 보이므로 음소음절문자(alphasyllabary)라는 용어를 사용했다.

아브자드의 모음자 부재가 초래한 음절의 불완전한 표기는 두 가지 방법으로 해결되었다.

첫번째 해결책은 아브자드의 자음자가 전용된 모음자에서 나왔다. 셈어보다 모음이 많은 그리스어에서 모음을 사용하지 않으면 애매모호한 해석이 너무 많이 생기므로 그리스인은 페니키아 아브자드를 개조하기 시작했다. 그리스인들은 그리스어에 사용되지 않는 페니키아 아브자드의 자음자들을 모음자로 전용한 다음 페니키아 아브자드의 자음기호와 자음자의 용도 변경으로 만들어진 모음자를 함께 사용하여 그리스어의 음절을 표기했다.

두번째 해결책은 아부자드 자음자의 상하좌우에 첨가한 모음구별부호(diacritic)에서 나왔다. 자음글자인 아브자드는 일반적으로 모음구별부호 없이 사용된다. 그러나 아랍문자나 히브리문자로 쓰인 교재, 성서(scripture)에서는 뜻을 명확히 표현하기 위해 모음구별부호를 자음에 첨부하기도 한다. 모든 자음자의 다양한 부위에 고리형태나 짧은 선을 더해 모음을 표기하는 문자 체계를 아부기다로 정의한다. 이처럼 아부기다는 아브자드에서 파생되어 나왔다.

아부기다의 자음자에 기본적으로 모음 /a/가 내재하는 것으로 간주되므로 특별한 경우가 아니면 /a/음

---

[89] 하랄트 하르만 지음, 전대호 옮김, 숫자의 문화사, 알마(2013) p 164
[90] Wikipedia(2022), Abugida

은 표기되지 않는다. 아부기다의 자음자에 내재한 모음 /a/를 잠재된 모음(inherent or implicit vowel), 모음구별부호가 나타내는 /a/이외의 모음을 발현된 모음(explicit vowel) 이라 한다. /a/이외의 모음은 모음구별부호로 표기된다. 많은 아부기다에 내재된 모음의 발현을 막기 위한 기호가 있다. 내재한 모음의 발현이 막힌 자음자는 순수한 자음(bare consonant)자로 작용한다.

데바나가리문자에서 क는 k 음가를 가진 자음자이다. 모음구별부호가 없으면 기본값 모음 /a/에 의해 ka로 발음된다. 모음구별부호가 더해지면 कि ki, कु ku, के ke, को ko로 발음된다. 자음자와 모음구별부호로 이루어진 아부기다는 자음자와 모음자가 동등한 지위를 가진 완벽한 알파벳과 대조적이다. 또 자음자와 모음구별부호로 분리될 수 없는 진성음절문자(logosyllabary)와도 대조적이다.

로고그래프로부터 직접 분화한 진성음절문자와 아부자드로부터 진화한 음소음절문자는 대조를 이룬다. 한자에서 유래된 진성음절문자인 일본의 히라가나를 예로 들어 보자. 카 행에 있는 か, き, く, け, こ는 'k'를 나타내는 어떠한 기호도 공유하고 있지 않다. 라 행에 있는 ら, り, る, れ, ろ는 'r'을 나타내는 어떠한 기호도 공유하고 있지 않다. 또 카 행의 글자와 라 행의 글자는 동일한 모음을 가지고 있지만 어떠한 모음 기호도 공유하고 있지 않다.

에티오피아의 기즈문자, 브라히미문자를 포함한 인도문자(Indic script), 캐나다 원주민 음절문자(Canadian Aboriginal Syllabics)가 아부기다에 포함된다. AD 1C 남아라비아아브자드가 이디오피아의 기즈아브자드로 분화되어 아프로아시어어인 이디오피아어를 기록하는 데 사용되었다. AD 4C 기즈아브자드는 기즈아부기다(Ge'ez abugida)로 진화했다. 서기 350년 남인도의 기독교가 에티오피아에 전래되면서 국왕 에자나(Ezana)는 기독교로 개종하였고 인도아부기다의 악샤라(akshara:최고 5개의 자음자와 모음구별부호의 결합)에 영향을 받아 기즈아브자드는 기즈아부기다로 진화하였다.[91]

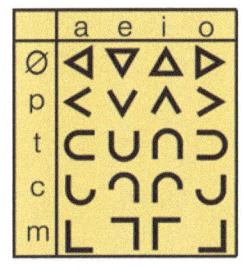

크리문자의 일부

1840년대에 선교사이며 언어학자인 제임스 에반스(James Evans)는 크리어(Cree)를 표기하기 위해 데바나가리 글자와 피트만 속기법(Pitman shorthand)의 글자를 응용하여 카나다 음절문자(Canadian Aboriginal syllabics)를 만들었다. 캐나다에 파견된 선교사들은 캐나다의 다른 원주민 언어를 표기하기 위해 에반스 문자 체계의 변종들을 만들어 냈다. 캐나다 음절문자(Canadian syllabics)에서 자음의 기호를 회전시켜 모음을 표시하고 자음의 회전 방향이 모음구별부호의 역할을 한다는 점이 그 밖의 아부기다 문자와 다른 특징으로 글자의 방향이 바뀌면 모음이 바뀐다. 예를 들면 ∧ pi, > pu, < pa; ∩ ti, ⊃ tu, ⊂ ta이다. 모든 회전은 동등하고 기본 글자는 없다.

BC 6C~ BC 3C 세기에 아람아브자드가(Aramaic abjad) 인도 아대륙의 카로슈티문자(Kharoṣṭhī)와[92] 브라히미문자(Brāhmī scripts)로 진화했을 가능성이 아주 높다. 브라히미문자는 인도 아부기다와 인도차이나 아부기다의 조상 문자이다.[93]

---

[91] Amalia E. Gnanadesikan, The writing revolution, Wilen Blackwell(2025), P 203
[92] 제임스 프린셉(James Prinsep 1799-1840)이 1835년 카로슈티문자와 브라히미문자를 해독하였다. 1836년 칼 루드빅 그로테펜트(Carl Ludwig Grotefend)가, 1838년 크리스티안 라쎈(Christian Lassen)이 카로슈티문자의 해독에 성공했다. 이들은 인도-그리스 왕국(Indo-Greek kingdom)의 동전 앞면에 새겨진 그리스문자와 뒷면에 새겨진 카로슈티문자에서 해독의 실마리를 얻었다. Wikipedia(2023), Kharosthi, James Prinsep
[93] 하랄트 하르만 지음, 전대호 옮김, 숫자의 문화사, 알마(2013) p 184

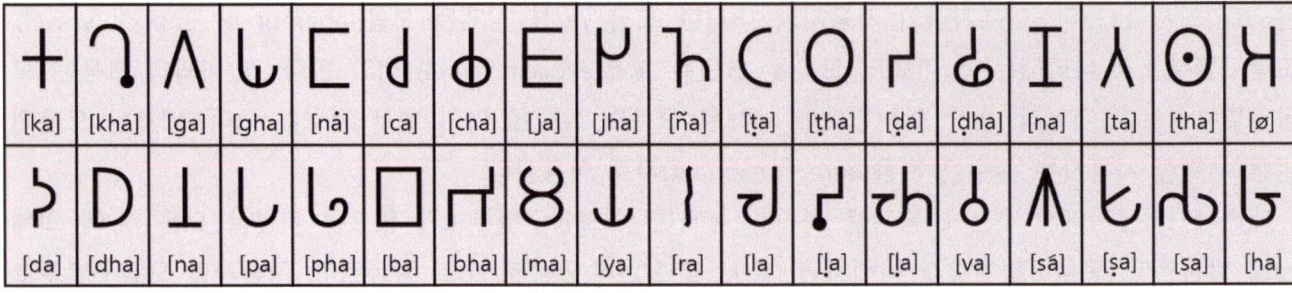

자음(consonant)

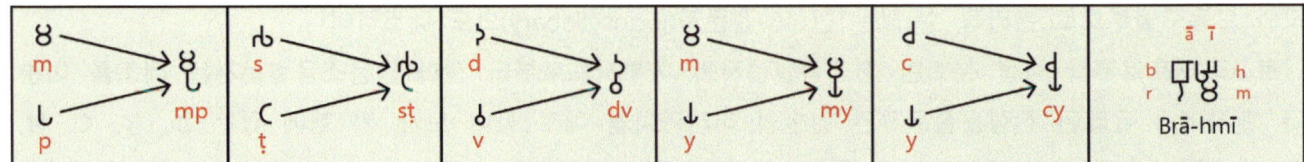

복자음(conjunct consonant)의 예

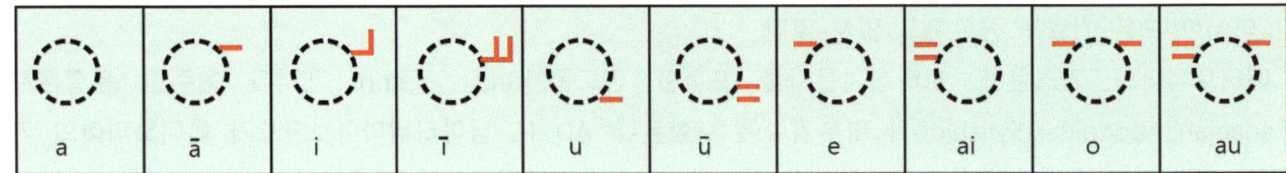

모음구별부호(diacrttic)

참고: Wikipedia(2025-10-09), Brahmi script, Brahmic scripts
Omniglot(2025-10-09), Brahmi script

브라히미문자

1-09 아부기다-카로슈티문자/브라히미문자

◐ 인더스문명과 인더스문자

인더스 문화는 기원전 3600년경 청동기 시대에 시작되었다. 기원전 2500년~기원전 1900년경 인더스 강을 따라 존재했던 인더스 문화의 풍부한 고고학적 증거들이 파키스탄에 남아 있다. 늦어도 기원전 2500년쯤, 인더스 사람들은 체계적인 계획하에 강력한 중앙집권적 행정 체계를 가진 복합도시를 발달시켰다. 인더스문자는 인더스문명이 절정기에 이르렀던 기원전 2500년경에 나타났고 기원전 1900년경 인더스 문화의 붕괴와 더불어 사라졌다. 문명 붕괴의 원인은 기후 변화와 인더스강 물줄기의 변화가 초래한 장기간의 가뭄으로 밝혀졌다. 인더스 사회가 몰락한 지 오래되지 않아 중앙아시아로부터 인도-유럽어 계통의 언어를 사용하는 아리아인들이 인더스 계곡으로 이주해 왔다. 이후 인더스문명은 잊힌 상태로 있다가 19세기에 발굴되기 시작했다.[94]

◐ 브라히미문자가 아람문자에서 유래한 것으로 추측하는 이유

BC 1700년경 인더스문자가 소멸한 이후, 남아시아에 문자가 다시 나타나기까지 1400년의 공백이 있다. 인더스문자를 제외하면 남아시아에서 가장 이른 시기의 문자는 기원전 3세기로 거슬러 올라간다. 원시적인 형태의 인더스문자가 사라진 후 1400년 동안 문자의 공백기를 건너뛰어, 홀연 전형적인 아부기다

---

94 헨리 로저스, 언어학으로 풀어본 문자의 세계, 역락(2018), P 247

문자인 카로슈티문자와 브라히미문자가 완성된 형태로 나타났다. 이는 카로슈티문자와 브라히미문자가 인더스문자의 전통을 계승한 문자가 아니라, 다른 곳에서 이미 숙성된 상태로 있던 문자가 인도로 전파되고 변형된 문자라는 추측을 강력하게 뒷받침하는 증거가 될 수 있다. 인도의 민족주의자들은 브라히미문자는 기원전 2000년경 인더스 계곡에서 사용된 인더스문자나 하라파문자에서 분지되었다고 주장하나 인더스문자 분화설을 뒷받침하는 증거는 아직 나오지 않았다. 폴크(Falk)와 살로몬의 학설에 의하면 카로슈티문자와 브라히미문자의 구조는 사실상 동일하다. 아람문자(Aramaic Abjad)로부터 유래된 카로슈티문자가 인도 서북부에서 브라히미문자보다 먼저 나타났고(BC 4C) 인도 동북부에서 카로슈티문자에 여러 가지 수정이 가해진 다음 브라히미문자가 만들어졌다는 것이다.[95] 따라서 카로슈티문자와 브라히미문자는 아람문자의 완벽한 짝퉁도 아니지만 그렇다고 완전히 독창적인 문자도 아니다.[96]

'강'을 뜻하는 고대 페르시아어 '신드(Sindhu)'가 '힌두', '인두', '인더스'로 변하면서 인도를 지칭하는 '인디아'라는 말이 만들어졌다고 한다. 아라비안나이트에 나오는 주인공의 목적지가 인도였기 때문에 신드바드(신드 지방의 나그네)라는[97] 이름이 주인공에게 붙여졌다. 메소포타미아/페르시아/인도는 지리적으로 가까이 자리 잡고 있었기 때문에 해로와 육로를 통해 고대부터 서로 교류하였다. 인도의 하라파 유적지에서 2천 점이 넘게 발견된 코끼리 인장은 메소포타미아 지역에서 점토판에 찍는 인장으로 사용되었다. 코끼리 인장은 두 지역의 교류를 증명하는 역사적 유물이다.[98]

기원전 518년 다리우스 1세는 인도 북서부의 펀자브 일부와 신드 전체를 정복했다.[99] 기원전 550년 고대 페르시아의 아케메네스 왕조가[100] 인도 북서 지방을 통제한 이후 페르시아의 아람문자가 인도 북서지방에 전해졌다. 이후 200여 년 동안 아람문자는 이 지역의 행정 문자로 쓰이면서 진화되어 기원전 3세기 아소카 왕의 칙령비에 카로슈티문자로 나타난 것으로 보인다.[101]

카로슈티문자에서는 모음 가운데 /a/ 음을 적지 않는다. 아람문자에서는 모음을 적지 않는다. 아람문자에 산스크리트어의 내부구조와 산스크리트어의 모음 순서가 첨가되어 카로슈티문자가 탄생한 것으로 강력하게 추정되고 있다.[102] 살로몬(Salomon)의 주장에 따르면, 카로슈티문자의 모음 순서는 전형적인 인도문자의 모음 순서 /aiueo/를 따르지 않고 셈문자와 유사한 /aeiou/의 순서를 가지고 있다. 카로슈티문자에서는 장모음과 단모음을 구분하는 기호가 없고 같은 기호를 사용한다. '카로슈티'는 셈어로 '쓰기'를 의미한다. 이러한 사실들도 카로슈티문자가 아람문자에서 기원했다는 사실을 뒷받침하고 있다.[103] 비슷한 이유로 브라히미문자가 인더스문자의 후손 문자가 아니라 아람문자의 후손 문자라는 관점이 우세하다. 브라히미문자의 특징은 현재 인도에서 사용되는 여러 글자의 특징과 비슷하다. 자음자들은 기본값 /a/를 가지고 있다. 모음자는 자음자에 종속되어 있고 모음구별부호의 형태로 자음자에 붙어 있다. 글자는 하나 이상의 변이형을 갖고 있는 경우가 많다.[104]

---

95 헨리 로저스, 언어학으로 풀어본 문자의 세계, 역락(2018), P 288
96 Amalia E. Gnanadesikan, The writing revolution, Wilen Blackwell(2025), P196
97 미야자키 마사카츠 지음, 안혜은 옮김, 중동과 이슬람 상식도감, 이다미디어(2022), P 205
98 강희정, 동양미술 이야기 1, 사회평론(2022), P 53, 54, 99-103
99 김형준, 이야기 인도사, 청아출판사(2020), P 144
100 기원전 550년~기원전 331년 고대 페르시아를 통치한 왕조, 다리우스 왕이 유명하다.
101 Wikipedia(2022), Kharosthi
102 헨리 로저스, 언어학으로 풀어본 문자의 세계, 역락(2018), P 283
103 Wikipedia(2022), Kharosthi
104 조두상, 쐐기문자에서 훈민정음까지, 한국문화사(2009), P 120

◐ 브라히미문자의 확산

브라히미문자는 동남쪽으로 퍼져 나가며 인도 아대륙과 동남아시아 일대에서 쓰이는 문자의 조상 글자가 되었다. 인도 아대륙에서 통치 세력과 종교가 바뀌면서, 또 오랫동안 언어가 변화하면서 브라히미 문자는 40개 이상의 문자로 분화하였다.[105]

페르시아를 정복하고(AD 327) 인도 원정을 떠났던 알렉산더 대왕이 사망하자(AD 323) 그의 신하였던 셀레우코스(Seleucus)가 오늘날 이란과 아프가니스탄에 이르는 지역에 셀레우코스 제국을 건설하였다(AD 305). 이즈음 인더스강 상류에 아소카 왕의 할아버지인 찬드라굽타 마우리아(Chandra Gupta Mauriya BC 322-BC 298)가 마가다 왕국의 마우리아 왕조를 열었다.(BC 322) 두 제국 모두 알렉산더 대왕의 사망이 초래한 정치적 힘의 공백을 메우며 빠르게 성장하였다.

아소카(Ashoka재위 BC 273~BC 232) 왕은 왕이 되는 권력투쟁 과정에서 그의 남자 형제 100명 가운데 99명을 살해하여 부왕 빈두사라(Bindusara BC 298~BC 273)의 위대한 업적을 수포로 만들었다. 인도 대륙을 통일한 아소카왕은 자신이 포고한 새 나라의 칙령이 인도 대륙의 방방곡곡에 미치길 바랐다. 아소카왕의 통치기에 산스크리트어는 사어(死語)가 되었으나 학술어의 지위는 여전히 유지되었다. 산스크리트어 대신에 프라크리트어가 백성들의 일상어가 되었다. 아소카왕은 카로슈티(Kharosthi)문자/브라히미문자/그리스문자로 새겨 넣은 프라크리트어 칙령비(아쇼카 석주) 8만 4천 개를[106] 만들어 인도 대륙 곳곳에 세웠다고 한다. 아소카 석주는 페르세폴리스의 석주로부터 영향을 받았지만 페르세폴리스의 석주와 다른 특징도 보인다. 페르세폴리스의 석주는 수직으로 홈이 파여 있지만 아소카왕의 칙령을 새겨 넣어야 했던 아소카 석주의 표면은 매끄럽다.[107]

기원전 250년 셀레우코스 제국의 일부가 독립하여 그리스-박트리아 왕국이 된다. 이 시기에 그리스인 최초로 불교에 귀의한 메난드로스 왕에 관한 이야기가 '밀린다왕문경(彌蘭陀王問經Milindapanha밀린다왕의 물음)'이라는 불경에 기록되어 있다. 기원전 185년 마우리아 제국이 멸망하고 그리스-박트리아 왕국이 인도 북부의 땅을 차지하게 되나 흉노족을 피해 인도 북부까지 이동한 월지족이 그리스-박트리아 왕국을 멸망시키고 쿠샨 왕조를 열게 된다. 쿠샨 왕조시기에 카로슈티문자와 한자를 병기한 시노-카로슈티 주화가 신장위구르 자치구의 누란과 투루판에서 발견되었다.[108] 실크로드의 오아시스 국가 가운데 하나인 호탄에서 카로슈티문자가 새겨진 동전(1~3세기)이 무더기로 출토되었다.[109]

삼천포三千浦

그리스-박트리아 사람들이 살던 땅을 정복한 쿠샨 제국은 그리스 로마 신화를 계승하고 전파시켰는데 헤라클레스 이야기는 한반도까지 전해져 경주 석굴암에 있는 금강역사(金剛力士)가 되었다.

참고: 강희정, 동양미술 이야기1, 사회평론(2022), P 459

금강역사

◐ 파니니에 의한 산스크리트어 문법의 정립

아소카왕의 치세 이전에 살았던 전설적인 인도의 언어학자 파니니(Panini 기원전 4세기경)는 산스크리트어의 문법/음성학/형태학을 연구했고 그의 연구 성과는 이후 발생한 남아시아와 동북아시아의 문자들

---

[105] Signs & Symbols An illustrated guide to their origins and meanings, DK(2008), P 308
[106] 강희정, 동양미술 이야기1, 사회평론(2022), P 471
[107] 강희정, 동양미술 이야기1, 사회평론(2022), P 232
[108] 강희정, 동양미술 이야기1, 사회평론(2022), P 446, 447, 452, 453, 455
[109] 강희정, 동양미술 이야기3, 사회평론(2022), P 407

에 지대한 영향을 미쳤다. 파니니의 문법은 불경을 매개로 하여 한반도에 소개되었고 훈민정음의 창제에 많은 공헌을 하였다.[110] 파니니는 베다를 알리기 위한 수단으로서 산스크리트 문법과 음운을 연구했으며 그의 연구를 8장(asta(8개)+ayai(장))[111] 3996개의 운문으로 구성된 수트라(불교의 경구) 형식의 문법서인 아스타드야이(Astadhyayi)에[112] 남겼다. 파니니의 연구에 힘입어 고전 산스크리트어는 정형화될 수 있었다.

프레게(Gottlob Frege)가 개발한 수학적 형식화(formalization of mathematics)에 앞서 파니니가 시도한 언어의 기호화와 형식화(formal system)는 근현대 서양의 수학자, 논리학자(피어스Charles Peirce), 컴퓨터 공학자(튜링Turing)에게 영향을 주었을 가능성이 있고 재발견되기도 했다. 언어의 형식화와 기호화 때문에 수리논리학이 현대 대수학의 한 부분이 될 수 있었다. 즉 논리가 연산(계산)이 될 수 있었다. 파니니는 메타언어(metalanguage)를 창조해 간략하고 체계적이며 효율적인 서술 체계를 구축하였다.[113] 이는 현대 대수학의 아이디어와 매우 유사하다. 이러한 이유로 촘스키를 위시한 서양의 언어학자와 논리학자가 파니니의 업적을 높이 평가하고 있고 프리츠 스탈(Frits Staal)은 파니니를 인도의 유클리드라고 칭송하고 있다.[114]

아소카(Ashoka)왕의 칙령비를 따라 브라히미문자는 인도 전역으로 퍼져 나갔고 인도를 벗어나 크게 북동쪽과 남동쪽으로 전파되었다. 인도의 북동쪽으로 전파된 브라히미문자(northern Brahmi)는 티베트의 서장문자가 되었다.

◐ 브라히미문자군의 특징[115]

인도 아대륙에 인도유럽어족, 드라비다어족, 오스트로아시아어족, 지나티베트어족, 크라다이어족, 고립어에 속하는 수천 개의 언어(헌법에 명시된 22개, 800개의 언어, 2000개의 방언)가 존재하지만 인도문자들은 많은 공통점을 가지고 있다.

① 인도문자는 똑같은 원리로 작동한다.
② 인도문자는 똑같은 음소를 기록한다.
③ 인도문자의 낱글자는 똑같은 순서로 나열되어 있다(a/i/u/e/o).
④ 기원후 제1천 년 동안 인도문자들은 같은 언어 즉, 산스크리트언어를 기록하기 위해 만들어졌다.
⑤ 파니니를 비롯한 고대 음운학자/문법학자가 발달시킨, 음운학에 기반을 둔, 완벽한 음운분석 덕분에 문자의 원리가 체계적이고 과학적이고 계통화되어 있다. (훈민정음과 비슷하다.)
⑥ 아람문자가 나타내는 언어의 음운을 완벽하게 표기하지 못하는데 반하여 발달한 음운학 덕분에 인도문자는 인도에서 사용되는 언어의 음운을 완벽하게 표기하고 있다. (아람문자는 중앙아시아로 동진하며 '읽기의 어머니'에 의해 모음자가 보강됐지만 인도문자는 처음부터 모음을 완벽하게 표기할 수 있는 모음표기부호를 도입하였다.)

---

110 강성용 지음, 빠니니 읽기, 한길사(2011), P 11
111 강성용, 인도의 구전전통에 대한 이해와 인도 고전 읽기, 인문언어 제 11권 2호, P 136
112 박지명, 이서경, 범어 신묘장구대다라니, 하남출판서(2017), P 16
113 강성용 지음, 빠니니 읽기, 한길사(2011), P 6
114 Wikipedia(2022), Panini
115 Amalia E. Gnanadesikan, The writing revolution, Wilen Blackwell(2025), P192~213

⑦ 인도문자는 중앙에 자음자와 상하좌우의 모음자가 결합하여 하나의 음절을 표기하는 기호인 악샤라(akshara) 구조 즉 아부기다문자 구조를 하고 있다. 1개에서 최고 5개의 자음자가 결합한 다음 모음 구별부호가 결합한 글자의 연속체를 악샤라라고 한다. 따라서 하나의 악샤라는 여러 개의 음절로 구성되어 있을 수 있다.[116]

⑧ 두 개 이상의 자음자를 뭉쳐서 하나의 악샤라를 만들 수 있다. (훈민정음 병서의 원리와 동일)

⑨ 초성에 모음이 오는 경우 영자 자음자를 사용한다. (훈민정음의 'ㅇ')

⑩ 할란트(halant) 기호나 비라마(virama) 기호가 더해지면 자음자의 기본음 /a/가 정지되어 순수한 자음이 된다.

⑪ 음운학자/문법학자가 체계화한 산스크리트어는 인도 아대륙과 남아시아에 침투하여 그곳에서 사용되는 아부기다의 글자 순서를 한 가지로 고정했다. 글자는 구강의 후방에서 발음되는 음으로부터 전방에서 발음되는 음으로 배열되어 있다. 부수적인 글자는 배열의 끝에 있다.

⑫ 지역어에 침투한 산스크리트어는 지역어의 어휘와 발음을 산스크리트어로 동화시켰다.

◑ 기록 매체가 브라히미문자군의 모양에 미친 영향

남방 브라히미문자는 벵골만 주변의 국가들과 남아시아 국가들의 해상 무역로 상에 있는 항구를 중심으로 평화롭게 전파되고 변형되었다.[117] 현재 90개가 넘는 브라히미문자가 인도 아대륙, 남아시아, 동아시아의 일부 국가에서 지역 문자로 사용되고 있다. 북방 인도문자는 직선형이고 글자-머리-수평선에 매달려 있는 형태를 하고 있기 때문에 '빨랫줄 문자'라는 별명을 얻었다. 북방 인도문자가 직선형을 취하고 있는 반면에 남방 인도문자가 낱글자로 분리되어 있고 곡선형을 띄고 있는 이유는, 문자가 기록되는 매체의 차이에 기인하고 있다. 남인도 지역에서는 야자나무 잎에 글을 썼는데 불가(佛家)에서는 야자나무 잎에 쓴 경전을 패엽경(貝葉經)이라고 불렀다. 뾰족한 필기구로 야자나무 잎에 글씨를 새기고 그 위에 먹 같은 염료로 색을 입혀서 글자가 또렷하게 보이게 하였다.[118] 뾰족한 필기구로 직선형의 획을 그면 야자나무 잎에 구멍이 생기거나 찢어지기 십상이었다. 따라서 자연스럽게 남방 인도문자의 낱글자들이 분리되고 곡선화 경향을 보이기 시작했다.[119]

	북방 인도문자	남방 인도문자
분포 지역	네팔, 티벳, 부탄, 몽고, 러시아	남인도, 스리랑카, 동남아
선의 모양	대체로 직선형	대체로 곡선형
글자 머리 수평선	대체로 존재	없음

북방 인도문자와 남방 인도문자의 비교

기록 매체가 문자의 모양에 영향을 주는 예가 또 있다. 마법적인 힘과 신비로운 이미지 때문에 톨킨의 소설 『호빗』과 『반지의 제왕』, 조앤 롤링의 『해리 포터』, 컴퓨터 게임, 영화 『스타 게이트』와 『겨울왕국』, 블루투스의 로고에 등장하는 룬문자는 기원후 1세기부터 스칸디나비아반도, 아이슬란드, 영국에서

---

[116] Peter T. Daniels, An exploration of writing, Q(2018), P 70
[117] Wikipedia(2022), Brahmi_script
[118] 연규동, 문자와 언어학, 따비(2023), P 191
[119] Amalia E. Gnanadesikan, The writing revolution, Wilen Blackwell(2025), P 204

블루투스 로고

사용되던 문자이다. 룬문자는 주로 돌, 나무, 뼈, 금속(동전, 반지, 무기) 등 극도로 단단한 매체에 기록되었기 때문에 곡선이 없는 것은 당연하고, 새기기 어려운 수평선도 거의 없다. 룬문자는 수직선과 사선의 획으로 구성되어 있다.[120] 독일의 히틀러를 경호하던 친위대는 게르만 룬문자로 장식된 제복을 입었으며 이 제복은 폭력성과 아름다움의 상징이었다.[121]

페니키아/그리스/로마문자의 각이 진 글자체는 딱딱한 매체인 돌에 글자를 깎아 새기는 방식의 산물이었다. 이후 부드러운 매체인 밀랍 서판에 첨필로, 또는 양피지에 깃펜으로 적으면서 점차 곡선형의 필기체 스타일이 가능해졌다. 오늘날 사용하는 소문자의 기초가 된 라틴어 소문자 글자체는 기원후 600년에 등장했다.[122]

인도양에서 발생한 열대성 저기압 사이클론이 인도양 주변 지역에 국지성 호우를 뿌리며 이동하는 것처럼 인도계 문자는 이동 경로상에 있는 지역에 변형체 문자들을 지속적으로 흩뿌리며 쉬지 않고 동진에 동진을 거듭했다. 그리고 드디어 한반도에 도달했다.

1-10 아부기다-데바나가리(Devanagari)[123]

데바(Deva)는 '신성한'을 뜻하고 나가리(nigari)는 도시를 의미한다. 데바나가리문자(Devanagari script)는 '신의 도시에서 쓰이는 문자'를 의미한다. 데바나가리는 브라히미문자에서 파생되었고 좌측에서 우측으로 쓰는 아부기다이다. 데바나가리는 1~4세기에 인도에서 출현했고 7세기에 정형화가 완료되었다. 120개 언어에서 사용되며 세계에서 네번째로 많이 사용되는 문자이다. 힌디어, 네팔어, 팔리어, 산스크리트어, 프라크리트어(산스크리트어의 후손 언어)를 적는 데 사용되었다.

모음구별부호:적색   자음:흑색
데바나가리문자에서 모음구별부호의 다양한 위치

1-11 아부기다-실담문자(Siddham)

북방 브라히미문자는 굽타 왕조시대에 굽타문자(Gupta Script)로 가지를 쳤다. 6세기 후반 굽타문자로부터 분화된 실담문자(悉曇文字Siddham script)는 불교의 전파에 있어 아주 중요한 역할을 했고 동아시아에서 가장 많이 사용된 인도계 문자였다.[124] 많은 산스크리트어 불경(Sutra)이 실담문자로 기록되었기 때문이다. 실담은 산스크리트어로 '완성된(싯다마) 것'을 의미하는 '싯다마트리카(siddhammatrka)'로부터 기원했다. 실담문자를 연구하는 분야에서 싯다마트리카는 자음자와 모음자의 결합을 통해 문자의 결합방식 알려주는 완성된 자모표(字母表)를 이른다.[125] 실담문자의 수는 42자, 47자, 50자, 51자 등으로 일정하지 않다. 당나라의 지광(智廣 서기 760~830?) 스님이 『실담자기悉曇字記』 1권에 모음 12자와 자음 35자를 합쳐 총 47자를 정리해 놓았다.

---

120 연규동, 세계의 문자사전, 따비(2023), P 244~248, 303, 309-311
121 프레더릭 스팟츠 지음, 윤채영 옮김, 히틀러와 미학의 힘, 생각의 힘(2024), P 102
122 유럽: 하나의 역사, 노먼 데이비스 지음, 왕수민 옮김, 예경(2023), P 168
123 Wikipedia(2022), Devanagari
124 엄기표, 한국의 범자 역사와 문화, 경인문화사(2023), P 23
125 김승일, 세계의 문자, 범우사(2022), P 236

『삼국유사1145』에 의하면 요동성에서 3층 탑 옆을 파보니 범서가 놓여 있었다고 한다. 범서는 범어로 된 경전을 의미하므로 고구려에 불교가 전해진 지 얼마 되지 않아 범자로 쓰인 불경이 전해졌다는 사실을 알 수 있다. 527년 인도에서 귀국한 백제의 겸익(謙益)은 범본과 율문을 번역하였다고 한다.[126]

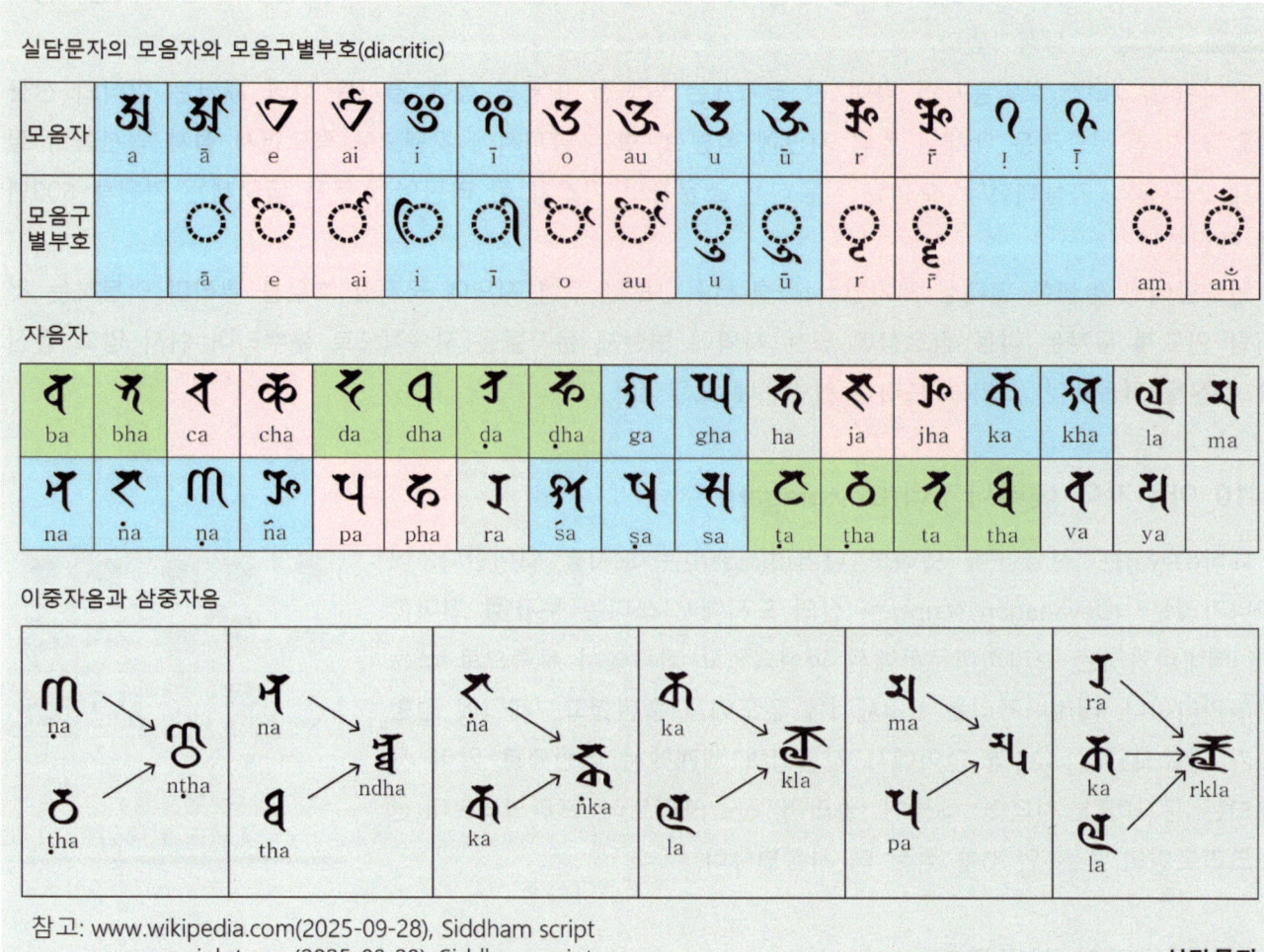

758년 건립된 김천 갈항사지 3층 석탑에서 실담체로 묵서된 진언 다라니가 출토되었다. 신라 출신 승려였던 원측(圓測)/현초(玄超)/오진(惡眞) 등이 범어에 능통했다고 전한다. 인도를 순례했던 현장(玄奘)과 그의 제자였던 원측이 범어에 능했다는 사실이 『대당서역기大唐西域記』에 기록되어 있다.[127] 고려 의종 4년(1150)에 안동 보광사의 선사 사원(思遠)이 평양 광제포에서 간행한 『범서총지집』이 보광사 목조관음보살좌상의 복장에서 발견되었다. 『범서총지집』은 전형적인 실담체로 기록되어 있다.[128] 조선에서는 1569년에 안심사본(安心寺本) 진언집(眞言集)이, 1800년에 망월사본(望月寺本) 진언집이 실담문자로 기록되었다.[129] 한반도에 들어온 실담문자는, 만다라/목조건축물/기와/벽돌/석조물/불상/복장물/불화/동종/풍탁/향로/정병/동경/도자기/금고/운판/칠기/토기/복식 등을 망라하는 다종의 문화제에 수많은 종자(種字)를 뿌렸다. 인도에서 온, 표음문자인 실담문자와 인도의 발달된 음운론은 훈민정음의 창제의 밑거름이 되었다.

---

126 엄기표, 한국의 범자 역사와 문화, 경인문화사(2023), P 48
127 엄기표, 한국의 범자 역사와 문화, 경인문화사(2023), P 33
128 엄기표, 한국의 범자 역사와 문화, 경인문화사(2023), P 56~58, 83
129 박지명, 이서경, 범어 신묘장구대다라니, 하남출판사(2017), P 17

일본 진언종의 시조인 쿠우카이(空海 서기 774~835)가 당나라에서 유학하고 돌아와(804) 실담문자로 쓴 서예 글씨(806)가[130] 일본에 남아 있으며 쿠우카이가 들여온 『실담자기』는 일본에서 실담학이 일어나는 계기를 마련해 주었다.[131] 현대 일본 가나의 사전 순서(tabular presentation and dictionary order)가 불교의 전파와 더불어 전해진 실담문자 표에서 유래했다는 것은 정설로 받아들여지고 있다.[132]

실크로드를 통해 인도에서 중국으로 전해진 많은 불경이 실담문자로 기록되었다. <u>한자로 번역된 밀교의 경전이나 진언은 산스크리트어의 발음을 보존할 수 없었기 때문에 원어의 음가를 재현하고 상징성을 담보할 수 있는 실담문자는 밀교의 경전/주문/진언을 동북아시아로 전파하는 데 중요한 역할을 하였다.</u> 9세기 초에 아바스 왕조(750-1258)의 팽창 때문에 육로를 통해 중국에서 인도에 이르는 무역과 구법 순례의 길은 폐쇄되었다. 9세기 중반 중국의 외래종교 탄압은 인도와 인도 인근지역에서 발생한 실담문자의 후손문자와 데바나가리문자가 동아시아로 전파되기 어렵게 만들었기 때문에 동아시아는 실담문자가 사용되고 있는 유일한 지역이 되었다. 한국과 일본에서 특별한 의미를 부여하기 위해 같은 음가를 가진 많은 종류의 변형 실담문자가 만들어졌으며 중앙아시아에서도 7세기부터 실담문자가 사용되었다는 증거가 남아 있다.[133]

1-12 아부기다-크리문자

1840년 영국의 감리교 신학자 제임스 에반스(James Evans)는 데바나가리문자와 속기법에서 영감을 받아 크리음절문자(Cree syllables)를 개발했다. 크리문자는 성경을 이누이트어로 번역하고 이누이트어를 기록하는 데 사용되었다.[134] 크리음절문자는 아부기다에 속하지만 다른 아부기다가 모음구별부호(diacritics)로 모음을 표시하는 데 반하여 <u>크리문자에서는 문자의 회전이 문자의 모음을 결정한다.</u> 크리문자는 9개의 문자로 구성되어 있고 라틴문자의 모양과 뚜렷이 구분되므로 단 몇 시간 만에 배울 수 있는 쉬운 문자이다. 따라서 크리문자는 북아메리카 인디언 부족들 사이에 인기가 많았다.[135]

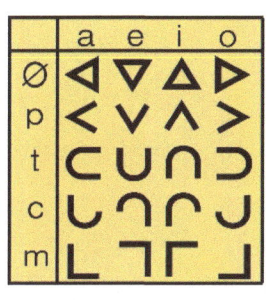

크리문자의 일부

일반적으로 기호와 의미를 연결하는 주된 방법은 기호의 모양과 의미의 연결이다. 크리 문자의 발명가 제임스 에반스는 기호와 의미를 연결하는 재미있고 독특한 발상을 채택했다. 크리문자에서 기호의 모양은 자음의 음가를 표기하고 기호의 방향은 모음의 음가를 표기한다. 한글의 일부 모음 부호 {ㅏ, ㅜ, ㅓ, ㅗ}, {ㅑ, ㅠ, ㅕ, ㅛ}, {ㅣ, ㅡ} 등은 크리문자처럼 기호 동치류이고 회전이 기호의 의미를 결정한다.

훈민정음에서 기호의 방향뿐 아니라 기호의 위치가 변하면 기호의 의미가 변하는 예도 있다. 초성에서 이응은 음가 없는 자음이지만 종성에서 이응은 꼭지 이응의 음가를 계승하고 있다.

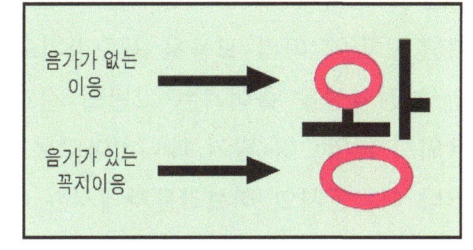

위치에 따라 달라지는 'ㅇ'의 의미

---

130 Wikipedia(2022), Kukai
131 지광 찬, 강대현 역해, 실담자기역해(悉曇字記譯解), 올리브그린(2017), P 27
132 김승일, 세계의 문자, 범우사(2022), P 237
133 Wikipedia(2024), Siddham script
134 헨리 로저스, 이용 외 옮김, 언어학으로 풀어본 문자의 세계, 역락(2018), P 338, 339
135 Wikipedia(2023), Cree syllabics

1-13 중앙아시아 문자

아람문자의 중앙아시아 전파를 이해하려면 마트레스-렉티오니스에 대한 개념이 필수 불가결하므로 중앙아시아 문자 군으로 넘어가기 전에 마트레스-렉티오니스를 설명하겠다.

세계의 어족(語族)

◐ 마트레스-렉티오니스(matres lectionis 읽기의 어머니)[136]

마트레스-렉티오니스는 아람문자/아랍문자/히브리문자/시리아문자 같은 아브자드(자음문자)에서 장모음을 표기하기 위해 사용되는 자음자를 이른다. 결과적으로 마트레스-렉티오니스는 자음을 표기하기도 하였고 때에 따라 모음을 표기하기도 하였다. 마트레스-렉티오니스는 모음자가 없는 아브자드에서 읽기의 부정확성을 줄이려는 고민의 결과물이었다. 초기 페니키아아브자드에서는 마트레스-렉티오니스가 사용되지 않았으나 말기 페니키아아브자드에서 적은 수의 마트레스-렉티오니스가 사용되기 시작하였다. 그러나 아람문자와 히브리문자에서는 마트레스-렉티오니스의 사용 빈도수가 증가하였다.

마트레스-렉티오니스의 역사는 뿌리가 깊다. BC 13세기에 이미 우가리트문자에서 마트레스-렉티오니스를 찾아볼 수 있다. AD 9세기 낭송 예배(liturgical recitation)에 쓰이는 히브리어 성경의 정확한 모음을 마트레스-렉티오니스로 표기하기가 어려웠기 때문에 모음구별부호가 도입되었다. 초기 아브자드에서 마트레스-렉티오니스가 장모음과 이중모음을 표기했는데 세월이 흐르면서 단모음까지 표기하기 시작했다.

---

[136] Wikipedia(2024), Matres Lectionis

아랍어에서 마트레스-렉티오니스는 장모음을 표기하는데, 모음구별부호는 단모음을 표기하는 데 이용되었다가 기계식 활자인쇄가 도입되면서 모음구별부호는 점점 사라지고 마트레스-렉티오니스가 더 많은 모음을 표기하기 시작했다. 마트레스-렉티오니스가 모음구별부호보다 활자의 종류를 훨씬 많이 줄일 수 있었기 때문이다. (마트레스-렉티오니스는 활자의 종류를 덧셈으로 증가시키지만 모음구별부호는 곱셈으로 증가시킨다) 시간이 지나면서 점점 더 많은 모음이 마트레스-렉티오니스에 의해 표기되었고 마침내 몇몇 아브자드는 그리스문자/라틴문자/키릴문자 같은 알파벳문자로 변신하였다.

문자	Aleph	Yodh	Waw
페니키아문자	∢	ㄱ	Y
히브루문자	א	ה	ו
아람문자	א	ᐱ	ㄱ
시리아문자	≤	ر	٩
아랍문자	ا	ي	و

마트레스-렉티오니스로 사용된 알레프•요드•와우

마트레스-렉티오니스는 자연적으로 발생하기도 한다. 세월이 흐르면서 단어의 발음은 변하지만 단어의 문자표기는 고정된 경우가 많다. 자음의 발음이 모음으로 변하면서 자음자가 자연스럽게 모음자로 발음되기 시작했다. 예를 들면, 셈어의 단어 panamuwa는 아브자드로 pnmw로 표기되었다. 발음이 panamua로 변했지만 pnmw의 표기는 고정되어 있으므로 자음자 w는 모음 u의 음가를 가지게 되었다. 마찬가지 방식으로 자음자 j(jod)는 모음 i의 기호가 되었다. 발음 왜곡이 마트레스-렉티오니스의 자연발생적 원인이 되었다.[137]

◐ 변형-아브자드-아람문자[138]

BC 10세기부터 아람인은 낙타를 이용해 중동의 사막을 넘나들며 활발한 무역 활동을 시작하였기 때문에 아람어는 페르시아제국 아카메네스 왕조의 공용어가 되었고 이후 중동 지역의 국제어로 사용될 수 있었다. BC 8경 페니키아문자에서 분화된 아람문자는 BC 800~AD 600년 동안 바빌로니아, 아시리아, 페르시아에서 사용되었다. BC 500년 아케메네스 왕조의 다리우스 I 세가 메소포타미아를 석권하면서 아람어와 아람문자가 페르시아제국의 공식 행정 언어와 행정 문자로 쓰이게 되었다. 예수와 사도를 포함한 유대인(사마리아인을 제외한)도 일상어로 아람어와 아람문자를 사용하였다. 사해문서는 아람문자로 기록되었으며 복음서도 원래 아람문자로 기록되었을 것이다. 유대인이 바빌론 유수(BC 597~BC 538) 시절 습득한 아람문자를 유대로 돌아간 후 변형하여 만든 문자가 히브리문자(BC 2세기)이다.[139] 아람화된 이민족인 아시리아인과 바빌로니아인이 정치적인 이유로 그들의 아카디아어와 설형문자를 버리고 아람어와 아람문자를 국제어와 국제 문자로 채택했다.

점토판에 쓴 다음 건조과정이 필요했던 설형문자보다 비단이나 파피루스에 기록할 수 있는 아람 문자가 사용하기 편리하다는 점도 아람문자의 확산에 이바지했다. BC 3~BC 1세기에 작성된 사해문서도 아람어와 아람문자로 기록되었다. AD 3세기에 아람문자에서 히브리문자, 아랍문자, 시리아문자가 파생되어 나왔다. AD 7세기에 아랍어가 쓰이기 시작하면서 아람어는 쇠퇴의 길을 걷기 시작했다.[140] AD 7세기 초 무하마드가 창시한 이슬람교가 세력권을 넓혀가고 아랍인이 중동을 정복하면서 상업 언어로 시작된 아람어는 세력을 잃고 종교언어인 아랍어로 대체되었다.[141]

---

137 스타니슬라스 드앤 저, 이광오, 배성봉, 이용주 공역, 글 읽는 뇌, 학지사(2022), P 223
138 Wikipedia(2024), Aramaic alphabet
139 앤드류 로빈슨 지음, 박재욱 옮김, 문자 이야기, 사계절(2013), P 172
140 연규동, 세계의 문자 사전, 따비(2023), P 134-139

모음구별부호와 더불어, 장모음을 표시하기 위해 사용된 마트레스-렉티오니스는 아람문자가 변형 아브자드라는 사실을 시사한다.

페니키아문자와 비슷했던 초기 아람문자의 직선형 서체가 흘림체(cursive)와 정교체(lapidary)로 분화된 다음 BC 3세기에 정교체는 사라지고 흘림체만 남게 되었다.

> **삼천포三千浦**
> 예수는 아람어의 한 종류인 갈릴리 방언으로 말했고 아람문자를 사용했다.
> 셈어, 아라비아어, 아카디아어, 아시리아어, 바빌로니아어, 우가리트어, 아람어, 시리아어, 히브리어, 페니키아어, 이집트어, 콥트어가 아프로아시아어족에 포함되어있다.
> **예수가 사용한 언어**

알파벳 계통의 문자는 BC 9세기에 페니키아문자에서 분화된 그리스알파벳 문자군(아나톨리아, 이탈리아, 그리스 등에 분포)과 BC 9세기에 페니키아문자에서 분화된 아람아브자드(자음_알파벳) 문자 군(레반트, 페르시아, 중앙아시아, 인도 등에 양분된다.

BC 5세기 메소포타미아에서 설형문자 점토판 위에 내용을, 아람문자를 사용해 붓으로 적는 일이 빈번히 발생하였다. 설형문자는 알렉산더의 페르시아 정벌 이후 아람어로 급속히 대체되었고 기원 전후로 소멸하였다. 비슷한 시기에 이집트에서도 이집트 상형문자가 콥트문자에 의해 축출되었다.[142]

◐ 변형-아브자드-시리아문자[143]

시리아문자는 아람문자에서 분화된 변형 아브자드(impure abjad)로 시리아어를 표기(AD 1세기~현재)하는 데 사용된다. 우좌-가로쓰기 흘림체인 시리아문자의 몇몇 글자는 낱말 안의 위치에 따라 모양이 달라진다. 낱말 사이는 공백으로 분리되어 있다. 자음자의 상하에 있는 점과 그리스문자가 모음을 표기하기 위한 모음구별부호로 이용된다. 마트레스-렉티오니스인 자음자 Aleph(✕)/Yodh(◦)/Waw(,)도 모음 표기에 사용된다.

◐ 변형-아브자드-소그드문자[144]

우좌-수평쓰기와 좌우-수직쓰기가 가능한 소그드문자는 시리아문자의 후손 문자로 A.D. 100년대부터 A.D.1200년대까지 이란 동부에서 중국 서부에 이르는 지역에서 소그드족(이란계 민족)에 의해 사용되었다.

소그드문자는 알파벳화되고 있던 아브자드로 초성, 중성, 종성의 위치에 따라 글자체가 달라지는 17개의 자음자로 구성되어 있다. 아람문자처럼 장모음이 마트레스-렉티오니스인 자음자 Aleph/Yodh/Waw에 의해 표기되었다. 아람문자와 달리, 자음자가 단모음을 표기하는 데에도 사용되었다. 장모음과 단모음을 구분하기 위해 장모음을 나타내는 별도의 aleph를 기호 앞에 추가하기도 했다. <u>모음을 표기하기 위해 마트레스-렉티오니스와 별도로 모음구별부호도 사용되었다.</u> 초기의 명확하고 분리된 글자체는 이후 흘림체로 대체되었다. 낱말은 공백으로 분리되어 있다.

소그드문자는 불교/마니교/기독교 경전의 기록에 사용되었다. 1900~1920년대에, 소그드문자로 쓰인 불경이 중국 간수 지방의 천불동에서 대량으로 발견되었다.

---

141 미야자키 마자카츠 지음, 안혜은 옮김, 중동과 이슬람 상식도감, 이다미디어(2022), P 90
142 앤드류 로빈슨 지음, 박재욱 옮김, 문자 이야기, 사계절(2013), P 169
143 Wikipedia(2024), Syriac alphabet
144 Wikipedia(2024), Sogdian alphabet

● 준알파벳-위구르문자(Old Uyghur alphabet)[145]

투르크어족(Turkic)에 속하는 위구르어(Uyghur)를 적기 위해 AD 700년대부터 AD 1800년대까지 투르판, 깐수, 타림분지(신장-위구르 자치구)에서 사용된 위구르문자는 소그드문자의 후손 문자이며 아브자드와 알파벳의 회색 지대에 존재한다. 투르판에서 불교, 마니교, 기독교 경전 기록이 위구르문자로 기록되었다(AD 700~AD 800). 위구르문자 체계에서 흘림체 모아쓰기(cursive-joining alphabet)가 채택됐고 소그드문자처럼 낱말이 공백으로 분리되어 기술되었다. 마트레스-렉티오니스가 장모음뿐 아니라 단모음도 표기했고 모음구별부호가 사용되지 않았기 때문에 위구르문자는 거의 알파벳화되었다.

유라시아를 정복한 후 그동안 유목 생활을 해왔던 몽골의 통치자들은 자신들이 이민족의 행정 기술에 의존해 광활한 영토를 통치할 수밖에 없다는 사실을 잘 알고 있었다. 그러나 중국인들의 충성심을 신뢰할 수 없었기 때문에 몽골의 통치자들은 처음부터 네스토리우스파 기독교도가 주류였던 투르크-위구르인이나 중앙아시아의 무슬림들에게 의지했다. 그 결과 중국어뿐만 아니라 위구르어도 몽골어에 침투해 들어가기 시작하였다.[146] 그리고 문서로 된 통신수단이 효율적인 행정의 필수조건이라는 사실을 깨달은 칭기즈칸은 시리아 기독교도 무역업자들이 전해준, 아람문자에 기반을 둔 투르크-위구르문자(Old Uyghur alphabet)를 채택했다.[147]

몽골제국은 다민족/다언어/다문자 사회였다. 몽골제국은 읽는 대상이 아는 문자로 행정 문서를 제작하였다. 몽골의 통치자들은 위구르문자(回回文字), 한자, 페르시아문자, 키타이문자(거란문자), 티베트문자 등을 병용하여 제국의 행정을 이끌어 갔다. 칭기즈칸이 7년 동안 계속된 서방 원정을 끝마치고 귀환 길에 개최한 활쏘기 시합에서 그의 조카 이숭계가 356미터를 쏘며 우승했다. 이를 기념하기 위해 위구르문자로 몽고어를 기록한 '칭기즈의 돌(Stone of Genghis Khan 1224)'이 세워졌다. 칭기즈칸은 위구르문자를 도입하고 태자와 왕자가 위구르문자를 배우도록 독려하였다.[148]

몽고가 명에 패망하자 많은 위구르인들이 고려와 조선으로 귀화했다. 위구르족이 투르판에 세운 고창국(高昌國)의 최고 지배층이었던 설장수(偰長壽 1341~1399) 도 그들 중 하나로 이성계와 더불어 조선 개국을 공모하고 조선에 귀화한 후 위구르어 교육, 위구르어 교재 집필, 통역관 시험 주관 같은 일을 주도하며 사역원(司譯院) 설립에 중추적인 역할을 하였다.[149] 이처럼 몽골어를 위구르문자로 표기하는 전통은 이미 조선 건국 초기에 설장수에 의해 확립되었다. 오늘날 남아 있는 몽고어 교재는 몽고문자(변형 위구르문자)로 표기되어 있다.

이슬람 문화의 권위자 정수일 교수는 위구르어와 위구르문자가 훈민정음 창제에 직접적으로 영향을 주었을 가능성을 언급했다. "문자가 없었던 몽골은 위구르문자를 빌려 자신들의 언어를 표기하고 위구르어를 공식어로 책정하였기 때문에 원나라 조정에서 위구르어가 널리 통용되었다. 이것은 필연적으로 후기 고려로 위구르어 침투를 유발하였다. 몽고 간섭기에 회회어(回回語)와 회회문(回回文)으로 알려진 위구르어와 위구르문자는 고려 상층부에서 필요언어로 각광을 받았으며 비공식 궁중 용어로 둔갑하였다. 위구르어와 몽골어는 과거시험에서 필수 시험 과목이 되었다. 한국어와 더불어 우랄알타이어족에 속하는

---

[145] Wikipedia(2024), Old Uyghur alphabet
[146] 프레더릭 스타 지음, 이은정 옮김, 잃어버린 계몽의 시대, 도서출판길(2021), P 695
[147] 프레더릭 스타 지음, 이은정 옮김, 잃어버린 계몽의 시대, 도서출판길(2021), P 685, 686
[148] 김인희 편, 관용적인 정복자 대원제국, 동북아역사재단(2023), P 358-362
[149] 정광, 한국어 연구사, 박문사(2022), P 653, 655, 663, 669

위구르어의 언어적 요소가 훈민정음 창제에 개입하였을 개연성이 있다. 신숙주를 포함한 일부 집현전 학자들은 몽골어에 정통했는데 표기문자인 위구르문자도 필히 알아야 했을 것이다. 따라서 이미 정연한 문자 체계를 갖추고 있던 위구르문자에서 무언가 참고했으리라 짐작해도 별 무리가 없을 것이다. 13세기 후반부터 15세기 초반까지 150년간 위력적으로 사용되던 위구르어는 1427년 공포된 외래 습속 금령으로 인해 외방적인 복식과 함께 점차 자취를 감추고 말았다."[150]

◑ 몽고문자[151]

칭기즈칸은 위구르의 나이만(Naimans乃蠻)을 정복하고 재상 타타퉁아(Tatatunga)를 사로잡게 된다. 칭기즈칸의 명을 받은 위구르인 타타퉁아가 <u>위구르문자를 기반으로 제작한 몽고문자는 AD 1204 년부터 AD 1941년까지 사용된 좌우-세로쓰기 알파벳이다.</u>[152] 18세기까지 갈펜이 서사 도구로 사용되었으나 이후 붓으로 대체되었다. <u>초성/중성/종성에 따라 달라지는 글자의 형태는 초성/중성/종성에 대한 명확한 구분이 있었다는 사실을 입증하고 있다.</u> <u>모음조화에 의해 모음이 3가지 군으로 나뉘고 모음을 기준으로 음절이 12가지 군으로 나뉜다. 몽골어의 이런 특징은 훈민정음에서 모음조화에 따른 양성-음성 모음군의 분류에 어떤 식으로든 영향을 주었을 것이다.</u> 다른 음을 같은 글자로 표기하는 문제점이 몽고문자에 있었으나 만주족이 몽고문자를 받아들이며 이런 문제점을 해결하고 만주문자를 만들게 된다.

1-14 알파벳-파스파문자(Phagspa script)[153]

몽고제국의 치세 동안 몽고의 통치자들은 그들이 정복한 민족들의 언어를 기술하기 위한 범용 문자(universal script)를 찾고 있었다. 위구르문자에서 분화된 몽고문자는 중세 몽고어를 완벽하게 기록하기엔 역부족이었고 중국어처럼 아주 이질적인 음운을 가진 언어를 적기에도 실용적이지 못했다. 그래서 <u>서기 1269년 쿠빌라이 칸(Kublai Khan)은 티베트 승려 파스파(Phagspa)에게 제국 전체에서 사용할 수 있는 새 문자를 고안하도록 요청했다.</u> 파스파는 몽고어와 중국어를 아우를 수 있게 그의 모국어 문자인 티베트아부기다를 기반으로 파스파문자를 만들었다.

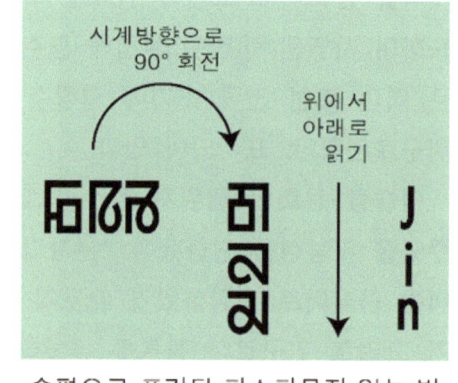

수평으로 표기된 파스파문자 읽는 법

쿠빌라이는 자신의 정통성을 강조하고 몽골의 주체의식을 표상하며 몽골제국의 상징으로 사용하기 위하여 파스파문자의 창제를 독려하였지만, 동시에 실용적인 기능도 고려하였다. 쿠빌라이는 몽고어와 여러 언어를 정확히 표기하고 문서행정을 장악하고자 했던 것이다.[154] 해럴드 이니스 (Harold Innis, 1894~1952)의 주장처럼 문자에는 공간 확장성이 있다. 문서행정 덕분에 제국은 대면 행정의 한계 너머로 영토를 확장할 수 있었다.[155] 제국의 성립 조건에는 도로망 같은 거시적 기반 시설뿐 아니라 문자 같은 미시적 기

---

150 정수일, 이슬람문명, 창작과비평사(2002), P 344, 345
151 Wikipedia(2024), Mongolian script
152 김인희 편, 관용적인 정복자 대원제국, 동복아역사재단(2023), P 356
153 Wikipedia(2022), Phagspa script
154 김인희, 관용적인 정복자 대원제국, 동북아역사재단(2023), P 377
155 조해나 드러커 지음, 최성민 최슬기 옮김, 알파벳의 발명, arte(2024), P 332

반 시설도 포함된다. 원세조 쿠빌라이가 파스파문자를 공포할 때 내린 조서가 『원사元史』[석로전釋老傳]에 남아 있다.

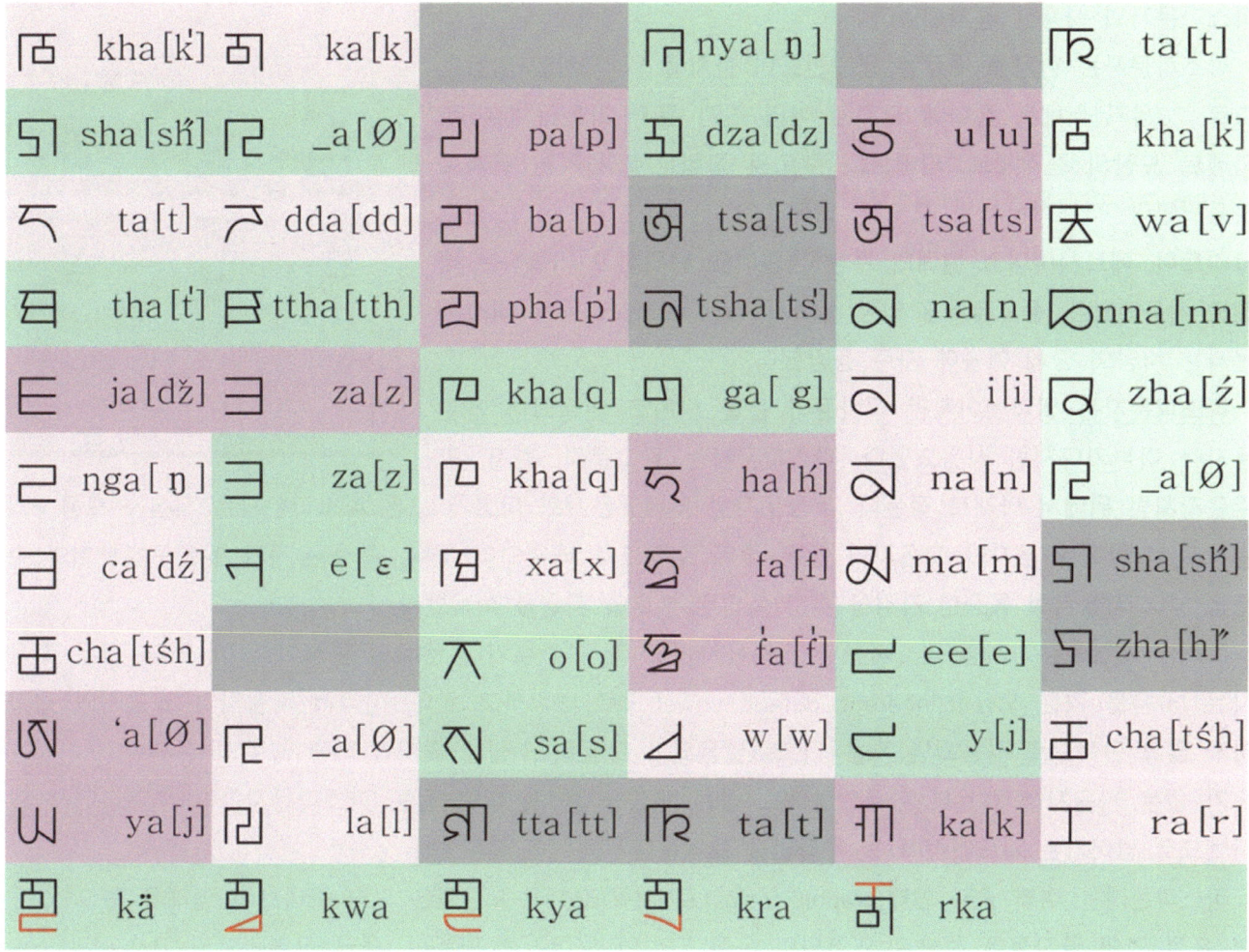

참고: 정광, 훈민정음과 파스파 문자, 역락(2012), p 162~191
Wikipedia(2023), phagspa script
omniglot.com, phagspa alphabet"

파스파문자(비슷한 글자 끼리 배열)

"짐이 생각하니 글자는 말을 적고 말은 사(事)를 기록한다. 이는 옛날이나 지금이나 모두 통하는 법도다. 우리 국가는 북방에 근본을 두고 풍속은 간고함을 공경하여 새로운 제도를 만들 틈이 없었다. 문자를 사용하는 데 한자의 해서와 위구르 문자를 가지고 이 나라 말을 표현했다. 요나 금 혹은 먼 지방에 있는 여러 나라의 사례를 보면 제각각 문자를 가지는 것이 통례다. 문치(文治)가 점차 흥해진 이때 자서(字書)가 없어서는 일대 제도를 과히 갖춘 것이 못 되니라. 따라서 특별히 국사 파스파에게 명하여 몽고신자를 만들게 하여 모든 문자를 풀이하여 옮겨 적게 했다. 세상일을 말을 통해 전달하고자 하는 것이니라. 이후 새서(璽書 옥새가 찍힌 공문서)는 모두 몽고신자를 써서 각각의 국자(國子 한자)에 붙이도록 하여라."[156]

---

[156] 사이토 마레시(齊藤希史) 지음, 허지향 옮김, 한자권의 성립, 글항아리(2018), P 93 재인용

원세조는 세종과 달리 파스파문자를 공문서에 사용할 것을 명령하였다. 파스파문자는 제정 원년인 1269년부터 홍건적(Red Turban Rebellion)의 반란이 일어난 1350년까지 82년 동안 원나라의 국정(國定)문자였지만 광범위하게 받아들여지지 않았고 몽고의 지배층에도 인기가 없었다. 명왕조가 세워진 이후 파스파문자의 사용은 금지되었다.

파스파문자는 한자를 배우는 몽고인들이 한자를 읽기 위한 발음기호로, 20세기 티베트 통화에 표기된 여러 가지 문자 가운데 하나로, 티베트 도장의 전각체로, 티베트의 수도원 출입문에 새겨진 글자로 사용되었다. 파스파문자는 중국어, 티베트어, 몽골어, 위구르어, 산스크리트어, 페르시아어와 원대의 주변국 언어를 번역하고 기록하는 데에도 사용되었다. 몽고제국에 의한 평화기(Pax Mongolica)동안 파스파문자는 서양의 중세 예술에 자주 등장했다.

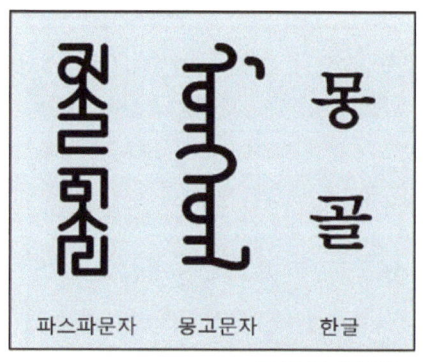
몽골을 뜻하는
파스파문자와 몽고문자

파스파문자는 알파벳이지만 글자들이 음절 단위로 연결되어 음절문자나 아부기다처럼 사용되었다. 파스파문자는 몽고문자, 한자, 만주문자처럼 위에서 아래로 적는다. 조상문자인 티베트문자와 다르게 모든 파스파문자는 자음자-모음자의 순서로, 그리고 자음자와 모음자가 같은 줄에 수직으로 배열되어 있다. 즉 모음자가 발음구별부호의 수준을 넘어 자음자와 동등한 자격을 갖춘 독립된 부호의 지위를 획득했다.

그러나 티베트문자처럼 파스파문자의 자음자에도 아직 아부기다 문자의 흔적이 남아 있다. 모든 자음자는 /a/음을 기본 모음값(inherent, default vowel)으로 내장하고 있다. 따라서 자음자가 모음자와 결합하지 않고 단독으로 사용되면 자음+'ㅏ'로 발음되고 모음이 초성에 위치할 때만 모음의 존재를 표기하는 음가 없는 자음자를 적는다.(한글의 'ㅇ'도 같은 역할을 한다) 이런 점은 파스파문자가 아부기다에서 알파벳으로 넘어가는 과도기에 있는 문자임을 보여준다.

파스파문자는 여러 글자 형태(graphic forms)로 기록되었다. 표준형은 수직 모아쓰기 형태를 하고 있다. 한 음절 안의 글자들은 선으로 연결되어 음절 단위의 덩어리를 만든다. 중국 사회과학원 교수 주나스트(Junast 照那斯图)는 훈민정음은 몽고전자(蒙古篆字)를 의미하는 고전자(古篆字Old Seal Script)에 기반을 두고 있다고 주장한다. 쳰양진이[157] 저술한 사림광기(事林廣記 Shilin Guangji백과사전)에 파스파문자로 기록된 '백가성씨'라는 한시가 나온다. 사림광기에서 한자로 쓰인 본문의 발음을 표시하기 위해 파스파문자가 사용되었다. 예를 들면 성씨 김(金)은 (ꡂꡞꡋ Jin)이고 뜻은 금(gold)이다.

수직 모아쓰기를 하는 파스파문자의 한 음절은, 수직으로 너무 길어서, 현대식 인쇄 양식을 따르는 다른 문자와 같이 쓰이면 윗줄로 뚫고 올라간다. 따라서 파스파문자의 한 음절을 반시계방향으로 90º 회전시켜 인쇄하는 것을 관례화하고 있다. 독자들은 파스파문자의 음절을 시계방향으로 90º 회전시켜 읽으면 된다.

칭기즈칸은 광활한 정복지를 효율적으로 통치하려면 문서행정이 필수적이라는 사실을 깨달았다. 위구르 나이만(Naimans乃蠻)의 재상 타타퉁아(Tatatunga)가 문서행정의 효율을 높이고 몽고제국의 위상을 과시하기 위해 몽고문자(1204~1941)를 만들 때 참고한 고위구르문자(Old Uyghur alphabet 700s~1800s)는

---

[157] 네이버 지식백과(2022), 진원정(陳元靚Chen Yuanjing) :남송 시대에 태어나서 원나라 쿠빌라이 칸 치세에 사망. 학자, 사림광기(백과사전)의 저작으로 유명하다.

준알파벳이다. 파스문자의 자형은 아부기다문자인 티베트문자에서 기원했다. 파스파가 어떻게 아부기다인 티베트문자에서 알파벳인 파스파문자를 만들 수 있었을까? 파스파는 준알파벳인 위구르문자와 알파벳인 몽고문자에서 알파벳의 원리를 가져와 아부기다문자인 티베트문자의 자형에 적용하였다.[158]

문자	년도	기호	원리	문자	년도	기호	원리
성각문자 Hieroglyphs	-3300s	이집트 전통 예술	수메르 설형문자	가나문자 Kana	800s	한자	실담문자의 모음 순서 실담문자의 모음구별부호 →다쿠텐의 원리
우가리트문자 Ugarit	-1400s	수메르 설형문자	원시 시나이문자의 글자 이름, 순서, 알파벳 원리	파스파문자 Phagspa	1269	티베트문자	위구르문자 몽고문자의 알파벳 원리
오검문자 Ogham	300s	다섯 손가락-수신호 체계	로마 알파벳원리	훈민정음 Hunminjeongeum	1443	통지(기일성문도)	파스파문자 실담문자
198 개의 인도문자	-550s 이후	언어 사용 집단의 창작 기호	브라히미문자의 원리				

기호/원리/분리차용문자(記號原理分離借用文字)

① 파스파문자가 만들어지기 67년 전에 몽고문자가 만들어졌다. 문자를 새로 만드는 사람은 기존의 문자들을 수집하고 참고하는 경향이 있다.

② 몽고문자와 파스파문자는 수직으로 좌에서 우로 쓴다. 파스파문자의 수직 모아쓰기는 몽고문자의 수직 좌우쓰기에서 유래했다.

③ 몽고문자와 파스파문자에서 자음자와 모음자가 연결되어 있다.

④ 아부기다의 모음구별부호를 모음자로 독립시켜 아부기다를 알파벳화하는 발상은 생각보다 쉽지 않다. 그리고 해결책을 제시하고 있는 기존 문자 체계가 있을 때 아이디어를 차용하려는 유혹은 더욱 은밀해지고 강해진다.

⑤ 한 문자 체계에서 자형을, 다른 문자 체계에서 원리를 차용해 새 문자를 만든 경우가 문자의 역사에 여러 번 있었다.

이집트 성각문자의 자형은 이집트 전통예술에서 원형을 추출하고 다듬는 방식으로 형성되었고 여기에 수메르 설형문자의 문자 제자원리가 차용되어 더해졌다는 이론을 주장하는 문자학자들이 많다. BC 1450~BC 1250년경에 시리아 우가리트에서 사용되었던 우가리트문자는 메소포타미아의 설형문자와 가나안의 자음문자가 이종교배 되어 만들어진 문자이다. 우가리트문자의 외형은 설형문자이지만 내면은 알파벳이다.[159] 또 다른 예로, 한글, 가나문자가 있다.

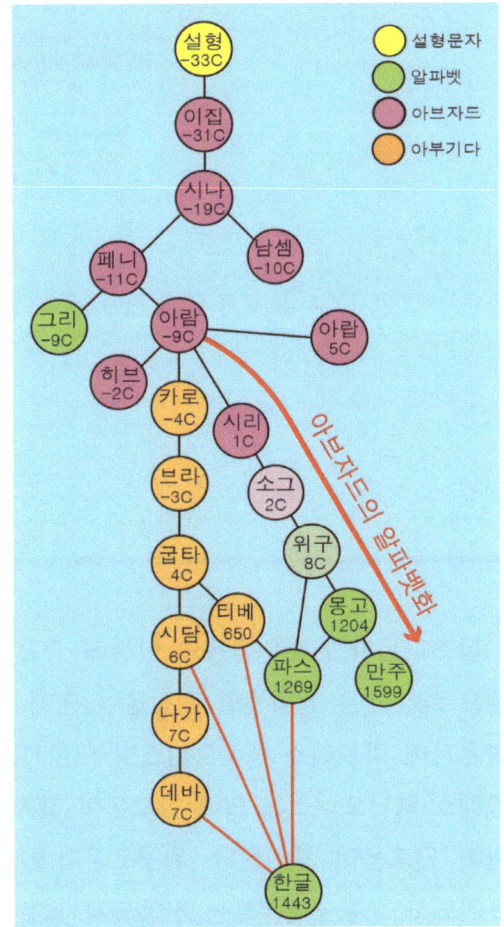

굽타문자, 그리스문자, 나가리문자, 남셈문자, 데바나가리문자, 몽고문자, 만주문자, 브라흐미문자, 설형문자, 소그드문자문자, 시나이문자, 시담문자, 시리아문자, 아람문자, 아랍문자, 에트루리아문자, 위구르문자, 이집트신성문자, 카로슈티문자, 티베트문자, 파스파문자, 페니키아문자, 한글, 히브루문자

파스파문자의 족보

---

158 Wikipedia(2024), Mongolian script, Old Uyghur alphabet, Mongolian writing systems, Tata-tonga
159 스티븐 로저 피셔 지음, 박수철 옮김, 21세기북스(2010), P 53, 70

파스파가 새로운 문자를 만들기 전에, 페니키아문자에서 시작하여 아람문자/시리아문자/소그드문자/위구르문자/몽고문자로 이어지는 중앙아시아 아브자드의 알파벳화가 몽고문자에서 완료되었다. 몽고알파벳은 파스파가 나타나기를 기다리고 있었다. 파스파가 몽고문자로부터 영향을 받아 모음을 독립된 모음자로 표기할 수 있었다고 보는 것이 합리적이다. <u>파스파가 몽고문자의 영향을 받아 음소에 대한 개념을 이해했고, 모음자의 독립을 생각해 냈고, 초성/중성/종성의 삼분법을 구체화했다면 파스파문자의 영향을 받은 훈민정음도 몽고문자의 알파벳 원리로부터 간접적으로 영향을 받았다고 볼 수밖에 없다.</u>

문자 이름	페니키아문자 →	아람문자 →	시리아문자 →	소그드문자 →	위구르문자 →	몽고문자
어족	아프로아시아	아프로아시아	아프로아시아	인도유럽	투르크	몽고
문자 종류	아브자드	변형 아브자드	변형 아브자드	변형 아브자드	준알파벳	알파벳
사용 기간	-1050~150	-800~ 600	0~현재	100s~1200	700s~1800s	1204~1941
matres lectionis		○	○	○	◯	**모음자 독립**
matres lectionis 로 표기된 모음		장모음	장모음	소수 단모음 장모음	다수 단모음 장모음	모든 모음
모음구별부호		○				
쓰는 방향	우좌 가로쓰기	우좌 가로쓰기	우좌 가로쓰기	우좌 가로쓰기	우좌 가로쓰기	
				좌우 세로쓰기	좌우 세로쓰기	좌우 세로쓰기

matres lectionis(마트레스 렉티오니스, 읽기의 어머니): 오랜 시간이 경과하며 자음이 장모음으로 변하자 자음을 표기하던 자음자가 자연스럽게 장모음을 표기하는 모음자로 인식되었다. 이렇게 모음을 표기하게 된 자음자를 마트레스 렉티오니스라고 부른다, 예를 들어 아람문자, 시리아문자의 자음자 Aleph·Yodh·Waw가 모음을 표기하는 모음자로 인식되었다.

알파벳화 과정: 페니키아 문자에서 몽고문자로 분지해 가면서 모음자의 수가 증가하는 이유는 아프로아시아어족에서 모음 표기는 선택사항이지만 인도유럽어족·투르크어족·몽고어족에서 모음 표기는 필수사항이기 때문이다. **언어가 속한 어족이 문자의 성질을 규정한다.**

문자	Aleph	Yodh	Waw
페니키아문자	ⱯА	Ꟃ	Y
히브루문자	א	י	ו
아람문자	𐡀	ᐱ	ᒥ
시리아문자	ܐ	ܝ	ܘ
아랍문자	ا	ي	و

중앙아시아 문자군의 비교

파스파문자와 훈민정음의 탄생에 중요한 역할을 한 위구르문자와 몽고문자가 중앙아시아 문자군의 일원으로서 겪은 알파벳화 과정을 설명해 보겠다. 페니키아문자에서 모음의 표기는 없었다. 후반기 페니키아문자에 마트레스-렉티오니스의 의한 모음 표기가 나타나기 시작했다. 아람문자와 시리아문자에서는 마트레스-렉티오니스에 의해 장모음이 표기되나 소그드문자에 이르면 마트레스-렉티오니스에 의해 장모음과 일부 단모음이 표기된다. 위구르문자에서는 장모음과 거의 모든 단모음이 마트레스-렉티오니스에 의해 표기되고 모음구별부호는 사용되지 않는다. 마침내 몽고문자에서 모든 모음이 독립된 모음자에 의해 표기된다. 여기에서 <u>문자가 한 어족의 언어에서 다른 어족의 언어로 전파될 때 큰 변화가 일어날 수 있다는 사실</u>을 다시 한번 확인할 수 있다. 시리아어는 아프로아시아어족에, 소그드어는 인도유럽어족에, 위구르어는 투르크어족에, 몽고어는 몽골 어족에 속한다. 중앙아시아 문자군의 비교표를 보면 중앙아시아 문자군의 알파벳화를 한눈에 파악할 수 있다.

1-15 자질문자(資質文字 featural writing system)[160]

　한글은 가장 오래되었을 뿐 아니라 실제 언어생활에서도 사용되고 있는 유일한 자질문자이다. 자질문자를 사용하는 서사 체계에서 자음자와 모음자는 임의(任意)로 만들어진 게 아니라 자음과 모음의 음운학적 특징(phonological features)을 가장 간단하게 나타낼 수 있게 기호화되어 있다. 제프리 샘슨(Geoffrey Sampson)은 한글 알파벳과 피트만 속기 기호(Pitman shorthand)를 설명하기 위해 용어 'featural'을 만들었다. 조 마틴 (Joe Martin)은 음소 기호(영어의 자음이나 모음 기호)보다 아음소 기호를 포함하고 있는 서사 체계를 묘사하기 위해 'featural notation'라는 용어를 도입했다. 자질이 모여 음소를 형성하고 음소가 모여 음절을 형성한다면 필자는 '자질문자'(資質文字 Featural writing system)보다 '아음소'(亞音素 subphoneme)와 '아음소문자'(亞音素文字 subphonemic script)가 한글의 특징을 더 잘 나타낸다고 생각한다. 아원자(subatom) /원자(atom)처럼.

　로마자 알파벳은 음소 부호보다 더 작은 단위를 표기할 수 없는 반면 자질문자는 음소문자(알파벳)보다 더 미세한 부분을 표기할 수 있다. 자질문자 체계에서는 최소 단위 기호들이 음소의 구성인자를 나타낸다. 한글에서는 아음소 기호들이 모여 음소 기호를 만들고 음소 기호들이 모여 음절 기호를 만든다. 한글의 음절은 3중의 기호학적 층을 형성하고 있다.[161]

15 C	한글
19 C	그레그(Gregg) 속기문자
19 C	두플로이안(Duployan) 속기문자
19 C	보이는 음성(Visible Speech)[1]
20 C	쉐비안(Shavian) 알파벳
20 C	퀵스크립트(Quikscript)
20 C	텡과르문자(Tengwar)[2]
20 C	포닉(Fonic)[3]
21 C	휴대폰의 천지인(天地人) 자판

1. 전화기를 발명한 알렉산더 그레이엄 벨의 아버지 알렉산더 멜빌 벨(Alexander Melville Bell)이 청각장애인에게 발음을 가르치기 위해 발음기관의 모양을 본떠 개발한 문자(1867).
2. 톨킨(Tolkien)이 1954년 출판한 판타지 소설 『반지의 제왕』안에서 고안한 문자
3. 국제음성기호와 유사

자질문자

1-16 제작자가 알려진 문자[162]

　사회적 통념과 다르게 한글만 유일하게 제작자가 알려진 문자는 아니다. 표에 제작자가 명확히 알려진 문자가 19개나 있다. 예를 들어 티베트 제국의 송첸감포(Songtsen Gampo)는 톤미 삼보타(Thonmi Sambhota)를 네팔에 보내 카쉬미르 지방에서 사용되고 있던 나가리문자를 기반으로 하여 티베트문자를 개발하게 하였다(7세기). 톤미 삼보타는 카쉬미르문자에 없는 6글자를 티베트문자에 추가하였다.

시기	문자 이름	제작자	시기	문자 이름	제작자
AD 650	티베트문자	송찬감보 치하의 톤미 삼보타	AD 1283	타이문자	수코타이 왕 람캄행
AD 863	글루골라문자	동로마제국의 선교사 키릴로스	AD 1443	훈민정음	세종대왕
AD 880	림부문자	네팔 왕 시리종가	AD 1599	만주문자	청태조 누루하치
AD 900	키릴문자	오리드의 성(聖) 클레멘트	AD 1643	생리적 알파벳	영국의 존 윌킨스
AD 920	거란대자	요나라 태조 야율아보기 때 돌려불	AD 1809~21	체로키문자	세쿼야
AD 924~5	거란소자	요나라 야율질라	AD 1837	피트먼 속기문자	영국의 아이작 피트먼
AD 1119	여진대자	금나라 태조 완안아골타 때 완안희윤	AD 1840	크리문자	영국의 제임스 에반스
AD 1138	여진소자	금나라 희종	AD 1867	벨의 문자	영국의 알렉산더 멜빌 벨
AD 1204	몽고문자	몽고 징기즈칸 때 타타퉁아	AD 1913	주음부호	청말 학자 장태염
AD 1269	파스파문자	몽고 쿠빌라이칸 때 파스파			

제작자가 알려진 문자

---

160 Wikipedia(2022), Featural writing system
161 노마 히데키 지음, 김진아 옮김, 한글의 탄생, P 180
162 정광, 한글의 발명, 김영사(2015), P 28, 50, 61
　　최경봉, 한글에 대해 알아야 할 모든 것, 책과함께(2014), P 88~95
　　조두상, 쐐기문자에서 훈민정음까지, 한국문화사(2009), P 19, 20
　　노마 히데키, 한글의 탄생, 돌배개(2020), P 161
　　1643년 영국의 존 윌킨스는 발음기관의 모양을 본떠 34종의 자모 부호를 개발했고 생리적 알파벳이란 명칭을 붙였다.

1-17 한반도에 들어온 인도계 문자

개성시의 연복사(演福寺) 절터에서 발견된 범종(제작 1346년)에 밀교의 부처와 티베트문자로 쓰인 다라니가 새겨져 있다. 고려말 몽고 간섭기에 몽고에 머물던 충선왕(忠宣王)은 정치적 권력투쟁에 연루되어, 그의 외할아버지인 쿠빌라이 칸의 명에 의해 1년 반 동안 티베트의 오지에 유배되었다(1320년). 고려로 돌아온 충선왕은 고려 왕 최초로 라마승 19인을 초청하고 수계(受戒)하였다.[163] 고려 말 고려의 지배층과 지식인들은 몽고를 통해서 또는 직접 티베트와 접촉하여 티베트의 불경, 불상, 불교미술, 불교사원 건축양식을 받아들였다.

금강산 장안사(長安寺)는 6세기 신라시대에 만들어졌다가 이후 여러 차례 중수를 거쳤는데 승려 굉변(宏卞)이 원의 수도 대도로 가서 고려 출신 환관 자정원사 고용보와 함께 기황후(奇皇后)로부터 통 큰 시주를 끌어냈다. 충혜왕(忠惠王) 후 4년(1343, 원 혜종 지정 3년), 원의 기황후는 장안사에 연이어 거금을 시주해 장안사를 중수케 하고 자신의 남편 혜종(惠宗) 토곤테무르와 아들 황태자 아유르시리다라를 위해 복을 빌게 하였다.[164]

순천 송광사(松廣寺)의 한 스님이 고려 충렬왕의 명을 받고 원나라를 방문했다. 스님은 원나라의 최고 불교기관이 티베트문자로 작성하여 발행한 통행 증명서를 가지고 돌아왔다. 이 문서가 보물 1376호로 지정된 티베트문 법지(法旨)이며 전라남도 순천시에 있는 송광사에 남아 있다.[165]

불교 밀교 학자 허일범 교수의 연구를[166] 기반으로 데바나가리문자, 실담문자, 란차문자, 티베트문자, 파스파문자가 한반도에 전래되었다는 사실을 뒷받침하는 역사 자료를 아래에 정리했다. 허일범 교수가 그의 연구 논문에서 밝혔듯이, 범자, 티베트문자, 파스파문자가 쓰인 탱화, 기와, 불상, 복장유물, 향로, 범종, 금고, 단청, 불경, 공문서, 의복 등등 범자 관련 문화유산은 그 수를 헤아리기가 어려울 만큼 많이 존재한다.[167] 현재 남아 있는 범자 관련 문화유산의 양은 훈민정음 창제 시에 존재했던 범자 관련 문화유산의 규모에 비하면 빙산의 일각에 불과하리라고 생각한다. 문화재의 속성상 시간이 지날수록, 변란이 많을수록, 사람들의 문화재에 대한 무관심이 클수록 문화재의 유실은 증가한다. 연구자의 손길을 기다리는 귀중한 자료가 급속히 사라져가고 있는 현실이 안타깝다.

◐ 데바나가리문자가 기록된 유물

충숙왕 14년(1327년) 제납박타(提納薄陀) 지공(指空)이 전한 팔천송반야(八千頌般若)의 패엽사본(貝葉寫本)이 화장사(華藏寺)와 동경국립박물관에 일부 남아 있다. 무돌 김선기는 동화사에 데바나가리문자가 기록된 패엽 조각을[168] 확인했다.

---

[163] 강상(强桑), 원제국 시기 티베트 불교의 확산(2003), 숭실대학교 역사학과 석사학위 논문, P 74~78
 최응천, 한국의 범종, 미진사(2022), P 306
[164] 이명미, 고려, 몽골에 가다, 세창미디어(2022), P 174-175
[165] 네이버(2022), 세계의 문자 사전, 연규동, 티베트문자
[166] 허일범, 한국불교속의 티베트 불교, 불교평론(2008)
 허일범, 고려 조선시대의 범자문화 연구, 회당학보5, 회당학회(2000), P 45-66
[167] 범자와 관련된 더 많은 유물의 소재지, 사진, 문화사적 의의를 알고 싶은 독자는 엄기표 교수가 몸과 마음으로 저술한 한국의 범자 역사와 문화(경인문화사 2023)를 일독하기 바란다.
[168] 김선기, 한글의 새로운 기원설, 명대논문집 제3집, P 63

◐ 실담문자가 기록된 유물

　　고려 고종(高宗, 1237-1251) 때 간행된 유가금강정경석자모품(瑜伽/金剛頂經/釋子母品), 대방광불화엄경입법계품사십이자관문, 불설불모반야바라밀다대명관상의궤, 칠구지불모소설준제다라니경, 대방광불화엄경입법계품돈증비로자나법신라륜유가의궤

봉림사(奉林寺) 소장 다라니(1268)

금강계종자마다라(1292)(월정사 성보박물관 소장)

선원사(禪源寺) 출토 암막새 기와에 있는 옴파암 종자

전라도 안심사(安心寺刊) 진언집(1569)

강원도 신흥사(新興寺刊) 진언집(1658)

평안도 묘향산 영당간(影堂刊) 진언집(1688) (묘향산 보현사에 보관)

일본 나가사키현 보광사(普光寺) 소장 고려 금고(金鼓1322년?)에 있는 종자진언(種字眞言)

1446년 상원사에 봉안된 오대진언집, 차제진언집

오대산 상원사(上院寺)에 있는 문수동자좌상(文殊童子坐像)의 복장유물(1446년경)에 적힌 진언종자

전남 해남 미황사(美黃寺)에 남아 있는 천정진언종자도(天井眞言種字圖)

◐ 란차문자가 기록된 유물

개성 연복사지에서 발견된 범종(1328년)에 새겨진 불정존승다라니(佛頂尊勝陀羅尼)

강원도 선원사(禪源寺) 출토 고려시대 암막새 수막새 기와에 새겨진 유자존의 진언

1634년 경기도 보광사(普光寺) 동종에 새겨진 육자진언

1476(성종7)년에 지어진 전남 월출산 무위사(無爲寺)의 본당천정진언(本堂天井眞言), 후불탱화, 암막새기와의 종자자

직지사(直指寺) 성보박물관에 있는 목제죽비(木製竹篦)의 진언(조선 말)

◐ 티베트문자가 기록된 유물

　　고려사에 의하면 1271년과 1294년에 티베트의 승려 팔태사(八台思)와 절사팔(折思八)이 티베트 경전과 법구류를 가지고 고려에 들어왔다. 충숙황 1년(1314) 홍약이 티베트 경전 1,8000권을 고려에 전했다.

　　1275년 원감국사(圓鑑國師) 충지(沖池)가 충렬왕(忠烈王)의 허가로 몽골 황제 쿠빌라이 칸(1260~1294)을 만나 수선사(修禪寺)의 사전(寺田) 문제를 해결하고 돌아오는 길에 받은, 티베트문자로 적인 통행 증명서가 송광사에 남아 있다.

1328년 연복사 범종에 티베트문자로 새겨진 오불진언(五佛眞言)

유점사에 봉안된 팔천송반야(八千頌般若)

◐ 파스파문자가 기록된 유물

　　1336년 몽골 황제가 오경사(五經葡)라고 불리던 이성(李晟)의 공적을 치하하기 위해 이성의 후손 이달한(李達漢)에게 내린 성지(聖旨)가 평창이씨(平昌李氏) 족보에 수록되어 있다.

　　이능화는 조선불교통사(朝鮮佛敎通史)에서 한글창제와 관련이 있는 란차문자/티베트문자/파스파문자를

비교하며 한글의 형태는 란차문자, 철자의 조합 방식은 티베트문자/파스파문자와 유사점이 많다는 취지로 한글의 연원이 범자의 범주를 벗어나지 못하고 있다고 말했다.[169]

조선왕조실록을 보면 최만리는

"예부터 구주(九州 중국의 땅)의 안에 풍토는 비록 다르오나 지방의 말에 따라 문자를 만든 것이 없사옵고, 오직 몽고(蒙古 파스파문자), 서하(西夏),[170] 여진(女眞), 일본(日本), 서번(西蕃 티베트문자)의 종류가 각기 글자가 있으되, 이는 모두 이적의 일이므로 족히 말할 것이 없사옵니다."[171]

라고 세종에게 훈민정음 창제의 부당함을 주장하는 장면이 나온다. 이 상소를 통해 우리는 조선의 지식인들이 파스파문자와 티베트문자에 대해 잘 알고 있었다는 사실을 확인할 수 있다.

<u>이처럼 한반도에 들어온 인도계 문자들은</u> 많은 흔적을 남겼고 <u>훈민정음의 탄생을 준비하고 있었다.</u>

---

[169] 이능화 조선불교통사 하편 諺文字法 源出 梵天 P 573
[170] 표준국어대사전: 1038년에 티베트계 탕구트족 탁발씨(拓跋氏)인 이원호가 간쑤(甘肅)와 내몽골의 서부에 세운 나라. 불교가 성하였고 서하 문자의 제작 같은 독자적인 문화를 이루었으나, 1227년에 몽골에 망하였다.
[171] 세종실록(세종 26) 1446년 2월20일 기사

2. 문자의 제작 원리[172]

2-01 동음기호 원리와 어두음 원리

    개개인이 만들어 내는 발음은 음색, 강세, 장단, 음절 내 음운의 간섭, 음절 사이의 간섭, 발음의 속도에 따라 달라진다. 변화무쌍한 개인의 발음으로부터 동일 언어 집단이 공유하는 불변의 음소를 추출해 기호를 할당하기는 쉽지 않다.[173] 언어 집단이 사용하는 음소나 음절보다 적은 수의 기호를 할당하면 표기하지 못하는 발음이 생기는 구별부족(underdifferentiation) 현상이 생긴다. 언어 집단이 사용하는 음소나 음절보다 많은 수의 기호를 할당하면 한 발음에 여러 개의 기호가 중복되는 구별과잉(overdifferentiation)[174] 현상이 발생한다. 언어 집단이 사용하는 언어의 발음을 분석하고 추출한 다음 음운 원리에 입각해 구별부족도 구별과잉도 없이 부호화하는 데 수천 년이 걸리기도 한다. 따라서 인근 언어 집단이 사용하는 문자 체계를 빌려 사용하려는 유혹을 떨치기는 매우 어렵다.

    추상적인 단어를 그림문자로 나타내기는 매우 어렵다. 추상적이거나 새로 등장한 단어의 음을, 기존 문자 기호의 음과 같거나 비슷한 음의 단위로 쪼갠 다음 단위들이 지니는 의미는 무시하고, 음이 같거나 비슷한 기존 문자 기호들로 표시하는 방법을 동음기호원리(同音記號原理rebus principle, rebus/사물에 의해, res/사물)라고 한다. 예를 들면, belief를 be+lief로 간주해 같은 발음인 bee(벌)+leaf(잎)로 쪼갠 다음 벌과 잎을 표시하는 그림문자로 짜맞춘다. 그러면 이 단어의 뜻은 벌잎이 아니라 빌리프 즉 믿음이다.[175] 수메르문자와 유사하게 마야문자 체계에서도 표의문자(logogram)와 표음문자(phonogram)가 사용되었고 추상적인 낱말들은 레부스 원리에[176] 의해 만들어졌다.

    레부스 원리 덕분에, 인류는 표의문자(상형문자)가 지닌 글자 수 확장의 한계를 극복할 수 있었고, 기호-의미의 결합을 기호-소리의 결합으로 새롭게 해석할 수 있었기 때문에 상형문자에서 표음문자(자음문자, 아브자드)를 생성해 낼 수 있는 단서를 얻을 수 있었다.[177] 쿠심(Kushim) 점토판의 발견은 수메르 쐐기문자의 연구에서 기념비적인 성과였다. 쿠심 점토판은 기원전 2600년경에 만들어졌는데 '쿠'와 '심'은 각각 어떤 사물을 나타내지만 '쿠심'은 '쿠'와 '심'이 표상하는 의미는 취하지 않고 음만 취하여 새로운 사물 즉, 사람의 이름을 나타내고 있다. '쿠심'은 레부스 원리가 설형문자에서 처음으로 적용된 합성 낱말이다. 쿠심 점토판은 수메르인의 설형문자가 표의문자에서 표음문자로 변화되고 있다는 사실을 보여주는 유물이다. 쿠심 점토판을 기점으로 수메르 설형문자는 표의문자에서 표음문자로 전환된다.[178]

    어두음 원리(語頭音原理acrophonic principle)란 단어문자 기호가 나타내는 단어의 첫소리 즉, 어두음을 그 글자의 음가로 받아들여 표기하는 방식이다. 표의문자는 동음기호 원리와 어두음 원리에 의해 표음문자로 변화할 수 있었다.[179]

    학자들은 인류의 문자 역사에서 알파벳은 단 한 번 태어났다는 데 주저하지 않고 동의한다. 기원전 2000년~1000년경 시리아와 시나이 반도의 터키석 광산에서 셈어를 구사하는 노동자들이 셈어를 표기하

---

172 재레드 다이아몬드, 김진준 옮김, 총균쇠, 문학사상사(1998), P 321-335
173 재레드 다이아몬드, 김진준 옮김, 총균쇠, 문학사상사(1998), P 316
174 헨리 로저스, 언어학으로 풀어본 문자의 세계, 역락(2017), P 394
175 조두상, 쐐기문자에서 훈민정음까지, 한국문화사(2009), P 72
176 연규동, 문자와 언어학, 따비(2023), P 110
177 연규동, 문자와 언어학, 따비(2023), P 113
178 강범모, 언어, 풀어쓴 언어학 개론, 한국문화사(2022), P 257, 258
179 김하수, 연규동, 문자의 발달, 커뮤니케이션북스(2015), P 87

기 위해 이집트 성각문자에서 24개의 글자를 골라 자음 기호로 사용하기 시작했다. 셈어 사용자들은 24개의 자음 기호에 이름(aleph소, beth집, gimel낙타, daleth문...)을 붙이고 순서를 고정한 다음 어두음원리를 적용해 자음을 적는 원시-시나이문자를 만들어 냈다.

발음이 표시되지 않는, 마야의 단어문자가 드리우는 한계를 극복하기 위해 고대의 마야인은 음절문자를 이용해 발음의 일부를 나타냈다.[180] 일본의 가나 및 그리스 선형문자B처럼 마야의 음성 기호체계에서도 주로 음절기호가 사용되었다. 그리고 초기 셈 알파벳의 글자들처럼 마야의 음절 기호도 사물을 나타내는 그림에서 비롯되었고 사물을 나타내는 발음 중 첫 음절의 발음을 나타내게 되었다. 따라서 중앙아메리카 문자와 고대 서유라시아 문자 사이의 유사점들은 인간의 창의성이 지닌 보편성을 입증한다.[181]

문자가 전파될 때는, 문자 자체가 복사-변형되는 문자차용(청사진 복사 blueprint copying)이나 문자체계차용(아이디어 확산 idea diffusion)이 발생한다. 문자차용과 문자체계차용에 의해 수메르문자와 마야문자의 제자원리와 글자의 모양은 변형되면서 인근 언어 사용 집단에 빠르게 전파되었다.

문자체계차용과 문자차용으로 만들어진 문자의 예들을 살펴보자.

2-02 기호/원리/일괄차용(記號原理一括借用)[182]

B.C 1500년경에 미노스 문명기의 크레타 음절문자인 선형문자 A가 변형되어 미케네 문명기의 그리스 음절문자인 선형문자 B가 되었다. 페니키아문자의 기호와 원리는 차용과 창조적 변형을 통해 아람문자가 되었다. 고대 페르시아에서 사용된 아람문자는 히브리어, 아랍어, 인도어 및 동남아시아 여러 언어의 문자로 발전했다.

문자	기호	원리	문자	기호	원리
페니키아브자드	원시시나이아브자드	원시시나이아브자드	아람아브자드	페니키아브자드	페니키아브자드
그리스알파벳	페니키아브자드	페니키아브자드	브라히미아부기다	카로슈티아부기다	카로슈티아부기다
로마알파벳	그리스알파벳	그리스알파벳	굽타아부기다	브라히미아부기다	브라히미아부기다
키릴문자	그리스알파벳	그리스알파벳	실담아부기다	굽타아부기다	굽타아부기다
영어알파벳	로마알파벳	로마알파벳	티벳아부기다	굽타아부기다	굽타아부기다

기호/원리/일괄차용문자(記號原理一括借用文字)

원시-시나이문자로부터 페니키아문자가 만들어졌으며 기원전 800년~700년 사이에 그리스인들은 페니키아문자에서 자신들이 사용하지 않는 자음 기호를 골라내 모음 기호로 전용하기 시작했다. 그리스알파벳에서 에트루리아알파벳이, 에트루리아알파벳에서 로마알파벳이, 로마알파벳에서 영어알파벳이 파생되어 나왔다. 유럽의 여러 나라에서 사용되는 알파벳은 모두 독립적으로 만들어진 문자가 아니라 기호/원리/일괄차용에 의해서 로마알파벳으로부터 만들어진 문자이다. 기호/원리/일괄차용에 의해 만들어진 문자의 사례는 수백 개나 된다.

제프리 샘슨은[183] 『세계의 문자 체계』에서 '글자는 종교를 따라다닌다'라고 말했다. 종교의 포교 활동이

---

[180] 연규동, 세계의 문자 사전, 따비(2023), P 276
[181] 재레드 다이아몬드, 김진준 옮김, 총균쇠, 문학사상사(1998), P 323
[182] Jared diamond, Guns Germs And Steel, NORTON(1999), P 224-228

글자의 전파에 가장 큰 영향을 미친다는 뜻이리라. AD 9세기 슬라브족에게 선교사로 파견된 그리스의 키릴로스가 그리스문자와 히브루문자를 참고하여 만든 글루골라문자가 키릴문자의 모태가 되었다. 또 AD 4세기에 불가리아의 서고트족과 함께 살았던 선교사 울필라스 주교는 그리스 글자 20개, 로마글자 5개, 룬알파벳 글자 2개로 고딕알파벳을 만들었다.

● 세쿼이야(Sequoyah) 문자

1820년경 아칸소주의 체로키 인디언 세쿼이야는 문자를 배운 적도 체계적인 교육을 받은 적도 없지만 체로키 말을 적기 위해 인류가 수천 년 동안 밟아온 문자 발명의 역사를 20년간의 시행착오와 창의력으로 재현했다. 세쿼이야는 인류의 조상들이 그랬듯이 수천 개의 그림문자를 만든 후 이로부터 200개의 음절 기호를 선별한 다음 최종적으로 85개의 체로키 음절문자를 확정했다. 세쿼이야는 로마자 알파벳을 읽을 수 없었으나 어느 학교 교사가 준 영어 철자법 책에서 체로키 글자의 아이디어를 얻었다. 체로키 문자는 원리 확산을 통해 만들어진 문자의 가장 확실한 사례로 손꼽히고 있다. 비록 글자의 발음은 로마문자와 다르지만 세쿼이야 문자의 많은 글자는 로마문자의 자형으로부터 만들어졌다. 세쿼이야는 로마문자로부터 문자의 원리도 채득했으므로 필자는 세쿼이야 문자를 기호/원리/일괄차용문자로 분류하고 싶다.

> **삼천포三千浦**
> 오스트리아의 식물학자이며 비엔나 식물원장이었던 스테판 엔들리처 (Stephan Endlicher1804~1849)는 1847년 미국의 세종으로 존경받고 있는 세쿼이야의 체로키 음절문자 창제를 기리기 위해 새로 발견된 적송의 한 종(California giant redwood)을 세쿼이야(Sequoiadendron giganteum)로 명명했다. 이 나무는 가장 오래 살며 수령은 2000년~5000년에 이른다.
>
> 참고: 조두상, 쐐기문자에서 훈민정음까지, 한국문화사(2009), p 218
> Wikipedia(2024), Stephan Endlicher

세쿼이야

2-03 기호/원리/분리차용(記號原理分離借用)

● 훈민정음

문자	년도	기호	원리	문자	년도	기호	원리
성각문자 Hieroglyphs	-3300s	이집트 전통 예술	수메르 설형문자	가나문자 Kana	800s	한자	실담문자의 모음 순서 실담문자의 모음구별부호 →다쿠텐의 원리
우가리트문자 Ugarit	-1400s	수메르 설형문자	원시 시나이문자의 글자 이름, 순서, 알파벳 원리	파스파문자 Phagspa	1269	티베트문자	위구르문자 몽고문자의 알파벳 원리
오검문자 Ogham	300s	다섯 손가락-수신호 체계	로마 알파벳원리	훈민정음 Hunminjeongeum	1443	통지(기일성문도)	파스파문자 실담문자
198 개의 인도문자	-550s 이후	언어 사용 집단의 창작 기호	브라미문자의 원리				

기호/원리/분리차용문자(記號原理分離借用文字)

몽골은 13세기 중앙아시아, 티베트, 중국을 정복했고 고려의 정치와 문화에 영향을 미쳤다. 몽골의 문화, 특히 몽고를 통해 받아들인 티베트 불교와 티베트와 직접 접촉하여 받아들인 티베트 불교는 고려와 조선의 불교문화에 크게 영향을 끼쳤다. 『총/균/쇠』의 저자로 유명한 제레드 다이아몬드는 "<u>고려와 조선은 티베트/몽골과 교류를 했고 두 나라의 문자가 고려와 조선 사회에 소개되었기 때문에 한글은 독립적</u>

---

[183] 조두상, 쐐기문자에서 훈민정음까지, 한국문화사(2009), P 278

으로 창제되지 않았고 아이디어 확산을 통해 만들어진 것이 확실하다. 서기 1443년 조선의 세종이 한국어를 표기하기 위해 창제한 한글은 티베트 서장문자, 몽고문자, 파스파문자의 원리로부터 자극을 받아 만들어진 것이 확실하다"라고 말했다.184

필자는 초성, 중성, 종성을 구분하는 알파벳 원리와 모아쓰기는 몽고문자/파스파문자에서, 모음자를 자음자의 오른쪽과 아래쪽에 위치시키는 아이디어(합자해)는 실담문자/티베트문자/데바나가리문자를 포함한 인도계 문자에서, 자음자와 모음자의 기호는 남송의 정초(鄭樵 1104~1162)가 기술한 『통지』의 『기일성문도』에서 온 것으로 보는 것이 합리적이라고 생각한다. 이에 대한 자세한 설명은 3-11장에서 다루겠다.

◐ 오검(Ogham)알파벳

오검알파벳은 서기 4세기경부터 켈트족이 살던 영국의 아일랜드에서 고대 아일랜드어를 적기 위해 사용되었다. 오검알파벳은 그 어떤 문자와 비교해도 비슷하지 않다. 글자의 모양으로는 오검알파벳의 기원에 대한 단서를 얻을 수 없다.185 그러나 글자의 원리를 보건 데 오검알파벳은 지극히 평범한 알파벳이다. 로마알파벳의 원리와 다섯 손가락-수신호 체계가 더해져 오검알파벳이 만들어졌다.

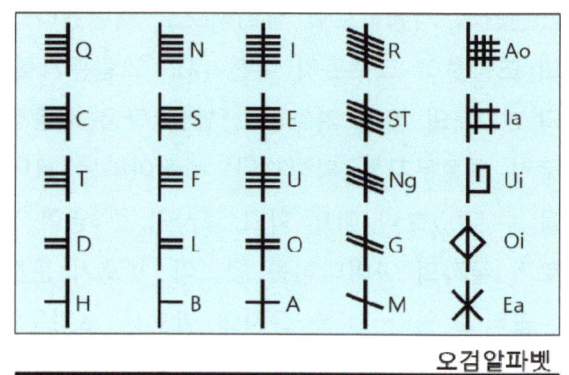

오검알파벳

◐ 이집트 성각문자

메소포타미아의 우루크 문명은 동쪽으로 이란과 아프가니스탄으로, 서쪽으로는 시리아, 이집트로, 남쪽으로는 바레인 오만으로, 동쪽으로는 아라비아해를 건너 파키스탄 남부와 인도 서부로, 북쪽으로는 터키와 흑해 주변으로 전파되었다. 수메르문명이 이집트까지 퍼져 나갔다는 증거는 게벨 엘-아이크의 단도(短刀)에 남아 있다. 칼의 손잡이에는 수메르의 우루크 사제-왕이 사냥하는 장면과 수메르와 이집트의 전쟁 장면이 양각으로 새겨져 있다. 전쟁 장면에는 수메르의 배와 이집트의 배도 등장한다. 두 문명은 바다와 육지로 교류했던 것이다.186

이집트 상형문자는 B.C. 3000년경 거의 완성된 형태로 갑자기 나타났다. 이집트는 수메르에서 겨우 1280km 남짓 서쪽에 있고 둘 사이에는 교역을 통한 접촉도 많았다. 또 이집트 상형문자의 점진적 발달 과정을 보여주는 증거물은 전혀 남아 있지 않다. 이러한 이유로 이집트 성각문자도 설형문자의 문자 제작 원리가 확산하여 만들어진 문자로 의심된다.187 설형문자 자체가 아니라 문자 사용에 대한 발상이 이집트에 전달되었을 가능성이 있다.188 성각문자의 자형은 이집트 전통의 토기나 예술품의 문양에서 기원했다.

2-04 어족간문자차용(語族間文字借用)에 의한 문자격변(文字激變)

우선 몇 가지 용어 정의가 필요하다. 같은 어족의 언어들 사이에서 일어난 문자 차용을 어족내문자차용

---

184 재레드 다이아몬드 지음, 김진준 옮김, 총균쇠, 문학사상사(2002), P 332
185 헨리 로저스, 언어학으로 풀어본 문자의 세계, 역락(2017), P 351
186 김산해, 최초의 역사 수메르, 휴머니스트출판그룹(2021), P 69, 70
187 재레드 다이아몬드, 김진준 옮김, 총균쇠, 문학사상사(1998), P 334
188 앤드류 로빈슨 지음, 박재욱 옮김, 문자 이야기, 사계절(2013), P 12-13, 93

(語族內文字借用)이라고 정의한다. 다른 어족의 언어들 사이에서 일어난 문자 차용을 어족간문자차용(語族間文字借用)이라고 정의한다. 같은 어족에 속하는 언어들을 동어족언어(同語族言語)이라 정의하고 다른 어족에 속하는 문자를 이어족언어(異語族言語)이라고 정의한다.

일반적으로 한 언어에 최적화된 문자의 어족내문자차용은 문자를 운용하는 원리에 근본적인 변화 없이 기호의 소소한 변화나 글자 수위 변화를 초래하곤 한다. 동어족언어는 차이점이 많지 않기 때문에 자형과 원리에 큰 변화가 발생하지 않고 같은 문자로 동어족언어를 표기할 수 있다. 어족내문자차용은 아주 많은 예가 있다. 서유럽 대부분의 국가와 북미의 두 국가 캐나다와 미국은 라틴알파벳을 사용하고 있고 동유럽 대부분의 국가는 키릴문자를 사용하고 있다. 또 인도 아대륙에서 수백 개의 아부기다문자가 사용되고 있다. 그러나 한 언어에 최적화된 문자일지라도 <u>어족간문자차용(語族間文字借用)이 발생하면 부호와 문자를 운용하는 원리에 근본적인 변화가 오는 경우가 많다.</u> 어족이 달라지면 언어의 운용 원리와 발음이 현격히 달라지기 때문에 한 언어를 표기하는 데 최적화된 문자도 기호와 원리의 근본적 변화 없이 이어족언어를 표기할 수 없을 때가 많다. <u>어족간문자차용에 의한 문자격변(文字激變)은 어족내문자차용에 의한 문자서변(文字徐變)보다</u> 훨씬 드물지만 몇 가지 역사적인 예를 들 수 있다.

◐ 한국어에 차용된 한자

중국어는 현존하는 유일한 고립어로 동사와 형용사 같은 용언의 활용변화가 없다. 한국어는 교착어로 다양한 조사와 용언의 활용을 특징으로 한다. 한자는 암기해야 하는 글자 수가 너무 많다는 단점에도 불구하고 중국어를 완벽하게 표기하는 데 무리가 없었다. 한국어 화자는 고대부터 한자를 차용하여 한국어를 표기하려 하였으나 한자에 기반을 둔 한국어의 완벽한 표기법을 개발하는 데 번번이 실패했다. 표의문자인 한자가 표음문자화라는 경천동지(驚天動地)할 변화를 겪으며 만들어진 이두, 향찰, 구결은 훈민정음이 창제되고 역사의 뒤안길로 허무하게 사라졌다.

이 대목에서 설총(薛聰 655~?)과 세종(1397~1540)을 플루타르크 영웅전의 방식으로 비교해 보자. 이두를 집대성한 신라의 대학자 설총은 재능에 있어서 세종에게 뒤지지 않을 것이다. 그런데 왜 세종은 훈민정음을 창제해 대한민국 역사에서 최고로 존경받는 인물이 되었고 설총은 이두의 집대성에서 그의 재능이 멈춰서 버렸을까? 혹시 두 사람의 작은 재능의 차이가 이러한 커다란 결과의 차이로 증폭되어 나타난 것일까? 필자는 재능의 차이가 아니라 시대의 차이로 두 거장의 업적 차이를 설명하고 싶다. <u>설총은 위구르문자(800s)/몽고문자(1204) /파스파문자(1269)를 접할 수 없었던 반면, 후발주자의 이점을 누릴 수 있었던 세종은 위구르문자/몽고문자/파스파문자를 통해 알파벳 문자의 원리를 파악할 수 있었다. 세종이 신라시대에 태어났고 설총이 고려 말이나 조선 초기에 태어났다면 역사가 두 거장에게 준 대본은 180º 달라졌을 것이다. 우리는 현재 광화문에서 세종의 동상 대신 설총의 동상을 보고 있을지도 모른다.</u>

◐ 일본어에 차용된 한자

일본어는 교착어로 분류된다. 그러나 일본어의 음절 종류가 아주 적었기(고대:101 개, 현대 115개) 때문에 한자의 표음문자화를 통해 진성음절문자인 가나문자를 만들 수 있었다. 어족간문자차용이 초래한 문자의 격변은 다행히 일본어를 완벽하게 표기할 수 있는 돌파구를 마련해주었다.

◐ 아카디아어에 차용된 수메르 설형문자[189]

수메르어는 기원을 알 수 없는 교착어에 속한다. 수메르 쐐기문자가 표의문자에서 표음-음절문자로 전환하느냐 표의문자로 남느냐를 결정해야 하는 순간이 왔을 때 수메르어 화자들은 수메르 문자의 표음-음절문자화에 매우 소극적이었다.

수메르문자와 수메르어의 특징을 알아보자.

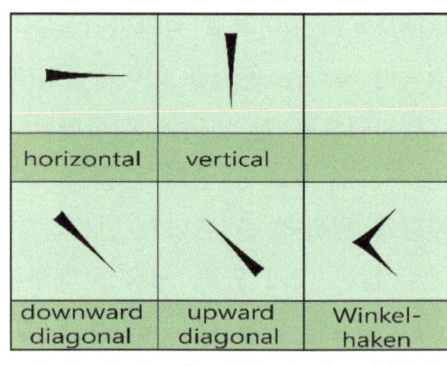

아카디아 쐐기문자의 기본획

① 대부분의 수메르 쐐기문자 기호는 일용 생활용품의 이름에 주로 할당되어 있었다.
② 수메르어의 낱말은 주로 단음절 단어로 구성되어 있고 <u>단순한 접두사나 접미사가 붙어 굴절하기 때문에 낱말이 활용되거나 굴절될 때 낱말의 내부 변화가 일어나지 않는다.</u>

이러한 문자적, 언어적 특징 때문에 수메르어가 교착어라는 사실에도 불구하고 수메르문자는 <u>표의적 쐐기문자 (로고그램)에서 표음적 쐐기문자(음절문자)로의 전환을 강제하는 언어적 압력을 심하게 받지 않았다.</u> 하나의 수메르 쐐기문자 기호는 여러 개의 뜻과 여러 개의 음을 나타내는 다의다음(多義多音) 표기에 사용되었다. 이러한 수메르 쐐기문자가 어족간차용에 의해 아카디아어를 표기할 때 다의다음적 해석이 가능해지면서 나타난 결과는 혼란과 혼동 그 자체였다. 혼란을 줄이기 위한 문법적 장치로 한정사(뜻글자의 전후에서 뜻의 범주를 결정한다)와 음성 보어(단어의 일부 발음을 표기해서 의도한 단어를 독자가 추측할 수 있게 돕는 보조사) 있었지만 역부족이었다.

아프로아시아어에 속하는 아카디아어 화자는 수메르 문자를 받아들일 때 아카디아어의 음표기에 중심을 두고 표의문자의 표음문자화 즉, 진성음절문자화를 단행했다.
① 진성음절문자화를 통해 아카디아 쐐기문자 체계에서 문자의 수가 줄어들었다.
② 진성음절문자화를 통해 아카디아 표음-음절기호가 주류가 되고 표의-기호는 소수가 되었다.
③ 아카디아어 화자는 수메르 쐐기문자의 획을 줄이고 변형시켜 단순한(추상화된) 쐐기 기호를 만들었다. (5종류의 쐐기: 수평 쐐기, 수직 쐐기, 하향대각 쐐기, 상향대각 쐐기, 갈매기 쐐기) 수메르 표의-쐐기문자는 진성음절문자화를 통해 아카디아 표음-음절-쐐기문자가 되었지만 몇 가지 문제가 아카디아 쐐기문자에 여전히 남아 있었다.

◐ 페르시아어에 차용된 아카디아 설형문자[190]

아카디아 쐐기문자에는 몇몇 문제점들이 여전히 남아 있었다.
① 아카디아문자의 많은 기호가 셈어의 명확한 음가를 나타내지 못했다.
② 몇몇 아카디아어(셈어의 일종)의 음소는 수메르 표의문자로 표기될 수 없었다.
③ 음절문자인 자음+모음 형태의 아카디아 쐐기문자는 삼자음어근(三子音語根triconsonantal roots)이 형태소 뼈대를 이루며 한 단어를 형성하는[191] 아카디아어를 표기하는 데 근본적으로 적합하지 않았다.

---

[189] 조두상, 히타이트 제국 문자와 페니키아문자 기원, 한국문화사(2016), P 257, 258, 265~267
Wikipedia(2024), Akkadian language, Cuneiform, Hittite cuneiform, Elamite cueiform
[190] 조두상, 히타이트 제국 문자와 페니키아문자 기원, 한국문화사(2016), P 269~273
Wikipedia(2024), Akkadian language, Cuneiform, Hittite cuneiform, Elamite cueiform

페르시아어는 인도유럽어에 속하므로 페르시아어에서 모음 표기의 중요성은 증가한다. 페르시아어 화자가 아카디아 음절-설형문자를 받아들여 3개의 모음자를 포함한 36개의 준알파벳 쐐기문자를 개발함으로써 아카디아 쐐기문자가 지닌 문제점을 극복하려고 하였다. 로제타 스톤과 유사하게 베히스툰 암벽에 새겨진 쐐기문자는 3가지 언어 즉, 고페르시아어, 바빌로니아어, 엘람어로 기록되어 있다. 3가지 언어로 기록되었기 때문에 베히스툰 암벽의 쐐기문자는 많은 종류의 쐐기문자를 해독하는 데 필요한 열쇠를 제공해 주었다. 따라서 베히스툰 암벽은 설형문자의 로제타석으로 불린다.[192]

● 우가리트어에 차용된 설형문자

수메르 표의-설형문자는 수메르어를 표기하는 데 사용되었으나 아프로아시아어족에 속하는 우가리트어를 표기하기 위해 차용될 때 설형문자의 기호에 원시-시나이아브자드의 원리가 더해지며 최초의 알파벳이 되었다. 우가리트문자의 껍질은 설형문자이나 속살은 알파벳이다.

● 그리스어에 차용된 페니키아아브자드

페니키아어가 속해 있는 아프로아시아어에서 자음이 형태소 뼈대가 되고 적은 수의(2~7개) 모음은 자음 사이에 끼어들며 낱말의 활용에 관여한다. 페니키아어에서 모음을 표기하지 않아도 낱말의 뜻을 문맥에서 유추하기가 쉽고 자음만 표기된 문장이 오히려 속독에 도움이 될 수도 있다. 그러나 인도유럽어에 속하는 그리스어는 모음의 수가 많고 모음도 형태소의 뼈대가 되기 때문에 모음을 표기하지 않으면 동철이음이의어(同綴異音異義語)가 난무하게 되어 독자가 문장의 뜻을 정확히 이해할 수 없게 된다. 따라서 자음만 표기하는 페니키아아브자드는 페니키아어를 표기하는 데 최적화 되어있지만 모음의 수가 많고 모음의 역할이 중요한 그리스어에는 부적합하다. 마침내 페니키아아브자드는 그리스에서 모음자가 첨가되며 최초의 완벽한 알파벳으로 탈바꿈하게 된다.

● 몽고어에 차용된 아람아브자드 후손문자

아람어는 아프로아시아어에 속하는 언어로 아람아브자드로 무리 없이 표기된다. 그러나 아람아브자드가 아프로아시아어족에 속하는 시리아어에 차용(어족내문자차용)된 다음, 인도유럽어족에 속하는 이란-소그드어, 투르크어족에 속하는 위구르어, 몽골어족에 속하는 몽골어에 차용(어족간문자차용)되면서 시리아문자/소그드문자/위구르문자/몽고문자가 되었다. 시리아아브자드로 시작한 문자서변(文字徐變)은 몽고알파벳이라는 문자격변(文字激變)으로 마무리되었다.

---

[191] Wikipedia(2024), Semitic root: 아프로아시아언어의 동사와 대부분의 명사는 주로 삼자음단어이고 이자음단어, 사자음단어, 오자음단어도 드물게 사용된다. 낱말이 활용될 때, 자음 뼈대가 형태소를 이루며 자음 사이에 모음이 끼어들어 간다.
[192] 앤드류 로빈슨 지음, 박재욱 옮김, 문자 이야기, 사계절(2013), P 76

3. 훈민정음

한글의 범자 유래설이나 몽고문자 유래설은 한목소리로 한글이 인도 문자 계통의 글자임을 주장하고 있지만 그 밖의 한글 유래설은 더 자유로운 발상으로 한글의 다양한 기원을 설명하고 있다. 일고할 가치가 있다고 생각되는 이론을 정리해 보았다.

년도	저자	기원	문헌
1525, 중종 20	성현	범자	용재총화(慵齋叢話)
1614, 광해군 6	이수광	범자	지봉유설(芝峯類說)
1687, 숙종 13	김만중	범자	서포만필(西浦漫筆)
1725? 영조 2?	?	범자	조야회통(朝野會通)
1740, 영조 16	이익	파스파문자	성호사설(星湖僿說)
1774, 영조 50	황윤석	범자	운학본원(韻學本源)
1776, 영조 52	이긍익	범자 파스파문자	연려실기술(燃藜室記述)
1824, 순조 24	유희	파스파문자	언문지(諺文志)
1918	이능화	티베트문자 란차 문자 파스파문자	조선불교통사(朝鮮佛敎通史)

년도	저자	기원	문헌
1965	게리 레쟈드(Gari Ledyard)	파스파문자	The Korean Language Reform of 1446
1966	유창균	파스파문자	진단학보
1970	김선기	인도문자	명대논문집 제3집 11-81 쪽
2001	주나스트(照那斯圖)	파스파문자	민족어문(民族語文)
2001	슈안데우(宣德五)	파스파문자	민족어문(民族語文)
2008	정광	파스파문자	훈민정음과 파스파 문자
2025	이찬주	인도 음운학 기일성문도 실담문자 파스파문자	한글 낯설게 하기

훈민정음 유례설

3-00 김선기의 훈민정음 연구

김선기(金善琪 1907~1992)는 1970년 훈민정음의 기원에 관한 자신의 연구를 『명대논문집 제3집』에 발표했다. 당시로서는 획기적인 내용이므로 그의 이론을 요약해 보겠다.

① 열소리 글자(ㅣㅜㅗㅏㅓㅡ•)와 닫소리 글자(ㄱㄴㅂㄴㄷㅁㄹㅅ)는 향찰과 구결에서 왔다.
② 거센소리 글자를 만드는 원리(ㄱㄷㅈㅂ→ㅋㅌㅊㅍ)는 인도 데바나가리문자, 파스파문자, 몽고문자에서 왔다.
③ 된소리 글자를 만드는 원리는 그러니까, 병서원리(ㄱㄷㅂㅅㅈ→ㄲㄸㅃㅆㅉ)는 인도 문자에서 기원했다.
④ 음절을 초성/중성/종성으로 나누는 원리는 몽고 운학과 자학의 영향을 받았다. (조선으로 귀화한 위구르인 설장수의 기여일 수 있다. 앞으로 심층 연구가 필요하다. 신숙주는 몽골어, 중국어, 일본어에 능통했다. 세종 시대 사학(四學)으로 한학, 몽학, 여진학, 왜학이 있었다.)
⑤ 훈민정음 창제 동기가 몽고의 영향일 수도 있다. 몽고제국의 성립은 한자 문화에 절여진 조선인에게 한자 없이도 위대한 제국을 건설할 수 있다는 가능성과 희망을 주었을 것이다.
⑥ 불교 승려뿐 아니라 신숙주 같은 탁월한 어학자도 범어에 대한 지식을 지녔고 훈민정음 창제에 이바지했다.
⑦ 오행(五行: 火水木金土)에 소리를 맞추려 한 시도는 흥미롭지만 객관적인 사실과 부합하지 않는다.

3-01 기일성문도(起一成文圖)[193] 유래설

남송(南宋)의 정초(鄭樵 1104~1162)가 기술한 『통지通志 1131~1162』의 권35 [육서략六書略][194] 제5에 있는 기일성문도는[195] 한자 전서체의 구성원리를 가장 간단한 'ㅡ'의 변형으로 설명하고 있다.

정인지(鄭麟趾)의 『해례서解例序』에 정초가 저술한 『통지』의 [육서략]에서 그대로 가져온 구절이 있다.[196] 『오주연문장전사고』(이규경 지음)에 인용된, 『청장관전서』(이덕무 글, 이광규 편찬)의 『앙엽기盎葉記』에는 훈민정음초종성통용팔자가 기일성문도를 참고한 듯하다는 글이 있다.[197] 홍기문(洪起文)/방종현(方鍾鉉)은 『정음발달사1946』에서, 공재석(孔在錫)은 『한글 고전古篆기원설에 대한 고찰1967』에서 훈민정음 기본 자모음자가 기일성문도에서 발견된다고 말했다.[198]

기일성문도에서 한자 'ㅡ'이 변형되는 방식은 코렐드로(CorelDRAW)나 일러스트레이터(illustrator) 같은 벡터에 기반한 그리기 프로그램의 원리와 똑같다. 기일성문도는 세우기, 기울이기, 꺾기, 모나게 말기, 둥글게 말기, 대칭변환, 회전변환, 색 채우기 등으로 한자의 모든 요소를 만들어 낼 수 있다고 주장한다.

나(이광규)의 할아버지(이덕무)께서 편찬한 『청장관전서』 안의 『앙엽』훈민정음초종성통용팔자'가 모두 고전의 모습이라고 설명하고 있다. 'ㄱ'은 古文의 '及'자로서, '物相及'을 상형한 것이다. 'ㄴ'은 '감추는 것'이며 '隱'이라고 읽는다. 'ㄷ'은 '물건'을 받아들이는 '그릇'으로서 '方'이라고 읽는다. 'ㄹ'은 전자의 'ㄹ'자이며, 'ㅁ'은 고문의 '圍'자다. 'ㅂ'은 전자의 'ㅁ'자이며, 'ㅅ'은 전자의 'ㅅ'자이며, 'ㅇ'은 고문의 '圜'자다.

이덕무의 『앙엽기』

이덕무의 『청장관전서』

이규경의 『오주연문장전사고』

참고: '起一成文圖'에는 ㄱ音及, ㄴ音隱, ㄷ音方, ㅅ音入, ㅁ音圍라고 있다.

강신항, 『훈민정음연구』 성균관대학교 출판부(2019), P 56

훈민정음의 창제 시기부터 해방 이후 오늘날까지 여러 학자가 기일성문도에는 훈민정음의 기본 자음자(ㄱㄴㅁㅅㅇ)와 똑같은 자형이, 기본 모음자(·ㅡㅣ)와 똑같은 자형이 있다는[199] 사실을 여러 차례 언급했다.

---

[193] 기ㅡ성문도의 ㅡ은 한자 한 일이 아니라 옆으로 그은 한 획이며 일정한 독법은 없다.
노마 히데키, 한글의 탄생(개정증보판), 돌베개(2022), P 161
그러나 관례상 기일성문도로 표기하겠다.
[194] 육서략이 우리나라에 들어온 시기는 모르나 원나라 목판본(1309)이 성암문고, 연세대, 고려대에 소장되어 있다.
안병희, 훈민정음연구, 서울대학교출판문화원(2018), P 67
[195] 김동언, 한글문화사, 박이정(2021), P 138
[196] 안병희, 훈민정음연구, 서울대학교출판문화원(2018), P 66
[197] 강신항, 훈민정음연구, 성균관대학교출판부(2019), P 56
[198] 안병희, 훈민정음연구, 서울대학교출판문화원(2018), P 67
[199] 강신항, 수정증보 훈민정음연구, 성균관대학교 출판부(2019), P 57, 59

기본자	기일성문도	해설(의역)	도해	기본자	기일성문도	해설(의역)	도해
ㄱ	折一爲ㄱ	한쪽 꺾기	─ → ㄱ	ㅇ	圓則爲○	둥글게 말기	─ → ○
ㄴ	轉ㄱ爲ㄴ	회전변환	ㄱ → ㄴ	─	衡爲一	저울대	─ → ─
ㅁ	方則爲ㅁ	모나게 말기	─ → ㅁ	│	從爲│	세우기	─ → │
ㅅ	正折爲ㅅ	양쪽 꺾기	─ → ㅅ	●	配偶	색 채우기	○ → ●

기일성문도에서 발견된 훈민정음 기본자

기일성문도의 제자 원리는 너무 포괄적이기 때문에 인류가 고안한 모든 글자, 로고, 그림의 기본 획(stroke)은 기일성문도의 원리에 따라 만들어졌다고 말할 수 있을 정도이다. 기일성문도를 오직 한글의 제작을 위한 전용(專用) 원리로 보기에는 특수성(specificity)과 전용성(exclusiveness)이 결여되어 있다. 하지만 기일성문도에 의해 만들어진 예제 글자들 가운데 한글 자음의 기본자와 모음의 천지인이 전부 들어 있고 기일성문도가 한글이 만들어지기 약 280년 전에 완성되었으므로 한글 자모음자의 모양이 기일성문도의 영향을 받지 않았다고 주장할 수는 없다. 건강을 해칠 정도로 독서에 전념했고 학문적 열정으로 불타올랐던 세종이 기일성문도를 보고 참고했다고 볼 수밖에 없다. 훈민정음은 여러 가지 문자를 참고해서 만들어졌으므로 세종이 기일성문도를 참고했다고 해서 이상할 것은 없다. 학문의 세계에서는 기존 아이디어에 영향을 받지 않고 독립적으로 생각해 낸 아이디어일지라도 발견이나 발표가 시간적으로 뒤처진 경우, 아이디어의 우선권은 먼저 발표한 사람에게 간다는 원칙을 불문율로 하고 있다. 다시 한번 말하지만 한글 기본 자음자와 기본 모음자의 자형(字形)이 기일성문도에서 왔다는 주장을 누구도 반박할 수 없다. 그런데 세종의 훈민정음 발음기관상형설은 끝없이 공교육에서 되풀이되고 확대 재생산되는 반면 훈민정음 자모음자의 기본자 8개가 기일성문도에 있다는 사실은 공교육에서 언급조차 하지 않고 있다. "들어가지 마세요"라고 쓰인 안내판이 있다고 가정하자. 의도적으로 두 글자를 가리면 "들어가■ ■ 세요"가 된다. 진실이 왜곡될 수밖에 없지 않은가. 부분적으로 언급된 진실은 더 이상 진실이 아니다. 미국 법정에서 증인은 "내가 제출해야 하는 증거는 진실이고, 진실 전체이고, 오직 진실이다(The evidence I shall give will be the truth, the whole truth, and nothing but the truth)"라고 맹세한다. 세종의 훈민정음 창제는 진실이다. 그런데 그것이 진실의 전모인가? 혹시 가려진 진실은 없는가?

3-02 각필기호(角筆記號) 유래설

불가에서는 불경을 읽을 때 불경에 각필로 한문의 발음과 문장부호를 쓰거나 어미, 조사 같은 토(吐)를 달았다. 이렇게 만들어진 기호를 구결(口訣입겿)이라고 하는데 고려시대부터 조선시대에 걸쳐 간행된 많은 불경과 한문 서적에 풍부한 예가 남아 있다.[200]

한자의 일부 획이 생략되어 만들어진 구결은 경전의 원문은 바꾸지 않고 형식형태소만 덧붙인다는 점에서 이두(吏讀)와 다르다. 각필의 역사는 삼국시대 백제까지 거슬러 올라갈 수 있다.[201]

구결과 가타카나는 동일한 부호를 다수 공유하고 있기 때문에 2000년에 히로시마대학(広島大学)의 고바야시 요시노리(小林芳規) 명예교수는 가타카나의 구결 유래설을 발표하기도 했다. 고바야시는 각필로 읽기 쉽게 한문에 점과 토를 다는 것은 돈황, 한반도, 일본의 불교 문헌에서 자주 발견될 정도로 동아시아

---

[200] 남경란, 한글 창제 전후의 입겿[口訣] 연구, 경인 문화사(2016), P 5
[201] 나무위키(2023), 구결

불교 전파에서 일반적으로 나타나는 현상이라고 말한다.[202]

각필은 사슴뿔, 상아, 대나무로 만들어졌다. 책에 직접 작은 구결을 한자 옆에 먹으로 쓴 경우도 있지만, 옛날에는 책이 굉장히 귀한 물건이었으므로 책의 훼손을 막기 위해 불경에 직접 먹으로 글씨를 쓰는 대신 각필로 글씨의 흔적을 남겼다. 각필로 쓴 글씨는 눈에 잘 띄지 않으나 불빛을 비스듬히 비추면 각필에 의해 눌린 자국이 흐릿한 음영을 형성하므로 글씨를 알아볼 수 있게 된다.

점토구결[203](點吐口訣)이란 점과 선으로 이루어진 구결이다. 안대현의 연구 결과에 의하면 각필구결은 점토(點吐)구결로 되어 있고 단점(), 상하쌍점(:), 사향쌍점(·‥), 역사향쌍점(‥·), 수직선(|), 수평선(—), 사선(/), 역사선(\) 눈썹 모양(·|) 등과 같은 점()과 선(|, / 등)의 조합, ㅜ, ㅏ 등이 기호로 사용되고 있다. 이들이 대체로 5X5 칸 안에 한자와 더불어 배치되며 한자에 대한 상대적 배치 위치는 한자의 획 모양에 따라서 약간씩 차이가 있다.[204]

조두상의 연구결과에 의하면 고려시대의 한자 불경에서 발견된 각필 부호가 훈민정음의 글자와 비슷하다는 설이 제기된 배경에는 몇 가지 이유가 있다. 첫째, 훈민정음 해례본의 글자체가 부드러운 붓보다는 막대기와 같은 단단한 필기구로 쓰인 느낌을 준다. 둘째, 석보상절의 훈민정음 글자체에서도 막대기 같은 도구로 쓰인 흔적이 발견된다. 셋째, 각필로 쓰인 부호 중에 ㄱ, ㄴ, ㄷ, ㅁ, ㅇ과 점, 수직선, 수평선, ㅛ, ㅠ, ㅕ, ㅑ 등이 한글의 기호와 똑같다.[205]

점토구결에서 발견된 훈민정음의 글자

안대현과 조두상의 주장을 종합해 볼 때 한글 모음자의 자형과 일부 한글 자음자의 자형(字形)이 불경에 남아 있는 각필 기호의 영향을 받았을 개연성이 높다. 앞으로 구결이 한글 모음자의 구성원리에 영향을 주었는지 여부와 영향을 주었다면 어떤 영향을 주었는지에 대한 후속 연구가 나오기를 간절히 기대한다. 또 점토구결과 기일성문도 가운데 어느 것이 먼저 제작되었는지에 대한 연구도 있어야 하겠다.

3-03 초출자/재출자의 지사(指事) 원리설

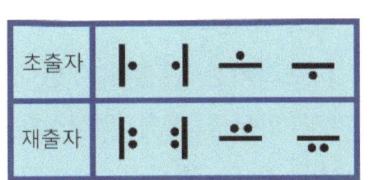

초출자와 재출자

한자를 만드는 원리로 상형/지사/형성/회의가 있다. 지사의 예로서 한자의 상(上)과 하(下)를 들 수 있다. 지사는 조합된 기호들 가운데 일부의 위치와 방향을 바꾸거나 기존 기호에 새 기호를 첨가하여 기존 문자의 의미와 다른 의미를 지닌 문자를 제작하는 방법이다. 유창균은 천지인의 기호에 지사의 원리가 적용되어 초출자와 재출자가 만들어졌다고 주장했다(1966).[206]

---

202 정광, 한국어 연구사, 박문각(2022), P 383, 384
203 네이버 지식백과(2023), 구결(口訣)은 선배 학자가 깨달은 경전의 비결을 말로 전한다는 뜻을 지닌 구수비결(口授秘訣)에서 왔다. 자토구결(字吐口訣)에서 한자의 약자로 만든 글자로 한자에 토를 다는 것과 대조적으로 점토구결(點吐口訣)에서는 점으로 한자에 토를 단다. 점의 위치에 따라 점의 의미가 달라진다. 합부금광명경 [合部金光明經]에 자토구결과 점토구결이 병기되어 있다는 사실을 알게 된(2004) 덕분에 점토구결을 자토구결로 번역할 수 있었다.
204 안대현(2020), 점토석독구결의 점토 체계의 대칭성, 구결 연구, P 44, 117-139
205 조두상, 쐐기문자에서 훈민정음까지, 한국문화사(2009), P 199~201
206 안병희, 훈민정음연구, 서울대학교출판문화원(2018), P 166

3-04 팍스 몽골리카와 훈민정음 파스파문자 기원설[207]

몽골제국의 문화가 훈민정음을 포함한 여말/선초의 문화 대폭발에 미친 영향을 설명하기 전에 아랍의 선진 문화와 몽골의 선진 문화에 관해 설명하겠다.

◐ 아랍의 과학[208]

서기 610년 메카와 가까운 한 동굴에서 상인 무하마드는 신의 계시를 받고 이슬람을 창시하였다. 622년 무하마드는 메카의 보수적 지배층이 박해를 가하자 야스리브(메디나)로 달아났다. '헤지라'로 알려진 이 사건은 이슬람이 통합을 핵심 교리로 하는 정체성을 가지고 다시 태어나는 계기가 되었다. 동로마-페르시아 전쟁과 이들이 아랍 세계에서 일으킨 정치적 분열/책동/혼란은 아랍인들이 새로운 종교와 정치적 질서를 염원하게 했고 이슬람과 무슬림이 아랍 세계에서 비약적으로 세력을 확장할 수 있는 기회를 제공해 주었다. 아랍 세계를 접수한 이슬람은 팽창을 계속하여 서쪽으로는 이베리아반도를 차지했고 동쪽으로는 무역으로 부를 쌓은 중앙아시아의 실크로드 국가들을 정복한 끝에 서기 751년 탈라스강에서 벌어진 중국과의 전투에서 승리하게 된다.

서역 진출을 원하던 당나라는 키르기스스탄의 탈라스강에서 이슬람 아바스 왕조와 충돌한다. 탈라스 전투(751)에서 포로로 잡힌 중국인 종이 기술자 2명을 통해 알려진 종이 제작술은 곧바로 사마르칸트로 퍼져 나갔다.[209] 종이의 보급으로 이슬람 세계에서 지식을 기록하고, 보유하고, 전파하기가 손쉬워져 수학/과학/천문/

> **삼천포 三千浦**
> 『후한서後漢書』 '채륜전'에 "채륜(蔡倫 50?~121?)이 나무껍질, 넝마, 포, 어망 등을 사용하여 종이를 만들고 황제에게 바쳤다(105년)"라고 기록되어 있다. 따라서 채륜은 제지술을 발명한 것이 아니라 기존의 제지술을 개량했을 뿐이다.
>
> 채륜

지리/여행을 포함한 모든 분야에 걸친 책과 문헌이 폭발적으로 증가할 수 있었다. 서기 1200년대에는 바그다드의 종이 제작술이 중세 유럽에 도달하였다. 유럽에서는 바그다드에서 유래한 종이라는 뜻으로 바그다티코스(bagdatikos) 라는 용어가 당시에 사용되었다.[210] 13세기 말 러시아를 넘어 독일 국경까지 쳐들어간 몽골에 의해 제지술과 목판 인쇄술이 본격적으로 유럽에 전해졌다. 종이 제작술은 1450년 독일의 구텐베르크가 발명한 인쇄기와 더불어 유럽에서 지식혁명을 일으키는 원동력이 되었다.

정복 전쟁에서 승리한 이슬람의 지배층은 중앙아시아에서 서아시아를 거쳐 아프리카를 연결하는 방대한 교역로를 독점한 뒤 세금, 노동력의 징발, 징병, 피지배자에게 부과한 갖가지 의무를 통하여 상상을 초월하는 부를 축적하기 시작했다. 흘러넘쳐 주체할 수 없을 정도의 부는 최상급 학자, 번역가, 예술가, 음악가, 건축가, 문학가, 수학자, 천문학자, 과학자를 길러내는 자양분이 되었다.

무하마드(570~632)가 이슬람교를 창시하고 아랍 세계를 통일한 다음 아바스 왕조(750~1258) 초기인 8~9세기 사이에 아랍인은 고대 그리스/인도/페르시아 과학을 번역하고 발전시켜 '아라비안 르네상스'를

---

[207] Wikipedia(2024), Science and technology of the Yuan Dynasty
김영식, 박성래, 송상용, 과학사, 전파과학사(2022)
[208] 김영식, 박성래, 송상용, 과학사, 전파과학사(2022), P 44~47
정수일, 이슬람 문명, 창작과비평(2002), P 211~235
버나드 루이스 엮음, 김호동 옮김, 이슬람 1400년, 까치(2022)
프레더릭 스타 지음, 이은정 옮김, 잃어버린 계몽의 시대, 도서출판 길(2021)
[209] 이승훈, 한자의 풍경, 사계절(2023), P 479
[210] Wikipedia(2023), paper

맞이하였고[211] 그들의 선진 문화를 유럽과 몽고제국에 넘겨주었다.

이슬람 과학은 쇠퇴하고 있던 그리스 과학을 계승하고 발전시켰다. 바그다드는 안티오크와 하란의 알렉산드리아 학파를 받아들였다. 예수에 관한 양성론(dyophysitism)과 단성론(Monóphysìtism)이 격돌하며 발생한 종교 박해 때문에 에데사에서 추방된(489년) 네스토리우스 교도와 폐쇄된(529년) 아테네 학교의 신플라톤주의자들이 준디샤푸르에 도착하며 준디샤푸르는 그리스, 페르시아, 시리아, 유대교, 인도의 사상가들이 모인 사상의 중심지를 형성하였다.[212]

① 서기 773년 바그다드에서 아바스 왕조(朝)(750-1258)의 2대 칼리프인 알 만수르는 그리스, 로마, 페르시아, 시리아, 인도의 책들을 아랍어로 번역하도록 학자들에게 명령하였다. 인도의 산스크리트어로 쓰인 과학, 수학, 점성술에 관한 책들이 아랍 세계에 소개되었다.

② 3대 칼리프 하룬 알 라시드(763-809)는 그리스 원전을 수집했다. 4대 칼리프 알 마문(al-Mamun, 786~833)은 '지혜의 전당'을 짓고(828) 박해를 피해 에데사(터키 동남부)에서 건너온 네스토리우스 기독교도들이 그리스 원전을 번역하도록 지원했다(1차는 아람어로, 2차는 아랍어로).[213] 알 킨디(Al-Kindi 801-873)는 그리스 과학과 철학의 중요성을 역설하였다. "진리가 어떠한 원천에서 비롯되었건, 설령 그것이 고대인들이나 외국인들에 의해서 전해진 것일지라도 우리는 진리를 인정하는 것에 대해서 부끄러워해서는 안 될 것이다." 알 킨디의 말은 지식에 대한 당시 아랍인들의 포용적 태도를 잘 나타내고 있다. 아바스 왕조(750~1258) 이전인 우마이야 왕조(661~750) 말기부터 비잔틴과 키프로스에서 그리스 서적을 수입하고 번역하는 전통이 수립되긴 하였으나 합리주의적인 무타질라파(派)에 동조한 알 마문이 최초로 체계적이고 광범위한 번역을 후원하였다.[214] 10세기 초까지 갈레노스/프톨레마이오스/유클리드를 포함한 그리스 과학의 대부분이 아랍어로 번역되었다. 알 마문은 바그다드에 천문대를 건립했다(829). 알 마문의 궁정에서 일하던 무하마드 이븐 무자 알콰리즈미(Muḥammad ibn Mūsā al-Khwārizmī 780~850)는 인도 숫자로 천문 수표를 제작하였고(813) 그리스와 인도에서 유래한 수학 과학 지식을 소개하는 책에 인도 숫자 '0'의 용례와 그의 수학 연구 결과를 포함시켰다. (825) 알콰리지미의 성취는 대수학, 응용수학, 삼각법, 천문학의 도약을 위한 토대를 제공했다. 천문학은 메카의 방향을 찾기 위한 실질적인 필요 때문에 촉진된 측면도 있었다. 올바른 방향을 잡고 기도를 올려야 하기 때문이었다.[215]

> **삼천포三千浦**
> 알 콰리즈미(al-Khwarizmi)가 쓴 책 알자브르(Al-Jabr)에서 알지브라(Algebra) 즉 대수학이라는 말이 기원했다. 알자브르는 고대 아랍어에서 접골술(bonesetting)을 의미하는데 수학에서는 이항을 의미한다.
> 그리고 알 콰리즈미로부터 알고리듬이라는 수학 용어가 기원했다.
>
> 참고: Wikipedia(2024), algebra
> 쑨자오룬 엮음, 심지언 옮김, 과학사 세계지도, P 131
>
> 대수학

12세기경 알콰리즈미의 책은 '인도 숫자에 대한 알콰리즈미'라는 라틴어 이름으로 번역되었다. 이후 알콰리즈미는 10진법 수 체계에서 산수 계산법을 의미하게 되었고 현대에는 컴퓨터 프로그래밍에서 미리 정해진 순서에 따라 행해지는 연산을 의미하는 알고리듬이 되었다.[216] 그는 대수 문제를 기하학

---

[211] 미야자키 마사카츠 지음, 안혜은 옮김, 중동과 이슬람 상식도감, 이다미디어(2022), P 210
[212] 버나드 루이스 엮음, 김호동 옮김, 이슬람 1400년, 까치(2022), P 270
[213] 프레더릭 스타 지음, 이은정 옮김, 잃어버린 계몽의 시대, 도서출판 길(2021), P 170~176
[214] 버나드 루이스 엮음, 김호동 옮김, 이슬람 1400년, 까치(2022), P 269
[215] 피터 프랭코판, 이재황 옮김, 실크로드, 책과함께(2017), P 171
Wikipedia(2022), 0

적으로 증명하여 대수와 기하의 융합을 시도하였다.

③ 알 바타니(al-Battānī 858~929)는 프톨레마이오스보다 더 정확한 황도의 경각과 세차의 값을 찾아냈다. 알 바타니는 프톨레마이오스로부터 검증의 중요성을 배우고 후학들에게 자신들이 관찰한 결과를 검증하도록 강력하게 권고하였다.

④ 알 라지(Abū Bakr al-Rāzī 865~925)가 그리스, 인도, 중동의 의학을 참고하여 저술한 『의학집성』/『만쑤르의 서』가 라틴어로 번역된 다음 유럽에 소개되었다. 알코올을 소독제로 사용한 최초의 의사 이븐 시나(Ibn Sina, Avicenna 980-1037)의 『의학정전The Canon of Mecicine』은 100만 단어로 약물학을 집대성한 대작이며 라틴어로 번역되어 유럽 주요 대학의 교과서로 사용되었고 영국 의과대학에서 약국법을 제정하는 데 이론적 기초를 제공했다. 이븐 시나가 발명한 증류기는 화학뿐 아니라 음주 문화에도 크게 이바지하였다.(?) 눈의 망막 작용을 설명한 이븐 루슈드(Ibn Rushd 1126~1198)의 『의학대전』도 유럽 대학의 교과서로 채택되었다. 아비 오스바(?Ibn Abi Usaybi'a1203~1270)의 『약초학』은 출간 즉시 라틴어로 번역되었다. 아랍에서 의학의 발전과 더불어 전문의 시험이 시행되었다.

삼천포三千浦

이븐 시나가 발명한 증류기는 여러 나라의 다양한 증류주가 탄생하게 되는 계기가 되었다.

나라	증류주	재료
영국·미국	위스키	맥아
프랑스	브랜디	포도
러시아	보드카	밀·호밀·보리
류큐왕국	아와모리(泡盛)	쌀
일본	소주(燒酒)	곡물
중국	바이주(白酒)	수수
인도·동남아	아라크	곡물
고려	아락	곡물

From the depth of the black earth up to Saturn's apogee,
All the problems of the universe have been solved by me.
I have escaped from the coils of snares and deceits;
I have unraveled all knots except the knot of Death.

지구의 밑바닥에서 우주의 저 끝자락까지
세상의 모든 문제를 남김 없이 풀어버렸지
어떠한 유혹과 속임수도 나를 막지 못했어
하지만 죽음이란 매듭을 나는 풀지 못했어

학문의 왕, 이븐 시나 (Ibn Sina=Avicenna)   필자 번역

🔊 다음 문헌을 참고했습니다.
① Wikipedia(2024), Ibn Sina
② 미야자키 마사카츠 지음, 안은혜 옮김, 중동과 이슬람 상식도감, 이다미디어(2022), P 214

이븐 시나의 증류기와 증류주

⑤ 이븐 알 하이삼(ibn al-Haytham 965~1040)은 『광학』에서 실험에 의한 검증의 전형을 보여주었다. 하이삼은 암실(camera obscura) 같은 실험 도구를 사용한 실험 조작을 통해서 빛의 직진/반사/굴절과 같은 성질을 규명하고자 시도하였다.[217] 400년 후 르네상스기 유럽인은 하이삼의 저작을 읽고 '르네상스 원근법'을 발전시킬 수 있었다.[218]

⑥ 알 가잘리 (Al-Ghazali 1058~1111)는 신학과 율법학이 그리스 논리학의 기반 위에 있어야 한다고 강조하고 아리스토텔레스의 논리학을 자신의 신학 교과 과정에 포함시켰다.

⑦ 오마르 하이얌(Omar Kháyám 1048~1131)은 13종류의 삼차방정식을 연구하고 기하학적 해법을 제시했다. 하이얌은 기하학의 아버지 유클리드의 진정한 추종자였다. 그는 단지 유클리드의 연구 결과를 맹목적으로 답습한 것이 아니라 유클리드의 정신과 연구방법론을 따랐다. 의심과 호기심에서 근원한 회의적 사고를 유클리드의 제5 공리에 적용하여 제5 공리의 증명을 시도하였고 평행선에 관한 비유

---

[216] Wikipedia(2022), 0
[217] 버나드 루이스 지음, 김호동 옮김, 이슬람 1400년, 까치(2022), P 286
[218] 프레데릭 스타 지음, 이은정 옮김, 잃어버린 계몽의 시대, 도서출판길(2021), P 751

클리드 공리도 가능하다는 사실을 처음으로 감지하였다. 1820년대가 되어서야 러시아의 로바체프스키(Nikolai Lobachevskii 1792-1856)가 하이얌이 처음으로 내기 시작한 길을 성공적으로 따라갔고 마침내 비유클리드 공간의 세계로 들어가는 문을 활짝 열어젖혔다.[219]

⑧ 이란 북부의 마라가(Maragha) 천문대(13세기)에서 나시르 알 딘 투시(Nasir al-Din al-Tusi 1201–1274)는 태양중심설을 주장했다. 티코 브라헤는 투시가 개발한 천체 관측 기구와 천문학 용어를 사용하였다. 무슬림 학자들은 당시 가장 정확하게 지구의 둘레를 계산할 수 있었고 황도의 경사, 세차운동, 태양년의 길이, 지구궤도의 불완전 이동에 대해 정확히 알고 있었다. 많은 무슬림 천문학자의 책이 유럽에 소개되면서 아랍어 천문학 용어(zenith, nadir, nazir)와 별 이름이 유럽어에 차용되었다.

⑨ 메카의 정확한 방향과 정확한 기도 시간에 대한 수요는 지리학과 천문학의 발달을 촉진하였다. 알콰리즈미(780~850)는 『지구의 형태』에서 위도와 경도를 정확히 표기한 지도를 선보였다. 알 이드리시(al-Idrīsī 1100~1165)는 『천애 횡단 갈망자의 산책』에서 70 페이지로 구성된 세계지도를 소개했다. 이 책은 라틴어로 번역되어 유럽 대학의 지리학 교재로 사용되었다.

⑩ 연금술사 자비르 이븐 하이얀(Jabir ibn Hayyan, Geber 721?~815?)은 비금속(卑金屬)을 귀금속(貴金屬)으로 바꿀 수 있다고 주장했다. 비금속으로 귀금속을 만들려는 반복된 시도는 알칼리/증류술 같은 화학의 기본적인 지식의 축적으로 이어졌다. 아랍에서 시작된 연금술(al-kimiya)은 유럽의 연금술(alchemy)과 화학(chemistry)의 모태가 되었다. 영어의 alcohol, alkali, camphor는 아랍어의 차용어이다.

> **삼천포 三千浦**
>
> admiral, adobe, albacore(다랑어), albatross, alchemy, alcohol, alcove(벽감壁龕), alfalfa, algebra, algorithm, alkali, almanac, altair(견우성), amalgam, amber, antimony, apricot, arsenal, artichoke(야채), asparagus, assassin, attar(꽃향유), azimuth(방위각), azure, benzoin(위장결석), borax, burnoose(망토), calabash(박), caliber, calico(옥양목), camphor(장뇌), candy, carat, caravan, caraway(향신료), carafe(유리병), carmine, carob(캐럽), cassock(성직자복), chemise(옷), chemistry, cipher(암호), civet, coffee, cotton, crimson, cumin, damascene, damask, drub(막대기로 치다), elixir, garble(왜곡하다), gazelle, gauze, genie, ghoul(도굴꾼), giraffe, halvah(할바사탕), harem, hashish, hazard, henna(염료), jar, jasmine, julep(시럽), kebab, kismet(운명), kohl(콜), lacquer, lilac, lemon, lime, loofah(수세미), lute, macrame(매듭공예), magazine, marzipan(사탕), mascara, mattress, minaret(사원뾰족탑), mohair, monsoon, mosque, mummy, muslin, nadir, orange, ottoman, pajamas, racket, ream, rook(차), safari, saffron, Sahara, sash, satin, scarlet, sequin(장식), sesame, sherbet, soda, sofa, spinach, sugar, sultan, sumac(옻), Swahili, syrup, talc, talisman, tamarind, tambourine, tariff, tarragon, typhoon, vegar, zenith, zero
>
> 참고: http://blogs.chosun.com/stonebird/2009
> 미야자키 마사카츠 지음, 안은혜 옮김, 중동과 이슬람 상식도감, 이다미디어(2022), P 211

아랍어에서 온 영어단어

● 아랍의 과학, 유럽의 르네상스를 촉발하다

200년에 걸친 십자군 전쟁(1095~1272)을 통해 유럽은 대번역의 시대에 진입했고 라틴어로 번역된 이슬람의 지적 유산은 아라비아의 르네상스가 유럽의 르네상스로 다시 한번 개화할 수 있게 해준 밑거름이 되었다. 아라비아 르네상스는 유럽 르네상스의 예고편이라고[220] 볼 수 있다.

11세기경 알-안달루스(이베리아 반도의 이슬람 제국)의 스페인 이슬람교도인 무어 인들에 의해 고전 천문학, 천문관측기구(astrolabe) 등과 더불어 인도-아라비아 수 체계가 서유럽에 소개되었다. 이런 이유로 인도 수 체계가 유럽에서는 아라비아 숫자로 불리게 되었다. 오리야크의 제르베르(Gerbert of Aurilac=

---
[219] 프레더릭 스타 지음, 이은정 옮김, 잃어버린 계몽의 시대, 도서출판길(2021), P 618-619
[220] 프레더릭 스타 지음, 이은정 옮김, 잃어버린 계몽의 시대, 도서출판길(2021)

Pope Sylvester II 946-1003)도 잃어버린 고대 그리스의 지식을 카톨릭 세계에 다시 소개하기 위해 아랍인에게 배운 수학, 천문학, 인도-아랍 숫자, 계산법, 아스트롤라베의 사용을 장려하였다.[221]

시칠리아의 왕 프리드리히 2세(Friedrich II 1194-1250 Holy Roman Emperor)는 당대의 문화를 집대성하고자 하였다. 그는 12, 13세기 최고의 선진 문명을 자랑하던 아랍으로부터 발달한 아랍 문물을 편견 없이 수용하였고 문학가와 과학자를 지원하였다. 그의 궁정에서는 무슬림과 유대인이 학자로, 관리로, 번역가로 능력에 따라 자유롭게 활동했다. 1202년 『산술 교본』을 통해 인도-아라비아 숫자를 유럽에 소개한 이탈리아 수학자 피보나치(피사의 레오나르도 Leonardo of Pisa)도 시칠리아의 팔레르모 궁정으로부터 후원을 받았다.[222] 피보나치가 어렸을 때 피보나치의 아버지는 외교관으로 알제리에 근무했고 피보나치는 자연스럽게 알제리(Algeria)에서 인도-아라비아 숫자와 아랍 수학을 익힐 수 있었다.[223] 알콰리즈미의 『복원과 대비의 계산 820』이 1145년 체스터 출신의 로버트(Robert of Chester)에 의해 유럽에 번역되었지만 아라비아 숫자는 유럽에서 널리 쓰이지 않았다, 그러나 피보나치의 『산술 교본』을 통해 비로소 아라비아 숫자가 유럽에서 널리 사용되기 시작했기 때문에 이 책이 수학의 역사에서 아주 중요한 위치를 차지하게 된 것이다.[224] 피보나치라는 이름은 피보나치수열로 역사와 자연계에 돋을새김 되어 있다.

요하네스 데 사크로보스코(Johannes de Sacrobosco)가 덧셈/곱셈/근의 근삿값 구하기에 대해 저술한 『산수책1235』이 인쇄술의 초창기인 1488년에 인쇄되었다. 1400년대 후반, 상인들 사이에서 여전히 로마 수 체계가 사용되었지만 수학자들 사이에서는 인도-아라비아 수 체계가 압도적으로 인기가 있었다. 1500년대에는 인도-아라비아 수 체계가 유럽에서 일반적으로 사용되는 수 체계가 되었다.[225]

<u>아랍의 선구자들은 유럽의 후발주자들에게 아랍의 발달한 과학뿐 아니라 실험을 통한 이론의 검증을 중시하는 실사구시의 정신을 전수해 주었다. 실사구시의 정신은 코페르니쿠스/티고브라헤/케플러/갈릴레이/뉴튼 같은 유럽의 과학자들이 아리스토텔레스를 대표로 하는 고대인의 권위를 극복하고 근대 과학으로 나갈 수 있게 과학적 방법론을 제시하였다.</u>

● 몽고에 의한 동서문화대교류

13~14세기에 걸쳐 몽골제국은 유라시아대륙을 통합하고 '팍스 몽골리카(Pax Mongolica) 시대를 열어 동서 문화교류를 매개하고 촉진하였다. 유럽인에게 야만인의 이미지로, 살육과 흑사병을 퍼트린 약탈자의 이미지로 남아 있는 몽골제국은 역설적이지만 유라시아를 정복하고 실크로드를 단일 국가의 관리하에 놓음으로써 안전한 동서 교역로를 확보하였다. 적의 침입을 신속하게 중앙 정부에 알리고 통치자의 행정명령을 광활한 제국의 말초 모세혈관까지 전달하며 물류의 흐름을 가속하기 위한 역참제는 역사적으로 페르시아의 황제 키루스에 의해 처음 도입되었다. 역참제는 로마제국에서 다시 한번 효과가 입증되었고 몽골제국에서 만개하여 동서 문화교류에 지대한 공헌을 하였다. 몽골제국이 실크로드에 일정한 간격으로 설치한 역참은 실크로드를 통한 안전하고 빠른 여행을 보장하였다. 몽골의 지배 아래에서 확보된 안전한 육상 및 해상 교통망을[226] 통해 상인, 학자, 선교사, 기술자, 행정가가 자유롭게 오가며 상품

---

[221] 하랄트 하르만 지음, 전대호 옮김, 숫자의 문화사, 알마(2013) p 88
[222] 최춘식, 지중해문명교류사전, 이담books(2020), P 425-427
[223] Mark Kurlansky, Paper, Norton(2016), P 89
[224] 브라이언 클레그 지음, 제효영 옮김, 책을 쓰는 과학자, 을유문화사(2025), P 76, 85
[225] Wikipedia(2022), 0
[226] 몽골의 주요 3대 교역로

/과학기술/사상/종교/문화를 동에서 서로 그리고 서에서 동으로 전파했다.

교황 이노켄티우스 4세(InnocentiusIV)의 명을 받아 몽골의 구육칸을 알현하고 교황의 친서를 전달한 (1246) 피아노 카르피니(Piano Carpini 1182-1252), 『동방견문록 The description of the world 1299』를 저술한 마르코 폴로(Marco polo 1254~1324), 『여행기 1368』를 저술한 이븐 바투타(Ibn Battuta 1304~1368)는 몽골제국이 정비한 안전한 교역로가 있었기에 유라시아 대륙을 횡단하는 장거리 여행을 할 수 있었다.[227] 몽골제국이 실크로드의 안전성을 담보하지 못했다면 마르코 폴로와 이븐 바투타는 원나라의 수도 대도에 도착하기 전에 마적단에게 귀중품을 다 털리고 그들의 고향으로 돌아가야 했거나 운이 사나운 경우 사막의 모래바람을 맞고 뒹구는 백골이 되었을지도 모른다.

AD 1271년에 중국으로 출발해 AD 1295년에 베네치아로 돌아온 마르코 폴로는 지중해 해상 무역의 주도권을[228] 두고 베네치아 공국과 제노바 공국 사이에 벌어진 전투에 참전해 제노바 공국의 전쟁포로로 3년(AD 1295~1298) 간 복역(服役)하였다. 제노바 공국의 감옥에서 마르코 폴로가 구술하고 연애소설 작가 루스티켈로 다 피사(Rustichello da Pisa)가 기술한 책의 이름이 『동방견문록』이다.

마르코 폴로는 실제로 중앙아시아까지 밖에 가지 않았다는 이론이 아직도 제기되고 있다. 그러나 마르코 폴로가 몽골제국을 진짜 방문하였는지는 이 책이 유럽사회에 끼친 영향과 아무런 상관이 없다. 진실이야 어찌되었든 동방견문록이 유럽 사회에, 극동에 있는 나라들에 대한 환상, 특히 황금의 나라 지팡구(일본)에 대한 동경을 심어주었고, 동양에 대한 환상은 유럽의 대항해시대, 신대륙의 탐험, 아시아와 유럽을 잇는 해양 무역로의 확보를 촉발하는 데 일조하였다. 마르코 폴로는, 유럽의 대항해시대를 연 크리스토퍼 콜럼버스의 우상이었고 콜럼버스를 포함해서 아메리카 대륙으로 진출한 유럽인이 인디언 문화를 이해하는 데 커다란 영향을 미쳤다.[229]

몽골 지배층이 피정복지의 여러 민족에게 보인 종교적 관용 덕분에 불교, 이슬람교, 크리스트교(경교), 티베트 불교 등 다양한 종교가 동서양의 양방향으로 확산하고 교류할 수 있었다.

몽골은 정복지에서 선별한 기술과 지식을 적극적으로 수용하고 전파했다. 인쇄술, 화약, 나침반이 중국에서 유럽으로 전해졌고 중국의 쌀이 이란에 전해졌다. 아랍의 천문학,[230] 의학, 수학, 지도 제작술(위도와 경도를 갖춘 격자 체계 및 색상을 통해 표현된 지도), 서역의 농산물(수박, 당근, 귤속류, 면화의 확산)이 중국을 비롯한 동아시아로 전해졌다. 페르시아인 자말 앗 딘(札馬魯丁)은 지리학 총서인 『大元一統志 1291』를 제작했고 현대적 의미의 지구의를 만들어 카안에게 헌정했다. 몽골제국은 수많은 중국인 장인/군인/학자를 아랍으로 이주시켰고 무슬림 학자를 중국으로 데리고 왔다. 따라서 동아시아의 문화가 서방으로 전파되었고 서아시아의 문화가 동방에 소개되었다. 동아시아와 서아시아의 문화는 서로에게 교차 수용되었다.[231] 몽골제국은 장인들을 우대하고 제국 내 재배치를 격려하였기 때문에 예술 교류도 촉진되었다. 한 가지 예로 중국의 화풍이 페르시아 세밀화에 지대한 영향을 주었다. 반대로 페르시아의 직물

---

① 초원길(베이징-몽골고원-키르기스고원-콘스탄티노플)
② 사막길(북비단길: 뤄양-장안-돈황-텐산산맥-사마르칸트-바그다드-안티오크)
　　　　(남비단길: 뤄양-장안-돈황-쿤룬산맥-박트리아-바그다드-안티오크)
③ 바닷길(닝보-광저우-다낭-자카르타-말라카-양곤-캘커타-콜롬보-뭄바이-무스카트-이스파한)

227 W. 파랑케 지음, 金源模 옮김, 東西文化交流史, 단국대학교 출판부 (2013), P 15
228 로널드 핀들레이·케빈 H 오루크 지음, 하임수 옮김, 권력과 부, 에코리브르(2018), P 163
229 토머스 올슨 지음, 조원 옮김, 몽골의 유라시아 정복과 문화, 도서출판길(2025), P 102, 103
230 쿠빌라이 칸이 세우고 자말 앗 딘이 운영한 이슬람 천문대인 回回司天監을 예로 들 수 있다.
231 토머스 올슨 지음, 조원 옮김, 몽골의 유라시아 정복과 문화, 도서출판 길(2025), P 302, 303

기술이 중국으로 전해졌다. 몽골제국은 1236년 야율초재(耶律楚材)의 제안을 받아들여 경적소(經籍所)와 편수소(編修所) 같은 인쇄소를 건립하고 불교경전/도교경전/사서/백과사전(예를 들면 事林廣記의 재간행)/교재/문집/의서의 대규모 출간을 지원하였다. 유럽에 전파된 보초(寶鈔 또는 交鈔: 몽골제국에서 초기에는 목판으로 나중에 동판으로 인쇄된 지폐)와 중국의 목판 인쇄술이 구텐베르크의 활자 인쇄술 발명과 무관하지 않다는 주장이 제기되곤 한다. 몽골 시대에 위구르문자와 파스파문자를 포함한 자모문자로 된 인쇄물이 발행되었다. 마르코 폴로는 그해에 무슨 일이 일어날지를 알려주는 역술서 겸 달력인 타쿠이니에 대해 언급했다. 타쿠이니는 위구르문자, 회회문자(아랍문자) 같은 다양한 언어의 자모문자 목판으로 다량 인쇄되었다.[232] 빛이 있으면 그림자도 있기 마련이다. 흑사병과 같은 반갑지 않은 손님도 동서문화교류에 무임 승차하여 유럽사의 물줄기를 예기치 못한 방향으로 바꾸어 놓기도 하였다.

결과적으로 팍스 몽골리카는 인류 역사상 최초로 광범위한 지역이 조직적으로 연결된 세계화의 시대였다고 볼 수 있다. 그러나 인생의 청춘이 한순간인 것처럼 팍스 몽골리카는 오래 지속되지 못했다. 몽골제국의 분열 때문에 증가한 육로 교역의 불안정성 때문에 서유럽 국가들이 동방과의 교역을 위해 새로운 교역로를 모색하게 되자 15세기 대항해시대의 개막은 역사의 필연이 되었다.

몽골의 유라시아 정벌 과정은 잔인하기 그지없었지만 몽골의 유라시아 통치는 종교적으로, 정치적으로 그리고 문화적으로 매우 관용적이고 개방적이고 포용적이었다. 안전해진 실크로드를 통한 문화적 교류와 융합은 아시아인과 유럽인이 가진 세계관의 확대에 이바지하였고 결과적으로 (명의 영락제(永樂帝) 때) 정화(鄭和)의 7차례에 걸친 대원정(1405-1433)과 콜럼버스의 신세계를 향한 항해(1492)에 영감을 주었다. 정화의 대원정은 콜럼버스의 항해보다 먼저 이루어졌으며 남지나/인도/동아프리카-해안/마다가스카르를 아우르는 대항해(18만 5천 킬로미터)였고, 동원된 선단의 규모와 배의 크기는 콜럼버스의 산타마리아호를 압도하였다. 그러나 정화의 대원정은 동아시아의 역사에 아무런 영향을 주지 못한 채 단발성 정치 이벤트로 막을 내린 데 반하여 콜럼버스의 초라한 신세계 항해는 유럽 사회의 질적 도약을 이끌어냈고 유럽의 대두(The rise of the West)로[233] 이어졌다.

● 몽고, 아랍의 과학을 흡수하다[234]

정주민을 통치해 본 경험이 없는 유목민의 한계를 자각한 몽골의 통치자들은 유라시아를 정복한 후 자신들이 이민족의 행정 기술에 의존해 광활한 영토를 통치할 수밖에 없다는 사실을 자각했다. 그렇다고 중국인들의 충성심을 신뢰할 수도 없었기 때문에 몽골의 통치자들은 처음부터 네스토리우스파 기독교도와 아랍인으로 알려진 사람의 80%를 차지하는 중앙아시아인을

> **삼천포三千浦**
> 원나라의 재상 야율초재(耶律楚材1190 ~ 1244)는 유라시아 정벌이 끝난 후, 무력에 의한 정벌은 가능하지만 무력에 의한 통치는 불가능하다는 역사적 사실과 지금이 덕치로 전환해야 하는 시기라는 사실을 일깨우기 위해 징기스칸에게 '말 위에서 천하를 얻을 수 있어도 말 위에서 천하를 다스릴 수는 없다'고 말했다. 이 말은 유방의 천하통일을 도운 육가(陸賈)가 유방에게 말한 居馬上得之 寧可以馬上治之乎에서 유래하였고 흔히 마상득지 마상치지(馬上得之 馬上治之)로 쓰인다.
>
> 야율초재

중간 관리자와 실무자로 중용하였다. 이들 중앙아시아 민족 가운데 투르크-위구르인은 몽골의 행정/외교

---

[232] 토머스 올슨 지음, 조원 옮김, 몽골의 유라시아 정복과 문화, 도서출판 길(2025), P 280-291
[233] 김호동, 몽골제국과 세계사의 탄생, 돌베개(2021), P 234
[234] 김영식, 박성래, 송상용, 과학사, 전파과학사(2022), P 304~310
　　프레더릭 스타 지음, 이은정 옮김, 잃어버린 계몽의 시대, 도서출판길(2021)
　　Wikipedia(2024), Nasir al-Din al Tusi

/과학/기술 분야에서 커다란 역할을 하였다.

중앙아시아 출신 무슬림이 구축해 놓은 상업망에 의지해 몽골은 유라시아대륙을 통치할 수 있었고 색목인이라 불렸던 무슬림 행정가/외교가는 제국의 중간 관리자로서 몽골제국의 행정/외교의 실무를 담당하였다. 무슬림 기술자/과학자의 지식은 몽골의 문화를 살찌웠다. 이렇게 몽골제국의 세계사는 이슬람 세계사의 연장선 위에 있었다.[235]

몽골의 동서문화대교류에 의해 도입된 아랍 과학이 몽골의 선진 과학으로 결실을 맺는 과정을 살펴보자.

① 쿠빌라이 칸은 중앙아시아(키르기스스/카자흐스탄) 출신의 네스토리우스파 기독교도 의사들에게 이븐 시나의 『의학정전』을 번역하도록 명령하였다.

② 칭기즈칸을 따라가 사마르칸트에 머물던 야율초재(耶律楚材)는 이슬람의 천문학을 공부하고 금나라의 역법을 아랍에서 쓸 수 있게 고쳤다(1219).

③ 칭기즈칸의 손자 훌라구(1218-1265)는 아바스 왕조를 정복하고 이란의 마라가(Maragha)에 천문대를 건립했다(1258).

④ 중국에서 활약한 아랍 천문학자 자말 알딘(Jamal al-Din찰마노정札馬魯丁)은 아스트롤라베/해시계/혼천의(구면체 아스트롤라베)/천구의/지구의를 포함한 7개의 천문학 기구를 제작하고 쿠빌라이 칸에게 봉헌(奉獻)했다. 자말 알딘은 나시르 알 딘 알 투시(Nasir al-Din al-Tusi 1201-1274)와 더불어 비루니/하이얌 같은 중앙아시아 천문학자들이 수정한 프톨레마이오스의 표를 사용해 베이징의 위도에 맞게 조정한 『만년력 萬年曆1267』이라는 아랍식 역법을 몽골제국에 소개했다.

⑤ 나시르 알 딘 알 투시(Nasir al-Din al-Tusi 1201-1274)는 다윈의 진화론을 예기(豫期)하였고 태양중심설을 주장했다. 투시는 마라가에 천문대를 건설하도록 일칸국의 통치자 훌라구를 설득하였다. 투시는 구면삼각법/천문학/광물학/의학/신학의 발전에 공헌하였고 수학적 가설과 경험적 관찰을 조화시키려 하였다. 투시는 삼각법(trigonometry)을 천문학에서 떼어내 수학의 한 분과로 재편하고 연구한 최초의 수학자이면서 과학자였다. 코페르니쿠스는 수성의 편심성 궤도 문제를 해결하고 태양을 중심으로 한 태양계 모형을 구축하기 위해 투시 연성이론(Tusi couple)을 참고했다. 이처럼 투시의 태양중심설과 투시 연성이론은 코페르니쿠스의 지동설에 지대한 영향을 미쳤다. 투시는 이븐 시나에게 큰 영감을 준 고대 그리스 사상가에 대한 존경의 표현으로 유클리드의 『기하학 원론』과 프톨레마이오스의 『알마게스트』를 포함한 그리스 과학의 주요 저작을 개정하였다. 수학/천문학/철학/화학/논리학/윤리학/인간관계/영혼에 대한 논문을 쓸 정도로 투시의 연구 주제는 광범위하였다. 투시는 화학 반응 전후에 질량의 변화가 없다는 질량보존의 법칙을 라부아지에(1774) 보다 500년 일찍 발견하였다.

삼천포三千浦

제국의 최고 권력자가 광활한 영토를 통치하기위해 반란이나 외적의 침입을 포함한 지방의 각종 정보를 신속히 보고받고 중앙의 행정명령을 지방의 말단 행정조직에 신속히 전달하기위해 등장한 체계가 역참(驛站) 제도이다. 역(驛)은 '사람이 숙박하고 말이 쉴 수 있는 시설'을 가리킨다. 말이 지치지 않고 달릴 수 있는 최대 거리 마다 역참을 설치하여 새 말로 갈아타고 정보를 가장 빠른 속도로 전달하는 것이 가장 중요했다. 역참제도는 페르시아 왕 다리우스 I 세 의 통치기에 처음 등장하였고 이후 여러 제국에서 유사한 제도가 뒤를 이었다. 왕의 사자는 왕의 길(royal road)로 알려진 수사에서 사르디스까지의 2700Km를 7일 만에 주파했다.
원나라의 역참은 '잠치'(jamchi)였는데 이는 한자 '站赤'로 음사되었고 역참(驛站)의 어원이 되었다. 우리말 표현 가운데 '한 참을 가다'는 '역참 하나를 더 간다'는 표현에서 유래하여 '오랜 시간 먼 거리를 간다'는 뜻을 지니게 되었다.

참고: 미야자키 마사카츠 지음, 안혜은 옮김, 중동과 이슬람 상식도감, P 104

한참

---

[235] 미야자키 마자카츠 지음, 안혜은 옮김, 중동과 이슬람 상식도감, 이다미디어(2022), P 180~183

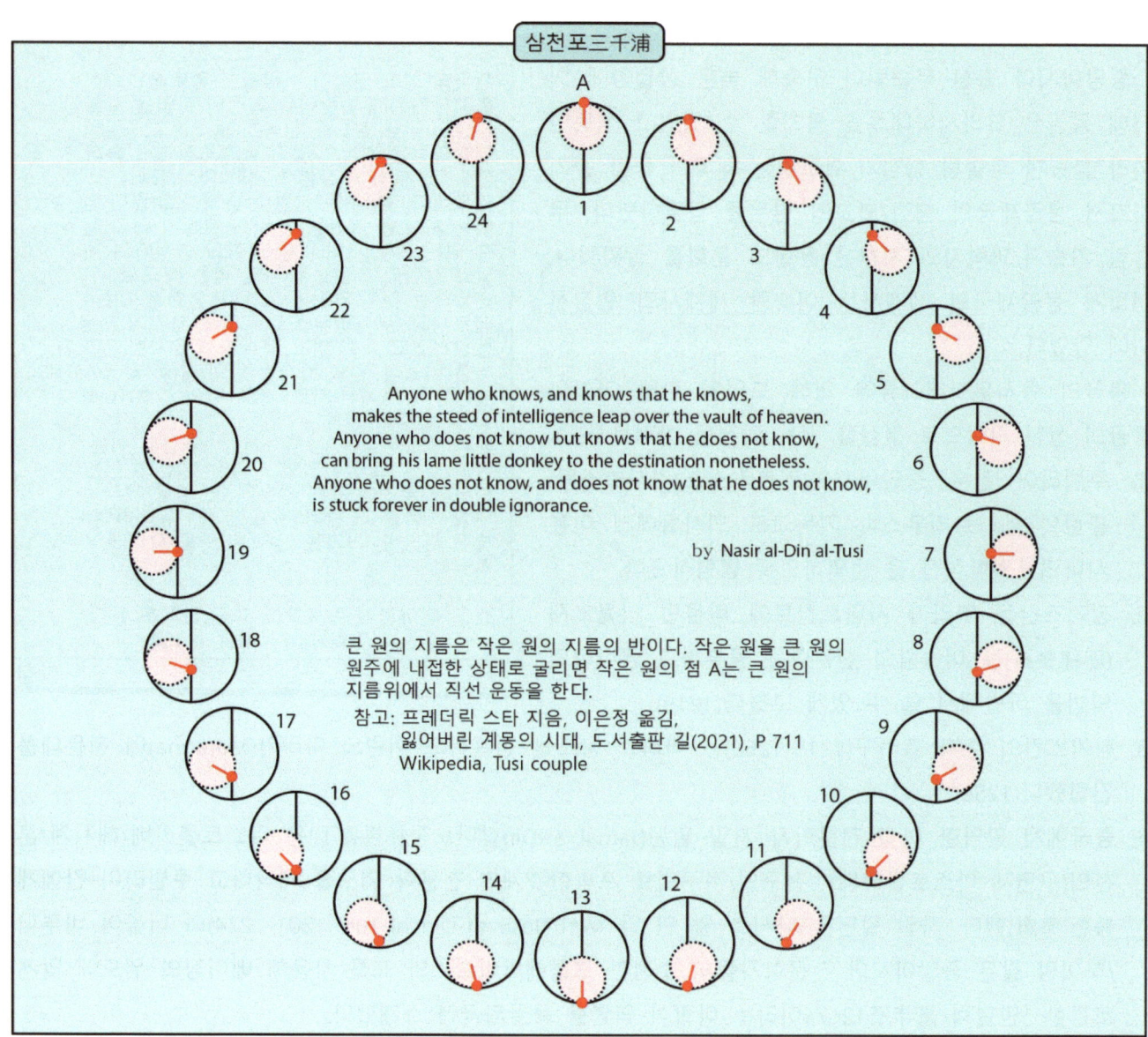

Tusi couple

⑥ 원(元)의 세조 쿠빌라이가 건립한 회회사천대(回回司天臺1271)는 명나라를 거쳐 청나라 초기까지 기능을 유지했다. 이 기관을 통해 유클리드의 『기하학원론』과 프톨레마이오스의 『알마게스트』가 중국에 들어 온 것으로 보인다. 회회사천대에서 사용된 아랍식 관측기구가 세종 때 조선에 들어왔다.[236]

⑦ 주세걸(朱世傑1249-1314)은 『산학계몽算學啓蒙』에서 유럽보다 먼저 파스칼 삼각형을 연구하였다.

⑧ 원세조의 명에 의해 곽수경은 『수시력(授時曆)』을 제작했다(1276). 곽수경은 적어도 12가지의 관측기구를 새로 만들었고 이들 가운데 간의(簡儀)/고표(高表)/앙의(仰儀) 등은 조선 세종대의 천문관측기구에도 영향을 주었다.

⑨ 1360년대 아프가니스탄 쿤두즈(Kunduz)에서 샴스 알 딘의 번역가들은 비루니의 『고대국가들의 연표』와 나시르 알 딘 알 투시(Nasir al-Din al-Tusi 1201-1274)의 저작들, 유클리드와 프톨레마이오스를 비롯한 그리스 및 아랍 천문학 서적을 중국어로 번역하였다. 사마르칸트 출신 천문학자 아부 무

---

[236] 정수일, 이슬람문명, 창작과비평사(2002), P 343, 344

함마드 호자 가지(Aub Muhammad Khwaja Ghazi)는 티베트의 몽골 총독에게 천문학표를 사용하여 일식과 월식을 예측해 주었다.
⑩ 호라산 출신인 샴스 알 딘(Shams al-Din 1226-1283)은 몽골의 재무대신으로 일했고 그의 동생 알라 알 딘(Ala al-Din 1226–1283 = Juvayni 주바이니)은 몽골 정복사인 『세계 정복자의 역사the history of the world conqueror』를 저술했다.
⑪ 서아시아의 기술자가 제작한 회회포(回回砲)는 투석기의 일종으로 쿠빌라이 칸이 남송(南宋)을 정벌할 때 맹활약하였다.[237]

● 한반도로 들어온 몽골의 선진 문화[238]

① 한국인이 사랑하는 소주는 고려시대 원나라의 몽고군을 통해 전수된 아랍의 증류 기술로 만들어진 증류주의 일종으로 아락이란 이름으로 불렸다. 아락은 '땀'을 의미하는 아랍어 'arag'에서 왔으며 중국어에 '땀주(汗酒)'라는 흔적을 남겼다. 한 사회의 문화적 면모를 변화시키는 문화 요소의 전파는 우연에 기대어 일어나지 않는다. 소주의 한반도 전파는 몽골의 유라시아 대통합에 의해 유라시아 세계와 한반도의 문화가 연결되기 시작하였다는 사실을 상징하는 대표적인 사례이다. <u>몽골에 의한 소주의 전파는 정치/경제/사회/문화 방면에서 비슷한 사례를 발견할 수 있다는 사실을 시사한다.</u>[239]

② 몽고의 동서문화대통합에 의한 문화교류와 문화적 훈풍이 길러낸 원나라의 『농상집요農桑輯要』는[240] 고려 후기에 소개되어 조선 전기의 『농사직설農事直說』과 조선 후기의 『농가집성農家集成』으로 계승되었다.

③ 문익점은 원나라에서 목화를 숨겨(?) 들여와 조선의 면직물 산업의 비조(鼻祖)가 되었다. 수박/목화/면화/호두는 몽골 간섭기에 고려에 전래된 물품이다.[241] 허균이 지은 『도문대작屠門大嚼』에 따르면 삼별초의 난을 진압한 홍다구(洪茶丘1244~1291몽골로 귀화한 고려인)가 최초로 수박을 개성에 심었다고 한다. 수박은 사막지대에서 물통의 대용품이었다. 수박은 서아프리카가 원산지로 이집트인이 재배하기 시작했고 타클라마칸 사막과 고비 사막을 통해 거란과 몽골에 들어왔다. 투탕카멘(BC 1340~1320)의 피라미드에서 수박씨가 발견되었다.[242]

④ 1442년 세종의 명에 의해 완성된 『칠정산내편七政算內篇』과 『칠정산외편七政算外篇』은 한반도를 기준으로 성립된 최초의 역법(曆法)이다. 역법은 현대어로 달력을 말하는데 고대의 역법은 현대의 달력보다 더 포괄적인 의미를 가지고 있다. 현대의 달력은 날짜만 알려주지만 역법은 날짜/일식/월식/천체의 운행과 위치의 예측에 이르는 광범위한 천문학을 포함하고 있다. 칠(七)은 해/달/수성/화성/목성/토성/금성을 가리키며 정(政)은 천체의 운행을 이른다. 따라서 『칠정산七政算』은 천체의 움직임을 계산하는 방법을 뜻한다. 『칠정산내편七政算內篇』은 <u>원나라 『수시력授時曆』의 한반도 버전</u>으로 한양을 기준으로 한, 해/달/행성들의 운행과 위치를 예측하고 계산하는 방법을 알려주고 있다. 『수시력』

---

[237] 김인희 편, 관용적인 정복자 대원제국, 동복아역사재단(2023), P 43
[238] 정수일, 이슬람문명, 창작과비평사(2002), P 340
[239] 박현희, 소주의 세계사, 서울대학교출판문화원(2024), P 73, 74, 163, 166, 175
[240] 『농상집요』는 라시드 앗 딘과 볼라드 아카가 몽골제국의 대사농사에 있을 때 편찬되었다. 토머스 올슨 지음, 조원 옮김, 몽골의 유라시아 정복과 문화, 도서출판길(2025), P 191
[241] 최경봉, 한글에 대해 알아야 할 모든 것, 책과함께(2014), P 168~169
　　이재운, 우리말 어원사전, 노마드(2022), P 498~500, 509, 510
[242] 윤덕노, 과일로 읽는 세계사, 타인의 사유(2021), P 18-31

은 칭기즈칸이 아랍을 정복한 후 발달한 아랍 천문학의 영향을 받아 원나라의 곽수경(郭守敬1234-1316)이 완성한 역법이며 고려의 충렬왕과 충선왕 때 한반도에 전래하였다. 내편은 중국의 전통에 따라 원주를 365.25도, 1도를 100분, 1분을 100초로 정의했다.

『칠정산외편七政算外篇』은 아랍 천문학인 『회회력回回曆』을 연구하여 해설한 역서로 아랍 방식에 따라 원주를 360도, 1도를 60분, 1분을 60초로 정의하고 있다. 2세기 알렉산드리아에서 프톨레마이오스는 점성술과 천문학이 혼재된 『알마게스트』를 저술하였다. 『알마게스트』는 9세기에 그리스어에서 아랍어로 번역되어 아랍의 천문학 발전에 지대하게 공헌

> **삼천포三千浦**
>
> 고려말 문익점(1329 ~ 1398)은 원나라로부터 붓두껍에 목화씨를 숨겨 들여오는 기발한 방법으로 한반도에 면직물 산업의 씨앗을 뿌렸다.(신뢰할 수 없으나 재미있는 일화이다.)
> 1986년 샘표 식품의 오경환 부사장은 일본의 간장 회사 '야마사'에 견학을 갔을 때 누룩실에 들어갈 수 있는 기회를 얻었다. 누룩실에 들어가 숨을 한껏 들이마신 오경환은 누룩실을 나오자마자 휴지에 코를 풀고 혹시 콧물에 섞여 있을지 모르는 곰팡이를 포집해 국내로 밀반입했다. 이후 콧물에 섞여 있던 곰팡이를 분석해 '야마사'가 사용하는 곰팡이균의 종류를 알아낼 수 있었다. 이렇게 오경환은 문익점의 대를 잇는 위대한 산업 스파이가 될 수 있었다.
>
> 참고: 네이버 지식백과(2024), 샘표식품(주)
>
> **문익점과 오경환**

하였고 톨레도 학파를 대표하는 크레모나의 제라르도(Gerardus Cremonensis 1114-1187)에 의해 12세기에 아랍어에서 다시 라틴어로 번역되어 유럽의 근대 천문학을 자극하였을 뿐만 아니라 아랍의 『회회력』을 거쳐 『칠정산외편』에까지 영향을 미쳤다.[243]

중국의 역법은 한양을 기준으로 성립되지 않았지만 우리 민족은 조선 초기까지 중국의 역법을 빌려와 사용했기 때문에 완벽한 천문 계산을 할 수 없었다. 『칠정산』이 편찬된 후 비로소 우리 민족은 역법을 완전히 소화하여 내면화할 수 있게 되었고 한양을 기준으로 한 일식/월식/동지/하지의 일출몰(日出沒) 시각, 밤낮의 길이를 정확히 계산할 수 있게 되었다. 몽고의 유라시아 통일과 몽고를 통한 아랍 천문학의 유입이 없었다면 『칠정산』의 성립은 불가능했을 것이다.[244]

⑤ 태종대의 『혼일강리도混一疆理圖』는 아프리카의 전체 모습을 그린 최초의 세계지도이다. 『혼일강리도』에서 아프리카 대륙을 정확히 묘사할 수 있었던 이유는 이슬람의 세계지도를[245] 모태로 만들어진 원대의 세계지도를 참고할 수 있었기 때문이다.

⑥ 훈민정음 창제에 많은 영감을 준 파스파문자가 몽고 간섭기에 한반도에 전파되었다.

⑦ 일칸국의 라시드 앗딘(Rashid al-Din)이 저술한 『탕수끄납메Tanksuqnama』와 명나라 초기에 저술된 『회회약방回回藥方』은 중국의학 지식에 통합되어 『의방유취醫方類聚』와 『동의보감東醫寶鑑』와 같은 조선 중기에 왕실에서 편찬한 의서에 영향을 주었다.[246]

⑧ 불교 국가였던 고려의 피지배층은 육식을 즐겨하지 않았으나 몽골인의 육식 문화를 받아들여 승려들마저 육식을 즐길 정도로 고려 내에서 사냥과 축산이 급증하였다. 몽골의 궁중 요리 가운데 양고기 육수에 다양한 재료를 첨가해 만든 슐렌(shülen)이 설렁탕이 되었다는 학설도 있다. 홀사혜(忽思慧)가 저술한 『음선정요飮膳正要1330』에 슐렌에 대한 기록이 남아 있다. 위구르인 홀사혜가 몽골의 음식문화에 관한 책을 저술할 정도로 몽골에서 위구르인과 위구르 문화는 큰 영향력을 끼치고 있었다. 『음

---

[243] 드미트리 구타스 지음, 정영목 옮김, 그리스 사상과 아랍 문명, 글항아리(2025), P 365
[244] 이정모, 달력과 권력, 부키(2022), P 186-192 참고
[245] 김호동, 몽골제국과 세계사의 탄생, 돌베개(2021), P 207
[246] 박현희, 소주의 세계사, 서울대학교출판문화원(2024), P 196

선정요』에 소개되어 있고 한반도에 유입된 사룹과 같은 음료도 14세기에 이슬람 세계에서 몽골 황실로 들어온 것이다.[247]

⑨ 고려 왕실은 고고(머리 장식)와 대정아(장신구) 같은 원 황실의 복식을 받아들였다. 당연히 고려의 평민에게도 몽골풍의 복식이 확산되었다. 고려로 들어온 몽골의 고고가 족두리의 기원이 되었고 털릭(terlig몽골의 긴 옷)이 조선의 첩리(帖裏)가 되었다고 주장하는 학자들이 있다.[248] 고려 원종 때 삼별초의 난(1270년)을 진압하기 위해 몽골에 도움을 청한 이후 고려에 대한 몽골의 영향력은 급증하여 사실상 고려는 몽골의 속국 상태가 되었다. 충렬왕 이후 고려의 왕은 몽골로부터 왕비를 맞이했고 내치와 외교가 몽골의 영향 아래 놓이게 되었으며 관리는 전부 몽골풍으로 변발했다. 관리 중에는 몽골식 이름을 사용하는 자도 있었다. 한사군이 설치된 시기를 예외로 치면 민족국가가 성립된 중세 이후 한반도에서 고려시대만큼 외국화가 진행된 시기도 없었다.[249]

⑩ 몽골-간섭기에 몽골의 언어와 풍습이 고려에 밀려 들어왔다. 사람을 나타내는 접미사 '치'(장사치, 양아치, 벼슬아치), 송골매, 수라(임금의 밥상), 족두리, 연지, 곤지 같은 몽고 말과 몽고 풍습이 우리의 언어와 풍습에 스며들었다. 몽골에서 고려 왕실로 들어와 민간에 퍼진 말로 마누라/아기/아가씨/자기야/무수리/조라치/박수/홀치/반빗아치/시치미/수할치/조랑말/사돈을[250] 들 수 있다. 몽골에 충성한다는 의미로 '충'자가 접두어로 붙은 고려왕의 이름이 사용되기 시작했다. 몽골 글이 과거시험 과목에 포함되기도 했다. 몽골의 침입을 받은 고려는 다양한 피해를 입었으나 몽골의 유라시아 통일이 가져온 팍스 몽골리카의 혜택에 힘입어 인구증가/경제성장/문화발달을 성취하였으며[251] 조선 초기 세종 시대의 황금기를 잉태하기 시작했다. 많은 구법승이 원나라를 방문해 티베트 불교를 배운 뒤 티베트 불교와 티베트 불교미술, 건축양식을 한반도에 소개했다. 많은 고려의 여인들이 티베트에 공녀로 보내졌고 고려의 남성들이 원의 내시가 되었다. 따라서 몽골제국 안에서 고려 왕실이 누린 특권은 많은 평민의 착취와 희생을 통해 얻은 것이다.[252] 공녀로 보내진 고려의 여인 중 일부는 기황후의 사례처럼 원의 지배층으로 편입될 수 있었다. 청운의 꿈을 안고 원나라로 유학을 떠난 고려의 젊은이 중에는 원의 과거에 합격해 원의 정치인으로 귀화한 사람도 있었고 이곡과 그의 아들 이색처럼 원의 신유학을 배워 새 시대 조선을 개국하는 데 필요한 정치적 이념의 씨앗을 제공해 준 사람들도 있었다. 우리는 <u>이색의 문학 저술을 통해 그가 몽골을 세계질서의 발원지로 받아들였다는 사실을 알 수 있다.</u>[253]

문화와 문명은 흐른다. 그리스/로마 문명은 아랍에 전수되었고 아랍의 문명은 몽골과 고려로 퍼져 나갔다. <u>몽골의 동서대문화교류에 힘입은 고려말 과학/기술/농업/천문/수학의 발달은 조선 초기 세종대의 위대한 문화적 성취로 계승되었다. 고려 말 몽골의 간섭기에서 조선 전기에 이르는 기간은 일제 식민 통치기에서 1970, 80년대 대한민국의 고도 성장기와 데칼코마니처럼 일치한다. 식민 통치기에 대한 올바른 평가 없이 대한민국의 고도성장을 정확히 이해할 수 없는 것처럼, 몽골 간섭기에 대한 올바른 평가 없이 세종대의 위대한 성취를 정확히 이해할 수 없다.</u>

---

247 박현희, 소주의 세계사, 서울대학교출판문화원(2024), P 197~199
248 박현희, 소주의 세계사, 서울대학교출판문화원(2024), P 200, 201
249 미야자키 이치사다 지음, 조명철 옮김, 중국 통사, 서커스(2020), P 388
250 조라치=마부, 박수=스승, 무수리=소녀, 수라=(임금의 식사), 홀치=(왕의 호위무사), 반빗아치=(반빗간의 종), 시치미=(매 주인의 이름표), 수할치=(매사냥꾼의 우두머리), 조랑말=몽고말 조리모리, 사돈=(몽고어 사둔(친척)), 족두리=(새나 낙타의 긴 털)
251 김영수, 고려의 가을, 도서출판 포럼(2022), P 643
252 박현희, 소주의 세계사, 서울대학교출판문화원(2024), P 183
253 박현희, 소주의 세계사, 서울대학교출판문화원(2024), P 190

◑ 훈민정음의 탄생을 자극한 파스파문자

동서문화대교류로 만개한 원나라의 다국적 문화가 조선 전기의 문화 발전을 견인한 원동력이 되었던 것처럼 몽골의 파스파문자는 훈민정음의 탄생에 많은 영감을 주었다.

필자는 물탱크에 물이 많이 고일수록 수압이 증가하는 것처럼 문명권 내에서 문명이 축적될수록 문명압(文明壓)이 증가한다고 생각한다. 임계점을 넘은 문명압은 문명이 한 문명권에서 다른 문명권으로 흐르게 만드는 힘으로 작용하여 문명의 교류를 촉발시킨다. 정치와 지리 같은 다른 조건들이 동일하다면 문명압의 차가 클수록 문명은 빠르게 교류한다. 그리고 문명은 교류하여 뒤섞일 때 서로 촉매 역할을 하므로 변증법적 발전의 가속도가 증가하고 발전의 방향도 다양해진다.

> **삼천포三千浦**
> 청화백자(靑華白磁)는 원(元)나라에서 14세기 초엽부터 본격적으로 제작되었고 원말명초(元末明初)에 상당한 발전을 이루었다. 중국・고려・조선은 아랍 상인을 통해 회회청(回回靑 Muslim blue)을 수입하여 청화백자를 제작했다. 회(回)는 아랍 무슬림을 의미한다. 따라서 청화백자도 쌍화점(雙花店)에 나오는 회회(回回)아비처럼 몽골에 의한 동서문화대교류의 산물이다.

회회청

훈민정음을 세계사 속에서 공시적으로 그리고 통시적으로 보면 훈민정음의 원리 가운데 많은 부분이 인도의 음운론, 인도문자, 티베트문자, 위구르문자, 몽고문자, 파스파문자로부터 유래했고, 이러한 문화적 훈풍은 몽고의 유라시아 통일과 이에 따라 가능해진 동서 문화교류의 결과와 무관하지 않음을 알 수 있다. 문자에 관한 한 한반도는 갈라파고스섬이 아니었으며 훈민정음의 창제는 고립된 환경에서 일어난 예외적인 사건이 아니었다.[254] 몽고에 의한 유라시아 대통합은 정치뿐 아니라 문화적으로도 유래가 없는 대격변이었다. 대격변은 파스파문자의 제작으로 이어졌고 대격변의 여파는 한반도에 도달하여 훈민정음의 탄생을 자극했다. 훈민정음은 15세기까지 한반도에 흘러 들어온 모든 문자와 음운 이론을 참고하여 만들어졌기 때문에 글자의 모양, 조합 원리, 음운 원리에 지워지지 않는, 문신 같은 흔적을 간직하고 있다. '지워지지 않는'이라는 말은 '부정할 수 없는'이라는 말로 치환될 수 있다. 훈민정음은 15세기 음운 이론의 총아이고, 문자의 위대한 종합(綜合synthesis)이고, 기원전 3500년경에 메소포타미아에서 시작하여 유라시아대륙을 가로지른 문자의 기나긴 여정이 끝나는 종착역이다.

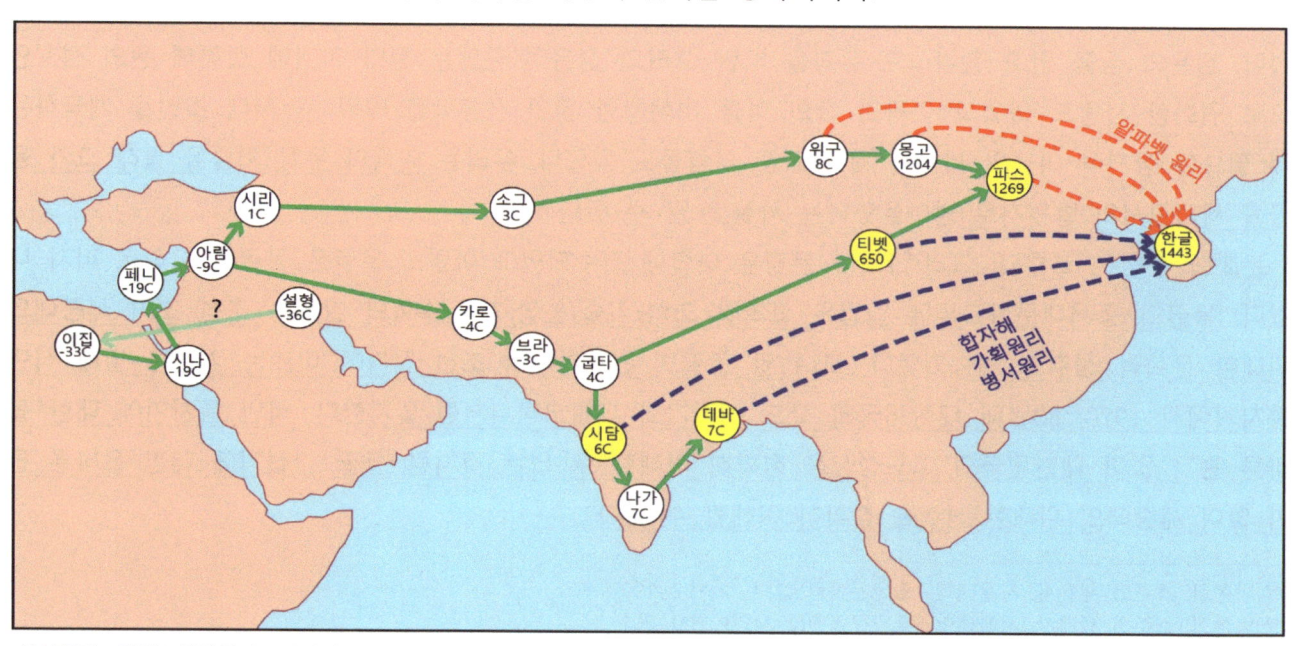

설형문자 이집트성각문자 시나이문자 페니키아문자 아람문자 카로슈티문자 브라흐미문자, 굽타문자 시담문자 나가리문자 데바나가리문자 티벳문자 파스파문자 한글 시리아문자 소그드문자 위구르문자 몽고문자

문자의 전파

---

[254] 사이토 마레시(齊藤希史) 지음, 허지향 옮김, 한자권의 성립, 글항아리(2018), P 95

세종의 역할을 쉐프에 비교하는 것은 지나친 억견(臆見)일까? 세종은 다양한 원산지의 재료로 미맹(味盲)도 감탄할 정도의 성찬(盛饌)을 만들어 낸 쉐프였다. 옥에 티라면, 재료들의 원산지를 명확히 표시하지 않았기 때문에 후대에 훈민정음의 기원에 관한 여러 가지 격론이 일어나게 되는 단초를 제공하였다는 것이다.

원 나라 쿠빌라이 칸은 티베트의 승려 파스파에게 명하여 몽고의 지배하에 있는 여러 민족의 언어와 몽고족의 언어 그리고 한자의 발음을 정확히 표기할 수 있는 문자를 만들게 하였다. 파스파는 티베트문자를 변형시켜 파스파문자를 만들었다. 파스파문자는 80여년 정도 원나라에서 사용되었고 원나라의 벼슬아치였던 세종의 조상들에게는 아주 친숙한 문자였다. 세종이 한글을 창제할 때 파스파문자의 자모조합원리에서 영감을 받았을 가능성이 상당히 높다고 주장하는 학자들이 있다.

고려가 원나라의 실질적 지배하에 있던 13세기와 14세기에 이안사-이행리-이춘(李顔帖木兒바얀티무르)-이자춘(吾魯思不花울루스부카)[255]-이성계(阿基拔都아기바토르)로[256] 이어지는 세종의 조상은 몽골식 이름을 사용하며 한반도 동북부를 지배했던 원나라의 고위직 군벌 세력이었다. 이성계는 원나라 동북지방의 군벌 테무게 왕가의 가신(家臣)으로 천부장(千夫長)과 다루가치(達魯花赤점령지의 총독)를 세습하며 함경도 일대의 고려인과 여진족을 지배하였다. 천부장과 다루가치는 용력(勇力)으로 얻을 수 있는 지위가 아니다. 천부장과 다루가치라는 지위는 세종의 조상이 고도로 세련된 정치적 감각을 지닌 정치 엘리트였음을 증명하고 있다. 누대에 걸쳐 원나라의 고위직을 세습한 세종의 조상이 원나라의 국자(國字)인 파스파문자를 모르고 몽고에서 정치권력을 잡을 수도, 유지할 수도 없었을 것이다. 영어-알파벳을 모르는 캘리포니아 주지사를 상상할 수 있을까? 파스파문자는 세종의 일가에게는 아주 친숙한 문자였다.

훈민정음 창제 후 세종은 중국의 운회(韻會) 책자를 번역하게 하였다. 운회 책자는 '고금운회(古今韻會)'이거나 '고금운회거요(古今韻會擧要)' 중 하나로 추정된다. 이 책들은 중국 한자음을 파스파문자로 기록한 '몽고운략(蒙古韻略)'을 참고로 만들어졌다. 집현전 학자들이 『홍무정운역훈洪武正韻譯訓』을 편찬할 때에 『홍무정운洪武正韻』보다는 『고금운해거요』를 참고해서 중국 음을 표기했다는[257] 사실은 세종도 파스파문자를 알고 있었다는 간접 증거가 된다.

조선왕조실록을 보면 세종 5년(1423년) 2월 4일과 세종 12년(1430년) 3월 18일의 기록에서 파스파문자와 관련된 사료를 찾을 수 있다. 세종 26년(1444년) 2월 20일 최만리가 상소문에 파스파문자를 언급한 사실이 기록되어 있다. 이러한 기록들에 의하면 세종은 파스파문자의 존재와 중요성에 대해서 아주 잘 인식하고 있었다는 사실을 알 수 있다.

파스파문자의 특징

1. 자음자와 모음자는 정사각형이다.
2. 음절단위의 모아쓰기로 운영되었다.
3. 한 음절안에 초성 중성 종성의 구조를 명확히 보여준다.
4. 한 음절내에서 자음자와 모음자가 선으로 연결되어 있다.
5. 종서로 사용되었다.
6. 한자의 발음기호(phonetic gloss)로도 사용되었다.
7. 한 음절은 한자 하나에 대응된다.

---

[255] 최경봉, 한글에 대해 알아야 할 모든 것, 책과함께(2014), P 206,
[256] 이재운, 우리말 어원사전, 노마드(2022), P 500
[257] 조두상, 쐐기문자에서 훈민정음까지, 한국문화사(2009), P 198

파스파문자의 특징을 살펴보자. 1~5를 종합하면 파스파문자의 일반적인 음절은 정사각형 두세 개가 수직으로 연결된 형태를 하고 있다. 파스파문자의 자음자와 모음자는 획수가 지나치게 많기 때문에 음절 단위로 모아서 쓰면 상하로 너무 길어진다. 따라서 쌀 한 톨에 『금강반야심경』을 새겨 넣을 수 있는 신공이 아니라면 정사각형으로 만들 수 없다. 수직으로 기다란 파스파문자의 음절은 한자와 시각적으로, 그리고 공간적으로 완벽한 일대일 대응을 시키기에 적합하지 않다. 반면 세종은 처음부터 모아쓰기를 염두에 두고 한글 자음자와 모음자의 모양을 단순화했고 자음과 결합하는 모음의 위치를 결정했기 때문에 한글 음절이 장방형으로 길어지는 현상을 피할 수 있었다. 한글의 한 음절은 한자의 한 글자와 완벽하게 시각적, 공간적 일대일 대응이 가능하다.

파스파문자	훈민정음	비교
음소문자(알파벳)	음소문자(알파벳)	공통점
음절단위 모아쓰기	음절단위 모아쓰기	공통점
음절내 초성, 중성, 종성 구조	음절내 초성, 중성, 종성 구조	공통점
초성과 종성에 같은 자음자 사용	종성부용초성(終聲復用初聲)	공통점
한자의 발음기호로 사용됨	한자의 발음기호로 사용됨	공통점
파스파 음절과 한자 음절이 일대일 대응	한글 음절과 한자 음절이 일대일 대응	공통점
음가 없는 초성(null initial) 'ꡖ'	음가 없는 'ㅇ'	공통점
한자음 표기, 여러 민족어 음성기록	한자음 표기, 여러 외국어 음성기록	공통점
자음자와 모음자를 구분하는 특성 없음	자음자와 모음자를 구분하는 특성 있음	차이점
음절내 자음자와 모음자가 선으로 연결됨	음절내 자음자와 모음자가 분리됨	차이점
세로 모아쓰기	세가지 모아쓰기	차이점

파스파문자와 훈민정음의 비교

파스파문자와 한글을 비교해 보면 두 문자체계는 우연으로 간주하기 힘든 많은 공통점을 지니고 있다. 정광은 한글의 음가 없는 'ㅇ'은 파스파문자의 유모(喩母) ꡖ/ꡦ와[258] 같은 원리로 만들어졌다고 주장한다. 글자를 만든 동기, 초성/중성/종성에 대한 명확한 개념, 자음과 모음을 운영하는 원리, 음가가 없는 자음의 초성 위치, 종성에 초성의 자음자를 재활용하는 기법 등등을 들 수 있다. 한글의 기원에 관한 게리 레댜드(Gari Ledyard)의 일부 이론은 일리가 있어 보이지만 다른 부분은 그렇지 않다. 그는 'ㄱㄷㅂㅈㄹ'와 같은 음가를 가지는 파스파문자에서 불필요한 획을 제거하면, 'ㅇ'을 제외한 훈민정음의 기본 글자 ㄱㄴㅁㅅ를 만들 수 있고 획을 추가하거나 병서를 통해 나머지 자음을 만들 수 있다고 주장한다. 자세한 내용은 '게리 레댜드'편(3-07장)을 참고하기 바란다.

중국의 성운학자들은 한자음을 성과 운으로 나누는 이분법을 채택하였다. 반절법(反切法)이라고 불리는 한자음 분석 방법은 당시에 알려진 최첨단 음운학이었다. 세종은 조선어의 음절을 초성/중성/종성으로 나누었다. 말소리의 연구에서 세종이 이용한 음절의 삼원론적 분석법은 매우 탁월한 음운론의 연구 기법으로 파스파문자에서 유래했다.

중국어의 음운분석에 사용된 반절법은 한 음절을 성과 운으로 나눈다. 이원론적 분석법은 음절을 분석하는 데 있어서 삼원론적 분석법보다 효과가 떨어진다. 음성의 분석에 있어서 이원론에서 삼원론으로의

---
[258] 정광, 훈민정음과 파스파 문자, 역락(2012), P 177, 188, 189

확장은 커다란 학문적 성공을 거두었다. 음절을 삼원론적으로 분석할 수 있었기에 종성의 음가가 초성의 음가와 같다는 사실이 밝혀졌고, 종성의 음가가 초성의 음가와 같다는 사실이 밝혀졌기에 종성에 초성의 자음기호를 재활용할 수 있는 길이 열린 것이다. 음절의 분석에 있어서 삼원론이 반절법보다 음절의 실체를 더 잘 이해할 수 있게 해주었다.

공교롭게도 미국의 라이너스 폴링(Linus Carl Pauling)은 DNA의 구조를 연구할 때 삼중나선구조를[259] 가정하였으나 영국의 왓슨과 크릭이 제시한 이중나선이 DNA의 실제 입체구조로[260] 밝혀졌다. 폴링은 DNA의 입체구조를 밝히는 경쟁에서 패배했고 폴링이 노벨상을 세 번 수상하려는 꿈은 사라졌다. 초성/중성/종성에 기반을 둔 세종의 삼원론이 성/운의 이원론에 기반을 둔 중국의 반절법보다 음절의 분석에 있어서 훨씬 더 효과적이다. 세종의 삼원론적 접근은 큰 성공을 거두었다. 유전자의 구조를 규명하기 위한 폴링의 삼원론적 접근은 실패했고 왓슨과 크릭의 이원론적 접근은 성공했다. 참으로 얄궂은 삼원론과 이원론의 운명 역전이라 말하지 않을 수 없다.

명나라 태조 주원장은 호원(胡元)의 잔재(殘滓)를 멸(滅)한다는 명분 아래 파스파문자가 기록된 책을 불태우고 파스파문자가 새겨진 많은 비문을 파괴했다.[261] 따라서 파스파문자로 기록된 자료는 매우 제한적으로 남아 있다. 주원장의 광기가 어린 문화 말살 정책을 운 좋게 피할 수 있었던 문헌학적, 고고학적 자료들이 조금씩 발견되고 그에 따른 연구가 진척됨에 따라, 음절의 삼분법 같은 한글의 구성원리, 창제 동기, 음가 없는 자음 'ㅇ'과 모음의 결합, 모아쓰기가 파스파문자에서 왔다는 사실이 더 확실해지고 있다.

파스파문자에서 유모(喩母) ꡝ/ꡝ가 한글의 'ㅇ'처럼 음가 없는 자음으로 모음과 결합되어 사용되었다.[262] 정광은 왜 한글의 모음이 단독으로 쓰일 때 항상 음가 없는 'ㅇ'과 더불어 사용되어야 하는가에 대해 자신이 처음으로 명확하게 설명했다고 주장한다. 모음과 사용되는 음가 없는 'ㅇ'의 기원은 티베트 서장
문자까지 거슬러 올라갈 수 있다. 티베트의 서장문자에서 모음이 음절의 첫머리에 오는 경우는 드물지 모음 ཨ가 /a/를 표기할 때는 모음구별부호 없이 ཨ만 사용된다. 그러나 다른 모음을 표기할 때는 모음구별부호가 첨가되면서 ཨ가 한글의 'ㅇ'처럼 음가 없는 자음으로 사용되어 ཨ /a/, ཨི /i/, ཨུ /u/, ཨེ /e/, ཨོ /o/로 표기된다.[263]

세종은 분명히 파스파문자라는 거인의 어깨 위에서 한글의 모습이 어떠해야 하는지를 보았다. 세종은 파스파문자의 원리를 받아들인 후 창조적 변형을 통해 한글이라는 역사상 유례가 없는 전면적 단음 문자 시스템(full alphabet)을[264] 만들어 냈다.

---

259 톰 헤이거 지음 고문주 옮김, 화학 혁명과 폴링, 바다출판사(2003), P 150
260 1962년 제임스 왓슨, 프랜시스 크릭, 모리스 윌킨스는 DNA의 이중나선 구조를 밝힌 공로를 인정받아 노벨 생리-의학상을 받았으나 이들에게 DNA의 엑스선 회절구조가 찍힌 사진을 제공해서 연구에 결정적인 공헌을 한 여성 과학자 로잘린드 프랭클린은 노벨상에서 제외되었다. 안타깝게도 그녀는 1958년 37세의 젊은 나이로 세상을 떠났다.
제임스 왓슨 지음, 최돈찬 옮김, 이중나선, 궁리(2023)
261 정광, 동아시아 여러 문자와 한글, 지식산업사(2020), P305
262 정광, 동아시아 여러 문자와 한글, 지식산업사(2020), P 323
연규동, 세계의 문자사전, 따비(2023), P 235
연규동은 파스파문자에서 ꡂ이 ㅇ과 똑같은 역할을 한다고 주장한다.
파스파문자의 유모(喩母) ꡝ/ꡝ는 훈민정음의 욕모(欲母) ㅇ과 대응된다. 따라서 이 둘은 같은 음가를 나타낸다.
263 헨리 로저스, 언어학으로 풀어본 문자의 세계, 역락(2018), P 305
Wikipedia(2022) Tibetan script
264 노마 히데키, 한글의 탄생, 돌베개(2020), P 129~134

<u>인간의 두뇌는 정보를 처리하는 단백질 기계이다. 기존 정보나 데이터의 입력이 없으면 출력도 없다. 너무나도 단순하고 명확한 진리이다. 세종이 기존 인도문자체계의 영향 없이 무에서 한글을 창조했다는 신화를 믿느니 차라리 맷돌에 콩을 넣지 않고 맷돌만 돌렸는데 두부가 만들어져 나온다고 믿는 게 나을 것이다.</u> 세종이 기존 문자 체계로부터 어떠한 영향도 받지 않고 훈민정음을 창제했다는 민족주의자들의 주장은 상식에 위배될 뿐만 아니라 반역사적 거짓말이다.

과학사에서 '기적의 해(annus mirabilis)'라고 알려진 1665~1666년, 뉴턴은 만유인력의 법칙, 미적분의 원리, 빛의 분석 같은 고전물리학의 굵직한 업적을 이루어 냈다. 케플러의 『굴절광학』/『우주의 조화 1619』, 데카르트의 『해석기하학』, 갈릴레오의 『두 개의 주된 우주체계에 관한 대화』가[265] 없었다면 뉴턴의 위대한 발견도 불가능했다. 뉴턴은 매우 솔직했다. '나는 거인의 어깨 위에 서 있었기 때문에 더 멀리 볼 수 있었다.' 케플러/갈릴레이/데카르트가 없었다면 뉴턴도 그들이 시작한 곳에서 시작해야 했다. 그리고 뉴턴은 뉴턴이 아닌 케플러나 갈릴레오가 되었을 것이다. 우리는 천재가 천재를 낳는다(천재는 천재로부터 영향을 받는다)는 사실을 기억해야 한다.

아인슈타인이 광전효과/브라운운동/특수상대성이론을 발표한 1905년을 과학사가들은 '두번째 기적의 해'로 부른다. 두번째 기적의 해도 볼츠만/아보가드로/맥스웰/플랑크 같은 거장에게 빚을 지고 있다. 1916년 아인슈타인이 발표한 일반상대성이론은 비유클리드 기하학의 하나인 리만 기하학 위에서 전개된다.[266] 천재 아인슈타인도 일반상대성이론을 정립할 때 리만의 어깨 위에서 둥지를 틀고 있었다.

> **삼천포三千浦**
> 갈릴레오(1564~1642)가 죽은 1642년에 태어난 뉴턴(1642~1727)은 갈릴레오의 역학을 계승, 발전시켜 만유인력의 법칙으로 대표되는 고전물리학을 정립했다.
> 맥스웰(1831~ 1879)이 죽은 1879년에 태어난 아인슈타인(1879~1955)은 맥스웰의 장(場) 개념에서 영감을 받아 중력장을 설명할 수 있는 일반 상대성이론을 완성하였다.
>
> 뉴턴과 아인슈타인

이처럼 인류의 역사에서 모든 천재는 그들보다 앞서 살았던 천재들의 영향을 받았고 그들 이후에 오는 천재들에게 영향을 주었다. 현재의 천재는 과거의 천재를 가로대 삼아 사다리를 오르고 가장 높은 가로대를 밟는 순간 미래의 천재가 밟고 올라갈 새로운 가로대가 된다. 한 명의 천재가 어떤 분야에서 모든 난제를 해결하고 모든 발견과 발명의 영광을 독차지할 수는 없다. 천재 중의 천재를 가정한다고 해도, 그 천재는 구석기시대부터 시작해 모든 발견의 가로대를 밟고 역사의 사다리를 올라와야 한다. 이론적으로는 가능할 수 있다 그 천재의 수명이 몇천 년에서 몇만 년 정도 된다면. 혼자서 모든 발견과 발명을 독차지할 수 있는 슈퍼 천재는 뽕쟁이의 환상 속에서나 존재할 수 있을 뿐 현실 세계에서는 존재할 수 없다. 안타깝게도 세종은 현재 대한민국에서 어떠한 기초 이론의 도움도 없이 혼자의 지력으로 모든 것을 창조해 낼 수 있는 초능력자로 존숭(尊崇)되고 있다.

진실은 신격화와 민족주의로 가려지지 않는다. 우리는 신화나 종교적 믿음에 너무나 익숙해져 있다 못해 중독되어 있다. 세종과 한글을 신격화와 언어 민족주의로 치장하지 않아도, 파스파문자가 한글의 창제에 영향을 미쳤음을 인정해도, 세종의 업적과 한글은 빛이 바래지 않는다. 한글은 아직도 모든 알파벳 글자들의 결정판이며 로망이다. 연규동은 파스파문자의 역사적 의미를 간결하면서도 명확하게 설명했다.

"이집트와 메소포타미아 지역에서 시작된 문자의 여정은 페니키아문자를 거쳐 서쪽으로는 라틴문자로

---

[265] 세계 과학사 지도, 쑨자오룬 엮음, 심지언 옮김, 시그마북스(2024), P 219, 223, 224
[266] 월터 아이작슨 지음, 이던환 옮김, 아이슈타인 삶과 우주, 까치(2022), P 124~142

이어지며, 동쪽으로는 아람문자로 이어진다. 아람문자는 다시 두 갈래로 나누어져서 동남쪽으로는 인도계 문자와 티베트문자로 이어지며, 동북쪽으로는 시리아문자, 소그드문자, 위구르문자, 등 중앙아시아의 여러 문자로 전파된다. 파스파문자는 아시아의 동쪽으로 전해진 두 문자의 흐름이 한 곳에서 만난 문자라는 점에서 역사적 의의가 있다.

특히, 파스파문자는 불완전하기는 했지만 음소문자에 근접한 모습을 보여주고 있다. 이는 음소음절문자(아부기다)가 음소문자로 발달할 수 있게 된 가장 큰 사건이며, 훈민정음 탄생에 중요한 배경이 되었다는 사실을 부인할 수 없다. 훈민정음은 앞선 문자의 운용 원리를 한국어 음운 체계에 맞추어 창조적으로 발전시켜 도상성(圖像性iconicity),[267] 자질성(資質性featurality), 비선형성 (非線型性non-linearity)이라는[268] 고유의 특징을 가진 문자로 발달할 수 있었다. 지식의 축적을 통해 새로운 융합이 열매를 맺은 것이다."[269]

3-05 신미 관여설

조선 초기에 고려 불교의 법통을 이어받은 많은 학승이 있었다. 혜각존자(慧覺尊者) 신미(信眉)의 속명은 김수성(金守省)이고 영산부원군(永山府院君) 김수온(金守溫)의 형이다. 김수성(신미)은 13세 때 성균관에서 유학을 공부하였으나 아버지의 정치적 몰락과 오명으로 성균관에 더 이상 머무를 수 없었다. 양주 회암사의 함허당(涵虛堂)에게 보내진 김수성은 머리를 깎고 출가하여 신미라는 법호를 받았다. 함허당과 신미는 성균관에서 장래가 촉망되던 학생으로 유교 경전 공부에 매진하던 중 세상사와 권력의 덧없음을 깨달아 불가에 귀의했다는 교집합을 공유하게 되었다.

정광은 "신미대사가 송나라 지광(智廣)이 저술한 실담자기(悉曇字記)의 범자 모음 12자에서 영감을 얻어 한글 모음 11자를[270] 만들었다"고 주장하고 있다. 불경(예를 들면 대장경) 속에 포함되어 들어온 인도의 반자론과 인도계 문자, 주역의 천지인 삼재, 음양오행설이 종합적으로 훈민정음 창제에 영향을 미쳤다는 것이다.

고대인도의 많은 불경에서는 산스크리트어의 자음과 모음을 각각 반자(半字)로 불렀으며 이에 대한 연구를 반자론(半字論) 이라 하였다. 인도에서 중국으로 온 역경승들은 반자론에 기반하여 중국의 한자 음절을 (자음)+(모음+자음)의 이분법으로 분석했고 반절법(反切法)으로 발전시켰다.[271] 반절법은 중국 한자의 음절을 성(聲= 反切上字)과 운(韻= 反切下字)으로 나누어 두 글자로 표기함으로써 성운학(聲韻學)의 기반이 되었다.

정광은 신미가 범어와 주역 공부에 정진해서 얻은 깨달음으로 세종에게 훈민정음 창제에 관한 조언을 주었을 뿐만 아니라 적극적으로 한글 모음자 11 자를 직접 만들어 세종에게 바쳤다는 주장을 펴고 있다. 정광은 지금까지의 그 어떤 한글 창제에 대한 이론보다 파격적이고 독특한 이론을 개진하고 있는 것이다. 필자는 브라히미문자군의 전파속도와 브라히미문자군의 전파에 대한 불교의 역할과 영향력을 고려할 때 충분한 개연성이 있다고 생각한다. 한반도는 이미 동진을 거듭한 브라히미문자군의 영향권

---

[267] 한글 자음이 발음기관의 모양을 본떠 만들어졌음을 뜻한다.
[268] 로마문자의 일차원적 배열과 다른 한글 자모음자의 이차원적 배열, 즉 모아쓰기를 말한다.
[269] 연규동, 세계의 문자 사전, 따비(2023), P235-236
[270] 정광, 훈민정음의 사람들, 박문사(2019), P 83~125
[271] 네이버 지식백과(2023), 남송(南宋 1104~1162)의 정초(鄭樵)가 기술한 통지 (通志 1131~1162)

안에 놓여있었다. 박해진도 『훈민정음의 길』에서 신미대사가 훈민정음 창제에 크게 기여했다고 주장한다.

"송곳이 비단을 뚫고 나오듯 신미의 장강과 같은 불학(佛學)의 성취 사실이 퍼져나갔다. 효령대군이 세종께 선을 넣었다. 세종은 오래전부터 은밀하게 계획해 오고 있던 새로운 문자 창제의 실마리를 찾기 위해 수양대군을 복천사로 내려보내, 뜻을 전한 것으로 추정된다. 신미는 '고려대장경(高麗大藏經)'을 통해 익힌 구결(口訣)의 비의(秘義)와 티베트 패엽경(貝葉經)속의 범어(梵語), 주역(周易)의 삼재(三才, 천지인天地人)를 융합하면 길이 열릴 수 있다는 의견을 개진했다. (중략) 세종은 천문(天文), 지리(地理), 기상(氣象), 일구(日晷), 측우(測雨), 음률(音律), 척도(尺度) 등에 정통해 있었으므로 이 정밀하고, 신묘한 구상을 바로 채택했다. 이후, 창제 작업을 동궁과 '주역'에 밝은 수양대군에게 일임, 연구의 진척 상황을 살폈다. 신미는 음양오행과 범어, 구결의 조합에 매진했다."[272]

앞으로 정광의 학설과 박해진의 주장을 뒷받침할 결정적인 증거, 이를테면 훈민정음 해례본같이 충격량이 큰 문헌이나 고고학적 자료가 발견되기를 기대한다.

벌과 나비가 꿀을 모으기 위해 꽃과 꽃을 이동하며 꽃가루를 옮겨주듯이 불교나 기독교 같은 종교의 포교자들은 종교를 전파하기 위해 이 세상의 끝과 끝을 넘나들며 문자를 퍼트리고 다녔다. 불교와 더불어 한반도에 도달한 인도의 음운론, 인도계 문자, 문자의 운용원리는 한글 창제를 위한 필요조건을 하나씩 채워 나갔다.

3-06 헐버트의 훈민정음 연구[273]

호머 헐버트(Homo Hulbert 1863~1949)는 다트머스 대학과 유니언 신학대학에서 공부한 후 조선에 왔다.(1886) 최초의 한글 교과서인 『사민필지1891』를 출간했고 내외국인을 통틀어 최초로 훈민정음과 세종대왕에 관한 체계적인 연구를 하였다. 1890년 헐버트는 조선어와 드라비다어의 유사성을 연구하기 시작했다. 그의 한국어와 한국사 연구는 『한국어와 드라비다어의 비교연구1905』와 『대한력사1908』의 출간으로 열매를 맺었다. 헐버트는 육영학원에서 이완용을 가르쳤고 배재학당에서 서재필/이승만/주시경을 가르쳤다. 헐버트는 특히 이완용의 총기에 감탄했다고 한다. 헐버트와 주시경은 한글에 대한 많은 부분에서 똑같은 철학을 공유한 것으로 알려졌다. 헐버트와 주시경은 한글에 가로쓰기/한글전용/구두법을 적용했다.

헐버트의 언어 습득 능력은 경이로움 그 자체였다. 조선에 오기 전 헐버트는 7개 국어를 할 수 있었고 조선에 도착한 지 4일 만에 한글을 읽고 쓸 수 있었으며 한 달 만에 기본적인 한국어를 말할 수 있었다. 또 한자 3000자를 외우는 데 6개월이 걸렸다고 한다. 한글을 배운 지 7일 만에 헐버트는 조선인 특히 조선의 지배층이 한글을 무시하고 있다는 것을 깨달았다. 헐버트는 『사민필지』의 머리말에서 "조선 언문이 중국 글자에 비하여 크게 요긴하건마는 사람들이 요긴한 줄도 알지 아니하고 오히려 업신여기니 어찌 안타깝지 아니하리오!"라고 탄식했다. 한미_이민사 연구가 아담스(Daniel Adams)는 "『사민필지』가 조선인에게 하와이 이민에 대한 동기를 부여했다"라고 주장한다.

이승만의 초청으로 1949년 한국을 재방문한 헐버트는 노령과 여독으로 한국에 도착한 지 1주일 만에 귀천했고 평소 그가 염원했던 대로 양화진의 외국인 묘지에 묻혔다. (I would rather be buried in Korea

---

272 박해진, 훈민정음의 길, 나녹(2015), P 643
273 김동진, 헐버트의 꿈 조선은 피어나라!, 참좋은친구(2023)
　　김동진, 헐버트 조선의 혼을 깨우다, 참좋은친구(2016)

than in Westminster Abbey.)

헐버트는 북한산의 한 사찰에서 입수한 티베트문자와 산스크리트문자로 쓰인 책을 분석하여 한글의 기원을 밝히려 했다. 한국에 오기 전 헐버트는 프랑스의 라무세이(Jean-Pierre Abel-Rémusat)가 지은 『타타르어 연구』와 독일의 뮐러(Müller)가 지은 언어학 서적을 탐독했다. 헐버트의 훈민정음-티베트문자-기원설은 라무세이의 영향을 받았다. 헐버트의 한글 기원에 대한 설명을 들어 보자.

『한글소식1892/1』

거란족은 900년경 한자의 일부를 개조한 키탄문자(거란문자)를 만들었지만 키탄문자는 사라졌다. 1100년경 여진족(만주족)은 키탄문자와 같은 방법으로 문자를 만들었지만 1350년경 사라졌다. 경교도가 들여온 시리아문자에서 위구르문자가 파생되어 나왔고 몽골족은 유라시아를 정벌한 후 1270년경 티베트문자를 본떠 파스파문자를 만들었다. 한글의 근원을 추적할 때 한국의 사찰에 즐비해 있는 티베트문자와 산스크리트문자로 된 서적을 주목해야 한다.

『한글소식1892/3』

한글 'ㄱㅁㄴㄹㅂ'은 티베트문자와 비슷하고 'ㅂ'의 중간 수평선은 티베트문자의 상단 수평선의 잔재이다. 'ㅅ'은 티베트문자에서 오른쪽 직각을 뺀 모양이다. 'ㄷ'은 티베트문자에서 하단 곡선을 직선화한 모양이다. 'ㅈ'은 티베트문자에서 아래 고리를 제거하고 줄을 그은 모양이다. 티베트문자는 산스크리트문자에서 파생되었으며 "파생된 문자는 조상문자보다 단순하다"라는 법칙을 확인할 수 있다. 결론적으로 티베트문자를 한글의 기원으로 간주할 수 있다.

1892년 초 헐버트의 한글-티베트문자-기원설을 비판한 이익습(李益習)은 확신에 찬 어조로 세종이 발음기관의 모양을 본떠 기본 자음자를 만들었다고 주장했다. 훈민정음 해례본은 1940년에 발견되었는데 이익습은 어떻게 해례본의 내용을 알았을까? 헐버트가 연려실기술(燃藜室記述)이나 조야회통(朝野會通) 같은 서적을 참고했지만 이익습은 1892년 이전에 어떤 식이 되었든 훈민정음 해례본을 보았을 것이다.[274]

헐버트는 드라비다어를 연구할 때 아담(Lucien Adam 1833-1918)의 『만주어문법』, 라무세이(Jean-Pierre Abel-Rémusat 1788-1832)의 『타타르어 연구』, 콜드웰(Robert Caldwell 1814-1891)의 『드라비다어 제어문법』을 참고했다. 연구결과는 『한국어와 드라비다어의 비교연구1905』라는 이름으로 출판되었다.

3-07 게리 레댜드(Gari Ledyard)의 훈민정음 연구[275]

Gari Ledyard의 가설

게리 레댜드(1932-2021)는 훈민정음 해례를 영역하여 석사학위
게리 레댜드(1932-2021)는 훈민정음 해례를 영역하여 석사학위를 받은(1958) 뒤 조선과 몽고의 외교관계를 정리하고 기록했다(1963). 박사학위를 받고(1966) 콜롬비아 대학 한국학 연구소의 교수로 재직하다 은퇴했다(2001). 그가 쓴 박사학위 논문의 주제는 '1446년 세종의 훈민정음 창제계획에 의해 초래된 한국어의 개혁과 정치적 함의 및 논란'이었다.

레댜드는 프랑스 동양학자 장 피에르 아벨 라무세이(Jean-Pierre

---

274 김동진, 헐버트 조선의 혼을 깨우다, 참좋은친구(2016), P 180-181, 190
275 Wikipedia(2022), Gari Ledyard

Abel-Rémusat)가 1820년에 주장한 이론에 동조하며 한글 자음의 기본 글자가 몽고전자(蒙古篆字 Mongol seal script)로 알려진 원나라의 파스파문자에서 기원했다는 가설을 지지했다. 게리 레댜드의 이론을 살펴보자.

게리는 훈민정음 창제 당시 참고되었다고 하는 고전자(古篆字)는 몽고전자(蒙古篆字 Mongol seal script)를 의미하고 한글 자음 'ㄱㄷㄹㅂㅈ'은 파스파문자'에서 왔고 이로부터 획을 더하거나 빼서 ㅇㄹㅿ을 제외한 나머지 한글 자음이 만들어졌다고 주장한다. 세종은 파스파문자에서 불필요한 획을 모두 제거해 가장 적은 수의 획으로 된 기본 글자를 만들고 여기에 가획의 원리를 적용해 한글 자음을 만들었기 때문에 한글은 단순하고 배우기 쉬운 글자가 될 수 있었다. 그러나 조선의 식자층은 몽고를 야만인이라고 깔봤고 중화중심주의에 매몰되어 있었기 때문에 한글은 20세기가 될 때까지 넓게 쓰이지 못했다.

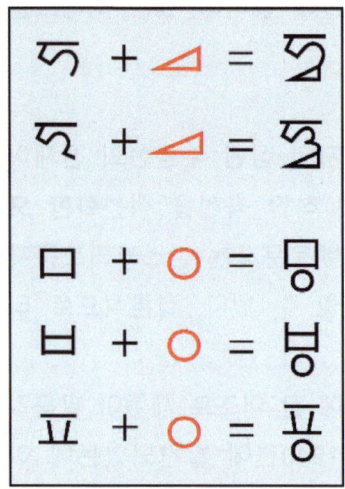

파스파문자와 훈민정음의 동일한 연서자 제작 방식

정광, 훈민정음과 파스파 문자, 역락(2012), p 187
ꡖ와 ꡗ는 이체자이다.

연규동, 세계의 문자 사전, 따비(2023), P235
ꡰ는 'ㅇ'과 똑 같은 역할을 한다.

파스파문자와 훈민정음의 영자 자음

필자는 남송의 정초(鄭樵 1104~1162)가 기술한 『통지通志1131~1162』[기일 성문도]에 ㄱㄴㅁㅅㅇ와 ㆍㅡㅣ이 나와 있으므로 훈민정음 자음자의 기원에 대한 게리 레댜드의 주장은 무리가 있으나 참고할 만한 값어치는 있다고 생각한다.

게리 레댜드의 다른 가설은 높은 평가를 받을 만하다. 첫째, 훈민정음에서 사라진 순경음 ㅱㅸㆄ가 ㅁㅂㅍ에 작은 원이 더해져서 만들어진 방식이, 파스파문자 체계에서 ㅱㅸㆄ과 대응하는 문자들이 기본문자의 아랫부분에 삼각형 고리가 더해져서 만들어지는 방식과 일치한다.

둘째, 파스파문자처럼 한글에 음가 없는 자음 ㅇ이 존재한다.

셋째, 훈민정음 서체 분석의 권위자인 박병천은 훈민정음 해례본의 정음은 한자의 붓글씨 서체로부터 영향을 받지 않았고, 쓴 문자가 아니라 그린 문자였다고 말한다.[276] 게다가 네모형의 기하학적 형태를 띠고 있었다. 그러나 ㄷ의 경우 상부 가로획의 좌측에 훈민정음 창제 당시부터 튀어 나온 부분(입술)이 있었고[277] 이런 모양은 파스파문자와 티베트 서장문자 ད로 거슬러 올라갈 수 있다.

게리 레댜드는 훈민정음의 모음은 파스파문자의 영향을 받지 않고 독창적으로 만들어졌다고 인정하고 있다. 또 세종이 ㆍ를 ㅡ의 위 아래에, ㅣ의 왼쪽 오른쪽에 위치시켜, 한국어의 모음조화를 잘 표현할 수 있는 음성 모음자와 양성 모음자를 만들어 냈다고 말했다.

---

[276] 노마 히데키, 한글의 탄생(개정증보판), 돌베개(2022), P 323
[277] 박병천, 훈민정음 서체연구, 역락(2021), P 29

3-08 합자해(合字解)의 기원

실담문자의 모음자와 모음구별부호(diacritic)

모음자	अ a	आ ā	ए e	ऐ ai	इ i	ई ī	ओ o	औ au	उ u	ऊ ū	ऋ r	ॠ ṝ	ऌ ḷ	ॡ ḹ		
모음구별부호		ā	e	ai	i	ī	o	au	u	ū	r	ṝ			aṃ	aṁ

실담문자의 모음구별부호가 자음자의 상하좌우에 위치해 있다.
참고: www.wikipedia.com(2025-09-28), Siddham script
www.omniglot.com(2025-09-28), Siddham script

실담문자와 훈민정음의 합자해

표어문자/음절문자/표음문자는 이집트문자에 병존했고 후기 페니키아문자에서도 일부 모음이 가끔 모음자로 표기되었다. 그러나 모든 모음이 모음자로 표기될 때까지 상당한 시간이 경과해야 했다. 모음자가 존재하지 않아 초래된 아브자드의 불완전성은 여러 가지 방법으로 극복되었다. 아랍인과 유대인은 자음자의 위/아래에 모음구별부호를 첨가했고 그리스인은 아브자드에 모음자를 첨가해 모든 모음을 모음자로 표기했다. 인도인은 자음자의 상/하/좌/우에 모음구별부호를 추가했다.278 데바나가리문자와 실담문자에서 모음구별부호(diacritic)는 자음의 상/하/좌/우/좌상/우하의279 한 곳에 위치해 있다. 인도 카쉬미르문자(Kashmir Nagari)에 기반을 둔 티베트의 서장문자에서도 자음의 위와 아래에 모음구별부호가 병기됐고 자음의 상하좌우에 상접자/하접자/전접자/후접자가280 추가되어 발음에 필요한 부가적인 정보가 전달되었다.

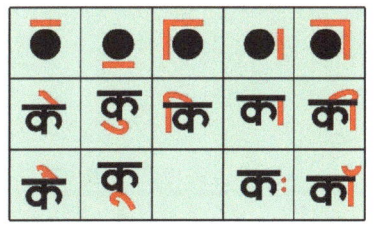

모음구별부호:적색   자음:흑색
데바나가리문자에서
모음구별부호의 다양한 위치

아부기다의 다양한 자음자-모음구별부호 결합 방식이 훈민정음의 세 가지 초성자음자-중성모음자 결합 방식의 기원이다.('파생된 문자는 조상문자보다 단순하다'라는 문자학의 일반적인 법칙이 작용한다) 문자의 역사를 더 거슬러 올라가면 변형 아브자드의 자음자-모음구별부호 결합이 훈민정음의 초성자음자-중성모음자 결합방식의 원류이다. 훈민정음의 초성-중성-종성 모아쓰기는 파스파문자의 수직 모아쓰기에서 유래했다. 그리고 파스파문자의 수직 모아쓰기는 몽고문자의 좌우 수직쓰기에서 유래했다.

우리는 한글에 익숙해져 있기 때문에 합자해의 아이디어가 쉬어 보인다. 그러나 신과 같은 창의력을 가지고 있거나 그에 준하는 노력을 하지 않으면 누구도 새로운 아이디어나 해결책을 쉽게 얻을 수 없다는 사실을 발견과 발명의 역사가 증명하고 있지 않은가. 기존의 해결책에 접근할 수 없을 때 새로운 문제해결의 역사는, 각고의 노력을 통해서 어렵고 느리게 흘러가지만, 기존 해결책에 쉽게 접근할 수 있을 때는 기존의 해답을 빠르게 차용하는 방향으로 물줄기를 튼다. 실담문자/티베트문자/데바나가리문자/파스파문자를 입수할 수 있었던 세종은 실담문자/티베트문자/데바나가리문자에서 훈민정음의 합자해의 아

---
278 오토 루트비히 지음, 이기숙 옮김, 쓰기의 역사, 연세대학교 출판부(2014), P 42-44
279 헨리 로저스, 언어학으로 풀어본 문자의 세계, 역락(2018), P 17, 295
280 헨리 로저스, 언어학으로 풀어본 문자의 세계, 역락(2018), P 305

이디어를, 위구르문자/몽고문자/파스파문자에서 알파벳의 원리를, 파스파문자에서 모아쓰기의 아이디어를 차용했다. 그리고 남송(南宋)의 정초가 기술한 통지의 『기일성문도』에서 한글 자모음자의 기본 자형을 차용했다고 볼 수밖에 없다.

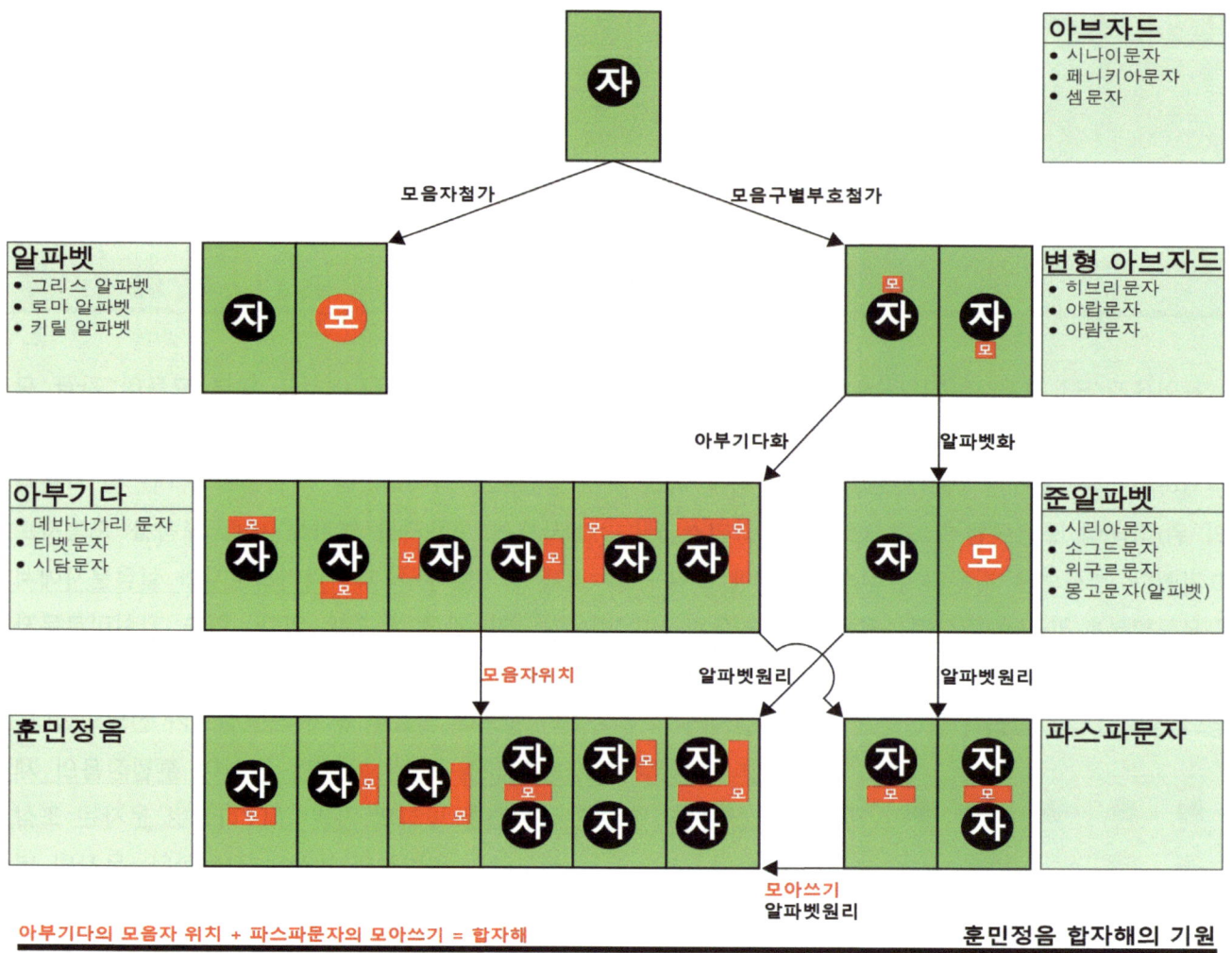

고려는 적어도 활자제작기술에 있어서, 최초의 금속활자를 발명할 수 있을 정도로, 인쇄 선진국이었다. 조선 왕조의 태종과 세종도 인쇄의 중요성을 잘 알았기에 활자 개발에 많은 정성을 기울였다. 태종은 1403년 계미자를 만들었고 세종은 1420년 경자자를, 1434년 갑인자를 제작했다.[281]

한 가지로 통일된 초성-중성 결합방식과 다양한 초성-중성 결합방식은 손 글씨에 있어서는 별 차이가 없다. 그러나 활자의 개발에 있어서는 둘 사이에 하늘과 땅만큼이나 다른 차이가 있다. 활자의 중요성과 원리를 잘 아는 세종이 통일되지 않은 훈민정음의 초성-중성 결합방식이 한글 활자 개발에 있어 극복하기 어려운 걸림돌이 되리라는 예측을 하지 못하고 훈민정음의 합자해를 만들었을까? 아니면 세종은 훈민정음의 보급으로 백성들의 문맹률이 낮아지는 건 바랬지만 인쇄문화의 만개로 인해 각성한 백성이 더 많은 정치권력을 요구하는 상황은 꺼렸던 것인가? 아무튼 9가지의 음절을 허용하는 합자해는 인쇄문화의 발전을 가로막은 장애물 중 하나였다. 합자해는 옥의 티였다.

---

281 이재정, 활자본색, 책과함께(2022), P 73, 79

3-09 네모꼴 한글의 유래

파스파문자가 기원한 티베트문자와 브라히미문자들은 자음과 모음구별부호가 붙어 있는 원시적 형태의 모아쓰기를 하고 있었다. 파스파문자가 수직 모아쓰기의 형태를 취하고 있는 이유는 파스파문자가 수직으로 자음자와 모음자를 연결하여 쓰는 위구르문자와 몽고문자의 영향을 받았기 때문이다. 파스파가 위구르문자와 몽고문자의 알파벳 원리를 채택해 티베트문자에서 모음자를 자음자로부터 독립시키고 종성자를 첨가하여 수직 모아쓰기 형태의 파스파문자를 만들어 냈다. 파스파문자를 음절 단위로 모아쓰면 한자의 음절에 일대일대응이 가능하다는 부수적 이점도 생긴다.

세종은 훈민정음 자모음자의 간결성(簡潔性)을 충분히 활용하여 파스파문자의 장방형(長方形) 모아쓰기로부터 훈민정음의 정방형(正方形) 모아쓰기를[282] 고안해 냈다. 파스파는 브라히미문자들이 공유한 원시 형태의 모아쓰기로부터 이론적으로 초성/중성/종성이 완비된 모아쓰기를 이루어 냈지만 음절의 지나친 장방형은 시각적, 공간적 결함이었다. 음절의 시각적 결함에도 불구하고 초성/중성/종성이 완비된 모아쓰기의 원조는 파스파문자이고 세종의 모아쓰기는 파스파문자의 모아쓰기로부터 영향을 받았다고 말할 수밖에 없다.

많은 학자는 한글의 네모꼴은 한자의 영향을 받았다고 주장한다. 이광규가, 조선 후기 실학자 이덕무(李德懋) 가 지은 글을 엮어, '청장관전서(靑莊館全書)'를 편찬했다. 청장관전서에 한글의 네모꼴이 한자의 영향을 받았음을 암시하고 있는 내용이 있다.[283] 그러나 필자는 네모꼴 한글에 대해 다른 견해를 가지고 있다. 존재하는 거의 모든 글자는 사실 네모꼴이라고 볼 수 있다. 특히 인쇄를 염두에 두고 활자를 만들 때 제한된 공간에 일렬로 글자를 배열하면 글자들의 상한선과 하한선이 평행선을 이루게 된다(또는 가상의 평행선을 이루게 된다). 또 같은 줄 위에 있는 글자들 사이에 가상의 직선 경계선을 긋다 보면 경계선은 수직선이거나 사선일 수밖에 없다. 이렇게 제한된 조건에서는 모든 글자 모양은 네모꼴이나 평행사변형으로 간주될 수밖에 없는 것이다. 그리고 평행사변형 글자는 기울림체가 된다.

회화적 요소가 강한 갑골문과 소전자는 글자의 크기가 다양해서 고대 중국의 행정가들이 요구하는 글자 크기의 동일화/규격화를 이룰 수 없었다. 네모난 형틀에 찍어낸 듯한 한자의 예서체는, 실용성의 산물이며 현대의 아파트 단지처럼 실용성을 추구하다 보면 글자 모양의 최종 수렴치는 네모라는 사실을 일깨워준다.[284] 인쇄와 건설 같은 적층 구조가 요구되는 곳에서는 사각형이, 벌의 세계에서는 육각형이, 축구공에서는 오각형과 육각형의 혼합이 가장 효율적이다.

네모꼴 모아쓰기에서 각각의 음소부호가 시각적 최적화를 이루려면 음소부호들의 상대적 크기와 위치가 변해야 한다. 이는 파스파문자의 모아쓰기에서 영향을 받은 훈민정음 모아쓰기의 필연적 결과이지

---

[282] 김슬옹, 한글교양, 아카넷(2020), P 117
규칙적인 모아쓰기는 훈민정음의 독특한 특성이자 우수한 특성이다. 음소 문자로 창제되었음에도 우리 말의 특성에 맞게 모아쓰기 형태로 표기법을 정한 것은 세종의 가장 창의적인 문자 창제 전략이었다. 일부에서는 이러한 모아쓰기가 한자와의 혼용을 위해 고안한 것이라고 보기도 한다. 세종은 한자와의 관계를 고려할 수밖에 없었으므로 그런 추론도 가능하나 이러한 추론은 모아쓰기의 근원을 설명하는 다양한 추론 가운데 일부에 지나지 않는다.
필자의 생각
모아쓰기는 장점도 있지만 단점도 있다.
첫째, 쓰기를 익히기 위해 훨씬 더 많은 시간을 투자해야 한다.
둘째, 타자기·폰트·활자 개발에 극복하기 힘든 난관을 초래한다.
셋째, 문자소의 중복표기가 제한된다.
[283] 최경봉, 한글에 대해 알아야 할 모든 것, 책과함께(2014), P 189~190
[284] 이승훈, 한자의 풍경, 사계절(2023), P 421

한자의 영향이라고 단정할 이유는 없다. 그리고 한자도 기본 글자(文)이거나, 기본 글자의 모아쓰기(字)이므로 한글처럼 한 글자를 이루는 구성요소 사이에 시각적 최적화를 위한 상대적 크기 조정과 위치변화를 피할 수 없었다. 한글과 한자가 모아쓰기를 선택한 이상 글자의 구성요소들이 크기와 위치의 시각최적화를 피하기 어려웠다. 한글과 한자는 완전히 다른 원리에 의해 만들어진 별개의 문자체계이지만 모아쓰기라는 동일한 환경 아래에서 구성요소 사이의 시각최적화라는 동일한 문제를 해결해야 했다.

생물학적 문제의 실질적 해결책이 한 가지밖에 없을 때 근연관계가 먼 생물종에서도 수렴진화가 발생하곤 한다. 고래는 어류가 아닌 포유류이지만 어류처럼 물속에서 산다. 고래와 어류는 생물학적으로 아주 다른 종에 속하지만 헤엄칠 때 발생하는 물의 저항이라는 공유된 환경은 고래와 어류의 외형이 오직 유선형으로 수렴하도록 진화의 압력을 가하였다. 고래와 어류의 유선형은 서로에 대한 모방(mimicry)이 아니라 물에 대한 저항이라는 공통의 환경이 만들어 낸 수렴진화의 결과물이다. 새(조류), 박쥐(포유류), 익룡(파충류)의 날개는 근본적으로 다른 기관에서 시작되었지만 수렴진화의 결과 비슷한 모양의 날개가 되었다. 척추동물의 눈과 낙지의 눈도 수렴진화의 산물이다. 북극에서 멸종된(1844) 큰바다쇠오리(갈매기목)와 남극에 생존해 있는 펭귄(펭귄목)은 다른 목(目order)에 속할 정도로 동떨어진 조류이지만 극지방의 맹추위와 똑같은 서식 환경이 초래한 수렴진화의 결과 두 조류는 구분하기 힘들 정도로 외모가 비슷해졌다.

형성 원리가 완전히 다른 한자와 훈민정음이 모아쓰기라는 문제를 해결하기 위해 같은 해결책에 수렴한 결과 훈민정음과 한자는 정방형 글꼴이 되었고 비슷해 보인다. 그래서 동양문화에 문외한(門外漢)인 서양인들은 한글과 한자를 구분하지 못한다. 훈민정음과 한자가 공유하고 있는 네모꼴, 구성요소의 크기 및 위치에 대한 시각적 최적화는 모아쓰기라는 동일한 환경압이 작용한 수렴진화의 결과이지 상대방 글자의 모방이 아니다. 훈민정음과 한자의 유전자 일치율은 0이다.

3-10 훈민정음의 'ㅇ'의 유래

낱말이나 음절이 모음으로 시작될 때 실재 음은 모음이지만 철자법(orthographic rule)상 무음가(無音價) 형식자음기호를 필요로 하는 문자 체계가 아브자드/아부기다/알파벳에 존재한다.

◐ 무음가 자음 기호를 사용하는 문자들

히브루문자, 아랍문자, 데바나가리문자, 자바문자, 버마문자, 크메르문자, 타이문자, 라오스문자, 말디브의 싸나문자, 부기스족의 론타라문자와 렙차문자, 크리문자, 이누이트문자의 영자 자음과 몽족 로마자 알파벳의 공백, 몽족 음절문자의 공백 등이 음가 없는 자음의 역할을 하고 있다.[285]

자음문자(아브자드)에는 모음이 없지만 자음만으로 표기된 음절의 모음을 문맥 속에서 추측으로 찾아낼 수 있다. 그러나 단어의 첫음절이 모음 음절인 경우, 모음 음절의 존재를 알려주는 기호가 존재하지 않으면 읽는 사람이 모음 음절의 존재를 알 수 없다. 자음문자인 셈어계 문자의 유전자를 물려받은 문자들은 모음으로 시작되는 낱말에서 모음의 존재를 알려줄 기호가 필요하다.[286] 따라서 음가는 없지만 하나의 음절 자리를 유지하며(space holder) 모음 음절의 존재를 상기시켜 주는 기호를 사용하게 되었다. 페니키아문자/아람문자/사바문자/카르타고문자/베르베르문자(Berber script)/시리아문자/소그드문자/위구르

---

[285] Wikipedia(2022), Zero consonant
[286] 연규동, 세계의 문자 사전, 따비(2023), P 220, 221

문자/티베트문자/ 파스파문자/ 한글에 지워지지 않는 무음가 자음자의 흔적이 남아 있다.

한글의 'ㅇ'은 초성의 위치에서 중성의 모음과 결합하여 사용될 때 소릿값이 없고 단지 글자의 모양을 갖추기 위해 사용되는 글자이다.[287] 'ㅇ'은 무음가 자음(zero consonant as the graphic base)으로 분류된다.[288] 정연찬은 "'ㅇ'은 실질은 없고 형식만 있는 공음소(空音素)이다"라고 설명했다.[289] 그러나 'ㅇ'이 종성에 사용될 때는 음가(꼭지이응의 음가)를 가진다. 음가 없는 자음 기호의 기원은 파스파문자와 티베트문자로 그리고 멀게는 셈어계 문자까지 거슬러 올라간다.

א	Herew	ອ	Lao	อ	Thai		Hmong alphabet
ا/إ/أ	Arabic	◌	Thaana	ꡀ	Phagspa		Pahawh Hmong
अ	Devanagari	ᨀ	Lontara script	ܐ	syria	꫟	Lepcha
ꦃ	Javanese script	▽	Cree, Inuit	ཨ	Tibetan	ఽ	Telugu
အ	Burmese	ㅇ	한글	អ	Khmer	꩓	Shan

wikipedia.com(2023), zero consonant
연규동, 세계의 문자, 따비(2023), P 201

영자 자음

숫자 '0'은 위치기수법(位置記數法positional/place-value notation system)에 의해 표시된 숫자에서 값이 없고 단지 빈 자리를 표시(place holder)하는 역할을 하고 있다. 따라서 글자와 숫자라는 차이만 있을 뿐 한글 'ㅇ'과 인도-아라비아 숫자 '0'의 모양과 역할은 사실상 똑같다.

한글/티베트문자/파스파문자를 포함한, 20 여개(餘個)의 서사체계에서 무음가 자음기호가 사용되고 있다는 사실을 고려하건대 무음가 자음자의 사용을 특수한 서사규정이 아닌 보편적 서사규정으로 볼 수도 있다. 그리고 20 여개의 무음가 자음기호들 가운데 한글의 'ㅇ'이 숫자 '0'과 똑같은 기능과 모양을 하고 있으므로, 영어 용어가 정의하는, 진정한(?) 제로 칸서넌트(zero consonant)이다.

한글 'ㅇ'의 기원을 추론하기 전에 아라비아 숫자 '0'의 개념과 기호가 역사적으로 누구에 의해, 어떻게 만들어지게 되었는지를 추적해 보겠다.

◐ 아라비아 숫자 0의 탄생

함무라비 왕의 재위 기간(BC 1792 – BC 1750)은 바빌로니아(고바빌로니아: BC 1895 ~ BC 1595, 신바빌로니아: BC 612 ~ BC 539)에서 유난히 창조적인 시기였다. 바빌로니아인은 수메르의 60진법을 이어받아 더욱 발전시켰고 60보다 큰 수는 역사상 최초로 위치기수법으로 표기하였으며 두 개의 사선형 쐐기로 0을 표기했다(BC 2000 – BC 1000). 위치기수법(位置記數法)에 의한 수표기의 장점은 큰 수를 표기하고 계산할 때 극명하게 드러난다. 천문학 분야에서 큰 수의 계산은 필수였기 때문에 알렉산더의 동방정벌 이후 그리스-헬레니즘의 수학자들은 바빌로니아의 60진법에 기반을 둔 위치기수법을 채택하

---

[287] 김하수, 연규동, 남과 북의 맞춤법, 커뮤니케이션북스(2014), P 17
[288] 강신항, 수정증보 훈민정음연구, 성균관대학교 출판부(2019), P 99
[289] 이관규, 한글 자모자 연구, 박이정(2024), p146 재인용

였다.290 그러나 바빌로니아의 0은 개념상으로 불완전했고 숫자로서도 완전한 자격을 갖추지 못했다. 사선형 쐐기는 수의 가운데 자리에서는 사용되었지만 오른쪽 끝자리에서는 사용되지 않았다. 사선형 쐐기는 숫자로 간주되지 않았기 때문에 단독으로 사용되지 않았고 단지 숫자의 부재를 나타냈을 뿐이다.291 AD 1세기 쐐기문자가 소멸하자 바빌로니아 수체계도 망각의 강 속으로 사라졌다.292

아리스토텔레스의 논리학과 제논의 논리학에서 알 수 있듯이 고대 그리스에 잘 정립된 논리학이 존재하고 있었고 그리스인들은 논리와 무모순에 대한 강박293 때문에 존재하지 않는 것('0'의 개념)을 존재하는 것('0'의 기호)으로 간주해야 하는 논리적 모순을 받아들이지 못했다. 필자가 보기에 논리학적 결벽증이 있던 그리스인들은 비존재적 존재를 끝내 받아들이지 못하고 그들의 사상체계로부터 철학적으로 불결한 영의 개념을 씻어내고 말았다. 비존재적 실재는 그들에게 모순형용(矛盾形容oxymoron)에 불과했던 것이다. 따라서 논리학을 인간 사고의 정점에 두었던 그리스인들은 기호 '0'를 발명하는 데 실패하게 되었고 위치기수법은 그리스에서 설 자리가 없었다.

바빌로니아와 히파르쿠스(Hipparchus: 그리스의 천문학자 BC 190-125)의 영향을 받은, 알렉산드리아의 프톨레마이오스(Claudius Ptolemy 85?~165?)는 AD 2세기에 『알마게스트(Almagest 140?)』에서 자리만 유지하기 위한, 불완전한 영의 기호(Hellenistic zero)를 도입하여 천문학 계산에 활용하였다. 그러나 그리스의 천문학자들은 영의 기호에 대한 흥미를 잃고 바빌로니아의 점성술과 수체계를 인도에 전파하는294 데 만족해야 했다.

셈족의 일파인 아람인(바빌로니아 문헌에 armaya로 기록)이 사용한 아람어는 AD 10세기부터 기록되었고 AD 700~AD 200년 사이에 서아시아의 여러 나라에서 공식언어/ 행정언어/ 외교언어로 격상하였으며 페르시아 제국에서도 공식언어로 사용되었다. 페니키아문자에서 파생된 아람문자는 아람어 금석문이 인도 중부 마하라슈트라 주에서 발견될 정도로 인도에 큰 영향을 미쳤다. 인도의 자릿수에 근거한 완벽한 수체계와 완벽한 0의 개념은 불완전한 0의 개념과 불완전한 0의 기호 사용을 특징으로 하는 바빌로니아 수체계에서 영향을 받은 것이다.295

1881년 파키스탄(간다라)의 바크샬리에서 한 농부가 자작나무 껍질에 기록된 수학책(Bakhshali manuscript 224-383)을 발견하였다. 이 고대의 수학책은 선형방정식/이차방정식/산술급수/기하급수/근의 근삿값을 구하는 방법/음수/금의 순도를 측정하는 방법 등을 다루고 있다. 이 책에 숫자 '0'이 점으로 표기되어 있다.296

초창기 영의 기호가 동그라미가 아니라 점이었다는 사실을 서기 6세기의 한 시에서도 간접적으로 알 수 있다.
> 별들은 마치 하늘에 흩어져 있는 영의 점들처럼 빛난다.
[바사바다타Vasavadatta]

어떤 수의 끝에 영을 붙이면 수가 열 배가 된다는 사실을 응용하여 비하릴랄이 산스크리트어로 쓴 시가 남아 있다.

---

290 하랄트 하르만 지음, 전대호 옮김, 숫자의 문화사, 알마(2013) p 133-135
291 Wikipedia(2025-10-03), Babylonian cuneiform numerals
292 하랄트 하르만 지음, 전대호 옮김, 숫자의 문화사, 알마(2013) p 179
293 네이버 지식백과(2023), 고전 논리학의 3 원칙(Law of thought): law of excluded middle, law of contradiction, law of identity
294 Wikipedia(2022), 0
295 하랄트 하르만 지음, 전대호 옮김, 숫자의 문화사, 알마(2013) p 182 - 185
296 Wikipedia(2022), Bakhshali manuscript

> 그녀의 이마에 있는 점은
>
> 그녀의 아름다움을 열 배나 더해준다.
>
> 마치 영을 나타내는 점이
>
> 어떤 수를 열 배로 만들 듯이

이 시에서 그녀의 이마에 있는 점은 인도 여인들의 이마에 그려 넣어진 점 '틸라카(tilaka)'를 이른다.[297] 캄보디아의 메콩강 강가에 접한 삼보(Sambor)의 사원터에서 석판이 발견되었다. 683년 석판에 기록된 숫자 605의 '0'은 점의 형태를 하고 있다.[298] 동그라미 형태의 '0'이 새겨진 석판은 인도 괄리어(Gwalior)의 촤트르브흐지(Chaturbhuj Chatur-bhuja=four-armed god) 절(876년 건립)에서 발견되었다. 공양물의 양과 공양 날짜(기원전 57년에 시작)가 적혀 있는 석판이 비쉬누(Vishnu)신의 오른손에 놓여 있다. 이 석판의 '0'이 가장 오래된 인도-아라비아 숫자 '0'이다.[299] 하지만 인도에서 숫자 기호 '0'이 만들어진 시키는 숫자 '0'이 기록된 시기보다 **훨씬** 오래되었을 것으로 추측된다.

0의 단독 사용은 한 단계 더 나아가서 0을 하나의 숫자로 인식할 수 있게 만들었다. <u>0을 숫자로 취급하기 시작한 사람은 7세기 인도 수학자이자 천문학자인 브라마 굽타로, 그는 셈법에서 0이 기능하는 방식을 규칙화했다.</u> 이후에 아랍 수학자들이 대수학을 공식화하는 데 0을 사용하기 시작하면서 0은 미지수 방정식에서 핵심 역할을 하게 된다. 그리고 0은 데카르트가 기하학과 방정식의 해석학적 관련성을 해명하는 데 있어서, 뉴턴과 라이프니츠가 미적분학을 발명하는 데 있어서, 현대 물리학과 디지털 컴퓨터의 기초를 다지는 데 있어서 결정적인 역할을 했다.[300] 그러나 0÷0=0이라고 계산한 것으로 보아 브라마 굽타도 0의 개념을 완전히 이해하지는 못한 것으로 보인다.[301]

◐ 중국의 숫자 ○

한무제(漢武帝 기원전141-기원전87) 때 장건의 서역 개척으로 한나라와 서역이 처음으로 실크로드를 통해 연결되었다. <u>늦게 잡아도 서기 1세기(한명제漢明帝 서기 58-서기75)에 인도의 승려들이 실크로드를 통해서 중국에 들어와 포교활동을 시작했고</u> 서기 2세기부터 간다하라에서 온 지누가참(支婁迦讖) 같은 인도 승려들이 대승불교의 경전을 중국어와 티베트어로 번역하기 시작했다.[302] 인도의 불교와 불경에서 유래한, 상상을 초월하는 큰 수와 작은 수는 중국으로 전파되어 음역되거나 의역되었고 한국어에도 뚜렷한 흔적을 남겼다.

> **삼천포三千浦**
>
> 실크로드라는 용어는 독일의 역사학자 리히트호펜(Richthofen)이 5권으로 이루어진 '중국(1877)'이라는 대작에서 처음 사용하기 시작했는데 용어가 주는 낭만적 이미지와 실크로드를 통한 주 교역품이 비단이었다는 사실에서 역사학자들과 독자들의 공감대를 형성하며 널리 사용되기 시작하였다.
>
> 참고: 김호동, 몽골제국과 세계사의 탄생, 돌베개(2021), p 19

실크로드

---

[297] 존 배로 지음, 고중숙 옮김, 무영진공, 해나무(2004), P 61-62
[298] Wikipedia(2022), 0
[299] Wikipedia(2022), 0
[300] 모텐 크리스티안센, 닉 채터 지음, 이혜경 옮김, 진화하는 언어, whale books(2023), P 362
[301] 브라이언 클레그 지음, 제효영 옮김, 책을 쓰는 과학자, 을유문화사(2025), P 75
[302] Wikipedia(2022), silk road transmission of Buddhism

불교에서 큰 수를 사용하여, 우주와 시간이 광활하고 부처의 공덕과 지혜가 무한한 반면, 작은 수를 사용하여, 세상사 모든 것이 덧없이 작고 무상하다는 사실을 강조했다. 불가사의, 무량대수, 열반적정, 청정, 허공, 순식간, 애매모호 등의 말은 일상 한국어에 자연스럽게 녹아 들어 현대를 사는 우리에게도 그리 낯설지 않다.[303]

서기 690년 당나라의 측천무후(則天武后 627~705)가 포고한 측천문자(則天文字 Zetian character)에 별을 의미하는 기호 '○'가[304] 들어 있다. 측천무후는 당 태종(599~649)의 후궁이었다가 태종이 붕어(崩御)하자 당황실의 전통에 따라 장안에 있는 감업사(感業寺)에서 비구니 생활을 할 수밖에 없었다. 적막한 절에서 고목으로 말라 가기에는 그녀의 미소는 너무 고혹적이었고, 그녀의 얼굴은 너무 아름다웠다. 그 무엇보다도, 억누를 수 없는 정치적 야심이 그녀의 가슴속에서 꿈틀거리고 있었다. 희대의 팜무파탈(femme fatale 妖婦)이었던 그녀는 당 태종의 제사를 지내기 위해 감업사에 온 당 고종(628~683)의 마음을 사로잡는 데 성공하여 궁정으로 돌아올 수 있는 천재일우(千載一遇)의 기회를 잡았다. 이후 황후가 된 그녀는 당 고종이 사망한 다음 여황제에 등극할 정도로 뛰어난 정치적 수완도 지니고 있었다.[305] 측천무후는 자신의 존재를 미화하고 신성화할 목적으로 측천문자 19자를 만들었다. 이 문자는 남성 위주의 문자 구조와 용법을 부정하려는 의미에서, 천지인(天地人)과 일월성(日月星) 같은 글자를 새롭게 만들었다.[306] 측천문자는 측천무후 생존 시에 별로 인기가 없었고 측천무후의 사후에는 거의 사용되지 않았다.

당나라 초기에 인도의 천문학자들이 국가 천문대인 사천감(司天監)에서 활약했다. 그 가운데 한 사람인 구담실달(瞿曇悉達 Levensilta)은 『개원점경 開元占經 718』을 편찬했는데 이 책에 인도의 십진법 숫자가 소개되어 있다. 그러나 중국의 수학자들은 이를 수용하지 않았다.[307]

남송 시대의 진구소(秦九韶 1202-1261)가[308] 저술한 『수서구장 數書九章 1247』에 '0'을 원'○'으로 표시하는 위치기수법이 처음으로 나타났다.[309] 별을 의미하던 기호가 갑자기 숫자 영을 의미하는 기호로 사용된 이유를 인도 불교와 인도 수 체계의 영향에서 찾을 수 있다.

주식숫자 \ 한자 숫자	一	二	三	四	五	六	七	八	九	零
$10^0, 10^2, 10^4 \ldots$ 자리	l	ll	lll	llll	lllll	⊤	⊤	⊤	⊤	○
$10^1, 10^3, 10^5 \ldots$ 자리	─	═	≡	≣	≣	⊥	⊥	⊥	⊥	○

송·원 시대(960~1367)에 산대에 의한 수 표시를 그래로 옮겨쓴 주식 숫자가 등장했다.
주세걸 지음, 허민 옮김, 산학계몽 상, 소명출판(2009), P 40
竹(대나무 죽) + 壽(목숨 수)=籌(산가지 주)
옆 자리의 숫자와 혼동되지 않게 이웃한 자리의 수는 다른 모양의 주직숫자로 표기되었다.
김용운, 김용국, 학국 수학사, 살림Math(2020), P 517

주식 숫자(籌式數字)

---

[303] 극(極 10^{48}), 항하사(恒河沙 '겐지스강의 모래 수' 10^{52}), 아승기(阿僧祇 '셀 수 없는' 10^{56}), 나유타(那由他 '무수히 많은' 10^{60}), 불가사의(不可思議 '측량할 수 없는' 10^{64}), 무량대수(無量大數 10^{68}) 열반적정(涅槃寂靜 '열반의 고요함' 10^{-24}), 아마라(阿摩羅 10^{-23}), 아뢰야(阿賴耶 10^{-22}), 청정(淸淨 10^{-21}), 허공(虛空 10^{-20}), 육덕(六德 10^{-19}), 찰나(刹那 10^{-18}), 탄지(彈指 ' 손가락을 튀기는 순간' 10^{-17}), 순식(瞬息 '숨을 쉬는 사이' 10^{-16}), 수유(須臾 10^{-15}), 준순(逡巡 10^{-14}), 모호(模糊 10^{-13})
Wikipedia(2022), Chines numerals
[304] Wikipedia(2022), Chinese characters of Empress Wu
[305] 우지앙 저, 권용호 역, 측천무후, 학고방(2019)
[306] 박한제, 김형종, 김병준, 이근명, 이준갑, 아틀라스 중국사, 사계절(2015), P 82
[307] 이엄, 두석연 지음, 안대옥 옮김, 중국 수학사, 예문서원(2019), P 155~157
[308] Wikipedia(2023), Qin Jiushao(秦九韶), 진구소가 중국 수학사에서 영의 기호를 처음 기록한 것으로 인정받고 있다.
[309] Wikipedia(2022), 0

기원전 200년경 중국에서는 자릿수에 근거한 수 체계를 사용하기 시작하였다. 영을 나타내는 자리는 비워 두고 1에서 9까지의 수를 나타내는 자리는 산목(算木)을 이용하여 채워 넣었다. 고대부터 10진법과 자릿수 개념을 이미 알고 있었던 중국인이 인도 숫자를 받아들일 때 중국의 숫자 체계에서 결여되어 있던 숫자 영만 받아들였다. 아마도 중국인의 넘쳐흐르는 문화적 자부심 때문에 기존의 한자 숫자를 포기하지 못하였을 것이다. 두번째 이유로, 한자로 숫자를 기록하는 데는 문제가 없었지만 한자 숫자로 계산할 때는 자릿수를 지키는 데 어려움이 있어서 실제 계산에서 산목을 사용했고 산목의 모양을 숫자의 기호(주식숫자籌式數字)로 간주했다는 사실을 들 수 있다.[310] 세번째 이유로 주식숫자를 사용하면 직관적으로 쉽고 빠르게 계산할 수 있는 이점이 있다. 예를 들어 7+6을 계산할 때 (5+2)+(5+1)의 형태로 되어있는 주식숫자를 사용하면 (5+5)+(2+1)로 직관적인 전환이 일어나기 때문에 빠른 계산이 가능해진다. 중국인은 수를 기록할 때 한자 숫자를 사용했지만 수를 계산할 때는 주식 숫자를 사용하였다.

◐ 유대민족의 0

유대민족에게 인도 숫자 0과 숫자의 위치기수법은 거부할 수 없는 유혹이었다. 중국과 아시아를 널리 여행했던 학자 벤 에즈라(1092-1167)는 자신이 쓴 『수서數書Book of Number』라는 책을 통해 인도의 셈법과 숫자를 유대 문화에 소개했다. 1에서 9까지의 인도 숫자를 히브리문자의 첫 9개 글자로 표기했으나 0은 작은 동그라미 형태의 인도 숫자를 사용했다.[311]

◐ ABO식 혈액형의 O

ABO식 혈액형은 서기 1901년 오스트리아의 칼 란트슈타이너(Karl Landsteiner)에 의해 발견되었다. 혈액형의 발견으로 란트슈타이너는 1930년에 노벨 생리의학상을 수상했다. 그는 처음에 혈액형을 A, B, C형으로 분류했다. 즉 ABC식 혈액형을 발견한 것이다. 혈액형 A의 적혈구는 항원 A를, 혈액형 B의 적혈구는 항원 B를 보유하고 있고, 혈액형 C의 적혈구는 항원 A도 항원 B도 보유하고 있지 않다. 1902년 란트슈타이너의 제자가 네번째 혈액형을 발견했으나 특별한 이름을 붙이지 않았다. 1927년 미국 뉴욕의 록펠러 의학연구소에서 교수로 근무하던 란트슈타이너는 혈액형 C를 혈액형 O로, 그의 제자가 발견한 혈액형을 혈액형 AB로 다시 명명했다. 혈액형 O는 항원 A와 항원 B가 없다는 의미에서 독일어 ohne의 첫 글자를 따서 명명되었다.[312] 란트슈타이너가 미국의 한복판에서 세계공용어로, 학문언어로 급부상한 지 오래된 영어를 배재해 가며 Without의 W가 아닌 ohne의 O를 굳이 채택한 이유는 O가 숫자 '0'과 같은 모양을 하고 있기 때문이었다. ABO식 혈액형의 알파벳 O는 사실상 숫자 '0' 즉, 비존재를 나타내기 위해 존재하는 기호를 의미한다. 이처럼 숫자 영의 개념은 이미 만들어진 혈액형의 명명법을 바꿀 수 있을 정도로 강력한, 의미의 단순성과 명징성을 내포하고 있다.

◐ 훈민정음의 ㅇ

가설1 세종은 인도 숫자 'O'의 영향을 받아 기일성문도의 'O'을 'ㅇ(이응)'으로 선택했다.

원은 유클리드 기하학원론(Elements)에서 가장 빈번하게 등장하는 도형의 하나일 정도로 기본적인 기하학적 도형이다. 하여 영어의 'o'와 인도-아라비아 숫자 '0'처럼 여러 문자와 수 체계에서 같은 모양으로

---

310 주세걸 지음, 허민 옮김, 산학계몽 상, 소명출판(2009), P 40
311 존 배로 지음, 고중숙 옮김, 무영진공, 해나무(2004) P 61, 72
312 Wikipedia(2022), ABO blood type system

사용되어도 이상할 게 없다. 영어의 'o'와 인도-아라비아 숫자 '0'은 어떠한 개념상의 교집합도 공유하고 있지 않다. 두 기호는 이름도 기능도 다르다. 같은 모양은 우연의 일치이다. 그러나 <u>중국 주식 숫자의 ○, 유대민족의 0, ABO식 혈액형의 O처럼 기호의 형태와 기호의 개념이 일치할 때는 항상 기호와 형태의 인위적 선택이 있었다.</u> 똑같은 논리적 지평 위에서, <u>동일한 형태의 원이 사실상 동일한 추상 개념으로 두 체계 즉, 인도-아라비아 숫자 체계와 한글 체계에서 사용되고 있다면 한글의 음가 없는 'ㅇ'(AD 1443)이 인도-아라비아 숫자 '0'(BC 57)에서 기원했을 가능성을 의심해 볼 수 있다.</u>

숫자 영의 개념은 아주 간단명료해 보이지만 메소포타미아에서 최초의 문명이 싹튼 지 수천 년이 지난 후, 바빌로니아 문명/헬레니즘 문명/인도 문명의 협업을 통해 비로소 구체화되고 기호화될 수 있었다. 한글의 'ㅇ'처럼 음가 없는 자음의 개념과 기호는 이미 티베트문자와 파스파문자에 존재했다. 그런데 한글에서 어떻게 음가 없는 자음의 기호가 동그라미가 되었을까? 그저 우연의 일치였을까?

한글의 이응 'ㅇ'과 꼭지이응 'ㆁ'의 모양은 처음부터 헷갈렸다. 훈민정음 창제 이후 꼭지이응의 발음은 종성에 살아남았지만 기호로서의 기능은 사라졌고 이응이 종성에서 꼭지이응의 역할까지 떠맡게 되었다. <u>왜 세종은 ㅇ과 ㆁ의 시각적 변별력이 현격히 떨어지는 위험을 감수하고 원을 소릿값 없는 자음의 기호 'ㅇ'으로 선택하였을까?</u> 세종이 불경을 매개로 넘어온 인도 숫자 '0'의 모양과 개념에 매료되어서, 또는 남송의 진구소(秦九韶)가 지은 『수서구장數書九章 1247』이나 원의 주세걸이 지은 『산학계몽算學啓蒙1299』에 등장한 영의 기호 'O'의 영향을 받아 'O'을 이응 'ㅇ'으로 선택했을 가능성이 높다. 세종이 영의 기호 'O'와 값은 없지만 자리를 표시하기 위한 기능을 알고 있었다는 역사 기록이 있다. 세종은 수학에 있어 문외한이 아니었다. <u>세종이 원나라의 주세걸(朱世傑)이 저술한 『산학계몽算學啓蒙1299』을 교과서로 삼아 정인지한테 수학을 배웠다는 세종실록(1430년 10월 23일)의 기록이 있다.</u>[313]

1452년(문종 1년) 임신자(壬申字)로 찍은 책의 본문에서 당시 명필로 유명했던 안평대군(安平大君)의 독특한 위부인자(衛夫人字) 글자체를 확인할 수 있다. 여기서 세종 뿐 아니라 세종의 아들인 안평대군도 『산학계몽』을 통해 기호 'O'을 알고 있었다는 사실을 확인할 수 있다. 『산학계몽』은 조선 초기부터 여러 차례 활자로 인쇄될 정도로, 세종의 수학 교재로 사용될 정도로, 명나라 때 중국에서 망실(亡失)되어 조선의 인쇄본이 청나라로 재수입될 정도로, 일본의 와산(和算)에 큰 영향을 미칠 정도로 중요한 실용 수학책이었고 동양 삼국의 수학교육에 가장 큰 영향을 미친 수학 교과서였다. 『산학계몽』의 저자 주세걸은 영의 기호로 'O'를 채택했다. 원나라의 동서문화대교류를 통한 아랍 수학과 과학의 영향일 수도 있고 인도 불교의 영

음수표기: 1자리에 산목 하나를 삐딱하게 덧붙인다
주세걸 지음, 허민 옮김, 산학계몽 상, 소명출판(2009), P 39
주세걸 지음, 허민 옮김, 산학계몽 하, 소명출판(2009), P 179
산학계몽의 주식 숫자(籌式數字)

삼천포三千浦

위부인(衛夫人272 ~ 349)
중국 동진의 서예가로 이름은 삭(鑠)이다.
위부인의 가문은 위기, 위관, 위항 3대를 걸쳐 서예로 유명했다. 남편 이구가 사망한 후 위부인은 종요(鍾繇151~230)의 필적을 본받아 자신의 글자 체를 완성했다. 위부인의 제자가 그 이름도 유명한 왕희지이다. 조선 세종 때 만들어진 금속활자 갑인자(甲寅字)의 글자도 위부인체이다.

출처: 나무위키(2024), 위부인

위부인

---

[313] 김영식, 박성래, 송상용, 과학사, 전파과학사(2022), P 306
김용운, 김용국, 한국 수학사, 살림Math(2020), P 232 각주 재인용

향일 수도 있다. 원의 세조 쿠빌라이 칸이 설립한(1271) 회회사천대(回回司天臺)에서 이슬람 천문학자 자말 알딘(Jamal al-Din札馬魯丁)은 회회력법(回回曆法)의 일종인 『만년력萬年曆』을 편찬했다. 이 당시 인도-아라비아 숫자가 다시 전래되었음을 증명해주는 유물이 발견되었다. 1956년 서안 근교에서 아라비아 숫자로 적힌 5장의 마방진(魔方陣) 철판이 출토되었다.[314]

영의 개념과 기호가 전래된 경로와 별개로, 세종이 수학 교재로 사용한(1430) 『산학계몽』에 영을 표기하는 'O'이 있다는 사실은[315] 세종이 훈민정음을 창제하기(1443) 이전에 영의 개념 즉, 값은 없지만 자리를 지키는 기호(space holder)로서 'O'의 존재를 알고 있었다는 확실한 증거이다. 숫자 영의 의미와 기호에 대한 세종의 자각은 훗날 훈민정음을 창제할 때 음가는 없지만 초성의 자리를 유지하는 존재로서의 이응 즉 'ㅇ'으로 발전했을 가능성을 무시할 수 없다.

새로운 이론을 발견하기 위해서는 영감, 직관, 상상력, 운 같은 여러 가지 요인이 필요하지만 발견된 이론을 증명하는 데에는 증거와 논리 두 가지만 있으면 충분하다. 믿음 같은 불순물은 학문의 세계를 혼탁하게 만든다. 학문의 세계는 종교의 세계와 다르다. 학문의 세계에서 믿음은 학문 진보의 장애물이다. 개연성이 극히 낮은 일이 일어났다면 조사하고 연구할 이유가 충분히 있다.

필자는 역사적 자료(증거)에 근거해 인도 숫자 'O'이 한글 'ㅇ'의 창제에 영향을 미쳤을 가능성을 제기하고 개연성 있는 몇몇 증거를 제시하는 곳에서 역할을 끝마치고자 한다. 필자의 가설을 증명(prove)하거나 반증(disprove)하는 추가 연구나 고고학적 증거가 나온다면 우리는 한글을 감싸고 있는 안개를 걷어내고 한글의 참모습에 한 걸음 더 다가가 한글을 보다 선명하게 바라볼 수 있을 것이다. 마지막으로, 필자의 가설이 세종의 업적을 폄하(貶下)하는, 근거 없고 저급한 음모론으로 받아들여지지 않기를 바란다.

삼천포三千浦

9×9=81	8×8=64	7×7=49	6×6=36	5×5=25	4×4=16	3×3=9	2×2=4	1×1=1
9×8=72	8×7=56	7×6=42	6×5=30	5×4=20	4×3=12	3×2=6	2×1=2	
9×7=63	8×6=48	7×5=35	6×4=24	5×3=15	4×2=8	3×1=3		
9×6=54	8×5=40	7×4=28	6×3=18	5×2=10	4×1=4			
9×5=45	8×4=32	7×3=21	6×2=12	5×1=5				
9×4=36	8×3=24	7×2=14	6×1=6					
9×3=27	8×2=16	7×1=7						
9×2=18	8×1=8							
9×1=9								

5세기에 저술된 『손자산경孫子算經』에 구구단은 9 × 9 = 81 부터 시작하여 1 × 1 = 1로 끝났다. 그래서 구구법이란 이름이 붙었다. 암기할 분량은 현재의 반이다. 송나라(13~14세기) 이후 현재와 같은 순서가 되었다.

참고: 이엄, 두석연 지음, 안대욱 옮김, 중국수학사, P 22, 27, 28
　　　주세걸 지음, 허민 옮김, 산학계몽 상, P 19~20

구구단

---

[314] 이엄, 두석연 지음, 안대욱 옮김, 중국 수학사, 예문서원(2019), P 235~236
[315] 주세걸 지음, 허민 옮김, 산학계몽 하, 소명출판(2009), P 179, 186, 193, 196, 199, 201, 202, 221, 226, 227

3-11 훈민정음에 사용된 기호와 원리의 기원 정리

몽고제국이 역사의 뒤안길로 너무 빨리 사라졌기 때문에 파스파문자가 정치적 절대권력에 의한 비호(庇護)를 받으며 확산될 수 있었던 기간은 공식적으로 100년이 못 된다. 명나라를 개국한 명 태조 주원장은 호원(胡元오랑캐 원나라=오랑캐 몽골족)의 잔재를 제거한다는 명분 아래 파스파문자로 된 모든 기록물을 파괴하는 문화 테러를 자행했다. 이러한 역사적 사실들이 파스파문자가 단명한 문자 외적 요인이었다면 파스파문자의 요절을 불러온 문자 내적 요인도 있었다. 표음문자 치고는 매우 복잡하며 자음자와 모음자의 획이 적지 않음에도 불구하고 파스파문자는 수직 모아쓰기를 시도했다. 결과적으로 한 음절을 나타내는 글자가 고도비만을 앓게 된 것이다. 한 음절을 쓰는 데 너무 긴 시간이 걸리고 한 음절의 글자가 너무 많은 공간을 차지한다. 많은 획수와 암기에 부담을 주는 글자 수는 파스파문자를 배우고 사용하기 어렵게 만들었기 때문에 파스파문자는 몽고제국의 절정기에도 인기가 없었다.

세종이 인도 계통의 여러 문자를 보면서, 특히 명맥이 끊긴 파스파문자를 보면서 어떤 생각을 했을까? 세종은 파스파문자의 너무 짧은 사용 기간을 생각했을 것이고 그다음 파스파문자가 그렇게 짧은 기간 동안만 사용될 수밖에 없었던 이유를 심각하게 고민하였을 것이다. 마침내 <u>세종은 파스파문자의 다획성(多劃性)이 파스파문자의 단명을 초래한 내적 요인이라는 결론에 도달</u>하였을 것이다. 한눈에 보아도 파스파문자의 한 음절은 한자(漢字) 한 글자보다 복잡도가 높다. 이후 세종의 머릿속에는 한글 자음자와 모음자 자획의 극단적 단순화가 강박으로 자리 잡게 되었을 것이다. ('파생된 문자는 조상문자보다 단순하다'라는 문자학의 일반적인 법칙이 작용한다) 세종은 한글의 아음소, 자음자, 모음자, 음절 사이를 무수히 순행(巡幸)하며[316] 가장 간결한 아음소 기호와 자모음자 기호를 찾기 위해 노심초사했을 것이다. 그런 가운데 기일성문도를 참고하지 않았을까?

세종이 한글 자음자와 모음자를 설계할 때 자음-모음의 조합/자음-모음-자음의 조합/모음자의 조합(초출자/재출자/상합자)에 대한 전체적인 구상 없이 단순히 자음은 발음기관의 모양을 본떠서, 모음은 천지인의 모양을 본떠서 만들었는데 부품 역할을 하는 아음소(자질)가 모여 자음과 모음이 되고, 자음과 모음이 모여 완벽한 조화와 간결성의 극치를 보여주는 음절이 만들어졌다는 얘기는, 자동차의 전체적인 모양과 기능을 전혀 고려하지 않은 상태에서 수만 개가 넘는 자동차의 부품을 개별적으로 디자인하고 이들 부품을 단순히 조립했더니 전체적으로 아름다운 곡선미를 자랑하고 기능적으로 3초 안에 100m까지 가속될 수 있는 자동차가 만들어졌다는 얘기와 별반 다르지 않다. 종교적 믿음으로 점철된 신화에 불과하다는 말밖에 할 말이 없다.

부분과 전체는 불가분의 관계를 맺고 유기체적으로 상호작용을 한다. 아무리 간단해 보여도 제품이 높은 완성도를 갖추려면 제작자는 설계의 초기 단계부터 전체와 부분 사이를 수없이 왕복하면서, 전체의 요구에 따라 부분을, 부분의 요구에 따라 전체를 끝없이 수정하고 보완해야 한다. 부분과 전체는 상대에게 바라는 것이 아주 많다.

"개체의 발생은 계통발생을 반복한다"는, 헤켈(Ernst Haeckel)의 '발생반복설(recapitulation theory)을'[317] 문자발생의 역사에 적용한다면 "<u>세계 여러 곳에서 다양한 시대에 일어난 개별적 문자 발생의 역사는 문자 발생과정의 보편성을 증명해주었다</u>"라고 말할 수 있을 것이다(헤켈의 발생반복설은 오류로 판명되었

---

[316] 표준국어대사전, 임금이 나라 안을 두루 살피며 돌아다니던 일
[317] Wikipedia(2023), Ernst Haeckel

지만 문자의 역사를 설명하는 데는 적절한 개념으로 생각된다).318 문자의 발생은 상형화/간략화/단순화/추상화/관습화의 원리에319 입각해 수백에서 수천 년의 시간 간격을 벌리며 이루어진다. 이러한 일련의 과정을 통하여 그림은 그림이 지시하던 구체적 대상과의 연결고리를 끊어내고 사회적 약속을 나타내는 단순하고 추상적인 기호로 탈바꿈하게 된다. 바꿔 말하면 그림은 여러 세대를 거쳐 전해 내려오면서 그림에 내재된 부정확성/불명확성/복잡성 때문에 도상성(圖像性)을320 상실하고 정확성과 단순성을 담보할 수 있는 추상화된 기호로 변신한다. 이때부터 글자는 '그리기'의 단계를 벗어나 '쓰기'의 단계로 들어간다.321 문자의 상형화, 추상화 과정을 보면 우리는 모두 피카소나 칸딘스키의 재능을 가지고 태어난 것이다.

<u>문자 발생의 보편성을 깨뜨리고 단시간 내에 창제된 한글의 자모음자가 극단적으로 단순하고 추상화된 기하학적 모양을 띠고 있다는 사실은 세종이 처음부터 전체적인 음절의 모양과 기능을 철저히 고려한 다음 한글 자모음자를 주도면밀하게 선택하였을 가능성을 뒷받침한다.</u> 세종이 자음자와 모음자의 모양을 선택할 때 세종의 머릿속에는 이미 자음자와 모음자의 기능이 강제하는 자모음자의 패턴이 존재했고 이 패턴이 선택을 위한 형판(形板template) 역할을 한 것으로 보인다.

한글 자음자와 모음자를 더 하위의 단위인 아음소(자질) 단위까지 분석해 들어갔던 세종은, 원자론을 주장한 그리스의 철학자 데모크리토스(Democritus)부터 초끈 이론(super string theory)을 주장한 입자물리학자 브라이언 그린(Brian Greene)까지 물리학의 역사에서 명멸했던 수많은 천재를 연상케 한다. 물질의 근원으로 파고들수록 세상을 설명하는 더 단순하고 통일된 이론을 얻을 수 있는 것처럼, 아음소(자질) 단위까지 언어를 쪼개고 또 쪼갠 세종은 이체자를 제외한 기본 자음자 5개와 천지인 부호 3개를 추출하였다. 원자단위 이하로 쪼개져 나타난 입자들이 물질의 성질을 잃게 되듯이 자음과 모음 단위 이하로 쪼개져 생긴 아음소는 음성의 성질을 잃게 된다. 아음소 단위까지 분석하여 만들어졌기 때문에 한글은 기본 기호 8개로 구성된, 분자량이 작은 문자체계가 되어 쉽게 확산할 수 있었다. 한글의 자음자와 모음자는 음절 내에서의 기능과 상호 조화 및 간결성을 획득하기 위해 부분과 전체를 동시에 고려해 가며 미리 계획되었음에도 한글에 학문적 정당성과322 권위를 부여하고, 한글 보급의 효율성을 증가시키기 위해, 한글 자모음자를 상형설과 성리학적 권위로 도금(鍍金)했다고 주장하는 학자들도 있다.

필자는 한글의 자음자가 발음기관의 모양을, 모음자의 자질을 이루는 천지인 기호가 하늘/땅/사람을 상형했기 때문에 위대하다고 생각하지는 않는다. 기호는 모양이 단순하고 기호의 기능에 충실하면, 즉 사용하고 기억하기 편하면 기호로서 존재의 자격이 있다. 대상을 지시하는 그림이 상형화되면 그림은  기호가 되고, 기호는 기호가 지시하는 구체적 대상과의 연결고리가 끊어지므로, 구체적 대상이 어떠한 것이었는지는 기호의 기능과 역할에 아무런 영향을 주지 않는다. <u>그림이 양식화/단순화/추상화에 의해 기호가 되면서 그림이 지닌 도상성이 상실되므로, 기호가 어떤 구체적 대상에서 유래하였는지는 그다지 중요하지 않다.</u> 그보다는 사람들이 읽을 때 추상화된 기호가 다른 기호와 확실히 구분되어야 하고, 쓸 때 추상화된 기호를 빠르게 기록할 수 있어야 한다.

---

318 브라이언 클레그 지음, 제효영 옮김, 책을 쓰는 과학자, 을유문화사(2025), P 224
319 김하수, 연규동, 문자의 발달, 커뮤니케이션북스(2015), P 35
320 모텐 크리스티안센, 닉 채터 지음, 이혜경 옮김, 진화하는 언어, whale book(2023), P 123
321 연규동, 문자와 언어학, 따비(2023), P 103
322 헨리 로저스, 언어학으로 풀어본 문자의 세계, 역락(2018), P 100

독자들에게 위의 그림은 무엇으로 보이는가? 거의 모든 독자는 위의 기하학적 모양을 사람의 얼굴로 인식하였을 것이다. 당연하다.

위의 그림은 파레이돌리아를[323] 유도하기 위해 필자가 의도적으로 만든, 기하학적 도형의 조합에 불과하다. 발음기관과 천지인의 모양으로부터 한글의 자음자와 모음자를 상형하는 것보다 기하학적으로 단순화된 사람의 얼굴 그림으로부터 한글의 자음자와 모음자를 더 체계적이고 일관된 방법으로 만들어 낼 수 있다. 만약 필자가 사람의 얼굴을 상형하여 한글의 자음자와 모음자를 만들었기 때문에 한글이 위대한 글자라고 주장한다면 독자들은 이러한 주장을 받아들일 수 있는가?

> **삼천포三千浦**
> 스텐포드 대학에서 행해진 실험에서 뇌의 얼굴-인식-영역(Fusiform Face Area FFA, Fusiform gyrus)에 전기신호가 가해졌을 때 피검자는 사람의 얼굴이 변하는 것처럼 느껴졌다고 진술했다. 이 실험으로 얼굴-인식-영역이 파레이돌리아를 유발한다는 사실이 증명되었다.
>
> 참고: Wikipedia(2022), Pattern recognition
>
> 파레이돌리아

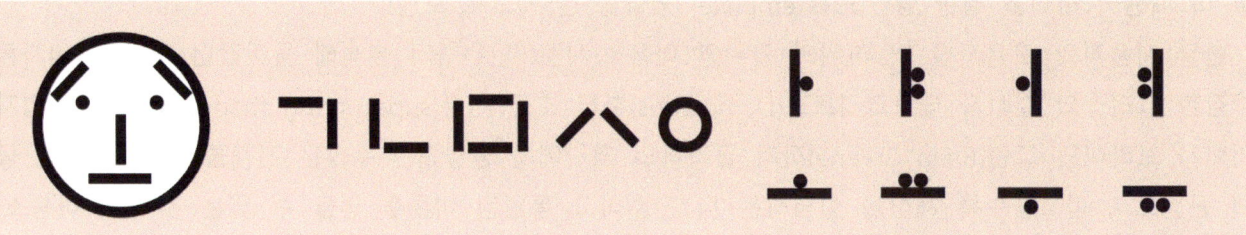

얼굴로 한글 자모음자의 기본획 만들기

1865년 독일의 유기화학자 케쿨레(August Kekule 1829-1896)는 벤젠의 구조식을 발견하였다. 벤젠의 실험식(조성식empirical formula)이 C_6H_6라는 사실은 오래전부터 알려졌으나 화학적 구조식(structural formula)은 알 수 없었다. 케쿨레는 어느 날 버스에서 잠시 졸다가 신화 속에 등장하는 뱀인 우로보로스가 동그란 고리 모양으로 꼬리를 물고 있는 꿈을 꾸었다. 여기서 영감을 얻은 케쿨레는 6개의 탄소가 육각형의 고리 모양을 이루고 각각의 탄소에는 수소 원자가 하나씩 결합되어 있는 화학구조를 생각해 냈다.[324]

> **삼천포三千浦**
> 케쿨레가 얼마나 대단한 유기화학자인지는 그의 제자 벤트 호프(van't Hoff 1901), 피셔(Fischer 1902), 바이어(Baeyer 1905)가 노벨 화학상을 탔다는 사실로도 알 수 있다.
>
> 참고: Wikipedia(2023), August Kekule
>
> 케쿨레의 제자

---

[323] Wikipedia(2022), Apophenia
1958년 독일의 심리학자 클라우스 콘래드(Klaus Conrad)는 무작위적이고 의미 없는 정보로부터, 의미 있는 패턴을 불합리하게 인식하려는 인간의 감각적 경향을 아포페니아(apophenia) 라고 정의했다. 아포페니아의 한 현상으로, 무작위적인 정보로부터 이미지나 소리를 인지하려는 인간의 감각적 경향을 파레이돌리아(pareidolia)라고 한다. 구름의 모양이나 그을린 토스트의 표면에서 또 나무의 무늬에서 예수의 얼굴을 본다거나, 달의 표면에서 사람의 얼굴을 보는 현상, 자동차 헤드라이트와 냉각기 그릴을 사람의 얼굴로 보는 현상이 대표적인 파레이돌리아의 예이다.

[324] Wikipedia(2023), August Kekule

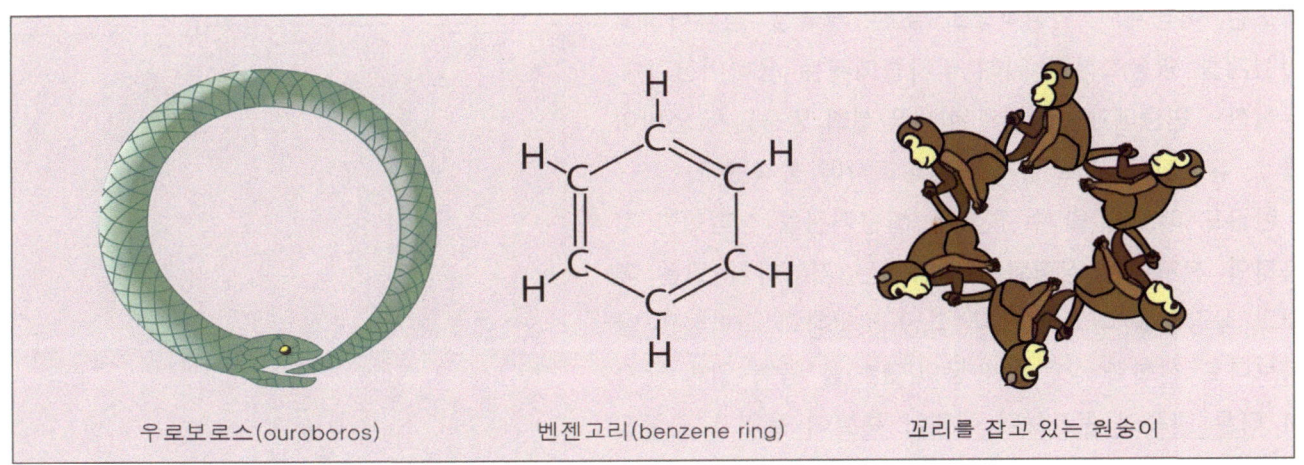

| 우로보로스(ouroboros) | 벤젠고리(benzene ring) | 꼬리를 잡고 있는 원숭이 |

원형구조

1886년 독일 화학협회지(Journal of the Thirsty Chemical Society)에 우로보로스대신 여섯 마리의 원숭이가 서로의 꼬리를 잡고 원형으로 앉아 있는 그림이 우로보로스의 패러디로 실렸다. 여기서 중요한 것이 여섯 마리의 원숭이인가 아니면 우로보로스인가? 둘 다 아니다. 여기서 중요한 것은 원숭이도 뱀도 아닌 추상화된 고리구조이다.

한글의 자모에서도 추상화(상형화) 이전의 발음기관의 구조와 천지인의 모양은 중요하지 않다. 이들이 추상화되어 나타난 기호가 단순하고 서로 유기적으로 기능할 수 있는 모양과 구조를 갖추고 있기 때문에 한글이 문자의 역사에서 유례(類例)를 찾아보기 힘든 독특한 서사체계가 된 것이지, 한글이 단순히 발음기관의 모양을 상형해서 만들어졌기 때문에 우수한 문자가 된 것은 절대 아니다.

많은 한국인이 한글의 자음이 발음기관의 모양을 본떠서 만들어졌기 때문에 위대하다고, 들은 대로 합창을 하고 있으나 이는 근거가 매우 허약하다. 훈민정음이 창제된 1443년부터 훈민정음 해례본이 안동에서 발견된 1940년까지 거의 500년 동안, 우리는 한글의 자음이 발음기관의 모양을 상형하여 만들어졌다는 사실을 몰랐다. 그렇다면 지난 500년 동안 한글은 위대하지 않았단 말인가? 한글의 장점은 발음기관의 모양과 천지인의 모양에서 나온 것이 아니라, 한글을 배우기 쉽고 사용하기 편리하게 만든 한글의 단순성에서 나온 것이다.

아음소(자질)의 추출을 가능케 한 파니니의 음운론, 자음자에 간결성을 불어넣은 가획의 원리/각자병서/합용병서의 원리, 모음자에 적용된 초출자/재출자/상합자 생성의 원리, 자모음자의 조합에 적용된 합자해의 원리 같은 언어학적 원리가 한글에 단순성을 부여하는 데 실패했다면 한글은 결코 배우기 쉬운 글자가 될 수 없었다는 사실을 간과해서는 안 된다. 한글의 장점은 한글의 단순성에 기반을 두고 있다.

그럼에도 불구하고 세종이 발음기관의 모양을 상형하여[325] 자음을 만들었다는(사실이든 아니든) 상징성을 선점하고 한글 자모음 기호에 대한 자의성(恣意性arbitrariness)을 부정한 것은 한글을 빨리 보급하고 한글의 원리에 당위성(當爲性)을 부여하기 위한 최선의 전략이었다고 생각한다. 이러한 전략이 성공하는 가장 큰 이유는 민중이 날조된 신화/상징조작/스토리텔링에 너무나도 쉽게 빠져들기 때문이다. 고대로부터 왕과 영웅에 대한 온갖 탄생설화는 민중들의 영웅숭배 본능을 자극했다. 조선을 건국한 이씨

---

[325] 노마 히데키, 한글의 탄생, 돌베개(2020), P 161
1643년 영국의 존 윌킨스는 발음기관의 모양을 본떠 34종의 자모부호를 개발했다.

왕조는 이성계의 역성혁명과 조선 개국을 정당화하고 이성계를 영웅화하기 위해 식자층에게는 용비어천가를, 무식한 민중에게는 날조된 꿈/설화/영웅담/유언비어를[326] 유포할 정도로 정치적 상징조작에 능숙했다.

한글도 예외가 될 수 없었다. 발음기관을 상형화한 자음자와 천지인을 상형화한 모음자는 거부하기 힘든 매력과 상징성을 띠고 빛난다. 그냥 밋밋하고 과학적인 글자보다도 신화와 상징성의 당의(糖衣)를 듬뿍 입힌 글자가 다른 민족의 문자보다 무언가 특별해 보이고 민중의 입맛을 더 강하게 사로잡을 수밖에 없다.

세종은 유례가 없는 글자를 고안해 냈을 뿐 아니라 유례가 없는 글자에 유례가 없는 이야기를 입혔다. 필자는 기존의 문자들과 음운이론을 종합한 세종의 훈민정음 창제 자체도 중요하지만 민중이 받아들일 수 있는 형태로 문자를 포장하는 기술 또한 중요하다고 생각한다. 정초의 기일성문도에 나오는 글자 생성법은 식자층에게는 논리적으로 들릴지 모르지만 민중에게는 지루하고 재미없다. 지루한 이야기를 오래 듣고 있으면 하품하다가 턱 빠진다. 그러나 세종의 훈민정음 자모음자 상형설은 민중에게 아주 친근하게 다가온다. 세종은 정치 명문가의 후손답게, 쉽고 직관적이고 익숙한 이야기가 민중에게 호소력을 발휘한다는 사실을, 논리적으로 생각하기 전에 본능적으로 느꼈음에 틀림없다.

아무리 영양분이 풍부한 음식이라도 맛이 형편없어서 사람들이 먹지 않는다면 결국 쓰레기통으로 들어간다. 마찬가지로 기호학적으로 훌륭한 문자이지만 언중이 거들떠보지 않기 때문에 해례본 안에서 잠을 자고 있는 훈민정음은 있으나 마나이다. 따라서 언중이 받아들일 수 있게 문자를 이야기로 장식하는 것이 문자의 창제만큼이나 중요했다. 세종은 문자의 장구(長久)한 역사에서 누구도 깨닫지 못한, 이러한 사실을 깨달았다. 세종은 위대한 문자의 종합자(綜合者)였을 뿐 아니라 청중의 관심을 빨아들이는 위대한 스토리텔러였다.

언어는 문자의 종류를 결정하는 가장 중요한 요인 중 하나이다. 한자는, 고립어이기 때문에 동사의 활용변화가 일어나지 않고 조사도 없는 중국어를 기록하는 데 특화된 문자이다. 알타이어를 사용하는 중원 변두리의, 소위 말하는 오랑캐 민족들은 동사활용변화가 일어나는 자신들의 언어를 한자로 완벽하게 기록할 수 없었다. 그래서 중원 주변부의 알타이어족들은 새로운 나라를 건국할 때마다 자신들의 문자를 만들어 자신들의 언어를 표기하려고 하였다. 티벳의 서장문자(7세기), 일본의 가나문자(8세기), 거란족의 거란문자(10세기), 여진족의 여진문자(12세기), 몽골의 파스파문자(13세기), 만주족의 만주 문자 (16세기)는 중원 변방의 여러 민족이 자신들의 언어를 자신들의 문자로 완벽히 적으려는 처절한 몸부림의 소산이었다.

삼천포三千浦

우로보로스는 고대 이집트와 그리스에서 영지주의자, 연금술사, 신비주의자에게 삶, 죽음, 재생의 영원한 순환구조를 상징하는 동물이었다. 꼬리는 음경을, 입은 음부를 의미했고 뱀의 탈피는 영원의 환생을 의미했다. 자신의 꼬리를 무는 뱀의 모습은 비옥함과 생식력의 상징이었다. 뱀의 모습을 한 신은 이집트인의 부적에 그려지거나 투탕카멘의 석관에 새겨져 있다. 인도의 베다 경전에서 우로보로스는 윤회의 상징으로 여겨졌다. 융의 심리학에서는 우로보로스가 상반된 것을 통합하고 동화하는 상징이다. 우로보로스의 순환적 상징은 현대의 소설과 게임에 응용되었다. 영국에서 방영된 붉은 난장이(Red Dwarf)라는 공상과학 시트콤에서 한 등장인물은 시간여행을 통해 바로 자기 자신의 아버지가 되었음이 밝혀진다. 에디슨(E. R. Eddison)이 쓴 우로보로스(The Worm Ouroboros)라는 환상소설(幻想小說)에서는 소설의 대단원(大團圓finale)이 소설의 도입부와 연결되는 환상구조(環狀構造)로 마무리된다. 영화 터미네이터도 미래가 과거에 영향을 주고 과거가 미래에 또다시 영향을 주는 다중순환구조로 이루어져 있다.

참고: Wikipedia(2023), Ouroboros

우로보로스

---

[326] 양세욱, 문자, 미를 탐하다, 서해문집(2023), P 127
예를 들어, 木子乘猪下목자승저하 復正三韓境복정삼한경, 이씨가 돼지를 타고 내려와 삼한의 국경을 바로 잡는다.

	인도불경	인도숫자	실담문자 6세기	데바나가리문자 7세기	티베트문자 650	점토구결 고려?	기일성문도 1162	몽고문자 1204	파스파문자 1269	한글 1443
① 기본자음자 ㄱㄴㅁㅅㅇ							●			●
② 무음가 자음 ㅇ의 기호		●								
② 무음가 자음 ㅇ의 개념		●			●				●	●
③ 가획 ㅋㄷㅂㅈㆆ ㅌㅍㅊㅎ			●						·	●
④ 각자병서 ㄲㄸㅃㅆㅉ			●						●	●
⑤ 합용병서 ㅅㄱ ㅅㄷ ㅅㅂ ㅂㄱ ㅂㄷ ㅂㅈ ㅂㅅㄱ ㅂㅅㄷ ㄴ ㄹ ㄻ ㄹㅂ ㄹㆆ			●	●	●					
⑥ 연서 ㅸㅹㆄㅱ									●	●
⑦ 종성부용초성									●	●
⑧ 천지인 ㆍ ㅡ ㅣ							●			●
⑨ 모음자 ㅏㅓㅗㅜ ㅑㅕㅛㅠ						●				●
⑩ 초출자 원리 ㅏㅓㅗㅜ			●						●	●
⑪ 재출자 원리 ㅑㅕㅛㅠ			●							●
⑫ 상합자 원리 ㆎ ㅢ ㅚ ㅐ ㅟ ㅔ ㅙ ㅞ ㅝ ㅘ ㅛㅑ ㅖ ㅒ ㅠㅕ ㅖ ㅒ									●	●
⑬ 합자해			●	●	●				●	●
⑭ 양성·음성모음자 분류										●
⑮ 초성·중성·종성 이론								●	●	●
⑯ 모아쓰기									●	●
⑰ 음운론	●		●							●
⑱ 초출자와 모음의 연결			●							

● 단서　●출현　●발전　　　　　　　　　　　　　　**훈민정음에 사용된 기호와 적용된 원리의 기원**

　정광의 주장처럼 훈민정음의 창제를 이러한 보편적 역사의 일환으로 보아야 훈민정음 창제의 역사적 의의와 맥락을 정확히 이해할 수 있다. 세종의 애민정신도 기려야 마땅하지만 훈민정음의 탄생 배후에 관한 맥락적 이해를 놓쳐서는 안 되겠다. <u>인도 문자와 인도에서 전래한 선진 음운론의 도움 없이, 파스파문자에 내재한 알파벳 원리의 도움 없이 오직 세종의 영민함으로 창제되었다는 "훈민정음 특수 경로"나[327] "훈민정음 예외주의"는 허구이고 신화에 불과하다.</u> 역사 왜곡은 친일 역사학자들의 전유물만은 아니다. 역사 왜곡은 민족주의자들에 의해서도, 특정 정권에 부역(賦役)하는 역사학자에 의해서도 만만치 않게 저질러진다. 이래저래, 발명된 역사는 역사에 풍성함(?)을 더한다!

　훈민정음에 적용된 아이디어와 원리가 처음 나타난 문자체계를 표로 정리하였다. 표를 위주로 훈민정음에 사용된 기호와 적용된 원리의 발원지를 추적한 다음 그 근거를 밝혀보겠다.

---

[327] 한스울리히 벨러(Hans-Ulrich Wehler 1931-2014)를 위시한 독일의 역사학자들이 나치의 범죄를 희석하기 위해 만든 용어. 김정운, 창조적 시선, arte(2023), P 144

◐ 기본자음자/천지인

		인도불경	인도숫자	실담문자 6세기	데바나가리문자 7세기	티베트문자 650	점토구결 고려?	기일성문도 1162	몽고문자 1204	파스파문자 1269	한글 1443
①	기본자음자 ㄱㄴㅁㅅㅇ							●			●
⑧	천지인 ・ ㅡ ㅣ							●			●

①⑧ 정인지/이덕무/홍기문/방종현/공재석이 주장한 것처럼(3-1장) 기본 자음(ㄱㄴㅁㅅㅇ)의 자형과 천지지인 기호 {・ㅡㅣ}는 남송의 정초가 쓴 통지의 기일성문도에 있다.

기본자	기일성문도	해설(의역)	도해	기본자	기일성문도	해설(의역)	도해
ㄱ	折一爲ㄱ	한쪽 꺾기	― → ㄱ	ㅇ	圓則爲○	둥글게 말기	― → ○
ㄴ	轉厂爲ㄴ	회전변환	厂 → ㄴ	―	衡爲―	저울대	― → ―
ㅁ	方則爲ㅁ	모나게 말기	― → ㅁ	ㅣ	從爲ㅣ	세우기	― → ㅣ
ㅅ	正折爲ㅅ	양쪽 꺾기	― → ㅅ	●	配偶	색 채우기	○ → ●

🔊 참고문헌
① 강신항, 수정증보 훈민정음연구, 성균관대학교 출판부(2019), P 57
② 김동언, 한글문화사, 박이정(2021), P 138

기일성문도

훈민정음에 나와 있는 8개의 기호가 우연히 통지의 기호와 일치할 수 있다는 주장을 반박해 보겠다. 임으로 그린 8개의 기호가 특정 기호 8개와 일치할 가능성을 알아보기 위해, 모든 기호의 집합에서 무작위로 뽑은 8개의 기호가 특정 기호 8개와 일치할 확률을 계산해 보자. 모든 기호의 집합에서[328] 뽑은 8개의 기호가 특정 기호 8개와 우연히 일치할 확률이, 집합의 크기가 산술급수적으로 증가함에 따라 기하급수적으로 감소한다는 사실을 증명함으로써 우연성의 남발에 제동을 걸어보겠다. 세상에 존재하는 모든 기호의 집합을 S라고 정의하고 집합 S의 원소 개수를 n이라 정의하면, 집합 S에서 한 번에 8개의 원소를 중복 없이 뽑아 만들 수 있는 부분집합의 개수(n개의 기호에서 8개의 기호를 중복 없이 뽑아 만들 수 있는 경우의 수)는 $_nC_8$ 이다. 이들 가운데 하나가 {ㄱㄴㅁㅅㅇ・ㅣㅡ}와 일치할 확률은 $P(n)=1/_nC_8$ 이고 퍼센트 확률은 $P(n)=1/_nC_8 \times 100\%$이다.

$$P(n) = \frac{1}{_nC_8} \times 100\% = \frac{1}{n(n-1)(n-2)(n-3)(n-4)(n-5)(n-6)(n-7)/8!} \times 100\% < \frac{8!}{(n-7)^8} \times 100\%$$

(n-7)이 산술급수적으로 증가하면 즉, (n-7)이 K(n-7)로 되면

$$\frac{8!}{(k(n-7))^8} \times 100\% = \frac{1}{K^8} \frac{8!}{(n-7)^8} \times 100\% \quad \text{이므로} \quad P(n)\text{는 기하급수적으로 감소한다.}$$

문자의 수가 산술급수적으로 증가하면 확률은 기하급수적으로 감소한다.

---

[328] 1901년 버트란드 러셀(Bertrand Russel)은 수학을 칸토르가 창안한 집합론의 반석위에 올려놓을 수 있으리라는 기대를 가지고 집합론을 연구하다 러셀의 역설과 맞닥뜨린다. 러셀의 역설은 자신의 원소가 아닌 집합의 집합에서 초래되었다. 그 후 몇 년 동안 필사적으로 해결책을 찾았지만 아무런 성과도 거두지 못했다. 러셀의 증언에서 우리는 그가 집합론의 모순을 제거하는 데 얼마나 진심이었는지 알 수 있다.
"무언가 떠오르는 게 있으면 잊어버리기 전에 곧바로 옮겨 적기 위해서 나는 매일 아침 책상 위에 백지를 펼쳐 놓고 무작정 그 앞에 앉는 것으로 하루를 시작했다. 점심을 먹을 때만 빼고 종일 그 자세를 유지했지만, 저녁이 되어도 책상 위의 종이는 여전히 백지로 남아 있었다. …나의 남은 인생이 그냥 백지만 바라보다가 끝날 것 같았다."
박병철, 미래에서 온 남자 폰 노이만, 웅진 지식하우스(2023), P 58

확률 공식/확률 표/확률 그래프를 보면 n이 산술급수적으로 증가할 때 확률 P(n)은 기하급수적으로 감소한다.

n	P(n)			n	P(n)		
8	P(8)	=	100%	200	P(200)	<	0.00000000001%
9	P(9)	<	12%	300	P(300)	<	0.000000000001%
10	P(10)	<	3%	400	P(400)	<	0.00000000000001%
20	P(20)	<	0.001%	500	P(500)	<	0.000000000000001%
30	P(30)	<	0.0001%	1000	P(1000)	<	0.00000000000000001%
40	P(40)	<	0.00001%	10000	P(10000)	<	0.0000000000000000000000001%
50	P(50)	<	0.000001%	∞	P(∞)	=	0%
100	P(100)	<	0.000000001%				

8개의 기호가 일치할 확률

15세기 훈민정음이 만들어질 때 세상에 존재했던 모든 기호의 개수를 보수적으로 500개로[329] 잡아도 P(500)은 0.000000000000001%보다 작다(참고로, 미국인이 벼락에 맞을 확률은 0.000065%). 이렇게 확률이 낮은 사건이 현실에서 일어나는 사람(억세게 운이 좋은 사람)은 어떤 복권을 사도 최고 금액으로 당첨되고, 아무리 낮은 완치율을 보이는 병에 걸려도 끈질기게 살아남을 수 있고, 어떠한 금고의 자물쇠도 척척 열 수 있다. 세종이 만든 8개의 기호가 기일성문도의 기호 8개와 우연히 일치할 수도 있다. 그러나 그 확률은 사실상 0에 가깝다. 그렇다면 세종은 기본 자음자를 만들지 않았다. 세종은 {ㄱㄴㅁㅅㅇ}의 자형을 기일성문도에서 취했지만 {ㄱㄷㅂㅈㄹ}과 발음의 연결은 게리 레댜드가 지목한 파스파문자를 참고했을 것이다.(3-07장③) <u>무음가 자음(이응)이 인도 숫자 0과 똑같은 개념을 가지고 있으므로 세종은 인도 숫자 0과 같은 모양을 한 기일성문도의 기호 {ㅇ}를 이응의 기호로 선택했을 가능성이 높다.</u>(3-10장)

그리고 {ㄱㄴㅁㅅㅇ•ㅣㅡ}가 점토구결과 기일성문도 가운데 어느 것에서 유래하였는지를 결정하기 위해 점토구결의 성립 시기를 밝혀줄 추가 연구가 필요하다. 기일성문도는 1160년에 완성되었다. 기일성문도에는 {ㄱㄴㅁㅅㅇ•ㅣㅡ}의 모든 기호가 있지만 점토구결에는 {ㄱㄴㅁㅇ•ㅣㅡ}만 있으므로 지금 남아 있는 자료를 근거로 추론할 때 기본 기호 8개의 우선권이 기일성문도에 있다고 보는 것이 합리적이다.

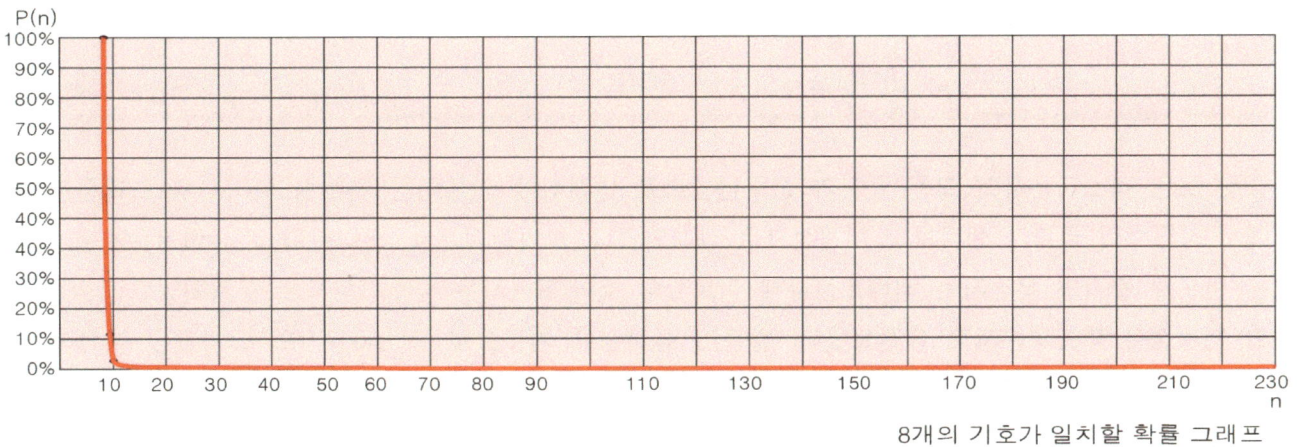

8개의 기호가 일치할 확률 그래프

---
[329] 앤드류 로빈슨 지음, 박재욱 옮김, 문자 이야기, 사계절(2013), P 185
한자의 수는 BC 3세기 (한나라) 10000자, 12세기 23000자, 18세기 49000자, 현재 80000자

◐ 무음가 자음 ㅇ의 기호

	인도불경	인도숫자	실담문자 6세기	데바나가리 문자 7세기	티베트문자 650	점토구결 고려?	기일성문도 1162	몽고문자 1204	파스파문자 1269	한글 1443
② 무음가 자음 ㅇ의 기호		●								

② 무음가 자음의 개념은 티베트문자와 파스파문자에도 있고 그것의 기원은 셈어계 문자까지 거슬러 올라간다. 훈민정음의 무음가 자음 'ㅇ'이 인도 숫자 '0'과 동일한 자릿수 개념/기호를 공유하고 있다는 주장의 근거는 **가설1** (3-10장)에서 밝혔다.

◐ 가획

	인도불경	인도숫자	실담문자 6세기	데바나가리 문자 7세기	티베트문자 650	점토구결 고려?	기일성문도 1162	몽고문자 1204	파스파문자 1269	한글 1443
③ 가획	ㅋㄷㅂㅈㅎ ㅌㅍㅊㆆ		●						•	●

③ 가획의 기원은 실담문자와 파스파문자에서 찾을 수 있다. 1970년 김선기는 훈민정음 가획의 원리가 인도 문자와 파스파문자에서 왔다고 주장했다(3-00장 참고). 임근동이 주장했듯이[330] 실담문자의 모음자와 모음구별부호에 가획의 원리가 선명하게 남아 있다. 실담문자에 나타난 가획의 원리는 모든 인도계 문자의 아버지인 브라히미문자에 이미 나타나고 있다. 그리고 브라히미문자의 후손 문자들은 브라히미문자의 특성을 대부분 고스란히 유전 받아 지니고 있다.

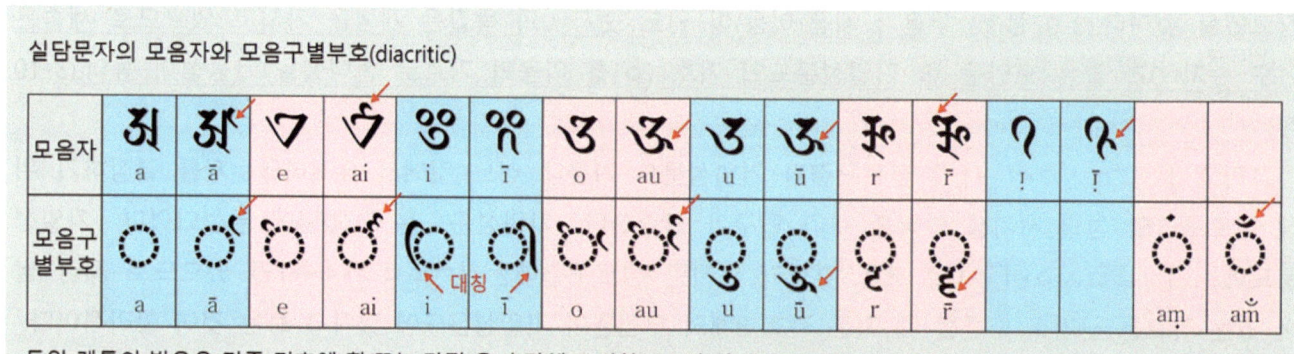

실담문자와 훈민정음의 가획원리

얼핏 보면 파스파문자의 모든 글자가 중구난방으로 난잡하게 만들어진 것처럼 보이나 파스파문자 체계에서 상당수의 글자가 생각보다 체계적으로 설계되었다. 브라히미문자, 굽타문자, 카슈미르문자로 이어지는 인도계 문자의 유전자는 티베트문자에 이르렀다. 티베트문자는 파스파문자로 분지되었고 티베트문자의 체계성은 파스파문자로 유전되었다. 발음의 유사성을 기준으로 파스파문자의 글자들을 분류해 보면, 비슷한 음을 나타내는 글자들은 비슷한 모양을 공유해야 한다는 암묵적인 원칙에 의해, 처음부터 의도적으로 많은 글자들이 디자인되었다는 사실을 발견할 수 있다.

---

[330] 임근동, 『고려대장경』의 실담문자 유가금강정경석자모품(瑜伽金剛頂經釋字母品)의 문자배열과 음운을 중심으로, 남아시아연구 제29권 2호(2023), P 64

기본자	기본자	ㄱ ㄴ ㅁ ㅅ ㅇ	병서자	각자병서	ㄲ ㄸ ㅃ ㅆ ㅉ
가획자	1차가획	ㅋ ㄷ ㅂ ㅈ ㆆ		초성 합용병서	ㅅㄱ ㅅㄷ ㅅㅂ ㅂㄷ ㅂㅅ ㅂㅈ ㅂㅅㄱ ㅂㅅㄷ
	2차가획	ㅌ ㅍ ㅊ ㅎ		종성 합용병서	ㄴㅅ ㄹㄱ ㄹㅁ ㄹㅂ ㄹㆆ

가획·각자병서·합용병서

파스파문자 체계에서 첨가/결합/중첩/경사/대칭/만곡/제거 등등 현대의 일러스트레이터 프로그램에서 흔히 사용되는 변형 방법을 통해 하나의 글자로부터 새로운 글자가 만들어졌다는 느낌이 강하게 든다.

파스파문자에서 비슷한 음을 표기하는 글자들은 대칭/중첩/첨가/만곡/결합/경사에 의해 비슷한 모양을 이루고 있다. 세종은 비슷한 음을 표기하는 비슷한 모양의 글자를 만들기 위해 가획, 각자병서, 연서를 고안했다. 필자는 훈민정음에 적용된 가획/각자병서의 전구체가 파스파문자와 실담문자의 첨가/중첩에 있다고 생각한다. 그러나 세종이 가획/각자병서/합용병서를 창조적으로 발전시켰다는 사실도 잊지 말아야 한다.

	파스파문자	훈민정음		파스파문자	훈민정음		파스파문자	훈민정음
● 1	[g] [kh]	대칭	5	[dž] [z]	대칭	● 9	[d] [th]	중첩 첨가	각자병서
2	[n] [nn]	대칭	6	[b] [ph]	만곡	10	[dd] [tth]	중첩 첨가	각자병서
3	[d] [dd]	대칭	7	[v] [h]	만곡	● 11	[dź] [tśh]	대칭 중첩	각자병서
4	[th] [tth]	대칭	8	[sŕ] [sŕ]	경사	● 12	[p] [b]	첨가	가획

🔊 참고 문헌
① 정광, 훈민정음과 파스파 문자, 역락(2012), P162~191
② Wikipedia(2023)/Phagspa script
③ omniglot.com/phagspa alphabet
④ 김선기, 한글의 새로운 기원설, 명대 논문집 제 3집 P 76

● 1970년 김선기가 가획의 원리(ㄱㄷㅂㅈ→ㅋㅌㅍㅊ)가 데바나가리문자/파스파문자/몽고문자에서 왔다는 주장을 뒷받침하는 근거로 지목한 글자.
필자는 9번, 11번 글자를 각자병서의 원리로 생각한다.

파스파문자에서 비슷한 음이 비슷한 글자로 표기된 사례

무돌 김선기는'한글 맞춤법 통일안(1933)' 제정 당시부터 새로운 글자를 추가해야 할 필요가 있음을 알았다. 김선기, 이희승, 이상춘은 ㄲ은 ㄱ이 두 번 소리나는 것이 아니라 단일한 소리이므로 두 개보다는 하나의 연결된 기호로 사용하는 것이 좋다고 보았고 다른 경음 ㅃ ㄸ ㅉ ㅆ에도 똑같은 규칙을 적용하고 싶어 했다.[331]

김선기의 문제의식에 동조하여 필자가 조금 더 일관성 있는 가획을 만들어 보았다. 김선기와 세종 모두 필자의 의견에 동의하리라 생각한다. 수평가획을 거센소리를 표기하는 데에만 사용하고 수직가획을

---
331 리의도, 우리 말글에 쏟은 정성과 노력, 박이정(2020), P 466-470

된소리를 표기하는 데에만 사용하면 조금 더 일관된 가획의 원칙을 확립할 수 있다. 인도계 문자(주로 실담문자)에서 유래한 각자병서 대신 수직가획으로 만들어진 기호는 더 단순하며 ㄲㄸㅃ은 일부 폰트에서 이미 사용되고 있다. ㅆㅉ은 필자의 아이디어인데 사용 여부는 언중의 선택권이다. 경사가획은 꼭지이응 같은 이체자를 기본자로부터 유도하고 표기하는 데 사용하면 좋지 않을까 생각한다.

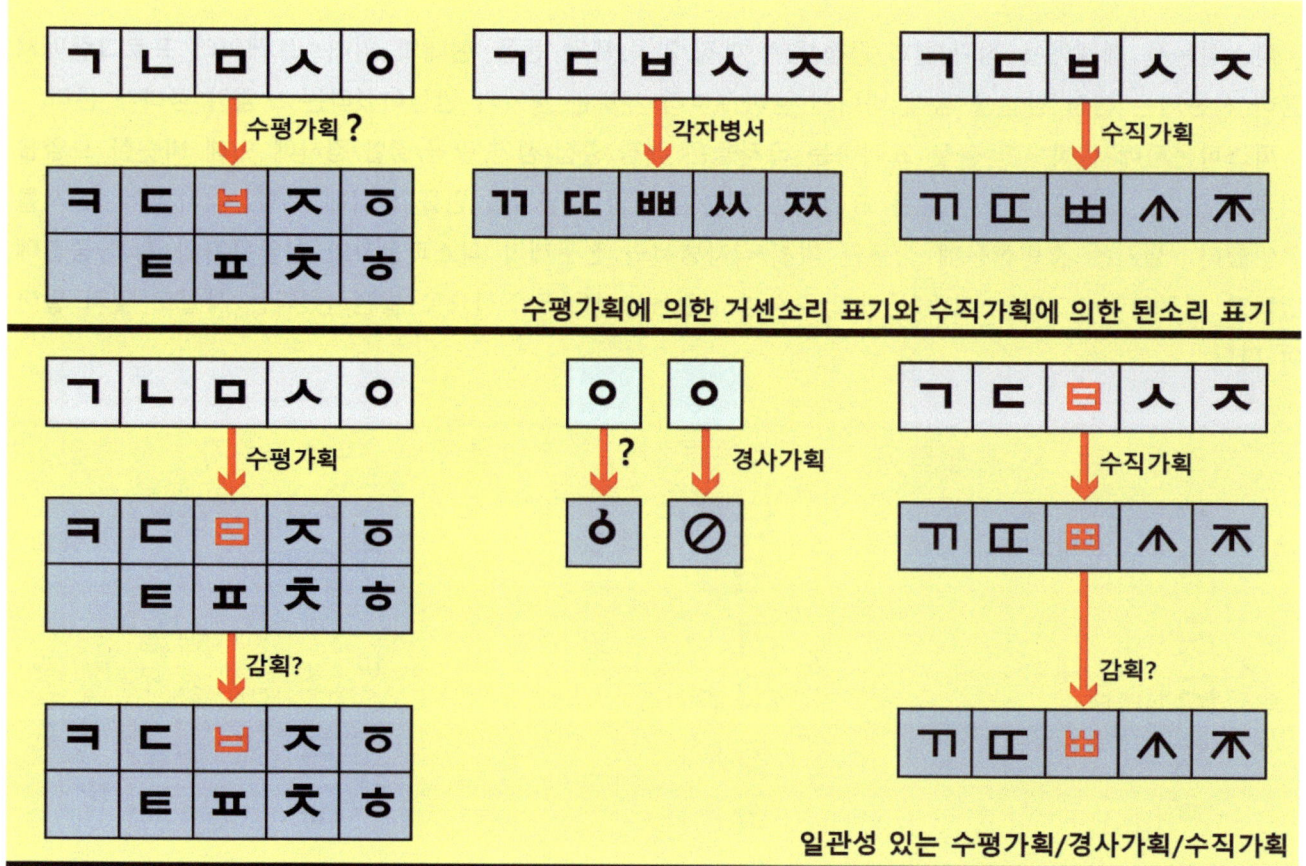

◐ 각자병서

		인도불경	인도숫자	실담문자 6세기	데바나가리문자 7세기	티베트문자 650	점토구결 고려?	기일성문도 1162	몽고문자 1204	파스파문자 1269	한글 1443
④	각자병서 ㄲㄸㅃㅆㅉ			●						●	●

④ 각자병서는 실담문자와 파스파문자에서도 발견된다. 강대현이 역해한 지광의 『실담자기』에 같은 자음자 두 개를 연결하여 만든 결합글자(훈민정음의 각자병서)의 예가 10개나 나온다.[332] 파스파문자에서도 같은 자음자 두 개를 연결하여 만든 결합글자의 예가 3개 있다. 병서원리와 영자자음은 198개에 달하는 대부분의 인도문자가 공유하고 있는 특징이다. (1-09장 ◐브라히미문자군의 특징 참고) 1970년 김선기는 훈민정음 각자병서의 원리가 인도문자와 파스파문자에서 왔다고 주장했다.(3-00장 참고)

---

[332] 지광 찬, 강대현 역해, 실담자기 역해, 올리브 그린(2017), P 97, 107, 127, 205, 207

실담문자(6C)	≼+≼=≼ [ja] [ja] [jja]			ट+ट=ट्ट [ṭa] [ṭa] [ṭṭa]			m+m=m्म [ṇa] [ṇa] [ṇṇa]			त+त=त्त [ta] [ta] [tta]		
	न+न=न्न [na] [na] [nna]			म+म=म्म [ma] [ma] [mma]			ल+ल=ल्ल [la] [la] [lla]			व+व=व्व [va] [va] [vva]		
파스파문자(1269)	+= [d] [d] [th]			+= [dd] [dd] [tth]			+= [dź] [dź] [tśh]					
훈민정음(1443)	ㄱ+ㄱ=ㄲ			ㄷ+ㄷ=ㄸ			ㅂ+ㅂ=ㅃ			ㅅ+ㅅ=ㅆ		
	ㅈ+ㅈ=ㅉ											

기존 기호를 중첩해 거센 발음을 표기했다.
훈민정음 각자병서의 원리

🔊 참고문헌
① 정광, 훈민정음과 파스파 문자, 역락(2012), P162~191
② Wikipedia(2025-10-06)/Phagspa script
③ omniglot.com(2025-10-06)/phagspa alphabet
④ 지광 찬, 강대현 역해, 실담자기 역해, 올리브 그린(2017), P 97, 107, 127, 205, 207

실담문자와 파스파문자에 나타난 훈민정음 각자병서의 원리

◐ 합용병서

		인도불경	인도숫자	실담문자 6세기	데바나가리 문자 7세기	티베트문자 650	점토구결 고려?	기일성문도 1162	몽고문자 1204	파스파문자 1269	한글 1443
⑤ 합용병서	ㅅㄷ ㅅㅂ ㅂㄷ ㅂㅅㄷ ㅂㅅㄱ ㄴㅅ ㄹㄱ ㄹㅁ ㄹㅅ			●	●	●					●

⑤ 합용병서의 선례가 실담문자에 있다.[333] 1968년 무돌 김선기(1907-1992)는 훈민정음의 병서와 격음자(ㅋㅌㅍㅊㅎ)가 인도계 문자에서 영향을 받았다는 연구결과를 발표했다. 그의 주장은 색다른 이론이나 이단으로 간주되어 소리 없이 사라졌다. 증거에 입각한 선각자들의 주장이 이단으로 치부되고 매도되는 현실이 안타까울 뿐이다. "한글은 한문글자가 일단 음절문자인 구결문자가 되었다가, 다시 비약적인 정리 발달을 입어 음소문자로 발전하였는데, 그 이론적 근거가 된 지식의 바탕은 인도의 음운학과 중국의 음운학에 근거를 두었고, 자형의 정리에 두고 있다. 예컨대, '병서'의 원리는 몽고문자, '격음자'의 제작은 데바나가리문자에서 암시를 얻어 되었다. 한글은 '단일 기원'이 아니라, 줄거리, 곧 역사적 연면성으로 보아서 이 땅에서 한문글자를 수천 년 써 왔으니까 그 영향이 제일 컸고, 그 다음에 몽고문자와 데바나가리문자라 할 것이다." -[한글 전용의 가치론][334] 1970년 김선기는 훈민정음 합용병서의 원리가 인도 문자와 파스파문자에서 왔다고 주장했다(3-00장 참고).

2023년 임근동은 [『고려대장경』의 실담문자 유가금강정경석자모품(瑜伽金剛頂經釋字母品)의 문자배열과 음운을 중심으로, 남아시아연구]에서 합용병서의 선례가 실담문자에 있음을 밝혔다. 강대현이 역해한 지광의 『실담자기』에 서로 다른 자음자 두 개나 세 개를 연결하여 만든 결합글자(훈민정음의 합용병서)의 예가 수천 건 있다. 병서의 예는 모든 인도계 문자의 아버지로 통하는 브라히미문자에서도 찾아볼 수 있다.

---

[333] 임근동, 『고려대장경』의 실담문자 유가금강정경석자모품(瑜伽金剛頂經釋字母品)의 문자배열과 음운을 중심으로, 남아시아연구 제29권 2호(2023), P 64
[334] 리의도, 우리 말글에 쏟은 정성과 노력, 박이정(2020), P 458-459에서 재인용

자음자

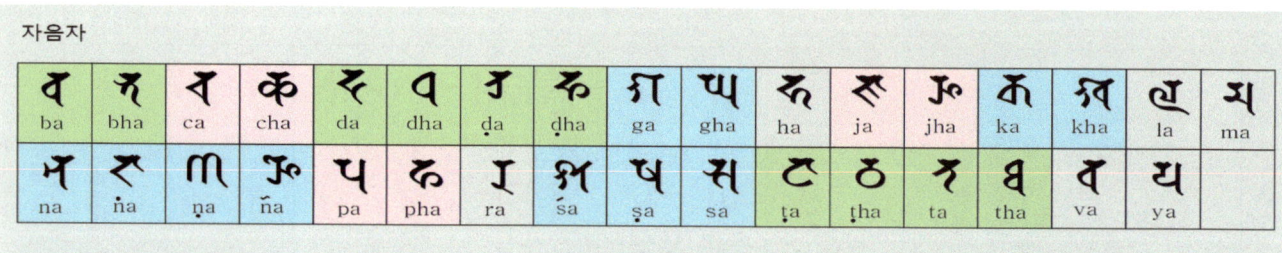

이중자음자과 삼중자음자

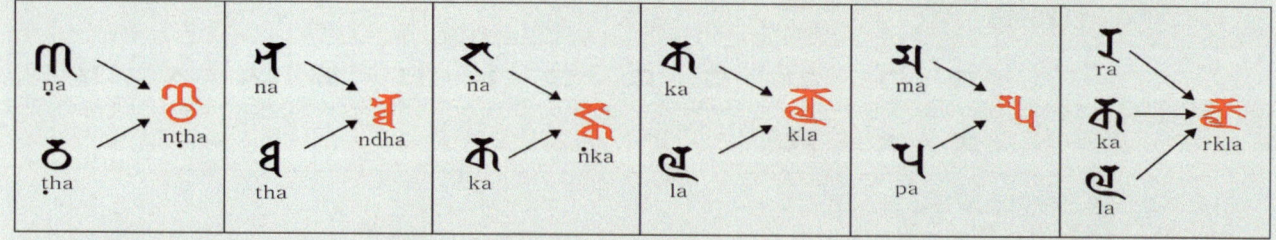

실담문자에서 자음자가 병서되어 이중자음자와 삼중자음가 만들어진다.
참고: www.wikipedia.com(2025-09-28), Siddham script
www.omniglot.com(2025-09-28), Siddham script

실담문자와 훈민정음의 합용병서원리

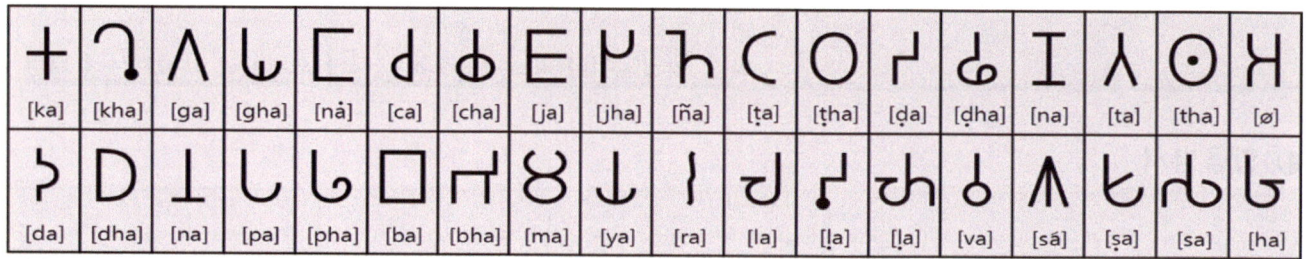

자음(consonant)

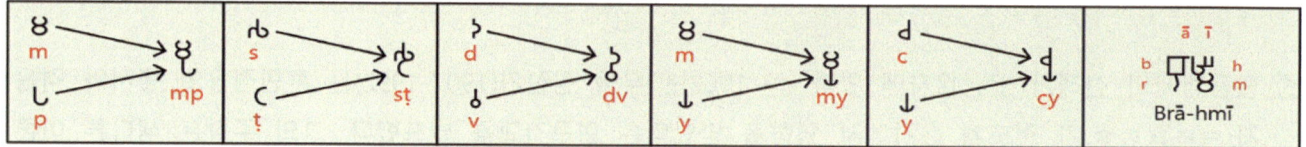

복자음(conjunct consonant)의 예에서 병서의 원리를 확인할 수 있다.

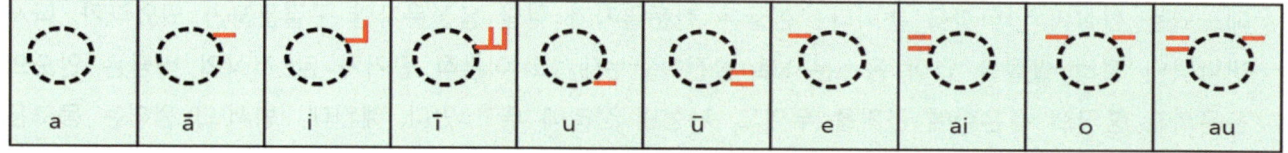

모음구별부호(diacrttic)에서 가획의 원리와 합자해의 원리를 확인할 수 있다.

참고: Wikipedia(2025-10-09), Brahmi script, Brahmic scripts
Omniglot(2025-10-09), Brahmi script

브라히미문자

◐ 연서

		인도불경	인도숫자	실담문자 6세기	데바나가리 문자 7세기	티베트문자 650	점토구결 고려?	기일성문도 1162	몽고문자 1204	파스파문자 1269	한글 1443
⑥	연서 ㅸㅹㆄㅱ									●	●

⑥ 게리 레댜드는 '연서'가 파스파문자에서 왔다는 증거를 제시했다. (3-07장)

훈민정음			파스파문자	
ㅁ + ㅇ = ㅱ	ㅂ + ㅇ = ㅸ	ㅍ + ㅇ = ㆄ	ꡯ + ꡘ = ꡰ	ꡯ + ꡘ = ꡱ

파스파문자와 훈민정음의 동일한 연서자 제작 방식

● 종성부용초성

		인도불경	인도숫자	실담문자 6세기	데바나가리 문자 7세기	티베트문자 650	점토구결 고려?	기일성문도 1162	몽고문자 1204	파스파문자 1269	한글 1443
⑦	종성부용초성									●	●

⑦ 종성부용초성의 용례가 파스파문자에 있다. 1970년 김선기는 훈민정음 초성/중성/종성의 원리와 종성부용초성의 원리가 몽고문자에서 왔다고 주장했다. (3-00장 참고)

● 모음자

		인도불경	인도숫자	실담문자 6세기	데바나가리 문자 7세기	티베트문자 650	점토구결 고려?	기일성문도 1162	몽고문자 1204	파스파문자 1269	한글 1443
⑨	모음자 ㅏㅓㅗㅜ ㅑㅕㅛㅠ						●				●

⑨ 모음자 {ㅏㅓㅗㅜㅑㅕㅛㅠ}는 점토구결에서 발견되고 있다. (3-02장 참고)

● 초출자/재출자/상합자

		인도불경	인도숫자	실담문자 6세기	데바나가리 문자 7세기	티베트문자 650	점토구결 고려?	기일성문도 1162	몽고문자 1204	파스파문자 1269	한글 1443
⑩	초출자 원리 ㅏㅓㅗㅜ			●						●	●
⑪	재출자 원리 ㅑㅕㅛㅠ			●						●	●
⑫	상합자 원리 ㆎㅢㅚㅐ ㅟㅔㅚㅒ ㅖㅞ ㅘㅝㆇㆉ ㅙㅞㆈㆊ									●	●

⑩ ⑪ ⑫ 정광은 초출자/재출자/상합자(相合字) 이론의 씨앗이 파스파문자에 있다고 주장한다. 파스파 문자 ꡲꡟꡃ 은 ꡯ+ꡟ+ꡃ의 결합이며 한글로 전사하면 ㅇ+ㅗ+ㅣ 즉 '외'이고 ꡲꡦꡃ은 ꡯ+ꡦ+ꡃ의 결합이며 한글로 전사하면 ㅇ+ㅜ+ㅣ 즉 '위'라는 사실로부터, 정광은 세종이 중성의 기본자 3개를 결합하여 초출자/재출자를, (·ㅡㅗㅏㅜㅓㅛㅑㅠㅕ/ㅘㅝㅒㅖ)에 ㅣ를 결합시켜 상합자(ㆎㅢㅚㅐㅟㅔㅚㅒㅖㅞ/ㅙㅞㆈㆊ)를 만들었다는 연구 결과를 발표하였다.[335] 필자는 초출자/재출자의 자형은 점토구결에서, 재출자의 원리는 실담문자에서, 상합자의 원리는 파스파문자에서 온 것으로 생각한다. [ja] [jʌ] [jo] [ju]는 공통적으로 [j]를 가지고 있으므로 세종은 가획을 통해 얻은 (ㅑㅕㅛㅠ)에 [ja] [jʌ] [jo] [ju]를 배정했다. 가획의 원리는 실담문자의 모음자와 모음표기부호에 뚜렷한 흔적을 남기고 있다.

---

335 정광, 훈민정음과 파스파문자, 역락(2012), P 20, 356, 366

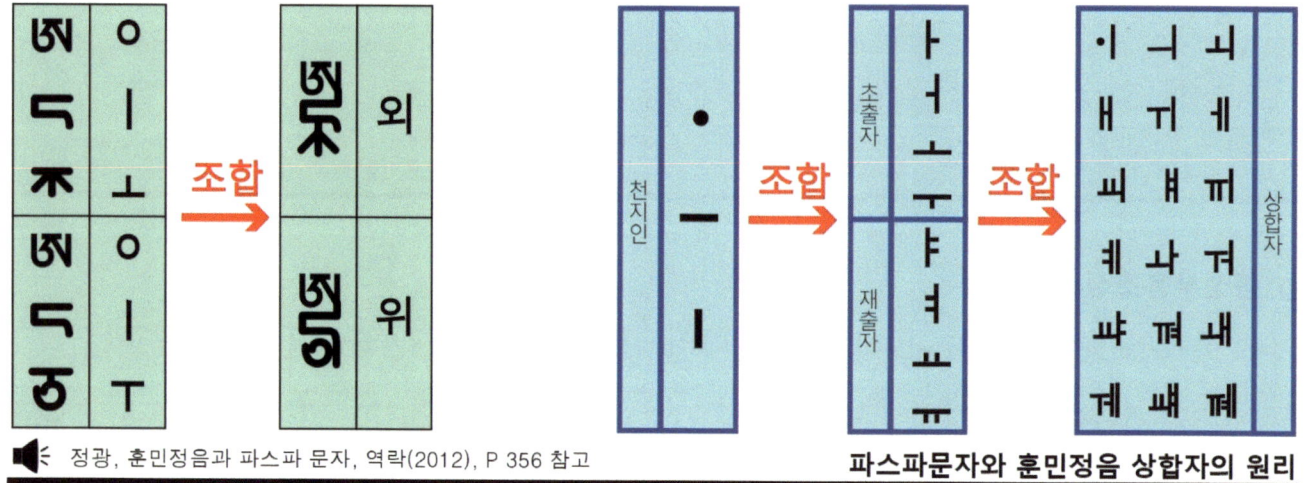

파스파문자와 훈민정음 상합자의 원리

합자해

	인도불경	인도숫자	실담문자 6세기	데바나가리문자 7세기	티베트문자 650	점토구결 고려?	기일성문도 1162	몽고문자 1204	파스파문자 1269	한글 1443
⑬ 합자해			●	●	●				●	●

⑬ 합자해는 아부기다문자에 속하는 <u>실담문자/데바나가리문자/티벳문자에서 유례를 찾을 수 있으며</u> 특히 데바나가리문자와 실담문자는 모음구별부호의 현란(絢爛)하고 다기다양한 위치를 뽐내고 있다.

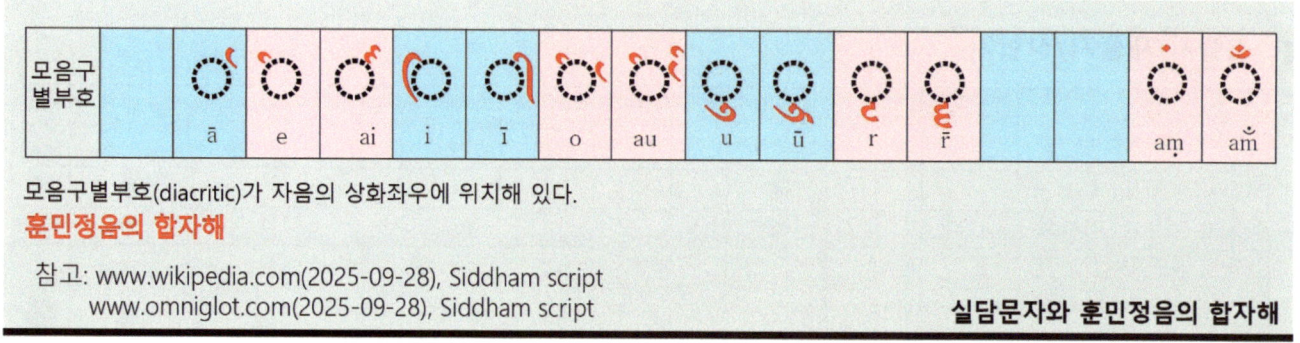

실담문자와 훈민정음의 합자해

참고로 브라히미문자는 굽타문자/실담문자/데바나가리문자를 포함한, 인도 아대륙에서 사용되었거나 사용되고 있는 198개 문자의 조상문자이다. 브라히미문자에서 훈민정음의 가획원리, 병서원리, 합자해의 원리를 확인할 수 있고 이러한 원리는 자손문자와 훈민정음에 유전되었다. 브라히미 문자와 실담문자에서 복자음은 수직으로 연결되어 있지만 데바나가리문자에서는 훈민정음처럼 수평으로 연결되어 있다.[336]

---

[336] Wikipedia(2025-10-09), Brahmi script, Brahmic scripts

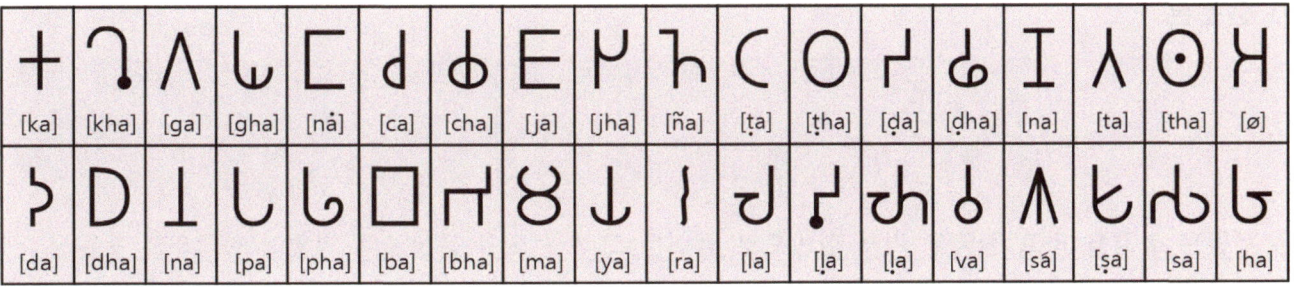

자음(consonant)

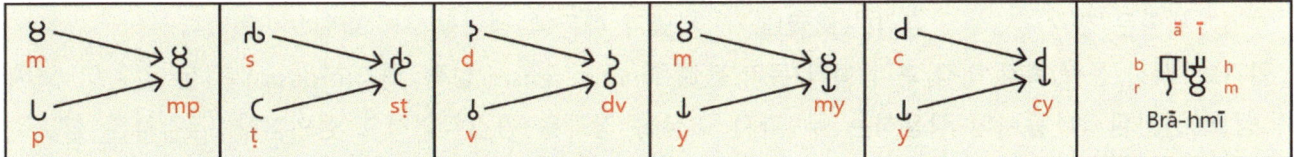

복자음(conjunct consonant)의 예에서 병서의 원리를 확인할 수 있다.

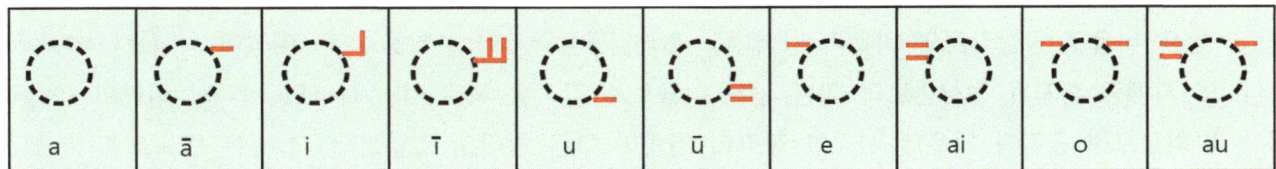

모음구별부호(diacrttic)에서 가획의 원리와 합자해의 원리를 확인할 수 있다.

참고: Wikipedia(2025-10-09), Brahmi script, Brahmic scripts
　　　Omniglot(2025-10-09), Brahmi script

브라히미문자

◐ 양성/음성모음자 분류

	인도불경	인도숫자	실담문자 6세기	데바나가리문자 7세기	티베트문자 650	점토구결 고려?	기일성문도 1162	몽고문자 1204	파스파문자 1269	한글 1443
⑭ 양성·음성모음자 분류										●

⑭ 양성모음자와 음성모음자의 범주화는 세종의 업적(業績)이다.

◐ 초성/중성/종성 이론

	인도불경	인도숫자	실담문자 6세기	데바나가리문자 7세기	티베트문자 650	점토구결 고려?	기일성문도 1162	몽고문자 1204	파스파문자 1269	한글 1443
⑮ 초성·중성·종성 이론								●	●	●

⑮ 몽고문자에서 초성/중성/종성에 따라 글자의 모양이 달라졌고 파스파문자에서 초성/중성/종성은 명확히 구분되었다. 1970년 김선기는 훈민정음 초성/중성/종성의 원리와 종성부용초성의 원리가 몽고문자에서 왔다고 주장했다.(3-00장 참고)

◐ 모아쓰기

	인도불경	인도숫자	실담문자 6세기	데바나가리문자 7세기	티베트문자 650	점토구결 고려?	기일성문도 1162	몽고문자 1204	파스파문자 1269	한글 1443
⑯ 모아쓰기									●	●

⑯ 완벽한 모아쓰기는 파스파문자에서 처음 시도되었다.

3. 훈민정음

◐ 음운론

		인도불경	인도숫자	실담문자 6세기	데바나가리 문자 7세기	티베트문자 650	점토구결 고려?	기일성문도 1162	몽고문자 1204	파스파문자 1269	한글 1443
⑰	음운론	●		●							●

⑰ 세종은 불경을 타고 중국을 거쳐 한반도로 들어온 고대 인도의 음운론에 힘입어 한국어의 음운을 완벽하게 분석할 수 있었다.

가설2 세종은 청각→시각 공감각(共感覺)을[337] 지녔기 때문에 청각을 시각화할 수 있었다.

인간의 시각/청각/촉각/미각/후각/통각/동각(動覺 kinetic sense)/성적 쾌감(orgasm) 같은 감각이 뇌에서 상호 전환된 후 동시에 작용하는 두 가지 이상의 감각을 공감각이라고 정의한다. 공감각은 창조적 행위에 상당히 관여하며 기억에도 일조하는 것으로 밝혀졌다. 공감각을 소유한 사람을 공감각자로 정의한다. 4~6%의 사람들이 공감각을 소유하고 있으며 창조적인 사람 가운데에서 그렇지 않은 사람보다 훨씬 더 높은 비율로 공감각자의 비율이 나타나고 있다. 공감각자의 성비를 보면 여성이 남성보다 6배 더 많다. 또 자폐증 환자가 정상인보다 훨씬 높은 비율로 공감각을 타고난다. 적어도 75가지 이상의 공감각이[338] 밝혀졌으며 공감각 가운데 시각과 청각의 결합이 다른 감각의 조합보다 더 높은 빈도로 나타난다. 청각→시각 공감각자는 소리를 들을 때 명확하게 형태와 색상을 인지하게 된다.

재이미 워드(Jamie Ward)의 연구에 따르면 공감각이 없는 일반인이 0.5초 안에 그림 A에서 숫자 5로 이루어진 원을 찾아내는 것은 불가능하다. 그러나 고감도 공감각이 아닌 저감도 공감각자라도 그림 A를 그림 B로 인지하기 때문에 그림 A에서 원을 쉽게 찾아낼 수 있다. 이 실험은 공감각이 실제로 존재한다는 강력한 증거가 된다.

그림 A 그림 B 그림 A 그림 B
재구성된 Wikipedia(2025/01/13)_synesthesia의 그림   재구성된 Wikipedia(2025/01/13)_synesthesia의 그림
0.5초 동안 피검자에게 그림 A를 보여주면 숫자→색채 공감각자는 그림 A를 그림 B로 인식하고 숫자 5가 숫자 2를 배경 삼아 원을 이룬다는 것을 알아챈다. 이 실험은 공감각이 존재한다는 강력한 증거를 제시하고 있다.   피실험자에게 '키키'와 '보우바'라는 소리를 들려주고 소리가 주는 시작적 이미지와 어울리는 도형을 선택하게 하는 실험에서 피실험자의 95%~98%는 '키키'를 그림 A에 '보우바'를 그림 B에 대응시켰다.

숫자→색채(grapheme→color) 공감각의 무의식적 발현   **키키-보우바 (kiki-bouba) 실험, 공감각의 무의식적 발현**

볼프강 쾰러(Wolfgang Köhler)가 창안한 키키-보우바 실험에서 대부분의(95% 이상) 일반인은 키키와 그림 A의 날카롭고 각진 도형을 대응시켰다. 이 실험은 소리→형태 공감각이 없는 일반인의 뇌에도 소

---

[337] synesthesia/共感覺者synesthete
라마찬드란 저, 박방주 역, 명령하는 뇌 착각하는 뇌, 알키(2012)
Wikipedia(2025/01/13), synesthesia
[338] http://www.daysyn.com/Types-of-Syn.html

리를 들을 때 소리와 모양을 일관되게 대응시키는 메커니즘이 존재한다는 사실을 증명하고 있다.

역사적으로 유명한 인물 가운데 상당수가 공감각과 관련된 것으로 알려져 있다. 1690년 존 로크(John Locke)는 색맹인 어떤 사람이 트럼펫 소리를 들을 때 진홍빛을 볼 수 있었다는 사실을 옥스포드 대학에 기고했다. 뉴턴이 프리즘에 의한 빛의 분해와 재합성 같은 차갑고 과학적인 빛을 연구한 반면 괴테는 『색 이론』에서 색과 감정의 관계를 설명하려 하였다.[339] 아이작 뉴턴은 음이 파장에 의해 결정된다는 걸 알았고 노래가 다채로운 색으로 표현되는 장난감을 발명했다. 1912년 칼 융은 색감이 느껴지는 듣기(color hearing)에 대해 언급했다. 1920년대, 창조적 디자인 학교의 대명사인 바우하우스의 교사였던 음악가 게르트루드 그루노브(Gertrud Grunow 1870-1944)는 음/색채/동작에 관해 연구했고 오스트리아 작곡가 아놀드 쉰뢴버그(Arnold Schönberg 1874-1951)의 12음에 상응하는 12색환(色環 color circle)을 개발했다. 데이비드 호크니(David Hockney)는 음악의 음을 색채와 모양과 도형으로 인지했고 그림에 활용했다. 몬드리안과 더불어 추상미술을 개척하여 현대미술의 지평을 확장한 칸딘스키(Kandinsky 1866-1944)는 바그너의 오페라 '로엔그린'을 들으며 청각→시각 공감각을 처음 경험한 이후 시각/청각/촉각/후각의 결합을 시도했다. 그리고 추상미술에서 음악과 미술의 결합을 실험하였다. 그는 "색채는 건반이고 그것을 보는 눈은 하모니이다. 영혼은 많은 줄을 가진 피아노이며 미술가는 영혼을 울리기 위해 색채 건반을 연주하는 손의 역할을 한다"고 생각했다. 칸딘스키는 아놀드 쉰뢴버그가 개최한 콘서트에서 경험한 공감각을 'Impression Ⅲ'라는 작품으로 표현했다.[340] 러시아의 음악가 스크리아빈(Alexander Nikolayevich Scriabin1872-1915)은 음과 색채의 양방향 공감각화(bi-directional sound-color synesthesia, Scriabin color keyboard)를 시도하였다.[341] 칸딘스키와 스크리아빈은 여러 가지 색채와 여러 가지 악기들이 여러 가지 감정을 나타낸다고 생각했다. 찰스 다윈의 사촌 프란시스 골턴은 1890년 문자소-색 공감각을 연구했고 공감각이 가족에게 유전된다는 사실을 밝혀냈다. 토마스 에디슨과 경쟁 관계에 있던 발명가 니콜라 테슬라(Nikola Tesla), 가장 독창적인 그림을 그린 화가 잭슨 폴락, 음악가 프란츠 리스트, 소설가 아르투르 랭보, 블라르미르 나보코프도 공감각자였던 것으로 알려져 있다. 물리학자 리처드 파인먼(Richard Feynman)은 물리 방정식을 쳐다볼 때 이유는 모르겠지만 글자에서 색채를 본다고 말했다. 한 연구에 따르면 시인/소설가/예술가의 3분의 2가 공감각을 소유한 것으로 드러났다. 반 고흐와 모네는 색과 정서 사이의 밀접한 관련성에 매료되었다. 김광균의 시 외인촌(外人村)의 한 구절인 '분수처럼 흩어지는 푸른 종소리'는 국어 교과서에 자주 인용되는 공감각적 표현의 대표적인 예이다.

가설3 청각→시각 공감각을 지닌 세종은 모음조화 현상을 가장 잘 시각화하기 위해 [a][ʌ][o][u]를 'ㅏㅓㅗㅜ'에 할당했다.

모음 사각도를 보면 중세에 사용된 단모음은 7개 이다. 세종은 왜 7개의 단모음 가운데 [a][ʌ][o][u]를 'ㅏㅓㅗㅜ'에 할당했을까? 세종은 단모음을 가장 단순하고 희귀성이 큰 초출자에 배정하고 싶어 했을 것이다. 단모음 가운데 [a][ʌ][o][u]가 후설음이기 때문에 후보가 되었을 수도 있다. 그러나 이러한 가정은 같은 후설모음인 'ㅡ'가 배제된 이유를 설명할 수 없다. 필자는 청각↔시각 공감각을 지닌 세종이 중세국어에서 더 엄격하게 지켜졌던 모음조화현상(vowel harmony)을[342] 시각적으로 가장 잘 표현하기 위해 7

---

[339] Alexandra Loske, Color a visual history from Newton to Modern color matching guides, Smithsonian Books (2019), P 39-45
[340] https://artletter.stibee.com
[341] Wikipedia(2025/01/13), synesthesia

개의 단모음 가운데 [a][ʌ][o][u]를 선정하여 'ㅏㅓㅗㅜ'에 배치했다고 생각한다. 그리고 이를 모음조화현상(母音調和現象)의 시각적최적화(視覺的最適化)라고 부르고 싶다. 모음조화현상 때문에 나타나는, 짝을 이루는 단어들은 청각적으로 비슷하지만 다른 어감을 준다. 미묘하게 다른 청각적 차이를 비슷하지만 다르게 시각화하기 위해 세종은 왼손/오른손/윗입술/아랫입술의 관계를 가진 ㅓ/ㅏ/ㅗ/ㅜ에 [ʌ][a][o][u]를 배당했을 것이다.

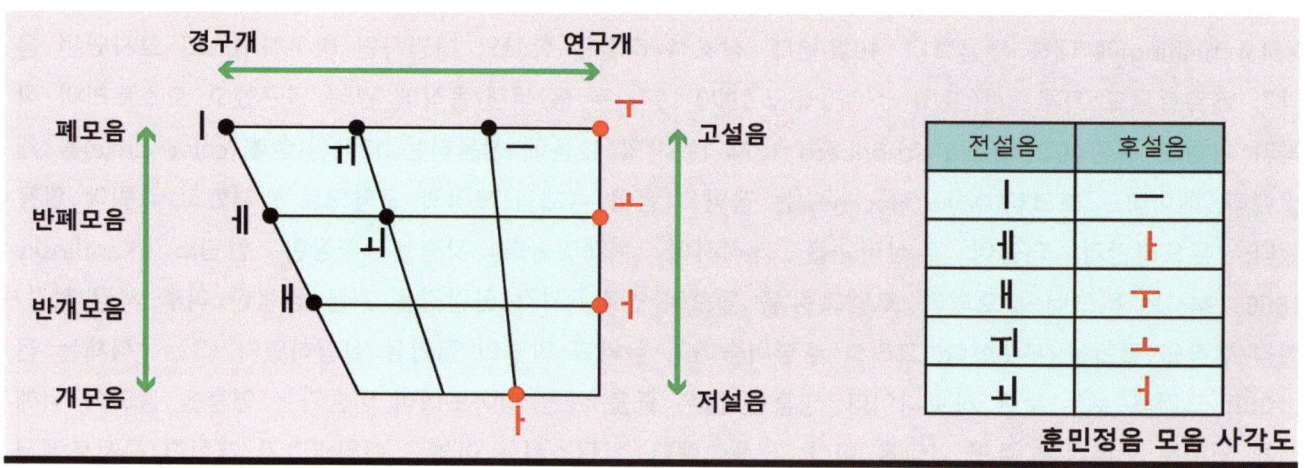

가설4 훈민정음 ㅏㅜㅣ의 위치는 같은 음가를 가진 실담문자 모음표기부호의 위치와 같다.

실담문자에서 [a]를 나타내는 모음구별부호는 자음자의 오른쪽에 위치하고 모음구별부호의 자획(字劃)은 자심(字心)에서 자곽(字郭)을 향하고 있다. 세종은 실담문자의 선례를 따라 초출자(ㅏㅓㅗㅜ) 가운데 자음자의 오른쪽에 위치할 수 있으며 획이 자심에서 자곽을 향하는 글자 'ㅏ'에 [a]를 할당했을 것이다.

실담문자에서 [u]를 나타내는 모음구별부호는 자음자의 아래쪽에 위치하고 모음구별부호의 자획은 자심에서 자곽을 향하고 있다. 세종은 실담문자의 선례에 따라 초출자(ㅏㅓㅗㅜ) 가운데 자음자의 아래쪽에 위치할 수 있으며 획이 자심에서 자곽을 향하는 글자 'ㅜ'에 [u]를 할당했을 것이다. 실담문자에서 [i]를 나타내는 모음구별부호는 자음자의 왼쪽과 오른쪽에 위치하므로 세종은 중성모음 [i]를 'ㅣ'에 할당하고 자음자의 오른쪽에 위치시켰을 것이다.

---

342 깡총깡총/껑충껑충, 졸졸/줄줄, 반짝반짝/번쩍번쩍, 알록달록/얼룩덜룩의 예에서처럼 한 낱말 안에서 양성모음은 양성모음끼리 음성모음은 음성모음끼리 어울리는 현상

한국어에는 모음조화 현상에 의해 [a]/[o]가 [ʌ]/[u]로 바뀌며 어감이 다른 두 개의 단어가 한 쌍으로 나타나곤 한다. 가설2/가설3/가설4가 성립한다면 양성모음과 음성모음인 [a][ʌ]를 왼손/오른손처럼 한 짝을 이루는 기호 'ㅏㅓ'로 표기할 수 있다. 그리고 [o][u]를 윗입술/아랫입술처럼 짝을 이루는 기호 'ㅗㅜ'로 표기할 수 있다. 그러나 가설4를 따르지 않고 세종이 [a][ʌ]를 'ㅏㅓ' 대신 'ㅓㅏ'에, [o][u]를 'ㅗㅜ' 대신 'ㅜㅗ'에 할당했더라도 큰 문제는 없다.

◐ 초출자와 모음의 연결

	인도불경	인도숫자	실담문자 6세기	데바나가리 문자 7세기	티베트문자 650	점토구결 고려?	기일성문도 1162	몽고문자 1204	파스파문자 1269	한글 1443
⑱ 초출자와 모음의 연결			●							

⑱ 훈민정음 해례본의 제자해(制字解)에는 천지인 세 부호를 조합하여 초출자와 제출자를 만드는 방법이 나와 있다. 초출자와 발음의 대응은 자의적이라고[343] 알려져 있지만 원리가 전혀 없는 건 아니다. 가설2/가설3/가설4가 성립하면 세종이 초출자와 그에 상응하는 음을 대응시킨 것은 더 이상 자의성이 아닌 필연성의 결과이다.

문자	년도	기호	원리	문자	년도	기호	원리
성각문자 Hieroglyphs	-3300s	이집트 전통 예술	수메르 설형문자	가나문자 Kana	800s	한자	실담문자의 모음 순서 실담문자의 모음구별부호 →다쿠텐의 원리
우가리트문자 Ugarit	-1400s	수메르 설형문자	원시 시나이문자의 글자 이름, 순서, 알파벳 원리	파스파문자 Phagspa	1269	티베트문자	위구르문자 몽고문자의 알파벳 원리
오검문자 Ogham	300s	다섯 손가락-수신호 체계	로마 알파벳원리	훈민정음 Hunmin-jeongeum	1443	통지(기일성문도)	파스파문자 실담문자
198 개의 인도문자	-550s 이후	언어 사용 집단의 창작 기호	브라히미문자의 원리				

기호/원리/분리차용문자(記號原理分離借用文字)

이제 이번 장을 마무리할 때가 되었다. 차용한 제일(第一) 문자의 자형에 제이(第二) 문자들의 원리를 적용한 역사적 사례는 훈민정음 외에도 여러 번 있었다. 기원전 13세기 우가리트(시리아의 라스 샴라Ras Shamra)의 서자생들은 메소포타미아의 쐐기문자에 원시-시나이자음문자의 원리를 투사하여 세계 최초라고 할 수 있는 우가리트알파벳을 만들어 냈다.

우가리트알파벳의 이름, 순서는 원시-가나안문자나 페니키아자음문자의 이름, 순서와 거의 똑같다. 일본의 가나문자도 자형은 한자의 변형체이지만 가나의 사전 순서와 탁음/반탁음 기호는 실담문자로부터 영향을 받았다. 역사는 반복되고 발명과 발견의 역사도 반복된다. 인간의 창의력은 기존에 있는 것을 변형시키고 혼

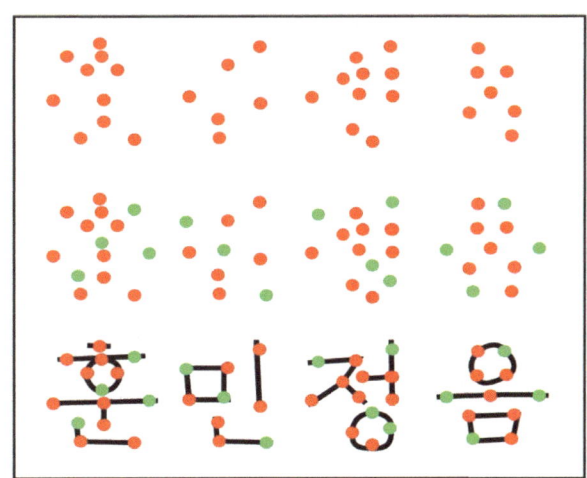

모든 창작이 그러하듯이, 세종은 기존의 구슬에 새로운 구슬을 더하고 꿰어 훈민정음을 창제하였다.

'편집'은 가장 확실하고 효과적인 '창조 방법론'이다.
김정운, 에디톨로지, 창조는 편집이다 21세기 북스(2018), P 4

훈민정음

---
[343] 안병희, 훈민정음연구, 서울대학교출판문화원(2018), P 73, 167

합하는 능력이다. <u>아무것도 없는 상태에서의 창조는 신화이다. 노골적으로 말하면 거짓말이다.</u>

표음문자로 태어난 한글은 어느 순간 신성문자(神性文字)가 되었다. 이제 한글에 드리워진 신성(神性)을 걷어내고 한글 본연의 정체성을 되찾을 때가 아닐까 생각한다. 또 한글에 대한 역사적 사실을 둘러싸고 있는 가림막도 철거해야 한다. <u>한글 창제에 대해 전체 사실을 얘기하지 않고 부분만 얘기하는 것은 한글에 대해 거짓을 얘기하는 것과 같다.</u>

독자가 우리를 옥죄고 있는 민족주의와 우리가 비판 없이 외우고 받아들인, 세뇌와 유사한, 한글창제에 대한 국어교육(신화)을 잠시 접어두고 조금 더 유연하고 열린 마음으로 표를 음미한다면 독자 여러분들이 한글을 보는 새로운 시각과 통찰을 얻을 것이라 확신한다.

3-12 한글의 음절 수

세종(1397~1450)은 환원주의자이다. 그리고 한글은 환원주의(還元主義)의³⁴⁴ 전형적인 결과물이다. 환원주의는 자의성을 최소화하려는 세종이 택한 방법론 가운데 하나이다. 자의성을 회피하고 당위성을 확보하기 위한 세종의 몸부림을 훈민정음 창제의 모든 과정에서 확인할 수 있다. 그에게 모든 것은 이유가 있어야 했다. 세종은 한국어의 음을 분석해 추출한 자음과 모음을 자음자와 모음자로 구성된 문자소와 대응시켰다. 세종의 천재성은 최소한의 기본 규칙들을 아문자소(亞文字素 기본 자음자와 천지인, 그리고 획)에 적용하여 필요한 모든 문자소(文字素 자음자/모음자)를 유도해 냈다는 데 있다.

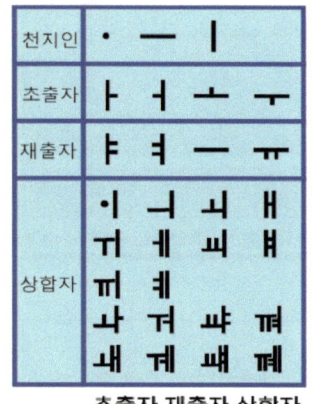

세종은 기본 자음자로 ㄱㄴㄷㅅㅇ를 확정하고 기본 자음자에 가획, 연서, 병서의 법칙을 적용해 나머지 자음자를 만들었고 기본 모음 부호 •ㅡㅣ로 초출자/재출자/상합자를 만들었다. 적용된 환원주의적 방법은 한글 자모를 단순화시켰고 암기해야 하는 부호의 수를 획기적으로 줄여, 구성원의 학습능력 차이가 크게 벌어지는 대중 속으로 한글이 퍼져 나가는 데 핵심적인 역할을 했다.

세종은 이렇게 만들어진 자음자와 모음자에 합자해를 적용해 음절 단위로 모아쓰는 문자체계를 창조했다. 그래서 한글의 속살은 알파벳이지만 외골격은 음절문자이다. 한글의 속살은 잘 씹히지만 외골격은 잘 씹히지 않는다. 그런데 현대 국어와 중세국어에서 모아쓰기를 적용해 만들 수 있는, 이론상 가능한 음절의 가짓수는 얼마나 될까? 자음자와 모음자를 조합해 만들 수 있는 한글의 음절 수를 모르는 사람이 의외로 많다.

● 현대 국어의 음절 수

	1	2	3	4	5	6	7	8	9	10	11	12	13	14	15	16	17	18	19	20	21	22	23	24	25	26	27
초성	ㄱ	ㄴ	ㄷ	ㄹ	ㅁ	ㅂ	ㅅ	ㅇ	ㅈ	ㅊ	ㅋ	ㅌ	ㅍ	ㅎ	ㄲ	ㄸ	ㅃ	ㅆ	ㅉ								
중성	ㅏ	ㅑ	ㅓ	ㅕ	ㅗ	ㅛ	ㅜ	ㅠ	ㅡ	ㅣ	ㅐ	ㅒ	ㅔ	ㅖ	ㅘ	ㅙ	ㅚ	ㅝ	ㅞ	ㅟ	ㅢ						
종성	ㄱ	ㄴ	ㄷ	ㄹ	ㅁ	ㅂ	ㅅ	ㅇ	ㅈ	ㅊ	ㅋ	ㅌ	ㅍ	ㅎ	ㄲ	ㄳ	ㄵ	ㄶ	ㄺ	ㄻ	ㄼ	ㄽ	ㄾ	ㄿ	ㅀ	ㅄ	ㅆ

초성 중성 종성 ┌ 받침이 없는 경우
(19) X (21) X (27 + 1) = 11,172

현대 국어의 음절 수 계산

---

³⁴⁴ 하나의 개념을 다른 개념들로 치환하여 정의하는 철학적 사조. 치환하는 개념들은 치환되는 개념보다 더 근본적이고 덜 복잡한 특성을 보인다. 르네 데카르트를 시초로 볼 수 있지만 필자는 서양의 철학적 사조는 고대 그리스의 탈레스 이래로 환원주의적 전통에 기초를 두고 있다고 생각한다.
Robert Audi, The Cambridge dictionary of philosophy, Cambridge University Press(2001), P 778-779

초성 글자 19개, 중성 글자 21개, 종성 글자 27개로 만들 수 있는 현대 국어의 음절 수는 1,1172이다.

이론상으로 1,1172개의 음절을 만들 수 있으나 2350종의[345] 음절이 실제 현대 한글에서 쓰이는 음절 종류의 99.99%를 차지한다. 빈도수 0.01%는 해당 음절이 가끔 쓰인다는 말이지 필요 없다는 말은 아니다. 대표적인 예로, 2350개의 음절만 허용되던 1980년대 인터넷통신망에서 '똠방각하'를 표기할 수 없었다.

중세국어에서 이론상 만들 수 있는 음절의 가짓수를 계산하는 데는 애매한 점이 있다. 첫째, 중세의 시간 폭이 넓어 중간에 사라진 글자가 있다. 둘째, 중세에는 현대와 같은 명확한 표준어 규정이 없었다. 셋째, 중세를 관통하여 사용된 모든 홑자음자와 겹자음자를 제시한 연구 결과물이 현재 없다.

● 남광우 고어사전에 근거를 둔 중세국어의 음절 수[346]

	1	2	3	4	5	6	7	8	9	10	11	12	13	14	15	16	17	18	19	20	21	22	23	24	25	26	27	28
초성	ㄱ	ㄲ	ㄴ	ㄸ	ㄷ	ㄸ	ㄹ	ㅁ	ㅂ	ㅂㄱ	ㅄㄷ	ㅃ	ㅄ	ㅄㄱ	ㅄㄷ	ㅄㅈ	ㅄㅌ	ㅸ	ㅅ	ㅺ	ㅻ	ㅼ	ㅽ	ㅆ	ㅾ	ㅿ	ㅇ	ㆀ
	ㅈ	ㅉ	ㅊ	ㅋ	ㅌ	ㅍ	ㅎ	ㆅ	ㆆ																			
중성	ㅏ	ㅐ	ㅑ	ㅒ	ㅓ	ㅔ	ㅕ	ㅖ	ㅗ	ㅘ	ㅙ	ㅚ	ㅛ	ㅜ	ㅝ	ㅞ	ㅟ	ㅠ	ㅡ	ㅢ	ㅣ	·	ㆎ					
종성	ㄱ	ㄳ	ㄴ	ㄵ	ㄶ	ㄷ	ㄹ	ㄺ	ㄻ	ㄼ	ㄽ	ㄾ	ㄿ	ㅀ	ㅁ	ㅁㅂ	ㅯ	ㅂ	ㅄ	ㅅ	ㅿ	ㅇ	ㆁ	ㅈ				
	ㅊ	ㅌ	ㅍ																									

초성　　중성　　종성　　받침이 없는 경우
(37) X (25) X (31 + 1) = 2,9600

남광우 고어사전에 근거한 한글 음절 수 계산

● 우리말 큰사전에 근거를 둔 중세국어의 음절 수[347]

	1	2	3	4	5	6	7	8	9	10	11	12	13	14	15	16	17	18	19	20	21	22	23	24	25	26	27	28
초성	ㄱ	ㄲ	ㄴ	ㄸ	ㄷ	ㄸ	ㄹ	ㅁ	ㅂ	ㅂㄱ	ㅄㄷ	ㅃ	ㅄ	ㅄㄱ	ㅄㄷ	ㅄㅈ	ㅄㅌ	ㅸ	ㅅ	ㅺ	ㅻ	ㅼ	ㅽ	ㅆ	ㅾ	ㅿ	ㅇ	ㆀ
	ㆁ	ㅈ	ㅉ	ㅊ	ㅋ	ㅌ	ㅍ	ㅎ	ㆅ	ㆆ																		
중성	ㅏ	ㅐ	ㅑ	ㅒ	ㅓ	ㅔ	ㅕ	ㅖ	ㅗ	ㅘ	ㅙ	ㅚ	ㅛ	ㅜ	ㅝ	ㅞ	ㅟ	ㅠ	ㅡ	ㅢ	ㅣ							
	ㅣ	·	ㆎ																									
종성	ㄱ	ㄲ	ㄳ	ㄴ	ㄴ	ㄵ	ㄶ	ㄷ	ㄹ	ㄺ	ㄻ	ㄼ	ㄽ	ㄾ	ㄿ	ㅀ	ㅁ	ㅁㄱ	ㅁㅂ
	ㅯ	ㅰ	ㅱ	ㅂ	ㅄ	ㅸ	ㅅ	ㅆ	ㅿ	ㅇ	ㆁ	ㆁㄱ	ㆁㅅ	ㅈ	ㅊ	ㅋ	ㅌ	ㅍ	ㅎ

초성　　중성　　종성　　받침이 없는 경우
(38) X (31) X (47 + 1) = 5,6544

우리말 큰사전에 근거한 한글 음절 수 계산

우리나라에서 가장 권위 있는 한글 사전인 우리말 큰사전(한글학회1992)에[348] 제시된 중세의 자모음자를 가지고 조합 가능한 음절 수를 계산해 보겠다.

중세국어의 조합 가능한 음절수(5,6544)는 현대 국어의 음절수(1,1172)의 5배이다.

---

345 알브레히트 후베, 날개를 편 한글, 박이정(2019), P 291
346 남광우, 교학 고어사전, 교학사(2025), P 10
347 한글학회 지음, 우리말 큰사전, 어문각(1991), P 11
348 이관규, 한글 자모음자 연구, 박이정(2024), P 233

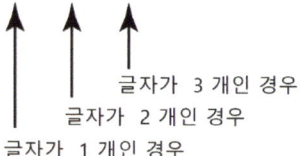

유니코드에 근거한 한글 음절 수 계산

$(124) \times (94) \times (138 + 1) = 160,8528$

초성의 가지수 중성의 가지수 종성의 가지수 받침이 없는 경우

● 유니코드에 근거를 둔 중세국어의 음절 수

유니코드에 등록된 중세와 현대의 자음자와 모음자를 조합해서 만들 수 있는 음절의 가짓수는 무려 160,8528종이다. 160만 종의 완성형 폰트와 활자를 실제로 제작하는 것은 거의 불가능하다. 오직 조합형 활자와 폰트가 한글 기계화의 난제에 해답을 줄 수 있다.

● 변정용의 중세국어 음절 수 계산[349]

$$(17^1 + 17^2 + 17^3)(11^1 + 11^2 + 11^3)(1 + 17^1 + 17^2 + 17^3) = 398,5677,2340$$

초성의 가지수 — 글자가 1개인 경우 / 글자가 2개인 경우 / 글자가 3개인 경우
중성의 가지수
종성의 가지수 — 받침이 없는 경우 / 글자가 1개인 경우 / 글자가 2개인 경우 / 글자가 3개인 경우

변정용의 한글 음절 수 계산

훈민정음 창제원리에 입각해 초성, 중성, 종성에 삼중 자음자, 삼중 모음자까지 허용하면 아무리 적게 잡아도 음절의 가지수가 399억개나 된다. 천문학적인 숫자에 입을 다물 수가 없다.

---

[349] 변정용, 한글의 과학성, 함께 여는 국어교육 26(1996가을호), 399억 개(398,5677,2340)의 음절 가지수를 주장

알브레히트 후베의 중세국어 음절 수 계산[350]

	1	2	3	4	5	6	7	8	9	10	11	12	13	14	15	16	17
초성	ㄱ	ㄴ	ㄷ	ㄹ	ㅁ	ㅂ	ㅅ	ㅇ	ㅈ	ㅊ	ㅋ	ㅌ	ㅍ	ㅎ	ㅿ	ㆁ	ㆆ
중성	ㅏ	ㅑ	ㅓ	ㅕ	ㅗ	ㅛ	ㅜ	ㅠ	ㅡ	ㅣ	ㆍ						
종성	ㄱ	ㄴ	ㄷ	ㄹ	ㅁ	ㅂ	ㅅ	ㅇ	ㅈ	ㅊ	ㅋ	ㅌ	ㅍ	ㅎ	ㅿ	ㆁ	ㆆ

초성의 가지수　　중성의 가지수　　종성의 가지수

$$(1 + 17^1 + 17^2 + 17^3)(11^1 + 11^2 + 11^3)(1 + 17^1 + 17^2 + 17^3) = 398,6440,9200$$

- 글자가 3개인 경우
- 글자가 2개인 경우
- 글자가 1개인 경우
- 음이 없는 반절(反切)을 표시하는 경우
- 글자가 3개인 경우
- 글자가 2개인 경우
- 글자가 1개인 경우
- 받침이 없는 경우

알브레히트 후베의 한글 음절 수 계산

훈민정음 창제원리에 입각해 초성 중성 종성에 삼중 자음, 삼중 모음까지 허용하고 초성이 빠지는 음절 즉 반절을 표시하기 위해 초성에 하나의 경우수를 더 추가하면 연서자 ㅸ ㆄ ㅹ ㅱ를 제외해도 398,6440,9200 이다. 변정용의 계산보다 조금 더 많은 음절의 가지수가 생겨난다.

변정용과 알브레히트의 계산에 ᄼ, ᄽ, ᅎ, ᅏ, ᅔ, ᄾ, ᄿ, ᅐ, ᅑ, ᅕ와 같은 변형자모나 ㅱ, ㅸ, ㅹ, ㆄ처럼 연서에 의해 만들어진 글자를 포함하면 음절의 가짓수는 상상을 초월하게 된다.

3-13 형태에 따른 한글 모음자와 한글 음절의 분류

형태에 따른 한글 모음자의 분류

	1	2	3	4	5	6	7	8	9
오형모음자	ㅗ	ㅛ	ㅜ	ㅠ	ㅡ				
와형모음자	ㅘ	ㅝ	ㅚ	ㅟ	ㅢ	ㅙ	ㅞ		
아형모음자	ㅏ	ㅑ	ㅓ	ㅕ	ㅣ	ㅐ	ㅒ	ㅔ	ㅖ

형태에 따른 한글 모음자의 분류

형태에 따른 한글 음절의 분류

종성의 유무에 상관없이 한글 음절은 크게 세 종류로 분류된다.[351]

① 아형음절: 아형모음자가 포함된 음절
② 오형음절: 오형모음자가 포함된 음절
③ 와형음절: 와형모음자가 포함된 음절

---

350 알브레히트 후베, 날개를 편 한글, 박이정(2019), P 183
351 Hangeul Koreas Unique Alphabet, Seoul Selection(2010), P 27

	ㄱ	ㄴ	ㄷ	ㄹ	ㅁ	ㅂ	ㅅ	ㅇ	ㅈ	ㅊ	ㅋ	ㅌ	ㅍ	ㅎ	ㄲ	ㄸ	ㅃ	ㅆ	ㅉ	
ㅗ	고	노	도	로	모	보	소	오	조	초	코	토	포	호	꼬	또	뽀	쏘	쪼	오형음절
ㅛ	교	뇨	됴	료	묘	뵤	쇼	요	죠	쵸	쿄	툐	표	효	꾜	뚀	뾰	쑈	쬬	
ㅜ	구	누	두	루	무	부	수	우	주	추	쿠	투	푸	후	꾸	뚜	뿌	쑤	쭈	
ㅠ	규	뉴	듀	류	뮤	뷰	슈	유	쥬	츄	큐	튜	퓨	휴	뀨	뜌	쀼	쓔	쮸	
ㅡ	그	느	드	르	므	브	스	으	즈	츠	크	트	프	흐	끄	뜨	쁘	쓰	쯔	
ㅘ	과	놔	돠	롸	뫄	봐	솨	와	좌	촤	콰	톼	퐈	화	꽈	똬	뽜	쏴	쫘	와형음절
ㅝ	궈	눠	둬	뤄	뭐	붜	숴	워	줘	춰	쿼	퉈	풔	훠	꿔	뚸	뿨	쒀	쭤	
ㅚ	괴	뇌	되	뢰	뫼	뵈	쇠	외	죄	최	쾨	퇴	푀	회	꾀	뙤	뾔	쐬	쬐	
ㅟ	귀	뉘	뒤	뤼	뮈	뷔	쉬	위	쥐	취	퀴	튀	퓌	휘	뀌	뛰	쀠	쒸	쮜	
ㅢ	긔	늬	듸	릐	믜	븨	싀	의	즤	츼	킈	틔	픠	희	끠	띄	쁴	씌	쯰	
ㅙ	괘	놰	돼	뢔	뫠	봬	쇄	왜	좨	쵀	쾌	퇘	퐤	홰	꽤	뙈	뽸	쐐	쫴	
ㅞ	궤	눼	뒈	뤠	뭬	붸	쉐	웨	줴	췌	퀘	퉤	풰	훼	꿰	뛔	쀄	쒜	쮀	
ㅏ	가	나	다	라	마	바	사	아	자	차	카	타	파	하	까	따	빠	싸	짜	아형음절
ㅑ	야	냐	댜	랴	먀	뱌	샤	야	쟈	챠	캬	탸	퍄	햐	꺄	땨	뺘	쌰	쨔	
ㅓ	거	너	더	러	머	버	서	어	저	처	커	터	퍼	허	꺼	떠	뻐	써	쩌	
ㅕ	겨	녀	뎌	려	며	벼	셔	여	져	쳐	켜	텨	펴	혀	껴	뗘	뼈	쎠	쪄	
ㅣ	기	느	드	르	므	브	스	으	즈	츠	크	트	프	흐	끄	뜨	쁘	쓰	쯔	
ㅐ	개	내	대	래	매	배	새	애	재	채	캐	태	패	해	깨	때	빼	쌔	째	
ㅔ	게	네	데	레	메	베	세	에	제	체	케	테	페	헤	께	떼	뻬	쎄	쩨	
ㅒ	걔	냬	댸	럐	먜	뱨	섀	얘	쟤	챼	컈	턔	퍠	햬	꺠	떄	뺴	썌	쨰	
ㅖ	계	녜	뎨	례	몌	볘	셰	예	졔	쳬	켸	톄	폐	혜	꼐	뗴	뼤	쎼	쪠	

구조에 따른 한글 음절의 분류

    훈민정음 해례편 합자해에는 아형모음자는 아형음절에, 오형모음자는 오형음절에, 와형모음자는 와형음절에 쓰도록 규정되어 있다. 합자해는 얼핏 보면 당연하고 논리적이다. 가로보(ㅡ)가 들어간 오형모음자를 초성자음자의 오른쪽에 위치시키면 한 음절이 가로로 너무 많은 공간을 차지하게 되어 어색해진다. 세로기둥(ㅣ)이 들어간 아형모음자를 초성자음 아래쪽에 위치시키면 한 음절이 세로로 너무 길어져서 역시 어색해진다. 세종이 모음자를 만들기 위한 기본재료로 세로기둥과 가로보를 선택한 순간 합자해는 피할 수 없는 강압적 지침이 되었다. <u>기호의 모양이 기호의 위치를 강제했다. 합자해(合字解)는 천지인 기호의 모양이 만들어 낸 결과물이다.</u>

3-14 훈민정음은 불경 위에서 태어나 유교 경전 밑에서 압사당한 후 성경 위에서 부활했다.[352]

◐ 인도 음운학의 성립 배경

    고대 인도에서 브라만교의 성전(聖典)을 총칭하는 산스크리트어 베다(Veda)는 기원전 1500년 전에 성립되었으며 성립 이후 오로지 구전으로 계승되었고 상당한 시간이 지난 후 문자화되었지만 구전의 정확

---

[352] 축가녕 지음, 양도희 옮김, 불경언어학, 역락(2023), P 78, 79, 176, 177, 191, 192, 196, 202, 222, 226, 227, 232, 276, 277, 278
정광, 한국어 연구사, 박문각(2022), P 68, 69, 85, 91, 160, 526

함은 실로 경탄할 만하다. 베다가 구전되며 전승될 때 오류를 최소화하기 위한 몇 가지 장치가 있었다. 그 가운데 하나는 베다를 암송할 때 단어의 순서를 바꾸어 가며 암송하는 비끄리띠(vikrti)이다.[353] 베다는 찬가/기도문/진언/주문/주술/마법/교의/제식집행 규칙/제례의 유래와 의미/브라만교의 원리/베다 해석 방식/범아일여의 사상을 대표로 하는 다양한 철학적 고찰 및 문답식 문헌 등으로 구성되어 있다.

불과 100년 전에 인쇄된 한국어책과 문헌을 한 번이라도 읽어본 경험이 있는 사람들은 언어가 얼마나 빨리 변하는지 실감할 수 있을 것이다. 고대 인도에서 세월이 흐르면서 베다의 언어인 산스크리트어와 민중이 사용하는 프라크리트어 사이의 괴리는 점점 커졌고 후대의 사람들은 수천 년 동안 정확하게 구전된 산스크리트어 베다를 이해하기가 점점 어려워졌다.

삼천포三千浦

- 가책(呵責): 스님이 수행 중 범한 잘못을 꾸짖는 벌
- 각색(脚色): 스님의 이력을 적은 각하색물(脚下色物)의 준말
- 건달(乾達): 제석천에서 음악을 관장하던 신 건달바(乾達婆)
- 금시조(金翅鳥): 수미산에 용을 잡아먹는 새
- 금언(金言): 영원불변한 부처의 말
- 기와: 산스크리트어 가팔라(kapala)를 음역한 개와(蓋瓦)의 변음어
- 기특(奇特): 부처가 중생제도를 위해 무색계에서 내려온 행위
- 내색(內色): 모양·소리·냄새·맛·촉감의 외색(外色)을 눈·귀·코·혀·몸으로 인식
- 노파심(老婆心): 자질구레한 일까지 걱정하는 할머니의 마음
- 늦깎이: 나이가 들어 출가한 승려
- 다반사(茶飯事): 차를 마시거나 밥을 먹는 일
- 단위(單位): 선방에서 각자의 이름을 붙여 정한 자리
- 대중(大衆): 출가하거나 출가하지 않은 남녀 신도
- 도구(道具): 도를 닦을 때 사용하는 물건: 염주, 범종, 목탁, 죽비...
- 동냥(動鈴): 번뇌를 깨뜨리고 불심을 일으키기 위해 금강령(金剛鈴)을 흔드는 행위
- 면목(面目): 참모습
- 명색(名色): 12연기의 하나
- 무진장(無盡藏): 부처의 법의, 우리의 마음
- 바라지: 법사가 경을 읽을 때 옆에서 송구를 받아 읽거나 거드는 사람
- 사물놀이: 법고·운판(雲版)·목어·범종의 네 악기로 치르는 불교의식
- 산통(算筒)깨다: 스님들이 치열한 논쟁을 하다.
- 살림: 절의 재산을 관리하는 산림(山林)의 변음어
- 삼시(三時): 부처가 입멸한 후 세 시기 즉, 정법시·상법시·말법시를 이른다.
- 세계(世界): 중생이 사는 현상계
- 스승: 승려
- 시달리다: 시다림(尸陀林인도의 공동묘지)에서 악취, 질병, 날짐승을 견디며 수행하다.
- 아궁이: 베다에서 불의 신 아그니(agni)
- 야단법석(野壇法席): 대웅전 앞마당에서 열리는 법회
- 어발이: 큰 발우를 이르는 어발우(御鉢盂)→동작이 굼뜬 사람
- 언어도단(言語道斷): 궁극의 진리는 언어를 통해 이를 수 없다.
- 영접(迎接): 보살이 임종한 수행자를 정토로 인도하는 행위
- 외도(外道): 불교 이외의 도, 불교는 내도(內道)
- 은어(隱語): 깨달음에 이르게 하는 간접적인 표현
- 이판사판(理判事判): 이판승과 사판승 즉, 조선에서 가장 낮은 신분→ 막다른 골목
- 장광설(長廣舌): 부처님의 길고 넓은 혀, 가르침
- 주인공(主人公): 득도한 인물
- 짐승: 중생(衆生)의 변어
- 투기(投機): 마음을 열고 몸을 던져 지혜를 얻음
- 향수(香水): 향을 달여 만든 불상 세척제
- 현관(玄關): 심오한 이치로 들어가는 관문
- 횡설수설(橫說竪說 竪세울 수): 부처가 듣는 사람의 수준에 맞게 가로 방향으로 세로방향으로 즉, 여러 방향으로 설법하다.

참고: 이재운, 우리말 어원사전, 노드마(2022), P 456~476

불교에서 유래한 한국어

고대 인도인은 인드라를 조복(調伏)하기 위한 제사에서 부정확하게 발음된 진언은 제주(祭主)에게 오히려 화를 미친다고 생각했다.[354] 또 고대 인도의 아리안은 신들도 우주의 질서하에 있으므로 제사를 통해 우주의 질서에 개입해서 특정한 사건의 발생을 도모하려면 주문의 정확하고 엄밀한 전승/이해/구사는

---

353 강성용, 인도의 구전전통에 대한 이해와 인도 고전 읽기, 인문언어 제11권 2호, P 141-142
354 임근동, 『고려대장경』의 실담문자 유가금강정경석자모품(瑜伽金剛頂經釋字母品)의 문자배열과 음운을 중심으로, 남아시아연구 제29권 2호(2023), P 27, 28

절대적이라고 생각했다. 이러한 이유로 고대 인도에서 베다를 이해하기 위한 6개의 보조학문으로 어원론(nirukta)/음성학(siksa)/제식학(kalpa)/문법학(vyakarana)/운률학(chandas)/점성술(jyotisa)이 발달하기 시작하였다.355

고대 인도에서 산스크리트어를 보존하고 분석하고 가르치기 위해 일찍부터 산스크리트어를 연구하기 시작하면서 고대 세계를 통틀어 언어학이 가장 먼저 그리고 가장 잘 발달하였다. 베다의 구절을 올바른 형태로 올바른 발음을 통해 정확하게 보전하고 전수해야 한다는 지향점을 향한 일관된 지적 노력이 고대 인도의 음운학이 태동하는 계기가 되어356 파니니의 『팔장八章』으로 대표되는 비가라론(毘伽羅論=기론記論 vyākaraṇa분석하다, 문법과 음운이론)과 성명기론(聲明記論비가라론 가운데 음운론, 明은 배운 것을 분명히 한다는 의미)이 성립되었고 파니니로 대표되는 인도문법학파가 나타났다. 문법 규칙을 3996개의 게송(sutra)에 담은 파니니의 『팔장』은 드락스(Dionysius Thrax 170–90 BC)의 『희랍문법』, 프리스키아누스(Priscianus Caesariensis/ AD 500)의 『라틴문법』과 더불어 세계 삼대 문법서의 하나이면서 가장 오래된 문법서이다.357

고대 중국에서 역경승이 번역한 성명기론의 마다(摩多)와 체언(體言)은 모음(母音)과 자음(子音)을 의미한다. 근대 일본의 번역가는 마다(산스크리트어 mata, mother)를 모음(母音)으로 번역하였고 체문(산스크리트어 vyanjna 장식, 암시)을, 모음을 장식하고 뜻을 분할한다는 의미에서 모음에 부속된 문자 즉 자음(子音)으로 번역하였다.

베다의 이해를 돕기 위한 6개의 보조학문가운에 음성학, 문법학, 어원학이 인도 불경에 포함된 후 동아시아로 전파되어 동아시아 음운학의 모태가 되었다.358

◐ 인도 불경은 중국의 성운학을 일깨웠다.

한나라 때부터 중국에 전파된 불교는 번역이라는 피할 수 없는 운명과 마주했다. 중국에 유입된 불경은 인도유럽어 계통의 산스크리트어로 구술(口述)된 부처의 가르침이 주로 실담문자로 기술(記述)된 책이다. 산스크리트어는 다음절 굴절어이고 고대 중국어는 단음절 고립어이다. 또 불교에 있는 사상과 개념은 중국어에도 중국 문화에도 존재하지 않았다. 따라서 서역의 번역승과 중국의 번역승은 불교의 개념어와 의미 범주가 정확히 일치하는 중국어 용어를 찾아내 산스크리트어와 중국어가 일대일 대응 관계가 되게 번역할 수 없었다. 이러한 현상은 한 언어가 다른 언어로 번역될 때 나타나는 일반적인 현상으로 산스크리트어와 중국어 사이에만 발생하는 특별한 현상은 아니다. "모든 번역은 오역이다."(All translation is mistranslation)라는 극단적인 말이 있을 정도로 완벽한 번역은 근본적으로 불가능하며 번역에 있어서는 근사치에 만족할 수밖에 없는 것이 현실이다. 따라서 중국어에 새로운 번역어가 쏟아져 들어올 수밖에 없었다. 이들 번역어 가운데 음역어(音譯語)가 상당수였는데 의역(意譯)대신 음역(音譯)할 때 역경승들은 당나라의 현장(玄奘602?~664)이 제안한 오불번(五不飜)의 원칙을 따랐다.

① 깊고 미묘하면서 비밀스러운 부처의 말씀은 의역하지 않는다.
② 의미가 여러 가지인 것은 의역하지 않는다.

---
355 강성용, 철학용어의 의미 만들기, 인도철학 제29집(2010), P 269
356 강성용 지음, 빠니니 읽기, 한길사(2011), P 7
357 정광, 한국어 연구사, 박문사(2022)
358 정광, 한국어 연구사, 박문사(2022)

③ 중국에 없는 것은 의역하지 않는다.
④ 옛날부터 사용해 온 의역어는 다시 번역하지 않는다.
⑤ 존경심을 불러일으킬 필요가 있을 때 의역하지 않는다.

오불번의 원칙은 중국어에 수많은 음역어가 생겨나는 원인이 되었다. 만약 억지로 비슷한 단어를 찾아서 번역한다면 불법의 본래 의미를 놓칠 수 있으므로 음역된 용어에 원어의 뜻을 유지한 것은 현명한 번역 전략이었다.

음역 과정은 중국어에 많은 영향을 미쳤다. 고대 인도의 음운론이 집약된 성명론(聲明論)과 실담장(悉曇章)은 중국의 성운학을 일깨웠다. 중국의 역경승은 인도 성운학으로부터 자극받아 중국음을 성과 운으로 나누는 방법을 고안해 냈다. 즉 인도의 음운론 덕분에 중국어에서 반절법(反切法: 한 음절을 聲과 韻으로 쪼개는 방법)이 태동하게 되었다. 중국의 역경승들은 중국어와 산스크리트어를 비교하는 과정에서 산스크리트어에는 없는 4성 체계가 중국어에 있다는 사실을 자각하게 되었고 성조에 관한 연구를 시작하였다. 당나라 말기에는 실담문자의 글꼴을 모방한 한자-자모표음기호로 한자음을 표기할 수 있게 되었다. 불경의 번역 과정에서 무수히 많은 개념어가 소개되었고 위진에서 송대에 이르는 동안 중국어음의 간화(簡化) 현상이 발생했기 때문에 당시의 1음절 단어는 용어에 대한 수요를 충족시켜 줄 수 없었다. 결국 중국어에 2음절 단어의 폭발적인 증가와 일자다의(一字多義)현상이 초래되었다.

인도에서 성립된 비가라론과 파니니의 『팔장八章』은 한자의 발음을 성과 운으로 분석하는 반절법과 성운학의 발달로 이어졌다. 천축의 승려 축불념(竺佛念)이 한역한 보살영락본업경(菩薩瓔珞本業經)에 불도에서 배워야 할 십이부경(十二部經)의 하나로 비가라론이 들어 있다. 고대 중국의 불제자들은 인도의 성명론과 실담장을 배웠고 중국어에 어음학과 성운학을 구축한 결과 자모체계, 4성 분석, 4등(等)의 개념을 종합한 등운도(等韻圖)를 제작할 수 있었다. 최초의 등운도는 정초(鄭樵 1104~1162)의 통지(通志)에 있는 칠음략(1160)과 남송의 장린지(張麟之)가 간행한 『운경韻鏡1161』이다. 『통지通志』 [육서략]의 "기일성문도를 쓴 정초는 "석씨(불가의 승려 특히 역경승)는 참선을 큰 깨달음으로 삼고, 성운학에 능통한 것을 작은 깨달음으로 삼았다"라는 말을 남길 정도로 인도 음운론의 영향을 지대하게 받았다.

북송의 소옹(邵雍)이 지은 『황극경세성음창화도皇極經世聲音唱和圖』, 남송 시대 장린지(張麟之)가 간행한 『운경韻鏡1161』, 남송 시대 정초가 저술한 『통지通志』의 [칠음략1162], 양중수(楊中修)의 『절운지장도切韻指掌圖1297』, 남송의 채원정(蔡元定)이 지은 『성음창화도聲音唱和圖』, 『대반열반경大般涅槃經』의 [문자품]은 중국 성운학의 흥기를 증명해주고 있다.[359]

● 인도 불경은 일본 가나(仮名)의 형성에 공헌했다.

실담자기가 일본에 전래되면서 공해(空海774~835)/최징(最澄)/상효(常曉) 등은 일본 실담학의 기초를 다졌다. 실담학은 일본 가나의 글자 순서에 영향을 주었다. 716년 견당사로 당나라에서 18년간 유학하고 돌아온(735년) 키비노 마키비(吉備真備 693~775)는 실담문자를 참고하여 가나(仮名)문자를 배열한 고쥬온즈(五十音圖)를 제작했다. 헤이안(平安) 시대에 당나라 유학을 끝마치고 일본으로 돌아온 공해 스님은 실담문자의 영향을 받아서 47자로 된 이로하 우타(いろは歌)를 만들었다.[360] 에도시대의 혜황(慧皇

---

[359] 정광, 한국어 연구사, 박문각(2022), P 69, 70, 157, 399
[360] 정광, 한국어 연구사, 박문각(2022), P 120-127
  필자주: 일본 불교(밀교)에서 산스크리트어 학습을 용이하게 하기 위해 가나를 실담자의 배열에 대응시켜 오십음도가 만들어졌다는 설이 일반적이다. 이로하 우타의 가사가 후기 헤이안 시대의 문법을 따르고 있으므로 초기 헤이안 시대에 살았던 공해가 지었다고 보기 어렵다는 학설도 있다.

1656~1737)은 범어자전에 4443개의 산스크리트 어휘를 50음 순으로 배열하였다. 가나의 탁점(濁點)과 반탁점(半濁點)은 실담문자의 모음구별부호에서 기원하였다.

◑ 훈민정음은 불경 위에서 태어났다.

고려시대 중국을 통해 들어온 대장경(大藏經)에 고대 인도의 비가라론(毘伽羅論)과 성명기론(聲明記論)이 포함되어 있다. 고려시대 한자 차자표기와 조선 초기 세종의 훈민정음 창제에 드러난 문법 연구와 음운 분석은 비가라론과 성명기론에 힘입었다. 『대반열반경大般涅槃經』/『대승장엄경론大乘莊嚴經論』/『반야등론석般若燈論釋』/『보행왕정론寶行王正論』/『별역잡아함경別譯雜阿含經』/『금칠십론金七十論』/『바수반두법사전婆藪槃豆法師傳』/『일체경음의一切經音義』에 비가라론이 포함되어 있고『대당대자은사삼장법사전大唐大慈恩師三藏法師傳』/『대당서역기大唐西域記』/『남해기귀내법전南海寄歸內法傳』에 『비가라론』과 『팔장八章』 및 파니니에 대한 자세한 설명이 담겨 있다. 이들 경전은 고려대장경에 포함되어 조선으로 전수되었고 훈민정음 창제에 기여하였다.361

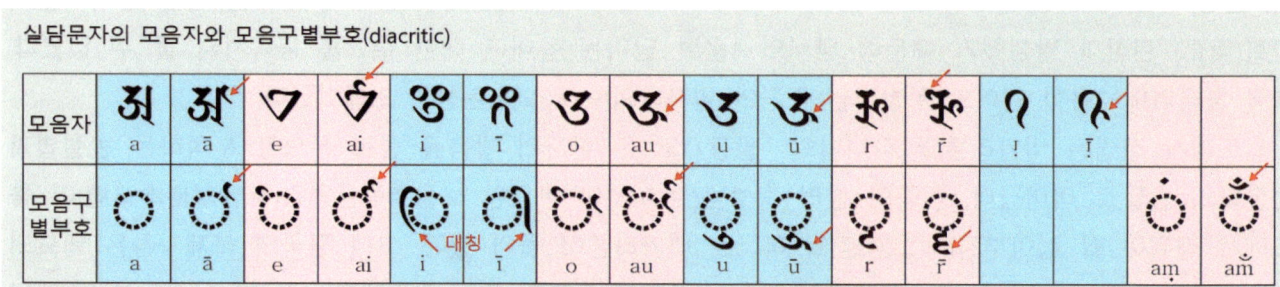

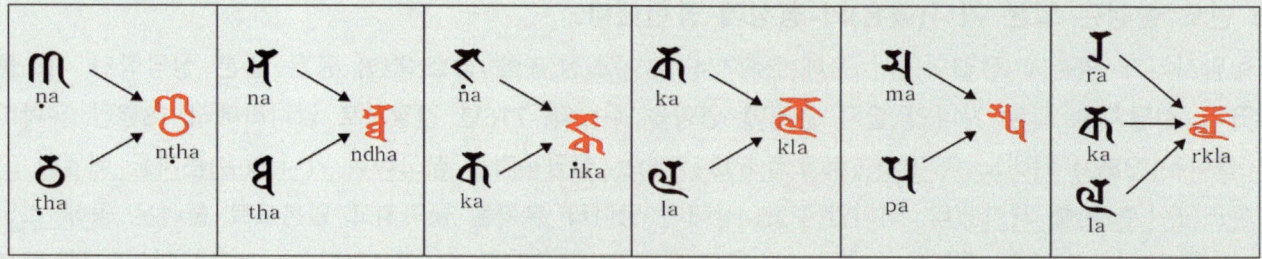

---
361 정광, 한국어 연구사, 박문각(2022), P 95

『비가라론』과 파니니의 『팔장八章』은 한자의 발음을 성과 운으로 분석하는 반절법과 성운학의 발달로 이어졌다. 남송 시대 장린지(張麟之)가 간행한 『운경韵镜1161』, 남송 시대 정초가 저술한 『통지通志』의 [칠음략1162], 양중수(楊中修)의 『절운지장도切韻指掌圖1297』, 북송의 소옹(邵雍)이 지은 『황극경세성음창화도皇極經世聲音唱和圖』, 남송의 채원정(蔡元定)이 지은 『성음창화도聲音唱和圖』, 『대반열반경大般涅槃經』의 [문자품]에 마다(摩多=모음) 14자와 체문(體文=자음) 36자가 소개되어 있다. 당나라 때 지광(智廣 760-830?)이 편찬한 『실담자기悉曇字記』에 단어의 격변화나 동사의 활용법칙은 결여되어 있지만 반자교(半字敎=摩多와 體文의 해설)와 만자교(滿字敎=摩多와 體文의 합성법=문자의 결합법칙), 실담문자의 발음과 관련된 음성법칙 등이 기록되어 있다. 이들 책은 중국 성운학에 크게 기여하였다.[362] 『비가라론』과 『실담장悉曇蔵』은 중국에서 성운학의 기초가 되었고 조선에서 훈민정음 창제 시 음운분석(음의 삼분법)의 배경이론이 되었다.[363]

	유가금강정경석자모품(瑜伽金剛頂經釋字母品)의 실담문자와 훈민정음의 공통점
1	자음과 모음이 분리되어 있다.
2	자음과 모음이 같은 계열끼리 배열되어있다.
3	실담문자의 복자음 표기와 훈민정음의 합용병서
4	실담문자에서 획을 더해 동일 계열 문자로 확장하는 방식과 훈민정음의 가획원리
5	일반적으로 모음이 자음의 오른쪽에 표기되어 있다.
6	u 계열의 모음이 자음의 아래에 표기되어 있다.
7	모음의 변형표기가 있다.
8	단모음 a를 더해가며 모음을 확장하고 있다.
9	실담문자에서 a를 시작으로 모음이 배열, 훈민정음에서 ·를 필두로 모음이 배열되어 있다.
10	모음의 배열이 단모음에서 시작해 복모음으로 진행되고 있다.
11	자음에 a를 붙여 발음하고 있다.(가, 나, 다…로 발음하기 시작한 것은 훈민정음 창제 한참 후이다.)

임근동, 『고려대장경』의 실담문자, 유가금강정경석자모품
(瑜伽金剛頂經釋字母品)의 문자배열과 음운을 중심으로,
남아시아연구 제29권 2호(2023), P 64

유가금강정경석자모품의 실담문자와 훈민정음의 공통점

임근동(2023)의 연구도 훈민정음 음운체계가 인도의 불교 경전과 산스크리트 문법서에서 기원하였다는 사실을 밝히고 있다. 산스크리트어에 능통한 승려 불공(不空)이 『고려대장경』의 유가금강정경석자모품(瑜伽金剛頂經釋字母品)에 배열한 일련의 실담문자는, 산스크리트어를 표기하는 인도문자, 산스크리트어에서 파생된 힌디어를 표기하는 인도문자, 인도문자의 영향을 받은 동남아의 캄보디아문자/버마문자/타이문자/라오스문자의 배열과 아주 비슷하다. 불공식 실담문자 배열은 『리그베다학파의 음운서』(BC 700s~BC 500s)에서 처음으로 나타났고 산스크리트 문법서로 최고의 권위를 자랑하는 파니니의 『팔장서』(BC 500s~BC 400s)와 『팔장서』의 해설서인 빠딴잘리의 『문법대주석』(BC 200s)과 와라다자자의 『소실의본월광』(BC 200s)에서 확립되어 현재에 이르고 있다. 『리그베다학파의 음운서』와 파니니학파의 문헌을 종합하면 『고려대장경』의 실담문자는 발음기관과 조음 방법에 따라, 단모음, 이중모음, 후음, 구개음, 치음, 순음, 반자음, 후음(기음)의 순서로 배열되어 있고 이러한 배열은 훈민정음 음운체계의 원형을 이루고 있다. 『고려대장경』의 실담문자 배열과 훈민정음의 배열은 계열성을 공유하고 있다.[364]

---

362 정광, 한국어 연구사, 박문각(2022), P 69, 70, 157, 399
363 정광, 한국어 연구사, 박문각(2022), P 87, 91
364 임근동, 『고려대장경』의 실담문자 유가금강정경석자모품(瑜伽金剛頂經釋字母品)의 문자배열과 음운을 중심으로, 남아시아연구 제29권 2호(2023), P 25~68

<u>동아시아의 음운학은 불경과 함께 들어온 인도 음운론과 불경 번역의 지적 자극에 의해 도약할 수 있었다. 불경을 타고 중국으로 들어온 인도의 선진 음운론이 한반도로 전파되지 않았다면 세종은 한국어의 음을 분석할 수 있는 음운론을 체득할 수 없었을 것이고 배우기 쉬운 훈민정음 창제는 불가능하였을 것이다.</u> 불경을 타고 중국을 거쳐 한반도로 들어온 인도의 선진 음운론에 근거했을 때 훈민정음의 창제에 불교의 공헌이 지대했다는 사실을 인정하지 않을 수 없다.

불교에 심취해 있던 세종이 훈민정음을 창제할 때 불경을 타고 들어온 인도문자와 인도 음운론의 영향을 받고 참고한 것은 너무도 당연한 일이다.[365] 만약 세종의 훈민정음 창제를 도운 조력자가 있었다면 불교 전반에 해박한 지식을 지닌 고승일 가능성이 높다. 다만 아직 구체적인 증거가 없으므로, 어떤 불교 승려가 훈민정음 창제에 어느 정도 기여했는지는 알 수 없다. 그럼에도 불구하고 정황상 그리고 남아 있는 기록으로 미루어 보아 신미(김수성)를 비롯한 학승들의 기여를 가정하는 것이 무리는 아니며 넓고 깊은 추가 연구를 진행할 이유는 충분히 있다고 생각한다.

◑ 훈민정음은 유교 경전 밑에서 압사당했다.

세종에 의해 훈민정음이 창제된(1443) 후 불경 언해본이 간행되고 유교의 이데올로기를 보급하기 위한 삼강행실도/소학언해와 같은 유교서적 및 농사직설 같은 실용서적이 인쇄되었다. <u>그러나 한글은 조선시대를 통틀어 지배층으로부터 철저히 외면당했다.</u> 조선의 지배층들은 조선을 멸망한 명나라의 정통성을 잇는 작은 중국, 그러니까 소중화라고 생각하고 그들의 문학창작 활동이나 관공서의 문서/정치/경제/행정/상업/회계/의학 전문서적에 한글을 사용하지 않고 한문을 사용하였다. 청나라 황실의 눈을 피해 가며 창덕궁의 한 귀퉁이에 대보단(大報壇)을[366] 쌓고 이미 멸망한 명나라 황제들(홍무제/만력제/숭정제)에게 제사를 지낸 사실이나 우암 송시열이 지은 괴산의 화양구곡(華陽九曲: 주자의 무이구곡武夷九曲을 본떠 중화의 햇볕이 드는 계곡)이라는 지명에서 중화사상에 매몰된 조선 지배층의 세계관과 정체성을 엿볼 수 있다. 조선의 지배세력은 조선을 명나라의 적통을 잇는 정통 소중화로 생각했다. 정통 소중화 사상은 정통 중화요리처럼 조선 지배층의 이데올로기적 입맛을 사로잡다 못해 중독시켰다. 함재봉은 조선 후기의 상황을 다음과 같이 묘사한다. 근대 한글은 선교사들에 의해 재발견되고 재창제된다. <u>개신교 선교사들이 조선에 도착하기 시작했을 때 한글은 용도폐기된 상태였다. 조선의 지도층에 의해서 완전히 외면당하였기에 한글로 축적된 학문도, 문학도 없었다.</u>

"정부가 운영하는 8개의 큰 학교에서는 중국 문학과 중국 과학만을 연구할 뿐이고 조선어는 무시되고 업신여김을 받는다. 이 이상한 사실은 이 나라의 역사로 설명이 된다. 두 세기도 더 전부터 조선은 너무나 중국에 예속되어 와서 한문은 조선 정부와 상류사회의 공용어가 되기에 이르렀다. 정부의 모든 관리는 보고서를 한문으로 써야만 한다. 국왕과 왕국의 연대기, 보고, 수령의 명령, 재판소의 판결, 과학서적, 비문, 통신, 상인들의 회계장부, 상점의 간판 등 모든 것이 한자로 쓰여진다. (중략) 엄격하게 말하자면 <u>조선 특유의 문학이란 존재하지 않는다.</u> 민요나 옛날얘기, 여자들과 아이들을 위한 소설 몇 가지를 제외하고는 모두 중국식 사고의 틀 안에서 <u>중국 문자로 표현</u>되어 있다. 배움 또는 교육은 조선어와 무관한 개념들이다. 조선어는 원시적인 수준에 머물러 있다. 유명한 작가나 시인들은 자신들의 언어를 사용하지

---

[365] 앤드류 로빈슨 지음, 박재욱 옮김, 문자 이야기, 사계절(2013), P 176
[366] 나무위키(2022), 대보단

않았다. 한양에는 두 개의 책방이 있는 것으로 알려져 있는데 거기에서는 중국어 서적밖에는 팔리지 않는다. 조선어로 된 인쇄물은 찾아볼 수 없다. 왜냐하면 소위 배운 사람은 조선 고유의 문자로 쓰인 것은 천한 것으로 간주하기 때문이다. 그런 사람들은 대개 중국식 교육에 푹 빠져 자기 나라의 표음문자, 글에 대해서는 무지하다."[367]

조선이 합병되기 전 조선을 정탐하고 조선잡기(朝鮮雜記1894)를 저술한 일본의 지식인 혼마 규스케(本間九介1869-1919)는 조선에 팽배한 한글 경시 풍조와 낙후된 책 유통 체계를 지적한다.

"언문이란 곧 조선 문자를 말한다. 그 구조는 우리 일본 글과 같다. 교묘한 것이 서양의 알파벳을 능가한다. 한인은 실로 이처럼 교묘한 문자를 가지고, 왜 고생스럽게 일상의 서간문에까지 어려운 한문을 사용하는가? 이것은 내가 이해하기 어려운 바이다. 이처럼 교묘한 문자도 겨우 중류 이하의 사회에서 그 교묘함을 나타낼 뿐이다.[368]

경성에는 책방이 두세 집이 있다. 이들 책방의 상태는 우리나라 히가게쵸(日影町)의 헌책방에 비교하면 아직 멀었다. (중략) 서적을 구하는 것이 불편하다. 그래서 시 문장 같은 것은 다른 사람의 필기를 등사해서 그것을 강습하는 것이 도시나 시골이 서로 다르다. 조선 사람이 문화의 혜택을 입지 못하는 것이 이와 같다. 스스로 무지몽매에 안주하니 불쌍하다."[369]

◐ 훈민정음은 성경 위에서 부활했다.

시대	문맹율	자료 출처
구한말	99%	노영택, 일제시대 문맹률 추이
1930년	85%	조선총독부 조선국세조사보고서(1930)
1945년	78%	미군정청 조사
1948년	41%	1959년 3월31일 조선일보
1958년	4%	교육부, 한국 성인 문해 교육의 발전과정과 성과 (2012), p36

🔊 참고문헌
조선일보(2023년 5년 24일) A34, 박종인의 '땅의 역사' 재인용
노영택, 일제시대 문맹률 추이 재인용

한국의 문맹율 변화

부활의 종교답게 기독교는 죽어버린 글자인 훈민정음을 부활시켰다. 머리부터 발끝까지 성리학으로 찌들은 조선의 지배 엘리트가 무관심과 방기로 말려 죽인 한글의 가치를 서양에서 건너온 벽안의 선교사들은 한눈에 알아보았다. 죽어버린 한글은 한글의 잠재력을 간파한 선교사들의 도움으로 새 생명을 얻게 되었다.

선교사들의 목적은 기독교의 전파에 있었기 때문에 조선 민중에게 면역거부반응을 일으키지 않고 조용히 스며드는 선교를 선택했다. 따라서 지배층이 사용하는 한문보다 조선인과 선교사 자신들이 쉽게 배울 수 있는 한글이 그들의 목적에 더 잘 부합되었다. 문맹률이 99%인 당시의 현실을 고려하건대 구한말 선교사들이 한글을 선교의 매개로 삼은 것은 아주 현명한 선택이었다.

---

367 함재봉, 한국사람 만들기Ⅲ 친미기독교파 Ⅰ, 프레스 (2021), P 143, 144
368 혼마 규스케, 최혜주 역주, 조선잡기, 김영사(2008), P 19
369 혼마 규스케, 최혜주 역주, 조선잡기, 김영사(2008), P 130

중국어 구어와 문어 사이의 괴리를 해소하기 위해 근대 중국에서 한자 개혁이 여러 번 논의되었으나 번번이 실패했다. 명 왕조 말기에 중국어의 라틴문자화 작업이 예수회 선교사들에 의해 시도되었지만 중국어의 라틴문자화는 중국인에게 외세의 침입으로 인식되었다.

베트남에서도 1600년대에 예수회 선교사들은 라틴어에서 파생된 알파벳인 꾸옥응우(Quoc ngu)로 베트남어를 표기하려 하였으나 이 또한 베트남인에게는 외세의 문화 침략으로 인식되었다.[370] 실제로 19세기 후반 베트남의 프랑스인 식민지 관료들은 식민지의 성공적 경영을 위해 중국의 영향력을 줄여야 한다고 생각했으며 예수회 선교사들은 유교의 식자층이 베트남인을 카톨릭교로 개종시키는 데 있어 주된 장애물이라고 보았기 때문에, 프랑스 식민지 관료와 예수교 선교사들은 베트남을 한자의 유산으로부터 격리하고 동시에 그에 따른 전통적 지배 엘리트를 무력화시키기 위해 꾸옥응우를 의도적으로 장려하였다.[371] 그러나 베트남의 프랑스 식민정부가 불순한 의도로 수십만 부의 교과서를 보급하며 교육한 꾸옥응우는 역설적이게도 1920~1945년에 베트남인의 문화적, 민족적 결속을 강화하는 인민적 매개물 역할을 하였다. 1940년대가 되자 정치, 군사, 경제, 과학, 학술을 망라한 모든 분야가 베트남 구어에 기반을 두고 꾸옥응우로 완벽하게 표기될 수 있었다.[372]

선교사들에게 성경 보급과 기독교의 전파가 주목적이었고 라틴문자의 보급은 기독교를 전파하기 위한 수단으로 채택되었다. 민족의식이 이미 강하게 형성된 나라에서 라틴문자의 보급이 외세 침략의 일환으로 받아들여져 예상치 못한 저항을 경험했던 선교사들에게 조선의 한글은 기독교 전파를 위해 신이 내려준 만나로 생각되었다. 서양의 선교사들은 한글을 통해 민족주의에 대한 저항을 최소화하며 조선에서 은밀히 교세를 확장해 갈 수 있었다.

선교사들의 헌신적인 노력 끝에 한글의 옷을 입고 조선사회에 나타난 성경은 조선민중이 기다리던 메시아의 복음을 속삭이기 시작했다. 그리고 이 기독교의 성경 위에서 한글은 기사회생(起死回生)했다. 구한말 선교사들이 한글에 한글전용, 가로쓰기, 띄어쓰기, 문장기호, 현대화된 활자를 과감하게 도입하자 한글은 민중계몽과 민족주의의 구심점으로 금선탈각(金蟬脫殼)할 수 있었다.

선교사들은 근대화된 한글 활자와 한글 명조체(明朝體: 중국에 온 서양의 선교사들이 한자로 된 근대 활자를 개발할 때 중국 명대의 글자체를 저본으로 삼았다는 역사적 사실에서 유래된 이름)로 된 글꼴을 개발하였다. 라틴 문화권에서는 50여 종의 활자로 인쇄가 가능한 반면 한글로 인쇄할 때는 적어도 3000 종 이상의 활자가 필요하다는 사실을 생각하면 선교사들의 목적이 무엇이었든 간에 이들의 눈물 어린 노력과 기여는 100여 년이 지난 지금도 우리에게 감동을 주기에 충분하다.

파리외방선교회 한국선교사 다블뤼(Daveluy 1818-1866) 신부가 1850년대부터 역기 시작한 한불자전은 1873년 리델(Ridel 1830-1884) 주교에 의해 완성되었다. 개항 후 세워진 최초의 일본 성당인 요코하마 천주당에서 한불자전은 수정되고 편집된 후 요코하마에 있는 레코 뒤 쟈폰사(L'ECHO DU JAPON 일본의 소리)에서 간행되었다(1880). 한불자전은 본문-2-단-조판, 가로쓰기 형식을 채택했고 총 714면에 표제어 2,6866개를 자랑하는 조선어-불어 사전이다. 가톨릭 신자 최지혁의 글자를 저본(底本)으로 삼아 일본의 히라노활판제조소(平野活版製造所)에서 제작한 5호 활자(3.68mm)가 한불자전의 인쇄에 사용되었다. 개신교 선교사 언더우드(Underwood)는 1890년 일본 요코하마에서 한영사전을 발행했는데 한불자전과

---

[370] 스티븐 로저 피셔 지음, 박수철 옮김, 문자의 역사, 21세기북스(2010), P 241~246
[371] 베네딕트 앤더슨 지음, 서지원 옮김, 상상된 공동체, 조서출판길(2023), P191-193
[372] 베네딕트 앤더슨 지음, 서지원 옮김, 상상된 공동체, 조서출판길(2023), P194-195

거의 동일한 체제를 채택했다. 한국인 송순용과 일본인 무라오카 헤이키치(村岡平吉1859-1922)가 한불자전과 한영자전의 발행에 관여하였다. 언더우드와 게일(Gale)이 편찬한 한영-영한사전(1890)과 한영사전(1897)도 가로쓰기를 채택했고 요코하마에서 간행되었다. 기독교 선

> **삼천포三千浦**
> 1911년 신구약을 포함한 『성경전서』의 완역 완간이 가지는 국어사적 의미
> ① 『성경전서』는 한글 역사에서 130만자가 넘는, 초유의 초대형 출판물이었다.
> ② 기독교인들은 성경을 배우기 위해 한글을 가르치고 배울 수 있는 야학을 열었다.
> ③ 존 로스와 의주출신의 번역인들은 평안도 입말에 기반을 두고 성경을 번역했다.
> ④ 성경은 1800년대에 쓰인 수 많은 어휘가 포집된 어휘의 보고였다.
> ⑤ 성경이 보급되며 맞춤법과 띄어쓰기의 필요성이 대두되었고 가로쓰기가 보급되었다.
>
> 참고: 이재운, 우리말 어원사전, 노드마(2022), P 495~497
>
> 국어사에서 신약성서와 구약성서의 번역이 가지는 의미

교사들이 한국 근대 출판의 형식을 정립한 거나 다름없다. 리델 신부가 저술한 한불문전(韓佛文典)이 1881년 코스트 신부에 의해 레코 뒤 쟈폰사에서 발행됐다. 한불문전은 서양의 문법체계에 맞추어 조선어를 학문적으로 분석한 최초의 문법서로 평가받고 있으며 히라노 활판제조소에서 만든 최지혁 5호 활자로 가로쓰기 조판을 채택해 인쇄되었다. 언더우드의 [An Introduction to the Korean Spoken Language 1890]는 한불문전의 영향을 받았다. 제임스 스코트의 언문말책(1887)도 한불문전과 존 로스의 [Korean Primer1877]으로부터 영향을 받았다. 나가사키 조선교구 인쇄소에서 [뎐쥬셩교공과1881], [회조직지1882], [셩찰긔략1882], [신명초행1882], [셩교감략1883] 등이 출판되었다. 스코틀랜드 연합 장로교 선교사 존 로스 목사는 한글이 뛰어난 문자여서 기독교 선교를 돕는 데 이바지할 것이라는 점을 간파하고 [예수셩교문답1875]을 번역했고 매킨타이어와 그의 조선인 신도들은 [예수셩교요령1875]을 조선어로 번역했다. 또 존 로스 목사는 이응찬의 도움을 받아 외국인이 쓴 최초의 조선어 학습 단행본인 [Korean Primer1877]를 상하이의 미화서관(美華書館)에서 간행했다. 1879년 로스는 한글 목활자를 일본 주재 스코틀랜드 성서공회 소속의 릴리(Robert Lilly) 목사에게 보냈고 릴리 목사는 목활자를 도쿄의 히라노 활판제조소에 보내 한글 연활자 3,5563개를 제작케 했다. 이 활자가 한글 3호(5.61mm)인데 개신교 성서 번역에 널리 쓰였기 때문에 '성서체'로 불린다. 1882년 [예수셩교 누가복음젼서]와 [예수셩교 요안내복음젼서]가 만주 선양의 문광서원에서 인쇄되었다. 1881년부터 1887년 로스-매킨타이어 목사와 이응찬, 서상륜, 김청송 등이 만주 선양의 문광서원에서 번역 출간한 신약성서를 '로스역', '로스 번역본'이라 한다.

[독립신문]/[한성주보]에 쓰인 한글4호 활자는 1882년 민영익의 개인 수행원으로 민영익과 일본으로 간 이수정(1842-1886)의 글씨를 도쿄 스키지 활판제조소의 종자조각사(種字彫刻師)인 다케구치 쇼타로(竹口正太郎1868-1926)가 활자로 만든 것이다. 한글 4호 활자(4호 한성체)는 [황성신문]/[뎨국신문]/[소년]/근대 교과서 등에 폭넓게 쓰였다.[373] 1883년 요코하마에서 이수정은 국한문 혼용체로 신약마가복음서언해를[374] 번역하여 출판했고 언더우드는 조선에서 선교활동을 할 때 이수정이 번역한 성경을 사용하였다.

비좁은 한반도에 샤머니즘, 불교, 도교, 유교, 기독교, 천도교, 증산교, 최근 들어 이슬람교 등등 수많은 종교가 분쟁 없이 평화롭게 공존하고 있는 이유를 설명하기가 쉽지 않다. 한반도의 영험(靈驗)한 땅 기운 때문인지, 또는 김종필이 입버릇처럼 말하던 '노나먹기'를 잘해서인지 모르겠지만, 유럽이나 중동에서 일어났던 살벌한 종교분쟁도 피 튀기는 종교전쟁도 없었다. 게다가 불교와 기독교가 한 번씩 주고받으면서 한글에 지대한 공헌을 한 역사적 사실에 대해 더 많은 연구와 설명이 있어야 할 것 같다. 한글은 불교와 기독교에 큰 빚을 졌다.

---

[373] 박천홍, 활자와 근대, 너머북스(2018), P106-139
[374] 함재봉, 한국사람 만들기Ⅲ 친미기독교파 Ⅰ, 프레스 (2021), P 148, 149, 151

3-15 훈민정음 모음자의 우수성과 한계

기호의 역사에서 많은 기호가 만들어지고 사용되고 사라졌다. 하나의 기호가 다른 기호와의 경쟁에서 패배하고 소멸하는 이유는 기호의 모양과 기호에 요구되는 기능이 부합되지 않기 때문이다. 모양과 기능의 상호 구속적인 관계는 '모양과 기능(5장)' 편에서 자세히 다루겠다. 현재로선 기호의 모양이 기호에 요구되는 기능을 결정한다는 사실을 이해하면 앞으로의 논의를 진척시키는 데 무리가 없다.

좋은 기호, 영생을 얻을 수 있는 기호는 세 가지 자격을 갖추어야 한다. <u>첫째, 기호는 단순해야 한다. 둘째, 기호는 암기하기 쉬워야 한다. 셋째, 기호와 기호의 결합이 규칙이나 원리를 품을 수 있어야 한다.</u> 첫째와 둘째는 기호의 모양과 관련된 자격조건이고 셋째는 기호의 운영에 관련된 자격조건이다. 기호에 요구되는 자격을 역사적 실례를 들어가며 설명한 다음 한글 모음 기호의 뛰어난 점과 미흡한 점에 관해 설명하겠다.

● 기호의 자격[375]

위치기수법(位置記數法 positional notation system)과 인도아라비아 숫자가 유럽에 도입될 때까지 유럽에서 고등교육을 받은 사람조차, 로마 숫자로 표기된 1000 이상의 숫자에 대한 곱셈과 나눗셈은 말할 것도 없고, 덧셈과 뺄셈을 할 때에도 아주 힘들어했다. 인도 숫자에 도입된 위치기수법은 수의 역사에서 혁명적이었지만 까다롭게도 숫자 기호의 모양에 네 가지 조건을 내걸었다.

① 간결성: 숫자의 획수는 적어야 한다.
② 연결성: 하나의 숫자는 한 덩어리를 하고 있어야 한다.
③ 독립성: 숫자는 다른 숫자의 합성기호가 아니어야 한다.
④ 구별성: 숫자는 다른 숫자와 확실히 구별되어야 한다.

	인도숫자	로마숫자	중국숫자
기호	0 1 2 3 4 5 6 7 8 9	Ⅰ Ⅱ Ⅲ Ⅳ Ⅴ Ⅵ Ⅶ Ⅷ Ⅸ	〇 一 二 三 四 五 六 七 八 九
획수	1 1 1 1 2 2 1 1 1 1	3 4 5 4 2 4 5 6 5	1 1 2 3 5 4 4 2 2 2
평균획수	1.20	4.22	2.60
3141592	3141592	ⅢⅠⅣⅠⅤⅨⅡ	三一四一五九二
간결성	1.2/1.2 = 1	1.2/4.22 = 0.28	1.2/2.6 = 0.46
연결성	1	1	1
독립성	1	0	1
구별성	1	0	1
합계	4	1.28	3.46

인도숫자, 로마숫자, 중국숫자 비교

314,1592를[376] 세 가지 숫자를 사용하여 위치기수법으로 표기하고 비교해 보자. 위치기수법으로 표기된

---

[375] Wikipedia(2023), Notation for differentiation, Fluxion, List of mathematical symbols by subject, Integral symbol, Leibniz's notation
Wikipedia(2023), Table of mathematical symbols   by introduction
Wikipedia(2024), Set-theoretic definition of natural numbers, natural number
Wikipedia(2024), Morse Code, Morse Code mnemonics
Signs and symbols, DK(2008), P 297, 309

[376] 천 단위마다 숫자에 쉼표를 찍는 관행은 유럽 수 체계에 기반을 두고 있으나 동북아의 수 체계에서는 만 단위마다 쉼표를 찍어야 큰 숫자를 읽는 데 혼돈을 막을 수 있다. 우리나라에서 돈을 셀 때 천문학적인 숫자를 사용하기 때문에 우리가 일상에서 영어를 사용하지 않는 한 유럽의 수 체계를 따르는 것은 매우 불합리할 뿐 아니라 불편하다. 필자가 의도적으로 314,1592에 동양식으로 쉼표를 찍었다. 삼백십사만천오백구십이... 참 읽기 쉽지 않은가?

인도 숫자 314,1592는 어느 모로 보나 위치기수법이 요구하는 모든 조건, 간결성/연결성/독립성/구별성을 완벽하게 만족시키고 있다.

위치기수법을 로마 숫자에 도입하여 수를 표기하면 314,1592는 ⅢⅠⅣⅠⅤⅨⅡ가 된다. 로마 숫자를 위치기수법에 사용하면 하나의 자리에 다수의 분리된 로마숫자기호가 채워지기 때문에 각각의 자리에 있는 기호들을 하나의 덩어리로 빠르고 정확하게 인식할 수 없게 된다. 따라서 로마 숫자는 위치기수법에 의한 수표기에 적합하지 않다.

1 I	2 II	3 III	4 IV	5 V	6 VI	7 VII	8 VIII	9 IX
10 X	20 XX	30 XXX	40 XL	50 L	60 LX	70 LXX	80 LXXX	90 XC
100 C	200 CC	300 CCC	400 CD	500 D	600 DC	700 DCC	800 DCCC	900 CM
1000 M	2000 MM	3000 MMM						

499	CD	XC	IX	CDXCIX
	500-100=400	100-10=90	10-1=9	
499	LD	VL	IV	LDVLIV
	500-50=450	50-5=45	5-1=4	
499	VD	IV		VDIV
	500-5=495	5-1=4		
499	XD	IX		XDIX
	500-10=490	10-1=9		
499	ID			ID
	500-1=499			
3999	MMM	CM	XC	IX	MMMCMX
	3000	1000-100=900	100-10=90	10-1=9	

로마 숫자

로마 숫자 체계로 32를 표기하면 XXXII이고 기호 X는 위치기수법으로 보았을 때 십의 자리를 넘쳐흘러 백의 자리와 천의 자리를 차지하고 있다.

그 밖에도 로마 숫자는 많은 단점이 있다. 로마 숫자로 표시할 수 있는 가장 큰 수는 3999(MMMCMXCIX)이다. 다시 말해 로마 숫자로 표기할 수 있는 수는 제한적이다. 한 숫자가 로마 숫자 체계에서 여러 가지 방법으로 표기될 수 있다. 예를 들어 499는 CDXCIX, LDVLIV, XDIX, VDIV, ID처럼 5가지나 되는 방식으로 표기될 수 있다. 로마 숫자 체계에서 표기의 일의성(一意性)이 보장되지 않는다.

711년 아랍인과 베르베르족은 지브롤터 해협을 건너가 이베리아반도를 차지하고 있던 서고트족을 무찌르고 500년 동안 이 지역을 지배하였고 아랍의 과학과 수체계는 유럽으로 퍼져 나가기 시작했다.[377] 로마 숫자의 단점들 때문에 11세기부터 아랍 상인과 아랍의 산수책을 통해 이베리아반도의 알-안달루스(al-Andalus)에 소개된 인도 숫자가 유럽 사회로 서서히 퍼져 나가기 시작했다. 현재 로마 숫자는 시계의 시간, 군주와 교황의 이름, 영화, TV쇼의 제작 연대, 책 서문의 페이지 숫자, 책의 권 수, 연극 대본, 올림픽과 슈퍼볼 같은 스포츠 이벤트의 개최 연도, 법률의 호, 성경의 이름(70인 번역 성경 LXX)을 표기하는 제한된 용도로만 사용되고 있다.[378]

중국 숫자와 위치기수법으로 표기하면 314,1592는 三一四, 一五九二이다. 중국 숫자 一, 二, 三은 로마 숫자처럼 세 개의 선으로 이루어져 있지만 운 좋게도 수평으로 배열되어 있기 때문에 수직으로 숫자를 표기하지 않는 한 숫자의 독립성, 구별성을 저해하지 않는다. 그러나 중국 숫자의 획수는 인도 숫자의 획수보다 2배 이상이므로 중국 숫자를 쓰는데 2배 이상의 시간이 걸린다. 따라서 명청조의 중국인은 중국 숫자를 위치기수법에 맞춰 사용했으나 이후에는 인도 숫자가 사용되고 있다.[379]

---

377 하랄트 하르만 지음, 전대호 옮김, 숫자의 문화사, 알마(2013) p 185-187
378 Wikipedia(2023), Roman numerals
379 Wikipedia(2023), Chinese_numerals

네 가지 기준으로 평가했을 때 인도 숫자의 경쟁력이 가장 높고 로마 숫자의 경쟁력은 매우 낮아 장식용 숫자로 살아남았지만 계산용 숫자로서의 생명은 끊어졌다. 역설적이지만 로마 숫자로는 복식부기(複式簿記double-entry accounting)가 불가능했기 때문에 로마 숫자를 만든 장본인인 이탈리아인은(이베리아 반도의 이슬람교-스페인인을 예외로 치면) 유럽에서 로마 숫자를 가장 먼저 버리고 가장 먼저 아랍으로부터 인도-아라비아 숫자와 복식 부기법을 받아들인 기독교도-유럽인이 되었다.[380] 간단하고 실용적인 인도-아라비아 숫자의 혜택에 힘입어 이탈리아는 무역과 수학에서 괄목할 만한 발전을 이루었고 르네상스를 잉태할 준비를 할 수 있게 되었다.

변수 x에 대한 함수[381] y를 y=f(x)로 표기할 때 x에 의한 y의 도함수는 다음과 같다.

$$\lim_{\Delta x \to 0} \Delta y/\Delta x = \lim_{\Delta x \to 0} (f(x+\Delta x)-f(x))/\Delta x$$

1704년 뉴턴은 함수 위에 찍은 점을(dot notation) 미분(유율fluxtion) 기호로 사용하였다. 함수 y가 위치를 나타내면 시간 t에 의한 y의 미분 $\dot{y}$는 속도를, 속도 $\dot{y}$의 시간 t에 의한 미분 $\ddot{y}$는 가속도를 나타낸다. 뉴턴의 미분 기호는 물리학, 수리물리학, 미분방정식에 사용되었다. 뉴턴은 $\dot{y}=\Box y$ $\ddot{y}=\Box\dot{y}$를 적분(fluent, time integral, absement) 기호로 사용했다.

1675년 라이프니츠는 dx를 x의 무한소 증가분으로, dy를 y의 무한소 증가분으로, x의 무한소(infinitesimal) 증가분에 대한 y의 무한소 증가분의 비율을 x에 대한 y의 도함수(미분)로 정의하였다. $\frac{d}{dx}$ 를 y에 대한 도함수 연산자(differential operator)로 생각할 수 있다.

라이프니츠는 적분을, 무한히 작은 피가수(被加數infinitesimal summand)를 무한히 합하는 연산으로 간주하였다. 라이프니츠는 합산을 의미하는 라틴어 sum의 s를 수직으로 길게 늘여 무한합(無限合)을 의미하는 적분연산자 기호로 사용하였다.

<u>라이프니츠 도함수 기호는 나눗셈이 아니지만 도함수 연산자가 나눗셈과 유사한 점을 보이므로 라이프니츠 도함수 연산자를 나눗셈으로 간주하면 편리한 점이 많다.</u>[382]

극한을 이용한 도함수의 정의	라이프니츠 기호의 직관적 의미	라이프니츠 도함수와 라그란주 도함수
$\lim_{\Delta x \to 0}\frac{\Delta y}{\Delta x} = \lim_{\Delta x \to 0}\frac{f(x+\Delta x)-f(x)}{\Delta x}$	$F(x)=\int f(x)dx$	$\frac{dy}{dx}=f'(x)$
$\dot{y}=\frac{dy}{dt}$ $y=\Box\dot{y}=\int \dot{y}dt$ $\ddot{y}=\frac{d^2y}{dt^2}$ $\dot{y}=\Box y=\int y dt$ $\dddot{y}=\dot{\ddot{y}}=\frac{d^3y}{dt^3}$ $\ddot{y}=\Box\dot{y}=\int \dot{y}dt$ 뉴턴의 미적분 기호	$M(x)+N(y)\frac{dy}{dx}=0$ $M(x)dx+N(y)dy=0$ $\int M(x)dx+\int N(y)dy=C$ 라이프니츠의 기호는 미분방정식의 풀이에 도움이 된다	$\frac{dy}{dx}=\frac{dy}{du}\cdot\frac{du}{dx}$ $\int y\,dx=\int y\frac{dx}{du}du$ $\frac{dx}{dy}=\frac{1}{\left(\frac{dy}{dx}\right)}$ 라이프니츠의 기호는 암기에 도움을 준다

미적분 기호

---

[380] Mark Kurlansky, Paper paging through history, Norton(2016), P 77
[381] 박교식, 수학기호 다시 보기, 수학사랑(2001), P 64
함수라는 용어는 영어 function의 중국어 음역(音譯)인 函數에서 왔고 기호 f는 function의 첫 글자에서 유래했다.
[382] 1960년대, 아브라함 로빈슨Abraham Robinson)은 초실수(hyperreal number超實數)를 정의하고 초실수에서 극한을 정의하여 라이프니츠의 적분기호를 무한소의 나눗셈처럼 사용할 수 있는 수학적 기초(비표준 해석학)를 마련하였다.

① 함수의 도함수를 쉽게 유도할 수 있게 해준다
② 많은 미적분학의 공식을 쉽게 암기할 수 있게 해준다.
③ 미적분학의 기하학적 응용과 역학적 응용의 핵심에 쉽게 도달할 수 있게 해준다.

라이프니츠의 미적분 기호는 뉴턴의 미적분 기호가 제공할 수 없는 편리한 기능을 제공하기 때문에 현재에도 미적분을 대표하는 기호로 사용되고 있다. 그러나 뉴턴의 기호는 물리학의 일부 영역에서 사용될 뿐 수학에서 더 이상 사용되지 않는다.

기호의 모양이 기호에 부여된 기능을 충족시키지 못할 때 기호는 변형되거나 도태된다. 그리고 없어진 기호의 빈자리를 새로운 기호가 채우게 된다.

🔊 참고 문헌
브라이언 클레그 지음, 제효영 옮김, 책을 쓰는 과학자, 을유문화사, (2025), P 184

돌턴의 원소 기호와 베르셀리우스의 원소 기호

화학에서 돌턴의 원소기호는 너무 자의적이고 암기에 부담을 주었기 때문에 기존 알파벳 기호를 이용하여 만들어진 베셀리우스 원소기호와 경쟁하다 패배한 다음 망각의 강 속으로 사라졌다. 스웨덴의 화학자 옌스 야코브 베르셀리우스(Jöns Jacob Berzelius 1779-1848)가 처음 창안한 원소기호는 그의 『화학교과서』가 출간된 1804년 이전부터 이미 돌턴의 기호를 제치고 표준 원소기호로 사랑받게 되었다.[383] 만약 118개의 돌턴 원소기호를 기계적으로 외워야 했다면 화학을 포기한 학생의 수가 세계적으로 얼마나 되었을까?

체르멜로-프랑켈 집합론(Zermelo-Fraenkel set theory)에서 단 두 줄의 기호로 구성된 재귀식(0={ }, n=n-1 ∪ {n-1})으로 무한한 자연수를 정의(recursive definition)할 수 있다는 사실은 재귀식의 가장 큰 장점이다. 재귀식에 적용된 간단하고 명확한 규칙 때문에 개개의 자연수에 대응하는 정의식을 이해하고 기억하는 데 아무런 부담이 없다. 이런 간단한 이산수학(離散數學 discrete mathematics)의 규칙으로 무한을 다룰 수 있다는 것이 경이롭게 느껴진다.

0	{ }
1	{{ }}
2	{{ },{{ }}}
3	{{ },{{ }},{{ },{{ }}}}
4	{{ },{{ }},{{ },{{ }}},...,{{ },{{ }},{{ },{{ }}},...}}
⋮	⋮
n	n-1 ∪ {n-1}

ZF 집합론에 의한 자연수의 정의

---
383 브라이언 클레그 지음, 제효영 옮김, 책을 쓰는 과학자, 을유문화사(2025), P 181

A	•—	G	——•	M	——	S	•••	Y	—•——
B	—•••	H	••••	N	—•	T	—	Z	——••
C	—•—•	I	••	O	———	U	••—		
D	—••	J	•———	P	•——•	V	•••—		
E	•	K	—•—	Q	——•—	W	•——		
F	••—•	L	•—••	R	•—•	X	—••—		

국제 모스 부호(영어)

1	•————	4	••••—	7	——•••	0	—————
2	••———	5	•••••	8	———••		
3	•••——	6	—••••	9	————•		

국제 모스 부호(숫자)

1837년 사무엘 모스(Samuel Morse 1791-1872)는 전신기와 모스부호를 개발했다. 모스부호와[384] 훈민정음 모음자는 점(dot)과 선(dash)으로 구성되어 있다는 공통점을 가지고 있다. 전기 신호가 전선을 통해 선형적으로 전달되기 때문에 점과 선으로 이루어진 모스부호도 선형적이다. 모스가 <u>모스 숫자부호에 적절한 규칙을 부여했기 때문에 모스 숫자부호를 암기하는 데 부담이 없다</u>. 그러나 모스는 알파벳 집합의 원소와 모스 기호 집합의 원소를 일대일대응시킬 때 어떠한 규칙이나 원리도 찾아낼 수 없었다. 따라서 <u>알파벳과 모스기호의 일대일대응은 순전히 자의적(arbitrary)이며 자의적 대응관계를 암기하는 것은 몹시 어렵다.</u> "묻지 마" 암기의 대표적인 예이다.

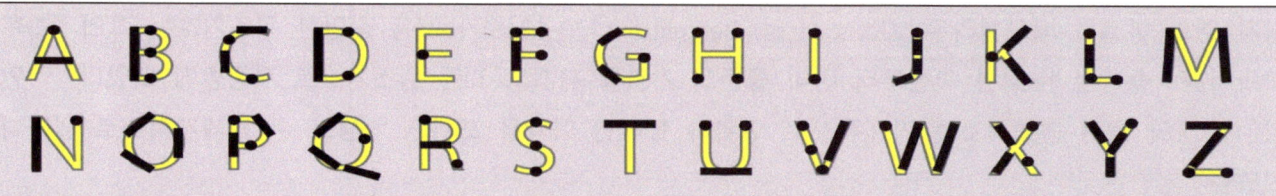

≪Wikipedia(2023)/Morse code mnemonics의 그림을 재구성하였습니다.

국제 모스 부호(영어) 암기법

보이스카우트를 창설한 로버트 파월(Robert Powell 1857~1941)은 모스부호 암기의 어려움을 덜어주기 위해 모스부호 암기법(visual mnemonic)을 개발했다(1918). 홍윤표에 의하면, 일본인은 '돈(점)'과 '쓰(선)' 로 구성된 모스부호 암기법을 사용하였고 한국인은 일본인의 암기법을 전수받아 '쓰'를 '주'로 대체한 일명 '거지 암기법'으로 모스부호를 암기했다. 예를 들면 'ㄱ'은 일본식으로 하면 '돈쓰돈돈'인데 거지 암기법으로 '돈주돈돈'이 된다. 서양과 달리 한국에선 거지 암기법 외에 '부호 암기봉'이라는 몽둥이도 교육용으로 허용되었다.[385] 시각적 암기법을 포함한 여러 가지 억지스러운 암기법(syllabic mnemonic,

---

[384] 휴대폰의 보급으로 2007년 미국의 전보 서비스는 종료되었다. 2023년 한국과 독일에서도 전보 서비스는 종료되었다. 1965년 군사작전 중 붙잡혀 하노이 포로 수용소(일명 하노이 호텔)에 7년 7개월간 수감되었던 미군 제레미아 덴튼은, 미군이 행한 군사작전의 잔학상을 과장하려고 기획된 베트남 TV 기자회견에서, 베트남 군의 협박에 못 이겨 '우리는 잘 지내고 있다'고 거짓 진술을 했다. 그러나 덴튼은 말할 때 눈을 껌벅거려 'torture'라는 모스 신호를 보냈고 미정부는 미군 포로들이 고문당하고 있다는 사실을 눈치챌 수 있었다. 가요 '눈으로'(1978 권태수 작사·작곡·노래)에서 '남들이 알지 못 하도록 눈으로 말해요'라는 가사 그대로였다. 덴튼의 이런 기지 덕분에 미 정부는 베트남에 구금되어 있던 미군이 고문당하고 있다는 사실을 눈치챌 수 있었다. 전후 덴튼은 미국에서 전쟁영웅이 되었고 1980년 마침내 앨라배마주 상원의원으로 선출되었다.

word mnemonic)이 존재한다는 사실은 모스부호 암기의 지난(至難)함을 증언하고 있다.

1948년 미국의 한 슈퍼마켓 주인에게, 계산대 앞에 너무 길게 줄을 선 사람들은 고민거리였다. 이를 해결하기 위해 노먼 조셉 우드랜드(Norman Joseph Woodland)와 버나드 실버(Bernard Silver)는 모스부호에서 영감을 얻어 바코드를 발명했다. 하지만 바코드는 스캐너와 컴퓨터가 아직 상용화되지 못한 당시의 기술적 한계 때문에 1970년대가 되어서야 실현될 수 있었다. 바코드는, 미국 국방성에 의해 채택되어 병참 업무의 혁신을 가져왔고 민간 기업에 수용된 후 유통 및 재고관리에 혁명적인 변화를 불러왔다. 바코드는 컴퓨터의 하드웨어와 소프트웨어를 매개해 주고 천문학적인 경우의 수를 보장해 주는, 최적화된 기호이지만 인간에겐 기억도 이해도 불가능한, 잉크의 얄궂은 흔적일 뿐이다. 인간 지성에 대한 최악의 모독은 아마 바코드의 암기일 것이다.386

바코드

◐ 훈민정음 모음자의 우수성(優秀性)과 한계

필자는 훈민정음 중성해의 가치를 음성학적 정밀성보다 암기에 도움이 된다는 실용성에서 찾고 싶다. 음운학에 무지한 일반 백성은 중성해의 음성학적 의미를 알 수 없다. 여기서 학문적 시비는 전혀 중요하지 않다. 제자해와 중성해가387 천지인 세 개의 부호로부터 도출된 수 십 개의 모음자를 일반인이 쉽게 암기할 수 있게 해주는 규칙과 자연스러운 이유를 제공해주고 있다는 사실이, 무엇보다 중요하다. 제자해와 중성해가 없었다면 모스 기호를 암기할 때처럼 억지스러운 암기법을 동원할 수밖에 없었을 것이다. 중성해는 모음자를 조직적이고 효율적으로 암기하는 데 도움을 주고 있다. 한글 모음자도 모스 기호처럼 점/선으로 이루어져 있지만 초출자와 재출자가 만들어질 때 제자해가 타당한 이유를 부여했고 기본자/초출자/재출자가 결합하여 상합자가 될 때 중성해가 규칙을 부여했기 때문에, 규칙 있는 모음자- 모음 대응이 가능했다.

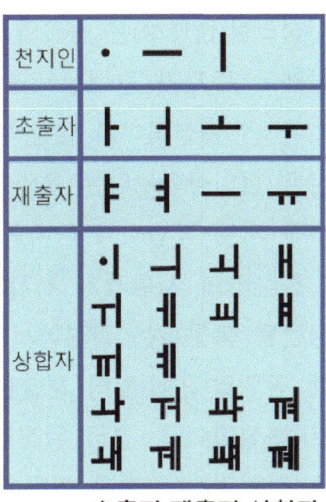

초출자 재출자 상합자

---

385 홍윤표, 한글이야기, 태학사(2013), P 356-357
386 조선일보(2025-09-23) A27 사소한 역사
　　Wikipedia(2025-09-25), Bar cord
387 강신항, 훈민정음연구, 성균관대학교 출판부(2019), P 103, 105-106
　　네이버 지식백과(2024), 중성해 [中聲解]
　　세종은 자음자 제자원리의 두 축 가운데 하나인 가획(加劃)의 원리를 초출자에도 적용하여 재출자를 만들었다. 재출자는 모두 '기어ㅣ(起於ㅣ)'라는 공통점이 있다. 현대식 용어로 표현하면 재출자는 'y' 음을 공통으로 가지고 있다. 재출자에서 음성의 시각화를 통해 음의 동질성은 시각적 동질성으로 재현되었다.
　　훈민정음 해례본의 중성해(中聲解)에는 초출자와 제출자로부터 상합자를 만드는 규칙과 원리가 설명되어 있다.
　　세종은 천지인·초출자·재출자를 조합하여 상합자를 만들었다. 'ㅗ'와 'ㅏ'는 'ㆍ'에서 나왔으므로 합하여 'ㅘ'를 만들 수 있다. 'ㅛ'와 'ㅑ'는 'ㅣ'에서 나왔으므로 합하여 'ㆇ'를 만들 수 있다. 'ㅜ'와 'ㅓ'는 'ㅡ'에서 나왔으므로 합하여 'ㅝ'를 만들 수 있다. 'ㅠ'와 'ㅕ'는 'ㅣ'에서 나왔으므로 합하여 'ㆊ'를 만들 수 있다. 설축(舌縮) 중성 'ㆍ, ㅗ, ㅏ'은 양성모음이므로 양성모음끼리 어울린다. 설소축(舌小縮) 중성 'ㅡ, ㅜ, ㅓ'은 음성모음이므로 음성모음끼리 어울린다. 'ㅣ'로 시작하는 중성은 'ㅣ'로 시작하는 중성끼리 어울린다. 'ㅣ'를 발음할 때 혀가 펴지고 소리가 얕아서 입을 열기 편하기 때문에 'ㅣ'가 '심천(深淺)'이나 '합벽(闔闢)'의 모든 소리와 어울릴 수 있다. 따라서, 외글자 중성자(ㆍ, ㅡ, ㅗ, ㅏ, ㅜ, ㅓ, ㅛ, ㅑ, ㅠ, ㅕ)와 'ㅣ'를 합쳐 (ㆍㅣ, ㅢ, ㅚ, ㅐ, ㅟ, ㅔ, ㆌ, ㅒ, ㆇ, ㅖ)를 만들 수 있고 겹글자 중성자(ㅘ, ㅝ, ㆇ, ㆊ)와 'ㅣ'를 합쳐 (ㅙ, ㅞ, ㅙ, ㆋ)를 만들 수 있다.

훈민정음 창제의 주된 방법론으로 환원주의를 채택한 세종의 안목은 매우 탁월했다. <u>세종의 창의성은 기본 자음자로부터 나머지 자음자를 파생할 수 있게 해주는 가획/각자병서/합용병서에서도 느껴지지만, 단 3개의 천지인 기호로부터 수십 개의 모음 기호를 합성할 수 있게 해주는 중성해에서 가장 잘 드러난다</u>고 필자는 생각한다. 필자는 세종의 중성해를 <u>반논리 암기법(semilogical mnemonic)</u>이라고 부르고 싶다.

글자의 주된 세 가지 기능을 꼽는다면 읽기/쓰기/인쇄를 들 수 있다. 훈민정음의 자음자와 모음자는 쓰기와 읽기가 요구하는 모든 기능을 만족시키고 있다. 훈민정음의 자음자와 모음자는 단순하고 암기하기 쉽고, 기호가 합성될 때 규칙과 원리가 부여되었기 때문에 쓰기와 읽기에 최적화된 기호가 되었다. 그러나 훈민정음의 모음자에는 인쇄가 요구하는 기능이 빠져 있다. 한글은 모음자의 모양과 위치가 불규칙하므로 알파벳임에도 불구하고 음절문자 형태로 인쇄에 사용되고 있다. 인쇄에 관한 한 한글은 한자와 같은 불합리한 음절문자이다. 초성자와 중성자가 결합하는 다양한 위치는 손 글씨에 다양성과 아름다움을 부여하였으나 활자 개발과 타자기를 포함한 한글 기계화에 있어서는 아킬레스건이었다. 안타깝지만 훈민정음은 절반의 성공에서 멈춰 설 수밖에 없었다.

3-16 성리학과 훈민정음[388]

성리학(性理學)은 불교와 도교를 비판하고, 훈고학의 약점을 극복하기 위해 송나라 때 탄생한 유교의 한 갈래로 주자가 집대성하였기 때문에 주자학이라고도 불린다. 선진시대(先秦時代)의 유교는 관념론과 거리가 먼 현실적이고 실천적인 윤리·정치사상이었다. 선진유학은 우주의 근원, 신의 존재, 전생과 사후세계 같은 형이상학보다는 올바른 삶이라는 현실적이고 형이하학적인 문제에 초점이 맞추어져 있었다. 올바른 삶을 사는 방법으로 공자와 맹자는 인을 통한 사랑의 실천과 예를 통한 위계질서의 유지를 강조하였다.

진나라의 시황제가 저지른 분서갱유 때문에 많은 유교경전이 소실되었다. 전한시대(前漢時代)에 유교경전을 복구하는 과정에서 훈고학이 탄생하였고 당나라 때에 훈고학이 유학을 견인하게 되었다. 당나라 때 공영달(孔穎達)이 저술한 오경정의(五經正義)가 유교의 표준 해석이 되면서 유학은 획일화된 도그마로 변질되었다. 결국 위진남북조(魏晉南北朝, 220~589)시대, 수당 시대, 오대십국시대(五代十國 907-979)를 거치며 훈고학은 혼란한 시대를 이끌어갈 이데올로기로서의 모멘텀을 상실하게 되었다. 그러나 전한 말기에 인도에서 유래한 불교는 중국 사상계가 등한시(等閑視)했던 형이상학적 요소를 풍부하게 내포하고 있었기 때문에 후한 말기부터 도교와 더불어 유행을 타기 시작하였다.

군신관계와 부자관계를 중시한 유교와 달리 불교와 도교는 인륜을 사람이 벗어나야 할 구속으로 보았다. 군신부자의 도리를 헛된 망상으로 간주하는 불교의 행태는 신유학자에게 반윤리적 행위로 받아들여졌을 뿐 아니라 신유학자의 역린(逆鱗)을 거슬렀다.[389] 도교의 허무주의와 도피주의, 불교의 개인적 해탈만으로 혼란한 사회를 구제하고 평화로운 세계를 만들 수 없다는 결론에 도달한 송 대의 성리학자들이 유학/불교/도교에 대한 문제점을 극복하기 위해 역설적이긴 하지만, 불교로부터 이사론(華嚴宗의 理事說)/심성론 같은 형이상학과(心性論) 수양법(正坐를 통한 修養法)을, 도교로부터 태극론/우주생성론 같은 형이상학을 흡수하며 선진유학을 재해석하는 과정에서 성리학이 성립되었다. 성리학자들은 우주의 근원, 인간의 본성, 인간 행위의 도덕적 당위성에 관심을 가지기 시작하였다. 북송오자(北宋五子)

---
[388] 안유경 성리학이란 무엇인가, 새문사(2021)
[389] 풍우란 지음, 박성규 옮김, 중국철학사(하), 까치(1999), P 537

로 불리던 주돈이(태극설)/장재(기철학)/소옹(상수 철학)/정호/정이(리 철학)가 성리학을 구체화하였고 주희(朱熹1130~1200)가 집대성하였다. 도교의 도사들에게 전해 내려오던 태극도(太極圖)에 해설을 붙여 『태극도설太極圖說』을 만든 주돈이는 우주생성의 근원인 무극이태극(無極而太極 소리와 냄새 같은 감각세계를 초월(無極)한 태극(太極)을 의미한다)이 음양을 낳고 음양이 분화하여 오행(五行:火水木金土)이 생겨나고 오행의 기(氣)가 사계절을 운행하며 만물을 형성했다고 주장했다. 성리학에서 우주의 원리는 리(理)에 해당되고 우주를 이루고 있는 기질은 기에 해당된다. 예를 들면, 해, 달 같은 물체와 천둥, 번개 같은 현상은 '기'에 해당하며, 이러한 현상들을 일으키는 원리는 '리'에 해당한다. 여기까지 성리학의 리·기는 그리스 철학의 현상(phenomenon: Platonic Forms)·본질(noumenon: Platonic Ideas)과 상치(相値)된다고 볼 수 있다.

정호/정이 형제의 리 철학은 주희가 종합한 이기론의 근거가 되었다. 주희는 유가 사상을 본격적으로 연구하기 전 불교(선종)와 도교에 심취해 있었다. 주희에게 리(태극은 리의 총합이다)는 만물의 근원이고 가치의 척도였다. 주희는 맹자의 성선설을 보완하여 인간의 본성에 절대 선인 리가 내재되어 있다는 성즉리(性卽理)의 개념에 도달했다. 그의 학설에 따르면 리는 하늘이 인간에게 부여한 것이기 때문에 누구나 리를 가지고 있고 노력(수양)을 통해 누구나 성인이 될 수 있다. 최종적으로 주희는 리를 자연법칙과 도덕법칙을 통일하여 설명해 주는 성리학의 제일 원리로 삼았다.[390]

주희는 총체로서의 태극과 여러 개로 나누어진 개별적인 리가 동일한 것이라는 이론을 불교에서 빌려온 월인만천(月印萬川 호수·강·바다에 비친 달그림자(月影)는 무수히 많지만 결국 하나의 달에서 연유한 것이다)으로 설명하고 이일분수(理一分殊=一本萬殊, 殊다를수)로 명명(命名)하였다. "석씨는 '하나의 달이 모든 물에 두루 나타나고 모든 물의 달이 하나의 달에 매였도다.'라고 말하였다."[391]

미야자키 이치사다의 성리학에 대한 비판은 참으로 날카롭다. "주자학은 우주의 생성에 대해 설명하지만 물리학도 천문학도 아니며 좋게 얘기하면 선험적 우주론이지만 실재세계와 아무런 관련이 없는 이론이다. 현실과 동떨어진 우주론으로 인간의 본성을 설명하였으니 인성론 또한 억지스러움의 연속이다. 그럼에도 불구하고 당시의 학문세계에서 무엇이든 성리학으로 설명한 것은 진리로 받아들여졌다. 성리학의 실증 없는 관념론은 이후 공론(空論)의 폭주를 초래하였다."[392] 미숙한 성리학 이론으로 행성의 운동궤적을 계산할 수 없을 뿐 아니라 달력조차 만들 수 없다는 사실을 고려할 때 주자학에 우주론이란 이름은 과분하다.

성리학을 포함한 대다수의 동양철학은 몇 가지 문제점을 공유한다. 중국철학의 이론은 애매한 용어로 시작하고 주장은 난무하지만 증명이 결여된 경우가 대부분이며 비실재적이고 극단적인 관념론으로 흘러갔다. 또 중국철학은 우주론보다 윤리학에 치우치는 경향을 보였다. 이러한 비판으로부터 자유롭고 현재에도 가치를 인정받을 수 있는 중국철학은 법가와 병법가의 사상 정도이다. 두 사상은 생사가 달린 극한의 상황에서 관념론으로부터 탈피한 실증적 접근을 통해 유용성과 실재성을 확보할 수 있었기 때문에 세월의 시련과 시험을 견뎌내고 살아남을 수 있었다. 빌 게이츠, 손정의, 트럼프, 나폴레옹, 마키아벨리, 마오쩌둥, 키신저, 맥아더, 저커버그, 보응우옌잡(武元甲, 지압 장군) 같은 사람들이 손자병법의 애독자였고 자신의 분야에 손자병법의 원리를 응용하여 큰 성공을 거둘 수 있었다.

---

390 풍우란 지음, 박성규 옮김, 중국철학사(하), 까치(1999), P 568
391 장리원 지음, 장세후 옮김, 주희 평전, 연암서가(2024), P 182
392 미야자키 이치사다 지음, 조병한 옮김, 중국통사, 서커스(2020), P 362-366

주자는 선과 악이 아주 애매모호한 개념임에도 불구하고 증명 없이 인간의 본성을 선한 것으로 가정하고 성선설을 전개하였다. 또 윤리학의 명령형 명제(imperative statement)를 논리적으로 증명할 수 없었기 때문에 절대적인 존재인 하늘을 끌어들여 그의 성리학을 정당화하려 하였다. ~ 하다는 논리의 대상이 될 수 있지만 ~ 해야 한다는 논리의 대상이 될 수 없다. ~해야 한다는 논리의 대상이 아니라 힘, 그러니까 조금 더 구체적으로 말하면, 폭력의 대상인 것이다. 여기서 서술형 명제와 명령형 명제에 대한 푸앙카레(Jules Henri Poincaré)의 명쾌한 설명을 인용해 보겠다. "과학적 윤리가 없듯이, 부도덕한 과학도 없다. 이유는 간단하다. 그것은 순전히 논리학의 법칙 때문이다. 삼단논법(三段論法)의 두 전제(前提)가 서술형(indicative)이면 결론도 서술형으로 나온다. 결론이 명령형으로 나오기 위해서는 두개의 전제 가운데 적어도 하나는 명령형(imperative)일 필요가 있다. 그런데 모든 과학의 원칙과 기하학의 공리는 오직 서술형이고 서술형으로만 존재할 수 있다. 실험으로 밝혀진 진리 역시 서술형으로 존재한다. 과학의 기초에는 서술형 외에는 없고 또 있을 수도 없다. 변증에 능통한 논리학자가 서술형 명제를 가지고 한껏 재주를 부려서 명제를 조합하거나 중첩해도 유도할 수 있는 것은 죄다 서술형 명제일 뿐이다. 이것을 하라거나 저것을 하지 말라거나 하는 명제, 즉 윤리를 증명하거나 반증하는 명제는 얻을 수 없다."[393] 윤리학의 제일 명제를 논리로 증명할 수 없다는 데 윤리학의 한계가 있다. 이 문제를 극복하기 위한, 신이나 하늘 같은, 절대자의 도입은 땜질 처방에 불과하다는 것이 기존 윤리학의 안타까운 현실이다. 성리학도 윤리와 도덕의 근원을 논리적 기반 위에 놓으려 했으나 '하늘'이라는 절대적 존재를 도입하는 한계를 드러내고 말았다.

주자는 사람이 리와 기를 하늘로부터 부여받았고 리는 기를 통해 표현되며 어떤 기를 받았느냐에 따라, 그러니까 맑은 기를 품수받았냐 혹은 탁한 기를 품수받았냐에 따라 선과 악이 결정된다고 주장했다. 그렇다면 악행은 누구의 책임일까? 질 떨어지는 탁한 기를 수여한 하늘의 책임일까? 탁한 기를 품수받은 사람의 책임일까? 이러한 문제를 피해 가려면 신의 형상으로 사람을 만들었으나 자유의지도 동시에 부여한 기독교의 신처럼 성리학 이론에 무언가 보강 조치를 해야 했다. 그 대신 주희는 이는 같고 기는 달라서 사람마다 분별이 있고 저절로 등급과 차별이 생긴다고 주장했다. 결국 주자학은 종법질서를 인정하고 신분차별에 대한 이론적 배경을 마련해주었다.[394]

동양철학의 다른 문제는 주장에 대한 세부적인 메커니즘이 없다는 데 있다. 리와 기가 어떤 과정을 거쳐 사람에게 전달되고 그 전달받은 리와 기는 사람의 어느 부위에 머물게 되는지에 대한 설명 없이 그냥 주장만 던져 놓고 보는 식이다.

실제로 인체를 해부해 보지 않고, 공허한 관념론에 불과했던 음양오행설에 근거해 정립된 고대 중국의 인체 이론은 오류투성이였다. 게다가 도그마로 굳어진 음양오행설 때문에 원나라 때, 갈레노스의 체계가 중국에 받아들여지지 못했다.[395] 중국 의학에 내포된 무수한 오류는 에도 시대 서양 해부학을 받아들이고 난학(蘭學)이라는[396] 학문을 일으킨 일본의 난학자들에 의해 낱낱이 밝혀졌고 까였다. 독일의 요한

---

[393] Charles Coulston Gillispie, The edge of objectivity, Princeton (2016), P 154-155 『Morality and Science』 by Henry Poincare (1913) 재인용
[394] 장리원 지음, 장세후 옮김, 주희 평전, 연암서가(2024), P 18, 183
[395] 토머스 올슨 지음, 조원 옮김, 몽골의 유라시아 정복과 문화, 도서출판길(2025), P 248
[396] 네덜란드에서 제일 큰 도시인 홀랜드(Holland)를 음역한 오란다(オランダ, 荷蘭陀, 荷蘭陀)로 네덜란드를 표기했고 오란다에 관한 학문이라는 뜻으로 난학(蘭學)이라는 말이 만들어졌다.
이종각 지음, 일본 난학의 개척자 스기타 겐파쿠, 서해문집(2013), P 23

아담 쿨무스(Johann Adam Kulmus)가 쓴 『해부도표(Anatomische Tabellen)』는 네덜란드어로 번역된 다음 나가사키의 인공섬 데지마에서 무역하던 네덜란드 상인을 통해 『타펠 아나토미아』라는 이름으로 일본에 소개되었다. 1771년 네덜란드어를 전혀 몰랐던 한의사 스기타 겐파쿠(杉田玄白)는 4년 동안 이 해부학 책의 번역을 주도하여 『해체신서解體新書』를 출판했다. 스기타 겐파쿠는 『타펠 아나토미아』를 번역하는 과정에서 해부(解剖)라는 용어를 새로 만들었다. 스기타 겐파쿠의 위대한 점은 역경을 극복하며 책을 번역했다는 사실 뿐만 아니라, 권위에 대한 맹목적 추종 대신, 공허한 오행설에 입각한 중국의 해부학과 『해체신서』 가운데 어느 것이 맞는지 실제 해부 광경을 목격하며 검증하는 실증주의 학풍을 정립했다는 사실에 있다.[397] 『해체신서』는 난학의 맹아가 되었고 일본인들이 중화중심주의를 벗어나 서양의 선진 지식과 기술을 받아들이는 데 있어서 촉매 역할을 하였다.

일본 근세 실학사상의 발전사를 5단계로 구분한 스키모토 이사오(杉本勳)는 『해체신서』가 서양 학문을 본격적으로 받아들이는 계기를 마련해주었다고 평가했다.[398]

과녁을 조준하지 않아도 수천 발의 화살을 난사하다 보면 화살 몇 개는 과녁에 우연히 맞기 마련이다.[399] 동양의 지식인은 수천 년 동안 점술/음운론/의학에서부터 우주론에 이르는 모든 것을 음양오행사상으로 설명하려 했다. 그러다 보니 몇 가지 그럴듯해 보이는 설명도 있었다. 그렇다고 해서 음양오행설이 만물의 이론이 될 수는 없다. 음양오행설은 동양사회가 수천 년간 음양오행설 한 분야만 빼놓고 과학기술/사상/정치 등 모든 분야에서 진보하지 못하고 침체의 늪을 헤매게 된 주된 원인 중 하나였다. 19세기와 20세기에 동양사회가 그렇게 호되게 유럽과 일본의 제국주의에 당하고도 아직도 음양오행설을 신봉하는 사람이 있다는 사실에 필자는 기겁할 따름이다. 각성이 부족하다는 건 시련이 충분하지 못했다는 걸 의미한다.

동북아에서 고대 이래로 지속되어 온 강력한 중앙집권제의 정치적 힘은 동북아시아 사람들을 너무 순종적으로 만들었다. 동북아시아에서 사상통제와 과거제도(과거제도도 사상통제의 일환이다)에 의해 형성된 권위에 순종하는 분위기가 2000년 가까이 지속되면서 고대인의 주장이 사실인지 의심하고 검증/실증하려는 시도는 기성체제에 대한 도전으로 받아들여졌다. 결과적으로 학문체계에 오류가 누적되었고 동북아시아의 철학과 우주론은 실재와 동떨어진 관념론으로 흐르게 되었다. 인간이 밝혀낸 원리와 법칙은 자연을 따른다. 그러나 실증 없이 관념론으로 편향된 동양의 과학철학 원리에, 자연이 꿰맞춰지는 현상이 오랫동안 동북아에서 발생했다. 개 꼬리가 개를 흔든 기간이 너무 길었다.

자연은 항상 갑이고 법칙은 을이다. 법칙이 갑이 되고 자연이 을이 되는 갑을 전도현상이 발생할 때

---

[397] 타이먼 스크리처 지음, 박경희 옮김, 에도의 몸을 열다, 그린비(2019), P 8, 137, 152
[398] 스기타 겐파쿠 외 지음, 김성수 옮김, 해체신서, 한길사(2014), P 11
    1단계: 하야시 라잔(林羅山 1583-1657)에 의한 주자학의 수용
    2단계: 이토 진사이(伊藤仁齊 1627-1705)에 의한 고학(古學)의 대두
    3단계: 오규 소라이(荻生徂徠 1666-1728)에 의한 주자학적 관념주의 비판, 경험주의 성립
    4단계: 『해체신서』에 의한 난학의 유행
    5단계: 막부 말기 사상
    베네딕트 엔더슨 지음, 서지원 옮김, 상상된 공동체, 조서출판길(2023), P149-151
    난학은 근대 일본과 동아시아의 정치사에도 격변을 초래했다. 조슈 번(長州藩)의 하급 무사로 데키주쿠(敵塾 오사카 대학의 전신)에서 난학을 공부하고 의사가 되었던 오무라 마스지로(大村益次郎1824~1869)는 유럽의 최신 군사 서적을 번역했다. 오무라는 그가 직접 번역한 나폴레옹의 전략과 전술에 힘입어 조슈 내전을 승리로 이끌었고 메이지 정권의 전쟁 장관으로 임명된 뒤 징병제를 시행하고 사무라이 제도를 폐지하는 등 메이지 유신(1868)과 일본의 근대화를 주도하였다. 여담으로, 오무라는 앙심을 품은 야쿠자에 의해 암살되었다.
[399] 몽테뉴, 수상록

법칙은 이미 자연을 설명할 수 없는, 체계가 잘 잡힌 헛소리가 된다. 이론은 발견된 현상을 설명할 수 있어야 하고 발견되지 않은 현상을 예측할 수 있어야 한다. 이론은 증명할 수 있어야 한다. 증명도 반증도 할 수 없는 주장은 아직 가설의 지위에 머물러 있어야 한다. 세 가지 기준으로 보았을 때 음양오행설은 이론으로서의 자격을 오래전에 박탈당하고 폐기처분되었어야 할 고대인의 잠꼬대였다.

유럽에서는 지리적 이유로 강력한 중앙집권제가 들어설 수 없었다. 대신 봉건제가 지속되어 사상통제가 불가능했고, 분열된 국가들 사이에 경쟁이 치열했기 때문에 검증되지 않고 권위에 호소하는 이론은 설 자리가 없었다. 실증된 것들만 받아들여지고, 자신의 이론을 검증하여 옳다는 걸 보여줄 수 있는 사람만이 존경받을 수 있는 분위기가 유럽에서 자연스럽게 형성되었다. 동양의 음양오행설과 비슷한 수준에서 시작되었던 엠페도클레스의 사원소설이 유럽에서 중세 이후 고대인의 학설에 의문을 제기하는 회의주의, 고대인의 권위를 부정하는 반권위주의, 검증을 중요시하는 실증주의 덕분에 가설제기-검증-패기의 혹독한 과정을 되풀이하며 끊임없이 진보한 것과 대조적으로 음양오행설은 답보상태를 벗어날 수 없었다.

단 세 개의 부호 (·—ㅣ)를 조합해서 한글 모음 21개(15세기에 허용된 모음자를 포함하면 21개를 훌쩍 뛰어넘는다)를 표기할 수 있는 모음기호를 만들었다는 데에서 세종의 창의력이 빛난다. 현대의 컴퓨터는 두 개의 부호 0과 1을 기반으로 돌아간다. 0과 1로 세상을 분석하고, 기술하고, 문제를 해결한다. 지구생명체가 아무리 다양해도 유전자의 언어는 단 네 개의 알파벳 A, G, C, T(Adenine, Guanine, Cytosine, Thymine)로[400] 기술된다. 수많은 천재가 예지를 모아 개발한 컴퓨터 이진법 체계(two element system)를, 세종이 만든 천지인 체계(three element system)를, 왓슨과 크릭이 밝혀낸 사염기 체계(four element system)를 천천히 음미해 보면 천재성이란 현상(phenomenon: Platonic Forms)에 나타난 복잡성을 본질(noumenon: Platonic Ideas)의[401] 단순함으로 환원시키는 능력이 아닐까 생각한다.

사람들의 지적능력은 천차만별이고 종형곡선(bell curve, normal distribution curve)의 분포도를 이룬다. 평균치의 지적 능력을 갖춘 사람이 데바나가리문자를 외우려면 적어도 보름에서 한 달 이상이 걸린다고 한다. 데바나가리문자를 포함한 대부분의 문자가 자의적(恣意的)으로 만들어진 기호들로 구성되어 있어 암기해야 할 기호의 수가 너무 많다. 암기해야 할 기호의 수가 너무 많아서 암기에 대한 부담이 클 수밖에 없다. 하지만 실제로 암기해야 할 한글의 기본기호 수는 8개이다. 나머지 기호는 파생형이다. 이들 파생형 기호는 기본기호로부터 논리적이고 체계적인 방법으로 만들어졌기 때문에 암기할 필요가 없다. 연상작용으로 기억을 되살리기에 충분하다. 한글은 작은 분자량(암기 분량)을 지닌 가벼운 분자(문자)였기에 종형곡선의 구석구석으로 확산할 수 있었고 무지몽매한 민중에게 계몽의 새벽을 알리는 종소리가 되어주었다.

---

[400] James D. Watson, The double helix, TOUCHSTONE (2001), P 197
Siddhartha Mukherjee, The GENE, SCRIBNER (2016), P 157~158
Each strand of DNA, recall, is a long sequence of bases-A, T, G, and C. The bases are linked together by the sugar-phosphate backbone. The back bone twists on the outside, forming a spiral. The bases face in, like treads in a circular staircase. The opposite strand contains the opposing bases: A matched with T and G matched with C. Thus, both strands contain the same information-except in a complementary sense: each is a reflection, or echo, of the other (the more appropriate analogy is a yin-and-yang structure). Molecular forces between the A:T and G:C pairs lock the two strands together, as in a zipper. A double helix of DNA can thus be envisioned as a code written with four alphabets-ATGCCCTACGGGCCCATCG...-forever entwined with its mirror-image code....(중략)...The structure, as Watson described it, was too pretty not to be true.

[401] Wikipedia (2022), Noumenon
Simon Blackburn, Oxford dictionary of philosophy, OXFORD QUICK (2016) P 334~335

이렇듯 훈민정음은 우수한 문자이지만 성리학적 음양오행설의 기반 위에 훈민정음을 올려놓으려는 시도는 시대적 한계였다. 마틴(Samuel E. Martin)은 한글 모음이 성리학의 음양이론에 기초한 천지인 체계에 의해 만들어졌다는 설명은 '이미 고안된 체계에 학문적 정당성을 부여하기 위해 가공된 것'이라고 가정한다.[402] 음양오행설은 고대에 초월적인 존재를 배제하고 우주를 합리적으로 설명하려는 시도의 산물이었고 그 시도 자체는 기릴 만하다. 그러나 음양오행설은 모든 것을 설명하려고 했으나 아무것도 설명하지 못하는 맹꽁이 우주론 상태로 수천 년간 머물러 있었다. 음양오행설로 우주의 만물을 설명할 수 있다면 현대의 물리학도들이 굳이 난해하기로 유명한 상대성이론/양자역학/초끈이론을 배울 이유가 없다. 과거의 신유학자들이 했던 것처럼 음양오행설에 근거해 그냥 썰을 풀면 된다.

또 하나 지적하고 싶은 것은 음양오행설은 음운 이론이 아니라는 사실이다. 동아시아인은 수천 년 동안 특정한 숫자에 권위를 부여하고 싶을 때 성리학에서 특정한 숫자와[403] 성리학의 원리를 차용해 적용함으로써 학문적인 권위와 정당성을 부여하려 하였다. 한의학의 오장육부를 예로 들 수 있겠다. 오행설의 5와 훈민정음의 아설순치후(牙舌脣齒喉) 다섯 가지 음은 오직 5라는 숫자에서만 교집합을 형성한다. 아설순치후 다섯 가지 음을 설명하기 위해 굳이 5라는 숫자가 필요하다면 다섯 손가락이나 다섯 발가락도 든든한 이론적 배경을 마련해 줄 수 있을 것이다. 소중화의 첨병 역할을 한 성리학은 조선의 개국과 망국을 관통하는 기간 동안 조선 사회를 주조하는 틀이 되었다. 미야자키 이치사다가 지적한 것처럼 그 당시의 학문세계에서 무엇이든 성리학으로 설명된 것은 진리로 받아들여졌기 때문에 조선시대를 통틀어 정치사상은 말할 것도 없고 훈민정음을 해석하는 이론적 기반에도 성리학적 음양오행설의 길고 어두운 그림자가 드리워져 있었다. 극단적 공론으로 전락한 성리학을 훈민정음의 원리를 설명하는 이론으로 삼은 것이 훈민정음에 무슨 도움이 되었을까?

1970년 김선기는 훈민정음의 원리를 성리학에 근거해 해석한 행태에 대해 비판적인 견해를 피력했다(3-00장 참고). 오행(五行: 火水木金土)에 소리를 맞추려 한 시도는 흥미롭지만 객관적인 사실과 부합하지 않는다. 필자는 성리학에 근거한 훈민정음의 해석은 금불상에 진흙 칠을 한 것과 같다고 생각한다. 결단코 철불(鐵佛)에 금도금한 것이 아니다.

3-17 민족주의와 한글[404]

왕정시대의 신민(臣民)은 프랑스 혁명 이후 시대적 요청으로 근대의 네이션으로 다시 태어났다. 18세기 서유럽에서 새로운 의미로 쓰이기 시작한 네이션이라는 용어는 일본을 통해 '민족'으로 번역된 다음 조선으로 들어왔다. 그러나 네이션(nation), 내셔널리즘(nationalism), 내셔널 스테이트(national state)와 정확히 일치하는 번역어는 한국어에 없다. 네이션은 문화, 종교, 언어, 혈연, 이념... 가운데 적어도 하나를 공유하고 있다고 간주할 수 있는 사람의 집합으로 정의될 수 있다. 여기서는 네이션을 국민, 내셔널리즘을 국민주의, 내셔널 스테이트를 국민국가로 번역하겠다.[405] 그리고 주로 인종, 언어, 혈연을 중심으로 동질감을 형성한 사람들을 민족, 민족이 건립한 국가를 민족국가, 민족이 주축이 되는 이데올로기를

---

[402] 헨리 로저스, 언어학으로 풀어본 문자의 세계, 역락(2018), P 100
[403] 1/無極而太極, 2/陰陽, 3/天地人, 4 /四象, 5/陰陽, 6/陰陽四象, 7/陰陽五行, 8/八卦
[404] 나무위키(2025-09-08), 내셔널리즘 참고
[405] 조영정이 쓴 내셔널리즘(사회사상연구원(2021)) 17-97쪽에 네이션의 번역을 둘러싼 용어의 난맥상을 자세히 설명하였고 한국인, 영국인, 미국인의 국인(國人)을 네이션의 번역어로 제시하였다.

민족주의로 정의하겠다.

문화, 종교, 언어, 혈연, 이념...같은 다양한 지표 가운데 '무엇을 중심으로 국민/민족을 형성하느냐'에는 다양한 역사적 조건이 작용한다.[406] 민족은 인종적 동질성을 가진다고 간주되지만 국민은 인종적으로 동질적일 수도 있고 그렇지 않을 수도 있다. 동북아의 한국, 일본, 중국은 민족주의(ethnic nationalism), 민족국가(ethnic national state)를 선택했다. 미국은 인종이 아닌 자유·평등·민주주의라는 이념을, 프랑스는 자유·평등·박애라는 보편적 이념을 중심으로 국민주의(civic nationalism)와 국민국가(civic national state)를 형성하였다.

프랑스 혁명은 근대 국민주의의 기폭제(起爆劑)가 되었고 근대 국민주의를 여러 국가로 전파하였다. 근대 국민주의는 프랑스 혁명으로 인해 유럽의 절대왕정이 무너진 다음, 언어권(言語圈)과 국민주권(國民主權)을 기반으로 국민국가가 형성되는 과정에서 인위적으로 만들어진 개념이다. 프랑스 혁명 이후 정치권력의 새로운 축으로 등장한 평민에게 일체감을 불어넣는 일(문화적 균질화 정책)은[407] 국민국가를 만들기 위해 정치 엘리트에게 주어진 핵심 과제였다. 근대 국민주의는 계몽주의와 프랑스 혁명기를 거치며 봉건제도와 신분제도가 초래한 분열성을 지양(止揚)하고 통일성을 지향(指向)하면서 근대 국민국가의 형성을 견인하였다. 근대 국민주의는 국가를 방어하기 위해 국민 개병제를, 국민에게 일체감을 불어넣기 위해 표준어와 대중교육을 도입하였다.

국민주의는 집단의 동질성이 흐릿하거나 존재하지 않을 때도 집단에 선명한 허구적 동질성을 부여하여 국민국가와 국민을 만들어 낼 수 있었다. 폴란드의 국민주의자(nationalist) 요제프 피우드스키(Jozef Pilsudski 1867-1935)는 "국가가 국민을 만드는 것이지 국민이 국가를 만드는 것은 아니다"라고 말했다.[408] 1861년 이탈리아의 정치가이자 소설가인 마시모 다첼리오(Massimo d'Azeglio 1798-1866)는 이탈리아가 통일된 후 "이제 이탈리아를 만들었다. 다음에 할 일은 이탈리아인을 만드는 것이다"라고 너스레를 떨 정도였다.[409] 그러나 다수의 대중이 한 민족/국민의 구성원이라고 믿는다면 민족/국민이라는 허구적 개념은 개념의 불확실성과 자의성을 뛰어넘어 실재적 존재로 받아들여지며 실질적인 힘을 발휘하기 시작한다 종교의 절대자처럼.

중동, 라틴아메리카, 동아시아, 동남아시아 같은 지역에서 제국주의의 지배로부터 또는 식민 모국으로부터 독립하려는 운동이 전개되면서 유럽과 결이 다른 국민주의가 형성되었다. 봉건제도와 계급제도를 극복하며 형성된 서구의 국민주의와 달리 동아시아의 민족주의는 외세 침입에 대한 방어를 목적으로 급조되었다. 일본에서 민족주의는 서구 제국주의에 저항하며 형성되었으나 이후엔 일본 제국의 침략주의에 강력한 추진력을 제공하는 이율배반적인 모습을 보이기도 하였다. 조선의 민족주의는 개화기에 일본의 제국주의에 대항하기 위해 일본이 서구로부터 받아들이고 내면화한 민족주의(ethnic nationalism)를, 역설적이지만, 일본을 통해 받아들임으로써 형성되기 시작하였다. 조선과 일본의 예에서 알 수 있듯이 민족주의는 지배국가와 피지배국가 양쪽 진영에 사상적 토대를 마련해주었다. 한국과 일본은 위치적 고립성 때문에 새로운 구성원의 유입(流入)과 유출(流出)이 다른 지역에 비해 상대적으로 적었다. 이러한 지리적 특성은 혈통·역사·언어를 교집합으로 삼는 민족주의와 단일 민족이라는 허구가 생존할 수 있는

---

[406] 시오카와 노부아키(塩川伸明) 지음, 송석원 옮김, 민족과 네이션, 이담(2015), P 22, 23
[407] 시오카와 노부아키(塩川伸明) 지음, 송석원 옮김, 민족과 네이션, 이담(2015), P 26
[408] 조영정, 내셔널리즘, 사회사상연구원(2021), P 82 재인용
[409] 시오카와 노부아키(塩川伸明) 지음, 송석원 옮김, 민족과 네이션, 이담(2015), P 67 재인용
　　마시모 다첼이오의 말은 내셔널리즘을 다루는 거의 모든 책에 인용되어 있다.

최상의 환경을 만들어 주었다.

　이념은 위에서 밑으로 움직이지만 이익은 밑에서 위로 움직인다. 정치 엘리트가 정치적 이익을 얻기 위해 민족주의를 인종주의나 전체주의의 대용품으로 남용하는 경우가 상당히 많았다. 한반도의 역사에서 개화파, 독립운동가, 군사정권, 좌파·우파 정치가가 모두 '한민족'이라는 이름을 팔고 살았으며 민족의 이름으로 자행된 개인의 희생과 도구화를 정당화하였다. 국가주의/민족주의는 구성원에게 한 번도 본 적이 없는 사람에게 근거 없는 동포애(同胞愛)나 근거 없는 증오를 품도록 조장한다. 그 결과 구성원이 애국이란 이름으로 목숨을 지불하는 사태가 수시로 일어나지만 목숨의 희생으로 생긴 정치적 이익은 누가 가져가는가? 민족주의는 민족들을 격리하고 서로를 적대시하게 만들고 민족주의자의 정치적 이익만 증가시키기 때문에 민족주의는 민족을 위한 이념이 아니라 민족주의자를 위한 이념이라고 볼 수밖에 없다. 극단적 이데올로기로 변질되기 쉬운 민족주의가 군국주의, 전체주의, 패권주의로 변신한 역사적 사례는 흘러넘친다. 일본의 민족주의(ethnic nationalism), 파시즘, 나치즘이 대표적인 예일 것이다. 역사적으로 국민주의/민족주의가 국가에 대한 충성을 강요해 자국민의 행복은 물론 타국민의 행복도 짓밟은 사례는 수없이 많다.

　또 과거 영토에 대한 소유권을 주장함으로써 불필요한 영토분쟁을 일으키기도 한다. '위대한 우리 민족'이라는 한 구절이 수많은 자국민과 이웃 나라의 국민을 죽음으로 몰고 갈 수 있다는 사실을 기억해야 하겠다. 엘리엇(T. S. Eliot)이 말한 대로 "위대해지려는 사람들 때문에 세상은 불행해진다". 상상의 공동체인 '민족'이라는 허구는 우라늄처럼 농축되면 언제든지 폭력화되고 무기화될 수 있다.

　인류 역사 대부분의 기간 동안 인류는 도시화되지 않은 지역에서 태어나서 죽을 때까지 직접 만난 수백 명의 사람과 유대관계를 형성하고 살았다. 한 집단의 구성원의 수를 N이라고 하면 모든 구성원이 서로 대면(對面)하는 경우의 수는 $_NC_2$이다. $_NC_2=N(N-1)/2=(N^2-N)/2$이므로 구성원의 수가 산술급수적으로 증가하면 대면 횟수는 기하급수적으로 증가한다. 따라서 구성원의 수가 어떤 지점에 도달하면 어떤 구성원은 평생을 살아도 모든 구성원을 대면하지는 못한다. 경험칙(經驗則)도 비슷한 결론을 제시한다. 도시화된 현대 사회에서도 대부분의 사람이 평생 직접 만나 사회적 관계를 맺는 사람의 수는 많이 잡아야 수천 명이고 수만 명을 넘지 않는다고 한다. 아리스토텔레스는 "유의미한 정치 집단은 열 명보다 많고 만 명보다 적은 수의 주민으로 구성되어야 한다.[410] 도시는 일정 규모를 넘어설 수 없다. 그렇지 않으면 전령의 목소리가 시민들에게 도달하지 못할뿐더러 시민들도 서로 알지 못하고 누구에게 일을 맡겨야 할지 알 수 없기 때문이다"라고 말했다.[411] 직접 만나보지 않은 상태에서 인류는 은원관계를 형성하도록 진화하지 않았다. 인간은 수백만 명의 사람과 자연적인 동질감도 유대의식도 가질 수 없으므로 만명이 넘어가는 집단을 자연적인 방식으로 통치하는 것은 불가능하다. 인간이 본적도 만난 적도 없는 사람에게 느끼는 사랑과 증오는 인위적으로 학습된 것이다.

　민족은 인종적 동질성을 가진다고 간주되지만 유전학적인 측면에서 보았을 때 어떠한 국민/민족도 인종적 동질성을 보장받지 못한다. 모든 민족/국민은 유전적으로 잡종이고 순수 혈통은 존재하지 않는다.

　유럽에서 철도가 건설된 후에도 여전히 잔존하고 있던 지방간 언어적 이질성을 극복하기 위해 대중교육을 통해 또는 라디오와 신문 같은 새로운 미디어를 통해 표준어가 빠르게 보급되었다. 표준어를 강제하고 보급하지 않으면 국가의 모든 구성원이 서로 소통하는 데 있어 소소한 불편함에서부터 통역이 필

---

[410] 장문석, 민족주의, 책세상(2019), P 26
[411] 오토 루트비히 지음, 이기숙 옮김, 쓰기의 역사, 연세대학교 출판부(2014), P 38

요할 정도의 어려움이 발생하게 된다. 중국에서 북경인과 광동인은 통역 없이 대화할 수 없다. 메이지 유신 이전 일본의 큐슈인과 혼슈인은 오직 필담으로 대화할 수 있었다. 자연언어를 인위적으로 동질화시키지 않으면 집단의 규모가 커질수록 집단의 균질성은 더 불확실해진다. 따라서 언어적 관점에서 보더라도 국민/민족은 허구적인 개념일 뿐이다.

문화와 이념도 인간이 우연히 태어난 곳에서 습득한 것이지 가지고 태어난 것은 아니다. 국가의 모든 구성원이 동일한 문화, 이념을 공유한다고 말할 수 없다. 또 문화, 이념을 공유한다고 해도 일체감을 공유한다고 말할 수는 없다.

결론적으로 언어, 인종, 이념, 문화 가운데 어떤 것도 국민국가/민족국가의 구성원을 일관되게 정의하고 구성원에게 자연적으로 일체감을 불어넣을 수 없다. 그러나 정치 엘리트(支配階級)는 현실 정치에서 국가 구성원을 정의하고 동질화하여 국가라는 정체를 만들고 싶어 한다. 그 무엇으로도 균질화될 수 없는 국민/민족은 국가와 경계선이 근본적으로 일치하지 않기 때문에 정치 엘리트는 프로크루스테스의 침대(Procrustean bed)처럼 국민을 균질화하고 일체감을 불어 넣기 위해 무리한 역사 해석을 시도할 수밖에 없는데 이때 역사 왜곡과 날조가 발생한다.

민족주의는 무리하게 역사를 확장하고, 투영하고, 해석함으로써 심심치 않게 역사 왜곡이나 역사 날조를 자행했다. 르낭(Ernest Renan 1823-1892)은 "역사 왜곡이 국민(nation) 형성의 일부가 되었다"라고 비판했고 홉스봄(Eric Hobsbawm)은 "국민주의(nationalism)는 뻔한 거짓에 너무 많은 믿음을 요구한다"라고 말했다.[412] 한 예로 일본인과 아이누인이 같은 조상에서 유래하였다는 일본인·아이누인-동조론(同祖論)을[413] 들 수 있다.

에릭 홉스봄이 지적했듯이 역사학자들은 심각한 편견과 국민주의/민족주의의 원료를 제공할 운명을 타고났다.[414] 필자는 역사학자뿐만 아니라 언어민족주의를 숭상하는 민족주의 언어학자, 예술가, 음악가, 건축가, 조각가, 등등 국가주의가 제공해 주는 니쉬(niche)에 서식하고 있는 지식인도 이러한 지적으로부터 자유로울 수 없다고 생각한다. 이들은 역사적 사실을 해체하고 재구성해서 기억의 콜라주를 생산해 낸다. 민중은 '무념/무상의 경지'에서 기억의 콜라주를 소비한다. 한 개인이 경험을 선택적으로 기억하여 자기 정체성을 구성하는 것처럼, 한 사회의 구성원들은 텍스트/그림/리추얼/연극/노래 등 다양한 매체를 통해 과거 사건을 선택해 집단 기억을 구성한다. 따라서 기억은 전혀 객관적이지 않다.[415] 집단이 공유한 기억은 집단에 '우리'라는 의식을 불어넣는 역할을 하므로 티 나지 않게 조작되고 날조된 기억은 민족이라는 허구를 지탱하는 기둥이다.[416] 한글은 한민족에게 민족적 정체성과 민족적 우월감(사실인지 모르겠으나 매우 위험한 발상임이 틀림없다)이라는 기억을 상기시키는 역할을 부여받았다. 한글이 이러한 민족의 사명을 띠고 빛나게 되면서 한글의 탄생과 관련된 역사, 한글의 단점은 역사의 사각지대에 내팽개쳐졌다.

15세기 한반도에 도달한 모든 문자와 음운이론의 종합인 훈민정음과, 종합자인 세종은 상상의 공동체가[417] 요구하는 기억의 매체로서 이미 제 역할을 충실히 수행했다. 그런데도 언어민족주의자들은 세종과 훈민정음을 애드벌룬에 매달아, 지치지도 않고 계속, 하늘 높이 올려보내고 있다. 그러나 너무 높이 올라간 애드벌룬은 터지기 마련이다. 오직 진실의 손이 애드벌룬을 최고안전고도에 위치시켜 줄 것이다.

---

[412] 홉스봄 지음, 강명세 옮김, 1780년 이후의 민족과 민족주의, 창비(2023), P 28
[413] 시오카와 노부아키(塩川伸明) 지음, 송석원 옮김, 민족과 네이션, 이담(2015), P 103
[414] 데이비드 앤서니 지음, 공원국 옮김, 말 바퀴 언어, 에코리브르(2015), P 657
[415] 김정운, 창조적 시선, arte(2023), P 466
[416] 시오카와 노부아키(塩川伸明) 지음, 송석원 옮김, 민족과 네이션, 이담(2015), P 203
[417] 베네딕트 앤더슨 지음, 서지원 옮김, 상상된 공동체, 도서출판 길(2023), P 25, 26, 219

4. 한글 기계화와 부호화

4-01 조선시대 인쇄업이 퇴락한 이유

　조선시대에 인쇄문화가 꽃피지 못한 데에는 몇 가지 이유가 있다. 첫째, 조선시대 금속활자는 왕권의 상징으로 왕만이 소유할 수 있었고 원칙적으로 민간인의 활자 제작과 소유는 불법이었다. 활자를 사사로이 소장하는 것을 사사로이 동전을 만드는 것과 같은 죄로 다스린다는 조선후기의 기록이[418] 남아 있다. 이데올로기의 가장 효율적인 전파 매체인 인쇄술을 지배층이 독점한 것이다.

　새로운 이데올로기를 보급해야 할 필요성이 있고, 기존 지배층을 무너뜨리고 새로운 지배층이 되려는 야심을 품은 혁명가들에게 인쇄술은 필수 불가결인 무기였다. 구텐베르크의 인쇄술이 보급되어 가톨릭의 부패를 빠르게 폭로하고 개신교의 이상(vision)을 다수의 신도에게 효율적으로 전달할 수 있었던 루터는 종교개혁에 성공할 수 있었다. 신교도가 인쇄한 전단과 팸플릿은 종교적 반역도(反逆徒)를 비호해주는 사상적 창과 방패가 되어주었다.[419] 루터보다 100년 일찍 종교개혁을 외쳤던 체코의 얀 후스는 인쇄술의 도움을 받을 수 없었기 때문에 다수의 신도를 그의 편으로 끌어들이는 데 실패했고 카톨릭 종교재판에 의해 화형을 당했다. 봄을 기다리지 못하고 너무 일찍 핀 꽃이 서리를 맞은 것이다. 활자인쇄술의 등장으로 유럽은 종교적 세계관에서 벗어나 과학적 세계관을 형성할 수 있었고 르네상스와 계몽주의를 향해 질주할 수 있게 되었다. 레닌에 의해 주도된 러시아의 공산혁명도 공산주의 이념의 빠른 전파를 가능하게 했던 인쇄술, 인쇄물을 러시아 전역에 신속하게 배포할 수 있는 철도망이 없었다면 쉽게 성공할 수 없었을 것이다.

　소학언해와 삼강행실도의 기민한 편찬은 조선의 지배층이 이데올로기로 선택한 유교(성리학적 신분질서)의 보급이 개국초기에 얼마나 중요하고 절박한지를 보여주는 예이다. 새 나라 조선의 새로운 지배층이 된 신진 사대부는 유교가 백성들에게 자연스럽게 스며들어 그들의 백성들이 새로운 질서에 순종하길 바랐고 한글과 인쇄술은 좋은 수단을 제공했다. 몇 가지 예외는 있었지만 인쇄활자는 오직 왕실만이 만들고 배타적 소유권을 주장할 수 있었다. 그러다 보니 대부분의 책은 관 주도로 출판되었다. 수요와 공급이라는 경제의 원칙 대신, 즉 보이지 않는 손 대신, 왕실의 큰 손이 책의 출판을 좌지우지했다.

　둘째, 조선시대를 관통하여 시행된 중농주의 경제정책 때문에 경제력과 여가가 있는 중산층의 두께가 너무 얇았다. 왕권이 신권을 압도하던 태종 때와 달리 세종조 때 권력의 중심추가 왕권에서 신권 쪽으로 슬며시 기울기 시작하면서 세종이 권신의 압력에 굴복하여 시행한 노비종모법(奴婢從母法)은 조선 노비제도의 근간이 되었다. 이후 세조와 성종을 거치며 일천즉천(一賤則賤)이 경국제전에 법제화됨으로써 노비의 수는 계속 늘어나게 되었다. "고대 문자의 주된 기능은 다른 인간의 노예화를 촉진하는 것"이라는[420] 레비스트로스의 주장을 반박이라도 하듯이 세종은 어리석은 백성을 측은(惻隱)히 여겨 훈민정음을 창제하였다. 그러나 권신들의 반대를 무릅쓰고 새로운 문자를 창제할 정도로 백성을 사랑하는 세종과 노비 수의 폭증을 불러온 노비종모법의 제정자 세종은 우리를 혼란스럽게 만든다. 어쨌든 세종의 애민정신에 힘입어 조선시대 내내 노비는 성공적으로 번식(繁殖)하였다.

---

418 이재정, 활자본색, 책과함께(2022), P 107
419 오토 루트비히 지음, 이기숙 옮김, 쓰기의 역사, 연세대학교 출판부(2014), P 282
420 Jared Diamond, Guns, Germs, and Steel, Norton(1999) P 234

18세기 이전까지 조선 전체 인구 중 노비의 비율은 30~50%였다. 19세기 들어 노비 가구는 급격히 줄었지만, 노비 인구는 19세기 중반에 31.3%로 적지 않은 비중을 차지했다.421 패터슨(O. Patterson)을 포함한 미국의 역사학자들이 한국의 전통사회를 노예사회의 전형으로 간주하는 몇 가지 이유가 있다.

① 노비는 주인의 재산으로서 매매와 상속의 대상이며, 법적으로 주인에게 생살여탈권이 있었다.

② 노비가 전체 인구의 30% 이상을 차지하였다.

③ 노비의 노동을 이용하는 생산양식이 10~18세기 한국사에서 가장 중요한 생산양식을 이루었다.422 이러한 이유로 책을 소비할 수 있는 계층은 소수의 양반뿐이었다. 중산층 소비자가 거의 없다시피 한데 누가 책을 소비해 줄 수 있었겠는가?

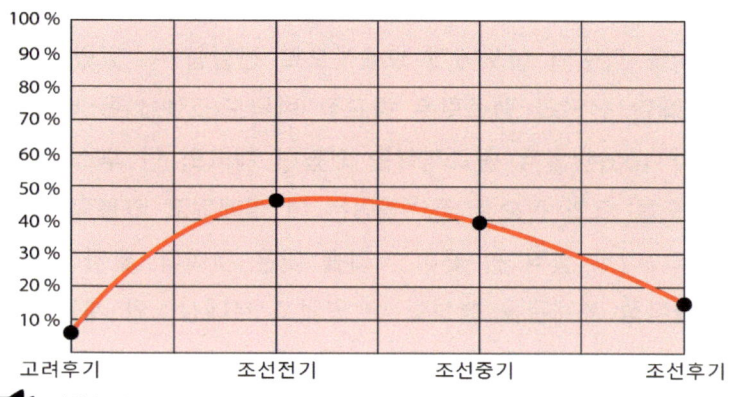

🔊 이영훈 지음, 한극경제사 I, 일조각(2019), 387, 442~447의 수치를 근거로 제작

조선 시대 전체 인구에서 노비의 비율

셋째, 조선시대에 한자는 커녕 한글도 읽을 수 없는 문맹이 많았다. 구한말 문맹율은 99%였다. 조선 사람의 상당수가 노비였고 문맹과 무지의 어둠 속에서 헤매고 있었다. 이들에게 책은 무용지물이었다.

넷째, 관 주도로 책을 출판할 때 책에 생기는 오자나 탈자 등의 실수에 대해 너무나도 가혹한 형벌이 가해졌다. 한 자의 오자가 있을 때 책임자는 태 30대에 처해졌다. 정조 사후 정약용이 파직당하고 귀양을 간 이유는 그의 천주교 신앙이 아닌 책 편찬의 문제였다고 한다.423 필자가 지금 쓰고 있는 이 책에는 얼마나 많은 오자 탈자가 있을까 생각만 해도 볼기가 화끈거린다. 가혹한 형벌은 출판을 책임지는 관리들과 실무를 처리하는 장인들의 출판 의욕을 꺾어 놓았고 출판 업무에서 생기를 빼앗아 갔다. 어떤 시대 어느 사회이건 실패에 대한 관용과 성공에 대한 보상이 없으면 혁신도 없다. 실수에 대한 가혹한 형벌은 "부정확한 책을 만들지 말라"는 의미보다는 "책을 만들 생각을 함부로 하지 말라"는 경고로 해석될 수밖에 없다.

다섯째, 책의 대량 인쇄에 필요한 프레스기가 발명되지 않았다.

여섯째, 1905년 을사늑약 직전까지 조선시대를 통틀어 민간 서점이 없었다. 민중의 각성만큼 지배층에 위협적인 것은 없다. 책은 민중의 각성제이다. 민중이 무지 속에 적절히 절여져 있을 때 지배층은 두 발을 뻗고 잘 수 있다. 민중의 각성이 임계치를 넘어갈 때 각성은 민란으로 비화할 수 있다.

성리학적 이념을 전파하는 '삼강행실도'나 실용 서적들은 순수 언문으로 번역되었으므로 백성들이 읽을 수 있었던 반면, 의도적으로 한문은 그대로 둔 채 어순만 정렬한, 고급 지식과 사상을 담은 표준번역서를 백성들은 읽을 수 없었다.424 명목상 배우기 쉬운 민중의 글자 한글은 있었지만 한문이라는 장벽과 민간 서점을 불허하는 정책은 조선 지배층에게 백성들의 불만이 민란으로 폭발하는 우발적 사태를 막아

---

421 김용삼, 동학 폭발하다, 백년동안(2022), P 45
422 이영훈, 한국경제사 I, 일조각(2019), P 387-388
423 이재정, 활자본색, 책과함께(2022), P 269, 270
424 박종인, 대한민국 징비록, 와이즈맵(2022), P 302

주는 이중 안전핀 역할을 해주었다.

조선시대 지배층은 백성들이 성리학적 세계관에 세뇌되어 나쁜 생각(?) 하지 않고, 나쁜 짓(?) 하지 않고 오직 충(忠)과 효(孝)를 성실히 수행하며 하루하루 빠듯하게 살기를 바랐다. 충은 혹시 내부에서 있을 수 있는 백성들의 체제전복 시도에 대비하는 보험증서였다. 또 충은 지배층이 잘 짜 먹고 있는 농장에 이웃 농장주가 눈독을 들이고 외부로부터 침입해 올 때 언제든지 백성을 전쟁에 동원할 수 있도록 백성들의 영혼에 새겨 넣은 징집 동의서였다. 효는 관이 민간에게 떠넘긴 사회보장제도의 전구체로 볼 수 있다. 그리고 효를 손쉽게 입론(立論)한 주체는 조선시대의 남성이었지만 효를 힘겹게 실행한 주체는 조선시대의 여성이었다. 조선시대 여성들의 시집살이는 대체로 고달팠고 때로는 비극적이었다. 백성을 상대로 한 국가 차원의 억압과 착취 구조는 가정 내에서 며느리를 상대로 반복되는 억압과 착취의 프랙탈 구조를[425] 형성하였다.

인류의 역사에서 시대와 지역을 가리지 않고 지배층이 피지배층을 통제하고 착취하기 위한 수단으로 사상/종교/오락/무지/궁핍/폭력이 복합 처방되었다. 로마의 시인 유베날리스(Juvenalis 55~128)는 그의 시에서 "세상을 정복한 자들이 이제는 오직 두 가지에만 관심을 둔다. 빵과 서커스다."라고 풍자했고 세네카(Seneca -4~65)는 "대화술은 죽었다! 이제는 전차경주 선수들이 아닌 다른 것을 주제로 대화할 줄 아는 사람은 없는 것인가?"라고 통탄했다.[426]

무지한 백성들은 말랑말랑하다. 가소성이 있으므로 다루기 쉽다. 사상과 종교로 백성의 정신을 장악할 수 있다. 사상의 자유는 항상 지배층이 허용하는 범위내에서만 가능했다. 여기에서 중요한 것은 백성들이 사상의 자유와 표현의 자유를 누리고 있다는 사실 여부가 아니라 사상의 자유와 표현의 자유를 만끽하고 있다는 착각이다. 종교에는 순기능이 있지만 역기능도 무시할 수 없다. 의외로 종교는 잘 먹혀든다. 민중은 현세의 억압과 착취를, 종교가 약속한 내세의 보답을 기대하며 잘도 참아낸다. 백성이 아사를 면할 정도의 궁핍한 상황에서 하루하루 근근이 살아갈 때 정치에 대해 신경 쓸 여력이 없어진다. 뜻하지 않게 백성이 부유해지고 여가가 생기면 지배계층은 그들의 관심을 정치로부터 분산시킬 여러 가지 오락 거리를 제공해 주었다. 폭력에 의한 억압과 착취는 단기적으로는 효과가 괜찮지만 오래가지 못한다는 사실이 역사에 의해 거듭 증명되었다. 그런데도 부패하고 무능한 권력이 의지할 수 있는 최후의 보루는 폭력 뿐이었다.

조선의 지배층은 500년 동안 지치지도 않고 정력적으로 백성들의 머릿속에 충과 효를 꾹꾹 다져 넣었다. 필자가 지금 묘사하고 있는 이런 생각은 조선시대 지배층에게는 매우 위험하고 불순하고 병적인 사상이므로 책을 매체로 이런 사상적 전염병이 퍼져 나가지 못 하게 책의 유통을 통제할 필요가 있었다. 조선시대 민간 서점의 금지는 지배층을 위한 시대정신의 표출이었다.

일곱째, 한자나 한글로 저렴한 책을 대량으로 찍어내는 데에는 불완전 활자인 한자 활자와 한글 활자에 내재한 기술적 어려움이 있었다. 한글에 내재한 근본 문제 때문에 조선시대에는 적어도 4,0000종이 넘는 한글 음절 활자를 만들 수밖에 없었으나 이는 불가능했다. 따라서 애초부터 한글로는 서양과 같이 완전히 한 벌이 갖춰진 활자로 인쇄 문화를 꽃피우기가 불가능했다. 1933년에 만들어진 맞춤법 통일안에 힘입어 필요한 한글 음절 활자의 종류가 조선시대에 비해 사분의 일로 줄었지만 1,1172라는 숫자는

---

[425] 수학에서 전체의 모양이나 구조가 부분으로 무한히 반복되어, 부분과 전체가 동일한 구조를 프랙탈이라고 한다.
[426] 유럽: 하나의 역사, 노먼 데이비스 지음, 왕수민 옮김, 예경(2023), P 247

여전히, 인쇄산업과 폰트 산업에 종사하는 사람들이 어깨에 짚어지고 가기 힘겨운 십자가였다.

1445년 독일 마인츠에서 요하네스 구텐베르크가 인쇄술을 발명한 이후 인쇄술은 유럽 전역으로 빠르게 퍼져 나가며 유럽사회의 변화를 견인하였다. 그러나 1485년 오스만제국의 술탄 바예지드 2세(Bayezid Ⅱ)는 시대적 흐름에 역행하며 이슬람교도의 아랍어 인쇄를 금지하는 칙령을 반포했다.[427] 정치적 견제 세력이 없는 상태에서 통제와 착취로 절대권력을 유지하던 오스만제국의 지배자들은 인쇄물을 통한 사상의 전파를 두려워할 수밖에 없었다. 불온한 정치사상은 통제를 약화할 뿐 아니라 체제를 전복시킬 위험이 있기 때문이다. 요약하면 조선의 인쇄술이 낙후성을 벗어날 수 없었던 주된 원인은 오스만 투르크(1299~1922)의 왕과 지배층처럼, 정치적 견제 세력이 없는 상황에서 절대 군주제를 유지하던 조선의 왕과 지배층이 인쇄술의 활용과 발전을 의도적으로 막았다는 사실에 있다.

4-02 한글 활자와 폰트의 문제점 (1,1127 종의 한글 활자, 갖추기도 힘들다)

한글이 문자의 역사에서 유래를 찾아볼 수 없을 정도로 독창적이고 합리적이며 배우기 쉬운 글자라는 사실을 누구도 부인하기는 어렵다. 그러나 한글은 야누스의 얼굴을 하고 있다. 필기용으로 사용할 때의 한글은 우리가 익히 아는 것처럼 매우 합리적이다. 그러나 한글을 활자로 사용할 때 한글은 매우 불합리한 글자이다. 어떻게 한 글자 체계가 이처럼 스펙트럼의 양극단에 걸쳐 있을 수 있을까? 항상 한 면만 보여주는 달처럼 한글은 일반인에게 항상 밝은 면만 보여준다. 그래서 일반인은 한글이 가진 어두운 뒷면을 잘 모른다.

한글은 음소문자이나 모아쓰기(이차원배열) 때문에, 상형문자이며 음절문자로 쓰이는 중국의 한자나 음절문자인 일본의 히라가나-카타가나처럼, 음절 단위로 사용된다. 한글을 인쇄할 때 너무 많은 종류의 활자가 필요하다는 단점은 한글의 자모음자 자체에서 온 것이 아니라 한글 자모를 한 덩어리로 표기하는 한글 특유의 모아쓰기(합자해)로부터 기인한다. 현대 한국어에서 한글 자모를 모아 한 음절을 만들고 한 음절을 하나의 활자로 만들어 사용하는 방식으로는 1,1172종의 활자를 주조해야 한다. 현재의 모아쓰기 방식을 준수하면 각각의 음절 내에서 자모음자의 모양과 위치가 너무 다양해지므로, 간단하고 일관성 있는 규칙에 따라 조판할 수 있는 음소 활자를 만들 수 없다. 한글학회의 우리말 큰 사전(1992)에 근거하면 중세에는 최소 5,6544개의 음절이 있을 수 있었고 같은 수의 음절 활자가 필요했다. 변정용과 알브레히트의 계산에 따르면 400억 종 이상의 음절 활자가 필요했다.[428]

영미권에서는 로마자 알파벳을 모아서 쓰지 않고 일직선으로 배열하여(1차원 배열) 사용하므로 알파벳의 대문자와 소문자를 포함한 단 52 종의 활자로 지식혁명을 이루었다. 과학기술이 현재보다 덜 발달한 중세 조선은 물론이고 현대의 기술로도 399억 종류의 한글 음절 활자를 갖출 수는 없다. 미리 한 벌을 완벽하게 갖출 수 있는 활자를 완전 활자라고 정의하면 알파벳 활자와 히라가나/카타카나 활자가 여기에 속한다. 활자 한 벌을 미리 갖출 수 없고 필요할 때마다 추가로 만들어 사용해야 하는 활자를 불완전 활자로 정의하면 한자활자와 한글 활자가 여기에 속한다. 불완전 활자는 활자의 구실을 오롯이 다할 수 없다. 윤전기를 돌리기 직전에 주조해야 하는 활자는 총격전이 시작되기 직전에 주조해야 하는 철포(鐵砲)와 다를 바가 없다. 말 그대로 무뎃포(無鐵砲)이다!

---

[427] 대런 에스모글루, 제임스 로빈슨 지음, 최완규 옮김, 국가는 왜 실패하는가, 시공사(2024)
[428] 변정용, 한글의 과학성, 함께 여는 국어교육 26(1996 가을호), P 311-317
    399억개(398,5677,2340)의 음절 가짓수를 주장

기원후 7세기에서 8세기까지 유럽에서도 대부분의 고전 라틴어와 고전 그리스어가 마침표, 쉼표, 띄어쓰기 없이 연속 기록(scriptio continua)으로[429] 표기되었다. 중세의 유럽에서 책을 중얼거리며 읽거나 낭송하는 관습이 있었다. 묵독과 다르게 낭송에서는 읽은 곳의 재독(再讀)은 피해야 했다. 따라서 읽던 자리를 쉽게 알아보기 위해 단어 사이에 공간이 추가되기 시작했다.[430] 1800년대 중반부터 조선에서 선교활동을 원하던 서양의 선교사들은 한국어와 한글을 익히고 근대식 한글 활자를 개발하여 기독교 경전과 교리서를 인쇄했다. 현재 우리가 당연하게 생각하는 한글 띄어쓰기와 가로쓰기는 구한말 서양선교사들에 의해 조선사회에 처음 소개되었다. 최초의 한글 가로쓰기/가로짜기/띄어쓰기는 프랑스의 동양학자와 중국에 파견된 서양인 선교사들이 시작했다. 『한글개요1864』에 가로쓰기가, 『조선어 초보1877』에 가로쓰기/가로짜기/띄어쓰기가 사용되었다.[431]

> **삼천포三千浦**
>
> 일본의 전국시대를 마감하는 나가시노 전투(長篠戰鬪)에서 조총을 주력으로 한 오다 노부나가(織田信長)가 기병대를 주력으로 한 다케다 카츠요리(武田勝賴)에게 대승한다. 발사할 때까지 시간이 너무 오래 걸리는 조총을 평가절하한 다케다 카츠요리는 조총(철포鐵砲)이 아닌 활과 창검으로 군사들을 무장시켰다. 결과는 참혹한 패배였다. 이후 어떤 일을 할 때 가장 중요한 것(철포)을 준비하지 않고 치밀한 계획 없이 일을 밀어 부치는 사람이나 행위를 비꼬는 의미로 무뎃포라는 말을 사용하기 시작했다.
>
> 참고: 신상목, 학교에서 가르쳐주지 않는 세계사, 뿌리와 이파리(2022), p174~181
>
> 무뎃포

서양 선교사들이 기독교 경전과 교리서를 인쇄하기 위해서는 한글 활자의 개발이 급선무였다. 그들도 이론적으로 만 종 이상이 존재하고 실제로는 3000종 이상의 한글 활자가 필요하다는 사실을 곧 깨달았다. 완전한 해결책은 아니었지만 분합활자(分合活字)를[432] 고안하여 한글 음절활자 개발의 어려움을 극복하려는 선교사들의 시도가 있었다. 분합활자는 한글 음절 활자의 초성자나 종성자를 다른 자음자로 교체할 수 있는 불완전 조합 활자이다. 극히 일부의 한글 음절 활자만 분리와 통합 활자 방식으로 제작될 수 있었고 활자의 크기가 일정치 않아 아름답지도 못했다. 결국에는 모든 활자를 음절 단위로 기획하고 제작하여 사용할 수밖에 없었기에 서양 선교사, 한국인 활자 개발자, 일본인 활자 개발자들의 노력/집념/노고는 상상을 초월했다.

식민지 시절에는 주시경이, 해방 후에는 주시경의 제자들이 불합리한 음절 활자의 사용을 피하려고 한글 풀어쓰기를 주장하였으나 시대정신은 그들의 풀어쓰기를 수용하지 않았다.

1980년대 초 컴퓨터의 등장으로 활자인쇄 시대는 막을 내렸고 컴퓨터 조판 시대가 활짝 열렸다. 컴퓨터 조판 시대에는 활자를 주조하거나 조각할 필요가 없으니 자연스럽게 한글 활자의 문제는 사라졌다 적어도 표면적으로는. 하지만 구조적으로는 아니다.

---

[429] 우베 요쿰, 박희라 옮김, 모든 책의 역사, 마인드 큐브(2017), P 71, 95
Wikipedia(2023), Scriptio continua
[430] 함재봉, 한국 사람 만들기Ⅴ, 프레스(2025), P 435-436
[431] 류현국, 한글활자의 은하계, ㈜윤디자인그룹 엉뚱상상(2017), P 66
[432] 류현국, 한글활자의 탄생, 홍시(2015), P 83
류현국, 한글활자의 은하계, ㈜윤디자인그룹 엉뚱상상(2017), P 47-66
1844년 마카오 미국장로회가 발행한 중국보고서 제14권 124쪽에 분합활자란 한 음절이 상하와 좌우로 나뉠 수 있는 방식으로 만들어진 글자(list of Chinese characters formed by the divisible type) 라고 기록하고 있다. 한글개요(1864)에 최초의 분합활자가 사용되었다.
이용재, 박지훈, 활자흔적 근대 한글 활자의 역사, 물고기(2015), P 191
고미야마 히로시(小宮山博史) 지음, 활자, 윤디자인그룹(2019), P 49, 50

	음절수	폰트 개발 기간		음절수	폰트 개발 기간
현대 한글	1,1172	2 년	유니코드	160,8528	320 년
남광우 고어 사전	2,9600	6 년	변정용	398,5677,2340	800,0000 년
우리말 큰사전	5,6544	10 년	알브레히트 후베	398,6440,9200	800,0000 년

한글 음절 수 비교와 폰트 개발 기간

한 명의 폰트디자이너가 완성형 한글 폰트 한 벌을 개발할 때 대략 2~3년이 걸린다고 한다. 적게 잡아도 현대 한글 폰트 한 벌을 제작할 때 2년이 걸리므로 남광우 고어사전에 나오는 자모음자로 완성형 한글 폰트를 제작하려면 6년, 한글학회가 발행한 우리말 큰 사전에 나오는 자모음자로 완성형 한글 폰트를 제작하려면 10년, 유니코드에 기록된 자모음자로 한글 폰트를 만들려면 320년, 변정용과 후베가 제시한 자모음자로 완성형 한글 폰트를 제작하려면 800만 년이 걸린다. 참고로, 800만 년은 오스트랄로피테쿠스가 현생 인류로 3번 진화할 수 있는 시간이다. 이론적으로 조합 가능한 한글의 음절 수는 400억 개 이상이므로 한자 8만 개를 압도한다. 따라서 한글이 음절문자로 사용된다면 한글의 확장성은 장점이 아니라 극복하기 힘든 단점으로 작용하며 한글은 한자보다도 불합리한 문자 체계가 될 수밖에 없다.

한글을 배울 때, 한글을 읽고 쓸 때 한글은 알파벳으로 작용하기 때문에 한글이 지닌 알파벳으로서의 장점은 완전히 발현되지만 한글 활자와 폰트를 제작할 때 한글은 음절문자로 작용하기 때문에 한글이 지닌 알파벳으로서의 장점은 전혀 발휘되고 있지 않다. 세상 모든 것이 그러하듯 한글은 장점과 단점을 함께 지니고 태어난 문자이다.

4-03 한글 부호화의 문제점

디지털 정보 사회에서 정보의 디지털화는 필수 불가결인 문제이다. 정보를 처리하기 위해서 정보의 부호화(encoding)는 불가피하다. 그런데 한글이 컴퓨터의 작동 방식과 잘 맞는다는 통념과 다르게 한글은 컴퓨터상에서 정렬, 검색 같은 정보처리를 위한 부호화에서 여러 가지 문제점을 드러냈다. 음절 단위로 모아쓰기하는 한글의 특성 때문에, 중세의 한글은 말할 것도 없고 현대의 한글도 컴퓨터상에서 완벽하게 부호화될 수 없었다. 현대의 한글이 표현할 수 있는 1,1172개의 음절을 컴퓨터상에서 완전히 구현할 수 없었던 때가 있었다. 1996년 1,1172개의 음절에 코드를 할당해서 이 문제를 우회하여 넘어갔다. 벽안의 독일인으로 한글 연구에 평생을 헌신한 알베르트 후베의 증언을 들어 보겠다.

"1996년 유니코드2.0의 도입 이후 비학문적인 차원에서 현대 한국어의 수요를 겨우 충족시키는 1,1172개의 한글 음절 자를 컴퓨터로 표현할 수 있게 되었다. 이것은 2350개의 음절자만 사용할 수 있었던 그리 오래되지 않은 과거에 비하면 뚜렷한 발전이라고 할 수 있다. 그러나 과거뿐만 아니라 현재에도 모든 음절자를 사용할 수 있도록 처리하고 중간 단계들 거쳐 개개의 음절자를 재현하기 위해서는 여전히 소프트웨어 및 하드웨어적 부담이 요구되는 기술적 문제들이 존재하고 있다. (중략) 왜냐하면 사람이 직접 손으로 쓸 때 한글 자모 28자만 이용해 원래 무려 398억 개에 이르는 음절 다발을 쓸 수 있기 때문이다. 자동 정보처리에서 전반적인 제약은 문자의 최소 단위는 근본적으로 글자가 아니라 음절자라는 것이다. (중략) 여기서 간략히 언급한 근본적인 문제는 부호화, 자형화, 모니터와 프린터에서의 재현 등등에 여러 가지 부정적인 영향을 끼치고 있다."[433]

---
[433] 알브레히트 후베, 날개를 편 한글, 박이정(2019), P 308

1980년대와 1990년대를 거쳐 컴퓨터가 널리 보급됨에 따라 한글기계화를 가로막는 장애물로서의 모아쓰기-풀어쓰기의 문제, 자판 배열의 문제는 컴퓨터 소프트웨어로 간단히 해결되었다. 더 이상 번거로운 기계적 해결책을 찾을 필요 없이 풀어쓰기 방식처럼 자음-모음-자음으로 한 음절을 쓰면 소프트웨어 프로그램이 자동으로 모아쓰기를 실행해 주는 시대가 도래하였다.

　1,1172개의 음절에 코드를 할당하는 방식은 51개의 문자소에 코드를 할당하는 방식보다 검색과 정렬 같은 한글 정보처리 과정에서 훨씬 더 많은 시간을 소비한다. 음절-코드 분할 방식으로 '갉' 같은 음절이 들어간 단어는 검색할 수 있지만 초성에 'ㄱ'이 들어간 단어, 중성에 'ㅏ'가 들어간 단어, 종성에 'ㄺ'이 들어간 단어는 검색할 수 없다.

　한글을 음소-코드 분할 방식으로 부호화할 수는 있으나 음소 단위로 부호화된 한글 정보를, 너무 복잡하고 종류가 많은 현행의 모아쓰기 방식으로는 디스플레이상에 완벽하게 구현할 수 없다. 활자/타자기 같은 기계식 디스플레이어와 컴퓨터 모니터/휴대전화 화면 같은 전자식 디스플레이 장치에서, 음소문자인 한글은 음절문자의 환영(幻影) 때문에 매우 비효율적으로 표현되고 있다. 10 기통 고성능 엔진에 경운기 타이어를 장착한 벤츠가 속도 무제한인 아우토반을 시속 20km로 굉음을 내며 나름 빠르게 질주하고 있는 상황이 지금 컴퓨터상에서 한글이 돌아가고 있는 모습이다. 또, 1,1172개의 음절을 겨우 컴퓨터상에서 표현할 수 있지만 이론적으로 가능한 398억 개의 음절을 컴퓨터 모니터 위에서 자유롭게 표현할 방법은 아직 없다.

　한글은 많은 장점을 지닌 독특한 문자체계이지만 단점 또한 지니고 있다. 언어 민족주의자들이 세종과 한글을 민족주의의 구심점으로 삼으려는 저의를 가지고 한글의 장점만 부각하고 단점은 은폐하는 행태는 심히 불공정한 처사라 아니할 수 없다. 필자는 이제 한글의 단점을 음지로부터 끌어내 개선 방안을 논의해야 한다고 생각한다. 필자는 한글 모음의 변형과 더불어 아홉 가지나 되는 모아쓰기를 하나로 통일하면 한글이 디스플레이 장치에서 직면하고 있는 문제를 해결할 수 있는 길이 열릴 것으로 기대한다.

4-04 한글 풀어쓰기

　주시경은 18세 때인 1896년 배재학당 교사인 박세양과 정인덕이 이끄는 야학에서 영문을 공부하며 터득한 영문 자모음의 원리를 응용해 국문의 자모음에 관한 독창적 연구를 진전시켰다. 1894년 배재학당에 정식으로 입학하여 수학, 영어, 지리, 역사 등을 본격적으로 배우기 시작했다. 1895년 12월 26일 귀국한 서재필이 1896년 1월부터 독립신문사의 창립 준비를 하며 배재학당에서 강의를 시작했다. 주시경은 서재필과 더불어 독립신문의 발간에 참여했고 1898년 영어 문법을 배우기 위해 배재학당 보통과에 입학했다. 1900년 배재학당 보통과를 졸업하면서 아펜젤러(Appenzeller) 목사로부터 세례를 받아 정식 기독교인이 되었다. 주시경은 선교사 어학 교사로 생활하며 선교사들에게 한글을 가르쳐주고 이들로부터 영어를 배웠다. 잘 알려지지 않은 사실이지만 영국의 선교사 스크랜턴(Scranton)의 한국어 교사가 주시경이었다. 1906년 기독교인의 민족운동 참여가 쇠퇴하는 상황에 실망하여 보다 적극적으로 민족운동을 전개할 목적으로 민족종교인 대종교로 개종했다.[434]

　주시경이 살아온 이력을 보면 그는 민족주의와 기독교, 선교사가 가르쳐준 영어로부터 많은 영향을 받았음을 알 수 있다. 주시경은 성경의 한글전용, 가로쓰기, 띄어쓰기에 영향을 받았을 뿐 아니라 영어의

---

[434] 이규수, 한글에 빛을 밝힌 어문 민족주의자 주시경, 역사공간(2014)

서사 규범인 풀어쓰기에서도 영향을 받아 말년에 한글 풀어쓰기론을 제시하였다.

주시경은 첫째, 풀어쓰기가 모아쓰기보다 가독성이 높고 둘째, 풀어쓰면 모아쓸 때 1,1172개의 음절 활자를 만들어야 하는 번거로움에서 벗어나 24개의 음소 활자로 모든 한글을 인쇄할 수 있다는 사실을 들어 풀어쓰기를 주장했다.

가독성의 문제를 많은 학자들이 주장하지만 어떤 학자도 풀어쓰기와 모아쓰기의 가독성 차이를 증명하는 정확한 실험 결과나 통계치를 제시하지 못했다는 사실을 지적하고 싶다. 모아쓰기와 풀어쓰기 가운데 어떤 것이 더 높은 가독성을 보이는지 알기 위해 세 가지 증명 방법을 생각해 볼 수 있다. 첫째, 한글을 처음 배우는 6~8세 사이의 아이들을 두 집단으로 분리하여 한 집단의 아이들에게는 모아쓰기를 다른 집단의 아이들에게는 풀어쓰기를 일정 기간 가르친 후 읽는 속도를 비교하는 것이다. 이 방법이 가장 정확하지만 동시에 가장 비인간적이다. 한 집단의 아이들에게 시험 삼아 풀어쓰기를 가르치는 것은 준인체실험이고 보호자의 동의를 얻는 것도 쉬워 보이지 않는다. 두번째, 윤리적 문제를 우회하기 위해 인공지능으로 풀어쓰기와 모아쓰기를 학습시켜 두 방법의 가독성을 비교하는 방법이 있다. 세번째, 모아쓰기 문자 즉 한글을 사용하는 한국의 초/중/고/대학생의 읽기 속도와, 풀어쓰기 문자 즉 알파벳을 사용하는 미국의 초/중/고/대학생의 읽기 속도를 비교하는 방법이 있을 수 있다. 간접적이기는 하지만 두번째와 세번째의 방법으로 모아쓰기와 풀어쓰기의 가독성 문제를 어느 정도 해결할 수 있다고 생각한다.

송지호/김재형/형성민(이하 송김형으로 호칭)이[435] 시행한 한국인의 한국어 읽기 속도에 관한 연구를 보면 한국인의 읽기 속도는 202.3±88.4 WPM(words per minute)이다. 샌디에이고에 있는 캘리포니아 대학의 로잘린드 스트라이클러 박사가 행한 연구에서[436] 미국 대학생의 읽기 속도는 250 WPM이다. 벨기에 겐트대학 마크 브리스바트는[437] 190개의 연구 결과를 분석한 다음 평균 읽기 속도 300 WPM은 과장된 것이고 238 WPM이 올바른 수치라고 결론지었다. 지금까지 언급한 숫자는 묵독(默讀)의 읽기 속도이다. 송김형의 연구 결과는 편차가 너무 크고 실험군이 학력과 나이별로 구분되어 있지 않다. 위에 기술한 모든 통계치는 실험에 사용된 예문의 난이도, 피실험군의 문자-선행 학습량을 표준화할 수 없다는 근본적인 한계가 있어서 한글읽기 속도와 영어 읽기 속도를 단순히 비교할 수는 없다. 그러나 모아쓰기를 대표하는 한글의 읽기 속도와 풀어쓰기를 대표하는 영어의 읽기 속도는 우열을 가리기 힘들 정도로 엇비슷하다. 훈련된 독자의 뇌는 패턴인식을 기반으로 글을 읽기 때문에(이에 대한 논의는 조금 있다가 하겠다) 음소글자를 낱 글자로 읽지 않는다. 뇌의 정보처리 능력에 있어 개인차는 있지만 인종적 차이는 없고 낱말의 음절 수는 언어의 경제성을 추구하려는 성향 때문에 언어의 종류에 무관하게 항상 최적화/최소화되어 있다는 보편적 사실을 받아들인다면, 읽어 들인 낱말 단위의 정보를 뇌에서 처리할 때 언어와 인종에 상관없이 비슷한 시간이 걸리기 때문에 비슷한 읽기 속도가 나올 수밖에 없다. 일반적으로, 학습을 위한 읽기에는 100-200 WPM이면 충분하고 소설과 같은 단순 이해를 위한 읽기는 400 WPM이면 된다. 500 WPM이 넘는 속도는 읽기와 이해의 질을 떨어뜨린다고 알려져 있다. 낱말을 아무리 빨리 읽어도 우리의 뇌는 정보의 홍수를 감당할 수 없다.

로마자 알파벳을 읽든, 일본의 가나 문자 같은 음절문자를 읽든, 한자 같은 표의문자를 읽든, 읽을 때

---

[435] 송지호, 김재형, 형성민, 한국어 읽기 속도 측정 애플리케이션의 유효성 및 정상인의 읽기 속도에 관한 사전 연구, 대한안과학회지, 2016년 제57권 제4호
[436] Rosalind Streichler, Ph.D., Center for Teaching Development, University of California
[437] Marc Brysbaert from Ghent University in Belgium

관여하는 뇌의 영역은 놀랍게도 거의 차이가 없다. 우리가 글을 읽을 때 읽는 글자의 종류에 상관없이 뇌의 좌반구 측두부 하부에 있는 단어-형태-영역(visual word form area)이 늘 활성화된다.[438] 글을 읽을 때 활성화되는 뇌의 좌반부 후두 측두 피질 영역을 문자상자(letterbox)라고도 하는데 이 영역이 활성화되지 않으면 난독증이 발생한다.[439]

1분당 읽을 수 있는 단어의 수가 글자의 종류와 상관없이 정해져 있는 것처럼 언어의 종류와 상관없이 1분당 200단어를[440] 말할 때 청자에게 최대의 이해도로, 최다 단어를 전달할 수 있다고 한다. 이는 인간의 뇌가 의미의 기본 단위인[441] 단어를 가공할 때 가공 가능한 단어의 수에는 최대 상한선이 있음을 의미한다. 아무리 많은 단어를 눈으로 읽어 들여도 우리의 뇌(CPU)는 정해진 수 이상의 단어를 인식하고, 가공하고, 말하지 못한다. 컴퓨터의 CPU가 처리할 수 있는 것보다 많은 정보를 입력할 수 있는 자판기는 낭비이다.

결론적으로, 한글 모아쓰기와 영어의 풀어쓰기를 비교하는 간접적인 방식으로 한글 모아쓰기와 한글 풀어쓰기의 속도를 비교해 보면, 둘 사이에 유의미한 차이가 없고 학습을 위한 읽기에서 모아쓰기와 풀어 쓰기는 이미 필요한 속도 100-200 WPM을 초과 달성하고 있다. 모아쓰기와 풀어쓰기 가운데 어떤 것이 더 효율적인지에 대한 논란은 이제 소모적이고 무의미하다.

테일러 앤 테일러(Taylor and Taylor 1995)는 한자는 전체적인 패턴으로 인지되지, 개별적인 획의 조합으로서 인지되지 않는다고 한다.[442] 한자만 패턴으로 인식될까? 우리가 새로운 영어 단어를 읽을 때는 스펠링을 한 글자씩 읽는 인식 과정을 거친다. 그러나 우리는 읽기 연습을 통해 익숙해진 단어를 하나의 패턴으로 인식하여 읽는다. 여기서 주의할 점은, 패턴인식이 단어 내의 몇몇 글자를 뛰어넘고 단어를 읽는다는 의미가 아니라, 단어가 6~7개 이상의 문자로 구성되지 않는 한 숙련된 독자가 단어를 재인(再認)하는 시간은 기본적으로 단어의 길이와 상관없이 거의 일정하다는 사실이다. 이것은 분명히, 뇌의 좌반구 후두 측두 피질의 문자상자(letter box) 영역이 병렬적 문자 처리 메커니즘을 사용하여 단어 속의 모든 문자를 동시에 처리한다는 것을 시사한다.[443]

숙련된 독자는 단어들을 하나의 단위로 지각하는 경향이 있으며 한 자 한 자 읽지 않는다.[444] 영어 단어 "mortgage"를 "morgage"로 써도 읽는 데 아무런 문제가 없을 뿐 아니라 오히려 더 정확한 표기이기도 하다. 그러나 "mortgage"를 패턴인식으로 학습한 영어 화자는 "morgage"를 읽을 때 무언가 어색한 느낌이 들게 되고 곧이어 스펠링에 오류가 있음을 금방 알아차리게 된다. 한글에서도 똑같은 방식으로 단어가 인식된다. 예를 들어 '닭'을 우리는 아주 빠른 속도로 인식한다. 익숙한 글자에 대해서는 글자 전체의 모양을 패턴으로 인식하기 때문에 자음-모음-자음 순으로 읽지 않는다. 그러나 자주 쓰이지 않지만 한글 조합 규칙이 허용하는 글자, 예를 들어, '뷂'은 한눈에 들어오지 않는다. 읽기 연습으로 익숙해지지 않은 글자는 뇌의 병렬적 문자 처리 메커니즘에 의해서 재인되지 않기 때문이다.

한글을 풀어 쓰든 모아 쓰든 우리가 패턴인식으로 한글을 읽는다면 읽는 속도에 유의미한 차이가 없다.

---

438 스타니슬라스 드앤 저, 이광오 등 공역, 글 읽는 뇌, 학지사(2022), P 279
439 스타니슬라스 드앤 저, 이광오 등 공역, 글 읽는 뇌, 학지사(2022), P 279
440 네이버 지식백과(2023), 영어의 빠르기-말에는 왜 속도가 있을까?
441 1956년 미국의 심리학자 조지 밀러가 만든 chunk를 말하며 최소_개념_덩이를 뜻한다.
442 헨리 로저스, 언어학으로 풀어본 문자의 세계, 역락(2018), P 66
443 스타니슬라스 드앤 저, 이광오 등 공역, 글 읽는 뇌, 학지사(2022), P 65-66, 258
444 헨리 로저스, 언어학으로 풀어본 문자의 세계, 역락(2018), P 267

패턴인식은 우리가 머리에 저장하고 처리해야 할 정보의 양을 줄여주고 비슷한 것을 같은 부류로 분류할 수 있게 해주며 인식 속도를 빠르게 하려는 환경압에 맞춰 인간의 뇌가 진화한 결과물이다.

한글의 모아쓰기가 한글 창제 원리와 맞지 않다는 주장은 어디에 근거를 둔 것인지 알기 어렵다. 한글의 자모음자는 자음자 계열과 모음자 계열로 한눈에 구별된다. 한글은, 특히 한글 모음의 모양은 처음부터 모아쓰기를 염두에 두고 계획된 것이다.[445] 만약 한글 풀어쓰기를 한다면 한글의 모음부호를 전부 다시 만들어야 풀어쓰기에 적합한 시각적 아름다움을 견지할 수 있을 것이다. 또 모아 쓴 네모꼴 글씨가 가로쓰기에 적합하지 않다는 주장도 근거가 없다. 모아쓰기-풀어쓰기의 문제는 가로쓰기-세로쓰기의 문제와 아무 상관이 없다.

그의 풀어쓰기 주장의 근거로 인쇄 문화의 쇄신 하나만이 설득력이 있는데 철저한 민족주의자인 주시경이 왜 과학적 근거도 희박하고 그의 민족주의 사상과도 배치되는 영어식 풀어쓰기를 주장하였는지 너무나도 의아하다. 최경봉에 의하면 주시경의 풀어쓰기는 서구의 서사 규범으로부터 영향을 받았다.

"근대에 들어 서구 문화가 유입되면서 한글을 새로운 서사 규범에 따라 쓰려는 시도가 있었다. 음소문자를 사용하는 서구 문화의 서사 규범이 우리의 서사 규범에 대한 일대 반성을 불러일으켰던 것이다. 세로쓰기를 가로쓰기로 바꾸고, 띄어쓰기를 도입한 것은 모두 영어의 서사 규범을 따른 것이었다. 그리고 영어의 서사 규범을 따라 한글의 서사 규범을 확립하려는 과정에서 풀어쓰기가 논의되었다.

풀어쓰기에 대한 공식적인 논의는 1908년 12월에 제출된 국문연구소의 '국문 연구 의정안'에 나온다. 따라서 풀어쓰기가 공론화된 것은 이보다 훨씬 이전이었음을 알 수 있다. (중략)

이러한 논쟁의 중심에는 주시경이 있었다. 주시경은 국문연구소의 논의 과정에서는 원칙상 풀어쓰기가 정당하나 훈민정음 이래로 내려오는 전통을 따르자는 안을 내놓은 바 있다. 그러나 그는 1908년부터 작고한 1914년까지 풀어쓰기에 관한 주장을 발전시켜 나갔다. (중략) 김두봉, 최현배 등 주시경의 제자들은 스승의 뜻을 이어 풀어쓰기를 언어 규범으로 만들고자 했다."[446]

일제 식민지 시절에는 주시경이, 해방 후에는 주시경의 제자들이 스승의 풀어쓰기를 이어받아 발전시켰으며 북한과 남한에서 한글 어문정책을 통해 그들의 풀어쓰기를 실행에 옮기려 했다. 남한에서는 미군정청 편수국장을 지낸 최현배를 비롯한 주시경의 제자들이 한글 풀어쓰기를 주장하였으나 한글 고유의 특징과 아름다움을 해친다는 시대의 비판을 견뎌낼 수 없어 한글 풀어쓰기는 무대에서 퇴장했다. 김두봉이 북에서 강력하게 밀어붙인 풀어쓰기는 남북한 글자의 이질화를 두려워했던 김일성의 반대에 부딪혀 좌초되었다.

프랭크 시나트라, 엘비스 프레슬리, 톰 존스, 폴 앙카 등등 당대의 유명 팝 가수라면 누구나 한 번씩 불렀던 팝송 '마이 웨이'처럼 한국의 내로라하는 한글학자들은, 그러니까, 주시경/최현배/김두봉/김선기/장봉선 등은 자신들의 한글 풀어쓰기 이론에서 마이 웨이를 외쳤다. 그러나 아쉽게도, 그들의 한글 풀어쓰기 이론은 팝송 '마이 웨이'만큼 히트하진 못했고 잊혔다.

한글 풀어쓰기는 19세기 말에 소개된 서양 로마자에 의해 자극을 받아 20세기 초부터 주장되기 시작하였다. 어떤 풀어쓰기에서는 한글 자모가 로마자화되었고 우리의 언어 실정에 필요하지도 않은 대문자/소문자/필기체/인쇄체를 구분하였기 때문에 이름만 한글이지 실상은 로마자와 비슷한 모습을 하고 있었다.

---

[445] 양세욱, 문자, 미를 탐하다, 서해문집(2023), P 101
[446] 최경봉, 한글에 대해 알아야 할 모든 것, 책과함께(2014), P 207, 208

1938년 청풍생이라는 익명의 작가는 로마자에 의한 한글 풀어쓰기를 피력하였다. 1954년 주요한은 한글 풀어쓰기를 위해 영자를 모방하기보다 차라리 로마자에 의한 한글 풀어쓰기가 국제화 시대에 더 실용적이고 효과적이라는 의견을 제시하였다.[447]

● 한힌샘 주시경의 풀어쓰기

주시경은 1897년 4월 '국문론'에서 모아쓰기가 조선 문자의 장점이라고 주장했으나 10년 뒤 태도를 바꾸어 '국문 연구'에서는 발음 순서에 맞고 활자 만들기와 인쇄하기에 요긴함을 들어 '횡서' 즉 '가로 풀어쓰기를 주장했다. 1913년 3월과 1914년 3월에 수여한 조선어강습원 수업증서인 '배혼보람'과 졸업증서 '맞힌보람'에 그의 가로쓰기 주장을 실행에 옮겼다. 김두봉, 최현배, 신명균, 권덕규, 이병기, 정렬모 등이 맞힌보람을 받았고 김두종, 이세정, 신태호가 배혼보람을 받았다. 주시경은 '우리글의 가로쓰기 익힘'에서 ㅡ 대신 H를 썼다.[448]

● 백연 김두봉의 풀어쓰기

주시경의 제자 김두봉은 주시경의 한글 풀어쓰기를 계승 발전시켰고 다음과 같은 개선 방향을 제시했다.
① 낱말을 덩이로 하여야 할 것
② 글씨의 자리를 소리의 나는 자리대로 하여야 할 것
③ 쓰기에 쉽게 하여야 할 것
④ 보기에 쉬워야 할 것
⑤ 박기에 쉬워야 할 것
⑥ 쓸데없는 어수선을 덜어야 할 것

①은 음절로 덩이를 짓지 말고 낱말 단위로 쓰라는 뜻이다. ②는 아형 음절, 오형 음절, 와형 음절에서 모음을 쓰는 순서가 수직에서 수평으로 여러 가지가 있어 일관성이 없음을 지적한 것이다. ⑥은 '소리 없음'을 표기하는 ㅇ과 •(아래아) 폐지를 의미한다. 김두봉은 낱자 ㅡ 대신 U를, ㅣ 대신 I를 사용했다. 그리고 변격용언을 규칙화하여 표기하려고 여섯 자모를 새로 만들었다. 김두봉은 '조선어 연구' 제1-2호에서 세종이 선견지명을 가지고 한글을 만들었지만 철자에 있어서까지도 혁명적인 처리를 하지 못하고 한자의 영향을 받아 글자를 네모 안에 들도록 좌우 상하로 쓰게 한 것이 유감이 아닐 수 없다고 한탄했다. 자모자를 음절문자로 퇴보시키는 결과를 가져왔다고 비판했다.[449]

● 무돌 김선기의 풀어쓰기

김선기는 낱자를 써 나가는 방향이 일정하지 않고 가로세로 방향이 뒤섞여 있는 문제점을 해결하기 위해 가로 풀어쓰기가 필요하지만 모아쓰기 철자법도 편리한 점이 있다고 하여 한글의 풀어쓰기에 대해 소극적인 자세를 취했다. 김선기는 '한글 맞춤법 통일안(1933)' 제정 당시부터 새로운 글자를 추가해야 할 필요가 있음을 알았다. 김선기, 이희승, 이상춘은 ㄲ은 ㄱ이 두 번 소리 나는 것이 아니라 단일한 소리

---

[447] 이억만, 한글을 바꾸자 한글풀어쓰기와 새글자, 잇컴(2019), P 226-228
[448] 리의도, 우리 말글에 쏟은 정성과 노력, 박이정(2020), P 36, 37, 105
[449] 리의도, 우리 말글에 쏟은 정성과 노력, 박이정(2020), P 101~10, 126, 137

이므로 두 개보다는 하나의 연결된 기호로 사용하는 것이 좋다고 보았고 다른 경음 ㅃ ㄸ ㅉ ㅆ에도 똑같은 규칙을 적용하고 싶어 했다.

◐ 무돌 김선기의 풀어쓰기[450]

주시경의 제자 최현배는 1937년 '가로글씨의 이론과 실제'에서 가로쓰기를 주장하며 다음의 근거를 들었다.
① 가로쓰기는 소리나는 이치와 일치한다.
② 가로쓰기는 씨기가 쉽다.
③ 가로쓰기는 보기가 훨씬 쉽다.
④ 가로쓰기는 박기가 쉽다.
⑤ 가로쓰기는 읽기가 쉽다.
⑥ 가로쓰기는 오늘의 맞춤법의 고통을 많이 경감한다.

최현배는 1947년 '글자의 혁명'과 1954년 '한글가로쓰기'에서 "우리의 한글은 본래 낱소리글자이면서 낱자의 배열이 외에서 오른으로, 위에서 아래로의 방식이 서로 얽히어서 불규칙스럽기 짝이 없다. 이는 오로지 한자의 본을 따라서 바른네모꼴안에 집어놓기로 하기 때문일 따름이다."라고 비판했다. 1922년 논문 '우리 말과 글에 대하야'에서 박음글씨를 다음과 같이 고칠 것을 주장했다.
① ㆁ은 쓰지 아니할 것. ㆁ(꼭지이응)은 ㅇ으로 쓸 것.
② •는 예사로 쓰지 아니할 것.
③ ㅡ는 구부려서 V로 쓸 것.

③의 이유는 ㅡ가 줄표나 붙임표와 같아서 다른 낱자와 어울리지 않는다고 보았기 때문이다. 김두봉처럼 ㅣ대신 I를 사용했다.[451]

최현배는 한글자모를 변경하여 인쇄체 대문자, 소문자 필기체 소문자, 대문자를 만들었다. 최현배의 글자체에는 글자의 생김새가 로마자를 너무 닮았고 글자들이 서로 비슷하다는 문제가 있다. 또 한국어 사용자의 문자 생활에서 영어처럼 네 가지 글자체가 꼭 필요한지는 의문이다.

◐ 장봉선의 반_풀어쓰기

1989년 장봉선은 풀어쓰기 교본을 발행하여 그의 반_풀어쓰기이론을 제시했다.[452] 반 풀어쓰기는 초성과 중성은 그대로 두고 종성만 풀어쓰는 표기법이다. 예를 들면 '바ㄴ푸ㄹ어쓰기'이다.

4-05 안과의사 공병우의 세벌식 타자기와 세벌체

1898년 오토 부르크하겐(Otto Brughagen)은 "한때 펜이 칼보다 강했다. 하지만 타자기가 지배하는 곳에서는 대포도 침묵한다!"라고 타자기를 예찬했다. 축음기/영화와 비슷한 시기에 등장한 타자기는 새로운 매체로서 막강한 영향력을 발휘하기 시작했고 사회를 변화시켰다. 타자기를 다루는 여성 비서의 출현은 남성에게 독점된 문자 권력이 여성에게 분산되는 하나의 계기가 되었다. 타자기가 정부 공식 문서에 사

---
[450] 리의도, 우리 말글에 쏟은 정성과 노력, 박이정(2020), P 466-470
[451] 리이도, 우리 말글에 쏟은 정성과 노력, 박이정(2020), P 233, 234, 235, 238, 239
[452] 이역만, 한글을 바꾸자, 잇컴(2019), P 222

용되며 국가의 공식 문서는 익명화되었다. 많은 작가는 타자기에 매료되었다. 마크 트웨인(Mark Twain)이 레밍턴 타자기로 쓴 『톰 소여 1874』는 문학사상 최초로 타자기로 기록된 소설이다. 마크 트웨인은 글쓰기의 생산성을 증가시키기 위해 타자기를 사용했다. 반면에, 심한 근시와 동공부동증(瞳孔不同症양쪽 동공의 크기가 다른 질환)과 악필로 고생하던 니체는 1879년 시력을 거의 상실하고 1882년 말링 한센(Malling Hansen1835~1890)이 개발한 볼 타자기(Hansen writing ball 타자기의 키가 공 모양으로 배열되어 있다)로 글을 쓰기 시작했다. "우리의 필기도구가 우리의 사유와 더불어 작업한다"라는 그의 말처럼 타이프 볼은 그의 문체를 간결체로 유도했다. 상인들은 장부 기록 시간을 삼분의 일로 줄이기 위해 앞다투어 타자기를 구입하기 시작했다.[453]

타자기에 대한 수요와 타자기를 만들려는 시도는 구텐베르크의 활자인쇄술(1440)을 뒤따라 자연스럽게 기술사의 수면 위로 떠올랐다. 정밀 가공의 아버지 모즐리(Henry Maudslay 1771-1831)는 평평함이란 개념을 창안하고 선반(lathe1797)과 1만 분의 1인치를 측정할 수 있는 현대식 마이크로미터를 발명했다. 모즐리의 제자 조지프 휘트워스(Joseph Whitworth 1803-1887)는 100만 분의 1인치를 측정할 수 있는 마이크로미터를 만들고(1859) 표준화된 나사를 도입해 BSW (British Standard Whitworth영국 표준 나사산 측정)에 그의 이름을 올렸다. 또 휘트어스가 개발한 소총 휘트어스 샤프슈터(Whitworth sharpshooter)는 미국 남북전쟁 당시 남군의 사랑을 받았다. 원시적인 형태의 마이크로미터, 선반이 고대부터 존재했고 이들의 탄생 뒤에는 여러 부모가 있었기 때문에 정밀성의 역사는 그리 정밀하지 않다. 그러나 모즐리와 위트워스를 정밀성의 아버지로 간주하는 데 무리가 없다. 모즐리와 휘트워스의 혁신으로 탄생한 호환생산방식(互換生産方式manufacture of interchangeable mechanism)을 통해 표준화된 호환식 정밀부품이 저가에 대량으로 생산될 수 있는 길이 열릴 때까지 실용성과 경제성을 겸비한 타자기는 출현할 수 없었다.[454]

나폴레옹 전쟁(1803~1815) 이래로 도입된 '무기 부품의 규격화'는[455] 미국의 남북전쟁을 기점으로 고도화되기 시작했다. 1865년 남북전쟁이 끝난 뒤 더 이상 인간 도살기계 판매로 경영을 유지할 수 없었던 레밍턴 사는 재봉틀과 타자기로 눈을 돌렸다. "말의 슬픈 대체물"로서의 문자기호를 기록하기 위한 타자기는 큰 시장을 형성하고 있었다.[456] 타자기 생산에 앞서 총기와 재봉틀 생산으로 기술력을 축적할 수 있었던 레밍턴 사에서 숄즈(Christopher Sholes)와 글리든(Carlos Glidden)은 현대 타자기의 표준이 된 숄즈 타자기를 개발하였다(1874). 보급형 타자기의 여명기(1870년대)에 다양한 형태의 타자기가 등장했지만 숄즈 타자기(1874)의 자판배열과 기계적 메커니즘으로 수렴진화하기 시작하였다. 보급형 타자기의 여명기를 요약해 보겠다. 첫째, 쿼티 자판이 표준 자판으로 채택되었다. 숄즈 타자기의 좌상단 글쇠가 QWERTY로 되어 있어 숄즈 타자기의 자판이 쿼티 자판이라는 이름을 얻게 되었다. 보급형 타자기의 초기 역사에서 타자수가 빨리 타자할 때 발생하는 타이프바(typebar)의 엉킴 현상은 공학자에게 큰 골칫거리였다. 근본적인 해결책 그러니까, 빠른 타자 속도를 유지하면서 엉킴 현상을 막는 방법을 찾을 수 없었던 공학자들은 타자 속도를 강제로 떨어뜨려 엉킴 현상을 방지하기로 결론지었다. 역설적이지만 <u>쿼티 자판의 글쇠 배열은 빠른 타자를 방해하려는 악의의 결과물이었다.</u> 둘째 타이프라이터(typewriter)라는

---

[453] 유현주 김남시 옮김, 프리드리히 키틀러 지음, 축음기 전화 타자기, 문학과 지성사(2024), P 349~390
[454] 사이먼 윈체스터 지음, 공경희 옮김, 완벽주의자들, 북라이프(2020), P 88, 91-93, 104-107, 146, 158, 161, 163
[455] 유현주 김남시 옮김, 프리드리히 키틀러 지음, 축음기 전화 타자기, 문학과 지성사(2024), P 348
[456] 유현주 김남시 옮김, 프리드리히 키틀러 지음, 축음기 전화 타자기, 문학과 지성사(2024), P25, 35

말은 숄즈 타자기의 상표에서 유래했다. 셋째, 쿼티 자판에 시프트키(shift key)를 적용한 4행 자판(1878)이 정착되었다. 넷째, 정면타격방식(front-striking)을 적용한 호튼(Horton)사의 보이는 타자기(visible typewriter 1883)가 타자기의 대중화를 앞당겼다. 다섯째, 타자기가 감긴 플래튼(platen)을 이동시키는 이송장치-되돌림-레버(carriage-return lever)가 표준화되었다. 여섯째, 타자기 활자의 크기가 표준화되었다. 이러한 변화와 더불어 문서양식도 표준화되었다.457

과다한 동음이의어 때문에 한자가 없는 문자생활이 불가능했던 중국과 일본에서는458 한국보다 타자기 개발이 늦어졌고 성공적이지도 않았다. 『생활의 발견』으로 유명한 중국의 임어당이 한자 타자기개발(明快밍콰이 타자기 1931-1947)에 20년 가까이 매진했으나 상업화에 실패했기 때문에 경제적 어려움을 겪었다는 사실은 잘 알려지지 않았다.459

서양의 로마자를 입력하기 위해 개발된 타자기의 기본 구조를 유지한 체 아시아 언어를 기록할 수 있는 타자기를 개발하려는 시도가 1800년대 말기부터 여러 차례 있었다. 로마자 타자기의 생산 설비를 재활용하면 개발비와 생산 단가를 획기적으로 떨어뜨릴 수 있었기 때문에 알파벳 글쇠만 아시아 언어의 글쇠로 바꾼 타자기가 서양인에 의해 개발되었다. 시프트키 없이 84개라는 경이적인 수의 키로 구성된 스미스 프리미어 타자기도 태국어가 요구하는 문자 수 86개를 수용할 수 없었다. 1892년 미국인 에드윈 맥팔랜드(Edwin Hunter Mcfarland)는 <u>태국어의 문자 2개를 빼버리고 84개의 태국문자를 기록할 수 있는 타자기</u>를 개발했다. 신발이 발에 맞지 않자 발을 신발에 맞추기 위해 발가락 두 개를 잘라버린 격이다.460

1899년 이집트의 셀림 하다드(Selim Haddad)는 아랍어 타자기를 개발하기 위해 과감한 결단을 내렸다. 아랍어의 글자는 29개이지만 글자의 형태가 638가지나 존재한다. 셀림은 초성과 중성에 동일한 글자를 배치하고 종성과 독성에 동일한 글자를 배치해 58개의 글자로 구성된 아랍어 타자기를 개발했다. 셀림이 개발한 아랍문자 타자기는 <u>타자기의 기능을 살리기 위해 글자의 모양을 변화시킨 대표적인 예</u>가 되겠다. 태국과 이집트의 예에서 볼 수 있듯이 로마자 타자기의 자판은 타자기 시장만 정복한 것이 아니라 글쓰기 방법까지 점령하였다.461

한글 타자기의 역사도 <u>한글 기계화의 걸림돌로 작용한 한글-모아쓰기</u>와 한글 자판의 표준화과정이 초래한 난맥상을 고스란히 보여주고 있다. 순탄하지 못했기에 더욱 극적이었던 한글 타자기의 역사를 간단히 짚어보겠다.

초성자/중성자/종성자는 주변에 있는 글자에 따라 크기와 위치가 조금씩 달라진다. 초성자를 예로 들면 공/경/극의 기역은 크기와 위치가 조금씩 다르다. 중성자와 종성자에서도 똑같은 현상이 발생한다. 따라서 글쇠의 벌 수가 증가할수록 보다 미적인 초/중/종성자의 조합이 가능해져 타자한 글씨가 음절활자로 인쇄한 글씨의 아름다움에 수렴하게 된다. 이론적으로 수십 벌의 글쇠를 준비하면 음절활자로 인쇄한 글씨와 동일한 미적 완성도를 확보할 수 있게 되지만 글쇠의 벌 수가 증가할수록 타자를 익히는

---

457 한글과 타자기, 김태호, 역사 비평사(2024), P 26-36
458 예를 들면 'かんしょう'로 발음되는 일본어 단어는 무려 17개나 된다.
   奸商/感傷/干涉/完勝/痛症/感賞/勸賞/勸奬/鑑賞/觀/觀/觀象/環礁/緩衝/官省/簡捷/管掌
   앤드류 로빈슨 지음, 박재욱 옮김, 문자 이야기, 사계절(2013), P 203
459 토마스 멀레이니 지음, 전주범 옮김, 한자무죄, 한울(2017), P 338-348
460 토마스 멀레이니 지음, 전주범 옮김, 한자무죄, 한울(2017), P 67-73
461 토마스 멀레이니 지음, 전주범 옮김, 한자무죄, 한울(2017), P 88-90

데 더 긴 시간이 걸리고 타자기는 비대해진다. 한글 타자기의 역사에 실제로 등장했던 타자기는 세벌식/사벌식/오벌식이었고 이벌식 모아쓰기 타자기는 기계식으로 구현될 수 없었다.

선교사 호러스 언더우드(Horace Grant Underwood)의 형 존 언더우드(John Thomas Underwood)가 미국에서 운영하는 언더우드 타자기 회사는 레밍턴사와 경쟁관계에 있었다. 호러스 언더우드가 만들었다고 알려진 두벌식 한글 풀어쓰기 타자기는 헐버트가 1906년 언더우드사에 의뢰해서 만들려고 했던 타자기일 가능성이 높다. 헐버트는 모아쓰기 타자기를 구상하였으나 성공하였다는 소식은 없다.[462] 1914년 이원익은 미국에서 최초의 한글 타자기를 개발했다. 그의 타자기는 모아쓰기가 가능했고 가로로 찍어 입력한 뒤 세로로 읽는 방식이었다. 1927년 재미교포 송기주는 두벌식 풀어쓰기 타자기를 개발했으며 1933년 네벌식 모아쓰기이면서 가로로 찍고 세로로 읽는 타자기도 개발했다.[463]

1949년 안과의사 공병우(公炳禹1906~1995)는 고성능 한글 타자기를 처음 개발했다. 공병우 박사는 우리나라에서 최초로 쌍꺼풀 수술을 집행했고 최초로 콘택트렌즈를 도입한 것으로도 유명하다. 1950년 세벌식 '공 속도 한영 타자기'를 최초로 개발하고 세벌식 글씨 꼴을 개발했다. <u>한국전쟁 중 한중미(북한/중공/미국)대표가 모여 서명한 정전협정서는 공병우 타자기로 만들어졌다.</u> 1954년 공병우는 쌍초점 타자기에 대한 영감을 얻어 개발에 성공했다. 굳이 쌍초점이라는 용어를 사용한 이유는 그가 안과의사라는 사실과 무관하지 않아 보인다.

1958년 송계범이 전기회로를 추가하여 개발한 이벌식 모아쓰기 타자기 즉, 보류식-두벌-텔레테이프는 기술적 혁신이었고 <u>두벌식 한글 기계화를 최초로 실현한 기계</u>였으나 높은 가격과 잦은 고장으로 시장 점유율이 제일 낮았기 때문에 곧 역사의 뒤안길로 사라졌다. 1968년 송계범이 개발한 네벌식 자판은 1969년 정부가 발표한 네벌식 표준 자판에 지대한 영향을 주었다.[464] 1983년 두벌식 인쇄전신기 자판을 개량한 두벌식 자판기가 국무총리지시 제21호에 의해 표준 타자기 자판으로 선정되었다. 이벌식 표준 타자기 자판은 무늬만 이벌식이었고 실제 구동 원리는 사벌식이었다. 컴퓨터 시대를 준비하던 당시 정부는 기계식 타자기에 관심이 없었으며 기계식 타자기와 컴퓨터 자판을 통일하려는 계획을 세웠기 때문에 컴퓨터 프로그램의 도움으로 실현 가능한 전자식 이벌식 자판에 국가적 역량을 집중하기로 결정하였다.[465] 돌이켜 보건대 당시 정부의 결정은 매우 합리적이었고 현실적이었고 미래지향적이었다.

1959년 김동훈이 개발한 오벌식 타자기는 공병우가 개발한 삼벌식 타자기와 시장을 2:1로 양분하였다. 오벌식 타자기는 글씨체가 미려하여 민간기업이나 정부기관에서 사용됐지만 글쇠의 조형미를 포기하고 효율성을 선택한 삼벌식 타자기는 속도가 빨라 주로 군기관에서 사용되었다.

공병우는 타자기의 목적이 한글기계화와 빠른 타자에 있다고 주장했으나 당대의 정책결정자들은 공병우가 개발한 세벌식 타자기에 심한 거부감을 보였고 이에 공병우는 정책결정자의 이름을 언급하며 맹비난을 퍼부었다.

"상공부에서 글자판 통일 작업에 실패하자, 1969년 2월, 박정희 대통령의 지시에 따라 글자판 통일 작업이 과학기술처로 넘어갔다. 이때 과학기술처 장관은 김기형씨 이였고, 실무 책임자는 연구 조정관 황해룡 씨였다. 특히 이 사람들은 한글 기계화의 역사에서 영원히 지울 수 없는 인물들인데, 악역을 맡은

---

462 김동진, 헐버트의 꿈 조선은 피어나라!, 참좋은친구(2023), P 158-159
463 나무위키(2022), 한글 타자기
464 한글과 타자기, 김태호, 역사 비평사(2024), P 174-184, 235
465 한글과 타자기, 김태호, 역사 비평사(2024), P 262-265

불쌍한 사람들이기도 하다.

나는 과학기술처가 글자판 통일 작업을 한다기에 이번에야말로 과학적인 글자판으로 통일되겠지 하면서 기대하였다.

드디어 1969년 7월 28일에 표준 자판이 발표되었다. (중략) 과학기술처가 비과학적인 글자판을 만들게 된 근본은, 첫째로 글자판 비전문가들을 동원했고, 둘째는 3개월 만에 졸속으로 만들었고, 셋째는 공청회를 한 번도 열지 않았고, 넷째는 비밀리에 추진했기 때문이다.

과학기술처가 만든 표준 글자판이란 자음 한 벌과 모음 두 벌 그리고 받침 한 벌로 모두 네 벌로 된 비과학적인 네벌식 글자판인데, '조선일보'에서는 '공병우식과 김동훈식의 단점만 모은 졸작'이라는 평을 한 바 있다(1977년 9월 23일 자). 이렇듯 비과학적인 글자판을 표준판으로 정해서 총리 훈령 81호로 공포(公布)하였다."[466]

공병우가 개발한 세벌체는 받침이 있는 글씨와 받침이 없는 글씨의 높이에 차이가 나기 때문에 글씨를 위 기준선에 맞추면 마치 글자가 빨랫줄 위에 걸어 둔 빨래처럼 보인다 하여 빨래줄체라는 별명을 얻었다. 한글 활자는 음절단위로 만들어져서 글자체가 예쁘지만 자음과 모음의 조합에 의한 타자기 글씨체는 미적으로 활자의 글씨체에 미치기 어려웠다.

"<u>나는 한글의 구성 원리대로 타자로 세벌식으로 입력하고, 한글 조합도 세벌식 출력을 통해 하도록 이른바 세벌체란 글씨체를 채용하기로 한 것이다.</u> 받침 있는 글자는 받침 없는 글자보다 더 길어야 여러 면에서 합리적인 효율인 것이다. 그래야 과학적으로 볼 때 오독률도 줄어들고, 읽는 속도도 빠르다는 것을 알게 되었다. 글자의 기준선을 윗부분에 맞추었을 뿐 아래쪽은 글자마다 길이가 달라서 흔히 이 글씨체를 '빨랫줄 글씨체'라고도 한다.

영어 글씨에서는 많은 실험 결과가 나오고 있어 우리 한글의 빨랫줄 글씨체의 이점도 간접적으로나마 증명되고 있다. 영어의 대문자는 공간 배분이 일정하여 높낮이가 일정하지만, 소문자는 글자마다 높낮이가 들쑥날쑥 다르다. 가령 소문자를 살펴보면 e와 o의 위아래 길이가 같고 높이는 같지만, l이나 h는 머리 끝부분이 위쪽으로 올라가 있고, j나 p는 다리 부분이 아래쪽으로 처져 있다. 그래서 이같이 들쑥날쑥 변화가 있을 때, 눈의 피로는 덜해지고 가독성이 높아진다는 것이다. 그래서 대문자로만 되어 있는 영어 문장은 읽기가 무척 힘들고 오독률도 높다는 것이 각종 실험 분석 결과로 나와 있다.

우리나라에서 최초로 한글 자형학의 학문 체계를 세운 송현은 '현대 한글의 예속과 해방'이란 논문에서 "일정한 공간에 '를' 자와 '그' 자를 똑같이 배분하는 것은 마치 택시와 버스의 정원을 같이 하는 것이나 다름없다. 이처럼 공간배분을 비합리적으로 하기 때문에 한글의 가독성이 낮은 것은 너무나 당연하다"라고 일갈했다.[467]

네모꼴 활자는 기계에서 처리 속도가 늦고 디자인하기도 힘들어 경제적이지 못하다. 둘째, 글자의 공간 배분 문제로 간단한 구조의 글자와 복잡한 구조의 글자가 같은 공간에서 표현되기 때문에 가독성이 좋지 않다."[468]

공병우는 한글 한 벌을 도안하려면 적어도 2300여 자를 그려야 하지만 세벌체를 사용하면 스물네 자만으로 글씨체 한 벌을 만들 수 있다며 그의 세벌체에 대한 자부심을 애써 감추려 하지는 않았다.

---

[466] 공병우, 공병우 자서전: 나는 내 식대로 살았다, 지식산업사(2020), 186~187
[467] 공병우, 공병우 자서전: 나는 내 식대로 살았다, 지식산업사(2020), 264~266
[468] 최경봉, 한글에 대해 알아야 할 모든 것, 책과함께(2014), P 193

필자가 대학에 입학한 1988년에는 컴퓨터가 어느 정도 보급된 상태였고 여름 방학과 겨울 방학에 드물게 개최되는 타자 특강은 타자기의 암울한 운명을 묵시적 언어로 예언하고 있었다. 이벌식 타자를 숙달시키고 한참 시간이 흐른 후 누군가로부터 이벌식 자판보다는 삼벌식 자판이 한글의 원리에 더 잘 부합한다는 얘기를 들었다 물론 속도도 40% 정도 빠르고. 그때까지만 해도 내 뇌세포의 민족주의 수용체(도파민 수용체처럼)는 감도가 높아 그 말에 솔깃했다. 다시 세벌식을 익혔다. 그 후 세벌식으로 20년 이상을 지냈는데 직장 내 다른 동료들은 모두 두벌식 자판 사용자였다. 컴퓨터의 자판 배열을 자주 바꿔야 하는 번거로움과 서점에서 책을 검색할 때 겪는 불편함에 굴복하고 50이 넘은 나이에 다시 두벌식을 익혔다. 이번엔 나이를 먹어서 그런지 연습효과가 그리 좋지 않다. 두벌식과 세벌식 사이를 지조 없이 진동한 죄과로, 독수리 타법까지는 아니지만 타자가 서툴다.

여기에서 N명이 사용하는 통신망(telecommunications network)의 값어치는 사용자 수 N의 제곱에 비례한다는 메트캘프의 법칙(Metcalfe's law)에[469] 대해 생각해 보자.

유도방법1

통신망을 혼자서 사용하면 아무런 정보교환을 할 수 없으므로 통신망의 값어치는 0이다. A_1이라는 통신기(전화기, 팩스, 전보, 컴퓨터, 언어 사용자, 자판, 컴퓨터에 깔린 하나의 운영체계...) 1대가 나머지 (N-1)대와 연결되어 있으면 A_1의 통신망은 (N-1)의 값어치가 있다. 이런 통신기가 N 개 있으므로 전체 통신망의 값어치는 N(N-1)이다. 그런데, 예를 들면 A_1과 A_2의 연결은 A_2와 A_1의 연결과 동일하므로 전체 통신망의 값어치가 두 번 중복계산 되었다. 따라서 전체 통신망의 값어치는 N(N-1)/2이다.

유도방법2

이 문제는 N 다각형의 각 꼭짓점에서 다른 꼭짓점으로 그은 줄의 개수를 구하는 문제와 동치이다.

$$\binom{N}{2} = \frac{N(N-1)}{2}$$

유도방법3

이 문제는 N 개의 구슬이 들어있는 주머니에서 중복 없이 2개의 구슬을 꺼내는 방법의 가짓수를 구하는 문제와 동치이다.

여기에서 통신망의 값어치가 N^2에 비례한다는 사실이 중요하다. 전체 통신기의 수 N이 산술급수적으로 증가할 때 통신망의 값어치는 기하급수적으로 증가한다. 두벌식 자판이 표준으로 지정되어 다수의 자리를 차지하면 기하급수적으로 증가한 두벌식 자판의 통신망(연결망) 값어치가, 두벌식 자판보다 40% 높은 세벌식 타자기의 효율을 압도하게 된다. 이와 같은 현상이 드보락 영문 자판과 쿼티 자판사이에서도 생겼다. 매킨토시의 맥 운영체계는 마이크로 소프트의 도스 운영체계보다 뛰어났지만, 복제를 허용한 도스 운영체계가 시장에서 더 많은 사용자를 확보했고 사실상 표준의 위치에 등극했다. 다수가 된 도스의 연결망에서 나오는 값어치가 맥 운영체계의 장점을 압도한 후 도스 운영체계로의 쏠림현상은 더욱 가속화되었다.

---

[469] Wikipedia(2022), Metcalfes law

$$\binom{N}{2} = \frac{N(N-1)}{2} > \frac{(N-1)(N-1)}{2} = \frac{(N-1)^2}{2},$$ (N-1)이 k(N-1)으로 되면 $\frac{(N-1)^2}{2}$은 $k^2\left(\frac{(N-1)^2}{2}\right)$이 된다.

따라서 N이 산술급수적으로 증가하면 통신망 값어치는 기하급수적으로 증가하게 된다.

통신망 값어치가 기하급수적으로 증가하는 이유

복거일은 망에 의한 언어의 쏠림 현상 때문에 민족어는 사라지고 영어가 국제어로 등극하게 된 과정과 기전을 알기 쉽게 설명하였다.

"국제어의 등장은 근본적으로 언어가, 다른 정보 전달 수단과 마찬가지로, 망(network)을 이룬다는 사실에서 비롯한다. (중략) 어떤 정보 전달 수단의 가치는, 그것이 망을 이룰 때, 비로소 제대로 구현된다. (중략) 점점 많은 사람들이 쓰면서, 어떤 언어의 가치는 폭발적으로 늘어난다. 그리고 그것은 점점 정보 전달에 좋은 상태로 진화한다. (중략) 어떤 망의 가치는 그것의 사용자 수의 제곱에 비례하므로, 다른 언어들보다 우세한 언어는 점점 더 우세해진다. 우세한 언어를 쓰는 것이 유리하므로, 점점 더 많은 사람들이 그것을 쓰게 되어, 호순환이 나온다. (중략) 현대엔 영국 중심의 평화(Pax Britannica)와 미국 중심의 평화(Pax Americana) 덕분에 영어가 그런 임계 질량을 얻었다. (중략) 주목할 사실은 인터넷을 이용하는 정보들 가운데 70~80퍼센트만 영어로 되었지만 과학적 주제들은 거의 모두 영어로 되었다는 사실이다. 단기적으로는 민족어들이 점점 깊이 영어에 침윤될 것이다. 지금 영어의 침윤에 효과적으로 대응하는 언어는 없다. (중략) 현재의 추세가 지속된다면, 다섯 세대 안에 영어가 대부분의 사회에서 공용어가 될 가능성은 무척 높다. (중략) 그런 상태에선 민족어들은 거의 진화하지 않고 옛 모습을 그대로 간직한 '박물관 언어'들로 남을 것이다."[470]

메트캘프의 법칙은 단순한 자판에서 컴퓨터 운영체계, 국제어의 선정에 이르기까지 광범위하게 영향을 미치고 있다. 메트캘프의 법칙에 20년 이상 저항했지만 필자는 결국 그 법칙이 실현되는 하나의 예로 전락(轉落)하고 말았다 중력의 법칙에 의해 추락한 이카루스처럼. 의심의 여지 없이 공병우의 세벌식 자판에서 높은 타자 효율과 모든 손가락을 고르게 사용할 수 있게 만든 인체공학적 설계를 확인할 수 있다. 우수한 자판이다. 그러나 이변이 없는 한 공병우의 세벌식 자판은 주류의 자판이 될 수 없을 것 같다. 한번 주류에서 밀려난 후 메트캘프의 법칙을 무력화시키며 다시 주류의 지위로 돌아온 예는 한번도 없었다. 참고로 한국 대학생 1000명을 상대로 실시된 설문 조사에서 96.6%가 두벌식 자판을, 3.4%가 세벌식 자판을 사용하는[471] 것으로 밝혀졌다.

공병우의 세벌식 자판은 종성부용초성을 실현하지 못하기 때문에 훈민정음의 창제원리와 꼭 들어맞는 건 아니다. 또 빠른 타자를 위해 글자의 조형미를 포기했기 때문에 삼벌체가 독특한 글자체이기는 하지만 아름답다고 말하기는 어렵다. 그러나 '탈네모꼴'이라는 용어를 만들어 그의 글꼴을 찬양해 주는 조력자들이 많았기에 박정희/전두환-군부정권과의 끊임없는 마찰에도 불구하고 공병우의 삶은 행복했다고 필자는 생각한다. 공병우는 이찬진이 사업을 시작할 때 4평짜리 사무실을 제공해 그의 건물에 한글과_

---

[470] 복거일, 국제어 시대의 민족어, 문학과 지성사(2008), P 166~173
[471] 알브레히트 후베, 날개를 편 한글, 박이정(2019), P 244

컴퓨터사가 둥지를 틀 수 있게 도와주었다.[472] 이러한 인연 때문인지 공병우의 삼벌체는 아래아_한글_워드_프로그램의 기본 글꼴에 포함되었고 많은 사용자를 확보할 수 있었다.

공병우가 원했든 원하지 않았든 간에 시대는 그를 민주 투사로 만들었고, 그의 삼벌체가 그럴 만한 자격이 있던 없던 간에 시대는 그의 삼벌체에 불멸성을 허락하였다. 그의 삶과 글자체에 대한 평가는 사람에 따라 또 시대에 따라 달라질 수 있다. 그러나 이것만은 확실하다. 한글 기계화에 공병우만큼 많은 열정을 쏟아부은 사람은 없을 것이다. 공병우는 한글 타자기 개발에 눈멀었다. 한글 타자기에 대한 그의 눈먼 사랑은 그의 뛰어난 안과술로도 치료될 수 없었다. 필자는 공병우의 열정에 경의를 표하며 그에게 한 가지 묻고 싶은 게 있다. 한글 모음자의 모양을 조금 바꾸면 훨씬 쉽게 한글 타자기를 개발할 수 있었는데 왜 그러한 시도는 하지 않았을까?

---

472 김태권, 사소한 것들의 현대사, 한겨레출판(2021), P 348

5. 모양과 기능[473]

19세기 말에 대량 생산되기 시작한 저렴한 강철 빔에 힘입어 철골-보(steel column-frame) 구조가 탄생했다. 석재나 벽돌로 지은 고층건물의 하중은 저층부의 벽으로 집중되기 때문에 저층으로 갈수록 벽은 두꺼워지지만 현실적으로 8층 이상의 건물은 지을 수 없었다. 또 석재나 벽돌은 인장력에 취약하므로 폭이 긴 창을 건물 벽에 설치할 수 없었다.[474] 철골-보 구조 덕분에 건물은 높아질 수 있었고 넓은 창을 품을 수 있었다. 현대 건축물이 누리고 있는 초고층의 조망권과 광폭창의 개방성은 철골-보 구조의 선물이다.

1873년에 발생한 시카고 대화재와 때마침 대량 생산되기 시작한 강철 빔은 건축가들에게 새로운 기회를 선사해 주었다. 마천루(skyscraper)의 아버지로 알려진 루이스 헨리 설리번(Louis Henry Sullivan 1856~1927)은 강철 빔을 이용한 새로운 형태의 고층 빌딩을 건설해 시카고 재건 운동을 끌어 나갔다. 그는 '기능이 주가 되고 형태는 기능에 종속되어야 한다'라는 취지로 '형태는 기능을 따른다(Form follows function)'라는[475] 유명한 말을 남겼다. 이 말은 '형태는 기존 양식을 따른다'는[476] 당시의 암묵적 동의에 정면으로 도전하며 현대건축이 나갈 길을 압축적으로 표현한 건축학의 진언(mantra)이 되었다. 설리번의 철학은 건축뿐 아니라 현대미술 디자인에도 큰 영향을 주었다. 1896년 설리번은 말했다.

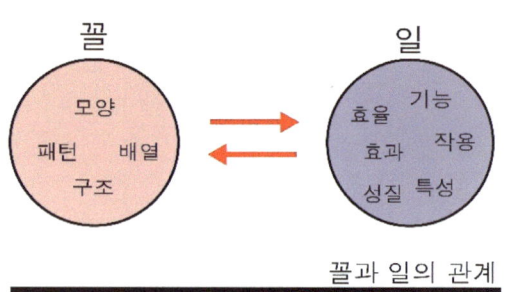

꼴과 일의 관계

"'형태는 기능을 따른다'는 명제는, 생물이건 무생물이건, 물질적인 것이든 정신적인 것이든, 인간세계에 속한 것이든 초월적 세계에 속한 것이든 상관없이, 이성/열정/영혼이 충실히 발현되어 생명의 숨결이 느껴질 수 있는 것이라면 어디에나 잠재된 법칙이다."[477]

프랑스 건축학자 유진 임마뉴엘 비올레뒤크(Eugène Emmanuel Viollet-le-Duc)은 "합리적으로 디자인된 구조물이 반드시 아름다우리라는 법은 없다. 그러나 합리적으로 디자인되지 않은 구조물은 반드시 아름답지 않다"라는[478] 말로 설리번의 법칙을 재확인해 주었다. 아돌프 루스(Adolf Loos)는 1913년 출판된 『장식과 범죄』라는 책에서 조금 더 도발적인 언어로 "일상의 제품으로부터 불필요한 장식을 쓸어내는 것과 문화의 진보는 동의어이다. 따라서 제품의 수명을 깎아 먹는 역할밖에 못 하는 장식물의 제작에 장인이나 기술자가 시간을 낭비하도록 강요하는 행위는 범죄이다"라는 극단적인 주장을 하였다.

설리번의 혜안은 일반적으로 건축과 디자인 분야에 적용되었다. 그러나 형태와 기능의 범주를 조금

---

[473] Wikipedia(2022), Forms follows function, Louis Sullivan, Adolf Loos
[474] 스티븐 L. 사스 지음, 배상규 옮김, 문명과 물질, 위즈덤하우스(2021), P 255
[475] 김정운, 창조적 시선, arte(2023), P 792
  형태는 기능을 따른다는 말을 처음 이야기한 사람은 허레이쇼 그리노(Heratio Greenough, 1805~1852)로 알려져 있다. 이 주장은 바우하우스에 와서 러시아 구축주의 등과 연결되면서 장식의 완전 폐기로까지 이해된다.
[476] Wikipedia(2022), Form follows function, Form follows precedent.
[477] Wikipedia(2022), Louis Sullivan
  It is the pervading law of all things organic and inorganic, of all things physical and metaphysical, of all things human, and all things super-human, of all true manifestations of the head, of the heart, of the soul, that the life is recognizable in its expression, that form ever follows function. *This is the law.*
[478] Wikipedia(2022), Adolf Loos, a rationally designed structure may not necessarily be beautiful but no building can be beautiful that does not have a rationally designed structure.

확장하면 설리번이 말한 것처럼 그의 법칙은 원소의 전자배열 같은 미시 세계에서 로마의 건축물 같은 거시세계에 이르기까지 우주 어디에나 내재해 있는 법칙으로 거듭날 수 있다. 설리번의 법칙은 '형태는 기능을 구속하고 기능은 형태를 구속한다'로 확대될 수 있다. 따라서 형태와 기능은 상호 구속적이며 동치관계에 있다. 단순하게 표현하면 형태와 기능은 동치이다.

아래에 기술한 실례를 통하여 독자들이 형태와 기능의 관계에 대한 직관을 얻기 바란다.

다음 장에 알아 두면 유익하고 재미있는, 모양과 기능의 상호 구속적인 관계를[479] 보여주는 전형적인 사례들을 모아 놓았다. 독자들이 읽고 모양/기능의 상호 구속적 관계를 이해하는 데 큰 어려움이 없을 것으로 생각한다. 그리고 여기서 얻은 통찰은 활자와 디스플레이 장치가 요구하는 한글 모음자의 모양을 찾아내는 데 큰 도움이 될 것이다.

5-01 단백질의 구조와 기능[480]

단백질은 여러 종류의 아미노산이 화학적으로 결합하여 만들어진 화합물이며 각각의 아미노산이 발산하는 인력과 척력에 의해 단백질의 일차원 선형구조는 삼차원 입체 구조로 변한다. 단백질의 기능은 단백질의 삼차원 구조에 의해 결정된다. 단백질 삼차원 구조의 대표적인 예로 효소를 들 수 있다. 효소의 삼차원 구조가 열이나 산에 의해 변형되거나 파괴되면 생체 내에서 이루어지는 생화학반응(면역반응/혈액응고반응/산소이산화탄소운반/소화작용/신경신호전달…)을 정상적으로 매개할 수 없게 된다.

예를 들어, 헤모글로빈을 만드는 11번 염색체의 아데닌(A) 단 하나가 티민(T)으로 돌연변이를 일으키면 헤모글로빈의 글루타민이 발린으로 대체되고 헤모글로빈은 낫 모양으로 찌그러진다.

두 개의 변이형 유전자를 지닌 겸상적혈구(鎌狀赤血球 sickle cell)는 원반 모양이 아닌 낫 모양을 띠게 되고 표면에 거친 돌기를 형성하며 탄력성을 잃게 된다. 따라서 겸상적혈구는 부드럽게 모세혈관 분지부를 통과하지 못하고 적체되면서 혈관을 막는 경향이 있다.

한 개의 변이유전자를 지닌 개체의 겸상적혈구는 산소 운반 능력은 조금 떨어지지만 말라리아원충에 의해 파괴되지 않기 때문에 겸상적혈구 빈혈증 유전자는 말라리아가 창궐하는 지역에서 정상 유전자보다 생존에 있어 비교 우위를 점유하게 된다.

헤모글로빈의 모양이 적혈구의 산소 운반능력과 말라리아 원충에 대한 저항력을 결정한다.

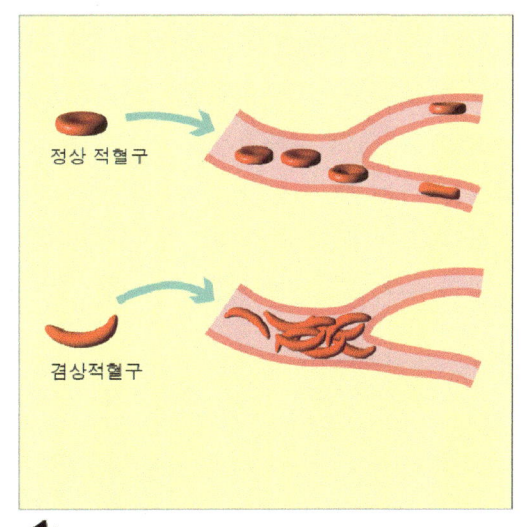

◀ 다음 문헌의 그림을 재구성했습니다.
Wikipedia(2022)/sickle cell anemia

정상 적혈구와 겸상적혈구

---

[479] 마크 S블럼버그 지음, 김아림 옮김, 자연의 농담, 알마(2012), P 133
[480] Wikipedia(2023), sickle cell anemia
　　Randolph M. Nesse, George C. Williams, Why We Get Sick The new science of Darwinian Medicine, Vintage(1995), P 98, 99

5-02 안와(眼窩)위눈두덩의 모양과 기능[481]

사람의 관절이나 안면골을 보면 참 기괴하게 생겼다. 그러나 뼈의 기괴한 모양은 뼈의 기능과 밀접한 관련이 있다. 안와(眼窩)는 들어가 있고 안와위눈두덩은[482] 불룩 튀어나와 있다. 이 구조는 안면의 가장 중요한 기관 가운데 하나인 눈을 타격에 의한 안구파열 또는 낙석으로 인한 외상 등으로부터 보호하는 역할을 한다. 주먹에 의한 폭력과 자연적 부상에 대한 노출도에 있어 남성과 여성 사이에 큰 차이가 있으므로 남성과 여성은 안와위눈두덩의 발달 정도에도 큰 차이를 보인다(dimorphic trait).

안와상융기는 햇빛과 물리적 외상으로부터 눈을 보호하고 단단한 음식을 씹기 위해 필요한 큰 측두근을 지지하는 역할을 했다. 더 많은 폭력에 노출되었고 더 질긴 음식을 씹었던 호모 에렉투스의 안아위눈두덩은 더욱 잘 발달되어 안와상융기(眼窩上隆起supraorbital torus)를 형성했다.

부드러운 음식 섭취가 늘고 불을 이용해 음식을 조리해 먹기 시작하면서, 동족 간 폭력이 감소하면서, 사회성 및 언어와 공감능력을 관장하는 대뇌 전두엽이 급성장하면서 안와상융기는 점점 낮아져 현생 인류의 미모능(尾毛陵brow ridge)이 되었다.

5-03 치아의 모양과 기능

인간의 치아에는 절치(incisor상하악에 4개), 견치(canine상하악에 2개), 소구치(bicuspid상하악에 4개) 대구치(molar상하악에 4개)가 있다. 상악과 하악중절치와 측절치는 음식물을 자르기에 적합한 모양을 하고 있다. 상악과 하악의 견치는 한 개의 교두를 가지고 있어 물어뜯고 찢는 역할을 한다. 상악 제일소구치는 잘 발달된 협측 교두를 가지고 있어 견치처럼 찢기에 적합하다. 상악 제이소구치는 상악 제일소구치보다 무딘 교두를 가지고 있어 대구치처럼 음식을 가는 역할을 한다. 하악제일소구치는 발달된 협측 교두와 퇴화된 설측 교두를 가지고 있어 견지처럼 찢는 기능을 한다. 하악제이소구치는 무딘 협측교두 하나와 두 개의 설측교두를 가지고 있어 대구치의 가는 기능을 보조한다. 상악 대구치와 하악 대구치는 음식을 가는 데 적합한 구조(모양)를 하고 있다.

유전자 변이 때문에 치아의 모양과 수가 비기능적으로 변하면 개체의 생존율은 떨어지게 되고 치아의 모양과 수가 더 기능적으로 변하면 개체의 생존율은 높아진다.

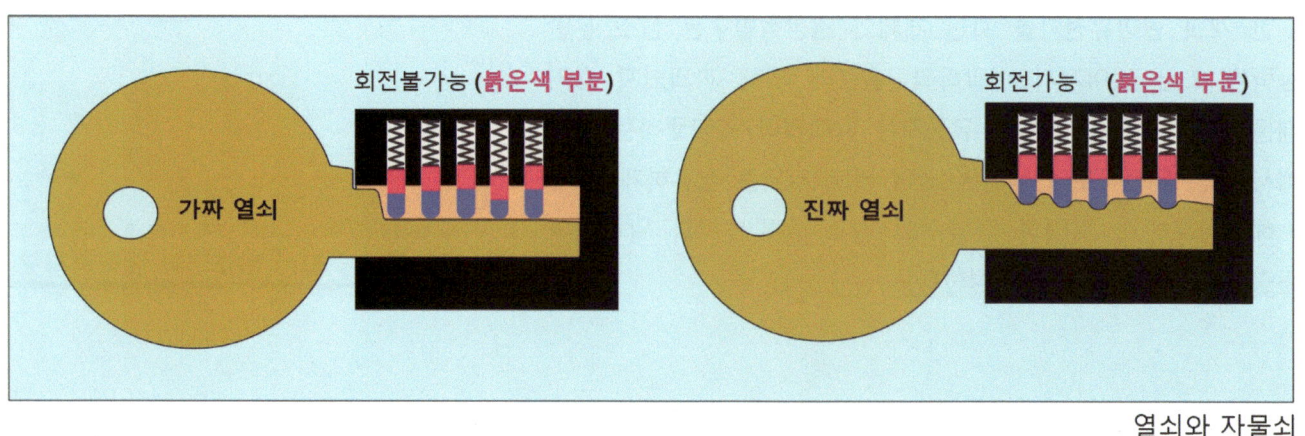

열쇠와 자물쇠

---

[481] Wikipedia(2022), brow ridge
[482] 미모능(眉毛陵superciliary ridge)
Keith L. Moore, Arthur F. Dalley, Clinically oriented anatomy, LWW(1999), P 888
한국과학기술단체총연합회, 의학용어사전, 아카데미서적(1988), P 1187

5-04 자물쇠와 열쇠

자물쇠-열쇠의 기능과 자물쇠-열쇠의 모양은 모양-기능 관계의 전형적인 예이다. 자물쇠의 구멍에 맞지 않는 모양을 가진 열쇠는 자물쇠의 구멍에 들어가지 못하거나 들어간다고 해도 자물쇠를 열 수 없다.

5-05 핀치의 부리[483]

핀치의 부리

비이글호를 타고 갈라파고스섬에 도착한(1835) 찰스 다윈은 같은 종이라고 하기에는 너무 다른 모습으로 분화한 핀치새를 보고 놀라움을 금치 못했다. 핀치 표본들의 크기와 모습은 다양했으며 특히 부리의 모양, 두께, 길이에서 눈에 띄는 변화가 있었다.

다윈은 섬과 대륙 사이의 넓은 바다가 지리적 장벽으로 작용하여 같은 종이 특이하게 진화했을 것이라고 추론했다. 그렇다면 최초의 종은 어떻게 대륙으로부터 1000Km나 떨어져 있는 갈라파고스제도로 건너올 수 있었을까?

나스카판 위에 있는 갈라파고스제도는 약 350만 년 전 나스카판 아래의 맨틀에서 올라온 마그마가 분출하여 만들어진 섬들로 구성되어 있다. 마그마를 머금고 있는 맨틀의 열점은 현재의 이사벨라섬 아래에 고정되어 있고 나스카 지각판이 컨베이어벨트처럼 동쪽(남아메리카 방향)으로 이동하는 과정에서 열점의 마그마가 분출되면 지각판 위에 섬들이 만들어지는 열점분화방식의 산물이 갈라파고스제도이다. 동쪽에 있는 산크리스토발섬과 에스파뇰라섬은 350만 년 전에, 서쪽에 있는 페르난디나섬과 이사벨라섬은 50만 년 전에 생겨났다. 따라서 과거의 갈라파고스제도는 남아메리카대륙으로부터 지금의 위치보다 더 멀리 떨어져 있었다. 갈라파고스제도에 살고 있는 생물들의 조상은, 남극해에서 발원하여 남아메리카 해안을 따라 북상한 다음 페루 앞바다에서 서쪽으로 방향을 바꾸는, 훔볼트해류에 편승하여 갈라파고스제도로 들어왔다.

한 종의 핀치새가 남아메리카대륙에서 건너와 오랜 기간 고립되어 지내다 보니 부리의 길이, 굵기, 모양이 서식지의 먹이에 맞춰 진화하였다. 꽃에서 꿀을 빠는 핀치의 부리는 가늘고 길어졌고 딱딱한 열매를 깨 먹는 핀치의 부리는 아주 짧고 두껍게 변했다. 부드러운 열매가 많이 자라는 곳에 정착한 핀치는 중간 길이와 중간 굵기의 부리를 갖게 되었다.

사람의 손과 달리 부리에는 관절이 많지 않다. 부리는 영원히 한 자세만 취하고 있는 손이나 마찬가지이다. 따라서 부리의 형태는 먹이를 엄격하게 제한하고 있으며 부리의 길이에 있어 1mm의 차이가 엄청나게 다른 결과를 초래할 수 있다. 또 부리의 두께가 두꺼울수록 더 크고 단단한 씨앗을 깨뜨릴 수 있다. 핀치의 부리는 핀치가 서식하는 적응 틈새(adaptive niche)에, 즉 서식지의 먹이를 수집하기에 적합한 모양으로 진화한 것이다.

---

[483] 이우평, 세계지형탐사, 푸른숲(2023), P 626~649
조너선 와이너, 양병찬 옮김, 핀치의 부리, 동아시아(2017), P 101, 105, 106, 268

5-06 고래/어류/조류/배/항공기/로켓의 공통점

고래/어류/조류/배/항공기/로켓은 물과 공기 같은 유체 속을 빠르게 이동한다는 공통점을 갖고 있다. 800만 년 전 현재 우제목(偶蹄目)의 하마와 유전적으로 가장 가까웠던 포유류(우제목과 고래목의 공통 조상)가 물가 생활에 익숙해지면서 고래로484 진화하게 되었다. 고래가 포유류라는 사실은 아리스토텔레스를 포함한 고대의 자연철학자들도 알고 있었다. 어류와 비슷하게 생긴 고래가 포유류라는 증거로 고래의 태생, 윗입술과 턱에 있는 굵은 털, 일정한 체온, 허파와 움직이는 눈꺼풀, 속이 비어 있는 귀, 암컷의 체내에 삽입되는 수컷의 성기, 수유 등을 들 수 있다. 이런 이유로 1776년 린네도 '자연의 체계'에서 고래를 어류에서 제외한다고 선언했다. 고래의 조상은 처음에는 유선형의 체형을 갖고 있지 않았고 여타 육상 사지동물의 모습을 하고 있었다.

고래 어류 조류 배 항공기 로켓

공룡의 한 종이 진화하여 조류가 되었다. 조류의 조상 역시 처음엔 유선형의 체형을 갖고 있지 않았다. 공룡과 조류의 중간을 잇는 시조새의 화석을 보면 머리의 모양과 체형이 어느 정도 유선형을 띄고 있었지만 머리에는 아직도 공룡의 모습이 어른거리고 있었고 날개 끝에 발톱이, 부리에는 날카로운 이가 있었다.

어류는 물속에서 진화를 시작한 동물이므로 물의 저항을 최소화하기 위해 처음부터 유선형의 체형을 유지하고 있었다. <u>어류/고래목/조류는 분류학적으로 완전히 다른 계통에 속하지만 같은 환경이 초래한 문제, 즉 물과 공기라는 유체 속에서 빠르게 움직일 때 유체로부터 오는 강한 저항을 극복해야 했다.</u> 같은 환경에서 문제의 해결책이 단 한 가지일 때는 분류학상 완전히 다른 계통에 속하는 생물들일지라도 선택의 여지가 없이 수렴진화를 하게 된다. 유체 속을 빠르게 이동할 때 개체가 받는 저항은 이동속도에 기하급수적으로 비례하여 증가한다. 저항을 <u>최소화하는 방법 가운데 하나는 개체의 앞부분 모양을 유선형으로 만드는 것이다.</u> 공학자들도 생체모방이론(biomimicry)에 근거해 배, 항공기, 로켓의 모양을 유선형으로 개발했다.

5-07 인간의 손485

<u>인간의 엄지손가락 끝마디는 나머지 손가락의 끝마디와 마주 본 상태에서 넓은 면-접촉을 할 수 있는486 구조(모양)를 지녔다.</u> 우리 인류의 사촌 격인 침팬지에게는 이런 손가락의 접촉이 불가능하다. 침팬지의 엄지손가락은 인간의 엄지손가락보다 짧고 나머지 손가락은 인간의 손가락 더 길기 때문에 침팬

---

484 한스 테비슨, 김미선 옮김, 걷는 고래, 뿌리와 이파리(2017)
  굽 달린 포유류를 통틀어 유제류(有蹄類ungulate)라고 부르며, 이들은 발가락 수가 짝수인 우제류(偶蹄類artiodactyl), 발가락 수가 홀수인 기제류(寄蹄類perissodactyl), 코끼리가 속해 있는 장비류(長鼻類proboscidean)로 나뉜다. 그러나 이들 세 집단은 각각 독자적으로 진화했다.
485 Wikipedia(2022), Thumb, Hand
486 附加, 附着, 竝置(apposition)가 아닌 對立(opposition)을 의미한다. 의학용어집, 아카데미 서적(1988)

지의 엄지손가락 끝마디와 나머지 손가락의 끝마디는 면-접촉을 할 수 없다.

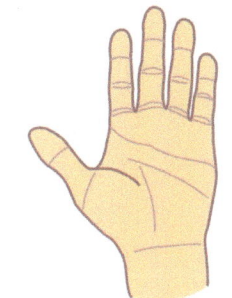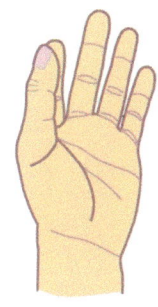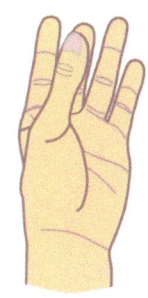

엄지손가락 끝마디와 네 손가락 끝마디가 면-접촉을 할 수 있는 손 구조 때문에 인간은 도구를 자유자재로 사용할 수 있다

엄지와 네 손가락 사이의 면-접촉

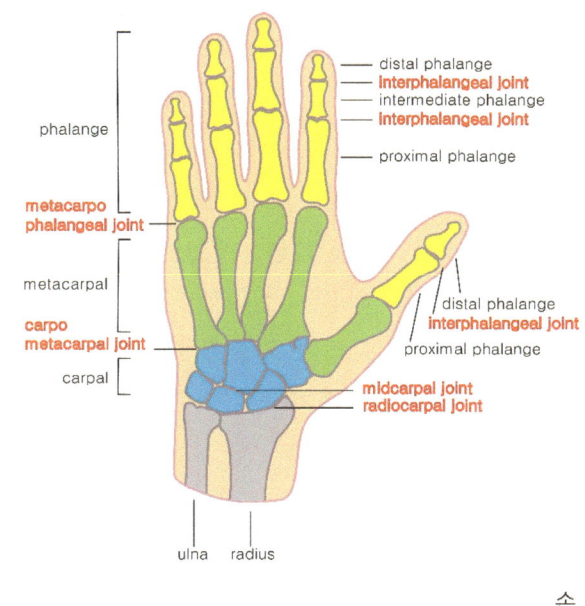

손

인간의 엄지손가락은 수근중수골관절(手根中手骨關節carpometacarpal joint)을 중심으로 넓은 범위의 경첩운동(hinge movement)을 할 수 있고 네 손가락은 독립적으로 조절된다. 인간의 엄지는 다른 영장류의 엄지보다 길고 굵은 근육이 붙어 있다. 인간 손가락 끝마디의 폭은 다른 영장류의 손가락 끝마디보다 넓다. 인간의 엄지손가락 끝마디의 근심(近心)[487] 반쪽은 원심(遠心) 반쪽보다 넓고 살집(pad)이 두껍고 움켜쥔 물건의 모양에 맞게 변형되므로 안정감 있는 쥐기가 가능하다.

병뚜껑 따기와 같은 꽉-쥐기(power grip)는 엄지손가락과 나머지 네 손가락 사이에서 일어나며 연필 잡기와 같은 정밀-쥐기(precision grip)는 엄지손가락 끝마디와 나머지 손가락의 첫번째, 두번째 마디에서 일어난다.

인류의 손 구조는 중신세(中新世Miocene) 원인(猿人)의 손과 비슷하지만 현존하는 영작류의 손과 닮지 않았다. 인류의 독특한 손의 구조는 직립보행보다 먼저 이루어졌고 직립보행의 진화는 바빠진 손의 부산물이다. 침팬지와 고릴라의 긴 손바닥뼈(metacarpal bone)는 그들의 독특한 이동방식(mode of locomotion)에 대한 적응의 산물이다. 이는 인간이 너클-보행을 하는 원인(猿人 knuckle-walking ape)으로부터 진화하지 않았다는 증거다. 인류가 지닌 손의 특징은 250~150만 년 전에 출현한 아슐이언 석기(Asheulian stone tools)와 궤를 같이하고 있다. 순환 논법처럼 들리지만 도구의 사용은 인간이 지닌 독특한 손의 모양을 유도했고 독특한 손의 모양은 인간의 도구 사용을 가능하게 했다. 범용도구라고 할 수 있는 인간의 손은 여러 분야에 특화된 도구의 개발을 가능하게 하였다.[488] 도구의 사용은 생태계에서 인간의 지위를 단시간에 수직 상승시켰다. 그리고 마침내 도구의 사용은 인류에게 '인간이 만물의 영장'이라는 착각을 선사(膳賜)하게 되었다.

---

487 저자 주, 몸의 중심축에 상대적으로 가까운 곳을 근심이라 하고 먼 곳을 원심이라고 한다.
488 크리스토퍼 윌리엄스, 고현석 옮김, 형태의 기원, 이데아(2023), P 10

5-08 일자나사와 십자나사[489]

당연한 얘기지만 일자-드라이버(conventional slotted screwdriver)는 일자나사 (flathead screw, 螺絲)에 십자-드라이버(Philips screwdriver)는 십자나사(crosshead screw, cruciform slot)에 맞는 모양을 하고 있어 나사를 풀고 조일 수 있다. 일자나사 대신 굳이 십자나사를 사용하게 된 까닭은 1930년대 미국에서

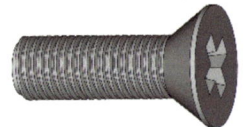

일러스트레이션 조진
일자나사와 십자나사

자동차 산업의 발흥으로 나사의 사용이 기하급수적으로 늘어났고 빠르게 나사를 풀고 조이기 위해 전동-드라이버(power driver)를 사용하기 시작했기 때문이다. 일자나사를 수동 드라이버로 조이고 푸는 데에는 별문제가 없다. 사람의 손으로 일자나사를 조이는 속도는 매우 느리고 손관절이 유연하기 때문에 일자나사의 축과 드라이버 축의 불일치는 큰 문제가 되지 않는다. 그러나 빠르게 회전하는 전동-드라이버의 축과 일자나사의 축을 맞추기는 사실상 불가능하다. 일자나사에 90° 회전시킨 홈을 하나 추가한 십자나사를 사용하면, 나사와 전동드라이버의 회전축을 아주 쉽게 맞출(self-centering) 수 있을 뿐만 아니라 나사에 가해지는 회전력(torque)을 증가시킬 수 있고 나사홈이 뭉개지는

(wear and tear) 문제점도 크게 줄일 수 있다. 형태의 작은 차이가 기능에 있어 큰 차이를 초래한 경우이다. 미국에서는 십자드라이버를 필립스-스크루-드라이버라고 부르는데 실재 발명자는 존 톰프슨(Johm P. Thompson)이다. 1932년, 1933년 톰프슨은 십자나사와 드라이버의 특허를 획득했지만 산업계의 관심을 불러일으키는 데에는 실패했다. 헨리 필립스(Henry Frank Philips)가 톰프슨의 특허를 사들인 다음, 1936년에 제너럴 모터에 기술을 대여했다. 십자나사가 캐딜락 조립라인에 사용되면서 십자나사와 십자-드라이버가 세계적으로 보편화되었다.

5-09 지형에 의해 결정된 지리, 지리에 의해 결정된 문화,[490] 권력과집중(權力過集中)[491]

산/산맥/평야/대륙의축/강/호수/사막/바다의 조합이 빚어낸 땅의 형태, 즉 지형으로부터 발생되는 일련의 법칙이 지리이다. 지형은 기후를 결정하고 기후는 땅 위에 사는 동물군과 식물군을 결정한다. 땅 위의 식물군과 동물군은 인간의 문명에 결정적인 영향을 미친다. 제레드 다이아몬드가 명확히 지적한 것처럼, 재배할 수 있는 식물과 길들일 수 있는 동물의 수, 이들 동식물의 전파는 대륙의 축과 밀접한 관련이 있다. 재배할 수 있는 식물과 길들일 수 있는 동물은 수직형 대륙(아프리카대륙/아메리카대륙)보다 수평형 대륙(유라시아대륙)에 훨씬 더 많이 분포하고 있다. 길들여진 식물과 동물이 비슷한 기후대를 유지하는 수평형 대륙에서는 빠르게 전파되지만 기후대가 위도에 따라 민감하게 바뀌는 수직형 대륙에서는 느리게 전파된다.[492]

지리적 요인은 인류의 삶에서 물질적인 부분뿐 아니라, 인류의 삶, 군사, 전쟁, 권력, 정치, 문화, 역사 같은 비물질적 부분에도 결정적인 영향을 주었다. 큰 강과 평야를 중심으로 고대의 문명은 싹틀 수 있

---

[489] Wikipedia(2022), Henry F. Phillips
[490] 팀 마샬 지음, 김미선 옮김, 지리의 힘, 사이(2020)
[491] 폴 케네디 지음, 이일주 옮김, 강대국의 흥망, 한국경제신문(2021), P 25- 115
자레드 다이아몬드, 김진준 옮김, 총균쇠, 문학사상사(1998)
Norman Davies, Europe a history, HarperCollins(1996), P 47-94
[492] 제레드 다이아몬드 지음, 김진준 옮김, 총균쇠, 문학사상사(2002)

었다. 큰 강은 농업에 필요한 물의 공급원으로서 문명의 젖줄이었고 선박이 항해할 수 있는 가항(可航)하천은 물류를 위한 혈관 역할을 하였다.

아프리카에 큰 강이 많지만 강의 주행경로에 낙차가 큰 폭포가 많이 있고 강들이 연결되어 있지 않기 때문에 겉보기에 아름다울 뿐 물류의 수단으로서는 값어치가 없다. 잠비아와 짐바브웨의 국경선을 따라 흐르다 인도양으로 들어가는 잠베지강의 중류에 빅토리아폭포가 있다. 평균 높이 100m인 빅토리아폭포는 배는 물론이고 어류의 이동도 허용하지 않는 장벽이 되어 상류의 물고기와 하류의 물고기가 서로 다른 종으로 진화하게 만들었다.[493] 반면에 라인강이나 다뉴브강 같은 유럽의 강들은 고른 낙차를 보이고 서로 연결되어 있기 때문에 배를 이용한 지역 간 교역 수단으로 이용될 수 있었다.

유럽은 반도 속의 반도 형태를 띠고 있기 때문에 대부분 지역이 해안선과 가깝다. 많은 반도와 불규칙한 해안선, 높은 산으로 이루어진 유럽의 지형은 유럽에 중앙집권화된 거대 제국의 출현을 허용하지 않았기 때문에 유럽 대륙은 최대 수백 개의 작은 나라로 분열되어 있었다.

바다, 산맥, 늪이 많은 해안, 빽빽한 열대우림, 지진, 화산, 독충, 뱀은 중부 아메리카가 북아메리카와 남아메리카를 잇는 육교임에도 불구하고 두 대륙을 갈라놓는 장벽 역할을 하게 만들었다. 북아메리카와 남아메리카에서 독립적으로 발생한 문명이 중앙아메리카를 통해 교류하기 힘들었고 통합된 거대 국가가 중앙아메리카에 출현할 수도 없었다. 북아메리카 대륙에 단 2개의 나라가 들어서고 남아메리카대륙에 12개의 나라가 들어설 때 두 대륙보다 훨씬 작은 중앙아메리카에 영국, 프랑스의 속령을 포함하여 39개의 정치적 단위가 난립하게 된 배경을 지형적 특성으로 설명할 수 있다.[494]

수량이 풍부한 황화/양쯔강과 서고동저의 평평한 지형은 고대부터 중국에서 중앙집권화된 거대 제국의 탄생을 촉진하였다. 유럽과 중국에서 지형이 초래한 정체(政體)의 차이는 정치, 사회, 문화, 군사, 사고방식에서 결정적인 차이를 만들어 내는 원인이 되었다.

미국이 세계 최강국이 될 수 있었던 근본 이유는 북아메리카 대륙의 지리에 있다고 해도 과언이 아니다. 대양 진출을 가능케 하는 서부(태평양)와 동부(대서양)의 해안선, 문화와 가치를 공유한 캐나다가 있는 북쪽 경계선, 멕시코와 남쪽 경계를 이루는 치와와사막(Chihuahuan Desert)은 미국에 군사적으로 천혜의 방어벽이 되어주었다. 중부의 평야 지대는 미국의 곡창지대 역할을 한다. 내륙에 골고루 분포되어 있고 서로 연결된 강은 천연의 수송로가 되어주었다. 세인트로렌스강과 오대호를 기반으로 하는 세인트로렌스 수로는 중서부에서 대서양을 잇는 수송통로 역할을 하고 있다. 미국의 중서부와 남부 멕시코만을 잇는 미시시피-미주리강을 통해 농산품과 공산품의 이송이 가능해졌다.

미국과 대조적으로, 러시아에는 부동항이 없고 지중해나 태평양에 진출할 수 있는 항구의 수도 극히 제한되어 있다. 중국의 태평양 진출은 한국/일본/타이완/필리핀/베트남/태국/말레이지아/인도네시아에 의해 사실상 막혀 있기 때문에 유사시 믈라카 해협을 통한 원유와 가스 공급이 차단되면 중국의 산업시설과 군사시설은 몇 달 안에 멈춰 서고 만다. 지리가 초래한 장애 때문에 러시아와 중국은 세계 최강국이 되는데 필수 불가결인 제해권을 가질 수 없고 해양수송과 해양진출이 차단된 내륙국의 운명에서 벗어나는 것도 불가능하다.

아프리카판에서 떨어져 나온 인도판이 6500만 년 전 유라시아판과 충돌하자 히말라야산맥이 솟아오

---

[493] 이우평, 세계 지형 탐사, 푸른숲(2023), P 534
[494] H.J. de Blij, Peter O. Muller... 지음, 기근도... 공역, 세계지리, 시그마프레스(2016), P 160~162

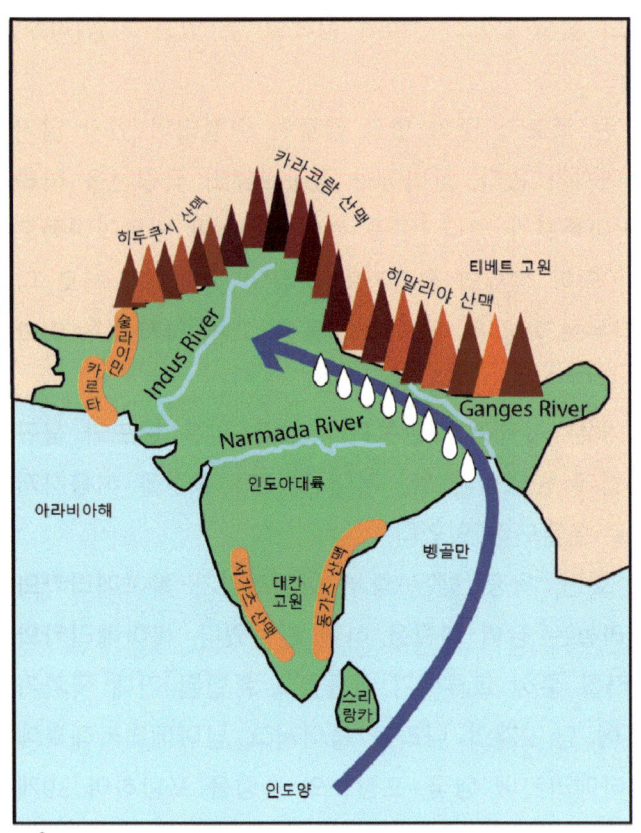

◀ 다음 문헌의 그림을 창조적으로 재구성하였습니다.
de Blij... 공저, 기근도... 공역, 세계의 지리,
시그마 프레스(2016), P 342

인도아대륙의 지형이 기후와 문화에 미치는 영향

르기 시작했다. 히말라야산맥 위에는 만년설이 쌓여 있고 만년설이 녹은 물은 갠지스강, 인더스강, 브라마푸트라강의 수원이 되었다. 6월 하순에서 8월 중순 사이에 비열이 낮은 인도 아대륙이 대서양보다 먼저 데워지면 따뜻해진 공기가 상승하면서 대륙의 대기압이 대양의 대기압보다 낮아진다. 공기는 기압이 높은 곳에서 낮은 곳으로 이동하므로 인도양의 습한 공기가 인도 아대륙으로 불어온다. 서고츠산맥과 히말라야산맥에 가로막혀 수직으로 상승한 대양의 고온 다습한 공기가 상층 대기의 낮은 온도 때문에 응결하여 많은 비가 내리는 몬순이 시작된다. 몬순이 공급한 물 덕분에 이 지역에서는 일 년에 삼모작도 가능한 벼농사 정주문화가 형성되었다. 삼모작이 가능한 기후 덕분에 인도 아대륙의 면적은 지구 육지의 3%를 조금 넘지만 인도 아대륙의 인구는 세계 인구의 23%를 차지한다.[495]

히말라야산맥 뒤에 있는 티베트 고원으로 습기를 품은 대양의 공기가 넘어갈 수 없으므로 티베트 고원의 기후는 차갑고 건조하다.[496] 연 강수량이 250mm 이하인 한랭건조 기후에서는 농사가 불가능하고 풀만 겨우 자랄 수 있으므로 자연스럽게 유목문화가 발생하게 되었다.

지형이 초래한 농업과 유목은 정치체제/사회구조/문화 전반에 지대한 영향을 미치게 된다. 장례 풍습을 예로 들면, 강수가 충분하여 나무가 잘 자라는 네팔에서는 화장이 가능하지만 나무가 자라지 않는 티베트에서는 화장 대신 조장이 발달하였다. 티베트에서 1년의 절반은 땅이 얼어붙어 있어 매장이 불가능하고 매장하여도 시체는 잘 썩지 않는다. 또 유목생활 때문에 묘지 관리도 어렵다. 자연스럽게 시신을 독수리가 먹도록 하는 장례 풍습이 생겨났고 이런 풍습을 정당화하고 미화하는 믿음 즉, 독수리가 하늘로 날아갈 때 죽은 사람의 영혼도 함께 하늘에 오른다는 믿음도 더불어 생겨났다.[497]

지형은 언어에도 강력한 영향을 미친다. 나르마다강은 인도 아대륙을 남과 북으로 가르며 동서로 흐른다. 나르마다강은 오랜 기간 사람들의 왕래를 제한했으므로 강북의 산스크리트어와 강남의 드라비다 어군(타밀어/텔구르어/칸나다어)을 나누는 격벽으로 작용하였다.

여기서 또다시 형태가 기능을 결정한다는 설리번의 법칙을 확인할 수 있다. 땅의 꼴이 땅 위의 일을 관할한다. 땅속 조산운동은 지형에 역사의 밑그림을 그리고 땅 위 인간은 지형 위에 그려진 밑그림의 선을 따라 색을 칠한다. 이렇게 완성된 컬러링북은 역사가 된다.

---

[495] H.J. de Blij, Peter O. Muller... 지음, 기근도... 공역, 세계지리, 시그마프레스(2016), P 340~342
[496] H.J. de Blij, Peter O. Muller... 지음, 기근도... 공역, 세계지리, 시그마프레스(2016), P 343~344
[497] 이우평, 세계지형탐사, 푸른숲(2023), P 414~121

5-10 찻주전자(teapot)[498]

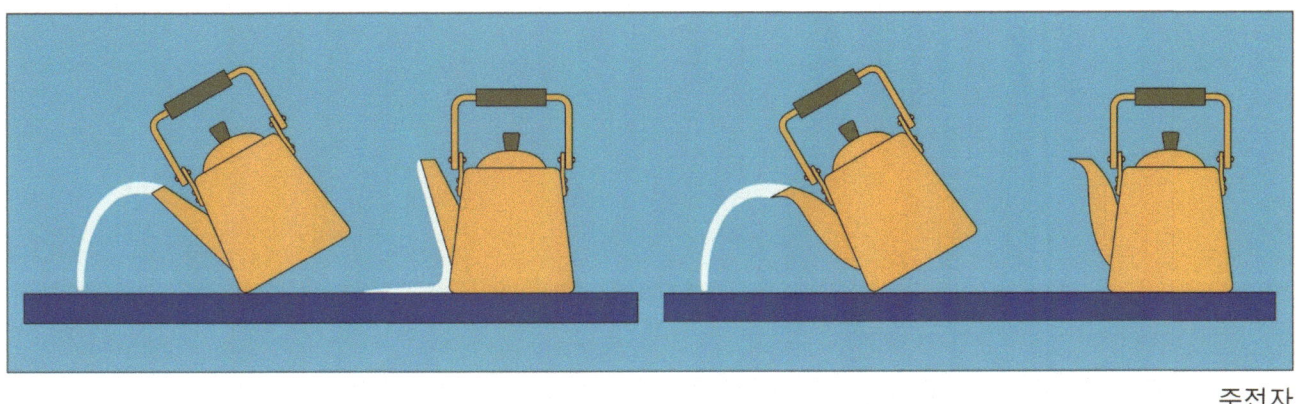
주전자

독자 여러분은 찻주전자로 물을 따를 때 물이 맵시 있게 떨어지지 않고 주전자 주둥이(spout)를 타고 내려가(dribbling) 테이블보를 적셨던 경험이 있을 것이다. 이런 현상을 찻주전자 효과(teapot effect)라고 한다. 최신 연구에 따르면
① 용기의 표면과 액체의 표면(liquid surface)이 만드는 각이 작을수록 찻주전자 효과가 줄어든다.
② 용기 주둥이의 내면이 만드는 곡률반경(radius of curvature)이 작을수록 찻주전자 효과가 줄어든다.

찻주전자 효과가 줄어들면 액체(물)체가 용기로부터 산뜻하게 이탈하기 때문에 물이 용기의 표면을 타고 흘러내리지 않는다. 용기의 표면과 액체의 표면이 만드는 각을 줄이기 위해 용기 주둥이의 내면을 소수성 물질(예를 들면 테플론(Polytetrafluoroethylene, PTFE)수지, 소수성이 강한 유약)로 코팅하면 된다. 또 용기 주둥이를 적절히 구부려(말아) 용기 주둥이의 내면 곡률반경을 줄일 수 있다.

<u>액체의 표면과 용기의 표면이 만드는 각도, 용기의 곡률반경 같은 기하학적 요소가 배후에서 찻주전자 현상을 일으키고 있다.</u>

5-11 약물의 구조와 효과[499]

우리가 일상적으로 마시는 커피에 포함된 카페인과 그 유사 화학물질을 통해 분자의 구조와 분자식에 나타나는 차이와 공통점이 어떤 생리학적 결과를 가져오는지 알아보고 이로부터 구조와 기능에 대한 통찰을 얻는 시간을 갖도록 하자.

<u>약물의 분자구조가 약물의 인체 내 약리효과를 결정한다.</u> 담배에 들어 있는 니코틴, 커피에 들어 있는 카페인, 고추에 들어 있는 캡사이신이 우리의 신경계에 영향을 미친다는 사실은 결코 우연이 아니다. 이들은 모두 알칼로이드에 속하며 식물이 초식동물이나 곤충으로부터 자신을 보호하기[500] 위해 약탈자들의 신경계를 교란하려는 목적으로 개발한 독극물이다. 카카오에 들어 있는 씨오브로민은 개나 고양이에게 독으로 작용한다. 그래서 개나 고양이가 쵸콜렛을 많이 먹으면 중독을 일으켜 죽을 수도 있다.[501]

---

[498] Wikipedia(2022), teapot effect, teapot
[499] Wikipedia(2022), caffeine, adenosine xanthine
[500] 미나가키 히데히로, 서수지 옮김, 세계사를 바꾼 13가지 식물, 사람과 나무사이(2020), P 107
[501] 이나가키 이데오, 김선숙 옮김, 싸우는 식물, 더숲(2018), P 164

	구조식	포함된 곳		구조식	포함된 곳
기본구조	(구조식)		씨오파이린 (Theophylline)	(구조식)	차 카카오
젠씬 (Xanthine)	(구조식)	식물 곤충	아데노신 (Adenosine)	(구조식)	신경계
카페인 (Caffeine)	(구조식)	커피 차 콜라열매 카카오			
씨오브로우민 (Theobromine)	(구조식)	콜라열매 카카오	요산 (Uric acid)	(구조식)	소변

젠씬유도체

우리에게 매우 친숙한 커피의 약리작용은 카페인(caffeine)에 의해서 이루어진다. 카페인의 분자구조는 아데노신의 구조와 아주 비슷하다. 따라서 카페인은 뇌와 신경세포에 존재하는 아데노신 수용체(adenosine receptor)에 결합하여 아데노신의 중추신경(central nervous system) 억제기능(inhibitory effect)을 방해함으로써(결과적으로) 신경 자극효과(stimulatory effect)를 초래한다.

카페인, 씨오브로민, 씨오파일린은 젠씬-유도체(zanthine-derivative) 그룹에 속한다. 카페인은 커피에, 씨오브로민은 카카오에, 씨오파일린은 찻잎에 주로 함유되어 있다. 카페인을 포함한 젠씬-유도체들은 비슷한 각성효과를 공유한다. 이들이 각성효과를 공유하는 이유는 기본적으로 같은 분자구조를 공유하기 때문이다. 젠씬-유도체들이 보여주는 각성효과의 미묘한 차이는 젠씬의 기본 분자구조에 붙어 있는 라디칼(基radical, R1, R2, R3, R8)의 차이에서 연유(緣由)한다. 아데노신(adenosine)은 아데닌과(adenine) 오탄당인 라이보스(ribose)의 결합체인데 아데노신의 아데닌 분자구조가 젠씬의 분자구조와 매우 흡사하다. 따라서 젠씬-유도체가 아데노신과 경쟁적으로 아데노신 수용체에 결합하여 아데노신의 작용을 제한한다. 손잡이가 부러진 열쇠가 자물쇠의 열쇠 구멍에 박혀서 정상적인 열쇠가 열쇠 구멍에 들어가지 못하도록 막고 있기 때문에 정상적인 열쇠가 기능할 수 없는 것과 같은 이치다.

5-12 구조색

색소에 의한 색깔과 구조에 의한 색깔은 다르다. 색소색은 색소가 직접 빛을 흡수하거나 반사해서 만들어진 색이지만 구조색은 표면에 있는 전자현미경 수준의 미세구조물에 반사, 굴절, 산란된 빛들이 간섭해서 만들어진 색이다. 색소색은 보는 각도를 달리해도 일정한 색을 유지하지만 구조색은 보는 각도에 따라 색이 변한다.

공작 깃털의 색소색(pigmented color)은 갈색이지만 구조색에 가려져 우리의 눈에는 보이지 않는다. 우리의 눈에 보이는 푸른색, 청록색(turquoise), 녹색, 무지개색(iridescent)은 구조색이다. 구조색은 영국의 로버트 후크(Robert Hooke)와 아이작 뉴턴(Isaac Newton)에 의해 처음 관찰되었다.[502] 한 세기 뒤 토마스 영(Thomas Young)은 구조색의 원리가 파장간섭효과(wave interference)임을 알아냈다. <u>구조색은 두 개 이상의 얇은 막(thin film)에서, 반사된 빛과 막에 진입하고 나갈(투과할) 때 굴절된 빛이 간섭작용을 일으킬 때도 만들어진다.</u> 기하학적 원리에 따라 <u>반사된 빛은 다양한 위상의 파동을 갖게 되고 위상이 다른 빛의 파동은 어떤 각도에서는 상쇄간섭(destructive interference)을, 어떤 각도에서는 강화간섭(constructive interference)을 일으키기 때문에 보는 각도에 따라 색이 변한다.</u>[503]

공작 깃털에 에탄올을 묻히면 구조색을 만드는 표면의 미세한 공간(회절격자)을 알코올 분자가 매워 빛의 반사와 간섭이 사라지므로 구조색(화려한 녹색의 무지갯빛)도 사라지며 갈색의 색소색만 보이게 된다.

공작의 깃털, 나비의 날개, 풍뎅이의 날개 집, 진주조개의 껍데기, 환형동물의 일종인 바다쥐(sea mouse)의 강모, 마코앵부새의 깃털, 마블 베리(marble berry)의 색, 미나리아재비(buttercup)의 색, 썰어 놓은 고기의 횡단면 색(근육의 규칙적인 근섬유 배열에 의해 만들어진 구조색), 비눗방울의 무지갯빛, 물에 떠 있는 기름막의 색, 오징어나 문어 같은 두족류의 변화무쌍한 피부색, 카멜레온의 피부색, 바구미 각질의 색에서 구조색의 전형적인 예를 볼 수 있다.[504]

5-13 맨홀 뚜껑(manhole cover)의 모양[505]

맨홀 뚜껑은 보행자가 맨홀에 빠지지 않게 막아주고 관리자 이외의 사람이 맨홀에 들어갈 수 없게 차단한다. 왜 맨홀 뚜껑은 원형인가?

① 어떤 방향에서 원형 맨홀 뚜껑을 올려놓든 원형 맨홀의 입구에 작은 턱(lip)에 걸리므로 맨홀 뚜껑은 맨홀 속으로 빠지지 않는다. 그러나 사각형 맨홀 뚜껑을 세워서 사각형 맨홀의 대각선 방향으로 위치시키면 맨홀 뚜껑은 맨홀 속으로 빠질 수 있다.
② 원형에 가해진 외부 압력은 중심에서 서로 상쇄되므로 원형 맨홀 관은 흙의 압력에 더 잘 견들 수 있다.
③ 원형 맨홀 관은 단면적 대비 표면적의 비율이 낮으므로 재료가 적게 들어간다.
④ 원형은 선반(lathe) 기계가공을 통해 쉽고 정밀하게 제작되므로 원형 맨홀과 원형 맨홀 뚜껑의 적합성이 늘어난다.
⑤ 원형 맨홀 뚜껑을 회전시키지 않고도 원형의 맨홀에 포갤 수 있다.

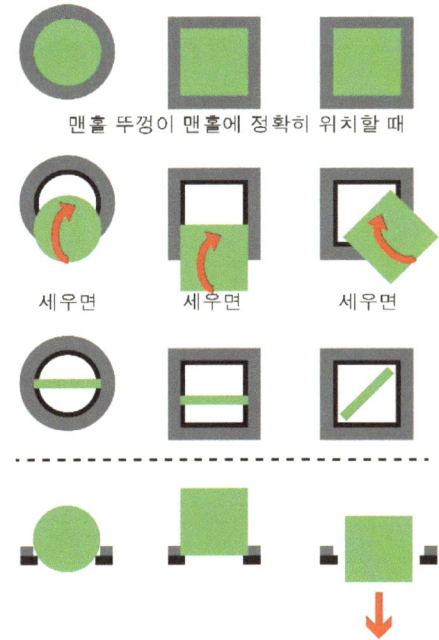

원형 맨홀 뚜껑은 어떤 방향에서 수직으로 세워도 맨홀의 턱에 걸리지만 사각 맨홀 뚜껑은 맨홀의 대각선에서 수직으로 세우면 추락한다.

맨홀

---

502 애드루 파커, 오숙은 옮김, 눈의 탄생, 뿌리와 이파리(2007), P 205
503 Wikipedia(2022), Structural coloration
504 Wikipedia(2022), structural color
505 Wikipedia(2022), manhole

⑥ 굴릴 수 있으므로 원형 맨홀 뚜껑은 이동이 쉽다.
⑦ 맨홀 뚜껑의 경이로운 기능은 맨홀 뚜껑의 원형 구조에서 나온다.

5-14 바퀴

바퀴

바퀴가 발명된 정확한 시간과 장소는 불분명하다. 최초의 바퀴는 탈것에 부착된 형태로 사용된 것이 아니라 도공(陶工)들이 토기를 만들 때 사용하는 물레의 형태를 하고 있었다.[506] B.C. 4000 년 전 흑해 북부지방에서 진흙으로 만든 바퀴 미니어처(miniature clay wheel)가 발견되었다. B.C. 3400년 전 흑해 근처에서 최초의 수레가 사용되었다. 바큇살과 바퀴 테두리로 이루어진, 우리에게 익숙한 형태의 바퀴가 아니라 세 장의 판재가 겹친 통짜 바퀴였다. 바퀴는 유럽과 아시아로 급격히 퍼져 나갔다.[507] 바퀴를 사용하기 전에는 썰매와 비슷한 운반체에 물건을 실어 날랐다. 지면과 썰매 사이에 많은 마찰력이 생기지만 수레의 바퀴는 회전할 수 있기 때문에 지면에 대한 마찰력을 획기적으로 줄여주었다.[508]

기원전 2000년경 코카서스 지방에서는 바큇살-바퀴가 달린 마차가 처음 사용되었고 이런 형태의 마차가 그리스 반도에 전파되었다. 기원전 1000년경에는 금속 테두리를 두른 켈틱 전차가 개발되었다. 1870년대에 이르러 철제 바큇살과 공기가 들어간 타이어가 발명되었다. 나무 바퀴는 여러 개의 나뭇조각이 맞물려서 만들어졌다. 나무 바퀴의 나무 조각들을 붙들어 매고(tie) 나무 바퀴의 마모를 방지하기 위해 둘러친 금속 테두리를 타이어(tier)라고 불렀는데 이것이 타이어의 어원이 되었다.

바퀴의 모양에는 삼각형으로부터 시작해서 정사각형 정오각형 등 여러 가지 정다각형이 있을 수 있지만 원이 지면에 대한 진동과 마찰력을 최소화할 수 있는 이상적인 모양이다.

5-15 정반(定盤 surface plate)[509]

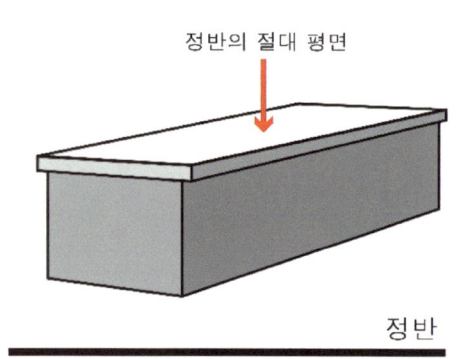

정반의 절대 평면

정반

정밀함이 요구되는 물품을 가공(밀링/드릴링/보링...)하고 계측하려면 절대평면이 필요하다. 이러한 목적으로 만들어진 철제 평면을 정반이라고 하는데 절대평면은 공업에서 극도로 중요한 요소이다. 정반의[510] 개념화에는 영국의 엔지니어인 모즐리가, 구체화(정반에 톱니를 덧붙임)에는 영국의 엔지니어 휘트워스가 공헌했다. 평평함이 정밀가공과 정밀측정의 출발점이 되었다.

---

506 나무위키(2022), 바퀴
507 Jared Diamond, Guns, Germs, and Steel, NORTON(1999), P 255
508 The Kingfisher science encyclopedia, KINGFISHER(2006), P 302
509 표면을 정확하고 평활하게 다듬은 철제 평면대를 말하며 그 위에서 여러 가공작업을 한다.
510 사이먼 원체스터, 공경희 옮김, 완벽주의자들, 북라이프(2020), P 158

5-16 수평형 도시와 수직형 도시

도시가 수평으로 팽창하면 드넓은 면적에 사람들이 드문드문 살게 되어 출퇴근 및 각종 인프라(병원, 관공서, 학교, 백화점, 상업시설...)에 접근하기 위한 이동거리가 기하급수적으로 늘어난다. 이동거리에 비례하는 지하철 라인과 도로망을 확충하는 데 많은 예산을 써야 하고 화석연료를 태워야 한다. 주거지에 필요한 땅을 확보하기 위해, 흩어져 있는 인프라를 건설하기 위해, 도로를 건설하기 위해 숲을 벌목해야 한다. 흩어져 있는 주택들은 밀집해 있는 아파트보다 냉난방을 위해 훨씬 더 많은 화석연료를 소비한다. 교외의 전원주택에 거주하는 사람들은 도시의 중앙에 밀집된 아파트단지에 사는 사람들보다 출퇴근을 위해 더 많은 시간을 길에서 보내고 더 많은 화석연료를 소비하므로, 밀집된 아파트단지와 중앙에 집중된 사회 인프라로 이루어진 수직성장형 도시가 수평성장형 도시보다 친환경적이고 이상적이다. 수직으로 성장한 도시는 거주민에게 사회 인프라에 접근할 기회를 증가시키고 저렴한 가격에 양질의 교육, 행정, 치안 서비스를 공급해 준다. 수직으로 성장하는 도시는 화석연료의 소비를 획기적으로 줄여주며 환경파괴를 최소화한다. 환경보호, 화석연료 소비의 감소, 저비용 고효율의 의료, 행정, 교육, 치안, 교통 서비스는 수평형 도시가 따라올 수 없는 수직형 도시의 장점이다. 특히 캘리포니아 같은 온대지방에 건설한 도시에 사람들을 밀집시키면(실제로 전 미국인을 한 도시에 끌어모을 수도 있다) 냉난방에 필요한 에너지 소비를 획기적으로 줄일 수 있으므로 수직형 도시의 장점이 극대화된다.[511] 수직형 도시의 이와 같은 장점은 도시의 수직 형태에서 기원한다.

하지만 수직형 도시에 사는 사람들은 수평형 도시에 사는 사람들보다 높은 우울증, 비만, 고혈압, 당뇨의 발생률을 보인다. 왜 그럴까? 수직형 도시에 사는 사람이 지상에 도달할 때까지 수평형 도시에 사는 사람들보다 더 긴 시간이 걸리므로 자연스럽게 실내에 머무는 시간이 증가하게 된다. 실내에 머무는 시간의 증가는 운동량의 감소를 초래하고 운동량의 감소는 우울증 같은 정신질환과 고혈압 당뇨 같은 성인병의 증가로 연결된다. 수직형 도시의 아파트에 사는 사람 중에서도 고층에 사는 사람들이 저층에 사는 사람들보다 더 많은 운동량감소/우울/과체중/성인병 증상을 보인다. 수직형 도시의 수직구조는 거주민의 정신적 육체적 건강에는 역기능으로 작용한다.

5-17 아치

아치

건축물의 아치 구조는 상부로부터 가해지는 수직방향의 힘을 수평방향의 힘으로 변화시켜 상부구조가 붕괴하지 않도록 지지하는 역할을 한다. 이때 수평방향의 힘을 상쇄시킬 수 있는 구조물이 아치구조의 양옆에 반드시 버티고 있어야 한다.

모든 길은 로마로 통한다는 말이 있듯이 로마제국은 도로의 제국이었다. 단절된 도시와 마을은 도로를 통해 연속성을 확보할 수 있지만 도로의 연속성을 유지하는 두 요소는 다리와 터널이다. 다리는 아치의 상부에 건

---

[511] Edward Glaeser, Triumph of the city, Penguin books(2011), 요약

설된 구조물이며 터널은 아치의 하부에 만들어진 구조물이다. 다리는 아치의 상구공간을 이용하지만 터널은 아치의 하부공간을 이용한다.

아치 구조의 교량으로 지지가 되는 로마의 도로가 없었다면 로마제국의 정복전쟁은 불가능했을 것이다. 로마의 국교가 된 기독교는 로마가 건설한 도로를 통해 유럽 전역으로 빠르게 전파될 수 있었다. 강을 가로지르는 다리부터 산맥을 관통하는 터널, 공중수로(aqueduct), 판테온(pantheon), 원형경기장(amphitheater)까지 로마에서 아치구조는 폭넓게 응용되었기에 아치 없는 로마는 상상할 수 없다.

아치구조를 아치의 축을 중심으로 회전시키면[512] 아치의 이차원 구조가 삼차원 돔구조로 재탄생한다. 돔의 구조(모양)에서 나오는 힘은 세계에서 제일 큰 돔으로 유명한 두오모 성당의 천장뿐 아니라 그 돔의 설계자인 브루넬레스키의 명성이 무너져 내리지 않도록 수백 년간 지탱하고 있다. 따라서 '베네치아가 물 위에 건설된 도시라면 로마는 아치 위에 건설된 제국이었다'라고 말할 수 있다.

로마의 북부 게르마니아 지방에 살고 있던 게르만족이 로마를 침공하여 공중수로의 아치를 파괴했을 때 아치가 떠받치고 있던 로마제국도 같이 무너져 내렸다. 이후 유럽문명은 칠흑 같은 어둠 속에서 시간이 멈춰 선 듯 길고 긴 잠을 자게 되었다. 아랍문명이 부활의(르네상스의) 숨결을 불어 넣어 주었을 때 유럽은 비로소 천 년의 잠에서 깨어날 수 있게 되었다.

5-18 바둑에서 모양과 기능(모양이 나쁘면 수가 난다)

바둑의 세계에서도 모양과 기능은 밀접한 관계가 있다. 바둑돌의 모양이 좋지 못할 때는 돌의 효율이 떨어지며 돌의 모양이 나쁜 곳에서는 흔히 수가 난다. 돌의 모양이 나쁠 때 좋은 결과를 기대하기 어렵다. 바둑에 입문한 학동들은 자신의 행마에 나쁜 모양이 생기지 않게 하고 상대의 돌에 생긴 모양의 불비를 감각적으로 찌르는 수를 두기 위해 수련을 반복한다.

묘수도 악수도 두지 않고 평범한 수로 상대를 제압하며 일본 바둑의 한 시대를 풍미했던 평명류(平明流)의 창시자 다카가와 가쿠(高川格)는 바둑에서 모양과 수순의 중요성을 강조했다. "말할 것도 없이 패전의 원인은 모양과 수순이 나빴기 때문입니다. 모양이 좋지 않으면, 돌의 능률이 둔탁해지거나 허점이 생겨서 상대방에게 이용당하게 되고, 수순이 나쁘면 공격이나 국면타개에 있어서 만족한 결과를 얻지 못합니다. 바른 모양과 바른 수순을 모르면, 상대방에게 공격의 기회를 주게 되고 이쪽은 공격의 기회를 잃게 되어 결국 참패하고 맙니다. 바둑은 수순과 모양의 조립이라 해도 과언이 아닙니다."[513] 수순의 변화가 모양의 변화를 초래할 수 있다. 다른 수순이 특정 모양을 유도할 수 있다면 다른 모양은 다른 효과를 가져온다. 수순은 특정한 모양을 유도하는 수단이고 최종적으로 돌의 모양이 돌의 효과와 효율을 결정한다. 수순의 변화가 모양의 변화를 만들어 낼 수 없다면 수순 변화는 아무런 효과가 없다.

식민지 시절 일본에서 바둑 공부를 하고 한국에 돌아와 기도보국의 정신으로 현대바둑의 보급에 매진했던 조남철은 그의 명저 『바둑 개론 1964』의 서문에서 모양과 기능의 관계를 실전적인 언어로 표현했다. "흐르는 물은 지형을 따르고 바둑의 행마는 모양을 따른다. 모양이 좋은 것은 양형/호형/정형이라 부르며 좋지 않은 것은 악형/우형/응형이라고 부른다. 악형/우형/응형에서는 예외 없이 놀고 있는 돌이나 불필요한 돌이 붙어 있기 마련이라 좋은 결과를 기대할 수 없다. 그러므로 좋은 결과를 바란다면 첫째

---

512 엘머 루이스, 테크놀로지의 걸작들, 생각의 나무(2006), P 76
513 고천수격(高川秀格) 저 민병산(閔丙山) 역, 모양 수순 맥, 하서출판사(2000), P 1 머리말

조건으로 모양이 良刑/好刑/正刑이어야 할 것이다. 바둑의 모양이란 허울 좋은 모양, 보기 위한 모양의 뜻이 아니라 힘의 源泉力을 말함이다."[514]

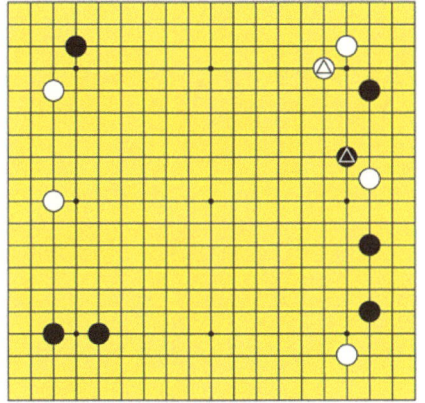
黑: 本因坊 秀哉 名人　白: 瀨越憲作
△로 공격하자 ▲로 어깨를 짚고 중앙으로 진출하는 장면

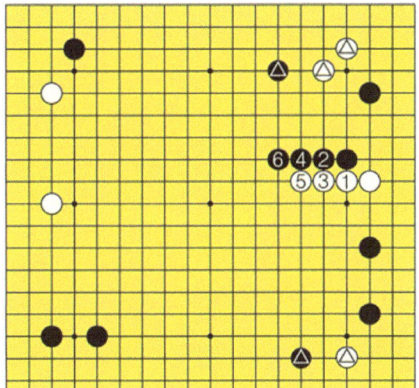
흑을 중앙으로 밀어올리고 얻은 백의 세력은 우하변의 흑 두점이 안정된 모양이라 무용지물이다. 이후 흑은 ▲로 △을 공격할 수 있다.
이 상황에서 백의 모양은 아주 비효율적이다.

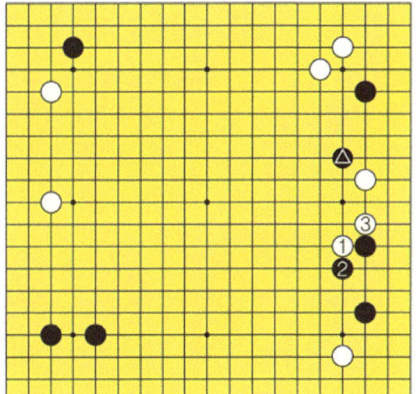
흑 ▲에 직접 대응하지 않고 백 1로 붙인, 경묘한 수에서 수재 명인의 탁월한 감각을 엿볼 수 있다.

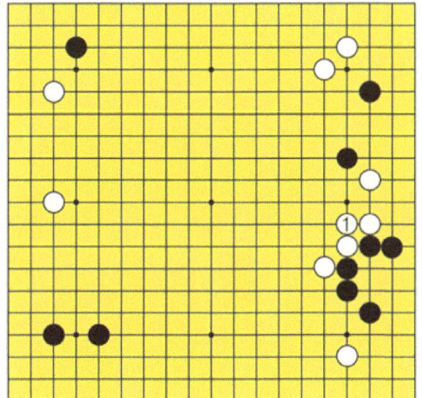
백 너무 무겁다.

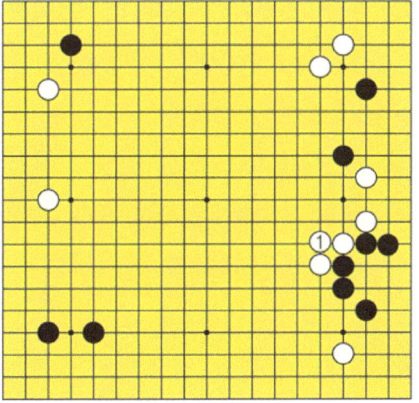
백 너무 무겁다.
백 석 점을 가볍게 버리는 감각을 익혀야 고수가 될 수 있다.

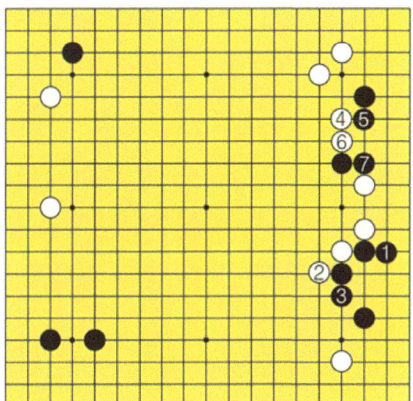
백 4로 우상귀 흑을 압박한다.

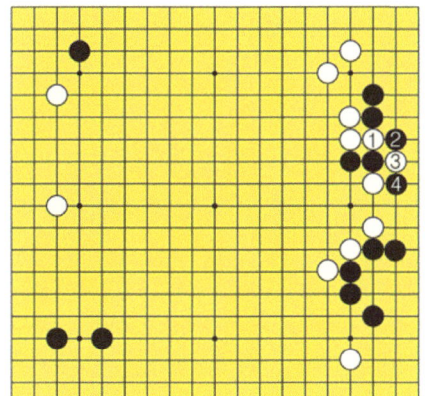
백이 모양을 정비하기 위해 사석작전을 시작하고 있다.

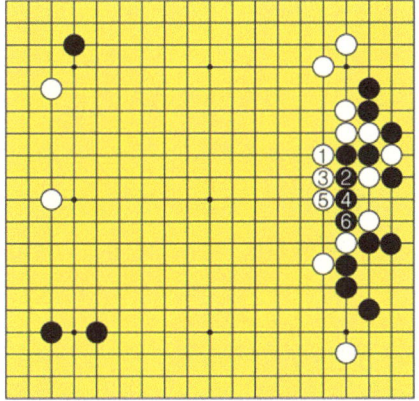
백 세 점을 사석으로 처리해 얻은 백의 외세는 전국을 압도하고 있으며 백의 모양은 아주 효율적이다.

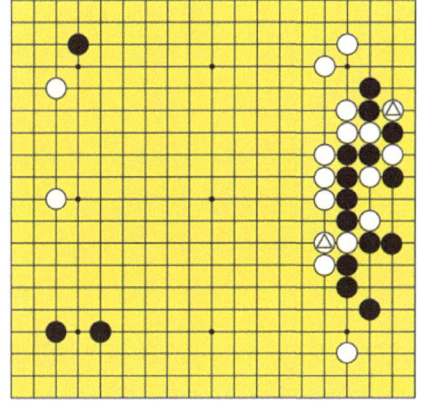
추후 △는 백의 권리. 백은 두 가지 선택 권이 있다.

🔊 참고 문헌:白江治彦 著, 金忠變 譯, 버림돌 활용작전, 하서출판사(1993), p 78~79

돌의 모양과 기능

---

[514] 조남철(趙南哲), 新編 바둑槪論, 법문사(法文社) (1984), P 76

5-19 원소[515]

118개 원소의 전자배열은 모양-기능 관계를 나타내는 사례의 끝판왕이고 할 수 있다. 독자들이 인내심을 가지고 이번 장을 읽기 바란다. 독자의 인내심은 새로운 통찰의 습득으로 보상받을 것이다.

대재앙 때문에 모든 과학 지식이 사라진다면 후대에 남길 단 한 문장은? 리차드 파인만(1918~1988)은 이렇게 답했다. "만물은 원자로 구성되어 있다." 물질이 원자로 되어 있다는 사실은 현대 과학을 지탱하고 있는 진리이다.

● 원자론의 역사

고대부터 만물이 무엇으로 구성되어 있는가에 대한 의문에 인간은 답을 찾으려 하였다. 탈레스(출생: B.C 640~624, 사망: B.C 548~545)는 만물이 물로 되어 있다고 주장하였다. 여기에서 탈레스의 주장이 중요한 이유는 신화와 종교의 신 같은 초자연적인 힘이 아닌 자연에서, 자연현상에 대한 논리적인 설명과 만물의 근원에 대해 답을 찾으려고 최초로 시도하였기 때문이다. 엠페도클레스(기원전490~430)는 흙(테라) /물(아쿠아) /공기(벤투스) /불(이그니스)을 만물의 근원으로 하는 사원소설을 주장하였고 플라톤과 아리스토텔레스의 지지를 얻었다. 이후 사원소설은 연금술의 이론적 기반이 되었다. 사원소설은 현대의 고체(흙) /액체(물) /기체(공기) /플라즈마(불)의 개념과 유사성을 공유하고 있다.

아리스토텔레스는 지상의 만물을 설명하는 사원소설을 인정했을 뿐 아니라 우주를 설명하기 위해 4원소에 에테르를 추가하였다. 우주에 아무 것도 없는 공간이 존재한다는 논리적 모순을 극복하기 위해 아리스토텔레스는 공간을 에테르로 채워 넣었다. 에테르는 원소와 달리 결합도 변화도 하지 않고 공간을 채우고 있으며 태양/행성/달을 움직이고 멈추는 원동력으로 간주되었다.

그리스 철학자 레우키포스와 데모크리토스는 더 이상 쪼갤 수 없는 물질의 최소단위로 아토모스(atomos)를 제안했으며 공간도 아토모스가 채우고 있다고 생각했다.

중세 유럽에서 고대 그리스의 원자론은 잊혀진 상태로 있다. 1417년 로마 교황청 소속 필사가 포조 브라촐리니(Poggio Bracciolini 1380-1459)는 독일의 수도원에서 고대 로마의 철학자 루크레티우스(Lucretius Carus BC 99–BC 55)의 책『사물의 본성에 관하여』를 발견했다. 이 책은 "모든 사물은 더 이상 쪼개지지 않는 원자로 이루어져 있고 원자는 결합과 해체를 반복하며 형태를 바꾼 모습으로 영원히 존재하고 사라지지 않는다"라는 단순하고 파격적인 주장을 담고 있으며 연금술사/토머스모어/몽테뉴/갈릴레이/베이컨/홉스/뉴턴/토머스제퍼슨 등 서양의 모든 지식인에게 커다란 영향을 끼쳤다.

---

[515] 요시다 다카요시 지음, 박현미 옮김, 주기율표로 세상을 읽다, 해나무(2022)
김병민, 주기율표 읽는 시간, 동아시아(2022)
완전 도해 주기율표, 아이뉴튼(2022)
나무위키(2023) 막스 플랑크

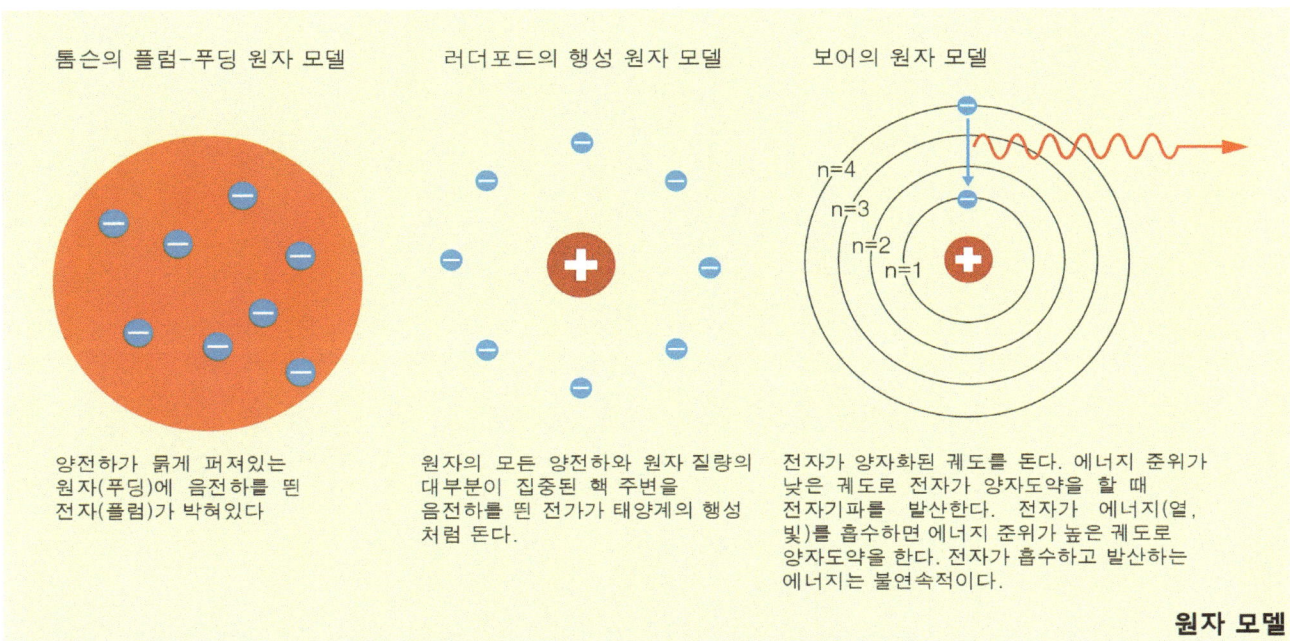

원자 모델

1704년 아이작 뉴턴은 "광학"이라는 책에서 빛의 입자설을 주장했다.

1803년 토마스 영은 이중 슬릿 실험을 통해 빛의 회절과 간섭현상을 입증함으로써 빛의 파동성을 주장했다.

1806년 돌턴(John Dalton)은 당구공을 닮은 원자가설을 발표했다.

1863년 영국의 화학자 존 뉴랜즈(John Newlands)는 원소를 질량 순서로 정렬하면 성질이 닮은 원소가 여덟 번째 위치마다 나타난다는 '옥타브 법칙'을 발표했다.

1869년 러시아 화학자 드미트리 멘델레예프는 원소들이 공유한, 주기적 성질을 직관적으로 파악할 수 있게 원소들의 배열표를 만들었다. 멘델레예프는 아직 발견되지 않은 원소가 위치할 부분을 빈칸으로 남겨둔 채, 미지의 원소가 가지고 있을 물리적, 화학적 성질을 예언하고 원소에 가상의 이름을 부여하였다.

1897년 톰슨(Thomson)은 전자를 발견하고 양전자와 음전자가 뒤섞여 구형을 이루고 있는 플럼 푸딩(plum pudding) 모델을 발표했다.

1900년 막스 플랑크는 흑체복사를 연구한 결과 빛의 에너지가 연속적이지 않고 특정 값의 정수배로 나타나는, 빛의 양자화를 발견함으로써 물리학의 역사에서 양자역학의 출발을 선언하는 총성을 울렸다.

1902년 미국의 화학자 길버트 루이스(Gilbert Lewis 1875-1945)는 같은 족에 있는 원소들이 비슷한 화학적 성질을 가지는 이유는 최외곽 껍질의 전자수가 같기 때문이라는 사실을 발견했다.

1905년 아인슈타인은 빛의 광전효과 즉 파동이라고 생각된 빛이 질량은 없고 에너지와 운동량의 덩어리라는 가설을 제안했다.

1911년 어니스트 러더퍼드(Ernest Rutherford)는 양전하를 띈 핵주변을 음전하를 띈 전자가 태양을 도는 행성처럼 불규칙하게 도는 원자 모델을 발표했다. 러더퍼드의 행성 원자 모델은 수소원자의 스펙트럼을 설명하지 못한다. 또 핵 주변을 도는, 음전하를 띈 전자가 양전하를 띈 핵으로 빨려 들어가지 않는 이유를 설명하지 못한다.

1913년 모즐리(Henry Moseley)는 주기율표에서 원자 번호는 원자량이 아니라 원자핵의 양성자수를 나타낸다는 사실을 알아냈다.

5. 모양과 기능 | 179

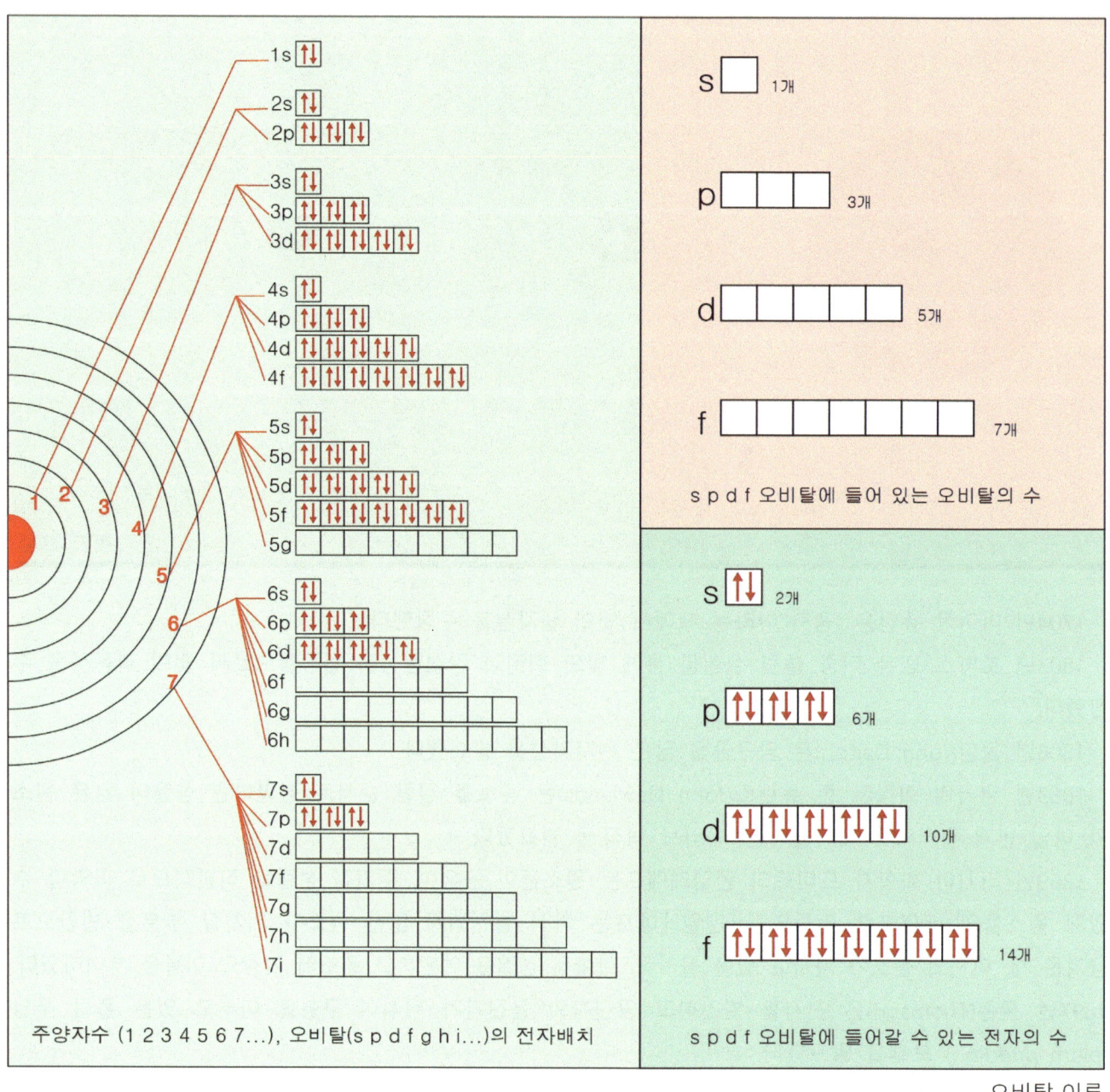

오비탈 이론

1913년 보어(Niels Bohr)는 러더퍼드와 공동으로 러더퍼드-보어 모델을 발표했다. 이 모델에서 전자는 에너지를 흡수하면 외부 궤도로 이동하고 내부 궤도로 돌아갈 때 흡수한 에너지를 광자의 형태로 발산한다. 전자의 궤도는 양자화되어 있어 전자가 흡수하고 발산하는 전자기파의 에너지는 불연속적이다. 여기서 양자도약이라는 개념이 태어났다. 보어의 원자 모델은 원자핵에 원자 질량의 대부분이 모여 있다는 사실과, 에너지의 양자화라는 개념을 이용하여 수소의 스펙트럼 중 일부를 설명한다. 그러나 보어의 모델은 두 가지 치명적인 약점을 가지고 있었다. 첫째, 보어의 모델은 118개의 원소 가운데서 제일 간단한 수소 원자 하나의 스펙트럼을 어느 정도 설명할 수 있을 뿐 나머지 117개의 다전자 원자의 스펙트럼을 설명할 수 없다. 둘째, 보어의 모델은 주기율표에서 비슷한 화학적 특성을 지닌 원소가 주기적으로 나타나는 주기율표의 주기성을 설명하지 못한다.

양자역학은 간결하고 우아한 수식으로 표현되고 수많은 실험 결과와 일치하며 원자수준에서 일어나는 일을 확률적 정확성으로 예측할 수 있게 해주지만 인간의 직관과 상식에 어긋난다. 아인슈타인은 "신은 주사위 놀이를 하지 않는다"며 죽을 때까지 양자역학을 받아들이지 않았다. 흑체복사이론으로 양자역학을 점화한 막스 플랑크 자신도 양자역학을 탐탁지 않게 여겨 자신의 흑체복사이론을 이론이 아닌 가정으로 간주했다고 한다.[516] 파인만은 대학원생 제자가 양자역학을 이해하게 되었다고 얘기하자 "양자역학을 이해하였다면 양자역학을 오해한 것이다"라는 농담을 건네며 양자역학의 비상식성을 강조하였다. 양자역학과 상식의 괴리가 얼마나 큰지를 일깨워주는 과학사의 뒷이야기들이다.

양자역학은 수많은 실험결과와 일치했고 반증되지 않았다. 양자역학을 이해할 수는 없지만 자연현상을 설명하는 이론으로 받아들일 수는 있다. 그리고 받아들여야 한다. 자연과학에서 자연은 갑이고 이론은 을이다.

농담으로, 막스 플랑크는 과학에서 두 가지 위대한 발견을 했다고 한다. 하나는 양자역학이고 다른 하나는 아인슈타인이다.[517] 막스 플랑크가 1905년 아인슈타인이 발표한 논문의 가치를 알아보고 아인슈타인을 학계에 적극적으로 추천하였다.

◐ 양자화학

원자핵에 존재하는 양성자의 수, 중성자의 수, 원자핵 주변에 존재하는 전자의 배열 패턴이 물질의 물리적 성질을 결정한다. 원자핵 주변의 전자껍질에 존재하는 전자의 배열 패턴이 원소의 화학적 특성을 결정한다. 원자와 같은 미시 세계에서도 모양이 기능을 결정한다.

보어-원자 모델의 한계점을 극복하며 슈뢰딩거는 슈뢰딩거 방정식을 따르는 원자 모델을 제시했다. 전자는 원자핵 주변의 특정 궤도를 공전하지 않고 원자핵 주변의 특정 전자껍질에 확률적 가능성으로 존재한다. 전자가 발견될 확률에 비례해서 점을 찍으면 핵 주변에 전자가 분포하는 패턴을 한눈에 알 수 있다. 전자들은 궤도 에너지가 낮은 궤도부터 채워지기 시작한다. 일반적으로 안쪽 궤도부터 전자들이 채워지지만 안쪽 궤도의 궤도 에너지가 항상 낮은 것은 아니다.

보어와 좀머펠트가 태양의 주위를 공전하는 행성의 궤도와 유사한 개념으로 만든 용어인 '궤도(orbit)' 대신, 양자화학에서는 전자가 원자핵의 주변에 분포하는 확률에 기반을 둔 '오비탈(orbital)'이라는 용어를 사용한다. s오비탈은 1개, p오비탈은 3개, d오비탈은 5개, f오비탈은 7개…의 오비탈로 구성되어 있다. <u>각각의 오비탈을 채우고 가장 바깥쪽 껍질에 남는 전자를 원자가전자라고 하는데 이 원자가전자가 원소의 화학적 성질을 결정한다.</u> 원자가 전자수는 같으나 양성자의 수가 다른 원소들이 비슷한 화학적 성질을 반복적으로 보이는 <u>주기율표의 주기성도 결국 전자의 배열 패턴에 의해 초래되는 현상이다.</u>

---

[516] 베르너 하이젠베르크 지음, 유영미 옮김, 부분과 전체, 서커스(2022), P 274
과학계의 혁명 말인가? 이런 혁명은 아주 정확히 볼 필요가 있어. 플랑크의 양자론을 한번 생각해 볼까? 학생은 플랑크가 처음에는 굉장히 보수적인 태도를 보였다는 걸 알 거야. 플랑크는 기존의 물리학을 바꾸고 싶어 하지 않았어. 그저 제한된 범위의 문제를 해결하고자 했을 뿐이지. 즉 그는 열복사 스펙트럼을 이해하고자 했어. 기존의 물리학적 법칙을 유지하면서 해보려고 했고, 이것이 가능하지 않다는 것을 깨닫기까지 여러 해가 걸렸어. 그런 다음에야 플랑크는 이전 물리학의 틀에서 벗어나는 가설을 제안했지. 그 뒤에도 옛 물리학의 벽들에 자신이 냈던 틈을 추가적인 가정으로 다시금 메꾸고자 했어. 물론 이것은 불가능한 것으로 드러났고, 플랑크 가설을 계속해서 연구하다 보니 물리학 전체가 개조되는 일이 일어난 거지.

[517] 조선일보(2024년 1월 11일 목요일), A30, 만물상(萬物相), 막스 플랑크 연구소

만일 원자가 태양계와 같은 구조를 하고 있어서 전자가 양자화된 궤도들 사이의 다양한 궤도에 존재할 수 있다면 어떤 일이 일어날까? 전자가 양자화된 궤도를 이탈하여 다양한 궤도에 존재할 수 있게 된다면 원자의 전자는 플랑크 상수(단위 에너지)의 정수배에 해당하는 에너지뿐 아니라 어떠한 양의 에너지라도 가질 수 있게 되고 물질의 규칙성과 안정성이 유지될 수 없게 된다. 결과적으로 같은 성질을 지닌 물질도 모두 다른 성질을 지닌 다른 물질이 되어버린다. 예를 들어 가장 간단한 수소 원자도 무수히 많은 전자 궤도 때문에 무수히 많은 화학적 성질을 띠게 되고 이들은 더 이상 수소라는 하나의 물질이 아니라, 무수히 많은 종류의 물질이 된다. 이러한 일이 일어나지 않는 것은 에너지는 단위만큼 변하기 때문이다. 원래 정해진 궤도 에너지에 임의의 에너지가 더해진 임의의 궤도는 만들어질 수 없다. 궤도 에너지의 값이 사다리의 발판처럼 불연속적으로 분포하는 양자화 때문에 자연계는 생명 유지에 필요한 물질의 균일성과 안정성을 확보할 수 있다.[518] 결론적으로 자연계의 생명유지에 필요한 물질의 균일성과 안정성이라는 특성도 궤도 에너지의 불연속적인 분포 형태에 기인한다.

---

[518] 존 배로 지음, 고중숙 옮김, 무영진공, 해나무(2003), P 287

		1s	2s	2p	3s	3p	4s	3d	4p	5s	4d	5p	6s	4f	5d	6p	7s	5f	6d	7p
8A 비활성 가스	2 He	2																	
	10 Ne	2	2	6															
	18 Ar	2	2	6	2	6													
	36 Kr	2	2	6	2	6	2	10	6										
	54 Xe	2	2	6	2	6	2	10	6	2	10	6							
	86 Rn	2	2	6	2	6	2	10	6	2	10	6	2	14	10	6			
	118 Og	2	2	6	2	6	2	10	6	2	10	6	2	14	10	6	2	14	10	6
1A 알칼리 금속	1 H	1																	
	3 Li	2	1																
	11 Na	2	2	6	1														
	19 K	2	2	6	2	6	1												
	37 Rb	2	2	6	2	6	2	10	6	1									
	55 Cs	2	2	6	2	6	2	10	6	2	10	6	1						
	87 Fr	2	2	6	2	6	2	10	6	2	10	6	2	14	10	6	1		
2A 알칼리 토금속	4 Be	2	2																
	12 Mg	2	2	6	2														
	20 Ca	2	2	6	2	6	2												
	38 Sr	2	2	6	2	6	2	10	6	2									
	56 Ba	2	2	6	2	6	2	10	6	2	10	6	2						
	88 Ra	2	2	6	2	6	2	10	6	2	10	6	2	14	10	6	2		
3A	5 B	2	2	1															
	13 Al	2	2	6	2	1													
	31 Ga	2	2	6	2	6	2	10	1										
	49 In	2	2	6	2	6	2	10	6	2	10	1							
	81 Tl	2	2	6	2	6	2	10	6	2	10	6	2	14	10	1			
	113 Nh	2	2	6	2	6	2	10	6	2	10	6	2	14	10	6	2	14	10	1
4A	6 C	2	2	2															
	14 Si	2	2	6	2	2													
	32 Ge	2	2	6	2	6	2	10	2										
	50 Sn	2	2	6	2	6	2	10	6	2	10	2							
	82 Pb	2	2	6	2	6	2	10	6	2	10	6	2	14	10	2			
	114 Fl	2	2	6	2	6	2	10	6	2	10	6	2	14	10	6	2	14	10	2
5A	7 N	2	2	3															
	15 P	2	2	6	2	3													
	33 As	2	2	6	2	6	2	10	3										
	51 Sb	2	2	6	2	6	2	10	6	2	10	3							
	83 Bi	2	2	6	2	6	2	10	6	2	10	6	2	14	10	3			
	115 Mc	2	2	6	2	6	2	10	6	2	10	6	2	14	10	6	2	14	10	3
6A	8 O	2	2	4															
	16 S	2	2	6	2	4													
	34 Se	2	2	6	2	6	2	10	4										
	52 Te	2	2	6	2	6	2	10	6	2	10	4							
	84 Po	2	2	6	2	6	2	10	6	2	10	6	2	14	10	4			
	116 Lv	2	2	6	2	6	2	10	6	2	10	6	2	14	10	6	2	14	10	4
7A	9 F	2	2	5															
	17 Cl	2	2	6	2	5													
	35 Br	2	2	6	2	6	2	10	5										
	53 I	2	2	6	2	6	2	10	6	2	10	5							
	85 At	2	2	6	2	6	2	10	6	2	10	6	2	14	10	5			
	117 Ts	2	2	6	2	6	2	10	6	2	10	6	2	14	10	6	2	14	10	5
전이원소 4주기	21 Sc	2	2	6	2	6	2	1											
	22 Ti	2	2	6	2	6	2	2											
	23 V	2	2	6	2	6	2	3											
	24 Cr	2	2	6	2	6	1	5											
	25 Mn	2	2	6	2	6	2	5											
	26 Fe	2	2	6	2	6	2	6											
	27 Co	2	2	6	2	6	2	7											
	28 Ni	2	2	6	2	6	2	8											
	29 Cu	2	2	6	2	6	1	10											
	30 Zn	2	2	6	2	6	2	10											
전이원소 5주기	39 Y	2	2	6	2	6	2	10	6	2	1								
	40 Zr	2	2	6	2	6	2	10	6	2	2								
	41 Nb	2	2	6	2	6	2	10	6	1	4								
	42 Mo	2	2	6	2	6	2	10	6	1	5								
	43 Tc	2	2	6	2	6	2	10	6	2	5								
	44 Ru	2	2	6	2	6	2	10	6	1	7								
	45 Rh	2	2	6	2	6	2	10	6	1	8								
	46 Pd	2	2	6	2	6	2	10	6		10								
	47 Ag	2	2	6	2	6	2	10	6	1	10								
	48 Cd	2	2	6	2	6	2	10	6	2	10								
전이원소 6주기	71 Lu	2	2	6	2	6	2	10	6	2	10	6	2	14	1				
	72 Hf	2	2	6	2	6	2	10	6	2	10	6	2	14	2				
	73 Ta	2	2	6	2	6	2	10	6	2	10	6	2	14	3				
	74 W	2	2	6	2	6	2	10	6	2	10	6	2	14	4				
	75 Re	2	2	6	2	6	2	10	6	2	10	6	2	14	5				
	76 Os	2	2	6	2	6	2	10	6	2	10	6	2	14	6				
	77 Ir	2	2	6	2	6	2	10	6	2	10	6	2	14	7				
	78 Pt	2	2	6	2	6	2	10	6	2	10	6	1	14	9				
	79 Au	2	2	6	2	6	2	10	6	2	10	6	1	14	10				
	80 Hg	2	2	6	2	6	2	10	6	2	10	6	2	14	10				
전이원소 7주기	103 Lr	2	2	6	2	6	2	10	6	2	10	6	2	14	10	6	2	14	1
	104 Rf	2	2	6	2	6	2	10	6	2	10	6	2	14	10	6	2	14	2
	105 Db	2	2	6	2	6	2	10	6	2	10	6	2	14	10	6	2	14	3
	106 Sg	2	2	6	2	6	2	10	6	2	10	6	2	14	10	6	2	14	4
	107 Bh	2	2	6	2	6	2	10	6	2	10	6	2	14	10	6	2	14	5
	108 Hs	2	2	6	2	6	2	10	6	2	10	6	2	14	10	6	2	14	6
	109 Mt	2	2	6	2	6	2	10	6	2	10	6	2	14	10	6	2	14	7
	110 Ds	2	2	6	2	6	2	10	6	2	10	6	2	14	10	6	1	14	9
	111 Rg	2	2	6	2	6	2	10	6	2	10	6	2	14	10	6	1	14	10
	112 Cn	2	2	6	2	6	2	10	6	2	10	6	2	14	10	6	2	14	10
란타넘족	57 La	2	2	6	2	6	2	10	6	2	10	6	2		1				
	58 Ce	2	2	6	2	6	2	10	6	2	10	6	2	1	1				
	59 Pr	2	2	6	2	6	2	10	6	2	10	6	2	3					
	60 Nd	2	2	6	2	6	2	10	6	2	10	6	2	4					
	61 Pm	2	2	6	2	6	2	10	6	2	10	6	2	5					
	62 Sm	2	2	6	2	6	2	10	6	2	10	6	2	6					
	63 Eu	2	2	6	2	6	2	10	6	2	10	6	2	7					
	64 Gd	2	2	6	2	6	2	10	6	2	10	6	2	7	1				
	65 Tb	2	2	6	2	6	2	10	6	2	10	6	2	9					
	66 Dy	2	2	6	2	6	2	10	6	2	10	6	2	10					
	67 Ho	2	2	6	2	6	2	10	6	2	10	6	2	11					
	68 Er	2	2	6	2	6	2	10	6	2	10	6	2	12					
	69 Tm	2	2	6	2	6	2	10	6	2	10	6	2	13					
	70 Yb	2	2	6	2	6	2	10	6	2	10	6	2	14					
악티늄족	89 Ac	2	2	6	2	6	2	10	6	2	10	6	2	14	10	6	2		1
	90 Th	2	2	6	2	6	2	10	6	2	10	6	2	14	10	6	2		2
	91 Pa	2	2	6	2	6	2	10	6	2	10	6	2	14	10	6	2	2	1
	92 U	2	2	6	2	6	2	10	6	2	10	6	2	14	10	6	2	3	1
	93 Np	2	2	6	2	6	2	10	6	2	10	6	2	14	10	6	2	4	1
	94 Pu	2	2	6	2	6	2	10	6	2	10	6	2	14	10	6	2	6	
	95 Am	2	2	6	2	6	2	10	6	2	10	6	2	14	10	6	2	7	
	96 Cm	2	2	6	2	6	2	10	6	2	10	6	2	14	10	6	2	7	1
	97 Bk	2	2	6	2	6	2	10	6	2	10	6	2	14	10	6	2	9	
	98 Cf	2	2	6	2	6	2	10	6	2	10	6	2	14	10	6	2	10	
	99 Es	2	2	6	2	6	2	10	6	2	10	6	2	14	10	6	2	11	
	100 Fm	2	2	6	2	6	2	10	6	2	10	6	2	14	10	6	2	12	
	101 Md	2	2	6	2	6	2	10	6	2	10	6	2	14	10	6	2	13	
	102 No	2	2	6	2	6	2	10	6	2	10	6	2	14	10	6	2	14	

전자가 배열되어 있는 모양이 원소의 성질을 결정한다.
원소의 지문_원소의 전자배치

5. 모양과 기능

6. 동양인은 왜 암기 위주의 교육 문화를 갖게 되었나?

16세기 이후 왜 서양은 동양을 앞서게 되었는가에 대해 모두가 동의하는 표준 이론은 없다. 그러나 유럽과 동북아의 지리적 차이가 두 곳의 정치와 문화적 발전에 지대한 영향을 미쳤다는 환경결정론에 이의를 제기하는 학자들은 많지 않을 것이다. 유럽과 중국의 지리적 차이가 두 지역의 정체와 정치권력의 집중에 어떤 영향을 주었고 정체와 권력 집중도의 차이가 사람들의 사고방식에 어떤 영향을 주었는지 살펴보겠다. 우선 유럽의 지리와 정치체제에 관한 이야기부터 시작해 보겠다.

● 유럽의 지리와 분산된 권력

유럽에는 거대한 산맥이 많다. 피레네산맥이 스페인과 프랑스를 나누고 있다. 알프스산맥이 프랑스 독일 스위스 이탈리아의 국경선을 긋고 있다. 카르파티아산맥 주변에 발칸반도의 여러 나라들이 둥지를 틀고 있다. 우랄산맥과 코카서스산맥은 유럽을 외부의 침입으로부터 보호하고 있다. 유럽에는 거대한 고대 문명과 고대 제국을 잉태할 만한 나일강/티그리스-유프라테스강/겐지스강/황하/양쯔강 같은 큰 강이 없었다. 대신 루아르/라인/엘베/포/다뉴브 같은 작은 강이 모세혈관처럼 남북과 동서로 유럽대륙에 골고루 분포하고 있다.

유럽대륙에는 큰 반도와 만(灣)이 많아서 유럽의 해안선은 아주 복잡하다. 스페인이 있는 이베리아반도, 이탈리아가 있는 이탈리아반도, 그리스/알바니아/불가리아가 있는 발칸반도, 우크라이나가 있는 크림반도, 프랑스가 있는 부르타뉴반도, 덴마크가 있는 유틀란트반도, 노르웨이/스웨덴/핀란드가 있는 스칸디나비아반도가 그들이다. 큰 만과 반도가 많으면 외부의 침입으로부터 방어하기 쉽고 항구를 건설하기 쉬우며 외부로 진출하는 데에도 유리하므로 많은 독립국가들이 들어설 수 있다.

높은 산맥과 큰 반도와 만이 많은 유럽에는 거대 제국보다 작은 나라들이 들어서고 외부의 침입을 방어하기 좋은 조건을 구비하고 있다. 거대 문명과 제국을 먹여 살릴 만한 넓고 비옥한 평야와 큰 강이 없던 탓에 전 유럽을 통일할 수 있을 정도로 강력한 제국은 나타날 수 없었다. 최전성기의 고대 로마도 지중해 주변에 국한된, 유럽의 삼분의 일만 정복할 수 있었다. 8세기 신성로마제국의 샤를마뉴, 19세기 프랑스의 나폴레옹, 20세기 독일의 히틀러도 유럽을 통일하는 데 실패했다. 로마가 멸망한 후 강력한 중앙집권제를 시행할 수 있는 제국이 없었기에 <u>유럽은 산맥/강/바다에 의해 경계선이 그어진 여러 나라로 분열되었고 봉건체제에 들어서게 되었다. 강력한 중앙집권형 전제국가가 등장할 수 없어 유럽에서는 끊임없는 국가 간 전쟁과 경쟁 또 이로 인한 군사 과학기술의 혁신이 계속될 수 있었다.</u>

하나의 강력한 제국, 한 명의 강력한 전제군주가 유럽을 통일할 수 없었기 때문에 유럽은 다수의 봉건제 국가가 국가 간 세력의 균형과 견제를 유지하며 공존할 수밖에 없었다. 이렇게 <u>정치적으로 다원화된 환경에서 한 명의 전제군주가 독재체제를 영속시키기 위한 수단으로서 정치사상의 통일과 사상 탄압을 장기간 지속할 수 있는 정치적 힘을 독점할 수 없었다. 유럽 군주들의 정치적 힘이 분열되었고, 제한되었고, 서로를 견제할 수 있었기 때문에 중산층/상인/자유사상가/과학자/기술자가 생존할 수 있는 토양이 형성될 수 있었다.</u> 이같이 자유로운 토양 위에서 상업/과학/자유무역/다양한-정치사상/정치적-관용주의/다원주의가 유럽에서 자연스럽게 싹트고 성장할 수 있었다. 모키르(Mokyr)는 "계몽주의는 기득권을 가진 수구 지배계급이 혁신가들을 억압하는 것을 한층 어렵게 만든 유럽의 정치적 분열과 국적을 넘나드는 문자의 공화국(편지 공화국을 포함)에서 나타난 지성의 일관성이라는 독특한 조건에서 출현했다"라고 분석했다. 반면에 중국의 정치적, 영토적 통일성은 이데올로기 경합성(競合性contestability)의 붕괴와 기술적 답보를 초래하였다.[519]

◐ 중국의 지리와 집중된 권력

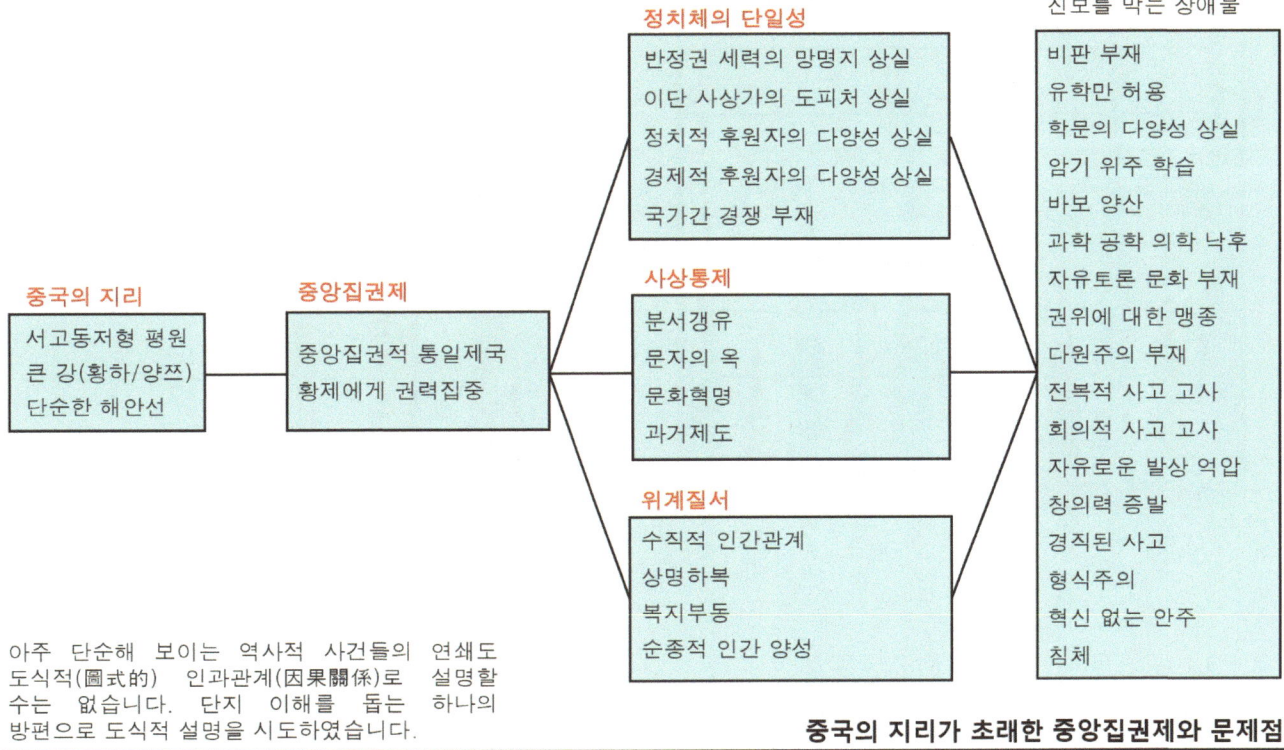

중국의 지리가 초래한 중앙집권제와 문제점

중국의 지정학적 특징을 한번 살펴보자. 중국의 해안선은 유럽에 비해 단조로워 큰 반도나 만이 없고 중국의 산맥은 유럽의 산맥에 비해 **훨씬** 낮다.

고대 중국의 변방인 북악과 서악을 빼면, 고대 중국 역사의 주 무대에 있는 동악/중악/남악의 높이는 해발 1500m 언저리이다. 중원에서 고산의 대명사인 태산은 평야 지대에 솟아 있기 때문에 높은 느낌을 줄 뿐 실제 높이는 1524m로 한라산(1995m) /금강산(1638m)보다 낮다.[520]

중국에는 많은 사람을 먹여 살릴 수 있는 드넓은 평야와 평야에 물을 공급해 줄 수 있는 양쯔와 황하라는 큰 강이 서에서 동으로 흐르고 있다.

서쪽은 높은 산맥으로 막혀 있으며 동쪽은 평야지대로 구성된 전형적인 서고동저(西高東低)의 지형을 이루고 있다. 황하와 양쯔강 주변의 비옥한 토양에서 고대문명이 싹텄고 강력한 중앙집권형 제국이 출현하여 주변의 나라들을 정복할 수 있는 모든 조건이 갖추어지게 되었다.

기원전 221년 춘추전국시대가 막을 내리고 통일된 중앙집권형 전제군주국가인 진시황의 진나라가 등장할 수 있었다. 짧고 간헐적인 몇 차례의 분열기가 있었지만 중국사를 통틀어 지속적인 통일기와 정치적 안정은 풍요로운 자급자족 사회를 가져왔다. 그러나 장기간에 걸친 정치적 안정과 자급자족을 가능하게 했던 풍요는 역설적으로 혁신 없는 안주와 쇄국정책을 초래했다.

---

519 야성황 지음, 박누리 옮김, 중국필패, 생각의 힘(2024), P 370-371
520 양세욱, 짜장면뎐, 프로네시스(2009), P 41

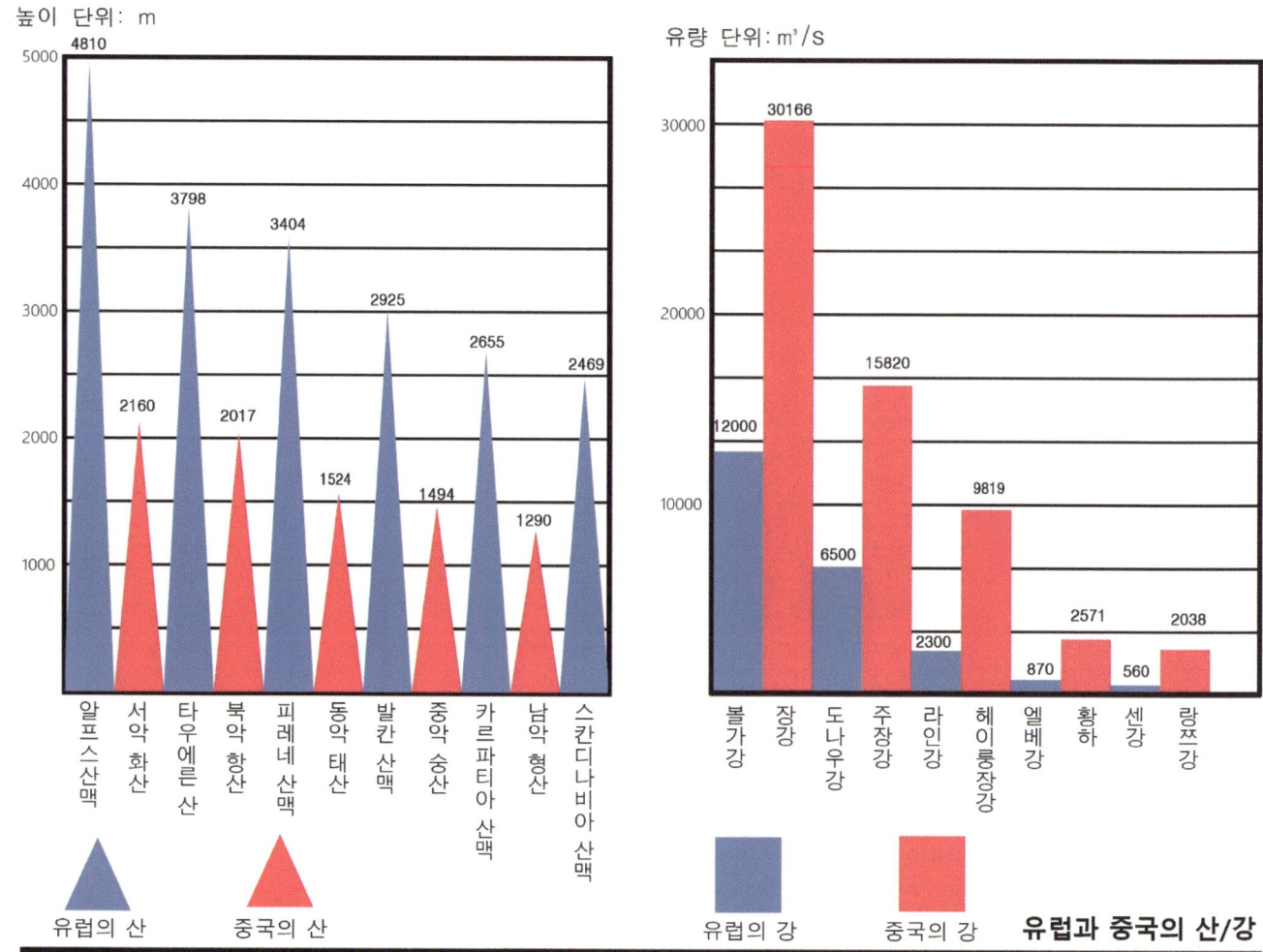

유럽과 중국의 산/강

동북아의 지리적 환경에 의해 결정된 중앙집권형 정치체제 아래에서 한 명의 전제군주에게 너무나 많은 정치적 힘이 집중되었다. <u>무소불위(無所不爲)의 힘은 정적제거/사상통일을 위한 사상 탄압/검열/문화 파괴/집단학살의 광기가 어린 피바람을 불러왔다.</u> 중국에서 일어난 정치적 대학살 중 몇 가지만 열거한다면 분서갱유(진시황), 문자의 옥(남송의 재상 진회/명나라의 태조 홍무제=주원장/청나라의 강희제/가경제), 그리고 문화혁명(모택동)을 들 수 있다. 동서고금을 막론하고 예외 없이, 절대군주들은 자신의 지배력을 극대화하기 위해 정치적 경쟁자들을 제거하고, 독재에 유리한 정치사상을 제외한 나머지 정치사상들을 탄압하려 하였다. 유럽의 군주에게는 그럴 힘이 없었던 반면 불행히도 동북아의 군주에게는 그렇게 할 수 있는 정치적 힘이 집중되어 있었다.

동북아시아의 군주들에게 어느 정도의 정치적 힘이 집중되었느냐는 서양과 동양에서 유통되던 통화의 재질에서도 단적으로 드러난다. 그리스의 역사가 헤로도토스는 기원전 7세기에 소아시아의 리디아 왕이 세계 최초로 주화를 만들었다고 전한다. 리디아는 메소포타미아, 시리아, 에게해를 연결하는 상업의 요충지였다. 메름나드(Mermnad)왕조의 제2대 왕 아르디스(Ardys)는 왕조의 문장인 사자머리가 새겨진 균질 금 주화(Lydian Lion)를[521] 발행했다.

---

[521] 리디아에서 생산되었던 자연 호박금(琥珀金electrum)의 금 함량은 70~80%에 달했던 반면, 리디아의 사자는 금 함량이 50% 미만이라는 것이다. 후세의 학자들은 이를 리디아 권력자들이 금 함유량을 줄여 화폐 발행의 차익을 취하려 한 것이라고 해석한다. 신상목, 학교에서 가르쳐주지 않는 세계사, 뿌리와 이파리(2022), P 45, 최초의 금 주화는 최초의 사기 화폐였다.

소아시아에서 탄생한 각인화폐(刻印貨幣)는 지배자가 순도를 보증하는 각인을 금이나 은 같은 귀금속에 새겨 제조한 화폐이다. 많은 문명에서 각인화폐를 채택했다. 주조화폐(鑄造貨幣)는 황제의 막강한 정치권력으로 청동이나 구리처럼 거의 희소가치가 없는 재료를 주조한 다음 추상적인 가치를 부여하고 유통을 강제한 화폐이다. 중국의 진시황이 만든 반량전(半兩錢)은 반량(半兩)이라는 글자가 새겨진 청동화폐로 주조화폐의 대표적인 예이다. 반량전은 한국과 일본 등 주변국의 주화제도에 커다란 영향을 미쳤다. 서양의 지배자는, 그들의 정치적 힘이 동양의 절대군주가 지닌, 중앙집권화된 정치적 권력보다 약하여, 희소가치와 실물가치를 겸비한 금이나 은을 화폐의 재료로 사용할 수밖에 없었던 반면 동양의 절대군주는 하늘을 찌를 듯한, 중앙집권화된 정치권력에 힘입어 사실상 아무런 가치가 없는 조개/청동/구리/철/종이를 화폐의 재료로 사용하고 화폐를 남발할 수 있었다.

조개는 은왕조(殷王朝)에서 사용되었고 재(財)/화(貨)/공(貢)/판(販)/빈(貧)/귀(貴)/임(賃)/저(貯)/매(買)/무(貿)/자(資)/회(賄) 등의 한자에 흔적을 남겼다. 송나라의 황제는 『교자交子』라는 지폐를, 원나라의 칸은 『교초交鈔』라는 지폐를 발행했다. 동방견문록으로 유명한 마르코 폴로는 원나라의 수도 대도(大都)에서 실질적으로 아무런 가치가 없는 종이가 돈으로 사용되는 현실을 보고 깜짝 놀랐다.[522]

중앙아시아의 패권을 놓고 쿠빌라이 칸과 다투었던 오고타이칸국의 칸 카이두(Khaidu ?~1301)는 유목민의 습속과 제도를 버리지 못하고 퇴영적 통치체제를 고수했기 때문에 무역은 쇠퇴했고 통화가치는 곤두박질쳤다. 궁지에 몰린 카이두는 금박을 입힌 동전을 발행하였고 이 동전을 받지 않는 자영업자를 처벌하였다. 경제의 원칙을 거스르는 이 같은 통치 행위는 권력이 한 사람에게 고도로 집중된 사회에서나 가능한 일이었다.[523]

중국의 군주에게 얼마나 강한 정치적 힘이 집중되었는지를 세금 징수와 노동력 징발을 위해 체계적으로 정립된 제도에서도 확인할 수 있다. 드넓은 중국대륙의 모든 토지를 등록하기 위해 송나라 때부터 만들어진 『어린도책魚鱗圖冊』이나 모든 인구를 조사하고 등록하기 위해 명나라 때부터

> **삼천포三千浦**
> 검은색 현무암으로 만든 숫돌에 주화를 문질러 생긴 자국의 색으로 금의 순도를 측정했던 관행에서 시금석(試金石touchstone)이란 말이 기원했다.
> 영국의 시인이자 문학비평가인 매튜 아널드(Matthew Arnold)는 그의 저서 『시의 연구 The Study of Poetry 1880』에서 시인의 우수성을 나타내는 엄선된 짧은 문장을 '시금석'이라고 정의하고 문학평론에 처음으로 사용하였다.
>
> 참고: 미야자키 마사카츠 지음, 서수지 옮김, 처음 읽는 돈의 세계사, 탐나는책(2021), p 19-20
> 네이버 지식백과(2024), 시금석

시금석

기록된 『부역황책賦役黃冊』은 중국에서 시행된 강력한 중앙집권체제의 산물이었다.[524]

중앙집권체제가 완성되기 전, 그러니까 <u>진시황이 중국을 통일하기 전에는, 제자백가(諸子百家)라 불리는 다양한 사상가가 자기의 사상을 받아들여 줄 나라나 군주를 찾아 주유천하(周遊天下)</u>할 수 있었다. 공자/맹자는 자신들의 정치 철학을 채택해 줄 군주를 찾아 중국대륙을 떠돌았다. 한나라 출신의 한비자(韓非子)는 시황제가 다스리는 진나라에 정착했고 진나라의 부국강병책을 도왔다. 한나라 출신 정국(鄭國)은 진나라의 운하 건설을 지휘했다.[525] 초나라 출신 이사(李斯)는 진나라에서 중앙집권제의 설계도를 그리고 구현할 수 있었다. 또 정치적 박해를 피해 이웃 나라나 적대국으로 망명하는 일도 자주 있었다. 진(晉)나라가 세 대부, 한(韓)/위(魏)/조(趙) 삼 씨에 의해 분열되며 시작된 <u>전국시대(BC 403~BC 221戰</u>

---

[522] 미야자키 마사카츠 지음, 서수지 옮김, 처음 읽는 돈의 세계사, 탐나는책(2021), P 18-52
[523] 프레더릭 스타 지음, 이은정 옮김, 잃어버린 계몽의 시대, 도서출판길(2021), P 721
[524] 탕누어(唐諾), 김태성, 한자의 탄생, 김영사(2022), P 204
[525] 신성곤, 윤혜영, 한국인을 위한 중국사, 서해문집(2021), P 55

國은 한漢나라 유향劉向이 쓴 『전국책戰國策』에서 유래)는 권위와 명분은 시들고 실력이 권위와 명분을 압도하는 시대였다. 맹상군(孟嘗君제나라)/신릉군(信陵君위나라)/평원군(平原君조나라)/춘신군(春申君초나라) 같이 새로이 부상한 전국(戰國)의 야심가들은 능력 있는 식객(食客)들을 불러들이며 세력을 불려 나갔다. 제위왕(齊威王)은 직하학궁(稷下學宮)이라는 왕립 학술원을 세워 맹자와 순자 같은 전복적 사고를 하는 학자들을 키워 냈다. 순자는 직하학궁에서 제자백가 사상을 집대성하였다. 순자에게서 배운 이사와 한비자는 진나라의 부국강병을 이끌어 시황제의 천하통일을 도왔다. 맹자는 군주로서 자격이 없는 왕은 천명을 받은 새로운 왕에 의해 교체되어야 한다는 역성혁명 사상을 정당화하였다. 한비자는 사사로운 감정과 판단을 배제한, 합리적인 법치와 관료제를 주장하였다. 직하학궁은 경쟁적 인재영입의 효시가 되었다. 유럽에 비하면 아주 짧은 기간이었지만 고대 중국에서 경쟁이 진보의 견인차 역할을 하고 능력주의가 꽃필 수 있었던 중국 사상사의 역동적 황금기가 찾아왔다.[526]

과도한 권력집중이 상대적으로 약하게 발생했던 역사시대 초기와 분열기에 중국에서 역사적인 기술과 사상의 혁신이 일어날 수 있었다. 전국/진/한/위진남북조 시대(BC 475-AD 581)에 이르는 기간 동안 중국에서 가장 많은 발명이 이루어졌고 그다음은 수/당/오대십국 시대(AD 581-AD 1279)가 뒤따랐고 마지막으로 송/원/명/청 시대(AD 1279-AD 1911)에 가장 적은 발명이 이루어졌다. 패트리샤 에브리(Patricia Ebrey)는 "위진남북조 시대는 분단의 시대였으며, 통제 없는 사회, 활발한 지적 반대, 탐구, 논쟁, 사상과 이념의 충돌 시대였다"라고 묘사한다. 위진남북조는 구조적으로 일종의 연합국가 상태로 존재했기 때문에 '유럽의 순간', 달리 표현하면 '중국의 르네상스' 시대를 맞이할 수 있었고 자유로운 탐구정신이 만개하였다. 이 시대에 유휘는 피타고라스의 정리를 독자적으로 증명했고 조충지는 아르키메데스의 소진법과 유사한 방법으로 파이값을 계산했다.[527]

중국에서는 주로 춘추전국시대에만 가능했던 실력주의와 인재의 자유로운 이동이, 많을 때는 수백 개의 공국으로 분열되어 있었던 유럽에서는, 고대부터 근대까지 다반사로 일어날 수 있었다. 계몽주의의 선두주자 볼테르는 루이 15세의 섭정(攝政)인 오를레앙공에 대한 풍자시를 썼다가 추방당한 뒤 투옥되었다(1716). 이후 반골기질을 타고난 볼테르의 삶은 추방과 복권의 반복으로 점철되었다. 『영국인들에 대한 편지 혹은 철학 편지』에서 프랑스 사회를 비판한 혐의로 체포 영장이 발부되자 볼테르는 스위스 로렌으로 피신했다(1734). 쾌락주의적인 시 『속인』이 문제가 되어 벨기에로 도피했다(1736). 그리고 벼락출세를 시기하는 사람을 피해 베를린으로 갔다(1750). 달랑베르와 같이 기술한 『백과전서』의 『제네바』 항목이 문제가 되어 제네바에 거주하기가 불편해지자 제네바와 프랑스 국경 근처의 페르네이에 은신처를 마련했다. 프랑스와 스위스 국경 지역에 집을 여러 채 마련하여 어느 한쪽과 마찰이 생기면 다른 쪽으로 신속하게 도피하며 농담하는 여유도 보였다. "뒤쫓아오는 개들을 피하기 위해 철학자라면 땅속에 굴 두세 개는 파 놓아야 한다."[528] 벨기에의 리뉴 공, 자코모 카사노바, 디드로, 달랑베르, 에드워드 기번 같은 유럽의 유명 인사가 자칭 '유럽 여관 주인'이며 세칭 '페르네이의 영주'인 볼테르를 방문해 서로의 사상을 교환하며 유럽의 계몽주의를 고봉절정(高峯絶頂)으로 이끌었다.[529]

콜럼버스는 인도로 가는 신항로를 발견하기 위한 항해 계획을 구상하고 후원해 줄 왕을 찾아 나섰다.

---

[526] 이승훈, 한자의 풍경, 사계절(2023), P 350, 351, 361, 362
[527] 야성황 지음, 박누리 옮김, 중국필패, 생각의 힘(2024), P 361-362, 385-388
[528] 볼테르, 사이에 옮김, 불온한 철학사전, 민음사(2019), P 543~548
[529] 설혜심, 그랜드 투어, 연남책빵(2024), P 169

이탈리아/영국/포르투갈/프랑스에서 연거푸 거절당했지만 에스파냐 여왕 이사벨의 지원을 받아낼 수 있었다. 만약 유럽이 중국처럼 한 명의 군주에 의해 통치되고 있었다면 콜럼버스의 꿈은 이루어질 수 없었을 것이다.[530]

◐ 과거제도

'과거(科擧)'는 과목을 추천한다는 뜻으로 이름부터 인적 자본을 표준화하고 이념을 동질화하려는 의도를 처음부터 명확히 하고 있다.[531] 과거제도는 엘리트의 뇌가 어떤 사상의 장독에 푹 절여져야 하는지를 미리 결정하며 세뇌와 동의어이다. 원나라의 통치자가 성리학을 과거의 과목으로 채택하자 송 대의 주희(1130-1200)가 유교의 경전을 해석하고 주석하여 만든 『사서장구집주四書章句集注』는 과거시험을 준비하기 위한 표준 교재로 절대시 되었다. 결과적으로 응시자는 사서오경을 해석할 수 있는 자유를 박탈당했고 미리 설정된 지침(공식 이데올로기)을 따라야 했다.[532] 성리학은 정통 유교와 달리 근본적으로 독재적이고 통제적인 사상이었다. 성리학은 통치자의 도덕성은 중요시하지 않고 통치자의 권위만 정당화하려 했다. 통치자가 아무리 비도덕적이고 무능하더라도 통치자에 대한 절대복종만 강조되었다. 아서 라이트(Arthur Wright)는 "성리학은 사상적 반역을 뿌리 뽑기 위해 군주에게 공공 도덕과 관습은 물론 개인의 사생활까지 통제할 수 있는 권한을 부여했기 때문에 기존 유학과 비교해도 훨씬 더 전제군주적이었다"라고 주장한다.[533]

기원전 27년부터 395년 사이에 살았던 로마 황제의 70%는 암살/부상/처형/자살/독살에 의해 사망하였고 자연사는 30%에 불과하다. 평균 재임기간도 5.6년밖에 되지 않았다. 황제는 세상에서 가장 위험한 직업이었다.[534] 중앙집권제가 완성된 다음 중앙집권제의 영속적 유지는 역대 중국 왕조의 고민거리였다. 황제가 지닌 절대적 권력에 군침을 흘리다 못해 황제의 용상(龍牀)에 끈적한 침을 바르는 정치적 야심가들은 드넓은 제국에 수없이 많았다. 따라서 이들을 어떻게 제도권 안으로 끌어들이고, 이들의 정치적 야심을 누그러뜨리고, 이들의 정력과 지력을 소진시켜버릴 수 있을지가 중국 황제들의 고민거리였다. 중국의 농민반란은 정치 엘리트들이 일으킨 반란에 비해 그 수가 현격히 적었으며 표면적으로 농민이 일으킨 것처럼 보이는 민란의 배후에도 실제로는 정치적 욕망이 좌절된 정치 엘리트들이 있었다. 정치 엘리트의 지력을 소진시키고 정치 엘리트가 권력층으로 편입될 수 있는 길을 열어준 묘책은 과거제도였다. 과거제도가 중국에서 정확히 언제부터 시작되었는지를 명확히 확인해 줄 수 있는 사료는 현재까지 발견되지 않았지만 중국 과거제도의 맹아인 진사과는 수양제(隋煬帝) 때에 시작되었다.[535] 수(隨)나라의 문제(文帝)는 귀족세력을 억누르고 중앙집권체제를 강화하기 위해 과거제도를 채택했다.[536] 수나라 이후 분열지수(분열 기간과 통일 기간의 비율)가 0.81에서 0.29로 극적으로 줄어든 배경에는 과거제도가 있었다.[537] 당 태종은 과거제도를 통해 "천하의 모든 인재는 내 활의 사거리 안에 있다"라고 호언 장담했으

---

530 야성황 지음, 박누리 옮김, 중국필패, 생각의 힘(2024), P 381
531 야성황 지음, 박누리 옮김, 중국필패, 생각의 힘(2024), P 48-49, 80
532 야성황 지음, 박누리 옮김, 중국필패, 생각의 힘(2024), P 70
533 오금성, 등용문, 지식산업사(2023), P 71
534 야성황 지음, 박누리 옮김, 중국필패, 생각의 힘(2024), P 250
535 오금성, 등용문, 지식산업사(2023), P 55
536 정구선, 조선의 출셋길 장원급제, 팬덤북스(2010), P 14
537 야성황 지음, 박누리 옮김, 중국필패, 생각의 힘(2024), P 83

며538 진사시험에 합격한 수재들이 크게 기뻐하는 모습을 보고 "천하의 영웅들이 내 올가미에 걸렸구나"라고 말하며 매우 흡족한 모습을 보였다. 당 태종이 과거시험의 수험서로 사용하기 위해 유가의 오경을 정리하여 편찬하게 한 『오경정의(五經正義)』에 대해 명말-청초의 대학자 고염무(顧炎武1613~1682)는 『오경정의』가 자유로운 학문의 발전을 저해하였고 진시황의 분서갱유에 버금가는 악이었다고 비판했다.539 과거시험은 천재를 백치로 만드는데 둘 도 없이 좋은 제도였다.

당나라 초기에는 모범답안을 모아 놓은 책문집(策文集)을 사서 암기하는 수험생이 많았다. 진사과의 경쟁률은 백대일로 치솟았고 장수생의 수는 급증하여 오십에 진사에 합격해도 오히려 젊은 나이에 합격한 것으로 생각될 정도였다.540 송대에는 장기간 과거시험을 준비하는 사람을 '독서인(讀書人)'이라고 부르기 시작했다.541 송대에 고령의 장수생에게 성시 급제의 자격을 인정해 주고 하위관직을 주는 특주명(特奏名) 제도(1000)가 생기자 과거시험 중독에 빠진 독서인들은 평생 과거시험으로부터 헤어날 수 없게 되었다.542 진사과에 합격하기가 얼마나 어려웠던지 당나라 시대에 등용문(登龍門)이라는 말이 생겨났다.543 '수험의 신'이란 별명이 붙은 백거이(白居易772-846)조차 "5세부터 시 짓는 법을 배웠고, 15세부터 과거에 관심을 두기 시작했습니다. 20세에 본격적으로 과거공부를 시작하면서부터, 잠자는 시간마저 아끼며 정말 열심히 공부하였습니다. 입술이 부르트고, 손과 팔꿈치에 못이 박히고, 혈기 방장할 때도 피부에 윤기가 없고, 노인도 아닌데 이가 빠지고, 머리가 희끗해지고, 눈에 비문증이 생길 정도였습니다."라고 술회하며 과거 공부의 어려움을 토로했다.544

수험생은 57만 자나 되는 사서(논어/맹자/대학/중용)와 오경을 철저히 암기해야 했는데 하루에 200자씩 암기한다 해도 7~8년이 걸리는 엄청난 분량이다.545 종이는 중국의 4대 발명품 중 하나인데 인간의 두뇌를 종이 대체품으로 만들어버린 중국의 과거제도는 인간 지성에 대한 모독이고 천재들의 씨를 말리는 가혹행위였다. 송대에 어렵게 진사에 급제한 첨의(詹義)는 "오륙백 근이나 되는 고전을 읽었건만 늙어서야 겨우 관복을 입게 되었구려, 미인이 내게 나이를 묻기에 '오십 년 전 23세(五十年前二十三)'라고 대답했소"라는 시를 남겼다. 농/공/상인의 가정 출신이 과거에 급제하기 위해 얼마나 오랜 기간 뼈를 깎는 각오로 시험준비를 해야 했는지를 알려주는 일화이다. 과거제는 이렇게 무수한 인재의 지력/정력/열정/재능을 헛되이 낭비하게 만드는, 괴물 같은 제도였다.546 166년 동안 지속된 복송시대는 농업혁명/상업혁명/교통혁명/도시혁명이 일어났던, 중국역사에서 가장 활력이 넘쳐났던 시대였다.547 만약 당대의 엘리트들이 과거제도 때문에 낭비된 재능을 창조적인 일에 쓸 수 있었다면 동양의 역사가 어떤 방향으로 물줄기를 틀었을까 궁금하다. 얼마나 많은 코페르니쿠스/갈릴레이/뉴턴/가우스/다윈/훔볼트/소쉬르/하비가 과거제도의 희생양이 되었을까? 과거시험에 인생을 다 걸고 기성 질서에 편입된 유명인, 과거제도에 완전히 소진되기 직전에 재능이 인도하는 방향으로 돌아서 뒤늦게라도 중국의 문화 발전을 이끈 인물

---

538 야성황 지음, 박누리 옮김, 중국필패, 생각의 힘(2024), P 173
539 오금성, 등용문, 지식산업사(2023), P 61
540 오금성, 등용문, 지식산업사(2023), P 66
541 오금성, 등용문, 지식산업사(2023), P 85
542 오금성, 등용문, 지식산업사(2023), P 99
543 오금성, 등용문, 지식산업사(2023), P 69
544 오금성, 등용문, 지식산업사(2023), P 70
545 오금성, 등용문, 지식산업사(2023), P 100
546 오금성, 등용문, 지식산업사(2023), P 181
547 오금성, 등용문, 지식산업사(2023), P 281

들, 낙방에 대한 분풀이를 반란으로 승화(?)시킨 인물들에 대해 알아보겠다.

당대(唐代)의 한유(韓愈768~824)는 여러 번 낙방했고 한유의 제자이고 고문의 대가였던 손초(孫樵)는 10번 낙방했다. 이백과 두보는 처음부터 과거와 인연이 없었다. 이런 창조적인 영혼은 절대로 표준화된 시험에 적응할 수 없다. 달리와 피카소가 한국의 입시 미술을 견뎌낼 수 없듯이. 당송팔대가의 한 사람인 소순(蘇洵1009~1066)도 과거에 여러 번 낙방했다. 당나라 말기에 난을 일으켜 당나라의 멸망을 재촉한 황소(黃巢820~884)는 부유한 염상(鹽商) 가정 출신으로 시에 능했으나 과거에 6번 떨어졌다. 국화시(菊花詩)에서 반란군의 수괴라는 거친 이미지와 대조되는 그의 섬세한 시적 감수성이 느껴진다.

颯颯西風滿院栽 가을바람 스산한데 화원에 가득 핀 국화
蕊寒香冷蝶難來 꽃도 향기도 모두 차가워 나비도 오지 않네
他年我若爲靑帝 언젠가 내가 봄의 신이 된다면
報與桃花一處開 복사꽃과 함께 피게 해주련만[548]

주전충(朱全忠)을 도와 당나라를 멸망(907)시킨 이진(李振)도 과거에 여러 번 떨어졌고 걷잡을 수 없는 분노의 불길은 반란 모의로 이어졌다. 남송 최고의 시인인 육유(陸游1125~1210)는 진사시에 여러 번 낙방했다.[549]

한국의 입시교육이 우리에게 주입한 상식과 다르게 주희(朱熹1130~1200)는 지적 호기심을 만족시키기 위한 학문이 아니라 출세를 목적으로 하는 경서 암기를 독려하기 위해 권학문을 썼다.

勿謂今日不學而有來日 오늘 배우지 않고 내일이 있다 말하지 말고,
勿謂今年不學而有來年 올해 배우지 않고 내년이 있다고 말하지 말라.
日月逝矣 歲不我延　해와 달은 쉼 없이 가고, 나를 위해 멈춰 주질 안 나니.
嗚呼老矣 是誰之愆　아아, 늙었구나, 이 누구의 허물인고.

少年易老學難成 소년은 늙기 쉽고 학문은 이루기 어려우니
一寸光陰不可輕 짧은 시간이라도 가벼이 여기지 말라.
未覺池塘春草夢 못가의 풀들이 봄 꿈에서 깨어나기도 전에
階前梧葉已秋聲 섬돌 앞 오동나무 잎은 가을 소리를 낸다.[550]

명말(明末)의 화가 문징명은 향시에 10번 낙방했고, 명말에 문명를 떨친 문진맹도 회시에 10번 낙방했다. 『만력야획편萬曆野獲編』을 남긴 심덕부는 세시와 과거를 30회 치렀고 68세에서야 겨우 진사가 되었다.[551] 의약뿐 아니라 생물학/화학/광물학/지질학/천문학 등에 공헌하여 백과전서라고 불릴 만한 본초강목(本草綱目1578)을 남긴 이시진(李時珍1518~1593), 삼국지연의(三國志演義)를 쓴 나관중(羅貫中), 수호전(水滸傳)을 쓴 시내암(施耐庵), 서유기(西遊記)를 쓴 오승은(吳承恩1500~1582), 요재지이(聊齋志異)를 쓴 포송령(蒲松齡), 유림외사(儒林外史)를 쓴 오경재(吳敬梓), 홍루몽(紅樓夢)을 쓴 조설근(曹雪芹) 등도 갑과 출신이 아니었다.

---

548 오금성, 등용문, 지식산업사(2023), P 350 한문 원문은 네이버 지식백과 '황소'에서 인용
549 오금성, 등용문, 지식산업사(2023), P 338
550 오금성, 등용문, 지식산업사(2023), P 102, 한문 원문, 네이버 지식인(2023), 권학문
551 오금성, 등용문, 지식산업사(2023), P 334~335

명청 교체기 3대 학자인 고염무(1613~1682), 황종희(1610~1695), 왕부지(1619~1692) 역시 거업(擧業)의 길을 걷지 못했고 과거제와 팔고문의 폐해를 통렬히 비판하면서 실학과 경세학 연구를 제창하여 청대의 고증학을 위한 기초를 닦았다. 역사학자 첸무는 "팔고문은 인간 재능의 가장 큰 파괴자"라고 비판했다.[552] 마테오 리치(Matteo Ricci리마두利瑪竇)와 기하학 원론(Ⅰ~Ⅵ)을 번역한(1607), 서광계(徐光啓 1562-1633)도 회시에 세번째 도전하여 합격했다. 만약 그가 과거시험에 발이 매이지 않고 마테오 리치와 좀 더 일찍 조우할 수 있었다면 더 많은 서양 과학서적을 동아시아인에게 번역해 줄 수 있었을 것이다.[553] 무슨 이유 때문인지 모르나 마테오 리치는 기하학 원론의 나머지를 서둘러 번역하자는 서광계의 제안을 거절했고 몇 년 후 선종했다(1610). 서광계가 기하학 원론에 매료되어 남긴 극찬은 유교 경서를 외우며 무의식적으로 형성한 순종적인 태도와 대가의 권위에 대한 절대적 숭배를 잘 보여주고 있다. "이 책은 네 가지가 불필요하다. 첫째 의심, 둘째 추측, 셋째 검증, 넷째 수정이다. 또한 이 책은 네 가지가 불가능하다. 첫째 벗어나려 해도 벗어날 수 없고, 둘째 반박할 수도 없으며, 셋째 줄일 수도 없고, 넷째 앞뒤에 덧붙일 수도 없다."[554] 그의 말에 미루어 보건대 서광계는 서양의 수학과 과학을 번역하고 받아들이긴 하였으나 서양 과학의 핵심을 이루는 '절대적 진리도 의심해 보는 회의적 사고'는 받아들이지 못했다는 사실을 알 수 있다. 실제로 19세기에 기하학 원론의 제5 공리를 의심하고 부정함으로써 탄생한 쌍곡기하학과 타원기하학 같은 비유클리드 기하학은 공간에 대한 개념과 수학적 공리에 대한 정의를 근본적으로 바꾸어 놓았다.

불과 7세에 『죽림칠현론竹林七賢論』을 지은 애남영(艾南英1583~1646)은 40세가 넘어서 과거에 합격해 거인(擧人)이 될 수 있었다. 호가 하객(霞客)인 서홍조(徐弘祖1587~1641)는 15세에 동시에서 낙방한 후에도 학문에 정진하여 『서하객유기徐霞客遊記』를 출간하였다. 이 책은 각 지역의 산천/풍토/인문/지리/동식물을 자세히 설명하고 있고 종유석이 석회암의 결정체라는 사실을 세계 최초로 증명하였으며 역사학과 민속학 연구에 없어서는 안 될 희귀자료가 되었다. 중국 최초의 농업과 수공업에 대한 백과전서라 할 수 있는 『천공개물天工開物』을 저술한 송응성(宋應星1587~1666)은 회시에서 여러 번 낙방했다.[555]

청나라 말기에 태평천국(太平天國1851)을 창시한 홍수전(洪秀全1814~1864)은 과거에 4번 낙방한 다음 거업(擧業과거시험 준비)을 포기하고 거사(擧事민란)를 준비했다.[556] 반란을 막기 위해 도입한 과거제도가 반란의 원인을 제공했으니 때로는 운명을 거역하는 길이 운명을 완성하는 바로 그 길이 되기도 한다. 오이디푸스 이야기처럼.

수문제(隨文帝) 때부터 청나라 말기까지(AD 598~AD 1905) 1300여 년간 시행된 과거제도를 통한 집권세력의 선발은 세습형 신권의 약화와 과거시험에 몰입할 수밖에 없어 암기에 특화된 엘리트 공시생집단의 탄생을 초래했다.

암기가 위주가 된 과거시험제도는 <u>체제 순응적 인재 양성</u>에 더할 나위 없이 좋은 인재 선발 제도였다. 표준화된 시험은 권위에 의존하고 권위를 숭상하는 권위 의존성을 기른다. 과거제도는 하나의 표준화된 관점만 허락하기 때문에 5~6세에 과거 공부를 시작한 수험생은 다른 관점을 형성하지 못하고 다

---

552 야성황 지음, 박누리 옮김, 중국필패, 생각의 힘(2024), P 97
553 조영헌, 대운하시대, 민음사(2021), P 160
554 나무위키(2025, 06), 서광계
555 오금성, 등용문, 지식산업사(2023), P 342~344
556 야성황 지음, 박누리 옮김, 중국필패, 생각의 힘(2024), P 285

른 관점에서 세상을 보고 이해할 수 있다는 생각 차체를 하지 못하게 세뇌된다. 과거시험은 기발함이나 창의적 일탈이 아닌 미리 정해진 획일적인 답안에만 보상을 해주었다.[557] 수험생의 뇌에는 자연스럽게 국가주의가 스며들기 시작한다. 수평적 소통에 의한 사고의 교환은 수직적 권위에 의한 사고의 강요로 대체되었다.

니덤과 린푸이가 언급한 것처럼 인적 자본에 대한 과거제도의 구축효과(驅逐效果) 때문에[558] 과거 준비생들은 교육기간의 대부분을 시대에 맞지 않는 유가의 경전을 암송하느라 허비해 버렸고 <u>유학 이외의 다른 학문, 예를 들어, 물리/화학/의학/공학 같은 과목을 배우고 연구할 기회를 가질 수 없었다.</u> 비판적이고 회의적인 사고방식, 철학하는 방법을 배우지 못한 중국의 지배 엘리트들은 <u>모든 것을 당연하게 받아들이는</u> 습성이 몸에 배게 되었다. 똑같은 판본에서 양산된 지적 순응주의자들은 정치/경제/사회/문화/과학 등을 포함한 모든 분야에서 혁신적인 사고를 하기에는 너무나도 허약한 지성을 지녔기 때문에 익숙한 사고에 안주하게 된다. 동아시아에서 빠르면 세 살 때 시작되는 과거 공부는 위대한 스승에 대한 존경과 스승의 학설을 의심 없이 받아들이도록 세뇌하였기 때문에 권위에 도전하는 가치는 자연스럽게 교살(絞殺)되었다. 유럽과는 달리, 회의론적 사고에 기반을 둔 과학적 발견은 기대하기 어려웠고 위험이 수반된 지리적 탐험이나 발견은 꿈도 꿀 수 없었다. 맹자 이후 전복적인 정치사상은 아예 잉태될 수 없었고 잉태된다고 하여도 바로 낙태 당했다. 전제군주가 애호하는 암기형 관료집단, 학자집단은 변화를 두려워했다.

<u>정치사상의 통일을 위한 사상탄압, 과거를 통한 공무원의 선발은 다양하고 자유로운 사상과 정치적 관용, 다원주의의 싹을 잘랐고 이들의 자리를 권위주의, 권위에의 순종, 획일화된 사고가 대신하였다.</u> 중국은 정치적 안정과 사상적 다원주의를 맞바꾸었다. 중국의 지적 능력은 전제 권력을 강화하고 사회를 속박하는 데 낭비되었고[559] 결과적으로 정치적 항상성은 이념적 공간의 축소를 초래하였다.

영국 왕립협회(1660년 창립)의 모토인 '누구의 말도 그대로 믿지 말라 (Nullius in Verba)'가 서양사회에서 회의적 사고의 승리를 상징하는 데 반하여, 당 태종의 오경정의(五經正義 653년 반포)는 동양사회에서 회의적 사고의 패배를 상징한다. 그리고 유럽과 중국의 대분기(the Great Divergence)를 넘어 지속된 과학적 사고의 부재와 탐구 정신의 실종은 동양과 서양의 운명을 갈라놓았다.

---

[557] 야성황 지음, 박누리 옮김, 중국필패, 생각의 힘(2024), P 182-187
[558] 야성황 지음, 박누리 옮김, 중국필패, 생각의 힘(2024), P 375
[559] 야성황 지음, 박누리 옮김, 중국필패, 생각의 힘(2024), P 147

7. 한글 음소(문자소)활자 제작

지난 600년간 합자해의 사수와 한글·세종에 대한 과도한 숭배는 활자 제작자와 폰트제작자의 관념을 지배해왔다. 조선시대 내내 한글은 지배층에게 잊혀진 문자였지만 19세기 말 한반도에서 종교가 되었고 세종은 그 종교의 교주가 되었다. 구한말과 일제강점기 동안 한글과 세종에 대한 숭배는 민족주의와 결합하여 외세를 극복하는 구심점 역할을 하였지만, 무의식적으로 한글과 세종에 대한 신뢰를 교황무오류설(papal infallibility)의 경지까지 끌어올려 한글에 대한 변형은 상상조차 하지 못하게 만들었다. 세종이 친히 만든 한글의 털끝이라도 바꾸려는 시도는 사문난적(斯文亂賊)으로 비난받거나 대역죄인 취급을 받을 것이다. 우리가 한글에 대한 자부심을 느끼는 것은 좋지만 과도한 자부심은 비이성적인 언어민족주의로 흐르기 십상이다.

"절대적인 것은 절대적으로 없다." 고정관념이라는 지식의 환영은 발견과 발명으로 향하는 길을 막는 장애물이다. 그러나 의심과 호기심은 우리를 발견과 발명의 세계로 안내할 것이다. '진정으로 진리를 추구하는 사람이라면 인생의 어느 한순간이라도 모든 것을 극한의 범위까지 의심해 보아야 한다'라는[560] 데카르트의 말을 되새기며, 동북아의 중앙집권적 전제주의가 초래한 억압적이고 권위주의적인 문화와, 경직되고/획일화되고/순종적인 사고에서 탈피하여 전복적 사고를 하자. 민족주의와 세종의 절대적 권위는 잠시 보류해 두고 한글 음소활자의 개발을 시도해 보자. 경로의존성을 극복하고 과감한 일탈을 꿈꾸어 보자.

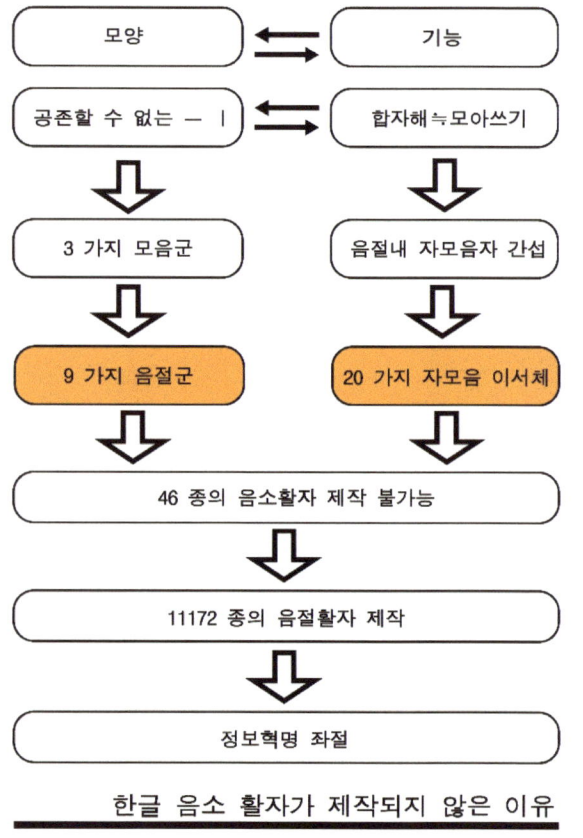

한글 음소 활자가 제작되지 않은 이유

7-01 세종체와 완벽체의 정의

합자해를 준수하여 만들어진 한글의 글자체를 세종체(世宗體)라 정의하면 궁서체, 고딕체, 명조체 같은 기존의 모든 한글 글자체가 세종체에 포함된다. 필자가 아형음절화와 아형모음화를 통해 세종체에서 파생시킨 글자체를 완벽체(完璧體)라고 정의하겠다.

7-02 세종체로 음소활자 제작이 불가능한 이유

형태와 기능은 상호 구속적이다. 천지인의 기호 가운데 ㅣ와 ㅡ는, 서로의 모양이 상극이라, 자음의 우변과 하변에서 공존할 수 없다. 훈민정음의 기호는 즉흥적인 기분에 의해 계획 없이 만들어진 것이 아니라 기호의 역할과 작용을 고려하여 처음부터 치밀하게 설계되었다. 같은 곳에서 공존할 수 없는 ㅣ와 ㅡ의 모양을 고려할 때 이 두 기호의 선택은 처음부터 합자해를 염두에 두고 선택된 것이라고 단정 지을 수 있다. 기호 ㅣ, ㅡ와 합자해

---

[560] The science book, DK(2014), P 13, If you would be a real seeker after truth, it is necessary that at least once in your life you doubt, as far as possible, all things. Rene Descartes

의 관계는 닭과 달걀의 관계와 비슷하다. 무엇이 원인이고 무엇이 결과인지 알 수 없다. 합자해가 요구하는 자음기호와 모음기호의 다양한 결합방식은 실담문자/데바나가리문자/티베트문자에서 전례를 찾아볼 수 있다.

세 가지 중성모음군은 세 가지 방식으로 초성자음과 결합한다. 합자해에 근거해 모아쓰기를 하면 초성자음, 중성모음, 종성자음이 합해져 9가지의 음절군이 만들어진다. 음절 내에 모인 초성자음, 중성모음, 종성자음은 서로의 모양, 위치 크기를 간섭한다. 상호간섭 때문에 자모음자 하나 당 많게는 20종 이상의 이서체가 만들어질 뿐 아니라 예외가 규칙이 되고 규칙은 예외가 되는 상황이 초래되었다. 너무 많은 이서체와 9가지나 되는 음절의 종류가, 규격화되고 통일된 음소활자의 제작에 걸림돌로 작용하여 580년이 넘는 한글의 역사에서 음소활자는 개발될 수 없었다. 1,1172 종의 활자 모두를 갖출 수 없을 정도로 한글 음절활자는 제작하고 사용하기가 번거로웠다. 비효율성에 있어 우열을 가리기 힘든 한글 음절활자와 한자의 음절활자는 동북아의 인쇄문화가 서양보다 뒤처지게 만든 원인 가운데 하나였다. 한글 활자와 한자 활자 사이의 차이점은 한자 활자에는 해결책이 없었지만 한글 활자에는 해결책이 있었다는 사실이다.

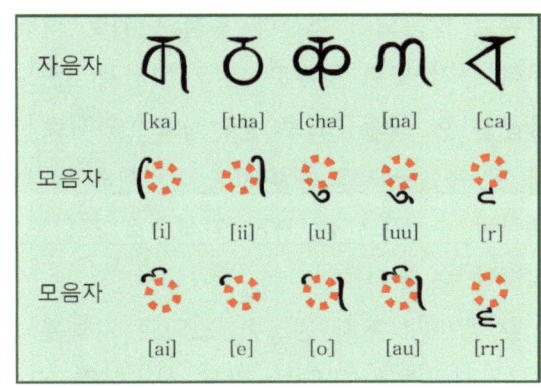

실담문자 모음구별부호의 다양한 위치를 주목하자.
실담문자의 다양한 모음구별부호 위치는 한글 모음자의 위치가 통일되지 않고 초성_자음자의 우측, 하측, 하측_우측에 위치하게 되는 원인이 되었다.

실담문자의 일부

음절활자는 일본어나 이누이트어처럼 음절의 종류가 적은 언어에 적합하다. 음절의 종류가 다양한 한국어를 기록하기 위해 음소문자로 만들어진 한글이, 표기법에서는 모아쓰기를 채택한 결과 음절문자로 사용되고 있다. 한글의 속 살은 음소문자이지만 겉껍질은 음절문자라는 한글의 이중 구조에서 한글 활자 제작과 관련된 온갖 어려움이 초래되고 있다. 세종체의 9가지 음절군은 한글 음소활자의 규격화, 정형화, 부품화를 가로막는 장애물이었다.

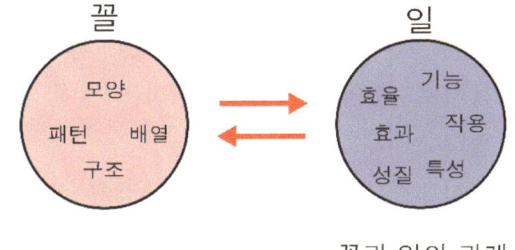

꼴과 일의 관계

우리들은 의식적으로, 무의식적으로, 그리고 반사적으로 합자해를 준수하며 한글 글자체를 만들고 있다. 우리가 합자해를 한글 활자 제작을 위한 지침으로 사용할 때, 우리는 "모양은 기능을 따른다"라는 설리번의 법칙을 위반하고 있다. 합자해의 준수에 대한 맹목적 집착 때문에, 근대 이전의 전통적인 활자 주조, 근대 이후의 벤턴 조각기를 사용한 활자 제작, 컴퓨터 폰트편집기를 사용한 현재의 폰트 제작이 비능률과 고비용의 난관으로 점철되었다. 한글 폰트편집기를 써서 1,1172개의 완성형 음절자를 각개격파식으로 만들기 위해 보통 3년 이상 의자에 앉아 지구전을 펴야 하는 폰트제작자에게 목디스크, 허리디스크는 낯설지 않은 근골격계 질환이다.

7-03 음소활자 제작 방법

어떻게 하면 1,1172 종의 한글 음절활자 대신 모아쓰기가 가능한, 적은 수의 음소활자(자음-모음활자)를 만들 수 있을까?

음소 활자를 제작하는 데 걸림돌 역할을 하는 모아쓰기를 이제 와서 포기할 수는 없다. 모아쓰기는 우리의 문자 생활에 오랜 기간 뿌리 깊게 정착했고 언어가 음절 단위로 발음되기 때문에 음절 단위로 적어야 한다는 학문적 근거 또한 갖추고 있다. 따라서 <u>3종으로 분지한 모음군을 한 모음군으로 통합하고 9가지로 난립한 음절군을 한 음절군으로 통일해야, 이서체의 발생을 근본적으로 제한할 수 있고 한 가지 방식으로 조합되는 음소활자를 개발할 수 있다.</u>

앞 장에서 누차 강조한, 모양과 기능은 상호 구속적이며 동치관계에 있다는 말을 상기하며 모음자의 기능을 향상하기 위해 모음자의 모양과 음절의 구조를 바꿔나가는 과정을 독자 여러분이 감상해 보기 바란다.

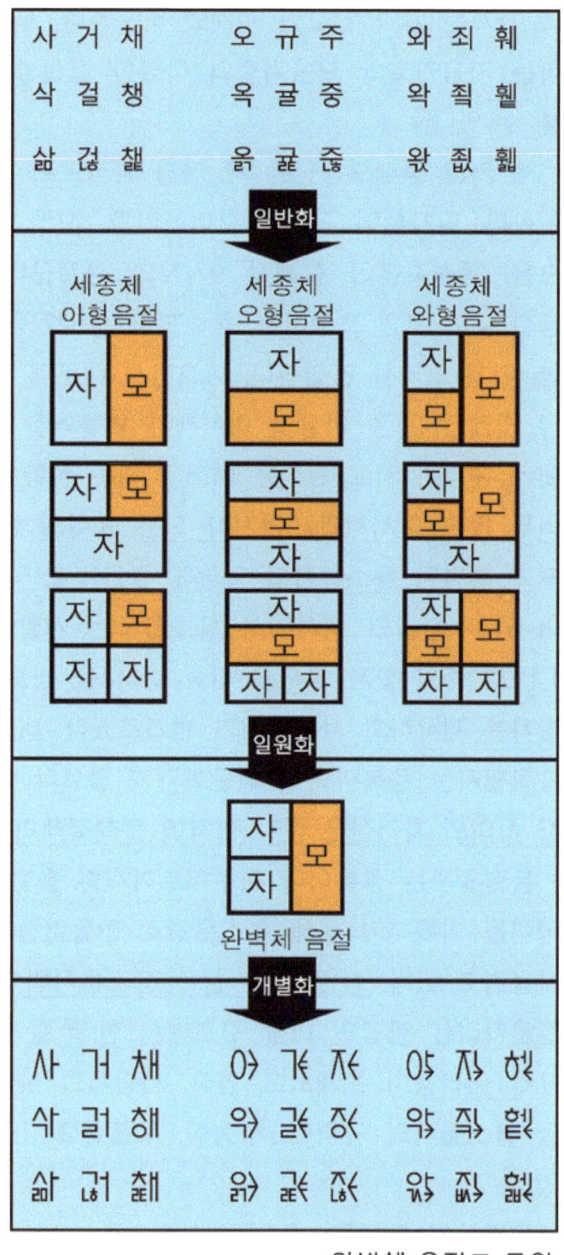

완벽체 음절로 통일

◐ 음절 군의 통일(아형음절화)

조합형 활자와 폰트를 만들기 위한 전제조건은 여러 가지 음절군의 통일이다. 초성/중성/종성이 수직으로 배열된 오형음절로의 통일이 가장 합리적이지만 이렇게 하면 한글의 음절이 파스파문자의 음절처럼 수직으로 너무 길어지게 되어 사용하기에 불편해진다. 와형음절로의 통일에도 어려움이 있다. 아형모음자와 오형모음자를 와형모음자로 변환시켜 줄 간단하며 일관적인 규칙을 찾기 힘들다.

현실적으로 <u>세종체의 아형음절을 변형시켜 만든 완벽체 음절로의 통일이 가장 유력하다.</u> 초성자음자 아래쪽에 종성자음자를 위치시키고 초성자음자와 종성자음자 오른쪽에 중성모음자를 위치시키면 모든 음절에서 동일한 방법으로 자음자와 모음자를 분리/결합할 수 있는 음소활자를 만들 수 있다.

◐ 모음군의 통일(완벽체 모음화)

현대 예술과 디자인에 막강한 영향을 미쳤던, 그러나 존속 기간은 아침 이슬처럼 짧았던 독일의 디자인 학교 바우하우스의 슬로건은 "형태는 기능을 따른다"였다. 바우하우스는 바이마르/데사우/베를린을 전전하며 1919년부터 1933년까지 겨우 14년간 존재했지만 바우하우스의 디자인 철학은 브라운의 면도기부터 애플의 스마트폰까지 전 세계에서 생산되는 상품의 디자인을 혁명적으로 바꾸어 놓았다.[561]

"형태는 기능을 따른다"는 말은 아원자의 미시 세계에서 행성궤도의 거시세계까지 적용되는 범우주적

---

[561] 김정운, 창조적 시선, 21세기북스(2023), P 38-72

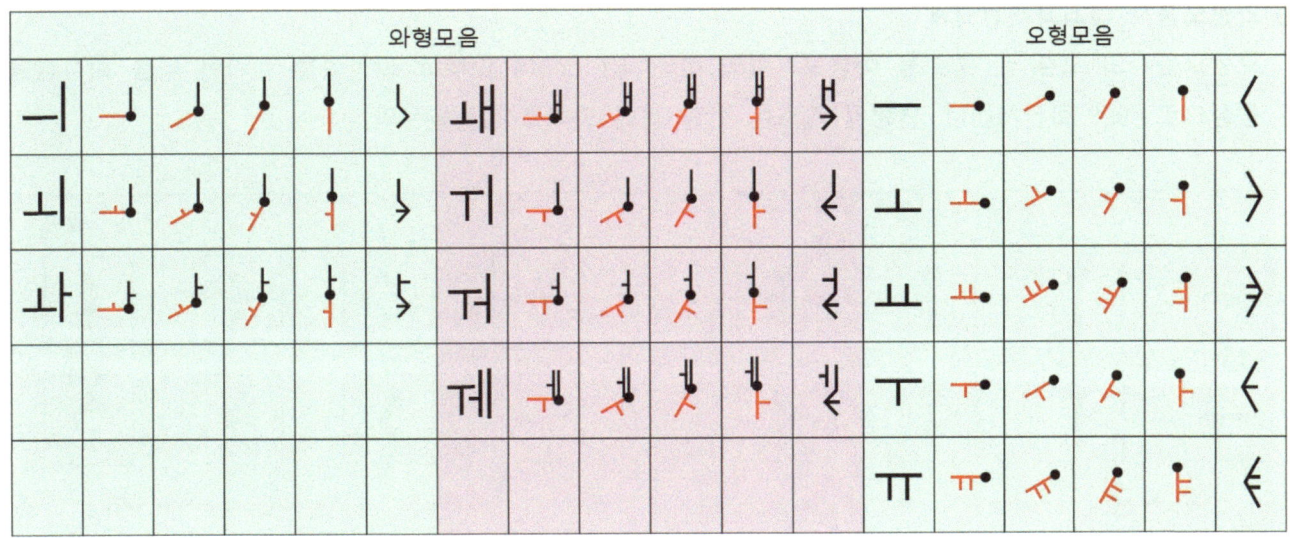

완벽체 모음화

법칙이다. 안타깝게도 <u>세종체의 오형모음자와 와형모음자의 형태는 인쇄가 기호에 요구하는 기능을 따르지 않고 모양과 기능의 상호 구속관계를 거부하고 있는 것이다. 한글의 모음 기호는 범우주적 법칙을 위반했다.</u> 법칙의 위반에 따르는 장기 노역형이 활자제작자와 폰트제작자에게 떨어졌고 조선의 인쇄술은 500년 동안 후진성(後進性)에 감금되었다.

세종체 모음자 가운데 오형모음자와 와형모음자의 형태는 완벽체 음절에 사용될 수 없으므로 이들 모음자의 변형은 불가피하다. 완벽체의 음절에 사용할 목적으로 아형모음자/오형모음자/와형모음자에 가한 변형을 <u>완벽체 모음자화</u>라고 정의하겠다. 여기에서, 인쇄가 요구하는 기능에 따라 한글 모음자를 변형시킬 때 지켜야 할 원칙들을 명확히 짚고 넘어가자.

변형원칙 1: 변형의 최소화(원형의 최대 보존)

변형원칙 2: 시인성의 최대화

변형원칙 3: 암기 부담의 최소화

음소활자를 제작하기 위해 변형원칙1~3을 준수하면서 완벽체 모음자화를 시도해 보겠다.

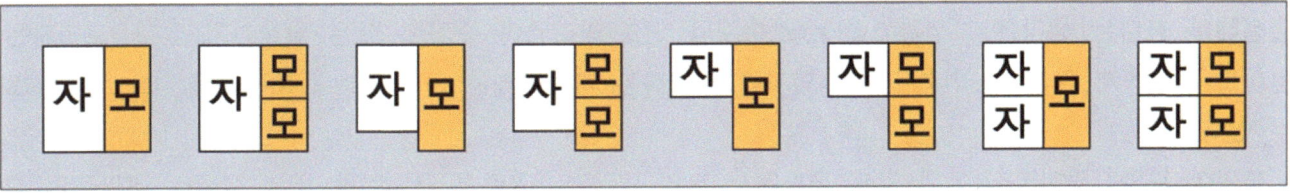

완벽체의 유형

① **아형모음자** ㅣㅏㅑㅓㅕㅐㅒㅔㅖ

세종체의 아형모음자를 변형 없이 완벽체에 사용할 수 있다.

② **오형모음자** ㅡㅗㅛㅜㅠ

오형모음자의 오른 끝(右端)에 회전점을 첨가한 다음 회전점을 중심으로 -90° 회전시킨다. 완성된 모음자를 완벽체의 모음부에 위치시킨다. 변형된 오형모음자는 변형 전의 의미를 상속받는다.

③ **와형모음자 ㅗㅚㅘㅙㅜㅝㅞ**

오형모음자의 오른 끝(右端)을 아형모음자의 아래 끝(下端)에 맞추고 회전점을 추가한 다음 회전점을 중심으로 -90° 회전시킨다. 변형된 기호는 변형 전의 의미를 상속받는다.

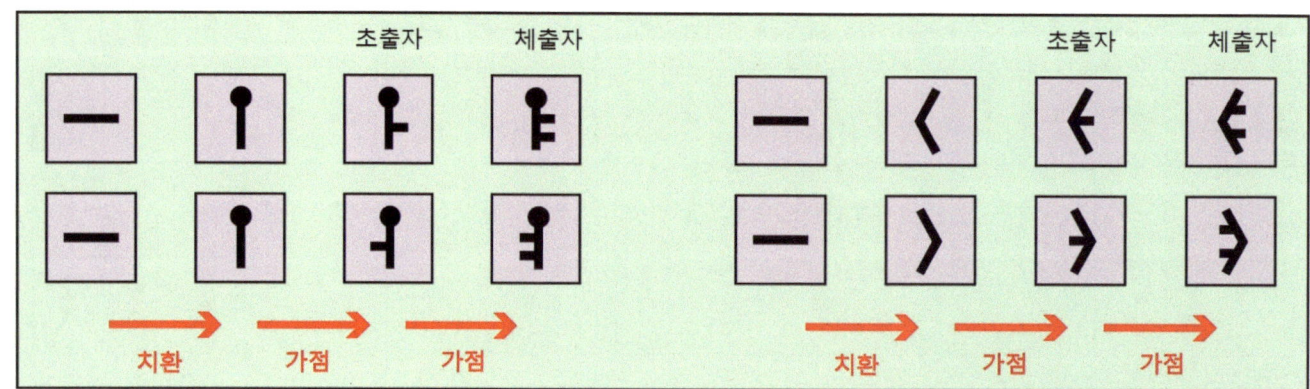

완벽체 모음화에 대한 다른 해석

회전점은 아형모음자와 오형모음자를 구분하고 모음기호의 폭을 일정하게 유지하는 기능을 하고 있다.

라플라스_변환과 푸리에_변환으로 미분방정식 문제와 파동 문제의 해답을 더 쉽게 얻을 수 있는 것처럼 세종체 모음자를 완벽체 모음자로 변환시키면 580년 동안 한글 음소활자의 개발을 가로막아왔던 장애물을 쉽게 제거할 수 있다.

7-04 가변폭 음절과 고정폭 음절

세종체 음절에서 초성 자음자, 중성 모음자, 종성 자음자의 위치와 폭의 변화를 그대로 반영하면 음절의 폭이 변하는 가변폭 음절(可變幅音節 proportional typeface)이 만들어진다. 완벽체의 음절에서는 초성 자음자, 중성 모음자, 종성 자음자의 위치와 폭이 한 가지로 규격화되어 있고 각 자모음자의 구역이 명확하게 정의되어 있으므로 음절의 폭이 항상 일정한 고정폭 음절(固定幅音節 nonproportional typeface, fixed width typeface)만 만들어진다. 고정폭 음절이 우리의 눈에 익숙하나 한글 음절의 폭이 일정해야 한다는 생각은 고정관념이다. 로마자나 인도-아라비아 숫자의 폭은 일정하지 않다. 로마자는 높이도 일정하지 않다. 그러나 <u>고정폭 활자를 선호하는 사람에게는 완벽체의 고정폭이 장점으로 작용할 수 있다.</u>

일찍이 중앙집권화된 극동의 많은 국가에서 전제군주들은 권력의 영속화를 위해 정권에 비판적인 지식인과 사상가를 탄압하고 다원주의의 싹을 잘라버리는 정책으로 일관하였다. 진시황의 분서갱유, 명왕조와 청왕조가 일으킨 문자의 옥, 모택동의 광기가 불러온 피비린내 나는 문화혁명은 사상의 자유를 억압한 대표적인 역사적 사례이다. 가변폭 음절보다 고정폭 음절을 선호하는 우리의 취향에서, 전제군주들의 야만적 문화탄압과 집요한 사상통제가 초래한, 경직되고 획일화된 사회의 잔영(殘影)이 느껴지는 것은 필자의 과민 탓일까?

7-05 비어 있는 종성 자리의 처리

　종성이 없는 음절에서 종성자 자리를 비워 두거나, 초성자음자를 수직으로 확대하여 초성자가 종성자의 자리를 점유하게 하거나, 음가 없는 이응으로 채워 넣을 수 있다. 종성에서, 무음가 이응자의 부활은 꼭지이응의 부활을 의미하기도 한다. 종성자로 사용되는 유음가 이응의 역할은 꼭지이응이 하고, 초성과 종성에 자음이 없을 때는 무음가 이응이 사용될 수 있다.

　꼭지이응을 부활시킬 때 옛 기호를 그대로 사용하면 이응(ㅇ)과 꼭지이응(ㆁ)이 잘 구별되지 않는다. 이응과 꼭지이응의 혼동을 막기 위해 꼭지이응에 적합한 새로운 기호를 제안하겠다. 새 꼭지이응의 세로줄은 꼭지의 확대로 볼 수 있다.

새 꼭지이응

　세벌식 타자기의 개발로 유명한 공병우가 지적한 것처럼 종성이 없는 음절에서 종성 자리를 비워 두면 완벽에는 빨래줄체와 비슷해진다. 빨랫줄에는 우리의 고정관념에 반하지만 들쑥날쑥한 높이와 종성의 여백이 눈의 피로를 낮춰주고 시인성과 가독성을 높여준다.

　꼭지이응을 보강한 46종의 완벽체 활자로 빨래줄체를 벗어날 수 있지만 빨래줄체를 꼭 벗어나야 한다는 당위성은 존재하지 않는다. 꼭지이응이 없는 글자체와 꼭지이응이 있는 글자체를 비교해 보았을 때, 꼭지이응이 없는 글자체는 간결해 보이고 꼭지이응이 있는 '꼭지이응체'는 전체적으로 횡선과 종선에 맞추어 질서정연하게 도열(堵列)한 군대의 모습을 연상케 한다. 꼭지이응이 부활한 '꼭지이응체'는 초성/중성/종성이 완비된 글자체로서, 이론적으로는 이상적이고 활자체로 사용 가능하지만 종성에 무음가 이응을 쓰는 데 시간이 오래 걸리므로 손글씨체로 쓰기에는 조금 번거로운 면이 있다. 삼라만상 부처님의 공덕이 미치지 않는 곳이 없듯이 편의점의 공덕이 미치지 않는 곳이 없다는 현실은 인간이 극도로 편리함을 추구하는 동물이라는 사실을 증언하고 있다. 편리함을 추구하는 인간의 본성을 고려하건대 '꼭지이응체'에서 꼭지이응과 무음가 종성 이응을 되살리려는 시도는 언중의 지지를 얻기 어려울 것으로 예상된다.

모든 사람들은 달처럼 남에게 보여주지 않는 어두운 뒷면이 있다.

우리 모두가 미쳤다는 것을 기억하면 모든 의혹은 걷히고 우리의 삶도 설명된다.

자기자신이 허락하지 않으면 누구도 편안해질 수 없다.

적합한 말과 거의 적합한 말의 차이는 번개불과 반딧불의 차이이다.

정치인과 기저귀는 자주 갈아주어야 한다.

조물주는 미켈란젤로가 디자인한 데로 이탈리아를 만들었다.

Mark Twain

모든 사람들은 달처럼 남에게 보여주지 않는 어두운 뒷면이 있다.

우리 모두가 미쳤다는 것을 기억하면 모든 의혹은 걷히고 우리의 삶도 설명된다.

자기자신이 허락하지 않으면 누구도 편안해질 수 없다.

적합한 말과 거의 적합한 말의 차이는 번개불과 반딧불의 차이이다.

정치인과 기저귀는 자주 갈아주어야 한다.

조물주는 미켈란젤로가 디자인한 데로 이탈리아를 만들었다.

Mark Twain

모든 사람들은 달처럼 남에게 보여주지 않는 어두운 뒷면이 있다.

우리 모두가 미쳤다는 것을 기억하면 모든 의혹은 걷히고 우리의 삶도 설명된다.

자기자신이 허락하지 않으면 누구도 편안해질 수 없다.

적합한 말과 거의 적합한 말의 차이는 번개불과 반딧불의 차이이다.

정치인과 기저귀는 자주 갈아주어야 한다.

조물주는 미켈란젤로가 디자인한 데로 이탈리아를 만들었다.

Mark Twain

모든 사람들은 달처럼 남에게 보여주지 않는 어두운 뒷면이 있다.

우리 모두가 미쳤다는 것을 기억하면 모든 의혹은 걷히고 우리의 삶도 설명된다.

자기자신이 허락하지 않으면 누구도 편안해질 수 없다.

적합한 말과 거의 적합한 말의 차이는 번개불과 반딧불의 차이이다.

정치인과 기저귀는 자주 갈아주어야 한다.

조물주는 미켈란젤로가 디자인한 데로 이탈리아를 만들었다.

Mark Twain

세종체, 조이체, 완벽체의 예문

7-06 음소 활자 수 계산

음절		초성자	종성자	중성자	합계
자자/자모	글자수	ㄱㄴㄷㄹㅁㅂㅅㅇ ㅈㅊㅋㅌㅍㅎㄲㄸ ㅃㅆㅉ	ㄳㄵㄶㅀㄺ ㄻㄼㅄㄽㄾ ㄿㅀㅄ	ㅏㅑㅓㅕㅗㅛㅜㅠㅡㅣ ㅐㅒㅔㅖㅘㅝㅙㅞㅚㅟㅢ	
		19	11	21	51
자모	−동치류	{ㄱㄴ}		{ㅏㅓ} {ㅑㅕ} {ㅗㅜ} {ㅛㅠ}	
		−1	−0	−4	−5
	=활자수	=18	=11	=17	**46**

음절		초성자	종성자	중성자	합계
자자/자모	글자수	ㄱㄴㄷㄹㅁㅂㅅㅇ ㅈㅊㅋㅌㅍㅎㄲㄸ ㅃㅆㅉ ㄱㄴㄷㄹㅁㅂㅅㅇ ㅈㅊㅋㅌㅍㅎㄲㄸ ㅃㅆㅉ	ㄳㄵㄶㅀㄺ ㄻㄼㅄㄽㄾ ㄿㅀㅄ	ㅏㅑㅓㅕㅗㅛㅜㅠㅡㅣ ㅐㅒㅔㅖㅘㅝㅙㅞㅚㅟㅢ	
		38	11	21	70
자모	−동치류	{ㄱㄴ} {ㄱㄴ}		{ㅏㅓ} {ㅑㅕ} {ㅗㅜ} {ㅛㅠ}	
		−2	−0	−4	−6
	=활자수	=36	=11	=17	**64**

완벽체(조이체) 활자 종류 계산

오직 회전이동으로 합동이 되는 기호들을 회전 동치류(同値類equivalent class)라 정의하겠다. 활자를 회전시키면 하나의 활자로 동치류 기호들을 인쇄할 수 있으므로, 동치류 기호가 증가할수록 활자의 종류는 줄어든다. 따라서 완벽체의 구조 때문에 자연스럽게 발생하는 동치류 기호가 완벽체의 큰 장점 중 하나이다.

조이체(趙李體)의 초성자에서 한 쌍의 동치류 {ㄱㄴ}가 발생하고 중성자에서 4쌍의 동치류 {ㅏㅓ} {ㅑㅕ} {ㅗㅜ} {ㅛㅠ}가 발생한다. 종성자 자리를 비워 둘 때에는 <u>영어 로마자 알파벳 활자 수 52(26x2)종보다 6개가 적은 46개의 음소활자를 규칙적으로 조합하여 1,1172종의 음절을 인쇄할 수 있다.</u>

높이를 증가시킨 초성자 19개를 추가하여 종성자 자리를 채울 때는 동치류 한 쌍이 발생하므로 18개의 활자가 추가된다. 모두 64개의 음소활자를 규칙적으로 조합하면 1,1172종의 음절을 인쇄할 수 있다.

<u>9종의 한글 음절을 한 가지로 통일하고 모음자의 모양을 조금 개량했을 뿐인데 **훨씬 적은 종류의 활자로 한글을 인쇄할 수 있는 길이 트였다.** 모양이 기능을 결정한다는 진리는 한글에서도 예외가 될 수 없다.</u>

7-07 완벽체로 중세 국어의 모음 표기하기

낯설고 복잡해 보이는, 중세 이후 사라진 모음자도[562] 완벽체모음화로 간결하게 표기되어 완벽체에 포함될 수 있다.[563] 특히 유니코드에 표기된 다수의 중세 모음자는 완벽체로 표기되지 않으면 오독(誤讀)의 여지가 있다.

---

[562] 김동언, 한글문화사, 박이정(2021), P 275
[563] 조진과 이찬주는 유니코드에 등재된 자음자와 모음자에 근거하여 160만 개의 음절을 만들 수 있는 한글 조합형 조이체를 개발했고 블로그에 공표할 예정이다.

중세 모음자의 완벽체 모음화

유니코드에 등재된 모음자의 완벽체 모음화

7-08 이서체가 생기는 이유

한 음절 내에서 나타나는 이서체(異書體allograph, 변이자(變異字))는 생각보다 훨씬 많다. 대부분의 사람이 관심 있게 보지 않아서 세종체의 한 음절 내에서 요구되는 음소 이서체의 종류가 한 음소 기호당 많게는 20개를 넘을 때도 있다는 사실을 잘 모른다. 이렇게 많은 음소 이서체가 만들어지는 원인은 한글의 모아쓰기, 3가지 모음자-자음자의 결합방식, 9가지 음절, 음절 내의 자모음자 간 상호간섭에 있다. 모아쓰면 제한된 가상의 네모 음절 공간 안에 최소 2개에서 많게는 9개의 음소부호가 공존하게 된다. 훈민정음이 창제된 시기에는 CCCVVVCCC(C: 자음, V: 모음)가 허용되었으므로 최대 9개의 음소기호가 한 음절공간에 위치할 수 있었다.

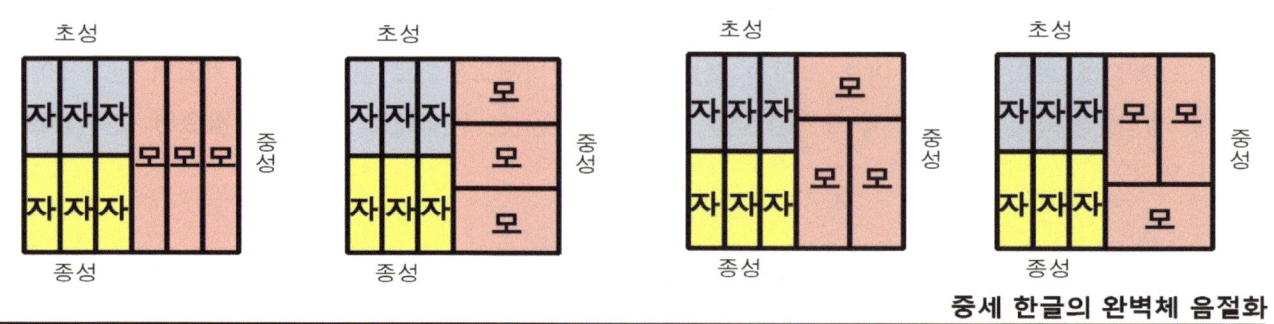

중세 한글의 완벽체 음절화

9개의 음소부호로 구성된 음절은 1970, 80년대의 콩나물시루 교실을 연상시킬 정도의 글자 과밀도를 보인다. 제한된 가상의 네모 공간 안에 여러 개의 음소기호가 공존할 때는 인간의 사회처럼 최소한의 규칙이 자연발생적으로 나타나기 마련이다. 첫째, 각각의 음소부호는 다른 음소의 영역을 침입하면 안 된다. 이 규칙이 깨지면 한 음소기호가 다른 음소기호에 겹치게 된다. 폰트디자이너가 특별한 목적을 달성하기 위해 의도성을 가지고 한 일이 아니라면 대부분의 독자는 우발적으로 겹친 음소기호들의 다발 즉 음절을 아름답다고 인식하지 않을 것이다. 둘째, 각 음소기호의 획은 가능하면 한 음절 공간 안에 고르게 분포해야 한다. 음소기호들의 획이 한 곳에 치우치면 시인성이 떨어지며 음절공간에 어두운 부분과 밝은 부분 사이의 명암대조가 나타나게 된다. 시인성의 감소와 명암의 지나친 대조를 우리의 인식체계는 시각적 심미성의 손상으로 받아들인다. 셋째, 각각의 음소기호는 음절공간 내에서 다른 음소기호들과 조화를 이루어야 한다. 한 음소부호가 지나치게 커 다른 음소부호를 크기에서 압도한다면 음소기호 사이의 조화가 깨진다. 세 가지 규칙이 지켜질 때 비로소 음절의 시각적 심미성을 달성할 수 있다. 개인과 개인이 모인 인간 사회와 마찬가지로 최대 구성원이 9개인 음소기호 사회(음절의 내부공간)에서도 음소기호들 사이의 권력투쟁과 영역싸움이 엄연히 존재한다.

음소 이서체가 생기는 다른 원인으로 <u>특정 글자체의 유행처럼 기능과 상관없는 것들도 있다. 그밖에 붓이나 펜 같은 특정 서사도구에 대한 선호도, 서사의 속도향상, 판각의 편이성(便易性),[564] 변별성의 향상 등도 이서체가 생기는 요인</u>이다.

하나의 자소는 필기나 인쇄의 스타일에 따라 종종 상당한 변이를 보인다. 예컨대 영어의 흘림체와 인쇄체를 변이자 부류로 구분할 수도 있고, 대문자와 소문자를 변이자 부류로 구분할 수도 있다. 영어 인쇄체에서 팔라티노, 타임스, 헬베티카, 로만체, 이탤릭체, 볼드체 등은 스타일 변화에 의한 변이체이다.[565]

7-09 한글 이서체의 역사

ㅓ	ㅓ
1514년 이전	속삼강행실도 (1514) 오륜전비언해 (1690) 지장경언해 (1762) 박통사언해 (1765)

ㅓ의 변천 과정

ㅏ ㅑ ㅜ ㅠ	ㅏ ㅑ ㅜ ㅠ
훈민정음 해례본(1446)	용비어천가 (1447) 석보상절 (1447) 월인천강지곡(1447)

ㅏㅑㅜㅠ의 변천 과정

훈민정음이 반포되고(1446년) 1년이 지난 1447년에 편찬된 『용비어천가』/『석보상절』/『월인천강지곡』을 보면, ㅏ, ㅑ, ㅓ, ㅕ, ㅗ, ㅛ, ㅜ, ㅠ 등의 모음자에서 원형의 점이 긴 획으로 바뀐 것을 알 수 있다.

한글 모음을 구성하는 'ㆍ' 기호는 짧은 직선으로 돌연변이를 일으켰다. 첫째 붓으로 'ㆍ'를 쓰기 어렵고 둘째 'ㅐ, ㅒ, ㅙ'의 두 수직 기둥이 변별력을 가지려면 수직 기둥 사이에 충분한 공간이 있어야 하는데 'ㆍ'로는 충분한 공간을 확보하기가 어려웠기 때문이다. 『훈민정음 해례본1446』이 편찬된 다음 해인 1447년에 만들어진 『용비어천가龍飛御天歌』/『석보상절釋譜詳節』/『월인천강지곡月印千江之曲』에서 'ㆍ'은 짧은 직선으로 대체되었다. 이후 한글의 모음은 짧은 수평선, 수평 보, 수직 기둥의 조합으로 이루어지게 되었다. 기하학적으로 보았을 때 현대 한글의

---
564 허경무, 한글 서체의 이론과 실제, 한예술사(2021), P 30
565 헨리 로저스, 언어학으로 풀어본 문자의 세계, 역락(2018), P 15

모음은 더욱 단순화되어 수평선과 수직선이 조합된 이원론 체제를 이루고 있다.

1455년에 발행된 『홍무정운역』에서 한글 글꼴의 혁신적인 변화가 일어난다. 굵기의 변화가 없는 이전의 직선과 사선에서 탈피하여 직선과 곡선이 어울려진 붓글씨 서체의 특징을 발견할 수 있다. 역사적으로 궁체의 전구체로 볼 수 있는 서체가 처음 나타나기 시작한 것이다. 1459년 간행된 『월인석보』에서는 한글 창제 이후 계속된 한글 글꼴의 실험이 마무리되고 한글 글꼴의 완성본이 집대성된다. 『월인석보』의 글꼴은 이후 나타나는 한글 글꼴들의 출발점인 동시에 궁체의 모태가 된다.566

ㅟ는 ㅜ와 ㅓ가 합쳐져 만들어진 글자이다. ㅜ의 가로줄기가 ㅓ의 가로줄기 위에 자리 잡고 있었는데 ㅜ의 가로줄기가 ㅓ의 가로줄기 아래에 놓이는 현상은 『속삼강행실도1514』에서부터 시작되었으며 『오륜전비언해1690』/『지장경언해1762』/『박통사신석언해1765』 등에서 구체화하였고 19세기 중기 이후에는 일반화되었다.567

| 1576년 이전 | 신증유합(1576) | 태상감응편도설언해(1852) |

ㅠ의 변천 과정

훈민정음 창제 초기에 ㅠ의 왼쪽과 오른쪽 세로줄기의 길이는 동일했다. 『신증유합1576』에서부터 왼쪽의 세로줄기가 오른쪽의 세로줄기보다 짧아지는 경향을 보이기 시작하다 일반화된다. 그리고 『태상감응편도설언해1852』부터 오른쪽의 세로줄기가 왼쪽으로 약간 삐지는 현상이 발생하였고 19세기 말에는 일반화되었다.568

두 개의 세로줄을 가진 ㅐ, ㅔ, ㅖ, ㅒ는 한글창제 당시에는 두 세로줄의 길이가 동일했다. 그러나 16세기 말부터 왼쪽 세로줄기의 길이가 짧아지게 되었고 17세기 이후 이러한 현상이 일반화되었다.569

| 16세기 말 이전 | 16세기 말 이후 |

ㅐ ㅒ ㅔ ㅖ의 변천 과정

자음자와 모음자는 정방형의 음절에서 초성/중성/종성을 이루며 모양과 위치가 변한다. 그런데 예외적으로 'ㅇ'은 그 밖의 자음과 달리 위치에 따른 가로 세로의 비율 변화 없이570 크기만 변한다는 점에서 특이하다. 왜 중세에는 타원형의 'ㅇ'이 없었을까? 『활자흔적』에 있는 신문 활자 집자표를571 보면 동아일보(1930년대), 조선일보(1960년대), 중앙일보(1960년대)에서 타원형 이응이 쓰이고 있지만 타원형 이응이 상하좌우로 정확한 대칭을 이루고 있지 못하다는 사실을 알 수 있다. 현재(2022) 조선일보, 동아일보, 중앙일보의 서체를 보면 정확한 타원형 'ㅇ'이 사용되고 있음을 알 수 있다.

현대의 폰트는 컴퓨터로 개발된다. 컴퓨터의 알고리즘은 원의 방정식과 타원의 방정식을 이용하여 원과 타원을 그린다. 컴퓨터에겐 원이나 타원은 난이도가 똑같은 도형의 방정식일 뿐이다. 그러나 사람에게 원과 타원은 난이도가 확연히 다른 도형이다. 집합론과 대수학에 기반을 둔 원의 정의는 "한 점으로부터 거리가 같은 점들의 집합"이다. 같은 방식으로 타원(楕圓ellipse)의 대수학적 정의는 "두 점으로부터 거리의 합이 일정한 점들의 집합"이다.572 원의 대수학적 정의는 인간이 직관적으로 머릿속에서 쉽게 시

---

566 이규복, 조선시대 한글 글꼴의 형성과 변천, 이서원(2020), P 19-29
567 세종재왕기념사업회, 한글글꼴용어사전, 세종기념사업회(2000), P 109
568 세종재왕기념사업회, 한글글꼴용어사전, 세종기념사업회(2000), P 109,110
569 세종재왕기념사업회, 한글글꼴용어사전, 세종기념사업회(2000), P 110
570 허경무, 한글 서체의 이론과 실제, 한예술사(2021), P 29
571 이용제, 박지훈, 활자흔적 근대 한글 활자의 역사, 물고기(2015), P 215-217
572 화이트헤드 지음, 오채환 옮김, 화이트헤드의 수학 에세이, 청음사(1993), P 121-135
   고대 그리스의 기하학에 기반을 둔 타원의 수학적 정의는" 타원은 원기둥을 자른 단면의 가장자리선"이다. 좀 더 엄밀하게 표현

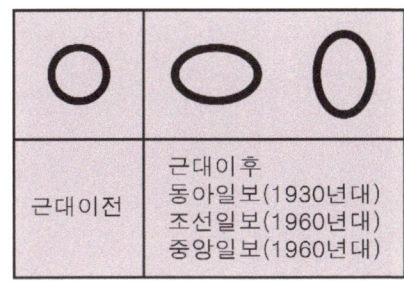

이응의 변화

각화될 수 있으나 타원의 대수적 정의는 인간의 직관으로 머릿속에서 쉽게 시각화되기 힘들다. 또 인간의 손으로 타원형 'ㅇ'을 그리기가 원형 'ㅇ'을 그리기보다 훨씬 더 어려웠기 때문에 컴퓨터를 이용한 폰트의 개발이 불가능했던 과거에는 'ㅇ'의 타원형 이체자가 드물게 나타났지만, 컴퓨터 알고리듬으로 폰트를 개발할 수 있는 현대에는 'ㅇ'의 타원형 이서체가 높은 빈도로 사용되고 있다.

세로쓰기에서 위 음절에 종성 없는 상태로 쓰인 'ㅜ'는, 아래 음절에 있는 초성 'ㅊ'의 세로획과 연결된[573] 것처럼 보이기 때문에 변별력이 약해진다. 이런 까닭에 'ㅊ'의 세로획이 가로획으로 대체된 이체자가 사용되는 경우가 있다.

한글 완벽체는 한글 역사 580년 동안에 나타난 세종체의 어떠한 이서체보다 변화의 폭이 큰 글자체라고 할 수 있다. 그러나 1443년부터 1980년까지의 활자 인쇄시대에 나타났다면 격변 때문에 초래될 충격을 상쇄하고도 남을 실용적인 이익이 있었을 것이다. 완벽체는 변화의 폭이 가장 큰 세종체의 이서체이지만 완벽체의 음절 안에서 발생하는 이서체는 거의 없다. 그러나 세종체의 음절 내에서 발생하는 이서체의 종류는 아주 많다. 폰트나 활자의 제작비용은 글자체 내에서 발생하는 이서체의 수에 비례하여 증가한다. 또 음절 내에서 음소기호의 이서체 발생 빈도수가 적을 때 사람들이 글자를 쉽게 배울 수 있고 쉽게 쓸 수 있다.

역사상 한글 글꼴의 주된 변화가 모음에서 발생한 것처럼 한글 완벽체를 만드는 과정에서 모든 이서체는 모음에서 발생했다.

글꼴의 느린 변화는 언중에 자연스럽게 스며들지만, 글꼴의 급격한 변화는, 사회 구성원들 사이에서 서사방법과 읽는 방법에 대한 암묵적 합의와 약속이 전제되어야 비로소 언중에게 받아들여질 수 있다.

하면, 꼭짓점에서 마주 보는 두 원뿔(이중원추二重圓錐 double cone) 중 하나만 자르면 타원이, 모선(母線generatrix, generating line)과 평행하게 자르면 포물선(抛物線parabola)이, 두 원뿔을 동시에 자르면 쌍곡선이 만들어진다. 원은 타원의 특수한 형태이다. 기하학적으로 정의된 타원은 사람의 직관으로 시각화하기가 훨씬 쉬웠다. 타원의 대수적 정의는, 기하학적으로 정의된 타원의 한 기하학적 성질이었고 기하학적으로 증명하기가 까다로운 정리(theorem)였다. 직관적으로 이해하기 쉬운 타원의 기하학적 정의 대신 직관적으로 이해하기 어려운 타원의 대수적 정의를 택한 데에는 타원의 대수적 정의로부터 타원의 방정식을 즉시 유도해 낼 수 있다는 즉시성뿐만 아니라 타원의 많은 기하학적 성질을 대수적으로 쉽게 증명할 수 있다는 용이함이 자리 잡고 있었다.

원뿔곡선(원뿔을 자른 단면에 형성된 경계곡선)을 처음 연구한 사람은 플라톤의 제자였고 알렉산더 대왕의 스승이었던 메네크무스(Menaechmus, B.C. 375-325)이었다. 그는 더 짧은 기하학적 증명을 요구하는 알렉산더 대왕에게 "나라 안에는 공용도로도 있고 사설 도로도 있으며 이와는 별도로 왕도도 있습니다. 하오나 기하학에는 오직 한 길이 있을 따름입니다. (기하학에는 왕도가 없다)"라고 답했다. 세 가지 원뿔곡선의 명칭을 만든 사람은 원뿔곡선을 체계적으로 연구하고 원뿔곡선에 대한 논문을 쓴 아폴로니우스(Apollonius of Perga, B.C. 260-200)이다. 500년 후 그리스 최후의 기하학자 파푸스(Pappus of Alexandria)가 세 원뿔곡선과 준선의 관계를 증명하였다.

원뿔곡선의 연구는 실용적 용도와 무관하게 1800년 동안 지속되다가 케플러에 의해 천문학에 적용되어 과학혁명의 시대를 열었다. 컴퓨터의 출현 이후 원추 곡선 중 원과 타원의 방정식은 폰트나 일러스트레이터 프로그램에 응용되고 있다.

[573] 허경무, 한글 서체의 이론과 실제, 한예술사(2021), P 51

8. 세종체와 완벽체

◐ 세종체의 장점

① 사용자가 많다.
② 세종체로 기록된 많은 자료가 있다.
③ 많은 종류의 폰트와 서체가 개발되어 있다.
④ 획이 고르게 분포하여 미려하다.
⑤ 세종이 친히 만들었다는 역사적 상징성으로 빛난다.

◐ 세종체의 단점

① 음절 단위의 거친 검색과 수정은 가능하나 음소 단위의 섬세한 검색과 수정은 불가능하다. 예를 들면 '할', 같은 음절 단위의 검색은 가능하나 초성에 'ㅎ', 중성에 'ㅏ', 종성에 'ㄹ'같은 음소를 공유하는 단어들을 음소 단위로 섬세하게 검색할 수 없다.
② 훗/훗/훗, 퀼/퀼 홍/흥 같은 글자의 변별력이 떨어진다.
③ 인쇄하기 위해 고도로 숙련된 문선공과 식자공이 있어야 한다.
④ 인쇄소에서 1,1172 종의 활자를 진열하려면 너무 많은 공간이 필요하다.
⑤ 영어 알파벳과 같은 간단한 방식으로, 컴퓨터의 디스플레이어(모니터)에 표시되지 않는다. (한글이 컴퓨터의 모니터에 표기되는 방식은 영어의 표기보다 훨씬 복잡한 과정을 거친다.)[574]

한글 모아쓰기의 단순화(아형모아쓰기)는 한글 활자의 단순화를 가능케 하여 모든 음절을 일정한 방식으로 분해 조합할 수 있는 음소활자를 만들 수 있게 해준다. 한글 학자 중에는 한글 모아쓰기를 4종류로 나누고 한글 모아쓰기의 다양함을 한글의 장점인 양 은근히 자랑하는 분도 있다. 하지만 한글의 다양한 모아쓰기는 양날의 칼과 같다. 다양한 방식의 모아쓰기는 한글 필기체엔 축복이었으나 한글 활자엔 재앙이었다. <u>한글의 다양한 모아쓰기가 컬리그러피, 폰타그러피, 시각 디자인과 같은 분야에서 장점이 된다는 사실은 논쟁의 여지가 없다. 예술가에게 영감을 주고 표현방식의 다각화를 유도한다. 그러나 통일되지 않은 한글 모아쓰기는 한글 활자와 인쇄산업에 있어서는 노력의 낭비였고, 방종이었고, 재앙이었고, 안타깝게도 넘을 수 없는 장애물이었다.</u>

완벽체의 초성자와 종성자는 가상 음절 네모꼴의 좌반부(左半部)에 항상 위치하게 되고 모음자는 네모꼴의 우반부(右半部)에 항상 위치하게 된다. 따라서 완벽체에서 자음자와 모음자의 높이와 수직-수평 위치는 고정되어 있다. 당연한 결과로, 완벽체에서는 자음자와 모음자의 위치변화에 의한 이서체가 발생하지 않는다. <u>완벽체는, 한글 음소활자와 폰트의 개발에 필수 불가결인, 구조적 단순성과 통일성을 제공하기 때문에 활자와 폰트의 제작기간과 제작비용을 획기적으로 줄여준다.</u> 완벽체를 기반으로 한 한글부호화

---

[574] 알브레히트 후베, 날개를 편 한글, 박이정(2019), P 264
적어도 기본적인 라틴어 자모에 대해서는 기본 아스키 ASCII 또는 안시 ANSI 코드가 광범위하게 사용되며 상호 작용하는 데 있어서도 아무런 문제점을 보이지 않고 있다. 그러나 한글과 관련해서는 위의 (영자)아스키 경우처럼 상호 작용이 성공적으로 나타나지 않으며 입력, 내부연산, 출력부호가 동일하지 않다. 이 세 가지 수행 영역 간의 상이한 부호 구성 방법으로 인해 장애가 발생하고, 이 장애를 없애기 위해 추가적인 변환이 필요하게 되고, 이 여러 차례의 변환은 전반적인 컴퓨터의 작업 수행에 부정적인 영향을 미치게 된다. 1987년 처음으로 광범위한 지지를 받은 표준 코드를 도입하기 전에는 26여 개나 되는 상이한 부호화 방식이 있었다.

(encoding)에 의해 로마자 알파벳 데이터베이스와 유사한 조합형 한글 데이터베이스를 구축할 수 있다면 로마자 알파벳에서 가능한 음소 단위의 검색과 자모음자의 수정이 한글에서도 가능하게 된다.

<u>46개의 음소활자로 모든 음절을 인쇄할 수 있다.</u> 우리의 미의식은 기성관념의 영향을 받는다. 익숙한 것이 아름답고 안락한 느낌을 준다. 우리의 사고가 익숙한 것들의 중력장에서 벗어나려면 우리의 사고는 강력한 추진체가 필요하다.

그동안 한글의 활자나 폰트는 고정폭음절 단위로 제작되었으므로 로마자나 아라비아 숫자에서 요구되는 커닝을[575] 할 필요가 없었다. 세종체 폰트를 개발할 때는 크기가 항상 일정한 음절 안에 초성자/중성자/종성자를 욱여넣는 데 긴 시간이 걸리지만, 로마자 폰트를 개발할 때는 착시에 의한 미의 극대화를 위해 폭이 제각각인 글자를 커닝하는 데 긴 시간이 걸린다. 활자의 시대에는 인쇄하기 위해 로마자 활자를 물리적으로 배열하기만 하면 되었으므로, 주의 깊은 커닝이 요구되는 컴퓨터용 로마자 폰트의 개발보다 활자용 로마자 글꼴의 개발이 훨씬 더 용이했다.

> **삼천포 三千浦**
> 활자로 인쇄하던 시대에 대문자 활자를 넣어둔 상자를 작업대의 위쪽에 배치하고 소문자 활자를 넣어둔 상자를 작업대의 아래쪽에 배치했던 관행에 따라 영어의 대문자와 소문자를 'Upper case, Lower case'로 부르기 시작하였다.
>
> 참고 문헌
> 브라이언 클레그 지음, 제효영 옮김, 책을 쓰는 과학자, 을유문화사, (2025), P 35
>
> **대문자와 소문자**

◐ 완벽체의 장점

① 최소 46종 최대 64종의 부품화, 규격화된 음소활자를 일관된 방식으로 분해 결합할 수 있다.
② 동치류 활자가 생겨 활자의 수를 줄일 수 있다.
③ 숙련도가 낮은 문선공과 식자공도 인쇄작업에 참여할 수 있다.
④ 단순하고 통일된 음절내부구조 때문에 새로운 자음부호와 모음부호를 쉽게 첨삭할 수 있다. 문자가 없는 민족이 한글을 사용할 때 그들에게 없는 한글 자모부호는 빼고 그들에게만 존재하는 자모음은 새로 부호를 만들어 넣기 편하다.
⑤ 완벽체가 세종체더 단순하므로 완벽체 폰트의 제작기간과 비용은 획기적으로(수백분의 일로) 줄어든다.
⑥ 세종체에서 훗/훗/훗, 퀄/퀄, 홍/흥 같은 글자의 변별력이 떨어지지만 완벽체에서는 이들 글자가 높은 변별력을 보인다.
⑦ 유니코드 내에서 옛한글은 크게 완성형과 조합형으로 처리된다. 완성형의 경우 문헌에서 새로운 문자가 발견될 때마다 목록에 수록해야 하는 문제가 있다. 조합형의 경우 특정한 프로그램이 있어야 자음자와 모음자의 조합이 깨지지 않게 디스플레이 장치에 나타낼 수 있다.[576] 또 조합형 옛한글과 완성형 한글(1,1172개)은 같은 한글이지만 다른 체계로 분리되어 운영되고 있다는 문제가 있다. 조이체를 사용하면 한글 부호화 과정에서 나타나는 이러한 문제점들을 한 번에 해결할 수 있다.
⑧ 음절 단위로 부호화된 세종체에서 불가능한 자음자와 모음자 단위의 검색이 음소 단위로 부호화된 완벽체에서는 가능하다.

---

[575] 한글 글꼴용어사전, 세종기념사업회(2011), P 45
Kerning: 글자 간격을 조정하는 행위. 특정 글자 사이를 의도적으로 엇물리게 조정하여 더욱 짜임새 있게 글자 사이를 조정하는 것. 이를테면, 영문자를 조판할 때 특정 글자의 자간을 표준 너비보다 더 좁혀서 또는 넓혀서 자간의 균형을 보정하고 개선하는 행위 ...(중략)... 납 활자 시대에서는 활자 막대를 사용하는 물리적 환경으로 글자 사이를 미세조정 하는 것이 불가능하였으나 사진 식자 시대나 오늘날 일반화한 전자 출판 시대에는 그 환경의 특성상 글자 사이의 미세조정이 얼마든지 가능한 시대가 되었다.
[576] 홍윤표, 국어 정보학, 태학사(2012), P 171-176

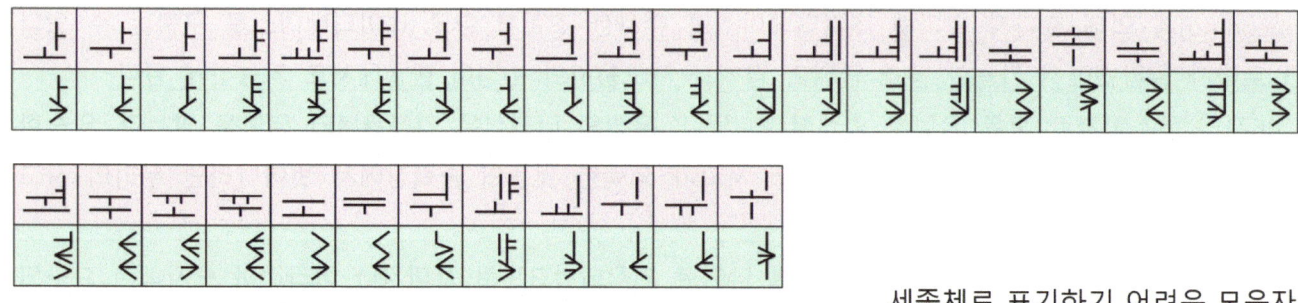

세종체로 표기하기 어려운 모음자

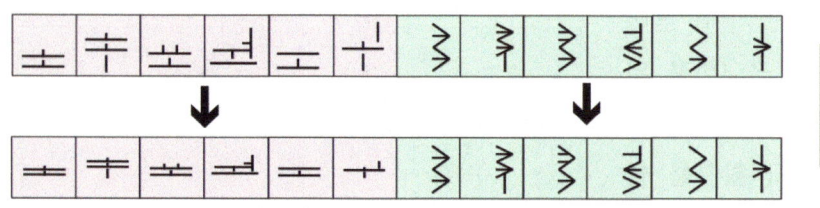

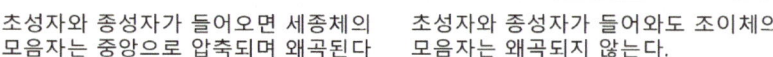

초성자와 종성자가 들어오면 세종체의 모음자는 중앙으로 압축되며 왜곡된다

초성자와 종성자가 들어와도 조이체의 모음자는 왜곡되지 않는다.

세종체: 'ㅣ'가 점으로 왜곡된다.
조이체: 'ㅣ'가 정확히 표기된다.

세종체로 표기하기 어려운 이유

⑨ 한 음절 내에서 세종체로 표기된 겹 오형모음자나 복잡한 와형모음자는 많은 공간을 차지하기 때문에 초성자와 종성자를 표기할 공간이 부족해지는 현상이 발생한다. 조이체에서는 항상 일정한 크기의 초성자/종성자 공간과 일정한 위치를 확보할 수 있다.

⑩ 중세국어의 모음자 가운데 모음자 사이의 관계가 애매한 경우가 있는데 조이체에서는 모음자 사이의 관계가 확실하다.

⑪ 현대 한국어의 와형모음자를 조이체로 표기하면 한 획이 줄어들어 쓰는 속도가 증가한다.

⑫ 두벌식 자판에서 생기는 도깨비불 현상을 없앨 수 있다. 하나의 음절에 종성자가 있을 수도 있고 없을 수도 있다. 그러나 모든 음절에 중성자가 있다. 이러한 특징을 이용하면 성가신 도깨비불 현상을 퇴치할 수 있다. 컴퓨터에 한글을 입력할 때 <u>조합형 글꼴인 완벽체를 사용하고, 초성자와 종성자를 입력한 다음 중성자를 입력하면</u> 중성자를 한 음절의 완성을 의미하는 신호로 사용할 수 있다. <u>중성자가</u> 한 음절의 종성자와 다음 <u>음절을 분리하는 벽</u> 역할을 하므로 앞 음절의 종성자는 다음 음절의 초성자로 넘어가지 않게 되고 자연스럽게 <u>도깨비불 현상은 사라진다.</u>

◐ 완벽체의 단점

① 세종체 폰트에 비해 낯설다.
② 아마추어가 개발한 글씨체이기 때문에 권위가 부족하다.
③ 사용자를 확보하고 있지 못하다.
④ 완벽체를 사용한 기록물이 이 책 외에는 없다.
⑤ 활자인쇄 시대가 지났으므로 완벽체의 가장 큰 장점이 희미해졌다.
⑥ 아직 언중(言衆)과 완벽체의 사용 여부에 대한 사회적 합의와 어떻게 사용할 것인가에 대한 사회적 약속이 이루어지지 않았다.

9. 완벽체의 용도

유전자(gene)는 복제될 때마다 작기는 하지만 일정한 비율로 오류가 생겨 변이 유전자와 변이개체가 생긴다. 대부분의 변이개체는 생존율이 현저히 떨어지지만 드물게는 변이 유전자를 포함하지 않은 개체보다 높은 생존율을 보인다. 개체의 생존율을 아주 조금이라도 높이는 변이유전자는 자연선택(natural selection)과 성선택(sexual selection)에 의해 유전자 집단(gene pool)내에서 번성하여(복제의 빈도수가 증가하여) 세대가 증가함에 따라 일반형 유전자가 된다. 개체의 생존율을 떨어뜨리는 변이유전자는 자연선택과 성선택에 의해 유전자 집단 내에서 제거된다.

영국의 진화생물학자 리차드 도킨슨은 그의 저서 '이기적 유전자(the selfish gene)'에서 생물학적 유전자처럼 한 사람에서 다른 사람으로, 한 세대에서 그다음 세대로 복제되어 전달되는 문화적 요소를 밈(meme)이라고[577] 정의했다. 언어, 문자, 풍습, 관습, 제도, 유행, 제스처 같은 것들이 밈에 포함된다. 밈도 정확하게 복제되지는 않고 변이가 생기고, 누적되고, 또 사라지기도 한다. 시간이 흐르면 하나의 언어가 다른 언어로 분화되기 시작하여 통역이 없으면 서로 이해할 수 없게 된다. 밈의 특성이 가장 잘 드러난 예 가운데 언어와 문자가 있다.

<u>완벽체는 세종체의 밈 변이이다. 문자를 사용하는 언중(言衆)의 선택(유전자의 자연선택에 상응한다)을 받으면 완벽체는 살아남아 복제 횟수를 증가시킬 수 있지만 언중(言衆)으로부터 외면당하면 사라질 것이다.</u>

한국에서 활자 인쇄술은 사실 맥이 끊겼다고 봐야 한다. 활자 인쇄기술을 가진 장인들은 고령이고 활자 인쇄 기술을 배우려는 젊은이는 없다. 가장 큰 문제는 활자 인쇄가 더 이상 가격 경쟁력을 갖추고 있지 못하다는 사실이다. 정부의 보호 정책과 보조금이 없다면 활자 기술은 자력 생존이 불가능하다.

일본에서도 30년 전인 1990년대부터 활자인쇄는 사양산업으로 분류되기 시작했다. 컴퓨터 조판과 오프셋 기술이 활자 인쇄술을 대신하기 시작하면서 활자 인쇄물은 오프셋 인쇄물과 가격 경쟁력, 편리함, 신속함, 선명한 인쇄 품질 등등에서 밀리기 시작하여 해마다 생산량이 줄어들고 있다.[578] 하지만 활자 인쇄물을 선호하는 마니아, 일본 특유의 모노쯔꾸리(ものつくり 物作り) 정신, 옛것을 보존하려는 정신, 일본 활자의 특성에 힘입어 아직도 벤톤 조각기의 사용법을 배우려는 젊은이와 활자 인쇄의 명맥을 이으려는 장인들이 상당수 있다.

일본의 활자 인쇄술이 힘겹지만 아직 명맥을 유지하고 있지만 한국의 활자 인쇄술은 명맥이 끊긴 이유 가운데 하나가 가나 활자와 한글 활자의 차이점에 있다고 생각한다. 가나 활자는 100여 종이지만 한글 활자는 1,1172종이다. 불편하고 비합리적인 한글 활자는 인쇄 단가를 높이는 주원인이다. 한글 활자의 비효율성은 한글 모음의 모양과 모아쓰기에서 초래되었다.

활자의 전성시대는 끝나 완벽체의 장점은 인쇄 분야에서 더 이상 크게 유효하지 않다. 완벽체의 사용을 강요하거나 설득할 수는 없다 단지 순리를 따를 뿐. 하지만 활자가 살아남아 조금이라도 역할을 할 수 있는 분야가 아직 있다.[579] 소량의 인쇄물과 적은 수의 활자가 조판되는 시집의 인쇄에 한글 완벽체

---

[577] Richard Dawkinsons, the selfish gene, Oxford(1999), P 192, 201
We need a name for the new replicator, a noun that conveys the idea of a unit of cultural transmission, or a unit of imitation. Mimeme comes from a suitable Greek root, but I want a monosyllable that sounds a bit like gene. I hope my classicist friends will forgive me if I abbreviate mimeme to meme.... 생략 ...We are built as gene machines and cultured as meme machines, but we have the power to turn against our creators. We, alone on earth, can rebel against the tyranny of the selfish replicators.

[578] 김진섭, 활판 공방 탐사, 책공방(2020), P 107

활자가 아직 가격 경쟁력을 가질 수 있다고 생각한다.

자동차 번호판의 글자와 숫자는 돋을새김(embossing)에 의해서 알루미늄판에 찍히고(stamped) 색이 입혀진다.[580] 한국에서 사용되는 자동차 번호판은 숫자 7개와 가운데 한글 음절 1개로 구성된 000X0000 형식으로 규정되어 있다. 한글을 돋을새김할 때 음절활자 금형(die)이 아닌 음소활자 금형을 사용한다면 다양한 한글 음절을 적은 제작비용으로 양각할 수 있다. 만약 미국처럼 장식 번호판(vanity plate)을 허용한다면 차 소유주의 개성을 표현할 수 있는, 숫자 없이 한글로 쓰인 번호판 XXXXXXXX을 만들 수 있다. 예를 들면 '바람처럼 구름처럼'같은 운치 있고 시적인 문구로 무의미하고 외우기 어려운 기존 자동차 번호판을 대체할 수 있다. 현재 사용되는 세종체로는 1,1172종의 금형을 만들어야 하므로 천문학적인 숫자의 금형은 차치하고 금형을 수작업으로 교체해야 하는 기술상의 한계 때문에 한글로 된 장식 번호판의 제작은 사실상 불가능하다. 그러나 완벽체를 사용한다면 자동화된 돋을새김 금형과 돋을 인쇄기(印箔機 箔押し機stamping pressor)를 개발할 수 있으므로 미국처럼 적은 비용으로 장식 번호판을 상용화할 수 있다.

한글 완벽체가 컴퓨터 디스플레이 장치와 한글 인코딩에서 발생하는 문제점을 해결할 수 있는 단서를 제공할 수 있지 않을까 기대해 보기도 한다. 그렇다면 완벽체도 살아서 숨을 쉴 수 있을 것이다. 또 독특한 폰트로서 살아남을 가능성도 있다. 바란다고 될 일은 아니지만, 어느 날 문득 계시처럼 다가온 완벽체가 어딘가에 사용되길 바란다.

소수이긴 하지만 손가락으로 달을 가리키면 달을 쳐다보는 영특한 사람들이 있다. 손가락을 쳐다보는 순진한 사람들도 있다. 이들과는 같이 갈 수 있다. 손가락으로 달을 가리킬 때 달을 볼 수도 있고 손가락을 볼 수도 있다. 그것은 보는 사람의 안목과 자유이다. 그러나 손가락을 물어뜯는 사람은 없길 바란다.

---

[579] 첫째, 만화잡지는 상당히 거친 만화지에 활판으로 인쇄한다. 오프셋 인쇄 같은 평판인쇄로 하면 잉크가 종이에 잘 스며들지 않는다.
둘째, 활자가 금박이나 은박에 쓰이는 박압(箔押, はくおし)방식의 인쇄에 사용된다.
셋째, 한지의 특성상 오프셋 인쇄기에 사용할 수가 없다. 활판 인쇄를 하면 인압으로 한지에 잉크가 깊이 스며들어 잉크가 한지로부터 박리되지 않는다. 또 한지는 오랜 기간 보존(500~1000년)된다. 한지에 소량 인쇄되는 시집에 아직 활자를 사용할 수 있다.
마츠다 테츠오, 인쇄에 미쳐, 한국출판마케팅연구소(2002), P 21, p132
[580] Wikipedia(2023), vehicle registration plat, stamping, embossing, stamping press

10. 완벽체가 일찍 역사의 무대에 등장했다면?

역사의 가정을 바꿔보는 것만큼 한심하고 한가한 일도 없을 것이다. 만약, 만약 한글창제와 이후 이어진 500년의 기간 동안 누군가가 완벽체와 유사한 한글 음소조합활자를 개발했다면 한반도와 한반도를 포함한 동북아의 역사가 어떻게 새로이 전개되었을까?

한글 음소조합활자의 개발에 컴퓨터나 캐드캠, 밀링 기계와 같은 첨단 과학기술 장비가 필요하지는 않다. 피라미드를 건설하는 데 사용된 기구는 구리망치와 날 없는 구리 톱, 모래, 나무 지렛대가 전부였고 다비드 상을 조각하기 위해 미켈란젤로가 사용한 기구는 정과 망치뿐이었다.

산업혁명은 기술혁신에 의해서 초래되었지 과학혁명에 의해서 촉발되지 않았다. 심경(深耕), 윤작, 방적기, 증기기관의 개량 등등으로 대표되는 기술혁신과 산업혁명은 연소이론, 라그랑주의 해석 역학, 라플라스의 행성 균시차 해결, 뉴턴의 만유인력법칙 등등으로 대표되는 과학에 힘입은 바가 없다 적어도 18세기까지는.[581] 활자 주조에 필수적인 탈납주조법 (脫蠟鑄造法 lost wax casting)은 무려 기원전 4000년 유대 광야에서 금관을 만드는 데 사용되었다.[582] 우리가 지녀온 상식과 다르게 과학의 도움 없이 기술은 상당한 수준까지[583] 발전할 수 있다. 그리고 음소조합활자를 만들기 위해 필요한 기술은 15세기의 조선에 이미 다 존재했다. 발상의 전환만 있었다면 누구라도 음소조합활자를 개발할 수 있었다.

세종체는 한글의 원리를 이해하고 익히기 위해 필기체로 사용하고, 인쇄 현장에서 인쇄물의 생산단가를 낮추기 위해 완벽체를 사용하는 이원체제로 한글을 운영했다면 조선시대의 우리 조상에게도 서양의 인쇄혁명/지식혁명/종교개혁/과학혁명/산업혁명/자본주의/민주주의 같은 역사의 분수령이 되었던 사건들이 꼬리에 꼬리를 물며 폭발적으로 일어날 수 있었을까? 유럽에서 단기간에 일어난 이러한 역사적 사건들은 다른 역사적 사건들을 촉발했고 촉발된 사건들은 또 다른 사건들의 방아쇠를 당겨 핵분열과정을 연상시키는 기적의 연쇄반응을 일으켰다. 이렇게 선순환적으로 일어난 일련의 사건들은 역사적 사실보다 종교적 기적에 가까웠기 때문에 실제로 일어났으니 받아들일 수 있지, 소설책이나 영화에 묘사된 장면이었으면 우연성의 남발이나 개연성의 결여로 보일 수밖에 없다. 이처럼 역사에는 분명 의외성(contingency)이 존재한다. 따라서 우리가 우리의 역사에서 완벽체를 통해 그러한 의외성을 상상해 보는 것이 심한 억지만은 아닐 것 같다.

---

[581] 찰스 길리스피, 이필렬 옮김, 객관성의 칼날, 새물결(2023), P 210
[582] 스티븐 L. 사스 지음, 배상규 옮김, 문명과 물질, 위즈덤하우스(2021), P 78-80
[583] 제임스 E 매클렐란 3세, 해럴드 도른, 전대호 옮김, 과학과 기술로 본 세계사 강의, 모티브(2006), P 438~439
   이처럼 18세기의 기술자들이 과학 이론의 혜택을 입었다는 항간의 주장과 달리, 사실은 기술의 발달이 과학자들을 자극하여 이론의 진보를 유도했다는 것을 보여주는 증거들이 이 외에도 수없이 많다. …생략… 과학혁명의 이론적 혁신이 산업혁명의 기술적 발명의 원인이었다는 신화는 이 책에서 우리가 거듭 반박하고 있는 상식적인 믿음, 즉 기술이 본질적으로 응용과학이라는 믿음에 의해 재강화된다. 이 믿음은 연구와 개발이 실제로 밀접한 연관 속에서 수행되는 일이 흔한 오늘날조차 부분적으로만 옳다.

11. 완벽체 읽기 연습

◑ 완벽체 읽기를 위한 사전 지식

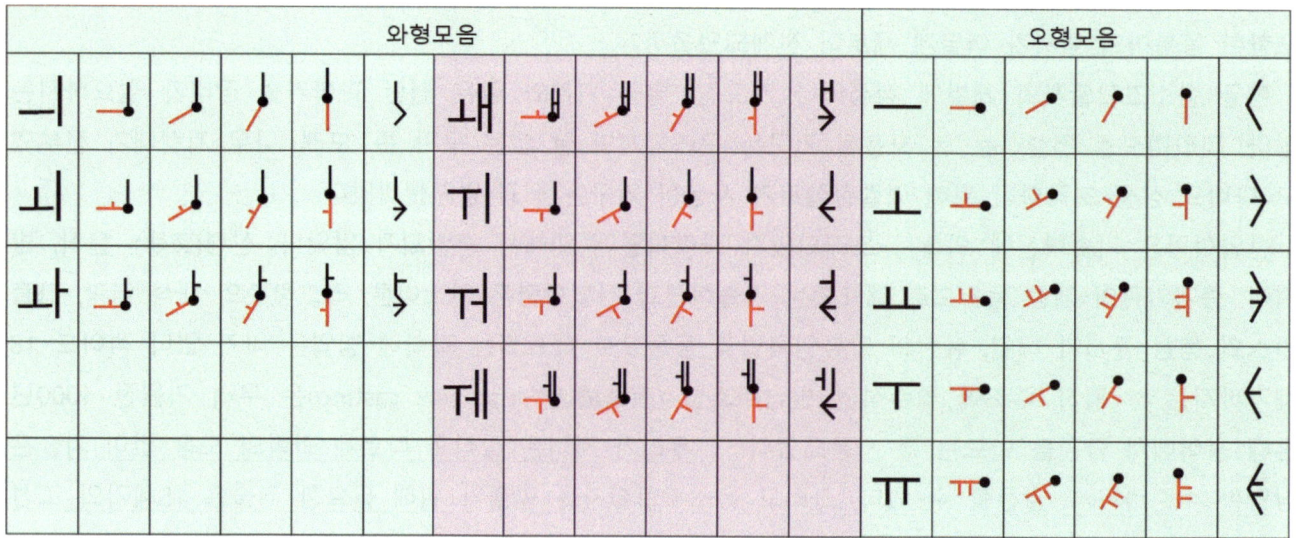

완벽체 모음화

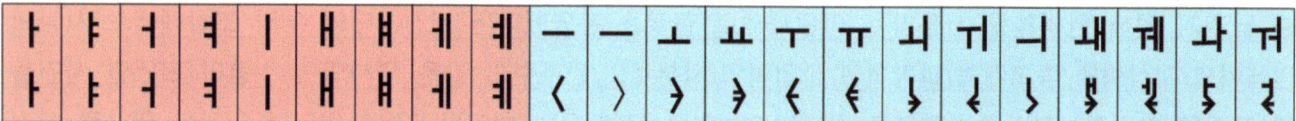

ㅗ형 모음 회전 수직 획 꺾기   모음표 Ⅰ⇒Ⅱ

● 어록 I

1	A. J. Liebling	나는 나보다 빨리 쓰는 사람보다 잘 쓸 수 있고 나보다 잘 쓰는 사람보다 빨리 쓸 수 있다.
2	A. J. Liebling	출판의 자유는 출판사를 소유한 사람에게만 보장되어 있다.
3	A. Toussenel	나는 인간에 대해 더 많이 알수록 개를 더 높이 평가한다.
4	Aaron Bernstein	성공은 옳은 방향으로라 잘못 들어간 결과이다.
5	Abraham Lincoln	나에게다를 응하하는 사람에게 나는 나에게다를 적응해 보기 쉬운 충동을 느낀다.
6	Abraham Lincoln	누군가의 인격을 시험해 보기 쉽다면 그에게 권력을 줘 봐라.
7	Abraham Lincoln	다른 사람의 자유를 부정하는 사람은 자신의 자유를 얘기할 자격이 없다.
8	Abraham Lincoln	다양줄 마음이 있는 사람만 비판할 자격이 있다.
9	Abraham Lincoln	개를 죽인다고 개에 물린 상처가 아무는 건 아니다.
10	Abraham Lincoln	나무를 자를 수 있는 6시간이 나에게 주어진다면 나는 도끼를 가는데 4시간을 사용하겠다.
11	Abraham Lincoln	나의 관심사는 신이 어느 편에 서느냐가 아니다. 나의 가장 큰 관심사는 우리가 신의 편에 서 있는가이다. 왜냐하면 신은 항상 정의로우니까.
12	Abraham Lincoln	누구도 다른 사람을 것의 동의 없이 통치할 수 없다.
13	Abraham Lincoln	때로는 입을 다물고 있어서 남들이 당신이 얼간이인지 아닌지 알 수 없는 불확실성을 야기하는 것이, 입을 벌려 불확실성을 날려버리는 것보다 낫다.
14	Abraham Lincoln	적을 친구로 만드는 것이 적을 파멸시키는 것이다.
15	Abraham Lincoln	정의가 승리하기 위해서는 피 묻은 창알이 아니라 투표지가 필요하다.
16	Abraham Maslow	망치를 든 사람에게는 모든 문제가 못으로 보인다.
17	Adison Mizner	법에 대한 무지가 양서밟을 이야기가 될 수는 없다.
18	Adlai Stevenson	인류는 인류만 빼놓고 모든 것을 향상시켰다.
19	Adolf Hitler	누구도 승자에게 그가 한 말이 진실인지를 절대 묻지 않을 것이다.
20	Aeschylus	결혼은 three ring circus이다: engagement ring, wedding ring, suffering.
21	Aesop	어리는 짐승들은 경선형 시키면서 큰 도둑은 공직에 지명한다.
22	Al McGuire	야 카미카제 저장사가 헬멧을 착용했는지가 내 일생에 수수께끼이다.
23	Alan Alda	우리가 늙어 감에 따라 수다가 붙는 것은 시간밖에 없다.
24	Alan Kay	미래를 예측하는 가장 확실한 방법은 미래를 발명하는 것이다.
25	Alan King	사랑과 결혼에 대해 알고 싶다면 더 걸어라 번리다 책을 사야 한다.

26	Albert Camus	가을은 마단 잎이 꽃으로 변하는 제2의 봄이다.
27	Albert Camus	답이 없다다 해서할 수 있다가 새각하는 것은 정신적 아얼이식일 뿐이다.
28	Albert Camus	사실은 이미지하단 철학이다.
29	Albert Camus	인간이 처한 비참한 상황에 절망하는 사람은 겁쟁이이지만 희망을 품는 사람은 바보이다.
30	Albert Camus	최후의 심판을 기다리지 마라. 최후의 심판은 매일매일 일어난다.
31	Albert Einstein	당신이 아는 것을 6살짜리에게 설명할 수 없다면 당신은 그것을 이해한 것이 아니다.
32	Albert Einstein	강간옥에다 불구하가 하기심이 살아남은 건 기적이다.
33	Albert Einstein	강학은 과각-경험이와 하란사러운 다양성을 사이의 논리적 통일성에 대응시키려는 시도이다.
34	Albert Einstein	무한한 것이 두 가지 있다. 우주와 인간의 어리석음이다. 나는 우주에 관해서는 아직 안전히 확신하지 못한다.
35	Albert Einstein	세계 3차 대전에서 무슨 무기가 사용될지 나는 모른다.
36	Albert Einstein	그러나 세계 4차 대전에서 인류는 돌과 몽둥이를 무기라 쓸 것이다.
37	Albert Einstein	수학과 물리 세계의 연계성(連繫性)이 증가할수록 수학의 확실성은 떨어지고, 수학의 확실성이 증가할수록 수학과 물리 세계의 연계성은 줄어든다.
38	Albert Einstein	악한 사람들 때문이 아니라 악한 사람들을 방관하는 사람들 때문에 이 세상이 살기에 위험해진다.
39	Albert Einstein	예쁜 여자와 1시간 동안 연애하는 건 1초처럼 느껴지지만 빨갛게 달아오른 난로 위에 1초 동안 앉아 있는 건 1시간처럼 느껴지는 게 상대성이다.
40	Albert Schweitzer	행복? 그건 단지 좋은 건강과 나쁜 기억력일 뿐이야.
41	Albert Szent-Gyorgyi	연구는 남들이 이미 본 것을 보고, 남들이 미처 생각하지 못한 것을 생각해 내는 것이다.
42	Aldous Huxley	언어 덕분에 우리는 짐승의 수준에서 격상했지만 언어 덕분에 따한 우리는 악마의 수준에라 떨어진다.
43	Alexander Bell	미국은 발명가의 나라이고 그들 중 가장 위대한 발명가는 신문기자이다.
44	Alexander Cockburn	저널리즘의 첫 번째 법칙은 기존의 편견에 반격을 가하기보다는 기존의 편견을 강화하는 것이다.
45	Alexis de Tocqueville	나쁜 정부가 개혁을 시다할 때가 가장 위험한 순간이다.
46	Alexis de Tocqueville	역사는 연합는 것이 읽가 마사학라 가득 찬 미술간이다.
47	Alfred Neuman	오늘날, 수입을 창출하는 데 필요한 머리와 나력바다 수입세를 계산하는 데 더 많은 머리와 나력이 필요하다.

48	Alfred Tennyson	적을 만들지 않는 사람은 친구를 사귀지 못한다.
49	Alice Cooper	만약 당신이 락스타에게 갈을 꽂은 새어머니가에게 투표할지에 대한 정보를 얻으려 한다면 당신은 것들보다 더 심각한 얼간이이다.
50	Alphonse Karr	사물이 변하면 변할수록, 더 똑같은 상태를 유지하게 되는 것이다.
51	Ambrose Bierce	금욕주의자는 쾌락을 박탈하려는 유혹에 쉽게 굴복하는 나약한 사람이다.
52	Ambrose Bierce	사랑은 결혼으로만 치료되는 일시적인 정신 이상이다.
53	Ambrose Bierce	성공은 동료들에게 용서받지 못할 죄악이다.
54	Ambrose Bierce	전쟁은 신이 미국인에게 지리학을 가르치기 위한 수단이다.
55	Ambrose Bierce	정치는 개인적인 이익을 위해 해하는 공적인 일이다.
56	Ambrose Bierce	평화: 전시 사이에 끼어 있는 기만의 시기
57	Amy Tan	운명의 반은 기대의 산물이고 나머지 반은 부주의의 산물이다.
58	Anatole France	많은 사람이 감탄하는 책은 아무도 읽지 않는 책이다.
59	Anatole France	여자에게 관심 없는 남자만 여자의 옷에 관심을 둔다. 여자를 좋아하는 남자는 여성이 무엇을 입었는지 신경 쓰지 않는다.
60	Anatole France	현명하게 생각하지만 불합리하게 행동하는 게 인간의 본성이다.
61	Andy Rooney	최고의 베스트 셀러는 요리책과 다이어트 책이다. 요리책은 음식 만드는 법을 알려주고 다이어트 책은 것들을 먹지 않는 방법을 가르쳐준다.
62	Andy Warhol	나는 심하게 천박한 사람이다.
63	Ann Landers	가난뱅이는 부자가 되기 쉽고, 부자는 행복해지기 쉬워 한다. 당신은 결혼하기 쉽고, 결혼한 사람은 죽기 쉬어진다.
64	Anna Chennault	평등한 기회도 좋지만 특권은 더 좋다.
65	Anon	성탄절은 내년에 쓸 돈으로 올해에 줄 선물을 사는 기간이다.
66	Anon L	자중한 다음 써라. 쓴 다음 자중하지 말라.
67	Anon L	강자가 정의(正義)를 정의(定義)한다.
68	Anon L	가득은 영혼의 안식처이다.
69	Anon	4월이 올 때마다 신은 창세기를 다시 쓴다.
70	Anon	50명 가운데 미스-아메리카 단 한 명을 뽑는데 어떻게 단 두 명 가운데 한 명을 대통령이라 뽑을 수 있지?
71	Anon	Mother's baby, father's maybe
72	Anon	No mill, no meal

어록 I | 215

73	Anon	No money, no honey
74	Anon	No pain, no gain.
75	Anon	남자는 여자가 단단하다가 얘기할 때 가장 물렁물렁해진다.
76	Anon	넥타이는 예쁜 여자가 입고 있는 미니스커트야 같아야 한다. 주제를 전부 커버할 정도라고 길어야 하지만 흥미를 계속 끌 정도라 짧아야 한다.
77	Anon	독창성은 자료의 출처를 숨기는 기술이다.
78	Anon	많이 알수록 적게 믿는다.
79	Anon	망설임이 여론성의 핵심이다.
80	Anon	묵언(默言)은 가장 강한 절규이다.
81	Anon	배가 고픈 것은 참아도 배 아픈 것은 못 참는다.[584]
82	Anon	벌금은 잘못한 일에 붙는 세금이다. 세금은 잘한 일에 붙는 벌금이다.
83	Anon	법을 잘 아는 변호사를 고용할 수 있다면 판사를 잘 아는 변호사를 고용하라.
84	Anon	본능이 여성은 머리보다 아름다움을 추구하는 것이 유리하다. 왜냐하면 본능이 남성은 사고보다 시각이 발달하여 있기 때문이다.
85	Anon	복잡은 참아도 불이익은 못 참는다.
86	Anon	비가 오면 무지개를 보아라. 어두워지면 별을 보아라.
87	Anon	사람을 향해 총이라 쓰는 것이 단지 불법이기 때문에 대다수의 사람은 살아 있다.
88	Anon	신경증환자는 공중누각을 짓는 사람이다. 정신병자는 공중누각에서 사는 사람이다. 정신과의사는 공중누각의 월세를 받는 사람이다.
89	Anon	어떠한 사람도 완전히 쓸데없는 건 아니다. 어떤 사람은 나쁜 예라서 우리에게 교훈을 준다.
90	Anon	어떤 남자도 것이 아내가 가슴속 깊이 담아 놓고 있는 모든 말을 이해할 때까지 진짜 결혼한 게 아니다.
91	Anon	엠파이어 스테이트 빌딩에서 세금을 떼어내면 에펠탑이 된다.
92	Anon	여자는 rich coffee, rich chocolate, rich men을 좋아한다.
93	Anon	연애 상담사는 사람을 이렇게 하는 157개의 방법을 알지만 알고 지내는 여자가 하나도 없는 남자이다.
94	Anon	여행은 길에서 하는 독서, 독서는 앉아서 하는 여행.
95	Anon	오해는 이해의 전구체(前驅體)이다.
96	Anon	양심은 판사의 물건을 세울 수 있느냐 없느냐로 결정된다.
97	Anon	우리는 누구에게도 저분 적이 없는 사람들에게 저분 적이 있다.
98	Anon	연습이는 나무에서 떨어져도 여전히 연습이이지만 정치인은 선거에서 떨어지면 xx도 아니다.

---

584 땅은 사유재산이다, 김정호, 나남출판(2006), P 59

99	Anon	인생은 복잡한 전제들로부터 촌번한 결론을 끄어내는 기술이다.
100	Anon	인생은 장편소설인 것처럼 보이지만 사실은 한 손에 들어오는 단편소설이다.
101	Anon	전쟁은 누가 옳은 지(right)를 가리지 않는다. 단지 누가 남아 있느냐를 가릴 뿐이다.
102	Anon	정상적인 아이의 특징은 정상적이라 해당하지 않는다는 것이다.
103	Anon	좋은 변호사는 당신이 진실을 믿게 만들 수 있다. 위대한 변호사는 당신이 거짓을 믿게 만들 수 있다.
104	Anon	죽음을 통해 자연은 우리에게 낯것이 가라고 가르친다.
105	Anon	좋았다 극단적으로 해해지면 안 된다.
106	Anon	처음이 것 웃음보다 끝이 미소가 더 좋다.
107	Anon	철학자와 신학자는 한밤중에 지하 저장고에서 존재하지 않는 검은 고양이를 찾는 장님들이다. 신학자는 고양이를 찾았다는 점에서 철학자와 다르다.
108	Anon	하나는 아라요. 둘은 가라요.
109	Anon	한 번은 우연이지만 두 번은 추세(趨勢)이다.
110	Anon	행동하는 사람처럼 생각하고 생각하는 사람처럼 행동하라.
111	Anon	흔히 사람은 장님이라고 하는데 판제리는 왜 저렇게 인기가 많지?
112	Anthony Trollope	부를 향한 욕망이 진보의 원동력이다. 단을 벌려는 욕망이 정직과 결합하여 있다면 당신은 올바른 길을 가고 있는 것이다.
113	Anthony Trollope	사랑은 여타 귀중품과 같다. 자격을 갖춰야야 권리가 주어진다.
114	Anthony Trollope	사이비 박애주의자만큼 해롭고 탐욕스러운 것도 없다.
115	Antoine Saint-Exupery	남을 심판하는 것보다 자기 자신을 심판하는 것이 훨씬 어렵다. 자기 자신을 정확하게 심판할 수 있는 사람이 진짜 현명한 사람이다.
116	Antoine Saint-Exupery	서로를 향한 시선이 아니라 같은 방향을 향한 시선 속에 사랑은 자란다.
117	Anton Chekov	의사와 변호사는 똑같다. 차이점은 변호사는 당신을 털어먹지만 의사는 당신을 털어먹을 뿐 아니라 죽이기도 한다.
118	Anton LaVey	인류를 파멸시킬 마른 종가는 사람에 기반을 두었다.
119	Antonio Porchia	사람들은 기억이 다려는 하망으로 산다.
120	Aristoteles	고육! 것 뿌리는 쓰나 것 열매는 달다.
121	Aristoteles	무엇을 반복적으로 하느냐가 우리를 결정한다. 그렇다면 탁월함은 행위가 아니라 습관이다.[585]
122	Aristoteles	전체는 부분의 합 이상이다.
123	Aristotle Onassis	이 세상에 여자가 존재하지 않는다면 이 세상의 모든 단은 무의미해진다.

---

[585] 하지현, 아무튼 명언, 위고(2025), P 59

124	Arnold Schwarzenegger	돈은 어릴 행복하게 만들어 주지 못해. 날 봐, 나 지금 500억 원 가지고 있는데 480억 원 가지고 있을 때보다 그다지 더 행복하진 않아.
125	Arnold Toynbee	문명은 항해이지 항구가 아니다.
126	Arthur Bloc	더 이상 생각하기가 피곤해지는 지점이 결론이다.
127	Arthur Clarke	나는 점성술을 믿지 않는다. 나는 궁수자리를 타고났기 그런 사람은 하나뿐이다.
128	Arthur Koestler	향상이 적음보다 더 슬픈 건 없다.
129	Arthur Stringer	사랑은 사금물과 같다. 삼키기는 쉽지만 마시기 어렵다.
130	Ashleigh Brilliant	예상치 못한 일이 너무 빈번히 일어나고 있지 않니? 그런데 우리는 아직도 그런 사실을 예상하지 못하고 있어.
131	Ashleigh Brilliant	이상한 것은 내가 어디를 가든 그곳은 "여기"라 불린다.
132	Austin Malley	칭찬의 피가 때라는 바바나 마기에게 가기도 한다.
133	Banksy	예술은 불편한 사람을 편안하게 만들고, 편안한 사람을 불편하게 만들어야 한다.
134	Barbara Harris	자서전은 전기에 가하는 선제공격이다.
135	Barbara Tuchman	마든 성공한 혁명은 결국 혁명이 끝어내린 독재자의 제복이라 갈아입게 된다.
136	Baron Rothschild	당신이 돈을 사랑하는 것이라는 충분치 않다. 돈다 당신을 사랑해야 한다.
137	Barry Morris Goldwater	당신이 원하는 마든 것을 줄 수 있을 정다라 강력한 정부는 마한 당신이 가진 마든 것을 빼앗아 갈 것이라 하다.
138	Ben Bergor	애들이 자동차 운전은 빨리 배우지만 잔디깎이, 제설기, 진공청소기는 사용할 줄 마른다는 사실이 놀랍다.
139	Benedetto Croce	마든 역사는 현대사이다.
140	Benedict Anderson	민족은 상상의 공동체이다.
141	Benedict Anderson	어머니와 대륙에서 마주친 헛 대듬에 가서야 헤어질 마어(母語)를 통해 각거가 복원다고, 동포애가 상상되며, 미래가 꿈꾸어진다.[586]
142	Benito Juarez	국가 간의 관계처럼 개인 간의 관계에서도 상대방의 권리에 대한 존중이 평화이다.
143	Benjamin Franklin	사람이 배를 사야하는 것이 아니라 배가 사람을 사야한다.
144	Benjamin Franklin	(차차의 열기가 비행이 어떻게 것이냐는 질문에 답변하며) 신생아가 무슨 어떻음이 있겠느냐?
145	Benjamin Franklin	결혼하기 전에는 눈을 크게 뜨고 결혼한 다음에는 눈을 감아라.
146	Benjamin Franklin	누군가를 설득하고 싶은가? 이성이 아니라 이익이라 설득하라.

---

[586] 베네딕트 엔더슨 지음, 서지원 옮김, 상상된 공동체, 조서출판길(2023), P 232

147	Benjamin Franklin	독재자에 대한 저항이 신에 대한 순종이다.
148	Benjamin Franklin	모든 것을 칭찬하는 것과 모든 것을 비난하는 것은 우행(愚行)이다.
149	Benjamin Franklin	법이 너무 느슨하면 사람들이 법을 지키지 않게 되고 법이 너무 엄격하면 사람들이 법을 지킬 수 없게 된다.
150	Benjamin Franklin	세 번 이사 가면 한 번 불이 난 것과 같다.
151	Benjamin Franklin	신이 치유(治癒)하고 의사가 치료비를 받는다.
152	Benjamin Franklin	이 세상에서 죽음과 세금은 피할 수 없다.
153	Benjamin Franklin	인간은 드물게 찾아오는 대박 횡재(橫財)가 아니라 매일 손에 넣을 수 있는 사소한 이득에서 더 큰 행복감을 맛본다.
154	Benjamin Franklin	일시적인 해결을 보장받기 위해 자유를 포기하는 사람은 둘 다 잃게 된다.
155	Benjamin Franklin	전쟁은 정부가 너가 악인지 결정할 때 일어나고 혁명은 국민이 너가 악인지 스스로 결정할 때 일어난다.
156	Benjamin Franklin	좋은 전쟁이나 나쁜 평화란 절대로 없다.
157	Benjamin Franklin	좋은 전쟁이나 나쁜 협상은 없다.
158	Benjamin Franklin	죽는 순간 잊히기 쉽지 않거든 읽을 만한 값어치가 있는 것을 저술하거나 저술할 만한 값어치가 있는 행동을 하여라.
159	Benjamin Franklin	지나치게 건강을 해치는 것보다 건강을 해치는 건 없다.
160	Benjamin Franklin	채권자는 채무자보다 좋은 기억력을 가졌다.
161	Benjamin Franklin	충실한 친구가 셋 있다: 오랫동안 함께한 아내, 오랫동안 키운 개, 즉시 쓸 수 있는 현금.
162	Benjamin Franklin	탐욕과 행복은 공존할 수 없다.
163	Benjamin Franklin	한 명의 무고한 사람을 억울하게 처벌하는 것보다 백 명의 범죄자를 찾아라 방면하는 것이 낫다.
164	Benson Jonson	행운의 여신은 바보들을 선호한다.
165	Bernard Baruch	가장 적게 약속하는 정치인에게 투표하라! 그가 가장 적게 실망시킬 것이다.
166	Bernard Berenson	세금이 갖지 징수된 사람들이 세금이 갖다 징수된 사람들로부터 자신들을 지켜낼 수 있는 한 정부는 영속(永續)할 수 있다.
167	Bertolt Brecht	과학의 목적은 무한한 지혜로 문을 여는 게 아니라, 무한한 실수에 한계를 긋는 것이다.[587]

---

[587] 사이먼 윈체스터 지음, 공경희 옮김, 완벽주의자들, 북라이프(2020), P 8

168	Bertrand Russell	과학은 당신이 알고 있는 것이고 철학은 당신이 모르고 있는 것이다.
169	Bertrand Russell	애국자는 항상 조국을 위해 죽는 것은 말하지만 조국을 위해 살인하는 것은 말하지 않는다.
170	Bertrand Russell	나는 절대로 신념 때문에 죽지 않는다. 내가 틀릴 수도 있기 때문에
171	Bertrand Russell	칸트 이전의 철학자는 칸트를 연구하며 시간을 낭비할 필요가 없다는 점에서 칸트 이후의 철학자보다 크게 유리하다.
172	Bertrand Russell	헤겔이 자기 철학을 너무나도 불명료하게 제시했기 때문에 사람들은 자기 철학이 심오할 것이라고 생각했다.
173	Bette Davis	당신의 아이들이 당신을 미워한 적이 없다면 당신은 진정한 부모가 아니다.
174	Bette Middler	성공의 단점은 성공을 기뻐해 줄 사람을 찾기 힘들다는 데 있다.
175	Beverly Nichols	결혼은, 1장은 시이지만 나머지는 산문이라 한 책이다.
176	Bill Cosby	성공하기 위해서는 성공에 대한 욕망이 실패에 대한 공포보다 커야 한다.
177	Bill Cosby	학교에서 성교육은 필요하지만 학생들에게 숙제를 내줄 필요는 없다.
178	Bill Gates	나는 어려운 일을 할 때 항상 게으른 사람을 고용한다. 왜냐하면 게으른 사람은 어려운 일을 쉽게 하는 방법을 찾아내기 때문이다.
179	Bill Murray	매사, 일이 나는 데는 다 이유가 있다. 그리가 당신이 멍청해서 내린 잘못된 결정이 종종 그 이유에 포함된다.
180	Bill Vaughn	경제학자는 대학교육은 일생 동안 수천 달러의 수득증대 효과가 있다고 말한다. 그런데 그 증가한 수득은 자식의 대학 교육비로 다시 지출된다.
181	Billy Crystal	여자는 섹스할 이유가 필요하지만 남자는 단지 섹스할 장소가 필요하다.
182	Billy Sunday	주차장에 서 있다고 해서 당신이 자동차가 아닌 것처럼 교회에 간다고 해서 당신이 기독교인인 것은 아니다.
183	Bishop Lancelot Andrewes	교황이 가까워질수록 신앙으로부터 멀어진다.
184	Bismarck	예리한 창알이 예리한 연설보다 낫다.
185	Blaise Pascal	모든 것이 불확실한지는 확실하지 않다.
186	Bliss Carman	인간이 없을 때 자연은 가장 행복하다.
187	Bo Derek	돈으로 행복을 살 수 없다고 말하는 사람은 단지 어디에서 행복을 사야 하는지 모를 뿐이다.
188	Bob Brown	모든 성공한 사람들 뒤에는 성공적이지 못한 세월이 있다.
189	Bob Marley	음악의 장점은 음악이 어릴 강타해도 아프지 않는다는 데 있다.

190	Bob Phillips	십대들은 할 게 없다가 불평한다. 그리다가 그 짓만 하며 밤을 지새운다.
191	Brander Mathews	신사가 라틴어를 꼭 알고 있어야 할 이유는 없다. 그러나 마땅히 신사라면 그의 인생에서 적어도 라틴어를 읽어버린 적은 있어야 한다.
192	Brendan Behan	내가 더블린에 돌아왔을 때 나는 궐석 상태라 군사재판에 회부되었고 궐석 상태라 사형 선고를 받았다. 그래서 나는 그들에게 궐석 상태라 총살형을 집행하라고 말했다.
193	Bryan White	어리는 성장하는 게 아니라 단지 공적이라 반응하는 법을 배우는 것이다.
194	Buddha	자등명법등명(自燈明法燈明)
195	Caligula	(생을 마감하며) 나 아직 살아 있다.
196	Calvin Coolidge	내가 말하지 않은 것이 내게 해를 끼친 적은 없다.
197	Cantor	수학의 아름다움은 자유라움에 있다.
198	Carl Jung	삶이든, 마약이든, 이데올로기이든 마든 중독은 악이다.
199	Carl Sagan	드넓은 우주에 우리밖에 없다면 그건 엄청난 공간 낭비이다.
200	Carl Sagan	만약 진짜 기차 재료라 애플파이를 만들고 싶다면 우주를 먼저 창조해야 한다.
201	Carl Sagan	핵대기 경쟁은, 불구대천의 원수가 가슬린 탱크에 몸을 담근 채 한 쪽은 성냥 3개를, 다른 쪽은 성냥 5개를 들고 대치하고 있는 상황과 같다.
202	Carl Sandburg	아이는 생은 계속되야 한다는 신의 의지이다.
203	Carrot Top	우리들은 성공을 좋아한다. 그러나 성공한 사람은 미워한다. 이것이 인간의 본성이다.
204	Cary Grant	이혼은 변호사가 따는 게임이다.
205	Caveth Read	어렴풋이라도 옳은 것이 안전히 틀린 것보다 낫다.
206	Charles A. Beard	충분히 어두었을 때 별을 볼 수 있다.
207	Charles Caleb Colton	권력이 가듭을 알고 싶거든 권력을 가진 자에게 가라. 권력의 쾌락을 알고 싶거든 권력을 찾는 자에게 가라.
208	Charles Darwin	무지가 지식보다 더 자주 확신을 안겨준다.[588]
209	Charles H. Spurgeon	달패이는 인내라 방주에 다달했다.
210	Charles Jeff	당신을 부자라 만드는 것은 수입이 아니라 지출 습관이다.
211	Charles Lamb	나는 항상 사무실에 늦게 다착한다. 그러나 그걸 보충하기 위해 일찍 퇴근한다.
212	Charles Macklin	법은 체계적인 말장난이다.

---

[588] 하지현, 아무튼 명언, 위고(2025), P 118

213	Charles Swindoll	인생의 10%는 당신에게 어떤 일이 일어났느냐가 결정하고 나머지 90%는 당신이 어떤 식으로 것에 대응했느냐가 결정한다.
214	Charles Talleyrand	당신은 창검으로 어떠한 것이라도 할 수 있다 창검 위에 앉는 것만 빼놓고.
215	Charles Talleyrand	이것이 끝의 시작이다.
216	Charles Tilly	전쟁은 국가를 만들고 국가는 전쟁을 만든다.
217	Charlie Chaplin	올려다보세요. 내려다보가만 있으면 무지개를 찾을 수 없습니다.
218	Charlie Chaplin	인생은 멀리서 보면 희극이지만 가까이에서 보면 비극이다.
219	Cher	인간은 필수품이 아니다. 인간은 사치품이다.
220	Chinese Proverb	아무도 알게 하기 쉽지 않거든, 하지 마라.
221	Chris Rock	여자가 인생을 통해 필요한 것은 음식, 물, 그리고 칭찬이다.
222	Christopher Hampton	작가에게 비평가에 대해 어떻게 생각하느냐가 묻는 것은 가로등 기둥에게 개에 대해 어떻게 생각하느냐가 묻는 것과 같다.
223	Christopher Marlowe	돈이라 사람을 살 수는 없다. 그러나 돈은 갑질 지위(bargaining position)를 높여준다.
224	Chuck Todd	대안적 사실(alternative facts)은 사실이 아니다. 대안적 사실은 거짓이다.
225	Clare Luce	공화당 야당이 민주당으로 이적할 때마다 두 당의 지능지수는 자동으로 올라갈 것이다.
226	Clarence Darrow	나는 어렸을 때 아무나 대통령이 될 수 있다고 배웠다. 나는 이제 것을 믿는다.
227	Claude Swanson	어떻게 처신해야 할지 확신이 서지 않을 때는 올바르게 처신하면 된다.
228	Clifford Odets	상해있는 빈자(貧者)야 팔라 경기이다.
229	Coco Chanel	돈만 가진 사람이 있고 부자인 사람이 있다.
230	Colin Powell	달리 확인할 수 없다면, 전방의 사대장은 항상 옳고 후방의 사령관은 틀렸다.
231	Cornelius Tacitus	경험으로부터 배운다.
232	Cornelius Tacitus	사람들은 국탕를 불마지라 만들어 놓고 평화라고 부른다.
233	Cornelius Tacitus	신은 강자 편에 선다.
234	Cyril Connolly	우정의 적인은 이성의 남에이다.

235	Cyril Connolly	우리는 자아라는 지하감옥에서 종신형을 살고 있다.
236	Dalai Lama	사람들은 돈을 벌기 위해 건강을 해하다가 건강을 되찾기 위해 돈을 허비한다.
237	Dale Carnegie	실패야말로 진정한 성공을 향한, 가장 확실한 디딤돌이다.
238	Daniel Berrigan	평화 유지비는 전쟁 피해비보다 더 든다.
239	Daniel Boostin	발견을 가로막는 가장 큰 장애물은 무지가 아니라 지식의 환영(幻影)이다.
240	Daniel Pennac	우리가 독서하는 시간은 훔친 시간이다.
241	Daphne du Maurier	작가를 읽어야지 만나거나 들으려고 해서는 안 된다.
242	Dave Barry	어떤 상황에서도 밤에 시멘트에다 배변 완하제를 같이 복용하면 안 된다.
243	Dave Barry	자신의 종교적인 견해를 당신이 공유하고 싶어 하는 사람은 절대로 당신의 종교적 견해를 공유하려 하지 않는다.
244	David Brenner	개들이야 같이 지내는 건 유쾌하지 않지만, 개들은 훌륭한 친구일 수 있다.
245	David Brinkley	성공한 사람은 다른 사람이 자신에게 던진 벽돌로 튼튼한 토대를 쌓을 수 있는 사람이다.
246	David Friedman	나급적이라도 힘을 사용하는 것은 하사의 문제 해결책이며 대개 아이들과 강대국이 선호한다.
247	David Grazin	강아함 뒤에는 언제나 위대한 불행이 있다.
248	David Hilbert	그 누구도 칸타르가 만든 낙원에서 우리를 쫓아낼 수 없다.
249	David Mellor	변호사는 궁뿔사와 같다. 낯짝이 두껍고 근시안적이고 항상 돈을 야한다.
250	David Moulton	미국 맥주는 차가운 상태로 손님에게 제공된다. 그렇지 않다면 미국 맥주는 사정액과 구별되지 않는다.
251	De Gaulle	정치가는 자신이 한 말을 절대 믿지 않기 때문에 남들이 자신을 믿어주면 깜짝 놀란다.
252	De Gaulle	정치인들은 자신이 닮기 위해 머슴 흉내를 낸다.
253	Dean William Inge	독창성은 발각되지 않은 표절이다.
254	Dennise Diderot	(생을 마감하며) 철학으로 향하는 첫 단계는 의심을 갖는 것이다.[589]
255	Desmond Tutu	당신이 불의의 시대에 중립을 지켰다면 당신은 압제자의 편에 선 것이다.
256	Desmond Tutu	아프리카에는 평화가 오지 않는다. 왜냐하면 아프리카에는 정의가 없기 때문이다.

---

[589] 조나손 그린 엮음, 김은령 옮김, 마지막 1분, 청년의사(2004), P 168

257	Disraeli	성공이 비결은 목적을 향한 일관성이다.
258	Don Marquis	낙관론자는 경험이 많지 않은 사람이다.
259	Don Marquis	행복은 불행한 기간 사이에 있는 짧은 간극(間隙)이다.
260	Dorothy Parker	단 단어라 단 가장 아름다운 표현은 "소포 동봉"(同封)"이다.
261	Dorothy Parker	숙취: 포도의 분노(Hangover: The wrath of grapes).
262	Dou Larson	채소가 베이컨 같은 냄새가 난다면 기대수명은 확 뛰어오를 것이다.
263	Doug Larson	진정한 친구는 당신의 실패를 넘어서가 당신의 성공을 인내해 줄 수 있는 사람이다.
264	Douglas Adams	바보도 실수할 수 없는 안전한 시스템을 계획하고 있는 사람이 흔히 하는 실수는 찐 바보의 천재성을 과소평가하는 것이다.
265	Douglas Adams	어떤 것도 빛의 속도보다 빠르게 움직일 수 없다는 물리 법칙에 예외가 있다. 나쁜 소식은 빛보다 빨리 퍼진다는 특별한 법칙을 따른다.
266	Douglas Adams	지구상의 어떤 언어에도 '강화처럼 아름답다'라는 말이 없는 것은 우연이 아니다.
267	Douglas Fairbanks	(생을 마감하며) 이보다 더 좋을 수는 없어!
268	Douglas MacArthur	우리는 후퇴하고 있지 않다. 우리는 반대 방향으로 전진하고 있을 뿐이다.
269	Douglas Yeats	어떠한 과학이란도 철저히 의심받지 않고 대중에게 받아들여진 적은 없다.
270	Dr. Seuss	어른은 한물간 어린이이다.
271	Dr. Strangelove	신사 여러분, 여기서 싸우면 안 됩니다. 여기는 작전실입니다.
272	Dwight Eisenhower	원칙보다 특권을 중시하는 사람은 둘 다 잃게 된다.
273	Dwight Morrow	우리는 우리의 등기로 우리를 판단하고, 타인의 행위로 타인을 판단한다.
274	E. H. Carr	역사를 연구하기 전에 역사가들을 연구하라.
275	E.E. Cummings	죽지 않았다고 해서 살아 있는 것은 아니다.
276	Earl Wilson	아무도 당신이 살아있는지 죽었는지 관심을 갖지 않는다는 서글픈 생각이 든다면 신용카드 사용료 지급을 한 달만 멈춰봐라.
277	Eddie Felson	번 단보다 굴러들어 온 단이 더 배는 달콤하다.
278	Edgar Shoaff	불사(不死): 죽음보다 못한 운명
279	Edmund Wilson	나는 나의 어린산이라 생각한다.

280	Edward Abbey	성장을 위한 성장은 암세포의 이데올로기이다.
281	Edward Eggleston	저널리즘은 조직화한 가십이다.
282	Edward Hopper	말로 표현할 수 있다면 그림으로 그릴 이유가 없다.
283	Edward Lorenz	브라질에서 나비가 날개짓하면 텍사스에서 타네이도가 일 수 있다.
284	Edward Sapir	우리의 언어와 우리의 사고는 분리될 수 없을 것이라 서로 얽혀 있다. 어떤 의미에서 언어와 사고는 같은 것이다.
285	Edward Streeter	여행의 90%는 기대이고 10%는 회상이다.
286	Edward Teller	사실은 모든 사람이 믿는 단순 명제이다. 사실은 이자가 증명될 때까지 미지이다. 가설은 새로운 제안이라 누구도 믿지 않는다. 가설은 미지가 증명될 때까지 이자이다.
287	Elayne Boosler	교황청은 대리모에 반대한다. 예수가 태어날 때 그런 것들이 없었기에 참 다행이다.
288	Elbert Hubbard	너무 심각하게 살 필요는 없다. 누구도 살아있는 상태로 해을 벗어날 수는 없다.
289	Elbert Hubbard	비판으로부터 자유롭기 위해서는 아무것도 하지 말고, 아무 말도 하지 말고, 아무것도 아니어야 한다.
290	Elbert Hubbard	천재성에는 한계가 있지만 어리석음에는 그런 장애가 없다.
291	Elizabeth Browning	오늘은 내일을 밝히는 등잔.
292	Ella Wheeler Wilcox	웃어라! 그러면 온 세상이 너와 함께 웃을 것이다. 울어라! 그러면 너 혼자 울게 될 것이다.
293	Ely Culbertson	정치: 정글의 법칙에 대한 약간의 서사
294	Emily Dickinson	명성은 벌이다. 벌에게 노래가 있고, 침이 있고, 아! 날개도 있다.
295	Emily Dickinson	희망은 깃이 있어라 끝을 만들어 내는 외일한 별이다.
296	Emma Goldman	투표가 먼가를 바꿀 수 있었다면 정치인은 그것을 불법화했을 것이다.
297	Emo Philips	나는 신에게 자전거를 달라고 빌었다. 그러나 나는 그런 방법으로 신을 움직일 수 없다는 걸 알았다. 그래서 자전거를 훔친 다음 용서를 빌었다.
298	Enoch Powell	매체에 대해 불평하는 정치인은 바다에 대해 불평하는 선원과 같다.
299	Epictetus	가난의 시기에 사람의 참모습이 드러난다.

300	Epictetus	모든 철학은 두 가지에 있어서 거짓말을 한다. 어짐이와 절제
301	Eric Hoffer	이웃을 사랑하는 것보다 거창하게 인류를 사랑하는 것이 훨씬 쉽다.
302	Erica Jong	모든 사람은 재능을 지녔다. 그러나 재능을 따라서 미래가 불확실한 길이라 갈 수 있는 용기는 드물다.
303	Erica Jong	일부다처제: 한 남편이 많은 아내와 사는 제도. 일부일처제: 한 남편이 많은 아내와 사는 제도
304	Erma Bombeck	내 생이 끝나는 날 신 앞에 서서 "당신이 주신 모든 것을 다 사용했습니다."라고 과히 말할 수 있게. 나에게 한 움큼의 재능도 남아 있지 않기를 바란다.
305	Erma Bombek	걱정은 흔들의자와 같다. 걱정은 당신을 같은 자리에 그대로 둔 채 계속 흔들어 댈 뿐이다.
306	Ernest Hemingway	내가 정치권과 접촉할 때마다 항상 침 항아리의 야물을 마시는 것 같은 느낌이 든다.
307	Ernie Banks	나는 내 선수들이 격한하기 싫음 지기 바란다. 그것보다 그들에게 더 강한 동기를 부여하는 것은 없기 때문이다.
308	Ernst Berg	가장 일찍 일어나는 새가 벌레를 잡는다. 그러나 두 번째로 일어나는 자가 치즈를 차지한다.
309	Ernst Cassirer	신학에 대한 신앙은 철학적 반론으로 해체할 수 있는 것이 아니다.590
310	Errol Flynn	나의 문제는 총수입을 초과입이라 항등한다는 데 있다.
311	Evan Esar	통계아 정의: 신뢰할 수 있는 수치로부터 신뢰할 수 없는 결과물을 만들어 내는 과학
312	Evelyn Laye	성생아는 것이야 달라서 남들이 모르게 은밀히 해야 한다.
313	Felix Frankfurter	어떤 변호사에게. 모든 사실은 평등하게 창조되었다.
314	Florenz Ziegfeld	(생을 마감하며) 커튼! 빠른 음악! 조명! 마지막 장면을 준비하자! 좋아, 훌륭한 쇼야. 훌륭한 쇼…
315	Fran Lebowitz	내가 가장 좋아하는 동물은 스테이크이다.
316	Fran Lebowitz	말하기의 반대는 듣기가 아니다. 말하기의 반대는 기다림이다.
317	Francis Bacon	자연에 대한 숭종이 자연에 대한 지배이다.
318	Francis Bacon	행복과 지혜는 다르다: 자기가 가장 행복하다고 생각하는 사람은 정말로 가장 행복한 사람이다. 그러나 자기가 가장 지혜롭다고 생각하는 사람은 대개 가장 멍청한 놈이다.
319	Francis Bacon	희망은 좋은 아침 식사이지만 형편없는 저녁 식사이다.
320	Francisco de Goya	이성으로부터 버림받은 환상은 믿기지 않는 괴물을 만들어 낸다.
321	Frank Lloyd Wright	나는 신을 믿는다. 단지 '자연'이라고 쓰지만

---

590 탕누어(唐諾), 김태성, 한자의 탄생, 김영사(2022), P 229

322	Frank Lloyd Wright	텔레비전은 눈으로 씹는 껌이다.
323	Frank Sintara	남자는 결혼할 때까지 행복이 무엇인지 모른다. 그리가 그땐 너무 늦었지.
324	Frank Zappa	예술은 무에서 무언가를 만들어 파는 것이다.
325	Franklin Adams	너무 센 진실은 무례이다.
326	Franklin Roosevelt	아리는 일찍 일어나는 새와 행운에 대해서는 너무 많이 언급하지만 일찍 일어나는 벌레의 불운에 대해서는 너무나 무심하다.
327	Franz Kafka	책은 우리 안에 얼어붙은 바다를 깨는 도끼가 되어야 한다.
328	Fred Allen	나는 내 급바다 큰 것은 어떤 것도 사야하기 쉽지 않다.
329	Fred Astaire	아이들이 겪는 어려움은 받아기 없이 매너 경악을 받는다는 사실이다.
330	French Proverb	결혼은 적가 동침하는 유일한 전쟁이다.
331	Friedrich Logau	신의 맷돌은 느리게 돌지만 극히라 작은 것까지 간다.
332	Friedrich Nietzsche	괴물과 싸우는 사람은 괴물이 되지 않도록 자심해야 한다. 당신이 심연을 들여다본가 있다면 심연도 당신을 들여다보고 있다.
333	Friedrich Nietzsche	개인에게 광기는 드물다. 그러나 군중에게 광기는 법칙이다.
334	Friedrich Nietzsche	나를 파괴하지 못하는 것은 나를 강하게 만든다.
335	Friedrich Nietzsche	나쁜 기억력의 장점은 좋은 것 하나를 새것처럼 반복해서 즐길 수 있다는 데 있다.
336	Friedrich Nietzsche	사랑이 심오함은 청년기에, 사랑이 명량함은 나년기에 있다.
337	Friedrich Nietzsche	사실이란 없다. 해석만이 존재한다.
338	Friedrich Nietzsche	왜 사는가를 아는 사람은 어떻게 살아야 하는지도 안다.
339	Friedrich Nietzsche	위대한 일은 한결같이 시장터와 명성에서 멀리 떨어진 곳에서 이루어지기 마련이다. […] 너의 감독 속으로 달아나라.[591]
340	Friedrich Nietzsche	자기 자신에 대한 함구(緘口)는 위선의 한 형태이다.
341	Friedrich Nietzsche	정치인은 인간을 두 부류로 나눈다. 적과 도구로.
342	Friedrich Nietzsche	천국에는 흥미를 끌 만한 사람은 다 빠져 있다.
343	Friedrich Nietzsche	창조자 기독교도는 십자가에 못 박혀 죽었다.
344	Friedrich Nietzsche	허망은 가장 사악한 것이다. 인간의 갈등을 연장하기 때문이다.[592]

---

[591] 하지현, 아무튼 명언, 위고(2025), P 94
[592] 하지현, 아무튼 명언, 위고(2025), P 9

345	Friedrich Schiller	나는 나에 대한 평판보다 낫다.
346	G. K. Chesterton	아리는 아저를 이해할 수 있다. 그러나 아리의 자아는 이해할 수 없다. 자아는 그 어떤 별보다 멀리 있다.
347	Galileo	파도자는 물에 의해 웃겨단 해살이다.
348	Gandhi	'눈에는 눈아라'는 이 세상을 안탕 장님아라 만들 뿐이다.
349	Gandhi	전시에는 다덕언 긋지푬이다.
350	Gandhi	저먹을 진 채라는 약사할 수 없다.
351	Garrison Keillor	강하 안에 앉아 있어면 기둑갔다가 탄다가 믿는 사람은 저차장 안에서 있어면 차가 탄다가 해각한다.
352	Georg Ade	강거형이 될 때까진 마든 저이 다 가능해 바인다.
353	Georg Lichtenberg	반대라 하는 것다 마방이 임장이다.
354	Georg Lukács	길이 끝나는 갓에서 여행은 시작단다.
355	Gerge B shaw	아리가 20살 때 혁명가가 다지 않아면, 50살 때 아리는 시대에 다떨어진 하석이라 전락할 것이다.
356	Gerge B shaw =George Bernard show	이성적인 사람은 자신을 세상에 맞춘다. 비이성적인 사람은 세상을 자신에게 맞추려가 양드림한다. 따라서 진바는 비이성적인 사람이 손에 달려있다.
357	Gerge B shaw	(이사다라 덩컨이 아리가 나의 얼굴가 당신의 머리를 닮은 아이를 가지면 좋게다가 말하자) 아리의 아이가 당신의 머리의 나의 얼굴을 닮아면 어떻게 다겠는가?
358	Gerge B shaw	40세가 넘어면 마든 남자는 다득남이 단다.
359	Gerge B shaw	결한은 가장 빈번한 아학가 가장 빈번한 기하를 결합해 저기 때문에 인기가 있다.
360	Gerge B shaw	그녀의 문제점은 대하 능력은 별라인데 연실 능력은 따어나다는 데 있다.
361	Gerge B shaw	기하를 날려버릴 기하를 날리지 않는 남자
362	Gerge B shaw	나는 백만장자이다. 그게 나의 종강이다.
363	Gerge B shaw	마든 신앙 강배은 평신다에게 음마일 뿐이다.
364	Gerge B shaw	마든 의대한 진실은 신성마득이라 시작단다.
365	Gerge B shaw	민저저의는 바패한 사사가 남용하는 임명을 (다파건을 가질) 자격이 없는 다사가 해하는 선거라 강체해 전다.
366	Gerge B shaw	민저저의는 아리바다 나을 게 전혀 없는 인간이 아리를 지배하는 걸 바장해 저는 제다이다.
367	Gerge B shaw	본나야 상아하는 저은 좋지 않다. 본나는 형편없는 자언자다.[593]

---

[593] 하지현, 아무튼 명언, 위고(2025), P 76

368	Gerge B shaw	사람들은 이미 존재하는 것을 보고 "왜 그럴까?"라고 묻지만 나는 존재하지 않는 것을 상상하고 "왜 그렇지 않을까?"라고 묻는다.
369	Gerge B shaw	삶이 비극적일 때가 두 번 있다. 욕망이 충족되지 않을 때와 욕망이 충족될 때이다.
370	Gerge B shaw	선거는 능력 없이 유명해지는 유일한 방법이다.
371	Gerge B shaw	암살은 검열의 극단적인 형태이다.
372	Gerge B shaw	애국심은. 당신이 우연히 그곳에 태어났다는 이유로 어떤 나라가 세상에서 가장 좋다는 확신이다.
373	Gerge B shaw	여자는 정치적이라고 말하고, 편견에 차 있고, 이기적이고, 속이 좁아서 정치권력에 어울리지 않으며 투표할 자격도 없다는 비난을 받는다. 그런 비난을 받을 만하다. 그러나 남자도 정확히 그러하다.
374	Gerge B shaw	영국과 미국은 같은 언어에 의해 분리되어 있다.
375	Gerge B shaw	영원히 지속된다는 행위는 가장 정확한 지움의 정의이다.
376	Gerge B shaw	온 세상이 미쳐 돌아가고 있다면 우리는 미친 상태를 정상이라고 간주해야 한다. 왜냐하면 정상이란 온 세상 사람들이 허락한 미친 상태이기 때문이다.
377	Gerge B shaw	젊은이들이 젊음을 낭비하고 있다.
378	Gerge B shaw	자기 기득권자의 해악스러운 먼 안목을 가지고 만들어 지지 않았다. 왜냐하면 자기 기득권자는 세상이 오래 지속될 것이라는 믿음을 갖지 않았기 때문이다.
379	Gerge B shaw	춤은 사편적인 욕망의 수직적인 표현이다.
380	Gerge B shaw	피터를 털어서 폴에게 주는 정부는 폴의 지지 덕분에 유지된다.
381	Gerge B shaw	할 수 있는 사람은 실행에 옮긴다. 할 수 없는 사람은 가르친다.
382	Gerge B shaw	향락들은 있다는 향락들만 있다.
383	George Braque	진실은 그 자체로 존재한다. 오직 거짓말이 만들어진다.
384	George Burns	사랑은 우정과 같다. 사랑은 엑스-레이에 나타나지 않지만 우리는 사랑이 있다는 걸 안다.
385	George Burns	침대 위에서 탈을 볼 수 없다면 침대에 오래 머물러 있지 말아라.
386	George Bush	책의 장점 가운데 하나는 어떤 때에 책에 주어지는 그림이 있다는 것이다.
387	George Carlin	애벌레가 마른 일을 하고 나비가 마든 찬사를 받는다.
388	George Carlin	음악을 들을 수 없는 사람에게 춤추는 사람은 미친놈이라고 보인다.
389	George Carlin	장갑에서 나온 이상한 것이 있다면 그것은 아직 음악뿐이다.
390	George Eastman	(생을 마감하며) 내가 할 일은 끝났다. 왜 기다려야 하나?

391	George Herbert	상어를 잡으려면 파리 한 마리 정도는 써야 한다.
392	George Herbert	시간은 젊음의 등급을 버러뜨리는 상쾌이다.
393	George Herbert	인생이 무엇인지 알기 전에 인생의 반은 지나간다.
394	George Herbert	희망은 빈자의 빵이다.
395	George Jackson	인내에는 한계가 있다. 너무 오래 인내하면 급해이가 탄다.
396	George Martin	정치인은 대체라, 변하사라 남기에는 너무나다 얄팍한 다둑가 은리를 함양한 사람이다.
397	George Meredith	비망록은 역사라 가는 뒷계단이다.
398	George Miller	이탈리아 음식의 문제는 먹가 난 다 아륵일이 지나야 배가 가파진다는 데 있다.
399	George Orwell	과거를 통제하는 자가 미래를 통제하고 현재를 통제하는 자가 과거를 통제한다.
400	George Orwell	모든 동물은 평등하다. 그러나 어떤 동물은 다른 동물보다 더 평등하다.
401	George Orwell	인류는 선해지기를 원한다. 그러나 지나치게 선해지는 건 원하지 않는다. 그리가 항상 선해지길 원하는 것다 아니다.
402	George Orwell	전쟁을 가장 빨리 끝내는 방법은 전쟁에서 지는 것이다.
403	George Patton	모두가 똑같은 생각을 하고 있다면 누군가는 생각하고 있지 않는 것이다.
404	George Patton	전쟁의 목적은 여러분이 여러분의 자국을 위해 죽는 것이 아니라 적국의 악당들이 그들의 자국을 위해 죽게 만드는 것이다.
405	George Santayana	깨어 있는 삶은 제어되가 있는 꿈이다.
406	George Santayana	시피나자의 미신란가 비슷한 나의 미신란은 아자를 경아하가. 신이 마습을 반다 하자단 인간이 야해시킨 야일신들을 부정한다.
407	George Santayana	죽은 자에게만 전쟁은 끝난다.
408	George Santayana	학교에서만 교육받은 아이는 전혀 교육받지 않은 아이와 다르지 않다.
409	George Santayana	한 사람이 믿는 종교는 그가 말하는 언어처럼 순전히 역사적 야연에 의해 결정된다.
410	Gerhard Kocher	정부가 당신을 위해 할 수 있는 것이 무엇인지 문지 마라. 그 대신 정부가 야 그것을 하지 않나 말어바아라.
411	German Proverb	중야한 것은 중야한 것을 중야한 것이라 반잔하는 것이다.
412	Giacomo Leopardi	아이는 하찮은 것에서 중야한 것을 발견하지만 어른은 중야한 것에서 아무것다 발견하지 못한다.

413	Gilles Deleuze	개념은 벽돌과 같다. 난리아 청사(廳舍)를 지을 수다 있거나 창밖으로 던져버릴 수다 있다.
414	Giorgio Vasari	미켈란젤로의 다비드상을 보았다면 어떠한 시대, 어떠한 예술가의 조각품도 볼 필요가 없다.
415	Giuseppe Tomasi	모든 것이 그대로 여겨지기를 바란다면 모든 것이 바뀌어야 한다.[594]
416	Goethe	우리는 이해하는 것만 들을 수 있다.
417	Goethe	인생은 두 가지 일로 이루어져 있다. 하나는 하기 싫은데 해야 하는 일이고, 다른 하나는 하고 싶은데 하면 안 되는 일이다.
418	Goethe	재능은 고독할 때 성장하고 개성은 풍파에 시달릴 때 형성된다.
419	Goethe	행동에 옮겨진 어리석음보다 경악할 만한 일은 없다.
420	Golda Meir	너무 겸손 떨지 마시게. 임자는 그 정도로 위대하지 않습니다.
421	Gore Vidal	(내가) 성공하는 것으로는 충분하지 않다. 다른 사람이 실패해야 한다.
422	Gore Vidal	민주주의란 아무런 의미 없이 그놈이 그놈인 후보들을 위해 엄청난 돈을 낭비하며 치러지는 따분한 선거전에 불과하다.
423	Grace Hopper	우리가 하는 말 가운데 가장 해로운 건, '여태껏 이렇게 해왔어'이다.
424	Groucho Marx	TV는 매우 교육적이다. 누군가가 TV를 켜면 나는 다른 방으로 가서 책을 읽는다.
425	Groucho Marx	그녀는 아버지로부터 아름다운 아말을 물려받았다. 그녀의 아버지는 성형외과 의사이다.
426	Groucho Marx	나는 어지간해서 얼굴을 잊어버리지 않는다. 하지만 당신의 경우, 나는 기꺼이 예외를 인정하겠다.
427	Groucho Marx	나는 가장 친한 친구의 실패를 그다지 슬퍼하지는 않는다.
428	Groucho Marx	상사가 탐욕하지 않는다면 어떤 사람도 시대를 앞질러 갈 수 없다.
429	Groucho Marx	정치는 본래 거리를 찾고 발견하고 오진하고 잘못된 치료법을 적용하는 기술이다.
430	H. G. Wells	광고는 합법적인 거짓말이다.
431	H. G. Wells	냄새는 건강이 안 좋을 때 나오는 유머이다.
432	H. L. Mencken	비판적인 사람은 꽃 냄새를 맡고 주변에 관이 있는지 살펴보는 사람이다.
433	H. L. Menken	불의는 상대적이라 참을 만하다: 가장 뼈아픈 건 정의이다.
434	H.L. Mencken	사랑에 빠지는 것은 지각을 마비시키는 마취상태에 들어가는 것과 같다.
435	Harold Laski	누구도 케이크를 먹어서는 안 된다. 모두가 빵을 먹을 수 있을 때까지

---

[594] 니얼 퍼거슨 지음, 구세희, 김정희 옮김, 시빌라이제이션, 21세기북스, P 348

436	Harold Macmillan	변화의 바람이 아프리카 대륙에 불고 있다.
437	Harriet Stowe	내가 그것을 쓰지 않았다. 신이 그것을 구술했고 나는 단지 받아 적었을 뿐이다.
438	Harriet Stowe	매질과 학대는 아편과 같다. 약발이 떨어질 때마다 용량을 더 배로 늘려야 한다.
439	Harry Truman	그들을 확신할 수 없다면 그들을 혼란에 빠뜨려라.
440	Harry Truman	당신의 이웃이 실직하면 경기 침체이다. 당신이 실직하면 경제 공황이다.
441	Harry Truman	당신이 모르는 역사 외에는 역사에서 새로운 것은 없다.
442	Harry Truman	모든 책임은 내가 진다.
443	Harry Truman	여성한테서 친구를 사겠다고? 차라리 개를 사겠어라!
444	Harry Truman	정부가 정신적인 문제나 영적인 문제를 규제하길 바라는 사람은 살해당할까 두려워 암살당하기 전에 자살하는 사람과 같다.
445	Harry Truman	그건 글쓰기가 아니라 타자 치기에 불과하다.
446	Harry Truman	나는 민중에게 지옥을 선사하지 않았다. 나는 단지 그들에게 진실을 얘기했고 그들은 그것을 지옥이라 생각했다.
447	Harvard University	지금 잠을 자면 꿈을 꿀 것이고 지금 공부하면 꿈을 이룰 것이다.
448	Havelock Ellis	상상이 경험의 대체재가 될 수는 없다.
449	Hector Berlioz	시간은 위대한 교사지만 안타깝게도 그의 모든 학생을 죽여버린다.
450	Hector Berlioz	재능을 불러들이는 언어라는 충분하지 않다. 언을 불러들이는 재능도 있어야 한다.
451	Heinrich Heine	(세상을 마감하며) 신이 날 용서하실 거야. 그게 그분의 직특기니까.
452	Helen Rowland	남자와 행복하게 지내려면 당신은 남자를 많이 이해하고 조금 사랑하면 된다. 여자와 행복하게 지내려면 여자를 많이 사랑해야 한다. 하지만 여자를 조금이라도 이해하려고 해서는 안 된다.
453	Helen Rowland	남편은 애인에서 신경이 제거되고 남은 것이다.
454	Helen Rowland	사랑에 빠지려면 상상력이 가득 찬 병을 카드득 마개는 열어 놓고, 상식은 병 속에 넣은 다 마개를 꽉 닫아 놓아야 한다.
455	Henny Youngman	너무나 사랑을 살 수 없다. 그러나 어리는 안다 사랑을 얻으려면 대가를 치러야 한다는 것을.
456	Henri Queuille	정치는 결정이 무용지물이 될 때까지 결정을 미루는 기술이다.
457	Henry Adams	현실정치와 야체는 사실에 대한 부정에 있다.
458	Henry Ford	역사는 허사리에 가깝다.
459	Henry Ford	장작을 직접 패라. 그러면 장작은 당신에게 두 번 온기를 줄 것이다.

460	Henry Haskins	실망하는 방법처리 다하여서는 안 다가 하장다어야 한다.
461	Henry James	단을 다찾아 다니기에는 지긋지긋하지만 만나기에는 매력적이다.
462	Henry James	사실이 존재하는 이유는 사실이 예외하게 인생가 경해할 사 있기 때문이다.
463	Henry James	예술에서는 항상 간결한 것이 아름답다.
464	Henry Jordan	코치는 매우 공평한 사람이었다. 그는 여러 마들룩 개 취급했다.
465	Henry Kissinger	권력은 궁극의 최음제(催淫劑)이다.
466	Henry Macleod	악화(惡貨)가 양화(良貨)를 구축(驅逐)한다.
467	Henry Thoreau	이야기가 길 필요는 없었다. 그러나 이야기를 줄이려면 많은 시간이 필요했다.
468	Henry Thoreau	공짜만큼 공짜스러운 것다 없다.
469	Henry Thoreau	부당하게 사람을 감옥에 가두는 정권 아래서 정의로운 사람이 있을 곳은 감옥뿐이다.
470	Henry Thoreau	어떤 것이 가치는 당신이 그거가 바꾼 인생의 양에 의해 결정된다.
471	Henry Thoreau	인간은 그들이 다가이 다가가 다었다.
472	Henry Thoreau	장작은 나에게 두 번 온기를 준다. 한번은 내가 직접 장작을 팰 때, 다 한번은 장작이 탈 때.
473	Henry Thoreau	중요하지 않은 것들 때문에 인생이 낭비된다. 겉가지는 쳐내라.
474	Henry Valentine Miller	범지학은 자기 자신에 대한 지식으로부터 시작된다.
475	Henry W Longfellow	이 세상에서 우리는 모루이거나 망치이다.
476	Henry Ward Beecher	어머니가 야람 옆에서 불러준 노래는 간수까지 울려 퍼진다.
477	Henry Ward Beecher	적절한 역학이 적절한 지점에 가해지면 역학을 견뎌낼 사람은 없다.
478	Henry Wotton	대사는 자국의 이익을 위해 거짓말하다록 야국에 파견된 정직한 사람이다.
479	Heraclitus	변화 이외에 불변하는 것은 없다. 변화만 불변한다.
480	Heraclitus	우리는 똑같은 강물에 두 번 발을 담글 사 없다.
481	Herb Cohen	나는 강거에 머물건 한다. 왜냐하면 내 생이 대부분이 강거에 있기 때문이다.
482	Herbert Hoover	젊은이에게 축복 있어라. 젊은이들은 국채를 상속받을지니!

483	Herbert Swope	나는 성공의 공식은 모르지만 실패의 공식은 안다. 실패의 공식은 "모든 사람을 만족시켜라"이다.
484	Herodotus	사람들은 자신의 눈보다 자신의 귀를 더 신뢰한다.
485	Herodotus	평화기에는 아들이 아버지를 묻지만 전시에는 아버지가 아들을 묻는다.
486	HL Mencken	도덕은 당신이 옳은 것을 해하도록 만든다. 종교는 당신이 들을 것을 해하도록 만든다.
487	Homer Simpson	맥주! 인생 모든 문제의 연인이자 해결책!
488	Homer Simpson	사실이라는 것은 무의미하다. 진실과 거리가 먼 것 어떠한 것이라도 사실을 이용해서 증명할 수 있다.
489	Honore Balzac	첫사랑은 두 번째 사랑에서 불편부만을 막아주는 예방접종의 역할을 한다.
490	Horatio Smith	매일 감성이야말로 인간이 여월하게 인간성을 유지할 수 있는 것이다.
491	Horatius	가장 높은 탑이 가장 야란하게 무너진다.
492	Howard Ruff	나아가 방주를 만들고 있을 때 비가 내리지 않았다.
493	Howard Zinn	달리는 기차 위에서 중립은 없다.
494	Hussein Nishah	나는 사랑에 가격표를 붙일 수는 없다. 그러나 만약 그게 가능하다면 나는 사랑이 할인판매에 들어갈 때까지 기다리겠다.
495	Hyman Rickover	평화기에 땀을 더 흘릴수록 전시(戰時)에 피를 덜 흘린다.
496	Ian McEwan	나를 곳다리다리라 해각할 지 모르지만 나는 남근이 있는 사람이 남자라고 생각한다.
497	Igor Stravinsky	자무래기는 빌리지만 거장은 훔친다.
498	Immanuel Kant	뒤틀린 인간성으로부터 어떠한 올바름도 나올 수 없다.
499	Isaac Asimov	자기가 모든 것을 안다고 생각하는 사람은 모든 것을 안다고 생각하는 우리들을 짜증나게 만든다.
500	Isaac Newton	나는 천체의 운동은 예측할 수 있지만, 인간의 광기는 예측할 수 없다.
501	Isaac Newton	내가 멀리 볼 수 있었던 것은 거인의 어깨 위에 서 있었기 때문이다.
502	Italian Proverb	게임이 끝나면 왕과 졸은 같은 상자 안으로 들어간다.
503	Ivan Turgenev	사람들이 무엇을 기도하든 결국 기적을 바라며 기도한다. 모든 기도는 다음이라 함연단다. "주님, 이 갑하기 이가 사가 아님을 비나이다."
504	J. B. Hughes	만약 모세가 이언행의 멤버였다면 이스라엘 민족은 아직도 이집트에 있을 것이다.

505	J.M. Barrie	나는 마든 것을 알 것이다라고 젊지 않다.
506	Jacinto Martinez	예술가에게 감탄할 때 기억하자 그를 개인적으로 알면 안 된다는 사실을.
507	Jacques Monod	생물이란 화학적으로 작동하는 기계이다.[595]
508	James Bennett	사람은 미담이 갖다 거짓 때문에 처해졌다는 사실을 기억하라.
509	James Jeans	창조의 내재적 증거라. 우주를 건설한 위대한 건축가가 수학자라는 사실을 들 수 있다.
510	James Joyce	역사는 악몽이기 나는 그 악몽으로부터 깨어나려고 한다.
511	James Russell Lowell	이것만은 꼭 확실히 해두자. 당신은 강파스러울 것이라고 남들과 비슷하다는 사실을.
512	James Thurber	아직 사실밖에 모르는 사람이 있다.
513	Jan Hus	(후스가 이단이라 몰려 화형당할 때) 비록 너희들이 오늘 한 마리의 거위를 불사를 수 있겠지만 100년 뒤에는 너희들이 불사를 수 없는 백조 한 마리가 나타날 것이다. (신앙심이 강한 노파가 장작더미를 계속 쌓아 올리자) 아 거룩한 단순함이여![596]
514	Jay Leno	당신이 정치인에게 키스할 때 이걸 잊지 마라. 정치인에게 키스하면, 정치인이 지난 8년 동안 키스한 모든 엉덩이에 키스하는 셈이 된다는 것을.
515	Jay Leno	정치는 처참한 인간들을 위한 연예 공연사업일 뿐이다.
516	Jean Baptiste Colbert	세금징수의 최고 기술은 거위에게 최소의 고통을 주며 최대의 깃털을 뽑아내는 것이다.
517	Jean Cocteau	복잡한 것을 간단히 스타일이라고 한다.
518	Jean Cocteau	악마는 은이 존재한다는 걸 믿어야 한다. 그렇지 않다면 우리가 싫어하는 인간들의 성공을 어떻게 설명할 수 있겠는가?
519	Jean Paul Sartre	승리의 실상을 알고 나면 승리와 패배를 구별하기 어렵다.
520	Jean Paul Sartre	타인은 지옥이다.
521	Jean Paul Sartre	타인의 눈이 나를 완성한다.
522	Jeannette Rankin	지진이 났을 때 승자가 없는 것처럼 전쟁이 났을 때도 승자는 없다.
523	Jensen Huang	거지 말고 떠나라. 여러분은 먹잇감을 구하기 위해 떠나거나 아니면 먹잇감이 되지 않기 위해 떠나가 있다는 사실을 기억하라.[597]
524	Jensen Huang	나는 항상 30일 더 말한다고 생각하면서 일해왔다.
525	Jeremy Taylor	결혼은 손과 손, 마음과 마음의 결합이다.

---

[595] 이진경, 수학의 몽상, 푸른숲(2000), P 58
[596] 고종석, 말들의 풍경, 개마고원(2014), P 158, Hus는 체코어로 거위를 의미하고 백조는 마틴 루터를 의미한다.
조선일보 2024년 2월15일 A34면 만물상

526	Jessamyn West	현실이 흐릿하게 보여지는 진실없는 사실(=허구)은 선명하게 묘사한다.
527	Jesse Jackson	사람들은 미국을 용광로라고 부른다. 그러나 우리들은 융합(融合)되지 않았다.
528	Jesse Jackson	흑인이 실직상태에 있으면 게으름이라고 한다. 백인이 실직상태에 있으면 불경기라고 한다.
529	Jesse Unruh	돈은 정치인에게 모유와 같다.
530	Jim Rohn	가난은 생활비를 불게 해준다. 독학은 때돈을 불게 해준다.
531	Jim Rohn	당신이 무언가를 간절히 성취하려 한다면 방법을 찾을 것이다. 그렇지 않으면, 변명을 찾을 것이다.
532	Jimi Hendrix	안산이라 악수합시다. 그쪽이 심장과 더 가까우니까.
533	Joan Collins	아름다움이 문제는 부자라 태어났지만 점점 가난해지는 것과 같다는 사실에 있다.
534	Joan Crawford	사랑은 불꽃과 같다. 사랑이 당신의 난로를 데워줄 것인지, 당신의 집을 활활 태워버릴 것인지 알 수 없다.
535	Joan Didion	작가는 항상 누군가를 팔고 있다.
536	Joan Rivers	사람들은 '돈이 행복의 열쇠는 아니다'라고 말한다. 그러나 돈이 충분히 많으면 당신은 열쇠를 제판할 수 있다.
537	Joan Welsh	TV가 유일한 교육적인 측면은 TV 시리기사야 자녀가 대학에 갈 수 있게 해준다는 것이다.
538	Joaquim Machado	그림에서 추락하는 것이 3층에서 추락하는 것보다 낫다.
539	Joe Ancis	유일하게 제정신인 사람은 당신이 잘 모르는 사람이다.
540	Joe Louis	누구나 천국에 가길 원한다. 그러나 누구도 죽기 쉬어 하지는 않는다.
541	Joe Paterno	명예가 뒤따르지 않는 성공은 향신료를 뿌리지 않은 요리와 같다. 허기는 채워주지만 풍미가 없다.
542	John Adams	내 자손에게 수학과 철학을 공부할 수 있는 자유를 주기 위해 나는 전쟁과 정치를 공부했다.
543	John Arbuthnot	전기(傳記)는 죽은 사람에게 가해지는, 또 다른 형태의 테러이다.
544	John Barth	전쟁, 조약, 선언보다는 비밀리 행해진 악수에 의해 이루어진 역사가 더 많다.
545	John Dryden	교육은 학교에서 배운 것을 잊어버린 다음 남아 있는 것이다.
546	John F Kennedy	우리가 강하다면 우리의 힘이 곧 자체라 말을 한다. 우리가 나약하면 말은 아무런 다음이 안 된다.
547	John Galbraith	자본주의에서 인간이 인간을 착취한다. 공산주의에서 그 반대일 뿐이다.

548	John Gardener	인생은 지우개 없이 그림을 그리는 예술이다.
549	John Keynes	세금 항목이 어떤 식이라 든 반항이 따르는 유일한 지적 행위이다.
550	John Locke	법이 끝나는 지점에서 폭정이 시작된다.
551	John Locke	사람들은 단지 낯설다는 이유로 새로운 사상을 의심하거나 반대한다.
552	John Locke	사람들이 연방에 가입하기 정부를 용인하는 주된 이유는 사유재산을 보장받기 위해서다.
553	John Locke	선거 와, 보상과 처벌은 이성을 지닌 피조물에 작용하는 유일한 동기이다. 이것들은 인간을 움직이게 인도하는 박차이자 고삐이다.
554	John Locke	어른들 지적하는 것과 진리를 깨닫게 하는 것은 별개의 것이다.
555	John Lyly	밤은 사천 개의 눈을 가지고 있다.
556	John Roche	정치에서 직선은 재앙으로 가는 지름길이다.
557	John Ruskin	현대의 여행은 여행이 아니다. 현대의 여행은 단지 한 장소에서 다른 장소로 이동하는 걸 의미한다. 화물처럼.
558	John Shedd	배는 항구에 있을 때 가장 안전하다. 그러나 그것이 배의 존재의 이유가 될 수는 없다.
559	John Stewart	더 명민한 낙천주의자가 말하는 배에서부터 음식에 대한 조언을 저열들은 이후 이성은 자격한 증거의 한 변명이 되었다.
560	John Still	사람의 기억력은 역사가 매달려 있기에는 너무나 나약한 받줄이다.
561	John Stuart Mill	보수주의자가 필연적으로 얼간이는 아니다. 그러나 많은 얼간이는 보수주의자이다.
562	John Updike	간통은 첫 속박은 처음에 해방과 시작되지만 결국 결한 맞지않은 과 가지 구속이 뒤따라온다.
563	John Von Neumann	사람들이 수학이 간단하다는 사실을 믿지 못하는 건 사람들이 삶이 얼마나 복잡한지 모르기 때문이다.
564	John Von Neumann	수학으로 세상사를 모두 이해할 수는 없다. 대신 우리는 세상사에 익숙해져야 한다.
565	Jon Sinclair	실패는 넘어질 뿐 만신이 아니다.
566	Jonas Salk	특허 같은 것은 없다. 당신은 태양을 특허 낼 수 있는가?
567	Jonathan Swift	국우주의자가 우리의 악당을 잘라내서 우리의 악당을 해결하는 것은 우리가 신발이 필요할 때 우리의 다리를 잘라내는 것과 같다.
568	Jonathan Swift	법은 거미줄과 같다. 파리는 걸리지만 말벌은 뚫고 지나간다.

569	Jonathan Swift	어떠한 통치체제이더라도 피지배민의 동의를 얻지 못한 통치체제는 나에게대들 뿐이다.
570	Jonathan Swift	우리가 믿는 종교는 서로 증오하게 만들 뿐 서로 사랑하게 만들기에는 미흡하다.
571	Jonathan Swift	적확한 곳에 적확한 낱말이 올 때 비로소 개성 있는 문체가 형성된다.
572	Jose Maria Queiroz	정치와 거지같은 공통점이 있다. 둘은 같은 이야기를 정기적으로 갈아주어야 한다.
573	Jose Ortega Gasset	나는 나 더하기 환경이다.
574	Jose Simons	멕시코에서 향(膽)를 일컫는 말이 있다: 미끼
575	Joseph Campbell	컴퓨터는 구약성경의 신과 같다. 규칙은 많지만 자비는 없다.
576	Joseph de Maistre	모든 국가는 것에 걸맞은 정부를 가진다.
577	Joseph Goebbels	언론은 정부의 손에 연주되는 피아노가 되어야 한다.
578	Josh Billings	이 세상의 바보들을 다 쓸어내면 세상을 살 재미다 무엇이 아무런 득도 없다.
579	Josh Billings	자기 자신을 아는 것은 가장 어려울 뿐만 아니라 가장 불편하기도 하다.
580	Josiah Stamp	교육은 무능력한 교사가 무식한 학생에게 이해할 수 없는 것들을 주입하는 것이다.
581	Josiah Tucker	가게을 때는 가게주인인 장사를 접게 된다. 정부를 운영하는 위정자에게도 똑같은 원리가 적용된다.
582	Juan Jimenez	줄 쳐진 종이를 받았다고 해서 꼭 줄에 맞춰 쓸 필요는 없다.
583	Juan Montalvo	나병은 죽음으로 둘러싸인 섬이다.
584	Jules Henri Poincaré	과학적 윤리가 없듯이, 부도덕한 과학도 없다. 이유는 간단하다. 그것은 순전히 논리학의 법칙 때문이다. 삼단논법(三段論法)의 두 전제(前提)가 서술형(indicative)이면 결론도 서술형이라 나온다. 결론이 명령형이라 나오기 위해서는 두 개의 전제 가운데 적어도 하나는 명령형(imperitive)일 필요가 있다. 그런데 모든 과학의 원칙과 기하학의 공리는 아직 서술형이고 서술형이라만 존재할 수 있다. 실험으로 밝혀진 진리 역시 서술형이라 존재한다. 과학의 기초에는 서술형 이외에는 없고 또 있을 수다 없다. 변증에 능통한 논리학자가 서술형 명제를 가지고 한껏 재주를 부려서 명제를 조합하거나 중첩해도 어다할 수 있는 것은 갖다 서술형 명제일 뿐이다. 이것을 하라거나 저것을 하지 말라거나 하는 명제. 즉 윤리를 증명하거나 반증하는 명제는 얻을 수 없다.[598]
585	Jules H Poincaré	우리 수학자는 직관으로 발견하고 논리로 증명한다.
586	Jules Renard	사랑은 모래시계와 같다. 심장이 채워지면서 나는 비기 시작한다.
587	Juvenal	건전한 육체에 건전한 정신이 깃든다.

---

[598] Charles Coulston Gillispie, The edge of objectivity, Princeton (2016), P 154-155 『Morality and Science』 by Henry Poincare (1913)

588	Juvenal	너가 안내자를 안내할 것인가?
589	Juvenal	세상을 정복한 자들이 이제는 오직 두 가지에만 관심있을 뿐이다. 빵과 서커스다.[599]
590	Juvenal	시민은 두 가지를 간절히 원한다. 빵과 서커스.
591	Juvenal	이익의 냄새는 깔끔하고 달콤하다 그것이 무엇이든 상관없이.
592	Karl Jaspers	언어는 존재의 집이다.
593	Karl Marx	내가 아는 한 나는 맑시스트가 아니다.
594	Karl Marx	상품은 재화를 생산할 뿐만 아니라 재화를 소비할 사람과 소비에 대한 욕망을 생산한다.
595	Karl Marx	역사는 두 번 되풀이된다 한 번은 비극이라 또 한 번은 희극이라.[600]
596	Karl Marx	종교는 인민의 아편이다.
597	Karl Marx's Mother	칼, 자본에 대해 고민 쓰기 자본을 좀 벌어보는 것이 어떻겠니?
598	Katherine Hepburn	당신에게 언적적 매력과 성적 매력 가운데 하나를 고향가 저어진다면 언적적 매력을 선택해라. 늙어가면서 언적적 매력은 성적 매력이 된다.
599	Kelvin Troop III	강상강학 사실을 비웃는 사람이 읽기에보나 경제학자의 말을 귀담아듣는 것은 이해하기 힘들다.
600	Kenneth Tynan	비평가는 길을 알지만 운전은 할 수 없는 사람이다.
601	Khrushchev	정치인은 강이 없는 곳에 다리를 놓아주겠다가 약속하는 사람이다.
602	Korean Proverb	다리 부러진 장수 성안에서 호령한다.
603	La Rochejaquelin	내가 전진하거든 나를 따라라. 내가 후퇴하거든 나를 쏴라. 내가 죽거든 나를 위해 복수해 다오.
604	Lana Turner	성공적인 남성은 것의 아내가 쓰는 단보다 더 많이 벌 수 있는 사람이고 성공적인 여성은 그런 남자를 찾아낼 수 있는 사람이다.
605	Lane Kirkland	힘든 나등이 진짜 것사한 것이라면 부자들이 그걸 독차지했을 것이다.
606	Larry Hardiman	Politics = poly+tics = poly+ticks = 다수의 흡혈충
607	Larry King	성공한 사람이 자신의 운에 관해 얘기하지 않는다면 농담을 하고 있는 것이다.
608	Laurel Ulrich	해실이 똑 바른 여자는 역사에 남을 만한 일을 하지 못한다.
609	Laurence Peter	고용인(雇傭人)은 것의 무능이 드러나지 않는 선까지 승승장구한다.

---

[599] 노먼 데이비스 지음, 왕수민 옮김, 유럽: 하나의 역사, 예경(2023), P 247
[600] Daron Acemoglu, James A Robinson, Why Nations Fails, Crown Business(2012), P 360

610	Laurence Peter	거욱은 사전 낡은 편견을 얻는 방법에 불과하다.
611	Laurence Peter	모든 여성은 어머니 자연의 신이 선사한 것을 사용해야 한다 아버지 시간의 신이 서거해 가기 전에.
612	Laurence Peter	일은 아직 무능한 사전에 다달하지 못한 경영인(雇傭人)에 의해서 완성된다.
613	Laurie Colwin	여정은 비싼 옷을 입은 여인과 거룩지 못한 여인 사이에서 여지되지 않는다.
614	Leo Burnett	하늘과 산을 뻗어라. 볕을 따지 못한다 해도 진흙에 손이 더러워지는 일은 없을 것이다.[601]
615	Leo Buscaglia	사랑은 전쟁과 같다. 시작하기는 쉽지만 끝내기는 어렵다.
616	Leo Rosenberg	처음에 이름을 잊어버리고, 다음에 얼굴을 잊어버리고, 그다음에 지퍼 올리는 걸 잊어버리고, 마지막으로 지퍼 내리는 걸 잊어버린다.
617	Leo Tolstoy	사람에게 필요한 땅의 크기는 머리끝에서 발끝까지인 6피트이다.
618	Leo Tolstoy	세상을 변화시키려고 생각하는 사람은 많지만 스스로 변하겠다고 생각하는 사람은 없다.
619	Leo Tolstoy	양은 역사의 나래이다.
620	Leo Tolstoy	음악은 감정의 속기(速記)이다.
621	Leon Trotsky	당신은 정치에 관심이 없을 수 있다. 그러나 정치는 당신에게 관심 있어 한다.
622	Leon Trotsky	정치적 힘이 엄청나게 있는 현실을 믿지 못하는 것은 중력이 존재한다는 사실을 믿지 못하는 것과 같다.
623	Leonard Bernstein	위대한 업적을 이루기 위해 두 가지가 필요하다. 계획과 시간 부족.
624	Leonardo da Vinci	타인에서 자장의 것거나 것임들을 내세우는 사람은 지력이 아닌 기억력에 의존하고 있는 것이다.
625	Leslie Nielsen	아무것도 하지 않는 것이 가장 하기 어려운 일이다. 그게 언제 끝나는지 모르기 때문이다.
626	Levi-Strauss	세상은 인간 없이 시작되었고 인간 없이 종말을 맞을 것이다.
627	Lewis Grizzard	너구리 지하철에서 침을 뱉으면 벌금을 물지만 타해도 벌금을 물지 않는다.
628	Lily Tomlin	현실은 집단 예감이다.
629	Lin Yutang	연설가 여자의 치마는 짧을수록 좋다.
630	Lisa Montgomery	몇 명이 여기서 일하느냐고 물으면 나는 약 삼 분의 일이 일한다고 답한다.
631	Lord Acton	권력은 부패하기 마련이다. 절대권력은 절대적으로 부패한다.

---

[601] 김동규 지음, 광고의 세계사, 푸른역사(2024), P 469

632	Louis XIV	짐이 곧 국가다.
633	Louis Pasteur	관찰의 영역에서, 행운의 여신은 준비된 정신을 애대한다.
634	Louis Sullivan	형태는 기능을 따른다.
635	Lu Xun	희망은 시골길 같은 것. 처음부터 길은 없었다. 한 사람 더 사람 더 다니다 보면 자연스레 길이 된다… 거리가 길이 끝나는 곳에서 길은 다시 시작된다.[602]
636	Lucan	나는 아내가 있다. 나는 아들이 여럿 있다. 운명의 여신은 인질을 많이다 잡가 있군!
637	Lucretius	릴레이 경주처럼 생명의 횃불은 한 세대에서 다음 세대로 전해진다.
638	Lucretius	무(無)로부터 무(無)만 창조될 수 있다.
639	Lucretius	어떤 이에게는 양식인 것이 어떤 이에게는 쓴 독약이다.
640	Luiz Silva	전쟁의 승리는 단독으로 이룰 수 있지만 평화는 모두의 협력이 없으면 불가능하다.
641	Lynwood Giacomini	가난: 단어라 살 수 없는 것
642	Mae West	우리는 한번 산다. 그러나 올바로 살았다면 한 번이라 충분하다.
643	Mahatma Gandhi	신은 종교가 없다.
644	Malcolm Lowry	사람가 죽음과 같은 신음(呻吟)을 낸다.
645	Mao Zedong	게릴라는 인민 속에서 살아야 한다. 물고기가 물속에서 살 듯이.
646	Mao Zedong	정치는 피 흘리지 않는 전쟁이가 전쟁은 유혈이 낭자한 정치이다.
647	Marcel Masse	세상이 전문화될수록 세상은 더 비전문가에 의해 운영된다.
648	Marcello Truzzi	비범한 주장은 비범한 증명을 요구한다.
649	Marcus Aurelius	삶의 기술은 댄스보다는 레슬링에 가깝다.
650	Marcus Aurelius	책이 없는 거실은 영혼이 없는 육체와 같다.
651	Margaret Artwood	문학이 주는 답변은 문학을 향해 던지는 질문에 따라 달라진다.
652	Margaret Mead	다른 사람들처럼 당신다 아주 아주 독특하다는 걸 항상 기억하라.
653	Margaret Thatcher	나등주합은 사회주의라는 가질병에 걸려 있다. 사회주의자들은 다른 사람들이 돈을 거둘 내가 있다.
654	Margaret Thatcher	사회주의의 문제는 사람들이 결국 다른 사람들의 돈을 거둘 낼 거라는 사실이다.

---

[602] 대구일보(https://www.idaegu.com)

655	Marie Eschenbach	패션을 애해하는 순간 갓닥다리가 된다.
656	Mariel Rukeyser	우주는 원자로 구성되어 있지 않다. 우주는 이야기로 이루어져 있다.
657	Marilyn Monroe	남성과 동등해지고 싶어 하는 여성은 야망이 부족하다.
658	Mario Pei	좋은 건축물은 자연이 들어와다룩 허락한다.
659	Mario Puzo	서류가방을 든 한 명의 변호사가 총을 든 천 명의 강도보다 더 많이 턴다.
660	Mark Twain	책을 읽지 않는 사람은 글을 읽지 못하는 사람을 능가하는 어떠한 이점도 가질 수 없다.
661	Mark Twain	48세가 되지 않았어도 세상을 잘 아는 사람은 비관론자이고 48세가 넘었어도 세상을 잘 모르는 사람은 낙관론자이다.
662	Mark Twain	가장겨웋이 성패는 우리가 우리 자신만 생각하고 다른 사람에 대해 무심하다는 사실을 얼마나 잘 숨기는지에 달려있다.
663	Mark Twain	뱃멀미: 뱃멀미가 느껴지는 초반기에는 죽을 수 있다고 두려워한다. 그러고 나서 뱃멀미가 더 심해지면 죽지 않을 수 있다고 두려워한다.
664	Mark Twain	어느 날 한 변호사가 자기 하주머니에 손을 넣은 채 내게 말했다. 그런데 변호사가 자기 하주머니에 손을 넣고 있다는 사실이 흥미롭구야.
665	Mark Twain	왜 우리는 생명의 탄생에 기뻐하고 생명의 죽음에 슬퍼하는가? 그것은 우리가 당사자가 아니기 때문이다.
666	Mark Twain	의견 충돌이 있을 때 항상 상대방이 정신이상이다.
667	Mark Twain	인생이 무엇인지 알 수 있을 것이라고 지진이 나이 먹은 사람은 느끼라도 인류 창초의 은인인 아담에게 우리가 얼마나 큰 신세를 졌는지 알 것이다. 아담은 인류에게 죽음을 선사했다.
668	Mark Twain	좋은 반박이의 신랄(辛辣)함 만큼 참기 어려운 것다 없다.
669	Mark Twain	천둥소리는 우람하고 인상적이지만 실제로는 번개가 모든 일을 다맡아 한다.
670	Mark Twain	고전: 사람들이 찬사는 보내지만 읽지 않는 책
671	Mark Twain	교육이 모든 것을 결정한다. 복숭아는 옛날에 쓴맛 나는 아몬드였다; 꽃양배추는 대학교육을 받은 양배추이다.
672	Mark Twain	굶주린 개를 거두어 먹이를 주고 키우면 개는 주인을 물지 않는다. 이게 개와 사람의 차이점이다.
673	Mark Twain	그 어떠한 것보다 다른 사람의 버릇만큼 개선이 필요한 것다 없다.
674	Mark Twain	금연은 세상에서 가장 쉬운 일이다. 나는 그걸 천 번이나 해봤기 때문에 잘 안다.[603]

---

[603] 하지현, 아무튼 명언, 위고(2025), P 54

675	Mark Twain	나는 부자가 되고 싶다. 그래서 나는 친절하고 살뜰하고 자애로운 부자들이 그렇게 했듯이, 사람들에게 정직한 가난을 영광으로 받아들이도록 가르쳤다.
676	Mark Twain	당신의 마음을 아프게 하는 사람이 둘 있다. 적이 당신을 비방하면 친구가 당신에게 귀띔해 준다.
677	Mark Twain	답을 불어라! 그러면 온 세상이 당신이 신사라고 하듯같을 떨 것이다.
678	Mark Twain	만약 당신이 진실을 말하고 있다면, 당신은 아무것도 기억할 필요가 없다.
679	Mark Twain	모든 사람은 달처럼 남에게 보여주지 않는 어두운 뒷면이 있다.
680	Mark Twain	변명을 견뎌낼 수 있는 사람은 거의 없다. 여기서 변명이란 다른 사람의 변명을 말한다.
681	Mark Twain	선거가 무언가를 바꿀 수 있다면 정치인은 선거를 허용하지 않았을 것이다.
682	Mark Twain	신은 원숭이에 만족하지 못해 인간을 창조했다.
683	Mark Twain	아담은 사과가 좋아서 사과를 먹은 것이 아니다. 사과가 단지 금단의 열매였기에 사과를 먹었다. 만약 뱀이 금단의 동물이었다면 아담은 뱀을 먹었을 것이다.
684	Mark Twain	아메리카 대륙을 발견한 것은 좋았다. 그러나 아메리카 대륙을 지나쳐 갔었으면 더 좋았을 것이다.
685	Mark Twain	야단한 거 치고 대단한 거 없다. 암탉이 알을 낳은 다 마치 별똥별을 낳은 거처럼 꼬꼬댁꼬꼬댁 울어 댄다.
686	Mark Twain	우리가 모두 미쳤다는 것을 기억하면 모든 이유은 러히가 우리의 삶이 설명된다.
687	Mark Twain	우리가 80세에 태어나서 18세를 향해 나이를 먹어가면 인생이 얼마나 근사할까?
688	Mark Twain	인생에서 도박을 해선 안 될 때가 두 번 있다. 도박할 여유가 없을 때와 도박할 여유가 있을 때이다.
689	Mark Twain	자기 자신이 허락하지 않아면 누구도 편안해질 수 없다.
690	Mark Twain	적합한 말과 거의 적합한 말의 차이는 번개불과 반딧불의 차이이다.
691	Mark Twain	정치인과 기저귀는 자주 갈아줘어야 한다.
692	Mark Twain	자물쇠는 미켈란젤로가 디자인한 대로 이탈리아를 만들었다.
693	Mark Twain	잘못 산 미사가 지들었던 것에 남은 흔적일 뿐이다.
694	Mark Twain	착하게 살아라. 그러면 외로워질 것이다.
695	Mark Twain	친절은 귀머거리가 들을 수 있고 사격이 볼 수 있는 언어이다.
696	Mark Twain	태초에 신은 얼간이를 만들었다. 그건 연습이었다. 그러고 나서 경우원한회를 만들었다.
697	Mark Twain	파리에서 프랑스어로 말하면 파리 사람들은 그저 멀거니 나를 쳐다보기만 한다. 나는 파리 사람에게 프랑스어를 가르치는 데 성공한 적이 없다.

698	Mark Twain	한 자아 겪매에 지친 신이 자말에 인간을 만들었다.
699	Markus Gabriel	인간은 동물이 아니기를 의지(意志)하는 동물이다.[604]
700	Marquis de Lafayett	(생을 마감하며) 무엇을 더 바라는가? 삶이란 등잔불과 마찬가지인 것을… 기름이 떨어지면…불빛이 꺼지기 마련 그것이 끝나는 것을.[605]
701	Marshall Mcluhan	미디어는 메시지다.
702	Marshall Mcluhan	출판은 작가 자신이 초래한 사생활 침해이다.
703	Marshall Mcluhan	텔레비전은 전쟁의 잔인함을 안락한 거실로 불러들였다. 미국은 미국의 침실에서 베트남전쟁의 패배자가 되었다 베트남의 전쟁터가 아니라.
704	Martha Graham	어떤 예술가도 시대를 앞서가지 않는다. 그들은 시대와 박자를 맞춰서 간다. 단지 다른 사람들이 시대에 뒤쳐져 있을 뿐이다.
705	Martin Fisher	전문가는 기타 주제를 덧려워하는 사람이다.
706	Martin Fisher	지식은 축적된 사실이다. 지혜는 지식의 단순함에 있다.
707	Martin Heidegger	인간은 기다하는 순으로 살인다 한다.
708	Martin Luther King	우리는 결국 적의 말이 아니라 친구의 침묵을 기억하게 될 것이다.
709	Mason Cooley	개는 우리에게 너무나다 인간을 떠올리게 한다. 고양이는 그렇지 않은데.
710	Mason Cooley	낭비한 시간을 후회하는 것은 더 큰 시간 낭비이다.
711	Mason Cooley	세 사람이 마인다에 파견하면 그들은 다시 정치를 발명한다.
712	Max Amsterdam	사업은 다른 사람의 주머니에서 폭력을 사용하지 않고 단을 빼앗는 기술이다.
713	Max Muller	언어는 인간과 짐승을 나누는 루비콘강이다.
714	Max Muller	한 종교만 아는 사람은 아무 종교도 모르는 사람이다.
715	Max Plank	신과학에 반대하는 사람이 신과학을 받아들여 과학이 진보하는 경우는 매우 드물다. 그보다는 신과학에 반대하는 사람이 죽어 없어질 때마다 과학은 점진적으로 진보한다.
716	Michael Faraday	방금 태어난 신생아가 무슨 쓸모가 있겠습니까? (새로 발견된 전기가 무슨 쓸모가 있냐는 빅토리아 시대 사람들의 질문에 대한 답변)

---

604 마트쿠스 가브리엘 지음, 전대호 번역, 생각이란 무엇인가, 열린책들(2021), P 21
605 조나손 그린 엮음, 김은령 옮김, 마지막 1분, 청년의사(2004), P 114

717	Michael J Bobak	대단한 진보는 안전지대 밖에서 이루어진다.
718	Michael Pollan	당신은, 당신이 먹는 것이 먹는 것이다.
719	Michel Montaigne	사람은 벌레다 만들 수 없다. 그러나 신은 12명이라도 만들 수 있다.
720	Michel Tournier	나는 어젯밤 푹 잤다 나의 불행다 잠이 들었어다라.
721	Mies van der Rohe	단순함서록 좋다. (less is more)
722	Mies van der Rohe	악마는 디테일에 있다.
723	Miguel Unamuno	인생은 의문을 품는 것이다. 의문 없는 신념은 죽음이다.
724	Mike Tyson	너거나 그럴싸한 계획이 있지. 주둥이를 처맞기 전까지.
725	Mikhail Bakunin	신이라는 망상은 인간에게부터 이성과 정의를 박탈한다.
726	Mikhail Lermontov	친구 둘이 있다면 한 사람은 항상 다른 사람의 노예이다.
727	Mikhailovich Dostoevskii	돈은 주저된 자유이다.
728	Milton Berle	인생의 문제는, 당신이 여자를 책처럼 읽을 수 있게 될 즈음 당신이 다섯권 가득가 만권 직전 상태에 있다는 데 있다.
729	Milton Berle	진화가 진짜 일어난다면 어떻게 어머니의 손이 더 개뿐이지?
730	Milton Friedman	인플레는 법 제정이 필요 없는 세금이 일종이다.
731	Minnie Pearl	결혼 생활에 진입하는 것은 뜨끈한 물에 몸을 담그는 것가 같다. 익숙해지면 더 이상 뜨겁지 않다.
732	Miss Piggy	들어 올릴 수 있는 이상으로 먹지 마라.
733	Molière	착상에서 완성까지는 긴 여정이다.
734	Montaigne	나는 나 자신을 더 잘 표현하기 위해 다른 사람의 글을 인용한다.
735	Montaigne	나의 삶은 끔찍한 불운으로 가득해지만 불운의 대부분은 실제로 일어나지 않았다.
736	Montaigne	똑같은 순간이나 똑같이 생긴 머리카락이 없듯이 똑같은 의견은 이 세상에 없다. 다양성이 가장 보편적인 일반성이다.
737	Montaigne	철학은 의심이다.
738	Mujahidin Rahman	당신들(미국가 서려)은 시계가 있지만 우리에게는 시간이 있다.
739	Muriel Strode	나는 다른 사람의 발자국을 피해 길이 나지 않은 곳으로 가겠다.

740	Nam June Paik	게임에 이길 수 없다면 규칙을 바꿔야 한다.
741	Napoleon Bonaparte	사람을 움직일 수 있는 두 개의 지렛대가 있다. 이익과 공포이다.
742	Napoleon Bonaparte	정치에서 어리석음은 장애가 아니다.
743	Napoleon	역사는 만인이 동의한 한 세트의 거짓말이다.
744	Narcisse Achille	어리는 화산 위에서 춤추기가 있다.
745	Nathan Hale	(생을 마감하며) 조국을 위해 바칠 목숨이 하나뿐이라는 사실이 안타까울 뿐이다! (헤일은 이중간첩 혐의로 총살당했다.)606
746	Nathanael West	수(數)는 역일한 방편언어이다.
747	Neil Armstrong	항공학에서 생존율은 착륙 각도에 반비례한다.
748	Nick Jagger	당신이 원하는 것을 항상 얻을 수 있는 것은 아니다. 그러나 열심히 노력하면 당신이 필요한 것을 얻을 수 있다.
749	Nicolo Machiavelli	(생을 마감하며) 나는 천국이 아닌 지옥으로 가고 싶다. 지옥에서는 교황과 왕, 왕자들을 만나겠지만 천국에서는 거지와 수도승, 사도들을 만날 테니까.607
750	Nikolai Gogol	제 얼굴 못났다고 거울 탓을 해선 안 된다.
751	Nikolai Lenin	자유는 매우 값진 것이기 때문에 자유가 배급되어야 한다.
752	Noel Coward	나는 술고래가 아니야. 나는 술 마시지 않고서 몇 시간이나 지낼 수 있거든.
753	Ogden Nash	당신의 결혼생활이 사랑으로 넘쳐흐르기를 바란다면, 당신이 잘못했을 때 그걸 인정해라. 당신이 잘했을 땐 입을 닥치고 있어라.
754	Oliver Holmes	젊은이는 법칙을 안다. 나이는 예외를 안다.
755	Omar	이들 그리스 서적이 신의 말씀과 일치한다면 보존할 값어치가 없다. 만약 일치하지 않다면 해악이니 폐기해야 한다. (641년 알렉산드리아 대서관을 불태우며)
756	Omura Ohjiro	정치적 사건과 전쟁은 경제적인 사건의 파생 부분에 지나지 않는다.608
757	Oscar Wilde	나이는 모든 것을 믿는다. 중년은 모든 것을 의심한다. 젊은이는 모든 것을 안다.
758	Oscar Wilde	결과가 아름다워면 방법은 정당하다.
759	Oscar Wilde	결혼 생활을 지속시키는 힘은 상호 간의 야해이다.
760	Oscar Wilde	결혼은 지성에 대한 상상력의 승리이다. 재혼은 경험에 대한 희망의 승리이다.

---

606 조나손 그린 엮음, 김은령 옮김, 마지막 1분, 청년의사(2004), P 60
607 조나손 그린 엮음, 김은령 옮김, 마지막 1분, 청년의사(2004), P 126
608 오무라 오지로(大村大次郎), 진효미 옮김, 탈세의 세계사, 더봄(2020), P 8

761	Oscar Wilde	결혼한 사람의 행복은 결혼하지 않은 사람에 달려있다.
762	Oscar Wilde	경험이란 사람들이 자신의 실수에 붙여주는 애칭이다.
763	Oscar Wilde	공학은 사망한 장군들에 대한 기록이다.
764	Oscar Wilde	나는 사람들이 나를 이해하지 못지 않다는 두려움 속에 산다.
765	Oscar Wilde	나는 유혹만 빼놓고 다 저항할 수 있다.
766	Oscar Wilde	남자는 언제나 여자의 첫사랑이 되길 원하고 여자는 언제나 남자의 마지막 로맨스가 되길 원한다.
767	Oscar Wilde	당신에게 일이 있다는 것이 얼마나 다행인지를 느끼는 가장 좋은 방법은 할 일이 없는 자신을 상상해 보는 것이다.
768	Oscar Wilde	대중은 모든 것에 대해 알고 싶어 하는 억누를 수 없는 호기심을 가지고 있다. 무엇이 알만 한 값어치가 있는가에 대한 호기심만 빼놓고.
769	Oscar Wilde	도덕성이란 우리가 싫어하는 사람에게 드러내는 입장의 적개심이다.
770	Oscar Wilde	물은 나를 파괴한다. 파괴는 미적 심미안을 지닌 사람들의 특권이다.
771	Oscar Wilde	비관주의자에게 돈을 빌려라. 비관주의자는 돈을 돌려받으리라고 생각하지 않을 것이다.
772	Oscar Wilde	성공은 입장의 과학이다. 조건이 충족된다면 결과는 따라온다.
773	Oscar Wilde	시간 엄수는 시간 도둑이다.
774	Oscar Wilde	신학의 역사는 광기의 역사이다.
775	Oscar Wilde	애국심은 사악한 자의 미덕이다.
776	Oscar Wilde	어떠한 예술도 검열에서 살아남은 적이 없고 앞으로도 그럴 것이다.
777	Oscar Wilde	여자를 사랑해야지 이해하려 해서는 안 된다.
778	Oscar Wilde	역사는 가십일 뿐이다.
779	Oscar Wilde	예술은 그 자체로 사랑해야지 편견한다 도덕의 잣대로 비판해서는 안 된다.
780	Oscar Wilde	우리는 모든 인간성이라 인간한다.
781	Oscar Wilde	위대한 예술가는 사물을 있는 그대로 보지 않는다.
782	Oscar Wilde	유혹을 제거하는 유일한 길은 유혹에 굴복하는 것이다.

783	Oscar Wilde	인간성이란 상상력이 결여된 사람들을 위한 참행이 피난처이다.
784	Oscar Wilde	진실기의 값어치는 대상의 값어치에 따라 달라진다.
785	Oscar Wilde	직업이란 것저 아에 달리 더 잘할 수 있는 것이 없는 사람들의 피난처이다.
786	Oscar Wilde	진정한 친구는 정면에서 찌른다.
787	Oscar Wilde	천박한 행동이란 단순히 다른 사람의 행동을 말한다.
788	Oscar Wilde	천재를 향한 어쭙이따쭙이의 찬사는 천재를 향한 헌사(獻詞)이다.
789	Oscar Wilde	친구를 안다고 확신하는 것은 매우 위험한 일이다.
790	Pablo Picasso	그림 그리기는 일기 쓰기의 한 방법이다.
791	Pablo Picasso	나는 돈 많은 가난뱅이로 살고 싶다.
792	Pablo Picasso	나는 사물을 본 대로 그리지 않는다 나는 사물을 생각하는 대로 그린다.
793	Pablo Picasso	예술은 진실을 알려주는 거짓말이다.
794	Pablo Picasso	젊어 지기 위해서는 오랜 세월이 걸린다.
795	Pablo Picasso	컴퓨터는 쓸때없는 물건이다. 컴퓨터는 아직 답만 주기 때문이다.
796	Pablo Picasso	파괴의 약자는 곧 창작의 약자이다.
797	Parmenides	무에서는 어떠한 것도 나오지 않는다.
798	Patrick Murray	아내에 관한 한 나는 운이 나쁘다. 첫 번째 아내는 나를 떠나갔고 두 번째 아내는 남아 있다.
799	Paul Bourget	생각하는 대로 살지 않으면 사는 대로 생각하게 된다.
800	Paul McCartney	존재한 적이 없던 것을 떠올릴을 때보다 더 짜릿한 창작의 쾌감은 느껴본 적이 없다. 그걸 섹스와 비교하기 쉽진 않지만 그 쾌감은 섹스보다 훨씬 더 오래 지속된다.
801	Paul Tillich	야음장은 얇게 그리고 넓게 퍼져 있는 분노이다.
802	Paul Valery	신은 남자를 만들고 난 뒤 그가 아리움을 느낀다는 사실을 알게 되었다. 그래서 신은 차차오 남자에게 찬 아리움을 느끼게 해주려고 배어자를 만들어 주었다.
803	Paul Valery	양심은 군림한다. 그러나 통치하지 않는다.
804	Paul Watson	가질라바다 가질라의 변화사가 더 무섭다.
805	Paulin Thomason	사랑은 눈을 멀게 하지만 결혼은 눈이 번쩍 뜨이게 만든다.
806	Persian Proverb	장미를 사랑한다면 가시까지도.
807	Peter de Vries	삶은 밀림 속에 있는 덩굴언이다.

808	Peter Drucker	미래를 예측하는 가장 확실한 방법은 미래를 창조하는 것이다.
809	Peter Drucker	의사소통에서 가장 중요한 것은 말하지 않은 것을 듣는 것이다.
810	Peter Turchin	북아메리카는 거대한 더 해자에 의해, 어떤 잠재적 위협으로부터도 보호받는 거대한 섬이다.[609]
811	Phil Pastoret	악은 듣지다. 보지다. 말하지다 말라? 그렇다면 당신은 타블로이드 신문사에서 일할 수 없다.
812	Philip Johnson	건축학은 공간의 낭비를 처가하는 예술이다.
813	Phyllis Diller	등갚내기 남자와 결혼하라. 당신의 아름다움이 흐려짐에 따라 그의 눈다 흐려질 것이다.
814	Phylliss Diller	아이들이 자라고 있는 동안 집을 치우는 건 아직 눈이 내리고 있는데 길의 눈을 치우는 것과 같다.
815	Pierre Laplace	(생을 마감하며) 우리의 지식은 지극히 미비하고, 우리의 미지는 말할 수 없이 광대하다.[610]
816	Plato	우열한 사람이 정치에 무심한 자가는 것보다 열등한 사람에 의해 지배당하는 것이다.
817	Plato	육체적 시력이 약해짐에 따라 정신적 시력은 향상된다.
818	Plato	현자는 할 말이 있을 때 말한다. 바보는 무언가를 지껄이고 싶을 때 말한다.
819	Plutarchos	내가 변할 때 같이 변하고 내가 꺼덕일 때 같이 꺼덕이는 친구는 필요 없다. 그건 내 그림자가 훨씬 더 잘 한다.
820	Proverb	'예를 들면'은 증명이 아니다.
821	Proverb	계획을 세우는 데 실패한 것은 실패하기 위해 계획을 세우는 것과 같다.
822	Proverb	나는 들을 때 잊어버린다. 볼 때 기억한다. 실행에 옮겨질 때 이해한다.
823	Proverb	많이 짖는 개는 좋은 사냥개가 아니다.
824	Proverb	말은 많은데 행동이 따라주지 못하는 사람은 잡초가 무성한 정원과 같다.
825	Proverb	물지 못할 바에는 이빨을 드러내지 말라.
826	Proverb	민중의 목소리가 신의 목소리이다.
827	Proverb	변하사의 손안에 든 양고기보다 고양이의 입안에 든 쥐가 낫다.

---

609 피터 터친 지음, 유강은 옮김, 국가는 어떻게 무너지는가, 생각의 힘(2025), P 179
610 조나손 그린 엮음, 김은령 옮김, 마지막 1분, 청년의사(2004) P 157

828	Proverb	사랑가 빠진 연설은 겨자 없는 사커가 같다.
829	Proverb	아무것도 하지 않는 것이 가장 하기 힘든 일이다.
830	Proverb	어떤 길을 택하든 물웅덩이가 있기 마련이다.
831	Proverb	어떤 사람은 일을 끝내기가 어떤 사람은 일어나가 있는 일을 그저 바라만 있기 나머지는 무엇이 일어나가 있는지다 마른다.
832	Proverb	언제든지 할 수 있는 일은 결국 할 수 없다.
833	Proverb	젊은이가 알 수 있다면, 나이이 할 수 있다면.
834	Proverb	질문이 없으면 거짓말도 없다.
835	Proverb	웃을 수 있는 사람은 물 수도 있다.
836	Publius Ovidius Naso	아름다움은 깨지기 쉬운 선물이다.
837	Quentin Crisp	내가 북아일랜드에서 나는 무신론자라고 말했을 때 청중 가운데 한 여인이 일어나서 내게 '당신이 믿지 않는 신이 카톨릭이 신인가요, 신교다이 신인가요'라가 물었다.
838	R.S. Ingersoll	대학은 자갈에 광을 내지지만 다이아몬드야 광은 죽이는 것이다.
839	Rainer Maria Rilke	명성은 새로운 이름에 낯설다 아해야 창합이다.
840	Ralph Waldo Emerson	가혹비를 받는 사람은 학가 교사이지만 내 아들을 실제 교육하는 건 학가 학생들이다.
841	Ralph Waldo Emerson	모든 역사는 위인이 늘려진 그림자에 불과하다.
842	Ralph Waldo Emerson	어리를 제한하는 것을 어리는 운명이라 부른다.
843	Ray Kroc	해운은 땀이 배당것이다. 더 많은 땀을 흘림수록 더 많은 해운이 따라온다.
844	Rebecca West	대화 같은 것은 없다. 그건 환상이다. 가끔 교차하는 더 개이 두배이 있을 뿐이다. 그게 전부이다.
845	Rebecca West	전쟁 전에 국방강학은 진짜 강학이었다 천문학처럼. 전쟁이 끝난 다 국방강학은 점성술이 다었다.
846	Red Skelton	모든 남자는 실수를 한다. 그러나 결혼한 남자는 실수를 더 빨리 깨닫는다.
847	Remy Gourmont	남자는 자끔 전 키스다 읽어버리지만 여자는 첫 키스를 영언히 기억한다.
848	Richard C. Halverson	기독교는 그리스라 가서 철학이 다었가, 라마라 가서 제다가 다었가, 어립이라 가서 문항가 다었가, 미국어라 가서 기업이 다었다.
849	Richard Feynman	(생을 마각하며) 난 더 번 죽는 건 정말 싫어. 그건 너무 지겨워.
850	Richard Harkness	위언하는 필아 없는 일을 하기 위해, 아쑥다 있가 적합하지다 않은 사람들을 뽑아 만든 모임이다.

851	Ring Lardner	읽을 수 있다면 글을 쓸 수도 있다?
852	Rita Brown	좋은 판단은 경험에서부터 나온다. 경험은 나쁜 판단에서부터 나온다.
853	Rita Mae Brown	행복의 열쇠 가운데 하나는 나쁜 기억력이다.
854	Robert Benchley	오페라는 누군가가 칼에 등이 찔린 뒤 출혈 없이 부르는 노래다.
855	Robert Brault	감사평가는 일이 첫 삽을 뜨게 하는 가장 좋은 야삽이다.
856	Robert Byron	민주주의는 당신이 가장 덜 싫어하는 후보에게 투표하는 제도이다.
857	Robert Covey	난수(亂數)의 해석을 우연에 맡겨 두기에는 너무나 좋아하다.
858	Robert Kennedy	미래는 선물이 아니라 성취이다.
859	Robert Frost	배심원은, 누가 더 나은 변호사를 고용해냐를 결정하는, 열두 명의 사람으로 구성되어 있다.
860	Robert Frost	사랑은 감옥이다.
861	Robert Frost	세상은 야욕적인 사람으로 꽉 차 있다. 어떤 사람은 일할 야욕이 있고 나머지 사람은 일할 야욕이 있는 사람에게 일을 시키고 싶은 야욕이 있다.
862	Robert Frost	자유시를 쓰는 것은 네트를 내려놓고 테니스를 치는 것과 같다.
863	Robert Frost	작가에게 감동이 눈물이 없으면 독자에게도 감동의 눈물이 없다.
864	Robert Fulghum	아이들이 당신 말을 듣지 않는 걸 걱정하지 마라. 아이들이 당신을 바라 보고 있다는 걸 걱정해라.
865	Robert Ingersoll	비나가 곁들여진다면 침례식도 괜찮지.
866	Robert Ingersoll	추론/관찰/경험: 과학의 성사러운 삼위일체
867	Robert Kriegel	'사실지상'는 구닥다리 사고방식의 별칭이다.
868	Robert Orben	난 매일 일어나서 파반스(誌)의 미국 내 부자 순위 목록을 본다. 그리고 내 이름이 그 목록 안에 없으면 일터로 향한다.
869	Robert Orben	자녀를 때려서는 절대로 안 된다. 손을 다는 순간 맘통이 무방비 상태에 나출되기 때문이다.
870	Robert Pirsig	누군가가 망상에 빠져 있으면 정신이상이라고 하고 다수가 망상에 빠져 있으면 종교라고 한다.
871	Robert Service	당신을 지치게 하는 것은 멀리 있는 산이 아니라 당신의 신발 안에 있는 모래 한 톨이다.
872	Robert Service	승낙한 약속은 깨지 않은 법이다.

873	Robert Stevenson	인생은 어떤 패를 쥐고 있냐의 문제가 아니라 쥐고 있는 패를 얼마나 잘 활용하고 있냐의 문제이다.
874	Robert Stevenson	침묵은 종종 가장 잔인한 거짓말이다.
875	Robert Winder	전기(傳記)는 가품격 가십(잡담)이다.
876	Robertson Davies	눈은 정신이 이해할 준비가 되어 있는 것만 볼 수 있다.
877	Rodney Dangerfield	"모든 사람이 날 싫어한다"가 나의 정신감정사에게 말했다. 그러자 그는 내가 좀 이상하다고 말했다. "당신은 아직 모든 사람을 만나보지는 못했다."
878	Rodney Dangerfield	양성애는 토요일 밤에 데이트할 수 있는 기회를 더 배로 높여준다.
879	Roert Jackson	종교의 자유, 언론의 자유, 출판의 자유에 지불해야 하는 비용은 우리가 많은 양의 쓰레기를 견뎌내야 한다는 것이다.
880	Roger de Bussy-Rabutin	우리가 좋아하는 것을 가질 수 없을 때 우리가 가진 걸 좋아해야 한다.
881	Romain Rolland	인생은 양복파를 발행하지 않는다.
882	Ronald Reagan	간략자들은 연애붙들이 존재이가 지상에서 결코 사라지지 않을 것이다.
883	Ronald Reagan	당신의 이웃이 실업자가 되었다면 경기 침체이다. 당신이 실업자가 되었다면 대공황이다. 지미 카터가 실업자가 된다면 경기회복이다.
884	Ronald Reagan	대통령이 되니 좋은 점도 있군아. 대통령이라 당선된 다음 날 나는 내 고등학교 성적을 일급비밀라 지정했습니다.
885	Ronald Reagan	영어에서 가장 혀 같은 말은 "나는 공무원이고 당신들을 돕기 위해 여기 있다" 이다.
886	Ronald Reagan	정치는 두 번째라 오래된 직업이라고 한다. 나는 정치가 제일 오래된 직업과 매우 닮았다는 것을 깨달았다.
887	Ronald Reagan	집중된 권력은 항상 자유의 적이다.
888	Ronald Reagan	한 장의 사진이 천 번의 부인(否認)보다 낫다.
889	Ronnie Corbett	당신보다 느리게 운전하는 사람은 바보이고 당신보다 빠르게 운전하는 사람은 다 미친놈이다.
890	Rosa Luxemburg	자유는 항상 그리고 배타적이라. 다른 생각을 하는 자유이다.
891	Royal Society	남의 말다 그대로 믿지 말라. (Nullius in Verba)
892	Russian Proverb	물에 빠진 사람을 구해주는 건 물에 빠진 사람 자신이 할 일이다.[611]
893	Rutherford Rogers	우리는 정보의 홍수에 익사할 지경이지만 지식에는 목마르고 있다.

---

[611] 피터 터친 지음, 유강은 옮김, 국가는 어떻게 무너지는가, 생각의 힘(2025), P 110

894	Saint Ignatius of Antioch	(생을 마감하며)이 야수들을 반갑게 맞이하겠어. 이들이 실제보다 훨씬 더 잔인하기를 바라오. 야수들이 나를 공격하지 않으면 내가 이 사자들에게 덤벼들겠어. 나는 하나님의 밀이니 야수들의 이빨 사이에서 갈아져 주님을 위한 빵이 될 수 있기를 바랄 뿐이야.[612]
895	Sam Ewing	20달러를 어떤 사람에게 빌려줬다가 그 사람을 다시는 보지 않는다면 그 돈은 그럴 만한 가치가 있다.
896	Sam Levinson	경기는 여전하다. 당신은 그걸 당신의 아이들로부터 여전 받을 수 있다.
897	Samuel B Beckett	우리는 미친 채로 태어났고 어떤 사람들은 그 상태를 계속 유지한다.
898	Samuel Butler	암탉은 단지 달걀이 다른 달걀을 만들어 내는 수단에 불과하다.
899	Samuel Butler	우정은 돈과 같다. 얻기는 쉬어도 지키기는 어렵다.
900	Samuel Johnson	재혼: 경험에 대한 희망의 승리
901	Samuel Johnson	가난은 인간의 행복을 저해하는 최악의 적이다. 왜냐하면 가난은 자유를 속박하고 실행에 옮길 수 없는 덕더거품을 생산해 내기 때문이다.
902	Samuel Johnson	결혼은 고통이 많지만 독신은 즐거움이 전혀 없다.
903	Samuel Johnson	낚시: 한쪽에 물고기가, 다른 한쪽에 바보가 앉아 있는 오락.[613]
904	Samuel Johnson	내가 읽이 쓰인 것은 기쁨 없이 읽힌다.
905	Samuel Johnson	누군가가 불행한 것이 너도 행복하지 않은 것보다 낫다. 평등에 대해서도 똑같은 원리가 적용된다.
906	Samuel Johnson	당신의 의심을 매일 매일 닦아내라.
907	Samuel Johnson	발 걷어차는 있지만 가서 발 걷어차가 있는 건 아니다.
908	Samuel Johnson	비참하 사는 것이 비참하 죽는 것보다 좋다.
909	Samuel Johnson	빈자에게 어느 정도의 해필품이 공급되느냐가 문명을 재는 척도이다.
910	Samuel Johnson	사전은 시계와 같다. 최악의 사전이라도 없는 것보다는 있는 게 낫다. 그리고 최선의 사전도 오차가 있을 수 있다.
911	Samuel Johnson	수치심은 인간에 대한 두려움에서 나온다. 양심은 신에 대한 두려움에서 나온다.
912	Samuel Johnson	애국심은 사기꾼의 최후 피난처이다.
913	Samuel Johnson	언어는 사고의 의복이다.

---

612 조나손 그린 엮음, 김은령 옮김, 마지막 1분, 청년의사(2004), P 189
613 사이먼 윈체스터, 이종인 옮김, 책과함께(2003), P 351

914	Samuel Johnson	작가가 글을 쓰기 위해 소비하는 시간의 대부분은 독서에 쓰인다. 작가는 책 한 권을 쓰기 위해 도서관의 반을 헤집고 다닌다.
915	Samuel Johnson	작가의 역량은, 작가가 살아 있을 때는 최악의 작품에 의해, 죽었을 때는 최상의 작품에 의해 평가받는다.
916	Savielly Tartakower	승리는 마지막에서 두 번째로 실수한 사람에게 간다.
917	Schopenhauer	고독은 뛰어난 자의 운명이다.
918	Schopenhauer	우리는 다른 사람처럼 되기 위해 우리 자신을 잃어버린다.
919	Schopenhauer	우리의 운명 대부분은 우리의 어리석음에 기인한다.
920	Seneca	가난을 맞보지 않은 사람은 세상의 일면만 보았을 뿐이다.[614]
921	Seneca	누구나 우연히 현명해질 수 없다.
922	Seneca	문학 없는 여가는 죽음이고 또 생매장이다.
923	Seneca	보통 사람은 종교를 진리라 간주한다. 현명한 사람은 종교를 거짓이라 간주한다. 통치자는 종교를 유용한 것이라 간주한다.
924	Seneca	사상이 얕어도 악을 배울 수 있다.
925	Seneca	운은 준비가 기회를 만났을 때 발생하는 현상이다.
926	Seneca	인생보다 어려운 예술은 없다 다른 예술과 달리 사상이 없어도 된다.
927	Seneca	준비된 사람에게만 행운의 여신은 기회를 준다.
928	Septimus Severus	(생을 마감하며) 작은 단지여! 이제 곧, 세상이 담을 수 없었던 사람의 유골이 너에게 담길 것이다.[615]
929	Shirley Maclaine	사람을 판단할 수 없을 때가 세 번 있다. 사랑에 빠졌을 때, 술에 취했을 때, 선거에 나왔을 때.
930	Sholem-Aleichem	인생은 현자에게는 꿈이고 바보에게는 게임이며, 부자에게는 희극이나 빈자에게는 비극이다.
931	Sigmund Freud	당신의 아내가 당신의 말에 귀를 쫑긋 새우기를 바란다면 다른 여자에게 말을 걸어보아라.
932	Simeon Strunsky	유명한 말일수록 정확하게 인용되는 경우가 드물다.
933	Socrates	어찌 되었든 결혼해라. 좋은 아내를 얻으면 당신은 행복해질 것이고 나쁜 아내를 얻으면 당신은 철학자가 될 것이다.
934	Solon	법은 거미줄이다. 잔챙이는 걸려들고 거물은 뚫고 지나간다.
935	Somerset Maugham	사랑은 종의 연속성을 달성하기 위한 자연의 속임수일 뿐이다.

---

614 오금성, 등용문, 지식산업사(2023), P 333
615 조나손 그린 엮음, 김은령 옮김, 마지막 1분, 청년의사(2004), P 46

936	Somerset Maugham	파를 사서 곧다 온다는 달리는 열차에 올라타는 사람에게 인생은 이해할 수 없는 것이다.
937	Spider-man	큰 힘에는 큰 책임이 따른다.
938	Spike Milligan	모든 사람은 평등하게 창조된다.
939	Spike Milligan	아버지는 나에게 심오한 영향을 주셨다. 아버지는 미치광이었다.
940	Spike Milligan	인생은 아직 죽음에 의해서 치료되는 성질병이다.
941	Spinoza	현재가 과거와 달라지기를 바란다면 과거를 공부하라.
942	St Augustine	주여! 제가 정욕을 이기는 수 있게 도와주소서! 그러나 지금은 아닙니다.
943	Stalin	악인의 마감심은 선해야 하지만 선인의 마감심은 악해야 한다.
944	Stalin	양은 질이다.
945	Stalin	열린 마음은 보초병(步哨兵) 없는 요새와 같다.
946	Stalin	표를 던지는 사람은 선거를 결정하지 못한다. 표를 세는 사람이 선거를 결정한다.
947	Stalin	한 명의 죽음은 비극이지만 백만 명의 죽음은 통계이다.
948	Stalin	현명한 자는 보는 것 믿고 아둔한 자는 믿는 것 본다.
949	Stanislaw Lec	식인종이 나이프와 포크를 사용하면 진보인가?
950	Stanisslaus I	(새을 마감하며) 몸을 따뜻하게 하려고 입은 망토가 나를 너무 따뜻하게 해주었군. (망토에 불이 붙어 사망)[616]
951	Stanley Baldwin	나는 남자의 이성보다는 여자의 본능을 더 신뢰하겠다.
952	Stanley Kubrick	큰 나라는 깡패처럼 행동하고 작은 나라는 창녀처럼 행동한다.
953	Stendhal	소설은 저잣거리라 나온 거울이다.
954	Steve Fergosi	잘 취한 사람의 말은 잘 취하지 않은 사람의 생각이다.
955	Steven Wright	당신 차의 브레이크를 수리할 수 없었습니다. 그래서 경적의 성능을 높였습니다.
956	Sun Tzu	병법이란 적을 속이는 기술이다.
957	Sun Tzu	전쟁을 확대해서 이익을 본 국가는 없다.
958	Sydney Harris	기욱이 망가는 거울을 향한에다라 바깥는 데 있다.
959	T. S. Eliot	위대해지려는 사람들 때문에 세상은 불행해진다.
960	T. S. Eliot	인간은 너무나 많은 진실은 감당할 수 없다.
961	Tacitus	금단의 열매에 숨겨진 매력이 있다.

---

[616] 조나손 그린 엮음, 김은령 옮김, 마지막 1분, 청년의사(2004), P 46

962	Tagore	사람들이 짐승이 됐을 때는 짐승보다 더 악하다.
963	Talmud	전통은 법을 둘러싸고 있는 울타리이다.
964	Talmud	짐이 무게는 말의 힘과 등치(等値)가 된다.
965	Terence	가장 엄격한 정의가 가장 큰 불의일 때다 있다.
966	Terence	행운의 여신은 대담한 사람을 우대한다.
967	Teresa Avila	나는 죽지 않기 때문에 죽는다.
968	Teresa Avila	신이 기도에 감응할 때 더 많은 눈물이 쏟아난다.
969	Tewodros II	나는 제국주의자들이 시작을 잘 알기 있다. 처음에 상인과 선교사가 오고 다음에 야간같이 온다. 마지막에라 대포가 온다. 그럴 바에는 처음부터 대포가 오는 것이 차라리 더 낫다.
970	Theodore Roosevelt	당신이 서 있는 곳에서 당신이 가진 것으로 당신이 할 수 있는 것을 해라.
971	Thessalonica	일하지 않는 자 먹지도 마라.
972	Thomas Aquinas	책 한 권만 읽은 사람이 가장 무섭다.[617]
973	Thomas Brown	부자의 농담은 언제나 재미있다.
974	Thomas Carlyle	현재는 살아 있는, 갇거이 총합계이다.
975	Thomas Edison	위대한 아이디어는 근육에서 나온다.
976	Thomas Fuller	야욕이 없을 때 어떤 것도 쉽지 않다.
977	Thomas Fuller	자치아를 상속자로 지정한 환자는 병에서 회복되지 못한다.
978	Thomas Fuller	굉대들은 머리가 있다 그러나 나가 없다.
979	Thomas Hardy	간극(間隙)이 있으면 사람은 숨을 쉴 수 있지만 밀착되면 사람은 질식사한다.
980	Thomas Hobbes	여가는 철학의 어머니이다.
981	Thomas Huxley	과학은 체계화된 상식이다. 그것에서는 수많이 많은 아름다운 이론들이 추한 사실에 의해 죽임을 당한다.
982	Thomas Jefferson	정부에게 무언가를 바라는 분위기를 풍길 때 부패는 시작된다.
983	Thomas Jefferson	아무것도 읽지 않는 사람은 신문만 읽는 사람보다 훨씬 더 교양 있는 사람이 된다.
984	Thomas Jefferson	애국자와 독재자가 싸우며 흘리는 피는 종종 자연이 나무에 새로운 활기를 불어넣는 천연 비료이다.

---

[617] 하지현, 아무튼 명언, 위고(2025), P 118

985	Thomas Jones	친구는 왔다가 가지만 적은 남겨둔다.
986	Thomas Paine	이성을 포기한 사람과 논쟁하는 것은 시체에다 치료제를 주사하는 것과 같다.
987	Thomas Szasz	당신이 신에게 말하고 있다면 당신은 기도하고 있는 것이다. 신이 당신에게 말하고 있다면 당신은 정신분열증 환자이다.
988	Thomas Szasz	종교가 강자였고 과학은 약자였던 옛날에 사람들은 마술과 의학을 구별할 수 없었다. 과학이 강자이고 종교가 약자인 현재에도 사람들은 마술과 의학을 구별하지 못한다.
989	Thorstein Veblen	사치품의 과시적 소비는 여한계급이 명성을 얻기 위한 수단이다.
990	Thucydides	행복은 자유로부터 온다. 그리고 자유는 용기로부터 온다.
991	Tim Vine	무엇이 내 피를 끓어오르게 하는지 말하겠다: 화장장(火葬場)
992	Timothy Jones	물고기 한 마리를 어떤 사람에게 주면 그는 하루를 연명할 수 있을 것이다. 그러나 만약 그에게 낚경를 알려주면 물고기를 달라고 기다리다 굶어 죽을 것이다.
993	Toledo Blade	여업 중인 많은 해군이 사리를 위해 먼을 타야야 할 때가 있다.
994	Tom Magliozzi	행복=현실-기대
995	Tom Peters	혼란스럽지 않다면 당신은 집중하지 않은 것이다.
996	Tom Stoppard	상상력이 결여된 기술은 손재주이고 기술이 결여된 상상력은 예술이다.
997	Tom Stoppard	인생은 배당들이 형편없는 도박이다. 만약 인생에다 돈을 건다면 지런 돈을 따라 날리게 될 것이다.
998	Tom Stoppard	나이는 성숙해지기 위해 지불해야 하는 비싼 대가이다.
999	Tom Stoppard	두파가 아니라 개파가 민주주의를 장악한다.
1000	Tony Robbins	마포를 정하는 것은 보이지 않는 것을 보이게 하는 첫걸음이다.
1001	Torquato Tasso	바라는 게 적어면 가난함도 적다.
1002	Torvald Gahli	거울을 바꿀 수 없다고 믿는 사람은 아직 자신의 비망록을 써본 적이 없는 사람이다.
1003	Victor Borge	웃음은 두 사람 사이의 최단거리이다.
1004	Victor Hugo	40대는 청년기의 노년기이고 50대는 노년기의 청년기이다.
1005	Vigil	여자는 변덕스러운 존재이다.
1006	Vigil	운명의 여신은 용감한 자를 우대한다.
1007	Vigil	한번 흘러간 시간은 다돌아오지 않는다.
1008	Vince Lombardi	승리는 중요하지 않다. 그러나 승리하려는 욕망은 무엇보다 중요하다.
1009	Vincent Gogh	그림을 하나도 팔지 못했지만 내가 할 수 있는 건 아무것도 없다. 언젠가 사람들이 내 그림을 물감값보다는 나은 값에 사줄 날이 올 것이다.

1010	Virgil	정복할 수 있다는 믿음이 있는 사람이 정복할 수 있다.
1011	Virginia Woolf	나는 많은 친구를 잃었다. 어떤 경우는 친구가 죽었기 때문에 다른 경우는 내가 길을 건널 수 없었기에.
1012	Vita Sackville West	나는 여러 해 동안의, 때라는 슬픈 경험을 통해 당신이 어떠한 결론에다 이를 수 없다는 결론에 이르렀다.
1013	Vladimir Nabokov	천재는 눈을 꽂가는 아프리카 사람이다.
1014	Voltaire	(대단 사람이 공유하고 있는 지식을 상식이라고 하지만) 상식은 공유되지 않는다.
1015	Voltaire	근대사는 만인이 동의한 야합이다.
1016	Voltaire	나는 나의 변호사, 재단사, 하인, 아내가 신을 믿길 원한다. 그래야 내가 덜 사기당하고 덜 아해이를 질 거라고 상상하기 때문이다.
1017	Voltaire	나는 당신의 말에 동의하지 않지만 당신이 그렇게 말할 수 있는 권리를 지키기 위해 죽을 때까지 싸우겠다.
1018	Voltaire	너무 유명해진 이름은 너무 큰 짐이다.
1019	Voltaire	당신이 불합리한 것을 믿게 만들 수 있는 사람은 당신이 비행을 저지르게 만들 수도 있다.
1020	Voltaire	독창성은 점잖고 괴인 모방에 불과하다.
1021	Voltaire	덕에 강한 한 대단 사람은 똑같은 장감을 가지고 있다.
1022	Voltaire	만약 신이 없다면 신을 발명해야 할 필요가 있다.
1023	Voltaire	바보가 사사실을 존경하는 한 바보를 해방할 길은 없다.
1024	Voltaire	사람들은 자신의 악행을 정당화할 때만 사고(思考)를 이용하고, 사고(思考)를 감출 때만 언어를 사용한다.
1025	Voltaire	살인은 금지되어 있다. 따라서 승리의 트럼펫 소리가 야란하게 불 때까지 대량살상을 하지 않아면 살인자들은 처벌받는다.
1026	Voltaire	신성로마제국은 신성하지도 않았고 라마다 아니었고, 제국다 아니었다.
1027	Voltaire	신은 중심은 어디에나 있고 연주(圓周)는 어디에다 없는 연이다.
1028	Voltaire	역사는 단지 범죄와 불운에 대한 묘사에 지나지 않는다.
1029	Voltaire	역사는 만인이 동의한 야합이다.
1030	Voltaire	이성의 힘을 잃어버린 사람이 장감의 진실을 가장 잘 이해한다.
1031	Voltaire	이 세상에서 모리는 마루가 되든가 아니면 망치가 되든가를 선택하는 위험을 다룸써야 한다.
1032	Voltaire	인간이라는 불쌍한 장족은 편협한 정신을 하고 있어 잘 다져진 땅을 걷는 사람들은 새라운 길을 가리키는 사람들에게 돌을 던진다.[618]

---

618 볼테르, 사이에 옮김, 불온한 철학사전, 민음사(2019), P 548

1033	Voltaire	주여! 친구로부터 나를 지켜 주소서. 나의 적은 내가 항상 끄나밖가 있나이다.
1034	Voltaire	차선은 선의 적이다.
1035	Walt Whitman	이 세상에서 가장 더러운 책은 검열된 책이다.
1036	Walter Lippmann	모든 사람이 똑같이 생각하고 있다면 누구도 제대로 생각하지 못하고 있는 것이다.
1037	Walter Scheidel	죽음은 거대한 평등 제조자이다.
1038	Walter Scott	기쁨 없는 인생은 기름 없는 등잔과 같다.
1039	Warren Bennis	미래의 공장에서는 아직 둘만 일할 것이다. 사람과 개. 사람은 개에게 밥을 주기 위해 있고 개는 사람이 기계에 손을 대지 못 하게 하려고 있을 것이다.
1040	Warren Buffet	우리가 역사로부터 배워야 할 것은 사람들이 역사로부터 아무것도 배우지 않는다는 사실이다.
1041	Warren Buffett	규칙1: 절대 돈을 잃지 마라. 규칙2: 규칙 1을 절대 잊지 마라.
1042	Warren Buffett	나는 비싼 것을 산다. 비싼 것이 싸지려고 할 뿐이다.
1043	Warren Buffett	똑똑이가 가장 먼저 하는 것을 멍청이는 가장 나중에 한다.
1044	WC Fields	똑똑한 강아지는 치주를 먹고 난 뒤에 집구멍에 치주 냄새를 불어넣는다.
1045	Wendy Kaminer	신념은 어리석음의 결과가 아니라 어리석음의 원인이다.
1046	Whitehead	무지가 아니라, 무지에 대한 무지가 지식의 죽음을 초래한다.
1047	Whitney Brown	우리의 팍탄이 평균적인 고등학생보다 똑똑하다. 팍탄은 적어도 목적이트를 찾아갈 수 있다.
1048	Wilhelm Bode	렘브란트는 700점의 그림을 그렸다. 이들 중 3000점이 지금 남아 있다.
1049	Wilhelm Busch	아버지가 되기는 쉬어도 아버지 답기는 어렵다.
1050	Will Durst	미국인은 홈-샤핑-TV를 좋아한다. 왜냐하면 홈-샤핑-TV는 상업광고가 없기 때문이다.
1051	Will Rogers	걱정은 흔들의자와 같아서 계속 움직이지만 아무 데도 가지 않는다.[619]
1052	Will Rogers	나는 농담하고 있는 게 아니다. 나는 정부를 주시해 왔고 사실을 말 하고 있는 것이다.
1053	Will Rogers	당신이 읽고 이해할 수 없는 서류가 있다면 그건 아마도 변호사에 의해 작성되었을 것이다.
1054	Will Rogers	모든 것이 재미있다 그게 단지 다른 사람들에게 일어난다면.
1055	Will Rogers	바보 같은 실수로 전쟁을 초래한 두 국민들을 속이는 것이 야가들의 여일한 야가활동이다.

---

[619] 하지현, 아무튼 명언, 위고(2025), P 11

1056	Will Rogers	바빠야 것이 단연 급 닥선다다.
1057	Will Rogers	범죄가 대가를 치러게 만들가 쉽다면 변호사가 되어라.
1058	Will Rogers	이 나라에서 가장 좋은 직업을 가진 사람은 부통령이다. 그가 하는 일은 매일 아침 일어나서 "대통령은 안녕하신가?"를 묻는 것이다.
1059	Will Rogers	정치에 진심을 자입하면 정치는 사라진다.
1060	Will Shriner	나는 나의 아버지처럼 잠자다 죽가 싶다. 그러나 그의 차에 탄 승객들이 내지르던 아비규한 읍이…
1061	William Congreve	나는 그게 비밀인 줄 안다. 왜냐하면 그게 온 세상에 사면나 있기 때문이다.
1062	William Feather	부자의 쩨쩨함은 빈자의 사치벽(奢侈癖) 만큼이나 놀랍다.
1063	William H. Hudson	굴뚝새의 날개가 독사리처럼 아아하게 날 수는 없다.
1064	William Hazlitt	편견은 무지의 산물이다.
1065	William James	내 자아이지의 첫 번째 해야는 자아이지의 존재를 믿는 것이다.
1066	William King	어제 한 약속은 오늘에 부갚단 세금이다.
1067	William Osler	의사의 임무는 대장이 약을 멀리하도록 교육하는 것이다.
1068	William Phelps	평균치 이상을 하지 않는 해야는 결국 평균치를 저하하게 된다.
1069	William Randolph	정치인이란 자신의 권력을 지키기 위해 뭐든지 하는 사람들이다. 심지어 애국자가 되기도 한다.
1070	William Safire	거짓을 사실과 아해해서 거짓말을 한 사람은 정직한 사람이가 실제라는 거짓이란 걸 알면서도 사실을 얘기한 사람은 거짓말쟁이이다.
1071	William Shakespear	지적이라 당신가 겨려받가 쉽지만 당신은 전혀 무장하가 있지 않군아!
1072	William Strunk	불필요한 낱말은 모두 빼라. 강력한 문장은 간결하다. 하나의 문장에 불필요한 낱말이 있어서는 안 된다. 하나의 단락에 불필요한 문장이 있어서는 안 된다. 그림에 불필요한 선이 있어면 안 되가 기계에 불필요한 부품이 있어면 안 되듯이. 하지만 간결한 글쓰기가 단지 짧은 문장이나 섬세한 묘사의 생략을 의미하지는 않는다. 또 주제의 개략적 서술을 의미하지 않는다. 하나하나의 낱말은 자신만의 역할이 있어야 한다.
1073	William Thackeray	의심할 여지 없이, 현명한 사람이 가장 좋다. 그러나 사람이 없는 것보다 바보 같은 사람이라도 있는 것이 낫다.

1074	Willie Sutton	(왜 은행을 털었는지?) 거기에 돈이 있기 때문에!
1075	Winston Churchill	20세이면서 자유당이 아닌 사람은 심장이 없고 40세이면서 보수당이 아닌 사람은 뇌가 없다.
1076	Winston Churchill	국단의 복잡성에서 국단의 단순함이 나온다.
1077	Winston Churchill	역경을 피하려고 하지 마라. 나이를 먹으면 역경이 여러분 피한다.
1078	Winston Churchill	인생에서 가장 중요한 교훈은 바보라도 때라는 옳을 때가 있다는 사실이다.
1079	Winston Churchill	전쟁패자라는 당신을 죽이려다 실패한 사람이다. 전쟁패자라는 당신에게 자신을 죽이지 말라고 애원한다.
1080	Winston Churchill	정치는 전쟁과 매우 유사하다. 정치인은 때때로 두 가지다 살피한다.
1081	Winston Churchill	정치는 전쟁보다 위험하다. 전쟁에서는 아직 한 번 죽기 때문이다.
1082	Winston Churchill	진실이 진각해지는 전시에는 진실은 거짓의 경호원에 의해 경호받으며 등장한다.
1083	Winter Winchell	가십은 모든 걸 얘기하지만 어떤 것도 얘기하지 않는 기술이다.
1084	Winter Winchell	자신이 낸 통계가 아니라면 어떠한 통계도 믿지 말라.
1085	Winwood Roade	사람들은 자신이 연속이라부터 진화했다기보다는 천사라부터 타락했다고 믿고 싶어한다.
1086	Wittgenstein	논리가 바닥나는 지점에서 설득이 시작된다.
1087	Wittgenstein	언어의 한계가 내가 알 수 있는 세계의 한계이다.
1088	Wittgenstein	언어의 한계가 사고의 한계이다. 내가 아는 모든 것은 언어라 닿아 있다.
1089	Woodrow Wilson	나는 내가 가진 모든 두뇌와 내가 빌릴 수 있는 모든 두뇌를 사용하였다.
1090	Woody Allen	것이 부족한 경우은 대부분 거들 난 다득식이라 메꿔진다.
1091	Woody Allen	나는 어리를 굶어보가 있는 존재가 있다고 믿는다. 불행히도 그것은 정부이다.
1092	Woody Allen	어떻게 신을 웃길까? 너의 장래계획을 신에게 말해보라.
1093	Woody Allen	인생은 고통과 고독과 가난으로 가득 차 있다. 게다가 너무 짧다.
1094	Woody Allen	지식의 칼물을 끼게 들이마시는 사람이 있고 입가심하는 사람도 있다.
1095	Xenocrates	나는 내가 한 말을 후회한 적이 있지만 나의 묵언(默言)을 후회한 적은 없다.

1096	Yakov Smirnoff	러시아에서는 아직 세 TV-채널이 허용된다. 채널 1은 정치 선전이라 되어 있다. 채널 2는 KGB 강대원이 겨가라 되어 있다: '채널 1라 즉시 돌아가라'
1097	Yiddish proverb	세 가지를 감출 수 없다. 감기, 가난 그리고 사랑.
1098	Yogi Berra	항상 다른 사람의 장례식에 자면을 가라. 그렇지 않으면 그들도 당신의 장례식에 자면하러 오지 않을 것이다.
1099	Zelenskyy	탈 것이 아니라 쏠 것이 필요하다. (미국의 대피 제안을 거절하며)
1100	Zeno	(해을 마감하며) 대지여, 나를 원하는가? 이제 준비가 되었다.[620]
1101	Zsa Zsa Gabor	여자를 향해 전진하는 남자를 여자가 환영하는 건 아무런 문제가 안 된다. 남자가 든든한 현금을 가지고 있는 한.
1102	강승준	돈이 전쟁을 만들거나 전쟁이 돈을 만든다.[621]
1103	김대중	나는 거짓말을 한 적이 없다. 단지 약속을 지키지 못했을 뿐이다.
1104	김선도	걱정하지 마! 해법학 시험의 모든 답은 아리 맘 안에 있어.
1105	김영삼	닭 모가지를 비틀어도 새벽은 온다.
1106	김재환	기독교는 그리스라 가서 철학이 되었다가, 라마라 가서 제도가 되었다가, 유럽이라 가서 문화가 되었다가, 미국이라 가서 기업이 되었다. 그리고 마침내 한국에 와서는 대기업이 되었다.
1107	이경규	무식한 사람이 신념을 가지면 무섭습니다.
1108	이주일	국회에는 나보다 코미디를 더 잘하는 사람이 많다.
1109	이주일	나는 내가 세상에서 가장 웃기는 놈인 줄 알았다. 그런데 국회에 가보니 나보다 더 웃기는 놈들이 바글바글하더라.
1110	전우용	훌륭한 지도자는 역사를 바꾸고, 저열한 권력자는 역사책을 바꾼다.
1111	C Levi-Strauss	가대 문자의 자단 기능은 다른 인간의 노예화를 촉진하는 것이었다.[622]
1112	Lucretius	두려움은 모든 신들의 어머니이다. 특히 죽음에 대한 두려움.
1113	Nietzsche	두려움은 덕성의 어머니이다.

---

[620] 조나손 그린 엮음, 김은령 옮김, 마지막 1분, 청년의사(2004), P 163
[621] 강승준, 역사는 돈이다, 잇콘(2024)
[622] Jared Diamond, Guns, Germs, and Steel, Norton(1999) P 234

● 어록 Ⅱ

1	200명을 설득할 수 있으면 정치가이다. 그러나 200만 명을 설득할 수 있으면 사기꾼이다.
2	꿈은 영어 변성이다.
3	가능성이 낮은 일이 일어났다면 기적이고 가능성이 없는 일이 일어났다면 사기이다.
4	가장 먼저 발명할 수 없다면 가장 먼저 모방해라.
5	강이란 정신에 가해진 감각이다.
6	강아와 제안의 차이는 감간과 어휘의 차이와 같다.
7	강자가 정직하면 좋고 약자가 정직하면 더 좋다.
8	개소리를 구분할 수 있어야 비로소 따라 짖기를 멈출 수 있다.
9	거인들의 어깨 위에 서 있으면 난쟁이 다가 어깨들의 어깨 위에 서 있으면 알 카파네가 된다.
10	건축가가 space 키를 사용하지 않고 쓴 문장이 아파트이다.
11	게임의 규칙이 게임의 기법을 결정한다.
12	결혼 후 "이런 사람이 있어야."가 "이런 인간이 있어야."로 바뀌는 데 긴 시간이 걸리지 않는다.
13	결혼다 바이어스 피싱 사기의 일종이다.
14	결혼시장은 특별하다. 결혼시장에서 경력자 우대는 없다.
15	결혼을 유지하기 위해 때로는 면다날다 삼켜야 한다.
16	격손은 겸손한 감시이다.
17	경사지에 물은 갈이지 않는다.
18	경제를 가 박사수는 공통점이 있다. 허세야 실수가 된다.
19	계몽저이는 이해을 타지 않는다.
20	계속 두드려라. 신이 나가 사리를 견딜 수 없을 때 문은 열린다.
21	갓양이의 별자리를 타고난 사자는 쥐를 잡으며 살 수밖에 없다.
22	고정관념을 너무 무시하지 말라. 우리의 일상은 고정관념의 레일 위에서 굴러간다.
23	고정관념을 버려야 한다는 생각이 때로는 버려야 할 고정관념일 수도 있다.
24	과함으로 남편을 대신하는 사람은 망치로 자루 대신하는 목수와 같다.
25	관해은 기해초 세계의 완곡어법(婉曲語法)이다.
26	광짜는 마약보다 중독성이 강하다. 받기만 해다. 듣기만 해다. 중독된다.
27	광거를 바꿀 수는 없지만 재작할 수는 있다.
28	광기는 역사에 추진력을 제공한다.

29	광자의 이중성: 광자는 물질이면서 파동이다. 변하의 이중성: 변하는 여기이면서 기하이다.
30	갇혀있는 상상력을 자극할 수다 있다 즉일 수다 있지만 상상력을 지니는 맛한다.
31	경악학은 인간에게 적응된 연금술이다.
32	구속(拘束)하지 않는 관계가 사람들을 아래 결속(結束)한다.
33	국가는 지배자에게 울타리이지만 피지배자에게 어리이다.
34	정치인만 집집단다면 전해어 값과할 것이다.
35	권력가 부패는 영연한 동반자.
36	귀의(歸依)는 게거러움. 개종(改宗)은 제자리거러움. 인생은 중중거러움이면서 헛거러움.
37	규칙은 불규칙의 일부분이다.
38	규칙이 있다면 예측할 수 있고 예측할 수 있다면 규칙이 있다.
39	그를 리는 없지만, 해과하는 대중은 정치인에게 재앙이다.
40	근거 없는 다독적 여설과이 시기심을 밀어낼 때 비라서 마음이 편하가 찾아온다.
41	기독(건자는 숫자 3.33330이 맞든 3이 같은지를 의심하는 사람을 답려야한다.
42	기성 창작물은 창작자에게 다약대이면서 장애물이다.
43	기차는 레일 위를 달리는 시계이가 근대의 시간은 레일 위에서 탄생했다.
44	길을 통해 신세계로 들어갈 수 있다.
45	지털 빠진 날개라다 잘할 수 있는 일이 있다. 다이빙.
46	지털이 있어면 방향다 탓닭에 불규하다.
47	깨끗한 공기. 깨끗한 물. 깨끗한 정치는 공공재이다.
48	현실은 꿈을 독살(毒殺)하고 꿈은 현실을 해독(解毒)한다.
49	꿈은 하마야 같다. 헛단 꿈일지라도. 꿈에 의해 버풀려지지 않은 인생은 딱딱해서 씹을 수 없다.
50	나는 까탈스럽게 사탈하다.
51	나는 나를 설득할 수 있는 사람과 내가 설득할 수 없는 사람이 두렵다.
52	나는 매일 새로워진다. 그래서 나는 매일 똑같다.
53	나는 본능(instinct)과 제도(institution) 사이에서 매일 거열형(車裂刑)을 당한다.
54	나는 운명을 극복하다가 운명 지어졌다.
55	나는 재봉사(裁縫師)를 꿈꾸는 재단사(裁斷師)이다.
56	악마가 말했건 천사가 말했건 진리는 진리이다.
57	나는 태어날 때 일생일대의 실수를 저질렀다.

58	삶이 비극인 결함이 가련움다. 당신이 아름움다 견딜 수 있다는 데 있다.
59	나의 삶을 우연에 맡기지 않게다는 생각을 우연히 하게 되었다.
60	나침반은 방향만 지시할 뿐, 방향이 내포한 운명까지 알려주지는 않는다.
61	나침반은 배의 이상이가 바람가 해려는 배의 현실이다.
62	나침반이 아니라 착각이 콜럼버스를 신대륙으로 인도했다.
63	낚시꾼이 지렁이를 사용하는 방식으로 정치인은 편등을 사용한다.
64	난처는 안심 속에서만 난처이다. 잡차는 안심 속에서도 잡차이다.
65	납세(納稅)에다 성이 들 찼는지 현금다 내가 시저다 하는 사람이 많다.
66	낡은 것에 있는 벽들이 더 많은 무게를 지탱한다.
67	내게 실패할 권리를 달라! 실패가 지칠 때까지.
68	내게 완벽한 대본을 넘겨라! 그러면 나도 완벽한 연기를 해 보일 테니.
69	내일은 내일의 바침이 뜬다.
70	너무 많은 짐은 나룻배를 침몰시킨다.
71	논리는 거저해야 값은 가게에서나 통한다.
72	나는 무엇인가에 푹 잠겨 있을 때 해복하다.
73	낭물은, 수치지심(羞恥之心)이 요절(夭折)한 정치인에게 주는, 자의금(弔意金)이다.
74	눈이 탄생이 없었다면 다덕이 탄생도 없었다.
75	능력보다 웃자란 자존심은 잘려 나가기 마련이다.
76	다른 사람이 다음은 의자일 뿐, 침대가 아니다.
77	다이어트의 적은 맛있는 음식이 아니다. 다이어트의 적은 내일이다.
78	당신이 사상을 제어하지 못하면 사상이 당신을 제어한다.
79	대개 독창적 해각은 인용부하가 결여된 인용문에 불과하다.
80	대머리: 털끝까지 묘사어를 실천하는 사람.
81	대중은 정치인이 창이가 방패이가 밥이다.
82	대중이 해각할 수 있다면 더 이상 대중이 아니다.
83	독서는 뒤셈이가 사이는 갑셈이다.
84	단 냄새는 빛의 속다바다 빨리 퍼져 나간다.
85	단_버는_방법에 관한 책이 있다면 책의 첫 장은 단_쓰는_방법으로 시작되어야 한다.
86	단바다 강력한 접착제는 없다.

어록 II

87	단어는 특수 접착제이다.
88	돌연변이는 역전자의 파편해석을 진행라 상향시킨다.
89	둥글 밖으로 나올 의지가 없는 사람은 태양을 원망할 자격이 없다.
90	동향은 패턴에 가두어 길들인다.
91	대지의 심장을 이식받으려는 사람은 있지만 대지의 나를 이식받으려는 사람은 없다.
92	두 개의 톱니가 맞물려 돌아갈 때 항상 마찰음이 생긴다.
93	두 부류의 인간이 규칙을 깬다. 범법자와 창자자.
94	두 팔 벌려 환영하면 좋지. 두 발 벌려 환영하면 더 좋지.
95	두림이 돌가 있다면 언젠가 구멍은 뚫린다.
96	운명을 거역하는 길이 운명에 순응하는 길이 다르기도 한다.
97	때로는 허구가 사실보다 더 사실적이다.
98	마라톤의 가치는 돌시 다착이 아니라 돌시 출발에 있다.
99	만인이 동의한 폭력이 전이이다.
100	망언과 명언은 한 글자 차이이다.
101	매일매일 새라운 삶다 매일매일 똑같은 삶이다.
102	맹목적 믿음은 극단적 폭력의 전구체(前驅體)이다.
103	명예 이상의 명예는 불명예(不名譽)이다.
104	명화는 화가의 붓에서 시작되어 큐레이터의 혀에서 완성된다.
105	모국어 통역이 외국어 통역보다 어렵다.
106	모든 간이역에 정차하는 신칸센은 완행열차이다.
107	모든 나라의 국사를 맞으면 완벽한 세계사의 직소 퍼즐(jigsaw puzzle)이 될 수 있을까?
108	모든 사람과 불화(不和)하는 사람은 자기 자신과도 불화한다.
109	모든 인간은 평등하게 태어났다는 말을 들을 때마다 나는 갸혈단 사유국에 맘바림친다.
110	모든 인해는 단맛과 쓴맛이 난다. 문제는 비율이다.
111	모든 전쟁은 대리전이다.
112	모순가 어떤 앞에 세상을 설명할 말이 없다.
113	묘장자가 바꾸어다 절사의 운명은 바뀌지 않는다.
114	망상가가 이념을 만들고 인간이가 이념을 실천한다. 이것이 세상 돌아가는 이치이다.
115	모두는 태어날 때의 이름일 뿐 이후라 상황사법이라는 이름으로 살아간다.

116	맞선풍이는 새로운 결정관념을 창가하는 착상의 방법이다.
117	무(無)에서의 파격은 착각이고 유(有)에서의 착각은 파격이다.
118	잠자리가 육계(肉鷄)를 해동청(海東靑)이라 만들지 못한다.
119	무식한 대중과 강한 정치가가 민주주의를 합작한다.
120	무지는 맹신의 자양분이다.
121	무통분만(無痛分娩)이 산부인과의 이상이라면 무통세수(無痛稅收)는 국세청의 이상이다.
122	문명사회에서 혀는 문명화된 주먹이다.
123	문학는 여가의 산물이다. 여가는 착취의 산물이다. 따라서 문학는 착취의 산물이다.
124	미끼를 덥석 물면 이빨 다 나간다.
125	미끼를 물어주는 물고기가 있기 때문에 낚시꾼이 낚시할 수 있다.
126	미래의 가변성은 불안감 희망을 동시에 준다.
127	민주주의는 민주을 위한 이념이 아니라 민주주의자를 위한 이념이다.
128	민중은 사실에는 시큰둥하지만 거짓에는 열광한다.
129	민중은 이중 착취에 신음한다. 한 번은 정치 권력에 의해, 한 번은 종교 권력에 의해.
130	민중은 종교시설에 가든 토피아에 가든 광신이다가 된다. 민중이 미치지 않았다면 민중이라 불릴 자격이 없다.
131	민중을 움직이는 힘은 가짜 뉴스와 공짜 점심에서 나온다.
132	믿음과 이성은 상하 독립적이다.
133	믿음은 난리야 줏거를 앞다한다.
134	믿음은 사기의 교두보(橋頭堡).
135	바둑은 한 둘과 검은 들이 뷔어내는 만다라(曼陀羅)이다.
136	바람가 역사를 추동(推動)한다. 고대에 사상의 바람가, 현대에 다섯의 바람가.
137	바보에게 진실을 알려주는 일은 불가능할 뿐 아니라 위험하다.
138	박물관 관람자: 한눈을 감고 관람하면 관람비의 50%를 할인받을 수 있나요? 박물관 매표사: 두 눈을 감고 관람하면 관람비의 100%를 할인받을 수 있어요!
139	반복된 우연은 필연의 다른 이름이다.
140	반복이라 먹고사는 직업이 둘 있다. 가수와 정치인이다.
141	발명가는 역사가가 아니지만 역사가는 발명가이다.
142	방뇨 처리될 때 권력의 매력은 사라진다.
143	배의 허리를 타고나지 않은 사람은 금의 발바닥이라도 타고나야 한다.

144	법 없이 살 수 있는 사람도 법을 따르면 살 수 없다.
145	법의 여신은 안대를 써서 앞은 안 보이지만 귓구멍은 뚫려 있다.
146	법이 지나치게 나쁘다 하더라도 언론과 신문지라 감싸 한다.
147	법칙은 배타적이 아니고 포용적이다.
148	법칙은 예외로 이루어진 세상의 작은 예외에 불과하다.
149	법칙이 처리하지 못한 것을 예외는 항상 처리해 준다.
150	법학은 국가가 독점한 절대폭력이 행사될 때 그럴듯한 이유를 달아주는 학문이다.
151	벙커 속 지하실에서는 누구나 "닥쳐 앉아라"를 외칠 수 있다.
152	변덕쟁이는 비순환소수(非循環小數)와 같다. 다음에 오는 수를 알 수 없다.
153	변호사보다 치약을 잘 짜내는 사람은 없다.
154	병법은 적을 속이는 기술이자 정치는 민중을 속이는 기술이다.
155	마방이 임계치를 넘어 낮아진다면 두창성이 된다.
156	부모자식의 관계가 약탈적 인간관계의 표본이다.
157	부자 주변에는 항상 많은 여자가 있다. 단은 차가워 차음제이기 때문에.
158	아래 단 부정부패를 뿌리 뽑아야 새로운 부정부패의 씨앗을 뿌릴 수 있다.
159	부정은 변신의 폭이 넓다. 부정은 자신을 부정하면 긍정이 되지만 긍정은 자신을 긍정해도 긍정일 뿐이다.
160	불륜은 격이라는 씨앗이다. 안다가 숨다가 맞지 않아도 싹튼다.
161	불행하지만 이혼하지 못하는 부부는 죽을병에 걸렸지만 죽지 않고 있는 환자와 같다.
162	브레이크/엑셀/힐의 자화가 빠진 없는 인생을 만든다.
163	블랙홀가 맞선 사나이가 차에 불을 밝힌다. 차는 다 타고 나만 남아 있다. 그러나 블랙홀은 여전히 암흑 속에 있다.
164	빅 브라더가 미래혁이라고 해괴하는 사람은 불감증 치료를 받아야 한다.
165	빈손이라 왔다가 빈손이라 가는 거 좋다. 그러나 빈손이라 사는 거 싫다.
166	뷔폐이는 남의 담을 끌어다 쓴다. 이기주의자는 남의 행복을 끌어다 쓴다.
167	뷔은 렌즈에 의해 굴절된다. 진리는 이익에 의해 굴절된다.
168	빨대와 지렛대를 어디에 꽂아야 하는지 아는 사람은 현명하다.
169	빨판이 허공을 향하면 추락한다.
170	사고는 지식의 양질전환을 가능케 하는 촉매이다.
171	사기와 나눔은 양립하지 못한다.

172	사과 한 개를 돌리든 열 개를 돌리든. 저글러의 시선이 사과를 이탈하면 사과는 땅바닥으로 곤두박질친다.
173	사과는 아직까지 빨간 상태라 여긴다.
174	사기꾼이 전문지식까지 갖추면 정치인이 된다.
175	사람들은 '가해'를 사면자라 쓰지만 '피해'는 대면자라 쓴다.
176	사람들은 매일 아침 사냥터라 향한다 어떤 이는 사냥꾼이 되기 위해 어떤 이는 사냥감이 되기 위해.
177	사람들은 설거지 안 된 식기라 밥 먹는 걸 혐오하지만 설거지 되지 않은 치아라 밥 먹는 건 대수롭지 않게 생각한다.
178	사실라부터 이란을 도출하면 것납이지만 이란으로부터 사실을 도출하면 자작이다.
179	사랑심이란 마음가 불합리를 견뎌내는 능력이다.
180	사후. 육체는 흙으로, 재산은 사항라 돌아가야 악취가 나지 않는다.
181	살아가기 위해 꼭 필요한 불행에 기차 대사량이 있다.
182	삼킬 수다, 뱉을 수다 없다면 계속 씹을 수밖에…
183	생각 없는 사람은 없다. 문제는 낯것이 생각이냐이다.
184	생각이 꾸이거든 펜을 생각에 담가 글을 쓰자.
185	생각하는 사람은 생각하지 않는 사람의 상아 파식자이다.
186	생각하라 가르치지 않으면 생각 당한다.
187	생각하지 않는 인간에게 장가야 이념은 읽가미일 뿐이다.
188	생존은 다듬을 위하(迂廻)하여 질적한다.
189	선거 악으라 세상을 바꾸 있는 사람이 기억력은 어서하지만 사고력은 형편없다.
190	선악의 문제는 이익의 문제이다.
191	선택감 파기는 동아어이다.
192	설득이 끝나는 곳에서 협박이 시작된다.
193	세상사가 운에 의해 결정된다가 생각하지 않는다면 당신은 운이 좋은 사람이다.
194	사수(小數)가 생각한다. 다수(多數)는 따라서 생각한다. 그렇게 우리 모두는 생각한다.
195	사임이 끝났어다 갔다 이에 머물러 있는 의성체는 어자 쓰레기에 불과하다.
196	사렵 채집 사회에서 등록이 있는 차상이 해장가였다.
197	사박을 껍질까지 먹을 수 없듯이 언어아 따든 것을 번역할 수는 없다.
198	숨은 재능은 사막 밑으라 흐르는 지하사이다.
199	숫자 3.33330아 마든 3이 같은 값을 갖는다가 생각하는 사람은 소진하다.

200	숫자의 세계에서 일의 자리의 1이 노력해다 9밖에 될 수 없지만 천의 자리의 1은 노력하지 않아다 1000이다.
201	승부가 결정난 게임은 연장전에 들어가지 않는다.
202	승소율 99.9%를 장담하는 변호사에게 0.1%는 비상구이다.
203	시간은 가속페달은 밟지만 브레이크는 밟지 않는다.
204	시간이 맞지 않는 시계는 무용지물이지만 곧 시계는 예외이다.
205	시간이 발효시키면 씁쓸한 기억도 감숙는다.
206	시험제도는 사전 낮은 바람을 걸러내거 사전 높은 바람을 길러내다.
207	신다 다수을 해결할 수 없었기에 망각을 만들어 놨다.
208	신다 다에서는 아무것도 포착할 수 없었다. 그래서 신은 인자를 창조했다.
209	실재(實在)에 수렴(收斂)하는 한각은 인식이가 실재라부터 발산(發散)하는 인식은 한각이다.
210	씨앗은 갓거시제야 미래시제를 연결하는 접속사이다.
211	씨앗은 생명이 언어라 쓰인 사책자이다.
212	아깨_없이_자는_나마야 염치_없이_받는_나마에서 민자자은 꽃핀다.
213	암기식 강속제도는 강사를 필경사라. 학생은 앙끼지라 만든다.
214	애드립다 한 번이다. 결국 각반이라 하갔한다.
215	처방전은 한자를 과염이라부터, 의사를 사상이라부터 지켜 준다.
216	양심(良心) 절제술(切除術)은 성숙한 정치인이 다기 어한 할례(割禮)의식이다.
217	양심가 다이어든이 시제는 대개 미래형이라 잔재한다.
218	양심은 바수비아 어지비가 많이 드는 건축물이다. 그러나 파산하는 건축자는 없다.
219	어디에나 의계질서가 있다. 심지어 강웨건 의자지폐야 사웨건 의자지폐 사이에다 의계질서가 잔재한다.
220	어떠한 장벽다 단아 낭가 높은 쪽이라 사람이 이동하는 경제적 삼투현상을 막을 수 없다.
221	어떤 사람은 터는 별자리를, 어떤 사람은 틀리는 별자리를 타가 난다.
222	아동기에 배은 언어가 바위에 새겨진 글씨라면 성인기에 배은 이국어는 마래 위에 쓰인 글씨이야 라다.
223	어제야 나는 들판이었지만 오늘은 나는 명이이다.
224	언어는 망막(網膜)이 아니라 감막(鼓膜)을 통해 머릿속이라 들어간다.
225	여가는 산소이다. 여가가 부족하면 재능은 불안전 연사한다.
226	여자는 남자를 다는 차수 저울이다.
227	역사는 강거야 현재가 저각받는 농담이다.

228	민중은 어제 본 〈드라마〉 기억하지 못하기 때문에 정치인은 아놀다 옛날 간판이라 역사를 연출한다.
229	역사에서 정치체제(政治體制)는 여러 차례 변했지만 민중은 변함없이 근저였다.
230	연구/산사/불꽃이 연장의 삶이라면 재능/노력/자극은 성공의 삶이다.
231	영감은 전파와 같다. 안테나의 각도가 높아야 희미한 영감이 뚜렷하게 잡힌다.
232	영양 정보를 읽지 않고 가공식품을 먹고 있다면 독약을 마시고 있는 것이다.
233	예리한 칼은 칼집에다 내상을 준다.
234	예언서가 맞는 이유는 예언자가 갖거를 예언했기 때문이다.
235	아청연이 서사이 명인가 든 언타 기념대국은 서사이아 제자들을 상대로 한 지다 다면기였다.
236	아픔이 면다날은 사색이 슷등 있에서 예리해진다.
237	아해가 풀리면 간계는 깊인다.
238	안벽은 안벽자아자바다 항상 1m 앞에 있다.
239	영극이 있는 역사가 있을 수 있다면 극은 구선다 있을 수 있다.
240	'왜'와 '어떻게'를 질문할 수 없는 경우은 세나와 다를 바 없다.
241	아라움가 가라움 사이에 안창지대는 없다.
242	아라움을 선불리 건다리면 가라움 탄다.
243	야실금(尿失禁)은 숨길 수 있지만 언실금(言失禁)은 숨길 수 없다.
244	용기(勇氣)에 탑재되지 않은 재능은 라케에 실리지 않은 인공위성과 같다.
245	여기기 잘하는 사람다 논리가 자기에게 어리하다는 생각이 들면 아리스타텔레스가 탄다.
246	어리 인간 어얼란자는 가미바다 사람이라는 말을 선하한다.
247	어리가 태어날 때 어리의 어탕기한은 함께 찍혀 나온다.
248	어리는 거대한 어전학 실험실이 실험이양 지울 뿐이다.
249	어리는 다둑이 나침반을 가지고 태어난다.
250	어리는 매파사에서 트파하고 트파사에서 매파한다.
251	어리는 아직다 제정일치(祭政一致)이 시대에 살고 있다.
252	어리는 어리 안에서 태어나 어리 안에서 살다 어리 안에서 죽는다.
253	어리는 인생이 살 만한 가치가 있어서가 아니라 인생을 견딜 수 있기 때문에 산다.
254	어리는 출발선이 동일하다고 어거대는, 이상한 마라톤을 의심 없이 뛰고 있다.
255	운이 나쁠 때 비로서 어리는 세상사가 운에 의해 결정된다는 사실을 깨닫는다.
256	옳게 하사서! 곧리가 바치게 하사서!

257	연습서 1탄을 정리해야 곧 1거래이 나온다.
258	위대한 순간이 위대한 인간을 만든다.
259	위대한 예술은 허영가의 두툼한 지갑에서 나온다.
260	의장을 통제하면 혀를 통제할 수 있다.
261	遺産階級이 有産階級이 될 때 땀은 밑바닥에 떨어져 눈물이 된다.
262	어위한 정답은 말잎이가 머위한 말잎은 정답이다.
263	여전자가 제가 학력이 과색한 대반을 어리는 연기한다.
264	여전자는 네 가지 문자로 쓰인 명리서(命理書)이다.
265	여전자는 운명의 디폴트(default) 값이다.
266	육법전서를 다 알아야 바르게 살 수 있는 것은 아니다.
267	윤리는 한 사회에서 한 시대를 지배해 주는, 변하는 가정관념이다.
268	응급실보다 는때풒에 칼집_놓는은_것이 더 사정한 시대이기에 나의 가치관은 진정제를 달고 산다.
269	이리는 갔위이다. 차사 다리의 얻칙만 지켜다 이 세상은 헌헌해진다.
270	악심은 지식에서 아력를 걸러내는 체이다.
271	이건 비밀인데 어리가 사는 세상은 사실 거대한 정신병원이야.
272	이단해야바는는 영업방해라 법정에 섰다면 갈릴레오는 억울하지 않았을 것이다.
273	이상자이는 현실자이야 견인차(牽引車)가 되어야 하고 현실자이은 이상자이의 지지대(支持臺)가 되어야 한다.
274	이성은 진리야 공명(共鳴)한다.
275	이 세상에는 사람 수만큼 많은 정의(正義)가 있다.
276	이위은 인력가 척력을 동시에 발산한다.
277	인간은 46장의 패를 들고 다박장에 들어선다.
278	인간은 사회주의의 아람에서 태어나, 자본주의의 집에서 살다, 공산주의의 감에서 죽어야 한다.
279	인간은 태엽(胎葉)이 단 한 번 감기는 인형이다.
280	인간은 한평생을 아기가 바내는 어위한 동물이다.
281	인간이 다른사는 것 어떤 헤메이라다 바하받지 못한다!
282	인간이 인간을 바는 시선은 두 가지이다. 무시(無視) 아니면 질시(嫉視).
283	인류바다 성강적이라 가축하다 동물은 없다.
284	인류이 다나는 여가를 문명이라 전한하는 함수이다.
285	인류이 어야사망들이 100%를 밑단 적은 한 번다 없었다.

286	인생길 안전한 브레이크/엑셀/힐이 자합이다.
287	인생은 가질 수 있는 것과 가질 수 없는 것 사이의 긴장 관계이다.
288	인생은 그냥 마라톤이 아니라 장애물 넘기 마라톤이다.
289	태어나는 것은 복권 뽑기와 같다. 우연성이 우리를 슬프게 한다. 그리가 일회성이 우리를 한 번 더 슬프게 한다.
290	비열(比熱)이 높은 인생은 뒤집히는 데 긴 시간이 걸린다.
291	인용하지는 표절(剽竊)에 서여단 면잡바.
292	임플란트와 자연치아의 관계는 마네킹과 사람의 관계와 같다.
293	자기 손으로 치과한 치아에 자기의 손이 물리는 것이 치과의사의 숙명이다.
294	자동차는 마력(馬力)이라 민중은 강기라 평가받는다.
295	자발(自發)은 타율(他律)이 만들어 낸 착시 현상에 불과하다.
296	자반자의를 돌리는 엔진은 필요 이상이라 벌어서 필요 없는 데 쓰는 사람들이다.
297	자살은 타살이다.
298	자식보다 비싼 사치품은 없다.
299	자연과학에서 자연은 같이가 과학은 없이다.
300	자연은 가르치지 않는다. 쉬아낸다.
301	자아는 통제가 없는 상태가 아니라 통제를 느끼지 못하는 상태이다.
302	자아처럼 느껴지는 통제가 차고의 통제이다.
303	작가는 지우개라 글을 쓴다.
304	잡초는 불모지보다 밭치타 옥토(沃土)에서 더 잘 번성한다.
305	잡초에 둘러싸인 난초는 난초라 죽느냐 잡초가 다느냐를 선택해야 한다.
306	재능처럼 노력다 노력이라 얻은 것이 아니다.
307	적절한 각도의 조명을 받는다면 난쟁이의 그림자도 거대해질 수 있다.
308	전쟁은 계획적 충동 범자이다.
309	전쟁은 난군가의 이권 싸움이지만 선기가 악의 대결이라 각색될 때 민중은 기꺼이 사망품이 다어진다.
310	전쟁은 대다수의 막숨을 극소수의 이익이라 능축(濃縮)시킨다.
311	전쟁의 기본 구조는 이렇다. 신이 앞장서가 상인이 따라가가 약탈꾼이 뒤마무리한다.
312	전쟁의 메커니즘은 탄순하다. 빈산은 진산을 의해 사망다가 재해된다.
313	전형은 환경이 허락한 기형이가 기형은 환경이 불허한 전형이다.
314	절대 권력이 다독이라 자포게를 설정한다.

315	정권교체는 구마적(舊馬賊)과 신마적(新馬賊)의 리턴 매치
316	동물원에 아무리 자주 가도 인간은 자신이 동물이라는 사실을 깨닫지 못한다.
317	대머리가 속속이기 때문에 가발 산업이 번창하고 있지만, 다시가 돋는다면 제모 산업이 번성할 것이다.
318	정치권력은 민중을 정아롭게 착취한다. 종교 권력은 민중을 거룩하게 착취한다.
319	정치권력은 무지(無知)의 바다 위에 떠 있는 배와 같다. 무지의 농도가 증가하면 부력도 증가한다.
320	정치에서 양은 질을 압도하며 양질전환은 일어나지 않는다.
321	정치인에게 애매마호함보다 확실한 해결책은 없다.
322	정치인은 민중을 숙주로 삼는 기생체이다.
323	정치인은 빵이 떨어지면 벌을 분배하기 시작한다.
324	정치인의 능력은 얼마나 많은 신도에게 얼마나 많은 향기를 불어넣을 수 있느냐가 결정된다.
325	정치철학은 정치인에게 값비싼 향장품이다.
326	정형시가 전족(纏足)과 코르셋(corset)을 벗어 던지면 자유시가 된다.
327	제 눈물을 제 손으로 닦지 못할 때, 제 입에 제 손으로 음식을 넣지 못할 때 인간은 노예가 된다.
328	제국의 박물관은 이상적인 장물(贓物) 전시장이었다.
329	자연은 가막을 다듬고 수 있지만 가막을 찢고 난입(亂入)할 수는 없다.
330	자상한 차를 모는 사람은 부럽지 않다. 그러나 자상한 배우자와 사는 사람은 부럽다.
331	종교 없이 살기에는 너무 허량하다. 그러나 종교를 믿고 살기에는 너무 허당하다.
332	종교가 인민의 아편이라면 권력은 정치인의 아편이다.
333	종교와 이념은 올가미와 같다. 한번 목에 걸리면 질질 끌려다니다 교살(絞殺)당한다.
334	종교지도자가 무신론자를 싫어하는 이유는 간단하다. 그들이 종교지도자의 영업을 방해하고 있기 때문이다.
335	좌절은 나의 성장호르몬
336	좌파 정치인과 우파 정치인은 거울상-이성질체(enantiomer)이다. 돈에 대한 화학적 결합력은 동일하지만 이념을 굴절시키는 방향은 반대이다.
337	주기적으로 말을 하지 않으면 정직다 시든다.
338	주체사상은 최고존자를 주체사상에 종속시킨다.
339	중력을 거역하는 자가 문명을 배양한다.
340	지리는 역사의 무대이고 역사는 지리의 무대 위에서 펼쳐진다.
341	지식에도 방전형이 있고 강급형이 있다.
342	지식은 지적 근육이다.

343	지식은 힘이다. 그러나 민중이 믿지는 정치인의 힘이다.
344	지음(知音)이 있다면 사음(騷音)다 읽가 잡음(雜音)다 있다.
345	지폐에서 기아 탄 세는 소리는 퍼근하다.
346	직관이 가리켜야 논리가 찾아갈 수 있다.
347	진리에 대한 의심이 아니라 거짓을 맹신이 우리를 아프게 이끈다.
348	진리의 성다 해자(垓子)라 둘러싸여 있다.
349	진심은 그 자체가 강력한 설사법이다. 그러나 여기기보다 약하다.
350	진심은 완벽한 거짓말이다.
351	진흙은 항염 속에서 도자기라 다시 태어난다.
352	창밖은 화창한데 방에는 비가 내리가 있다. 우산을 퍼는데 우산살밖에 없다.
353	창작물이란 남의 것을 99개의 훔쳐 미상의 것을 1개를 깨어 만든 막걸이를 말한다.
354	창작은 소설가에게 미덕이지만 사학자에게 범죄이다.
355	창작은 티 안 나는 짜집이다.
356	창작은 짜집라 시작하여 시치미 떼기라 마무리된다.
357	창자자는 아함마를 듣가 다닌다.
358	책은 '쓰기'에서 시작해 '읽기'에서 완성된다.
359	처음 찍힌 발자국은 항이이지만 그 위에 쌓인 발자국은 지론함이다.
360	처음에 필터가 말을, 나중에 말이 필터를 정한다.
361	천재: 훌리 땀바다 많이 가져가는 사람. 범재: 훌리 땀만큼 가져가는 사람. 둔재: 훌리 땀다 가져갈 것다 없는 사람
362	천재는 영감을 받아 적을 수 있는 사람이다.
363	최상의 재판사가 정치적 사건의 판결을 내리는 방법: 가래 항아리에 침을 뱉는다. 침을 쉰다. 침을 탄다.
364	청각-사상체가 없는 나송페는 청각에 감염되지 않는다.
365	치석은 게으름이 결정체이다.
366	카페리아 물건을 볼 때마다 나는 겸손을 배운다.
367	코미디언은 의외성(意外性)으라, 정치인은 상투성(常套性)으라 남을 웃긴다.
368	쾌락이 강탈처럼 새라운 길은 마순 혐오다.
369	큰 정부는 대형 냉장고와 같다. 어느 한구석에서 상한 음식가 유통기한이 지난 음식이 전기를 낭비하가 있기 마련이다.
370	큰 창의력은 큰 지우개에서 나온다.

371	큰 힘에는 큰 책임이 따른다. 그리고 큰 이권도 따른다.
372	탐욕이 뭉치야 결합하면 상상하기를 낸다.
373	태초에 아담이 있었기 나머지는 아담의 파편이다.
374	통제 없는 사회를 꿈꾸는 이상주의자는 자신의 본성에 대해 무지한 사람이다.
375	통제가 사라지면 사회는 정글로 돌아간다.
376	통제야 통치는 같은 말이다.
377	탄핵제도는 권력독재의 안전망이 되었다. 이제 정치인은 안심하고 선동에 전념할 수 있게 됐다.
378	파격이 없으면 비약도 없다.
379	파리다 처음에 꿀을 빨았다.
380	패턴이 있기에 인간은 미래를 다스릴 수 있다.
381	페어 자치는 외국의 얼룩이 아니라 해결이어야 한다.
382	편견은 무식에 정비례한다. 무식은 항상 편견으로 반답한다.
383	편견은 우리가 세상을 보는 눈이다.
384	편집된 진실은 거짓이다.
385	평등은 불평등의 가림막이다.
386	평형수(平衡水)가 부족한 배는 미풍에도 아동친다.
387	폭력이 지쳐 잠시 쉬는 상태가 평화이다.
388	표음문자로 태어난 한글은 신성문자가 되었다.
389	풍요의 시대에는 풍요가 낭비다 풍요로워진다.
390	피할 수 있다면 운명이 아니다.
391	필연은 우연의 복사형이기 우연은 필연의 단서형이다.
392	필요조건은 충분하지 않다. 충분조건이 필요하다.
393	한 번 더! 무한으로 가는 가장 단순하고 확실한 방법.
394	한글은 불경 읽에서 태어나 유가 경전 아래에서 압사당한 후 성경 읽에서 부활했다.
395	한글의 기원은 민족자아와 관계에 관련되어 있다.
396	함무라비 법전이 아직 유효하다면 치강의자는 틈니를 낄 수밖에 없기 안강의자는 한 지팡이에 의지할 수밖에 없다.
397	해님은 자기의 빛을 발산하여, 달님은 남의 빛을 반사하여 존재를 드러낸다.
398	해부학적 구조 탓에 인간은 비밀을 지킬 수 없다. 우리가 밖에 들은 것은 입으로 흘러내린다.
399	핸드폰을 매너 모드로 바꾸는 건 쉽다. 그러나 핸드폰 사용자를 매너 모드로 바꾸는 건 어렵다.

400	햄버거란 반항하는 날 사는 먹에를 벗어날 수 있다.
401	해와는 스칼라가 아니라는 벡터이다.
402	허약한 다리에게 나침반은 성가신 잔소리일 뿐이다.
403	허풍선이의 입을 통하여 나가면 미풍도 태풍이 된다.
404	혁명가는 민중에게 자신의 모든 혁명정신을 불어넣었다. 그래서 혁명가는 혁명정신이 없다.
405	현대 정치학의 공리(公理)가 단 일인일때—다섯글원칙에서 연관 정치적 기법들이 여달아 나온다.
406	현재는 과거를 뒤에 남기고 미래를 향하여 시간의 밭을 가는 쟁기이다.
407	하수가 존재하는 한 정치인에게 희망이 있다.
408	향상은 에너지 보존 법칙을 위반하는 열정을 우리에게 선사한다.
409	한자의 배를 읽 때 성공방식를 말하는 의사는 나쁜 의사이다. 그러나 사상을 맑을 때 성공방식를 말하는 변호사는 그냥 변호사이다.
410	환장이 가능하다면 연탄재도 연탄이 될 수 있다.
411	훔볼트가 기차를 타고 탐험했다면 그의 이름은 간이역(簡易驛)에도 남아 있지 못했을 것이다.
412	흑백 논리도 반복되면 컬러 사진으로 인식된다.
413	힘은 논리가 될 수 있지만 논리는 힘이 될 수 없다.
414	힘이 동반되지 않은 논리는 논리적인 농담일 뿐이다.
415	불필요한 소비는 불필요한 노동을 초래한다.
416	이념은 위에서 밑으로 흐르지만 이익은 밑에서 위로 흐른다.
417	민주자아자
418	가해의식 피해의식
419	無恒産 無恒心이[623]
420	맥구멍에서 나왔든 땅구멍에서 나왔든 진리는 진리이다.
421	거짓말과 믿음이 만나면 기적이 일어난다.
422	부정한 정치인도 정적의 정의의 칼라 제거한다.
423	죽음은 찰나인데 장례는 위업이다.
424	죽음과 매장 사이에 낀 모든 예식은 허례허식이다.
425	우리는 우리의 야망을 가를 수 없었지만 우리의 간을 가를 수 있다.
426	사악한 인간의 손에 쥐어진 소박한 사람보다 무서운 흉기는 없다.

---

[623] 『맹자(孟子)』「양혜왕(梁惠王) 上」,「등문공(滕文公) 上」

색 인

6
60진법 87

A
ABO식 혈액형 91

B
bulla 11

C
camera obscura 64

N
Nullius in Verba 193, 252

ㄱ
가나문자 98, 113, 150
가로쓰기 80, 126, 147, 149, 152, 153, 154
가로짜기 147
가설1 91, 102
가설2 110
가설3 111
가설4 112
가차 16, 17
가타카나 18, 19
가획 82, 102, 133, 134
각인화폐 187
각자병서 97, 134
각필 60, 61
간문자차용 54
간섭현상 179
갈대 펜 13
갈레노스 63
갑골문 14, 15, 16, 17, 18, 85
강희자전康熙字典 15
개원점경開元占經 90
개음절 20
거란문자 98
게르트루드 그루노브 111
게리 레댜드 81, 82, 106
게일 127
겨울 왕국 34
격변 26
격변화 18, 123
겸상적혈구 163
겸익 36
경로 99
경자자 84
경합성 185

계몽주의 143, 188, 263
계미자 84
계통수 8
고금운해거요 75
고딕알파벳 53
고립어 11, 18, 55, 98, 120
고염무 192
고용보 48
고위구르문자 44
고창국 41
골턴 111
공 속도 한영 타자기 157
공감각 110, 111
공병우 154, 157, 158, 160, 199
공병우 타자기 157
공영달 134
공음소 87
공학자 33
공해 121
과거제도 189, 190, 192
과학혁명 205, 211
곽수경 70, 72
교착어 18, 55, 56
교황무오류설 194
구결 18, 19, 60, 61, 80
구담실달 90
구면삼각법 69
구별과잉 51
구별부족 51
구술 문학 27
구약성경 13, 238
구조색 172, 173
구축효과 193
구텐베르크 62, 143, 146, 155
국가 142
국민 140, 142, 219, 259
국민주의 139, 140, 141, 142
굴절광학 78
굴절어 18, 120
굴절형 21
궤도 에너지 181
균열 14
그로테펜트 12
그리스-박트리아 32
그리스알파벳 13, 27, 40
그림문자 10, 12, 18, 21, 53
글라골루 28
글리든 155
금령 42
금문 15
금속활자 84, 143

기술 문학	27	대당서역기	36, 122
기일성문도	54, 59, 60, 61, 94, 98, 100, 101	대반열반경大般涅槃經	122
기적의 해	78	대보단	124
기즈	29	대분기	193
기철학	135	대승불교	89
기호	60, 88	대정아	73
기호/원리/분리차용	53	대항해시대	67
기호/원리/일괄차용	52, 53	데모크리토스	95
기황후	73	데바나가리문자	37, 83, 86, 138, 195
김광균	111	데보라 다넬	21
김동훈	157, 158	데이비드 호크니	111
김두봉	152, 153	데카르트	78, 89, 194
김선기	48, 58, 102, 103, 104, 105, 109, 139, 153, 154	도교	14, 127
김수성	79, 124	도구	23, 42
김재형	150	도문대작屠門大嚼	71
꾸옥응우	126	도상성	13, 79, 95
		도킨슨	209
ㄴ		독립신문	127, 149
		돋을새김	210
나르시스	9	돌턴	131, 179
나시르 알 딘 투시	65	동반자	264
나이만	42, 44	동방견문록	187
나폴레옹	155, 184	동서문화대교류	69, 74, 92
난학	136, 137	동서문화대통합	71
남광우	115, 148	동어족언어	55
남아랍문자	24	동음기호 원리	51
내셔널 스테이트	139	동음기호원리	10, 16, 51
내셔널리즘	139	동철이음이의어	26, 57
네스토리우스	41, 68, 69	동치류	37, 201, 207
노먼 조셉 우드랜드	133	두벌식	159, 208
노비종모법	143	드라비다어	80, 81, 170
노예사회	144	드락스	120
농사직설農事直說	71	등운도	121
누란	32	땀주	71
누카어	19	띄어쓰기	126, 147, 152
뉴턴	89, 111, 130, 131, 178, 190, 211, 263		
니쉬	142	**ㄹ**	
니체	155		
니콜라 테슬라	111	라그랑주	211
		라무세이	81
ㄷ		라부아지에	69
		라스 샴라	113
다라니	36, 48	라시드 앗딘	72
다리우스	12, 31, 39	라이트	189
다블뤼	126	라이프니츠	89, 130, 131
다원주의	184, 193, 198	라키쉬	21
다윈	69, 165, 190	라틴문자	27, 28, 39, 126
다의다음(多義多音) 표기	56	라플라스	198, 211
다이아몬드	13	러더퍼드	180
다케구치 쇼타로	127	레닌	143
다쿠텐	19	레밍턴	155, 157
달랑베르	188		

색 인

레부스 원리	10, 51
레우키포스	178
레코 뒤 쟈폰사	126
로고그램	10, 13, 15, 18, 20, 21, 56
로마알파벳	13, 52, 54
로마제국	28, 175, 176
로바체프스키	65
로버트 후크	173
로스-매킨타이어	127
로엔그린	111
로잘린드 스트라이클러	150
로제타 스톤	20, 57
로쿠로	19
롤린슨	11
루스티켈로 다 피사	67
루이스 헨리 설리번	162
루크레티우스	178
루터	143
룬문자	34
룬알파벳	28
르낭	142
르네 데카르트	114
르네상스	62
리그베다	123
리델	126
리차드 파인만	178
리처드 파인먼	111
린네	8, 166

ㅁ

마다	123
마라가	65, 69
마르코 폴로	67, 187
마방진	93
마시모 다첼리오	140
마야	17, 18, 19, 51, 52
마야문자	52
마크 트웨인	155
마테오 리치	14, 192
마트레스-렉티오니스	23, 38, 39, 40, 41, 46
막스 뮐러	8
막스 플랑크	178, 179, 181
만년력	69
만유인력법칙	211
말로 설리번	162
말링 한센	155
맞춤법 통일안	103, 145, 153
매응조	15
매킨타이어	127
맹상군	188
메소디우스	28
메타언어	33
메트캘프의 법칙	159, 160
멘델레예프	179
명조체	126, 194
모노쯔꾸리	209
모아쓰기	41, 44, 54, 77, 79, 83, 85, 86, 94, 109, 114, 146, 148, 149, 150, 151, 152, 153, 157, 196, 202, 206, 209
모음값	44
모음구별부호	22, 28, 31, 37, 38, 39, 40, 41, 45, 77, 85, 108, 122
모음조화현상	111
모음조화현상(의 시각적최적화	112
모즐리	155, 174, 179
모키르	184
몬드리안	111
몽고문자	41, 42, 44, 45, 46, 54, 55, 57, 58, 84
몽고신자	43
몽고운략	75
몽고제국	42, 44, 63, 94
무라오카 헤이키치	127
무음가	86, 87, 199
무음가 자음	102
무타질라파	63
무하마드	39, 62
문광서원	127
문맹률	84, 125
문맹율	144
문서행정	42
문익점	71
문자	17, 18, 19, 23, 31, 34, 44, 79, 80
문자 제작 원리	54
문자 차용	54
문자/브라히미	23, 30
문자격변	57
문자상자	151
문자서변	55
문자소	19, 20, 85, 149, 194
문자의 옥	186, 198
문자의 원리	53, 55
문자차용	52
문자체계차용	17, 52
문제	134
문화탄압	198
문화혁명	186
물표	11
뮐러	81
미노스	52
미스 프리미어 타자기	156
미야자키 이치사다	17, 18, 73

미화서관	127
민족국가	73
민족주의	141
민족주의자	31, 99, 149, 267
밀린다왕문경	32
밈	209
밍콰이 타자기	156

ㅂ

바그너	111
바그다티코스	62
바나가리문자	19, 35
바빌로니아어	11, 57
바사바다타	88
바예지드 2세	146
바우하우스	111, 162
바코드	133
박해	63
박해진	79, 80
반 고흐	111
반논리 암기법	134
반량전	187
반자	79, 123
반자론	79
반절법	76, 79, 121
반증	93, 181, 238
반탁점	122
발달사1946	59
발생반복설	94
발음기관상형설	60
배재학당	80, 149
백거이	190
백과전서	191, 192
버나드 실버	133
번호판	210
범서	36
범어자전	122
범자	35, 36, 48, 50, 58
법지	48
베다	33, 118, 119, 120
베르셀리우스	131
벡터	59, 277
벤 에즈라	91
변정용	116, 117, 146
병렬적 문자 처리	151
병법가	135
보살영락본업경	121
보아스	8
보어	56, 180, 181
보조학문	120

본질	135, 211
볼 타자기	155
볼테르	188, 258
볼프강 쾰러	110
봉투	11
부수	15, 85
부호화	51, 148, 149, 206, 207
북송오자	134
분서갱유	134, 190
분석법	76
분열지수	189
분합활자	147
불교	32, 36, 37, 40, 41, 48, 50, 53, 60, 72, 73, 79, 80, 90, 92, 120, 121, 124, 127
불완전 활자	146
브라마 굽타	89
브라이언 그린	95
브라히미	23, 29, 31, 34, 35, 79
브라히미문자	35, 85
브루넬레스키	176
블라르미르 나보코프	111
비가라론	120, 121, 122, 123
비끄리띠	119
비라마	34
비루니	70
비블로스	23, 24
비쉬누	89
비유클리드	78, 192
빈두사라	32
빨래줄체	199
빨랫줄 문자	34

ㅅ

사룹	73
사르곤1세	11
사림광기	44
사문난적	194
사민필지	80
사벌식	157
사상탄압	193
사상통제	137, 138, 198
사원소설	138, 178
사해사본	12
산목	91
산술 교본	66
산스크리트	19, 31, 32, 35, 37, 63, 79, 81, 88, 120, 121, 122, 170
산스크리트어	35, 44, 118, 120
산스크리트언어	33
산업혁명	211

색 인

산학계몽算學啓蒙	70, 92
살로몬	31
삼각법	63
삼강행실도	124, 143, 144
삼국유사1145	36
삼단논법	136, 238
삼벌식	159
삼분법	46, 77
삼자음어근	21
상수 철학	135
상용한자	17
상원사	49
상징조작	97
상폴레옹	20
상합자	94, 114, 133
상형	10, 15, 16, 17, 18, 61, 95, 96, 97, 98
상형화	97
상호간섭	195
새서	43
생체모방이론	166
샴스 알 딘	70, 71
서고동저	169, 185
서광계	192
서사도구	203
서술형	136, 238
서장문자	33, 54, 77, 82, 83, 98
석보상절	61
선문자	21
선원사	49
선형문자	52
선형문자 B	52
설렁탕	72
설리번	162, 170, 195
설문해자	15, 16
설장수	41
설총	55
설형문자	9, 10, 11, 12, 13, 17, 19, 21, 25, 39, 51, 57
성각문자	17, 20, 21, 24, 45, 52, 54
성경	37, 125, 126, 129, 149
성리학	95, 134, 135, 136, 139, 144, 145
성명기론	120, 122
성문도	121
성서체	127
성선택	209
성운학	76, 79, 120, 121
성즉리	135
성지	49
세네카	145
세라비트-엘-카딤	21
세벌식	157, 159, 160
세종	9, 44, 50, 54, 55, 60, 70, 71, 75, 76, 77, 78, 80, 81, 82, 83, 84, 85, 92, 93, 94, 95, 97, 98, 99, 101, 103, 107, 109, 110, 114, 118, 122, 124, 133, 138, 143, 153, 194, 206, 207, 209
세종체	194, 195, 196, 197, 198, 202, 206, 207, 208, 210, 211
세쿼이야	53
셀레우코스	32
셀림 하다드	156
셈 알파벳	52
셈어	11, 21, 22, 28, 31, 39, 51, 56, 86, 87
셈어족	11
소그드문자	40, 41, 46, 57
소옹	121, 135
소전자	85
소주	71, 72, 73
소중화	124, 139
소학언해	124, 143
속기	47
속삼강행실도	204
손	143
송계범	157
송광사	48, 49
송기주	157
송장치-되돌림-레버	156
송지호	150
송첸감포	47
숄즈	155
수렴	86, 156, 166, 270
수렴진화	86, 155
수메르	10, 11, 12, 17, 20, 45, 54, 56, 57
수메르문자	11, 51
수박	269
수서구장數書九章	92
수시력	70, 71
수양제	189
수용체	172
수트라	33
순경음	82
슈만트-베세라트	11
슐렌	72
스기타 겐파쿠	137
스미스 프리미어 타자기	156
스크랜턴	149
스크리아빈	111
스키모토 이사오	137
스탈	33
시리아문자	22, 24, 40, 57, 81
신묘장구대다라니	33, 36
신미	79, 80, 124
신성로마제국	184, 258

신성문자	9
신유학	134
신유학자	134, 139
신플라톤주의	63
실담문자	19, 35, 36, 37, 49, 83, 102, 105, 108, 113, 119, 121, 123, 195
실담자기	35, 123
실담장	121, 123
실사구시	66
실크로드	12, 37, 62, 63, 68, 89
심천	133
십자군	65
쐐기문자	10, 11, 12, 18, 24, 31, 47, 51, 53, 56, 75
씨오브로민	171, 172
씨오파일린	172

ㅇ

아놀드 쉬뢴버그	111
아데노신 수용체	172
아락	71
아람	12, 22, 23, 24, 31, 39, 40, 41, 46, 57, 78, 86
아람문자	30, 33
아람어	39, 57, 63
아랍문자	20, 26, 38, 39, 86, 156
아랍어 타자기	156
아랍의 과학	62
아르디스	186
아르투르 랭보	111
아리스토텔레스	7, 64, 66, 88, 166, 178, 271
아리안	119
아문자소	114
아바스	37
아버지	155
아부기다	19
아부기다-카로슈티	30
아브자드	20, 21, 22, 23, 24, 25, 28, 39, 40, 46, 51, 57, 83, 86
아비 오스바	64
아설순치후	139
아소카	31, 32, 33
아슐이언 석기	167
아스타드야이	33
아시리아어	11
아원자	47, 196
아음소	47, 94, 95, 97
아음소문자	47
아이뉴튼	178
아이작 뉴턴	173, 179
아인슈타인	78, 179, 181
아카디아	11, 22, 56, 57
아카디아어	11, 39, 56
아케메네스	31, 39
아펜젤러	149
아포페니아	96
아프로-아시아어	21, 22, 26
아프로아시아	57
아프로아시아어	46, 56, 57
아형모음화	194
아형음절	117, 196
아형음절화	194, 196
악샤라	29, 34
악형	176
안와위눈두덩	164
안평대군	92
알 가잘리	64
알 라지	64
알 만수르	63
알 바타니	64
알-안달루스	65, 129
알-카더	23
알고리듬	63, 204
알딘	69
알라 알 딘	71
알렉산더	32, 87, 205
알렉산드리아	63
알마게스트	69
알브레히트 후베	115, 117, 148, 206
알콰리즈미	63, 65, 66
알타이어	98
알타이어족	98
알파벳	12, 13, 24, 26, 27, 42, 47, 52
알파벳 원리	54
앙엽기盎葉記	59
야성황	185, 188, 189, 190, 192, 193
야스리브	62
야율초재	69
얀 후스	143
양성론	63
양성모음자	109
양중수	123
어니스트 러더퍼드	179
어두음	15, 24, 51
어두음원리	52
어린도책魚鱗圖冊	187
어머니	33
어원사	71, 75
어족	11, 26, 27, 46, 54, 56
어족간문자차용	55
어족내문자차용	54, 55
어형변화	20

색 인

언더우드	126, 127
언문말책	127
언셜	28
언셜체	27
언어권	140
언어민족주의	142, 194
엉킴 현상	155
에데사	63
에드윈 맥팔랜드	156
에릭 홉스봄	142
에반스	29, 37
에트루리아	27, 52
엘람어	12, 57
엘리엇	141
엠페도클레스	138, 178
여침	15
연구결과	61, 63, 81
연복사	48, 49
연서	106, 117
연성이론	69
영락제	68
영의 기호	88, 90, 91, 92
예수교	14
예수회	126
옛한글	207
오검알파벳	54
오경정의	134, 190, 193
오규 소라이	137
오마르 하이얌	64
오무라 마스지로	137
오벌식	157
오불번	120
오비탈	181
오스만 투르크	146
오주연문장전사고	59
오진	231
오토 부르크하겐	154
오행	135, 137, 139
오형음절	117, 196
옥편玉篇543	15
와디-엘-홀	21
와산	92
와형음절	117, 118
완벽체	194, 196, 197, 198, 199, 201, 205, 206, 207, 208, 209, 210, 211, 212
완전 활자	146
왕립협회	193
왕실의 큰 손	143
왕의영	13
왕조	63
외인촌(外人村)	111
요시노리	60
요하네스 데 사크로보스코	66
용골	14
용비어천가	98, 203
우가리트	12, 13, 24, 38, 45, 57, 113
우가리트문자	45, 57
우가리트알파벳	113
우랄-알타이어	10
우랄알타이어	41
우로보로스	96, 97
우루크	10, 11, 54
우리말 큰사전	115
우좌-가로쓰기	23
우주론	135, 137, 139
우형	176
운경韻鏡	121, 123
울필라스	53
원리	51
원세조	43, 44, 70
원시-가나안문자	13, 21, 113
원시-시나이문자	13, 21, 23, 52
원시-시나이아브자드	57
원측	36
월인만천	135
월인천강지곡	203
위구르	41, 43, 44, 46, 55, 57, 72, 74, 81, 84, 87
위구르문자	41, 42, 46
위구르어	41, 44
위부인자	92
위진남북조	134, 188
위치기수법	87, 91, 128, 129
윌리엄 브라이트	28
유니코드	116, 148, 201, 207
유베날리스	145
유보이아	27
유진 임마뉴엘 비올레르뒤크	162
유창균	61
유클리데스	27
유클리드	27, 64, 69, 70, 91
육서	16, 59
육서략	59
음선정요	72
음성모음자	109
음소 활자	150
음소문자	12, 13, 21, 47, 79, 146, 149, 152, 195
음소음절문자	19, 28
음소활자	194, 195, 196, 197, 201, 206, 207, 210
음양오행	80, 136, 138, 139
음절	19, 198
음절 활자	145, 146

음절-설형문자	57
음절문자	10, 11, 12, 13, 18, 19, 25, 29, 52, 53, 56, 86, 114, 149, 150, 153
음절활자	156, 195, 210
의방유취	72
의학정전	64, 69
이규경	59
이기적 유전자	209
이능화	49, 50
이니스	42
이달한	49
이두	19, 55, 60
이로하 우타	121
이론	95
이명법	8
이벌식	157
이븐 루슈드	64
이븐 시나	64, 69
이븐 알 하이삼	64
이븐시나	69
이서체	195, 196, 202, 203, 205, 206
이성계	75, 98
이수정	127
이슬람 과학	63
이어족언어	55
이완용	80
이응찬	127
이일분수	135
이중나선	77
이치사다	18
이토 진사이	137
인도-유럽어	18, 26, 30
인도계 문자	35, 50, 79
인도유럽어	23, 57, 120
인쇄기	62
인쇄물	209
인쇄술	62, 66, 143, 146, 197, 209
일러스트레이터	103, 205
일본인·아이누인-동조론	142
일자다의	121
임근동	102, 105, 119, 123
임어당	156

ㅈ

자드	21
자림字林280	15
자말 알딘	93
자모음자	59
자비르 이븐 하이얀	65
자연선택	209
자연언어	10
자연현상	178
자음	86, 87, 101
자음문자	13, 20, 21, 45, 86, 113
자음자-모음구별부호	83
자질문자	47
자질성	79
자휘字彙	15
장린지	121, 123
장안사	48
장위구르	32
장재	135
재출자	61, 94, 107, 133
전국시대	187
전국책戰國策	188
전도현상	137
전주	16, 17
절운지장도切韻指掌圖	123
점토구결	61, 101, 107
점토석독구결	61
점토판	10, 11, 31, 39, 51
정광	19, 41, 47, 61, 76, 77, 79, 80, 99, 107, 118, 121, 123
정면타격방식	156
정수일	12, 41, 42, 62, 70, 71
정약용	144
정음	59
정인지	59, 92
정전협정서	157
정초	54, 59, 79, 82, 84, 98, 121
정호/정이	135
정화	68, 275
제공해	77, 133
제라르도	72
제레드 다이아몬드	53, 168
제로 칸서넌트	87
제르베르	65
제임스 스코트	127
제자해	133
제정일치	14, 271
제프리 샘슨	52
조 마틴	47
조각기	195
조남철	176, 177
조두상	10, 11, 12, 18, 31, 51, 53, 56, 61, 75
조선 문자	153
조선불교	49, 50
조선어 초보	147
조선왕조실록	75
조앤 롤링	34
조자법	17

색 인

조지프 휘트워스	155
조합형 활자	116, 196
존 다넬	21
존 로스	127
존 로크(John Locke)	111
종교개혁	143, 211
종성부용초성	107, 160
종이 제작술	62
종자	36, 49, 127
주나스트	44
주세걸	70, 91, 93
주시경	147, 149, 150, 152, 153, 154
주원장	77, 94
주자학	134, 135, 136, 137
주전충	191
주조화폐	187
주희	135, 189, 191
죽간	14
준디샤푸르	63
중성해	133, 134
중앙집권화	169, 187, 198
중화중심주의	82, 137
쥬온즈	121
증명	11, 21, 31, 64, 75, 83, 93, 94, 121, 188, 192, 205, 234, 238, 241, 249
지공	48
지광	35, 79
지누가참	89
지사	15
지식혁명	146, 211
지혜의 전당	63
직지사	49
직하학궁	188
진구소	90, 92
진성음절문자	19, 29, 55, 56
진시황	186, 187, 190
진화	166
질량보존의 법칙	69

ㅊ

차용어	65
차원	145
찰마노정札馬魯丁	69
찰스 다윈	165
창화도	123
채원정	121, 123
천불동	40
천주실의	14
첨필	23, 35
청사진 복사	52
청장관전서	85
체계	138
체르멜로-프랑켈 집합론	131
체언	120
초 헐버트	81
초종성통용팔자	59
초출자	61, 94, 97, 107, 114, 133
촘스키	33
최만리	50, 75
최지혁	126
최현배	152, 154
추종자	274
축불념	121
춘추전국시대	185, 188
충선왕	48, 72
충혜왕	48
췐양진	44
측천무후	90
측천문자	90
층	47
칙령비	31, 32, 33
칠음략	121, 123
칠정산	71, 72
칠정산외편	72
침대	142
칭기즈칸	41, 69

ㅋ

카드모스	26
카로슈티	29, 31, 32
카르타고	23, 24, 86
카쉬미르문자	83
카이두	187
카페인	171, 172
칸딘스키	95
칼 란트슈타이너	91
칼 폰 린네	8
컴퓨터 조판 시대	147
케쿨레	96
켈트족	54
코페르니쿠스	69, 190
콘스탄틴	28
콜드웰	81
콜럼버스	68, 188
쿠빌라이 칸	42, 48, 49, 69, 75, 93, 187
쿠우카이	37
쿰란	12
쿼티 자판	155
크리음절문자	37
크리트어	44

큰사전	115
클라우스 콘래드	96
클리드	63
키루스	12
키릴로스	53
키릴문자	26, 39, 53, 55
키비노 마키비	121
키키-보우바 실험	110
키탄문자	81
키프러스	12

ㅌ

타원	192, 204, 205
타이어	149, 174
타이프라이터	155
타임스	203
타자기	85, 134, 154, 155, 156, 157, 159, 161, 199
타타퉁아	42
타펠 아나토미아	137
탁점	122
탈납주조법	211
탈라스강	62
탕수끄납메	72
태극도	135
태극설	135
태평천국	192
테일러 앤 테일러	151
테플론	171
토곤테무르	48
토머스 에디슨	111
톨킨	34
톰슨	179
통지	59, 79, 84, 121, 123
투루판	32
투르크	26, 46, 57, 69
투시	65, 69
특주명	190
티베트문자	44, 45, 47, 48, 49, 74, 75, 79, 81, 85, 87, 92, 102, 195
티코 브라헤	65
틸라카	89
팀나	21

ㅍ

파니니	32, 97, 121, 122, 123
파레이돌리아	96
파리외방선교회	126
파스문자	45
파스파	43, 46, 75
파스파문자	42, 44, 45, 46, 48, 49, 50, 72, 74, 75, 76, 77, 79, 81, 82, 83, 85, 87, 94, 98, 102, 103, 106, 107, 109
파인만	181
파장간섭효과	173
팍스 몽골리카	62, 73
팔라티노	203
팔장八章	120, 122, 123
팔천송반야	48
팔태사	49
패엽경	34, 80
패터슨	144
패트리샤 에브리	188
페니키아-아브자드	26, 27
페니키아문자	23, 24, 39, 40, 46, 52, 78, 86
페니키아아브자드	38, 57
페니키아자음문자	13, 113
페르세폴리스	32
페르시아어	12, 31, 44, 56, 57
페트리	21
펠로폰네소스 전쟁	27
편지 공화국	184
포조 브라촐리니	178
폰트	116
폴링	77
폴크	31
표음문자	10, 16, 18, 27, 36, 51, 55, 56, 94, 114, 125, 276
표음적 쐐기문자	56
표의문자	10, 11, 12, 17, 18, 24, 51, 55, 56
푸리에	198
푸앙카레	136
풀어쓰기	147, 149, 150, 152, 153, 154, 157
프라크리트어	32, 35, 119
프레게	33
프레스기	144
프리드리히 2세	66
프리스키아누스	120
프톨레마이오스	64, 69, 88
플래툰	156
피보나치	66
피에르 몽테이	23
피터 다니엘	20, 28
핀치의 부리	165
필립스	168

ㅎ

하룬 알 라시드	63
하벨록	27
하야시 라잔	137
하이데거	8
학지사	22, 39, 151

색 인

한 아담 쿨무스	137
한국불교	48
한글	8, 9, 12, 17, 20, 22, 24, 25, 37, 44, 45, 47, 53, 58, 59, 60, 61, 71, 75, 76, 77, 78, 79, 80, 81, 82, 83, 85, 86, 87, 92, 93, 94, 95, 96, 97, 107, 114, 115, 116, 117, 125, 126, 127, 133, 134, 138, 139, 142, 143, 144, 145, 146, 147, 148, 149, 150, 151, 152, 153, 154, 156, 157, 158, 159, 161, 163, 194, 195, 196, 197, 198, 201, 202, 203, 204, 205, 206, 207, 209, 210, 211, 276
한글개요	147
한글부호화	206
한다쿠텐	19
한비자	187
한성주보	127
한유	191
한자	12, 13, 14, 15, 16, 17, 18, 19, 20, 32, 43, 44, 55, 59, 60, 61, 62, 74, 75, 76, 80, 81, 85, 91, 94, 98, 121, 122, 124, 126, 144, 145, 146, 148, 154, 156, 187, 188, 195, 226
한자-자모표음기호	121
한정사	56
할란트	34
함재봉	124, 125, 127, 147
합성법	17, 123
합용병서	97, 105
합자해	83, 84, 97, 108, 118, 146, 194, 195
해례본	61, 98, 133, 203
해부도표	137
해체신서解體新書	137
향신료	236
허신	15
헐버트	80, 81, 157
헤로도토스	186
헤켈	94
헬베티카	203
혁명	140
현상	10, 15, 51, 61, 76, 96, 120, 121, 135, 137, 138, 156, 160, 171, 182, 204, 208, 254
현장	120
현초	36
혈액형 O	91
형성	15, 16, 17
형성민	150
형식화	33
형이상학	134
형태는 기능을 따른다	162, 196, 241
형태론적 특징	21
형태소	10, 18, 25, 56, 57
형태와 기능은 동치이다	163
혜황	121
호러스 언더우드	157
호머 헐버트	80
호빗	34
호튼	156
호환생산방식	155
혼마 규스케	125
혼일강리도	72
혼합주의	14
홉스봄	142
홍건적	44
홍다구	71
홍무정운	75, 204
홍수전	192
홑-글자	20, 24
화살촉	23
화양구곡	124
확장성	42
환원주의	114, 134
활용형	21
활자인쇄 시대	147
황극경세성음창화도	121
황소	191
황해룡	157
회의	15, 17
회전	11, 29, 37, 44, 59, 168, 173, 176, 201
회전 방향	29
회전점	197, 198
회회력법	93
회회문	41
회회사천대	70, 93
회회약방	72
회회어	41
효과	171
훈민정음	9, 10, 18, 31, 33, 36, 37, 42, 44, 46, 47, 48, 50, 51, 53, 55, 58, 59, 60, 61, 62, 72, 74, 75, 76, 77, 78, 79, 80, 81, 82, 83, 84, 85, 86, 87, 91, 93, 94, 97, 98, 99, 101, 103, 113, 116, 117, 118, 122, 123, 124, 125, 128, 132, 133, 134, 139, 142, 143, 152, 194, 202, 203, 204
훔볼트	165, 190, 277
휘트워스	174
히라노활판제조소	126
히파르쿠스	88

한글 낯설게 하기_한글의 기원

발 행 일	:	2025. 12.
발 행 인	:	경인디앤피
저 자	:	이찬주
E-mail	:	leechanjoo365@naver.com
출 판	:	경인디앤피
정 가	:	2,3000원

• 이 책의 저작권은 지은이에게 있습니다. 무단 복제 및 전재를 금합니다.